KB129142

질적 자료 분석론
- 방법론 자료집 -

Qualitative Data Analysis
A Methods Sourcebook 3rd ed.

Matthew B. Miles · A. Michael Huberman · Johnny Saldaña 공저

박태영 · 김은경 · 김혜선 · 박소영 · 박수선 · 심다연

이재령 · 임아리 · 장은경 · 조성희 · 조지용 공역

학지사

Qualitative Data Analysis: A Methods Sourcebook, Third Edition
by Matthew B. Miles, A. Michael Huberman and Johnny Saldaña

Korean translation copyright © **2019** by Hakjisa Publisher, Inc.
The Korean translation rights published by arrangement with
SAGE Publications, Inc.

First and Second Edition Copyright © 1994 by Matthew B. Miles, A. Michael Huberman
Third Edition Copyright © 2014 by SAGE Publications, Inc.
Authorized translation from English language edition published by
SAGE Publications, Inc. in the United States, United Kingdom, and New Delhi.

All rights reserved.

본 저작물의 한국어판 저작권은
SAGE Publications, Inc.와의 독점계약으로 (주)학지사가 소유합니다.
저작권법에 의해 한국 내에서 보호를 받는 저작물이므로
무단 전재와 무단 복제를 금합니다.

역자 서문

　역자는 1994년에 출판된 Matthew B. Miles와 A. Michael Huberman의『질적 자료 분석론: 확장된 자료집(Qualitative Data Analysis: An Expanded Sourcebook)』(원서 2판)을 2009년에 번역하여 질적 자료 분석론 과목의 교과서로 사용하고 있었다. 그런데 이 책의 2판에 이어 다행히 24년 만에 3판이 출간되어 다시 번역을 하게 되었다. 역자는 고인이 되신 두 공저자분의 2판을 애리조나 주립 대학교의 연극과 교수이신 Johnny Saldaña가 정리하여 출판하게 된 것을 기쁘게 생각한다. 역자는 연극과 교수인 Dr. Saldaña가 이 책을 출판한 것을 보면서 질적 연구가 예술 분야에서도 상당히 중요한 영역이라는 것을 새삼 느꼈으며, 질적 분석이 다양한 영역으로 확장되고 있음을 볼 수 있었다.

　2판에서 역자는 책의 구성이 단일 사례 부분과 다중 사례 부분으로 나뉘어 있지만 중복되는 부분이 많다고 생각하였는데, Dr. Saldaña가 3판에서 이 부분을 잘 정리하여 주었다고 생각한다. 역자는 2003년에 플로리다 주립 대학교의 교환 교수로 파견되어 교육학과에서 개설된 '질적 자료 분석론'을 수강하였고, 그 과목에서 이 책을 교과서로 사용하였다. 그러나 아직까지도 국내에서는 질적 자료 분석론이 개설된 학과가 그다지 많지 않은 것 같다. 물론 질적 조사론 과목은 국내에서 많이 개설되고 있을 것이라고 본다. 일반적으로 질적 조사론 과목에서 질적 자료 분석에 관하여 1~2주 정도 다룰 것이다. 또한 국내 대학에서는 질적 조사론 및 질적 분석 방법으로서 주로 민속지학, 근거 이론, 현상학, 내러티브 연구, 사례연구, 대화 분석 등이 잘 알려져 있고, 질적 연구를 하는 연구자들은 이와 관련된 분석을 주로 사용하고 있다.

　역자가 2003년에 질적 자료 분석론을 수강한 후 가족치료 사례에 대한 분석에서 Miles와 Huberman이 개발한 매트릭스와 네트워크, 그리고 그래프를 활용한지도 어언 15년이 되어 가고 있다. 그동안 두 분의 질적 자료 분석 방법 덕분에 역자는 학회지에 나름 많은 논문을 실을 수 있었는데, 이에 대해 두 분께 진심으로 감사를 드린다. 특히 이 책은 질적 연구를 분석하는 방법론을 제공함에도 불구하고 기본 틀은 양적·질적 연구 방법론과 분석을 혼합하고 있는 분석 방법이라고 할 수 있다. 질적 연구를 하는 학자들이라고 할지라도 그분들의 학문적인 배경이 양적 연구를 했던 분들이라면 그 영향력이 상당히 클 것이라고 생각한다. 이와 같이 양적 연구의 틀을 접목하여 질적 연구 분석을 사용하시는 분들이 Miles와 Huberman이라고 볼 수 있다. 즉, 분석에 도움이 된다면 양적 또는 질적 연구를 얼마든지 절충해서 쓸 수 있다는 매우 실용적인 사고를 가진 분이 바로 이 두 저자분이다.

아무튼 Miles와 Huberman, 그리고 Saldaña가 말하고 있는 질적 자료 분석 방법은 특정한 틀에 얽매이지 않고 질적 연구 결과를 한눈에 볼 수 있게 해 주는 매우 실질적인 분석 방법이라고 볼 수 있다. 아직까지는 이 세 분의 저자가 주창한 질적 분석 방법이 국내의 질적 연구와 관련한 연구들에서 많이 나타나고 있지는 않지만, 실용적인 방법을 원하는 질적 연구자들이 이 책에서 말하는 분석 방법을 활용하기를 바란다. 역자가 경험을 통해서 말하건대, 이 책에서 보여 주는 질적 분석 방법이 여러분의 질적 연구 결과를 명확히 보여 줄 수 있는 방법들 중 하나가 될 수 있을 것이며, 여러분이 그것을 체험하기를 바란다.

이 책의 감사의 글과 1장, 13장, 부록은 박태영, 2장은 김혜선, 3장과 10장은 이재령, 4장은 조지용, 5장과 12장은 박소영, 6장은 심다연, 7장은 조성희, 8장은 장은경, 9장은 박수선, 11장은 김은경과 임아리가 번역하였다.

2019년 3월
역자 대표 박태영

저자 서문(3판)

Mathew B. Miles와 A. Michael Huberman의 고전적인 1994년 교과서인『질적 자료 분석: 확장된 자료집』의 이 새로운 판은 지난 30년 동안 그들의 방법에 대한 헌신적인 추종자들뿐만 아니라 질적 연구자들의 새로운 세대를 위하여 고인이 되신 저자들의 특별한 작업을 개정하고 간소화한다. 나는 이 개정된 교과서의 세 번째 저자로서 심적으로 두 분과 합류하는 것을 영광으로 생각한다.

오늘날까지도 질적 자료 분석은 현장에 있는 초심자들에게는 다소 이해하기 힘들고 달성하기 힘든 과정인 것처럼 보인다. 이것은 부분적으로는 연구자들이 이용할 수 있는 폭넓고 다양한 장르, 방법론, 그리고 방법 때문이라고 생각되며, 이와 같은 다양한 방법으로 인하여 현재 진행 중인 특별한 연구를 위한 '최선'의 것을 선택하기가 어렵다. 게다가 질적 연구는 분석적 전통의 탄탄한 토대는 가지고 있으나 통용되는 실천에 대한 규범이 없다. 분석이 정확히 어떻게 수행되어야만 하는가에 대한 권한이 주어진 공식적인 질적 운영 위원회는 없다. 우리의 방법은 '디자이너 연구'이고, 사업의 특별한 목적과 필요에 따라 제작되었으며, 각각 연구자의 독특한 분석적 렌즈와 필터를 통하여 해석되었다. 연구 방법에 관한 책들은 더 이상 필요하지 않다. 그것들은 단지 추천될 뿐이다.

이 책은 1차적으로 텍스트에 근거를 둔 자료를 모으고 분석하기 위해 추천된 방법 안에서 독자들에게 실질적인 안내서를 제공한다.『질적 자료 분석론: 방법론 자료집 (Qualitative Data Analysis: A Methods Sourcebook)』은 연구 참여자들이 말해야만 하는 것을 존중하고, 연구자들이 만들어 낸 업적물을 귀중히 여기며, 우리 주위에서 발생하는 것으로서 사회행동의 복잡성을 존중하는 모든 분야와 학문 분야에 있는 연구자들을 위하여 구성되었다. 이 책은 질적 연구 수업을 통하여 인간의 조건을 탐색하는 방법을 배우는 대학원생들과 현재 질적 연구 방법론에 대한 문헌을 배움으로써 전문적인 발전을 하고 있는 것으로 인정받는 학자들과 실천가들을 위한 것이다.

이 개정판에 대한 노트

이 세 번째 개정판을 위하여 세이지(SAGE) 출판사는 나에게 Miles와 Huberman의 권위 있는 책의 중심적인 내용에 대한 일반적인 정신과 통합성을 유지하면서 그들의 책 내용을 동시대의 연구자들이 더 쉽게 접근할 수 있고 더 관련될 수 있게 해 달라고 요청하였다. 나는 오늘날 가능한 새로운 컴퓨터 기술과 소프트웨어에 대한 정보를 더하였고, Miles와 Huberman의 고전적인 방법들을 재조직하였으며 간소화하였다. 이 책의 이전 판에 익숙한 독자들은 이 세 번째 개정판에서 내가 사례 내, 그리고 사례 간 영역으로 조직하지 않고, Miles와 Huberman의 디스플레이에 대한 다섯 가지 주요 목적(탐색, 묘사, 배열, 설명, 그리고 예측하는 것)에 의하여 주요한 디스플레이 장들을 재조명하고 있다는 것을 알아차릴 것이다. 나는 두 번째 개정판에 있었던 많은 디스플레이를 줄였고, 가능한 범위 내에서 디스플레이들을 주류의 소프트웨어를 사용하여 재형성하였다. 세이지 출판사의 미술 제작 스태프들이 처음의 그림들 중 많은 것을 다시 그렸다.

나는 또한 지난 20년 동안 현저하게 부상해 온 내러티브 연구, 자문화기술지, 혼합된 방법, 그리고 예술에 기반한 연구와 같은 질적 연구의 부가적인 장르들 중 선택된 범위를 추가하였다. 나는 Miles와 Huberman의 접근법을 현재의 질적 연구자들의 접근법과 맞추고 조절하기 위하여 두 번째 개정판의 반정량적인 날로 변형하였다. 그리고 나는 원래의 저자들의 전통을 존중하면서, 한편으로 다른 저자들의 것들은 더 새롭고 발전하는 연구 문화에 맞추면서 본문에 나 자신의 분석적인 서명을 하였다. 대체로 나는 압도적인 양을 가진 Miles와 Huberman의 원래의 책을 더 초점화되고 유용한 방식으로 표현하고 재표현하기 위하여 인상적인 양으로 규모를 축소하였다.

이 책 두 번째 판의 어떤 문제가 있는 섹션에서, 나는 본문을 뺄 것인지 유지할 것인지 또는 개정할 것인지를 결정하는 데 고심하였다. 세 번째 공저자로서의 내 임무가 질적 자료 분석에 대한 나 자신의 책을 쓰는 것이 아니라 Miles와 Huberman의 책을 개작하는 것이었기 때문에, 나는 이 두 분의 책에 있는 개념적인 접근 방법과 대부분의 분석적인 방법을 유지하면서 현장에 대한 두 저자의 기여를 존중하였다. 그럼에도 불구하고, 나는 그 책 초기 참고문헌의 대부분과 2차 자료 디스플레이, 중복적이고 도를 넘는 토론, 그리고 난해한 부분들은 죄책감 없이 무자비하게 삭제하였다.

학생 시절에 Miles와 Huberman의 책을 읽어야 했던 두 과목을 수강하였기 때문에 이 책의 두 번째 개정판에 대한 나의 실용적인 지식을 이번 개정판에 포함시키려고 노력하였다. 이번 개정판은 이 책이 질적 연구에 대한 초보자로서 나에게 제공하기를 바라는 것과 내가 오늘날의 대학원생이 질적 자료 분석에 관한 책으로부터 필요하다고 믿는 것을 근거로 하였다. 이 책을 재조직하는 것에 대한 나의 결정은 대부분의 대학원생이 어떻게 배울 수 있는가에 대한 교육학적인 지식과 내가 개인적으로 가르치기를 선호하는 방법—나선적이고 누적적인 통합을 향한 매우 조직화되고 체계적인 방법, 그리고 한 번에 한 장의 벽돌을 쌓는 방법으로 진행하는 것—에 입각하였다. 나는 나의 이 과정을 Miles와 Huberman이 인정할 것이고, 자신들의 접근법과 양립한다는 것을 발견할 것이라고 거의 확신한다.

나는 또한 Miles와 Huberman의 책에서 배운 지식을 통하여『질적 연구자들을 위한 코딩 매뉴얼(The Coding Manual for Qualitative Researchers)』(Saldaña, 2013)을 세이지에서 출판하였다. 이 책에서 나는 그들의 코딩과 분석 방법 중 몇 가지를 포함시켰다. 그리고 나는 코딩 매뉴얼의 내용 중 몇 가지를 이 책 안에 포함시켰고, 이 책은 나를 포함한 3명의 공저자의 연구를 통합하고 있다. 게다가 나는 Miles와 Huberman의 디스플레이 방법 몇 가지와 나 자신의 연구 프로젝트의 예시들에 대한 토론을 보완하였고, 코딩 매뉴얼의 방법 프로필 구조(묘사, 적용, 예시, 분석, 노트)를 이번 개정판에 포함시켰다.

마지막으로, 이 책의 세 번째 공저자로서, 나는 고인이 되신 Miles와 Huberman에 대하여 '발언'할 수 있는 특권과 불편한 감정을 가진 두 가지 입장에 놓여 있다. 내가 그들의 원래의 전제와 주장에 동의를 할 때에는 글을 쓰는 데 있어서 고의로 '우리'라는 용어를 사용하였다. 그 이유는 나 자신의 의견이 그들과 유사할 수 있는 어떤 잘 알려진 가정들을 만들 때 '우리'라는 용어를 사용하였기 때문이다. 때때로 우리의 의견이 미묘하게 혹은 대단히 갈라지는 것처럼 보일 때, 나는 논의되는 신념을 명시하였다.

Johnny Saldaña

감사의 글

세이지 출판사 대학부의 원고 검토 편집자인 Helen Salmon이 나에게 Miles와 Huberman의 3판 개정을 의뢰해 준 것에 대하여 나는 영광으로 생각한다. 그녀의 편집 보조자인 Kaitlin Perry는 원고와 디스플레이 준비를 하는 데 있어서 엄청난 자료를 제공해 주었다. 또한 이 책의 출판 작업을 위하여 애써 준 세이지 출판사의 Laura Barrett, Kalie Koscielak, Judith Newlin, Nicole Elliott, 그리고 Janet Kesel에게 감사를 드린다. Betty Miles는 나에게 이 개정판을 위한 그녀의 지지뿐만 아니라 예리한 시각과 편집적인 기량을 제공해 주었다. 나와 세이지 출판사의 첫 만남은 런던 사무소 편집자인 Patrick Brindle과 시작되었고, 그는 나에게『질적 연구자들을 위한 코딩 매뉴얼(The Coding Manual for Qualitative Researchers)』을 개발하라고 용기를 주었는데, 그의 환영하는 초청장에 대하여 나는 진심으로 감사를 드린다.

애리조나 주립 대학교에 재직하고 있는 질적 연구 방법론 교수들이 내가 학자와 저술가로서 성장하는 데 많은 영향을 주었다. 나는 나의 학술적인 경력에 인생을 바꿀 만큼의 영향을 준 Tom Barone, Mary Lee Smith, Amira De la Garza, 그리고 Sarah J. Tracy에게 빚을 지고 있다. 오스틴 소재의 텍사스 대학교에 계신 Coleman A. Jennings는 나의 대학원 예술 멘토로서 나를 도와주었고, 애리조나 주립 대학교에 계신 Lin Wright는 내 연구 궤도에서 나를 조교수로서 시작하게 해 주었으며, Mitch Allen, Joe Norris, Laura A. McCammon, Matt Omasta, 그리고 Angie Hiness는 나의 연구 동료들이자 열렬한 지지자들이다. 나는 또한 멀리 떨어져 계신 나의 멘토들인 Harry F. Wolcott, Norman K. Denzin, 그리고 Yvonna S. Lincoln의 통찰력 있는 글, 지혜, 그리고 지도에 감사를 드린다.

이 책의 두 번째 개정판에서 Miles와 Huberman은 많은 사람과 기관에게 감사를 표시하였다. 이 세 번째 개정판의 내용을 풍부하게 하는 데 있어서 그들의 기여는 계속되고 있고, 나 또한 그들에게 감사를 드린다. 이 특별한 개정판을 위하여, 나는 또한 내 책인『질적 연구의 기본(Fundamentals of Qualitative Research)』(Saldaña, 2013)에서 선택된 예를 리프린트할 수 있도록 허락해 준 옥스퍼드 대학교 출판사,『사범대학 기록(Teachers College Record)』, 그리고 논문 인용을 허락해 준 테일러 앤 프랜시스(Taylor & Francis) 출판사, 그리고 질적 자료 분석 소프트웨어 스크린샷을 사용할 수 있도록 허락해 준 Normand Péladeau of Provalis Research/QDA Miner and Katie Desmond of

QSR International/NVivo에 감사를 드린다.

　마지막으로, 나는 Matthew B. Miles와 A. Michael Huberman 두 분에게 감사드린다. 내가 알고 있는 바로는, 나는 두 분을 결코 만난 적도 없고 두 분이 학회에서 발표한 것을 들어 본 적도 없다. 그러나 내가 질적 연구 수업에서 친근하게 배웠던 두 분의 자료 분석 방법은 지금까지 내 연구의 한 부분이 되었다. 나는 항상 두 분의 엄격한 기준에 맞추려고 노력하고 있고, "디스플레이를 생각하라."라는 두 분의 최고의 조언을 빈번히 인용한다. 나는 질적 연구자와 자료 분석가로서 나 자신의 연구 방법을 형성할 수 있도록 도와준 방법론 책과 논문을 쓴 내 앞의 저자분들에게 내 경력 궤적의 많은 것을 빚지고 있다. Miles와 Huberman은 내가 존경하는 분들이며, 나는 이러한 새로운 방법 안에서 그들과 연결될 수 있다는 것이 영광스럽다. 나는 이 세 번째 개정판이 두 분의 높은 수준의 학문에 헌사와 경의를 표현하는 것으로 여겨지기를 바란다.

Johnny Saldaña

2판으로부터의 감사

이 책의 초판은 2개의 연결된 연구 프로젝트를 한 우리(Miles와 Huberman)의 경험으로부터 나왔다. 1978년에 시작한 첫 번째 연구 프로젝트는 네트워크(The Network) 주식회사의 David P. Crandall이 책임자로서 진행한 「학교 향상을 지지하는 보급 노력에 관한 연구」(교육부 계약 300-78-0527)였다. 우리는 David P. Crandall에게 많은 빚을 졌는데, 그는 우리에게 항상 용기를 주고 지지해 주었다. 또한 우리는 계획·예산·평가 사무국의 프로젝트 관리자였던 Ann Bezdek Weinheimer에게도 빚을 졌다.

현장 연구에서 Beverly Loy Taylor와 Jo Ann Goldberg는 매우 좋은 동료였다. 우리와 함께한 그들의 현지 조사와 사례 분석이 「학교 향상을 지지하는 보급 노력에 관한 연구」의 마지막 보고서의 4호인 「사람, 정책, 그리고 실천: 학교 향상 사슬에 관한 조사(People, Policies, and Practices: Examining the Chain of School Improvement)」로 출판되었으며, 이 보고서는 이후에 『개혁을 좀 더 높이기(Innovation Up Close)』라는 책으로 출판되었다(Huberman & Miles, 1984).

두 번째 프로젝트인 「학교 향상 프로그램의 실제: 질적 자료 분석」(NIE grant G-81-001-8)은 우리에게 우리의 방법론적인 아이디어를 더 발전시킬 수 있게 해 주었고, 이 책의 초판을 쓸 수 있는 기회를 주었다. 「실천의 보급과 향상에 대한 프로그램」에 있어서 Rolf Lehming은 우리의 프로젝트 관리자였는데, 그의 지속적인 관심과 조언에 감사를 드린다.

이 책의 초판과 2판에 있는 아이디어가 반드시 교육부의 견해와 정책을 반영하지는 않는다. 그러나 이러한 연구의 후원에 대하여 감사를 드린다.

지난 10년간 많은 사람이 질적 자료 분석에 대한 우리의 이해와 이 책의 2판을 발전시키는 데 기여를 하였다. 우리는 동료들과 함께 이 책의 초판에서 기술하였던 방법들을 확장하고 검증하였으며, 세련되게 하는 연구를 하였다. 우리는 「'변화 대행자' 학교의 연구」(1983~1985)라는 프로젝트에서 Miles를 도와준 Ann Lieberman, Ellen Saxl, Myrna Cooper, Vernay Mitchell, 그리고 Sharon Piety-Jacobs에게 빚을 지고 있다. 또한 우리는 도시 고등학교 개혁에 관한 Miles의 프로젝트(1985~1989)에 참여했던 고(故) Eleanor Farrar, Karen Seashore Louis, Sheila Rosenblum, 그리고 Tony Cipollone에게 감사를 드리고, 방글라데시, 에티오피아, 그리고 콜롬비아에서의 교육 개혁에 관한 세계은행 연구(1988~1992)에서 우리를 도와준 Per Dalin, Adriaan Verspoor, Ray Chesterfield, Hallvard Kuløy, Tekle Ayano, Mumtaz Jahan, 그리고 Carlos Rojas에게 감사를 드린다. 교사들의 생활주기 연구(1982~1986)에 참여하였던 Marie-Madeleine Grounauer와 Gianreto Pini, Huberman의 동료들, 그리고 조사 이용에 대한 Huberman의 연구(1984~1988)에 참여한 Monica Gather-Thurler, Erwin Beck, 그리고 다른 동료들에게 감사를 드린다.

늘 그렇듯이, 책을 가르치는 과정은 우리로 하여금 많은 것을 생각하게 하였다. 목록에 오른 참여자들이 너무 많지만, 네이메헌과 위트레흐트(특히 Rein van der Vegt에게 매우 감사드린다)의 대학과 제네바, 취리히, 파리, 디종, 루뱅, 예테보리, 몬트리올, 토론토, 퀸즈, 유타, 모내시, 멜버른, 애들레이드의 대학에서 연속적으로 세미나를 개최한 것은 우리에게는 매우 다행스러운 일이었다.

1990년부터 1991년까지 우리는 질적 연구에 참여한 많은 사람에게 동료들의 조언과 그들 연구의 예시를 요청하면서 비공식적인 설문지를 보냈다. 설문지에 응답해 준 126명의 연구자에게 진심으로 감사를 드린다. 그들은 폭넓은 아이디어, 원고, 조언과 주의할 점들을 보내 주었다. 이러한 동료들 중 많은 사람이 이 책에 인용되었다. 2판의 광범위한 수정과 종합을 위한 보조금을 제공해 준 맥아서(MacArthur) 재단의 John D.와 Catherine T., 그리고 세이지 출판사의 Peter Gerber의 사려 깊은 지원에 감사드린다. 세이지 출판사의 Sara Miller McCune과 David McCune은 이 프로젝트에 많은 관심을 두었다. 우리는 또한 이 책이 출판되는 과정 내내 편집자인 Mitch Allen이 제공해 준 적극적이고 지적인 지도에 진심으로 감사를 드린다.

우리는 Carolyn Riehl에게 매우 특별한 빚을 지고 있다. 그녀는 질적 연구를 폭넓게 했기 때문에 구체적이면서 방법론적인 측면에서 흥미 있는 아이디어를 찾아내고 도출하는 능력이 탁월하였다. 그녀는 우리가 탐색하고 정리하는 연장된 기간 동안 우리의 든든한 세 번째 동료였다.

이 판의 초고를 검토해 준 Martha Ann Carey, Rick Ginsberg, David Marsh, Joseph Maxwell, Betty Miles, Renata Tesch, Harry Wolcott, 그리고 세이지 출판사의 한 익명의 검토자에게 진심으로 감사를 드린다. 이 책의 초판에서처럼, 우리는 벅찬 기획 안에서 이 책을 만드는 데 들인 우리의 에너지와 격려, 그리고 생산성에 대하여 서로에게 감사하는 바이다.

Matthew B. Miles & A. Michael Huberman

차례

제1부

실질적 시작

📊 제1장 개요 / 21

📊 제2장 연구 설계와 관리 / 41

제2부

자료 디스플레이하기

제3부

분별하기

제1부 실질적 시작

제1장 개요

장 요약

이 장에서는 독자에게 질적 연구의 본질, 목적, 선택된 장르와 질적 자료 분석의 상호 연관된 요소들에 대한 공저자들의 관점을 소개한다. 우리는 이 책의 다양한 독자를 위한 추천된 안내를 제공하고, 이 책에서 다룰 모수(parameter)를 설정한다.

내용

1. 이 책의 목적
2. 이 책의 본질
   1) 독자
   2) 접근법
3. 우리의 방향성
4. 질적 연구의 장르
5. 질적 자료 분석에 대한 접근법
   1) 분석적인 방법: 공통적인 특징
6. 질적 자료의 본질
   1) 일반적인 본질
   2) 질적 자료의 강점

7. 질적 자료 분석에 대한 우리의 견해
   1) 자료 압축
   2) 자료 디스플레이
   3) 결론 도출 및 확인
8. 독자들을 위한 제안
   1) 학생들과 다른 초보 연구자들
   2) 경험이 있는 연구자들
   3) 질적 연구 방법 과목을 가르치는 교사들
9. 마무리 및 넘어가기

1. 이 책의 목적

우리는 인문과학의 모든 분야에 있는 연구자들이 직면하고 있는 중대한 필요성을 언급하기 위하여 이 책을 저술하였다. 단순하게 말해서, 우리가 어떻게 질적 자료에서 타당하고 신뢰할 수 있는 의미를 추출할 수 있고, 어떤 분석 방법을 실제적으로 사용할 수 있으며, 우리와 다른 사람이 믿을 수 있는 지식을 얻게 할 수 있는가?

질적 자료는 근거가 확실하며, 풍부한 묘사와 인간 행위에 대하여 설명할 수 있는 자원이다. 질적 자료를 가지고, 우리는 연대기적인 흐름을 보존할 수 있고, 어떤 사건이 어떤 결과를 낳았는가를 볼 수 있으며, 생산적인 설명을 이끌어 낼 수 있다. 그렇다면 역시 좋은 질적 자료는 뜻밖의 발견과 새로운 통합으로 인도할 가능성이 더 많을 것이다. 좋은 질적 자료는 연구자들에게 원개념을 넘어서 개념적인 준거틀을 개발해 내거나 수정하게 하는 데 도움이 될 것이다. 마침내 잘 분석된 질적 연구로부터의 결과는 '부정할 수 없는' 우수성을 가진다. 특히 사건 혹은 이야기로 구성된 단어들은 종종 요약된 숫자의 페이지보다 독자—또 다른 연구자, 정책 입안자, 임상가—를 훨씬 더 확신시키는 구체적이고 생생하며 의미 있는 맛을 지닌다.

질적 연구는 1970년대부터 놀라울 정도로 확장되어 왔다. 지금 엄청나게 많은 안내서(예: Denzin & Lincoln, 2012, The SAGE Handbook of Qualitative Research; Gubrium, Holstein, Marvasti, & McKinney, 2012, The SAGE Handbook of Interview Research), 모범적인 교과서(Charmaz, 2006, Constructing Grounded Theory; Creswell, 2013, Qualitative Inquiry and Research Design), 권위 있는 상호 심사 저널(Qualitative Inquiry, Qualitative Health Research), 온라인 뉴스레터와 포럼(SAGE Publications' Methodspace, The Qualitative Report), 연례 학회(International Congress for Qualitative Inquiry, International Institute for Qualitative Methodology), 그리고 몇 개의 주요한 전문적인 협회에서의 질적인 특별 관심 집단(American Educational Research Association)이 있다.

여전히 질적 연구와 관련된 활동의 혼란 속에서도 우리는 사라지지 않는 어떤 여러 가지 문제를 유념해야 한다. 이러한 문제에는 자료 수집의 노동집약성(수개월에서 수년이 소요됨), 빈번한 자료의 과중함, 연구자의 통합성, 자료를 진척시키고 코딩하는 데 소요되는 시간, 단지 몇 개의 사례를 다룰 때의 표본의 적절성, 발견에 대한 일반화, 결론에 대한 신뢰성과 질, 그리고 정책과 행위 세계에서의 유용성이 포함된다.

비록 논문을 쓰는 대학원생에서부터 경험 있는 연구자에 이르는 많은 연구자가 그들의 프로젝트에서 홀로 작업을 하고 종종 단일 사례에 초점을 둘지라도, 질적 연구는 점점 더 복잡해지고 있다. 점차적으로 우리는 비교되는 자료 수집과 분석 방법을 가진 연구팀에 의하여 수행되는 질적 연구와 양적 연구를 조합하는 혼합된 방법을 본다. 그리고 질적 연구에 대한 흥미진진한 새로운 접근법들이 신선하고 환기시키는 방법 안에서 사회생활을 소개하고 묘사할 수 있도록 시와 극문학, 시각예술, 그리고 다른 창의적인 장르로부터 그들의 영감을 이끌어 낸다.

어떤 질적 연구자는 여전히 분석이 예술 형태가 되어야 한다고 생각하고 분석에 대한 직감적인 접근법을 주장한다. 더 이상 축소할 수 없거나 전달할 수조차 없는 방법 안에서 현장 자료의 혼란으로부터 도출해 낸 범주와 패턴을 우리에게 말해 주는 것은 연구자의 몫이다. 생생한 사례를 통해 보여 주듯이, 연구자가 1,000페이지에 달하는 현장노트와 원고로부터 마지막 결론에 어떻게 이르렀는가를 우리는 실제로는 알지 못한다.

우리는 이 책을 질적 연구자로서 우리의 **기술—**결론을 이끌어 내는 데 사용하는 분명하고 체계적인 방법—을 공유할 필요가 있다는 신념 안에서 썼다. 우리는 신뢰할 수 있고 의존할 수 있으며, 반복할 수 있는 **질적인** 방법이 필요하다. 이것이 이 책에서 언급하는 필요성이다.

2. 이 책의 본질

이 책은 질적 자료를 사용하는 모든 연구자를 위한 실제적인 자료집이다. 그러나 이 책은 종합적인 교과서로서 의도된 것은 아니다. 우리는 현장에 어떻게 들어가는가, 그리고 현장노트를 어떻게 쓸 것인가 혹은 참여자 인터뷰를 어떻게 촉진할 것인가와 같은 문제들을 언급하지는 않는다. 우리는 **질적 자료 분석 방법**의 설계와 사용에 있어서 우리의 경험과 다른 동료들의 경험을 공유하기를 원한다. 이 책에서는 일반적인 내러티브 텍스트의 수준을 넘어서서 자료를 전개하는 방법인 매트릭스와 네트워크에 강조점이 주어진다. 자료 디스플레이와 분석에 대한 방법이 접근할 수 있는 소프트웨어 및 기본적인 프로그램에 대한 연구자의 사용과 적용을 위한 실제적인 제안과 함께 자세히 기술되고 있는 예시를 보여 준다.

1) 독자

이 책은 기초적이든 응용적이든 실제적인 질적 자료 분석 문제를 다루는 모든 분야에서 실천하고 있는 연구자들을 위한 책이다.

이 책의 중요한 독자층은 질적 자료를 가지고 연구하는 대학원생 혹은 초보 경력을 가진 교수와 같은 **초보 연구자**이다. 우리는 질적 박사학위 논문 혹은 연구 프로젝트를 시작하여 때로는 압도되고 훈련을 받지 못한 많은 학생을 만났다. 마음속에 있는 그들과 함께 우리가 접근할 수 있고 지지할 수 있는 언어를 유지하며, 질적 연구 방법 과목에서 이 책을 사용할 것을 제안한다.

또 다른 독자는 일상적인 업무의 일부로 질적 정보에 의존하고, 질적 정보를 최고의 것으로 만들기 위해 실제적인 방법이 필요한 스태프 전문가들과 매니저들이다.

이 책에서 제시된 많은 예시는 우리와 다른 사람의 교육적인 연구로부터 가져왔다. 우리는 또한 방법들이 현장에 제한된 것이 아니라 포괄적이라는 것을 강조하기 위하여 다른 분야들—공중보건, 인류학, 사회학, 심리학, 경영학, 정치학, 행정학, 프로그램 평가, 예술, 도서관학, 조직학, 범죄학, 신문방송학, 가족학, 정책 연구—과 관련된 토론을 포함하였다.

이 책에서 제시된 방법들 중 일부는 연구팀에 의하여 수행된 조직의 복합적인 사례 연구들로부터 추출되었다. 그러나 여러분이 홀로 연구하고 있거나, 여러분의 연구가 단지 하나의 사례만을 가지고 있거나 여러분이 개인 혹은 소집단 수준에 초점을 맞추고 있다 하더라도 절망하지는 말라. 이 책에는 목적을 가진 조언과 함께 여러분을 위한 많은 예시가 있다.

2) 접근법

이 책은 종합적인 핸드북이 아닌 자료집이다. 우리는 독자들이 이 책을 사용하도록 격려하기 위하여, 특히 독자들의 더 나은 발전과 테스팅, 그리고 정교함을 자극하기 위하여 도움이 될 만한 자료를 모으려고 노력해 왔다. 우리는 실용주의적인 경향이 있다. 우리는 활용하는 어떤 방법—즉, 질적 자료로부터 분명하고 입증할 수 있으며 신뢰할 만한 의미를 생산할 수 있는—이 그 방법의 기원과는 상관없이 유용성을 가지고 있다는 것을 믿는다.

이 책은 분석하는 것에 대한 책이다. 우리는 단지 질문이 분석과 관계가 있으며, 현장에 대한 접근과 참여자들과의 신뢰성 구축과 같은 문제를 단지 부수적으로 거론하는 경우에 한해서 연구 설계와 자료 수집에 대한 질문을 포함한다. 다른 사람이 이러한 문제에 대하여 반복적으로 잘 다루어 왔기에, 우리는 중간중간에 그들의 연구를 인용하고 있으며, 더 많은 정보를 위해서는 부록에 있는 주석을 단 참고문헌을 참조하기 바란다.

우리는 독자의 곁에 머물면서 평탄하지 않은 영역을 통하여 도움이 되는 가이드로서의 역할을 하면서 가능한 한 구체적이고 직접적인 접근법을 취해 왔다. 비록 각 장에서 구체적인 방법을 위한 일관성 있는 지적인 준거틀을 제공하려는 데 목표를 두었다고 할지라도, 우리는 항상 실제적인 자료를 가지고 직접 해 보는 연구를 강조한다. 우리는 요약된 각각의 방법에서 독자가 어떻게 연구가 진행되는가를 볼 수 있고, 방법을 시도할 수 있으며, 가장 중요하게는 어떻게 미래의 연구에서 방법을 수정할 수 있는가를 볼 수 있도록 세부적인 것과 더불어 구체적인 실례를 보여 준다.

비록 어떤 디스플레이들은 처음에는 기를 죽이는 것처럼 보일 수 있지만, 이러한 방법은 다룰 수 있고 간단하다. 그러한 디스플레이들이 여러분을 위협하게끔 놔두지 말라. 그것들은 실제적인 표준이 아니라 단지 예시일 뿐이다. 그것들은 장기간의 훈련 혹은 전문화된 단어를 반드시 요구하지는 않는다. 분석 방법을 개발해 본 경험과 다른 사람의 경험을 사용하거나 적용하는 것은 생산적인 일이라고 할 수 있다. 이 책의 가장 강력한 메시지는 이러한 특별한 방법이 신중하게 적용되어야만 한다는 것이 아니며, 질적 연구자들은 단순하고 실제적이면서 효과적인 분석 방법의 개발, 실험, 수정을 최상위에 두어야 한다는 것이다.

마지막으로, 이 책은 좋은 질적 자료 분석이 요구하는 실험, 대화, 학습을 공유하기 위하여 저술되었다. 우리는 구체적이면서 공유할 수 있는 방법이 실제로 우리 모두에게 속한다는 것을 확신한다. 과거 10년 동안 우리는 새로운 프로젝트에 대한 분석 방법을 세련화하고 개발하는 것이 분명한 이득을 가져왔다는 것을 발견하였다. 또한 발견에 대한 우리의 자신감은 더 커졌으며, 우리의 연구, 실천, 정책의 청중을 위한 신뢰성은 증가하였다. 우리는 동료의 경험이 우리에게 도움이 되어 왔듯이 우리의 경험이 동료에게 도움이 될 수 있기를 바란다.

3. 우리의 방향성

우리는 연구자들이 선호하는 것을 명확하게 하는 것이 가치 있는 일이라고 생각한다. 연구자가 어떻게 세상의 모습을 해석하고 세상에 대해 신뢰할 만한 설명을 하는가를 아는 것은 우리의 대화 파트너를 아는 것이다.

우리는 우리 자신을 **실용주의적 현실주의자들**이라고 칭한다. 우리는 사회적인 현상이 단지 마음속에만 존재하는 것이 아니라 세상에 실제로 존재한다—그리고 어떤 상당히 안정된 관계가 삶의 특이한 혼란 속에서도 발견될 수 있다—는 것을 믿는다. 현상들을 연결하는 규칙성과 연속성이 있다. 이러한 패턴으로부터 우리는 개인적이고 사회적인 생활에 기초를 두고 있는 구조를 도출할 수 있다. 그러한 구조의 대부분은 인간의 눈으로 볼 수 없다는 사실이 그것들을 무가치하게 만들지는 못한다. 결국 우리는 기껏해야 우리가 희미하게 인식하고 있는 합법적인 물리적 기제들에 의하여 둘러싸여 있다.

인간관계와 사회에서는 현실주의자적 접근이 인간관계와 사회를 더 복잡하게 이해하도록 만들지만, 불가능하게 만들지는 않는 독특성과 불일치성을 가지고 있다. 물리학 연구자들과는 다르게, 우리는 사람이 재생산하고 변형하는 제도, 구조, 실천, 그리고 관습과 싸워야만 한다. 인간의 의미와 의도는 볼 수 없으나, 그럼에도 불구하고 이처럼 실존하는 사회 구조의 준거틀 내에서 이해되어야만 한다. 다시 말해 언어, 결정, 갈등, 위계질서와 같은 사회적인 현상은 세상에 객관적으로 존재하며 인간의 행위에 강한 영향력을 행사한다. 인간은 그런 것들을 공통적인 방법 안에서 해석하기 때문이다. 믿어지는 것들이 실제가 되며, 이것들은 조사될 수 있다.

우리는 지식은 사회 · 역사적 산물이며, '사실'은 결국 이론에 이르게 한다는 해석학자의 말에 동의한다. 우리는 사회생활의 중심에서 주관적인 것과 현상적인 것, 그리고 의미를 만드는 것의 존재와 중요성을 확인한다. 우리의 목적은 제한되어 있고, 지각적으로 고민되는 실제 세계를 설명하기 위한 이론을 주장하고 구축함으로써 이러한 과정을 기록하고 초월하는 것이며, 이런 이론을 우리의 다양한 분야에서 실험하는 것이다.

우리의 실험은 전통적인 실증주의의 연역적인 논리를 사용하지 않는다. 그보다는 다른 구조가 우리가 관찰한 사건을 어떻게 보여 주는가에 대하여 설명한다. 우리는 이러한 일련의 과정을 단순히 기록하는 것보다는 사건을 설명하는 것에 목적을 둔다. 우리는 연구 중에서 가장 가능성이 있을 수 있는 영향력에 대한 인과론적인 설명을 하기 위하여 파악할 수 있는 사건의 중심에 있는 개별적이거나 사회적인 과정, 체제 또는 구조를 찾는다.

사회 조사를 행하는 패러다임은 항상 우리의 발아래에서 변하고 있다. 우리의 관점은 우리의 기술에 대하여 더 많은 것을 공유하는 것이 필수적이며, 결론의 적합성을 판단하기 위한 실제적인 방법을 개발하는 것이 가능하다는 것이다. 우리는 질적 연구자에 의하여 사용된 분석적인 절차를 분석하고 재구성할 때 심각한 정도는 아니지만 형식화의 위험에 직면할 수 있다. 우리에게 연구는 방법론적인 규칙을 맹목적으로 고수하는 것이라기보다는 실제적으로 기술(그리고 때때로 예술) 그 이상이다. 어떤 연구도 표준 방법을 정확히 따르지는 않으며, 개별 연구는 연구자가 처한 환경 혹은 사례의 독특성에 방법을 맞출 것을 요구한다. 최소한 우리는 질적 연구자가 현장에서 자료를 모으고 분석할 때 그들이 실제로 하는 것을 발견할 필요가 있다.

이 책에서 방법을 찾고 있는 독자들은 충분할 정도의 형식을 가진 정돈된 방법을 발견하게 될 것이다. 우리는 많은 동료가 자신들의 자료를 통하여 더 여유롭고 제약을 두지 않은 항해를 잘하길 바란다. 우리는 이 책에서 철저하고 명백한 것을 선택해 왔는데, 그런 것이 우리에게 알맞기 때문이 아니라 모호한 묘사가 다른 사람에게 실제로 별로 도움이 되지 않기 때문이다. 그렇지만 이 책에 있는 어떤 기술은 은유적인 사고, 창의적인 표현, 그리고 훨씬 자유로운 관련성을 요구한다는 점에 유의하라. 이 책의 전반적인 구조에서 어떤 기술은 사용되고 어떤 기술은 제외된다. 우리는 독자에게 어떤 명확한 형식주의를 되돌아보고 독자 자신의 연구에서 **사용될 수 있는** 것을 찾기를 권장한다.

4. 질적 연구의 장르

질적 연구는 오랜 전통을 가진 여러 방법으로 행해질 수 있다. 여기서 그러한 방법들에 대한 정당성을 입증하는 것은 불가능하다. 우리의 목적을 위한 질문은 다음과 같다. 질적 연구의 선택된 장르(타입)가 **분석**에 대해 말하기 위하여 무엇을 가지고 있는가? 우리가 어떤 공통적인 주제와 실천을 볼 수 있는가?

Saldaña(2012b)는 민속지학, 근거 이론, 현상학, 사례연구, 그리고 내용 분석과 같은 잘 수립된 전통 방법들로부터 시 탐구, 내러티브 연구, 민속드라마, 자문화기술지, 그리고 2인조 민속지학과 같은 질적 연구의 더 진전된 장르에 이르기까지 조사자들에게 사용 가능한 더 많은 것으로부터 20개 이상의 다른 질적 연구 장르를 묘사한다.

각각의 접근법(이러한 방법들 중 몇 개는 후반부에서 논의될 것이다)은 일반적으로 자료들에 대한 특별한 분석 방법을 적용할 것이다. 예를 들어, 근거 이론은 이론 개발을 위한 주요 범주를 발전시키기 위하여 일련의 누적적인 코딩 주기와 반영적인 분석적 메모하기를 사용한다. 현상학은 참여자 의미의 본질과 요점을 추출하기 위하여 주제별로 자료를 보는 경향이 있다. 혼합 연구 방법은 연구에 대한 더 다면적인 접근을 위하여 질적·양적 자료를 통합하고 분석한다. 시 탐구, 내러티브 연구, 그리고 민속드라마는 학문적이고 학술적인 글쓰기의 전통적이고 관습적인 형식의 반대로서, 시적이고 산문체적이며, 드라마 형식에 있어서 논픽션의 참여자 경험들을 제공하기 위하여 픽션 문학의 관습을 취하고 각색한다.

사회인류학의 1차적인 방법론—민속지학—은 자연주의자의 연구 형식과 비슷하다. 즉, ① 특정한 지역사회와의 확대된 접촉, ② 특이한 사건뿐만 아니라 일상생활의 사건에 대한 관심, ③ 지역적인 상세한 것들에 대한 묘사를 중심으로 특별한 배려와 함께 지역적인 활동에 있어서 직접적 혹은 간접적 참여, ④ 세상에 대한 개인들의 관점과 해석에 대한 초점, ⑤ 비교적 약간 선구조화된 측정 도구, 그러나 종종 오디오와 비디오 기록의 폭넓은 사용, 그리고 ⑥ 다른 연구 전통에 있어서 보다 더 의도적인 관찰이 그것이다.

민속지학적인 방법들은 기술적인 경향이 있다. 분석 업무는 복합적인 자료를 넘어서 도달하고 그 자료들을 압축하는 것이다. 물론 무엇을 남겨 두고 무엇을 강조할 것인가, 무엇을 처음과 마지막에 보고할 것인가, 무엇을 상호 연결할 것인가, 그리고 중요한 아이디어가 무엇인가를 결정하는 데 있어서 분석적인 선택들이 끊임없이 지속된다.

내용 분석, 대화 분석, 담화 분석과 같은 장르는 분석적 과정의 부분으로서 자료 코퍼스(corpus) 안에 있는 문자적인 모든 단 하나의 단어에 대한 뉘앙스와 심겨진 의미들에 대하여 세심한 주의를 기울인다. 반면, 연구와 광음성(photovoice)에 입각한 시각적인 예술은 인간의 경험을 보여 주는 이미지의 힘에 가치를 둔다. 구전 역사는 과거를 기록하는 반면, 행동연구는 보다 나은 미래를 상상하면서 작업한다. 자문화기술지는 자신을 연구하는 반면, 2인조 민속지학은 다른 사람(또한 자기 자신을 조사하는 사람)과의 관계에 있어서의 자신을 연구한다.

이 장의 목적은 여러분에게 가능한 단 하나의 질적 연구에 대하여 기술하는 것이 아니라 대부분의 질적 연구 장르에서 발생하는 어떤 공통적인 특징에 초점을 두는 것이다. 우리는 여기에서 어떤 전형들이 놓치고 있는 점들을 의식하면서 그중 다음과 같은 점을 나열한다.

- 질적 연구는 개인, 집단, 사회 및 조직의 일상적인 혹은 예외적인 삶을 조사하기 위하여 자연적인 환경 안에 있는 참여자들과의 강렬한 혹은 장기간의 접촉을 통하여 행해진다.
- 연구자의 역할은 연구 중에 있는 맥락에 대한 전체적인(체계적이고 포괄적이면서 통합적인) 관점, 즉 사회적인 배열, 작동하는 방법, 그리고 명백하고 암묵적인 규칙을 얻는 것이다.
- 상대적으로 적게 규범화된 측정 도구가 사용된다. 근본적으로 연구에 있어서 연구자 그 자체가 주요 도구이다.
- 연구자는 깊은 주의력과 감정이입적인 이해, 그리고 토론 중에 있는 주제에 관한 정지되어 있거나 한계 지어진 선입관의 과정을 통하여 내부로부터의 지역 참여자들의 인식에 관한 자료를 수집하려고 노력한다.
- 대부분의 분석은 단어와 함께 이루어진다. 단어들은 조합될 수 있으며, 하위 군집화될 수도 있고, 부분으로 나뉠 수도 있다. 연구자는 단어들을 비교하고 비유하며, 분석하고, 그리고 구조화하기 위하여 재구조화할 수도 있다.
- 이러한 경험적인 자료(즉, 데이터)를 탐독하면서, 연구자는 참여자들과 함께 볼 수 있는 어떤 주제와 패턴을 구성할 수도 있다.
- 주요 업무는 특별한 환경에 있는 사람들이 그들의 일상생활을 이해하고 설명하며 행동을 취하는, 그리고 다루는 방법을 묘사하는 것이다.
- 이러한 자료에 대한 많은 해석이 가능하나, 어떤 해석들은 신뢰성과 확신성의 이론적인 이유 혹은 근거를 위해 더 설득력을 가진다.

이러한 특성들이 자연주의적인 연구에서는 더 관련이 있을 수도 있으나, 그들은 어떤 특별한 연구 전통에 있어서는 다르게 구성되고 사용된다.

5. 질적 자료 분석에 대한 접근법

질적 연구를 할 때 여러분은 장르가 모호한 상태로 시작한다. 실용주의적 현실주의자들로서, 우리는 더 이상 어느 하나의 특별한 철학적 접근법의 경계선 내에서 단 하나의 사고 학파 혹은 실천을 맹목적으로 따르지는 않는다. 지난 수십 년에 걸쳐 우리가 적용해 왔던 자료 분석 방법과 기술은 '필요한 것에' 근거하여 사용된 '이것 조금 혹은 저것 조금' 방식이었다. 이것은 우리가 다음에 무엇을 해야 할지에 대하여 즉흥적이고 무모하다는 것을 말하려는 것이 아니다. 반대로 우리는 분석 방법과 작업에 있어서 매우 신중한 자세로 열심히 해 왔다.

시간이 지나면서 이 책에 포함된 방법들—질적 자료를 분석하는 'Miles와 Huberman'의 방법—은 거의 고유한 작품이 되었다. 그러나 여러분이 인정받는 질적 연구자들에게 Miles와 Huberman의 방법을 묘사해 달라고 요청한다면, 여러분은 '체계적인' '엄격한', 그리고 '권위 있는' 것과 같은 긍정적인 서술자에서부터 '구시대적인' '혼란스러운', 그리고 (개인적으로 선호하는) '양의 탈을 쓴 실증주의자들'과 같은 부정적인 서술자에 걸치는 다양한 의견을 듣게 될 것이다. 이 책의 3판에 새로운 공저자로서 Saldaña가 더해졌고, 이러한 방법의 발전은 계속될 것이다.

우리 세 사람은 질적 연구의 어떤 하나의 특별한 장르를 지지하지 않는다. 우리는 세상에서 말하는 것처럼 '부끄럽지 않은 절충주의자들'이다. 그러나 이 책을 통하여 묘사하는 우리의 분석 결과는 아마 근거 이론으로부터 빌려온 기술을 가진 민속지학적 방법에 가장 가까울 것이다. 우리의 질적 분석 방법은 하나의 귀납적인 추론으로부터 선택적으로 자료를 수집하고, 패턴 혹은 규칙성의 탐색을 하는 데 있어서 이 자료를 대조하고 비교하면서, 이렇게 나타나는 군집들을 지지하거나 입증하기 위하여 더 많은 자료를 구하고, 그다음에 또 다른 새로운 자료들과 누적적인 개념들의 연결로부터 점차적으로 추론을 끌어내는 방향으로 옮겨 간다.

1) 분석적인 방법: 공통적인 특징

우리는 질적 분석에 대한 많은 접근법 안에서 반복되는 특징들을 관찰하여 왔다. 표면적으로는 대립되는 어떤 두 가지가 있을 수 있다. 예를 들면, 합법적인 관계에 대한 탐색(사회인류학) 대 개인을 초월할 수 없고, 개개인에게 복합적이면서 유력한 해석을 제공할 수 있는 근본에 대한 연구(현상학)이다. 여전히 어떤 분석적인 실천은 다른 질적 연구 형태를 넘어서 사용될 수 있다. 여기에 순차적으로 배열된 상당히 고전적인 분석 과정이 있다.

- 현장노트, 인터뷰 사본 혹은 기록물에 코드 혹은 주제 부여하기
- 유사한 문구와 변수, 패턴, 주제, 범주 간의 관계와 하위 집단 간의 분명한 차이, 그리고 공통적인 순서를 확인하기 위한 코드화된 자료를 통한 분류와 변형하기
- 이러한 패턴과 과정, 그리고 공통점과 차이를 분류하고 자료 수집의 다음 단계로 가져가기
- 반영하는 글을 기록하기 혹은 메모, 일지, 그리고 분석적 메모에 소견 적기
- 자료에서 구별되는 일치성을 포함하는 주장, 가정, 그리고 일반화를 점차적으로 정교화하기
- 그러한 일반화를 구성 혹은 이론의 형식 안에 있는 공식화된 지식과 비교하기

모든 질적 연구자에 대한 분석적 도전은 개인과 사회생활 안에서 내재하는 갭, 불일치성, 그리고 모순의 모든 것을 여전히 포함하는 일치하는 묘사와 설명을 발견하는 것이다. 위험은 고르지 못하고 때로는 임의적인 사회생활의 본질을 평가하는 이론을 구성하는 논리 질서, 그리고 개연성을 강요하는 데 있다.

우리는 지금 사용 중에 있는 분석적 접근법의 바람직한 다양성을 인정하면서 이와 같은 반복적인 특징들로 돌아갈 것이다. 그렇지만 다음으로 우리는 '질적 연구에서 우리가 실제로 접하게 되는 자료는 어떠한 것들인가?'라는 것을 질문하기 위하여 한 발짝 뒤로 물러나서 생각할 필요가 있다.

6. 질적 자료의 본질

1) 일반적인 본질

이 책에서 우리는 1차적으로 단어들의 형태—즉, 확대된 텍스트 형식 안에 있는 언

어―안에 있는 자료에 초점을 둔다. 질적 자료는 또한 정지되어 있거나 움직이는 이미지로서 나타날 수 있으나, 우리는 이러한 형태를 광범위하게 다루지는 않는다(시각 자료를 위해 추천된 제목들과 안내를 위해서 부록을 참조하라).

우리가 수집하고 분석하는 단어들은 **관찰, 인터뷰, 기록물과 인공물**에 입각해 있다. 이러한 자료 수집 활동은 전형적으로 일정한 기간 동안 지역 환경에 가장 근접한 거리 안에서 수행된다. 그와 같은 자료는 일반적으로 분석을 위하여 즉각적으로 접근 가능하지는 않으나 약간의 과정이 필요하다. 전혀 손대지 않은 현장노트는 확장되고 타이핑되어야 하고, 녹화된 기록물은 전사되고 수정되어야 하며, 사진은 기록되어야 하고 분석될 필요가 있다.

그러나 우리가 현장 경험에 부여한 단어들은 필수적으로 우리의 암시적인 개념들에 의하여 구성되며, 현장노트의 과정 그 자체가 문제가 있다. 우리가 현장에서 본 것과 들은 것에 관하여 기록하기 위해서 선택하는 단어들은 결코 진실로 '객관적'일 수가 없다. 그것들은 단지 우리가 경험하는 것들에 대한 우리의 해석일 수밖에 없다. 유사하게, 녹화된 기록에 대한 전사는 우리가 다소 다른 텍스트를 생산할 수 있는 많은 방법으로 행해질 수 있다. 그리고 현장에 대한 연구자의 개인적인 **신념, 태도,** 그리고 **믿음**의 영향은 불가피하지 않다.

바꿔 말하면, 질적 자료는 행동(behavior)에 대한 것이라기보다는 **행위**(action)에 대한 것이다(행위는 의도와 의미를 내포하고 있고, 결과를 낳는다). 어떤 행위는 상대적으로 솔직하다. 다른 행위는 '이미지 관리'―사람들이 연구자를 포함한 다른 사람들이 자신들을 어떻게 보기를 원하는가―를 포함한다. 더군다나 그러한 행위들은 항상 그들이 어떻게 내부자와 외부자로서의 연구자에 의하여 해석될 수 있는가에 깊게 영향을 미치는 사회적 · 역사적 맥락 내의 어떤 특별한 상황 안에서 발생한다.

따라서 질적 자료의 분명한 단순함은 연구자의 많은 배려와 자기인식을 요구하는 엄청난 복잡성을 감추게 만든다.

2) 질적 자료의 강점

잘 수집된 질적 자료의 특징 중 중요한 한 가지는 **자연스러운 현장**에 있는 **자연스럽게 발생하는 일반적인 사건들**에 초점을 둔다는 것인데, 그래서 우리는 '실제 생활'이 무엇인지를 잘 다룰 수 있다. 이러한 확신은 자료가 특별한 상황에 매우 근접하여 수집되었다는 사실인 **지엽적인 확실한 근거**에 기초를 두고 있다. 여기서 그것의 맥락 안에 있는 초점화되고 한정된 현상인 특별한 **사례**가 강조된다. 지엽적인 맥락의 영향은 없어지는 것이 아니라 오히려 고려된다. 잠재적이고 저변에 깔려 있거나 명백하지 않은 문제들을 이해할 수 있는 가능성은 더 많다.

질적 자료의 또 다른 특징은 복잡성을 표출하기 위한 강한 잠재성과 함께 내용의 **풍부함과 전체성**이다. 그와 같은 자료는 생동감이 있고 실제 맥락 안에 존재하며, 독자에게 강력한 영향력을 미치는 '풍부한 묘사'(Geertz, 1973)를 제공한다.

더군다나 **지속적인 기간**에 걸쳐 수집된 그러한 자료는 어떤 과정(역사를 포함하여)을 연구하는 데 있어서 매우 강력한 영향을 미칠 수 있다. 우리는 '무엇이?' 혹은 '얼마나 많이?'라는 단순한 현상을 뛰어넘어 사건이 어떻게, 그리고 왜 발생하는가와 심지어 특정한 장소에서 실제로 유발되는 인과성까지도 평가할 수 있다. 질적 연구가 본래 가지고 있는 **융통성**(자료 수집을 위한 시간과 방법은 연구가 진행됨에 따라 변할 수 있다)은 우리에게 무엇이 진행되고 있는가를 실제로 이해하는 데 더 강한 확신을 준다.

사람들의 살아 있는 경험을 강조하는 질적 자료는 사람들이 그들의 삶 속에서 일어나는 사건, 과정, 그리고 구조에 두는 **의미**를 발견하고, 그러한 의미를 그들을 둘러싸고 있는 사회적 세상과 연결하는 데 근본적으로 매우 적합하다.

우리는 질적 자료의 힘에 대하여 세 가지 다른 주장을 한다. 그들은 질적 자료는 발견을 위한, 예를 들어 새로운 영역을 탐색하고, **가설을 발전시키기** 위한 최고의 전략이라고 주장하여 왔다. 게다가 우리는 **가설을 테스트**하고 특정한 예측을 지지할 것인지의 여부를 보기 위한 질적 연구의 강력한 잠재성을 강조한다. 마지막으로, 질적 자료는 똑같은 현장으로부터 수집된 **양적** 자료를 보충하고 검증하거나 명확하게 할 필요가 있을 때 유용하다.

질적 자료의 장점은 전적으로 분석이 수행되는 연구자의 능력에 달려 있다. 우리에게 분석이란 무엇을 의미하는가?

7. 질적 자료 분석에 대한 우리의 견해

우리는 분석을 다음과 같은 세 가지가 동시에 발생하는 활동의 흐름으로 본다. 자료 압축, 자료 디스플레이, 그리고 결론 도출 및 확인이다. 우리는 이 책을 통하여 좀 더 심도 있게 이와 같은 세 가지 요소를 각각 살펴볼 것이다. 지금은 단지 전체적인 개요만 언급할 것이다.

1) 자료 압축

자료 압축이란 쓰인 현장노트, 인터뷰 전사물, 기록물, 그리고 다른 경험적인 자료의 전체 코퍼스에 나타나는 자료를 선택하고, 초점을 두며, 단순화하고, 요약하며, 변형화하는 과정을 말한다. 압축하면서, 우리는 자료를 더 강력하게 만들어 간다. [우리는 '자료 환원(data reduction)'이라는 용어가 과정에 있어서 어떤 것을 약화시키거나 손실시키는 것을 의미하기 때문에 자료 환원이라는 용어에 거리감을 둔다.]

우리가 보듯이, 자료 압축은 질적인 경향성이 있는 프로젝트의 과정을 통하여 계속해서 발생한다. 자료가 실제적으로 수집되기 훨씬 이전부터 연구자가 (종종 충분한 고려 없이) 어떤 개념적 준거틀, 어떤 사례, 어떤 연구 질문, 그리고 어떤 자료 수집 접근법을 선택할 것인가를 결정하면서 예비적인 자료 압축이 발생하고 있다. 자료 수집이 진행되면서 자료 압축의 더 많은 에피소드(요약하기, 코딩하기, 주제 발전시키기, 범주 만들기, 그리고 분석적 메모하기)가 발생한다. 자료 압축ㆍ변형 과정은 현장일이 끝나고 마지막 보고서가 완성될 때까지 계속된다.

자료 압축은 분석과 별개의 것이 아니다. 그것은 분석의 한 부분이다. 어떤 자료를 코드화하고 배제할 것인가, 어떤 범주 라벨을 최고로 많은 부분으로 요약할 것인가, 그리고 어떻게 진행되는 이야기를 말할 것인가 등과 같은 연구자의 결정들이 모두 **분석적 선택**이다. 자료 압축은 '최종적인' 결정이 나고 입증될 수 있는 그와 같은 방법에 있어서 자료를 선명하게 하고, 분류하며, 초점을 두고, 버리고, 조직하는 하나의 분석 형태이다.

자료 압축에 따른다고 해서, 그것이 반드시 수량화를 의미하지는 **않는다**. 질적 자료는 선택, 요약 혹은 문장 바꿔 쓰기와 더 커다란 패턴 안에서 포함하기 등과 같은 여러 방법을 통하여 환원될 수 있다. 때때로 자료를 **등급**(예: 분석가가 프로그램이 '높은' 혹은 '낮은' 효과성 등급을 가지고 있는가를 결정하는 것)으로 변형하는 것이 도움이 될 수도 있으나 이것이 항상 필요한 것은 아니다.

2) 자료 디스플레이

분석의 두 번째 중요한 흐름은 자료 디스플레이다. 일반적으로 디스플레이란 결론을 도출하고 행위를 이끌어 낼 수 있는 조직화되고 압축된 정보의 조합이다. 일상생활에서 디스플레이는 가솔린 눈금에서부터 신문, 페이스북 상태 업데이트까지 다양하다. 디스플레이를 보는 것은 우리에게 무엇이 발생하고 있고 어떤 것을 해야 하는가—그러한 이해를 바탕으로 분석을 더 할 것인가 혹은 행동을 취할 것인가—를 이해하는 데 도움을 준다.

과거에 질적 자료를 위한 디스플레이의 가장 흔한 형태는 **확장된 텍스트**였다. 나중에 언급하겠지만, 텍스트(말하자면, 1,000페이지에 달하는 현장노트 형식의)는 매우 부담스럽다. 그 텍스트는 산만하게 흐트러져 있으며, 동시적이라기보다는 연속적이며, 허술하게 구조화되어 있으며, 그 양이 엄청나게 방대하다. 단지 확장된 텍스트를 사용하는 연구자는 성급하고 부분적이며 근거가 없는 결론을 내리기 쉽다는 것을 발견할 수도 있다. 인간은 엄청난 양의 정보를 다룰 수 있는 정보처리기만큼 매우 강력하지 못하다. 확장된 텍스트는 인간의 정보처리능력을 마음대로 지배할 수 있으며, 단순화된 패턴을 발견하고자 하는 우리의 능력을 희생시킨다. 혹은 우리는 과감하게 길고 '지루한' 문장을 건너뛰어 현장노트 124페이지에 나오는 흥미로운 사건과 같은 생동감 넘치는 정보에 지나치게 무게를 둔다. 89페이지부터 123페이지가 무시될 수도 있으며, 비중과 선택에 대한 기준이 의문시되지 않을 수도 있다.

우리의 연구 과정에서, 우리는 좋은 디스플레이가 질적 분석을 단단하게 할 수 있는 중요한 방법이라는 것을 확신해 왔다. 이 책에서 논의되고 보여 준 디스플레이는 많은 형태의 매트릭스, 그래프, 도표, 네트워크를 포함한다. 앞에서 언급한 분석의 제시 방법들을 통하여 연구자는 분석의 결과를 가시화함으로써 쉽고 간략한 시각화로 연구가 제시하는 결론을 정당화하거나 시각화된 정보를 가지고 다음 단계로 넘어갈 수 있도록 한다.

자료 압축과 함께 디스플레이의 창작과 사용은 분석과 따로 떨어진 것이 아니라 분석의 한 **부분**이다. 디스플레이를 구상하는 것—질적 자료를 위한 매트릭스의 행과 열을 결정하고 어떤 형태에서 어떤 자료를 셀 안에 입력해야 하는가를 결정하는 것—이 분석적인 활동이다. (디스플레이를 구상하는 것은 또한 분명한 **자료 압축**의 의미를 가지고 있다는 것에 유의하라.)

이 책에서 우리는 더 체계적이고 강력한 디스플레이를 주창하며, 생성과 사용을 위한 더 창의적이고 자의식이 있는 반복적인 자세를 촉구한다. 우리가 이전의 글에서 말했듯이, "당신은 당신이 보여 주는 것만 아는 것이다."

3) 결론 도출 및 확인

분석 활동의 세 번째 흐름은 결론 도출과 확인이다. 자료 수집의 시작으로부터, 질적 분석가는 패턴, 설명, 인과적 흐름, 그리고 가정에 주목하면서 사건이 무엇을 의미하는가를 해석한다. 유능한 연구자는 개방성과 의구심을 유지하면서 가볍게 이러한 결론을 가지는데, 그 결론은 처음에는 여전히 모호하나 그다음에는 점차로 분명해지고 현실에 기반을 두게 된다. 현장노트의 코퍼스의 크기(코딩과 용량), 연구자의 전문성과 같은 사용되는 검색 방법, 그리고 맞춰져야 할 마감일에 따라 자료 수집이 끝날 때까지는 '최종' 결론이 도출되지 않을 수도 있다.

우리의 견해에 있어서, 결론 도출은 단지 2인승 쌍둥이자리(Gemini) 형태의 반에 불과하다. 결론은 또한 분석가가 진행하면서 확인된다. 확인은 현장노트를 다시 참고하면서 글을 쓰고 있는 동안에 분석가의 마음을 지나가는 2차적인 생각과 같이 간단할 수도 있고, 혹은 '상호 주관적인 동의'를 발전시키기 위하여 동료와의 장황한 토론 및 검토와 함께, 그리고 다른 자료에서 발견한 것을 재발견하기 위한 광범위한 노력과 함께 철저하고 정교할 수도 있다. 자료에서 나타나는 의미들은 개연성, 강인성, 확인성, 즉 타당도를 위하여 검증되어야만 한다. 게다가 우리는 발생되었으나 알려지지 않은 진실과 유용성을 가진 흥미로운 이야기를 보게 된다.

우리는 '분석'이라고 불리는 일반적인 영역을 정리하기 위하여 유사한 형태에서 자료 수집 전과 자료 수집 동안, 그리고 자료 수집 후에 서로 얽힌 이러한 세 가지 흐름—자료 압축, 자료 디스플레이, 결론 도출 및 확인—을 제시하였다. 이 세 가지 흐름은 [그림 1-1]에서 보이는 것처럼 제시될 수도 있다. 이것이 우리의 첫 번째 네트워크 디스플레이다. 이러한 관점에서 분석 활동과 자료 수집 활동의 세 가지 형태는 그 자체가 상호 작용적이며, 순환적인 과정을 형성한다. 연구자는 자료 수집을 하는 동안에 이러한 네 마디 사이를 끊임없이 움직이며, 그다음에는 연구의 남은 부분을 위하여 압축, 디스플레이, 결론 도출 및 확인 사이를 왕복하게 된다.

예를 들어, 자료의 코딩(자료 압축)은 무엇이 매트릭스(자료 디스플레이) 안에 들어가야

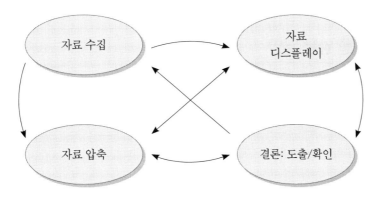

[그림 1-1] 자료 분석의 요소: 상호 작용적 모델

출처: Miles & Huberman (1994).

하는가에 대한 새로운 아이디어를 이끌게 된다. 자료를 입력하는 것은 더 많은 자료 압축을 요구한다. 매트릭스가 채워짐으로써 초보적인 결론이 도출되나, 그러한 결론은 결론을 검증하기 위하여 매트릭스에 또 다른 열을 더하기 위한 결정을 하도록 만든다.

이러한 관점에서, 질적 자료 분석은 계속적이며 반복적인 계획이다. 자료 압축, 디스플레이, 그리고 결론 도출 및 확인의 문제는 분석 에피소드가 발생함에 따라 계속해서 나타난다. 그러한 과정은 양적 방법의 연구자들이 사용하는 분석 방법과 마찬가지로 실제로 복잡하지도 않고 개념적이지도 않다. 좋은 동료들처럼, 질적 연구와 양적 연구는 자료 압축(평균치 산술, 표준편차), 디스플레이(상관관계 도표, 회귀 인쇄물), 결론 도출 및 확인(유의 수준, 실험ㆍ통제 집단 간 차이)의 내용으로 구성되어야 한다. 그러나 두 연구의 활동은 잘 정의되고, 익숙한 방법을 통하여 수행되고, 규범을 가지고 이루어지며, 반복적이거나 순환적이라기보다는 일반적으로 더 연속적이다. 반면에 질적 방법의 연구자들은 더 유동적이며 더 인간적인 입장에 있다.

따라서 우리가 주장해 왔듯이, 질적 분석은 우리가 배우는 것을 돕기 위하여 과정으로서 잘 기록되어야 할 필요가 있다. 우리는 우리의 방법을 반영하고 세련되게 하기 위하여, 그리고 그러한 방법들을 다른 사람들이 더 일반적으로 사용할 수 있도록 하기 위하여 자료를 분석하고 있을 때 무엇이 진행되고 있는가를 더 분명히 이해할 필요가 있다.

8. 독자들을 위한 제안

독자가 어떤 특별한 책을 가지고 무엇을 해야 하는가에 대한 추천은 종종 주제넘거나 잘못되거나 양쪽 모두에 해당된다. 저자들은 그들의 책을 누가 읽는지, 독자들이 유용한 것을 발견할 수 있는지에 대하여 통제할 수 없다. 그럼에도 불구하고 우리는 다른 사용자들의 유형을 위한 몇 개의 제안을 하고자 한다.

1) 학생들과 다른 초보 연구자들

우리는 여러분이 종종 일반적으로 단일 사례를 혼자 연구하게 될 것이라는 점과 논문이든 다른 연구든 여러분의 연구의 질에 대하여 걱정할 수도 있다는 점을 염두에 두면서 여기 몇 가지의 직접적인 조언을 하고자 한다.

① 이 책은 분석에 초점을 맞춘다. 현장일의 기본을 돕기 위한 다른 기본서를 이용하라(추천된 제목들과 자료를 위해서 부록을 참조하라).

② 행하면서 배우라. 당신의 연구(그 연구가 계획 단계에 있든 수행 중에 있든)를 수단으로 사용하고, 그것을 각 장에 나타나는 관련이 있는 방법들에 적용해 보라.

③ 연구를 진행하면서 당신의 연구에 반응해 줄 수 있는 비판적인 친구 혹은 멘토가 될 수 있는 사람을 발견하여 혼자 연구를 하면서 마주하게 될 문제를 보완하라.

④ 당신이 연구 중에 부딪히는 것에 대한 비공식적인 일지를 적으라. 이러한 전략은 당신의 학습에 도움이 될 것이며, 당신이 보고서를 작성할 때 유용할 것이다.

⑤ 특별한 디스플레이의 전문용어에 대하여 걱정하지 말라. 문제는 디스플레이가 당신을 위하여 할 수 있는 것이다.

⑥ 당신의 학습에서 가장 큰 적은 당신이 연구를 '올바르게 수행하고' 있지 않다는, 바로 당신을 갉아먹는 그 걱정이다. 박사학위 논문 작업이 그러한 걱정을 더욱 부채질하는 경향이 있다. 그러나 어떤 특정한 분석적인 문제도 여러 유용한 방법 안에서 접근될 수 있다. 창의성, 즉 문제로부터 벗어나는 당신의 방법을 개발하는 것이 분명히 더 좋은 자세이다.

2) 경험이 있는 연구자들

이 책은 자료집이다. 동료들은 그들이 여러 가지 방법으로 이 책을 사용해 왔다고 우리에게 말하였다.

① 대강 훑어보기: 이 책은 다양한 종류의 자료를 포함하고 있다. 구조화되지 않은 방법으로 그러한 것을 단순히 탐색하는 것이 유익할 수 있다.

② 문제 해결: 이 책을 여는 어떤 사람은 질적 자료를 분석하는 데 있어서 다소 자세하게 정의된 문제와 함께 이 책에 접근하게 된다. 이 책의 적절한 부분에 쉽게 접근할 수 있도록 하기 위하여 색인이 '문제에 민감해질 수' 있도록 구성되어 있다. 또한 내용이 이러한 방법 안에서 사용될 수 있다.

③ 'A부터 Z': 어떤 독자들은 시작부터 끝까지 연속적으로 책의 전 과정을 빼놓지 않고 읽는다. 우리는 그러한 방법으로 이해할 수 있도록 이 책을 구성하였다.

④ 조작적인 사용: 혼자 혹은 동료들과 함께 질적 연구 프로젝트를 수행하는 독자들을 위하여 다가오는 분석 과업(예: 연구 질문의 형성, 코딩, 시간에 따른 디스플레이)에 초점을 둔 특별한 부분을 읽은 다음에 동료들과 그 부분에 대하여 토론하고, 여기서 요약된 방법들을 수정하고 새로운 방법들을 개발하면서 마지막으로 프로젝트에서 새로운 단계를 계획하는 것이 유용할 것이다.

⑤ 연구 컨설팅: 이 책은 연구 프로젝트를 시작하고 진행하고 있는 동안에 조언하고 컨설팅 역할을 하는 사람들에게도 사용될 수 있다. 좋은 문제를 확인하는 역할을 맡고 있는 연구 컨설턴트는 사려 깊은 프로젝트 설계와 초기의 문제에 대처하는 것을 돕기 위하여 문제 해결 혹은 직접적인 훈련 형태로 클라이언트와 협력할 수 있다.

3) 질적 연구 방법 과목을 가르치는 교사들

어떤 동료들은 이 책을 주교재로, 다른 동료들은 부교재로 사용해 왔다. 어떤 경우든 우리의 충고는 적극적인 자료 수집과 분석에 학생들을 개입시키라는 것이다. 이 책은 질적 연구에 '대한(about)' 방법론 과목의 형식에서 도움이 될 수 있도록 구성되지 않았으며, 질적 연구를 진행하는 데 있어서 직접적인 경험을 제공하지 않는다. 실제적인 자료가 필요하다.

각 주제를 위하여, 우리는 워크숍을 통해 함께하는 개인들 혹은 한 조로 작업하는 두 사람에 의하여 수행되는 다음과 같은 학습 접근법을 사용해 왔다.

① 각 절의 중요한 개념적인 요점을 분명하게 하기 위한 **입문적인** 강의, 독서
② 간단한 학습 과제(예: 개념적 준거틀 그리기, 코딩 인용문 코딩하기, 매트릭스 견본 설계하기, 네트워크 그리기, 작성된 매트릭스 해석하기 혹은 첫 번째 분석 작성하기)
③ 개인들 혹은 두 사람의 작품 비교하기, 일반화 도출하기, 그리고 방법의 미래 적용 토론하기

비록 한 학기 동안 개설되는 수업에서는 적용 범위가 더 깊어질 수 있겠지만, 이 책이 한 학기 수업에서 사용될 때에도 똑같은 일반적인 원리가 적용된다. 수업에서 비판되는 실제적인 연구 과제에 초점을 두는 중간 연습은 특히 생산적이다. 개인적인 기록 혹은 일지를 통한 적극적이고 반영적인 자기기록이 또한 도움이 될 것이다.

9. 마무리 및 넘어가기

이 서론은 책의 나머지 장에 대한 간단한 기초 작업을 제공하였다. 분석은 진행하는 것이므로 분석 작업에 있어서 나중에 중요한 역할을 할 초보적인 연구 설계 결정을 위한 다음 장으로 나아가고자 한다.

제2장 연구 설계와 관리

장 요약

이 장에서는 질적 연구 설계 초기 단계의 기술적 방법에 대해 설명한다. 주요 주제는 개념적 틀, 연구 질문, 표집, 자료 분석, 혼합 연구 방법의 고찰과 컴퓨터 프로그램을 사용한 자료 관리이다.

내용

1. 서론

2. 치밀한 설계와 느슨한 설계의 균형

3. 개념적 틀 만들기
   1) 설명 및 근거
   2) 예시
   3) 조언

4. 연구 질문 만들기
   1) 설명 및 근거
   2) 예시
   3) 조언

5. 사례의 정의
   1) 설명 및 근거
   2) 예시
   3) 조언

6. 표집: 수집된 자료 결합
   1) 설명 및 근거
   2) 질적 표집 방법의 주요 특징
   3) 일반적 표집 전략
   4) 사례 내 표집
   5) 다중 사례 표집
   6) 예시
   7) 조언

7. 연구 도구
   1) 설명 및 근거
   2) 예시
   3) 조언

8. 질적 자료와 양적 자료의 연계
   1) 혼합 연구 방법 설계로의 접근

9. 자료 분석과 관련한 연구 관리 쟁점
   1) 컴퓨터 프로그램 사용
   2) 자료 관리
   3) 연구팀 구성과 시간계획

10. 마무리 및 넘어가기

11. 주석

1. 서론

질적 연구 프로젝트의 연구 설계는 제안 단계와 계획 단계 및 시작 단계에서 대부분 결정된다. 연구 설계의 결정은 분명하고 명확하게 결정되기도 하고, 암시적이거나 배경지식 없이 내려지기도 하며, 자연스럽게 결정되기도 한다. 질적 연구자는 연구의 문제점, 연구 참여자들, 수집될 자료와 그 자료를 어떻게 관리하고 분석할 것인지에 초점을 맞추게 된다.

이 책은 분석에 관한 것이지만, 연구 설계에 대해 논의할 필요도 있다. 연구 설계의 결정은 선행 연구 요약과 같이 분석적으로 보일 수 있는데, 이는 특정 변수의 배제, 연관성, 다른 변수의 처리 등이 이후의 분석에 영향을 주기 때문이다. 즉, 연구 설계는 분석적 흐름을 보여 준다. 어떤 연구 설계는 주로 개념적이어서 개념적 구조, 연구 질문, 표집, 사례 정의, 자료 분석과 수집될 자료의 특징을 다룬다. 또 다른 연구 설계는, 자료 관리의 문제이긴 하지만, 어떻게 자료를 저장하고 정리하며 처리하는지, 그리고 어떤 컴퓨터 프로그램으로 작업을 지원할 것인지에 중점을 둔다.

질적 연구에 대해 여기서 완벽히 다룰 수 없으므로 주제와 관련한 제목을 부록에서 참조하기 바란다. 이 장에서는 연구의 초점이 맞춰지고 구조화되면서 생기는 분석 문제에 대해 논의하겠다. 구체적인 예시를 제시하겠지만, 어떤 연구에서든 분석적 문제는 독특하고 융통성 있게 다루어져야 함을 강조하고 싶다. 어떤 연구자의 질적 연구 설계가 다른 사람의 연구에서도 반복 가능한 것은 아니기 때문이다. 또한 초기에 결정한 연구 설계는 거의 항상 재설계되기 때문이다.

2. 치밀한 설계와 느슨한 설계의 균형

현장 연구를 시작함에 앞서, 질적 연구 설계는 어느 정도로 계획되어야 할까? 비구조화 혹은 귀납적 연구자라도, 어느 정도의 계획을 가지고 현장 연구에 임한다. 사회학자는 가족이나 조직에 초점을 두고, 그 관점을 통해 전공 분야의 특징이 있는 '5Rs'—역할(Role), 관계(Relationship), 규칙(Rules), 일상(Routines), 의식(Ritual)—와 같은 자료를 찾을 것이다. 만약 사회학 연구자들이 옷장이나 구내식당을 관찰한다면, 건축가나 요리사의 관점과는 달리 그 장소와 그 안의 내용물을 사용하는 사람들의 공유 방식에 관심을 두고 볼 것이다. 심리학자는 같은 현상에 대해 다른 방향으로 접근하여 동기, 불안, 의사소통 역동에 초점을 둘 것이다.

어떤 질적 연구자들은 연구 설계의 사전 구조화를 최소화한다. 사회의 과정은 명확한 개념적 틀이나 기준을 가지고 접근하기에는 너무 복잡하고, 상대적이며, 규정하기 어렵고, 유동적이라고 생각하기 때문이다. 그래서 자료를 수집할 때 보다 느슨한 구조, 새로운 방법, 귀납적인 접근법을 선호한다. 이러한 연구자들의 개념적 틀은 연구가 진행되면서 연구 현장에서 드러나는 편이다. 즉, 중요한 연구 질문은 서서히 명확해질 것이다. 의미 있는 현장과 연구 참여자들은 현장 연구 이전에 선택되는 것이 아니라, 연구 현장에서 초기 오리엔테이션 이후에만 선택될 수 있다.

매우 귀납적이고 느슨한 설계의 연구는 경험 많은 연구자가 충분한 시간을 갖고, 익숙하지 않은 문화, 연구되지 않은 현상 또는 매우 복잡한 사회 과정을 분석할 때 적절하다. 그러나 질적 연구에 익숙하지 않거나 친숙한 문화 또는 하위 문화 안에서 더 잘 이해되는 현상을 다룰 때 느슨하고 귀납적인 설계는 시간 낭비일 수 있다. 수개월간의 현장 연구와 방대한 사례연구는 진부한 결과만을 가져올 수 있다.

치밀한 설계는 상세하게 기술된 구조로 연구하는 연구자에게 더 적합한 과정이다. 사실 질적 연구는 완전하게 확증적일 수 있음을 알아야 한다. 실험 혹은 추가적 설명으로 개념화할 수 있기 때문이다. 또한 치밀한 설계는 절차와 과부하에 대해 걱정하는 초보 연구자에게 명확성과 연구의 초점을 제공한다.

따라서 연구 설계는 치밀하고 사전에 구조화되거나 또는 느슨하게 설계될 수도 있다. 많은 질적 연구가 이 양극단 사이에 놓여 있다. 그러면 질적 연구 설계는 사전에 어느 정도로 구조화되어야 하는가? 그것은 시간적 여유, 그 현상이 이미 얼마나 연구되어 알려져 있는가와 사용 가능한 자료들, 그리고 앞으로 진행될 분석에 달려 있다.

첫째, 초기 설계가 느슨할수록 자료 수집이 덜 의도적일 수 있다. 주요 개념이나 규칙적 패턴이 사례에서 자연스럽게 드러나기를 기다린다면, 초기 단계에는 **모든 것이 중요**해 보인다. 자료에 열중한 연구자는 자료를 분류하는 데만 여러 달이 걸릴 것이다. 논문을 쓰거나 장기간의 연구비가 지원된다면 그러한 시간적 여유가 있을 수 있지만, 대부분의 연구는 시간적 제약이 따른다.

둘째, 현장 연구란 단일 사례연구보다는 다중 사례연구일 수 있다. 만일 여러 현장 연구자가 공통적인 구조나 자료 분석 없이 귀납적으로 작업한다면, 반드시 자료 과부하와 사례 간 비교 가능성의 어려움이라는 이중 딜레마에 빠질 것이다.

그렇다면 우리는 우선 연관성의 패턴을 설명하고 분석하기 위해서 연구 현장으로 나왔다는 것을 기억해야 한다. 연관성에서 시작하는 연역적 방법과 점차 연관성을 찾아가는 귀납적 방법 모두 가능하다. 개념화 과정에서 각각의 현장 연구로부터 얻은 많은 사실과 발견을 광범위하게 일관성 있는 일반화로 끌어내는 데, 두 가지 접근법 모두 필요하다.

마지막으로, 연구자로서 우리는 배경지식이 있다. 우리는 세밀함, 복잡함, 그리고 미묘함을 보고 분석하면서 배경지식을 갖추게 된다. 우리는 물어봐야 할 질문들을 알고 있고, 어떤 사건들을 주의 깊게 관찰해야 하는지, 우리의 이론적인 관심이 현장에서 어떻게 구체적으로 나타나고 있는지도 알고 있다. 배경지식을 너무 '이용하지' 않는 것도 문제가 될 수 있다.

분명 여기에는 상호 보완이 수반된다. 예를 들면, 다중 사례연구에서 초기 구조가 느슨할수록 더 많은 각 연구자가 사례의 특이점에 민감하게 영향을 받는다. 그러나 사례 간 공통점을 찾기 힘들고, 비용과 정보의 양은 엄청날 것이다. 치밀하게 균형 잡힌 설계는 그 반대의 딜레마에 직면한다. 더 많은 경제적, 비교 가능한, 일반화 가능성이 있는 발견을 가져오는 반면, 사례에 덜 민감하고 사례 간 분석적 질문에 답하기 위해 맥락과 관련된 형태에서 정보를 왜곡할 수도 있다. 특정 연구를 위해 연구 설계 연속선의 어느 쪽 끝을 고를 것인지는 연구자에게 달려 있다. 양극단의 중간 지점이 하나의 방법이고, 이것은 아마 대부분의 질적 연구자가 택하는 방법일 것이다.

3. 개념적 틀 만들기

1) 설명 및 근거

개념적 틀은 주요 요소, 변수, 구조와 같은 연구될 주제와 그 사이에 가정된 연관성을 도표나 이야기 형태로 설명한다. 틀은 단순하거나 상세할 수 있고, 상식적이거나 이론 기반적일 수 있으며, 서술적이거나 인과적일 수 있다.

개념적 틀이란 간단히 말하자면, 연구자가 연구하고 있는 영역에 대한 현재 버전의 지도와 같은 것이다. 연구 영역에 대해 연구자가 아는 것이 늘어남에 따라 지도가 달라지고 통합된다. 따라서 개념적 틀은 연구 초기에 발달하고, 연구가 진행됨에 따라 발전한다.

적어도 시작 단계에서는 어떤 변수들이 가장 중요한지, 어떤 관계가 가장 의미 있을지, 그리고 결과적으로 무슨 정보가 수집되고 분석되어야 하는지를 결정해야 한다. 만약 다양한 연구자가 참여하는 연구라면, 개념적 틀은 동일한 현상에 대한 사례 간 분석이 가능하도록 도울 것이다.

이론의 정립은 자세한 사실들을 포함하는 몇 가지 일반적 구조가 필요하다. **문화, 사회 지능, 정체성**과 같은 구조는 우리가 지적 '저장소'에 붙이는 이름표이고, 그 저장소에는 별개의 행동, 상태, 변수, 범주, 과정과 사건이 들어 있다. 귀납적으로 접근하는 연구자들도 연구에서 어떤 저장소가 활용될지, 그리고 그 안에 무엇이 있을지 알고 있다. 저장소는 이론, 개인적 경험, 그리고 구상 중인 연구의 목표에서 나온다. 저장소를 설정하고, 이름표를 붙이고, 그 상호 연관성에 대해 더 분명히 아는 것은 개념적 틀을 이해하는 데 도움이 된다.

2) 예시

개념적 틀은 우선 누구와 무엇을 연구할지, 하지 않을지를 보여 준다. [그림 2-1]은 한 학급의 담임 선생님이 받는 수많은 영향요인을 도표로 목록화한 초안이다.

이 그림은 어떤 학급의 담임 선생님이 학생들에게 수업을 할 때 영향을 미친다고 연구자들이 확인한 사람들(공립학교 교육감, 지역 독서교육 지도자 등)과 '사물' 또는 공식적인 문서ㆍ정책(주 정부 지정 교과서, 지역 표준과 교과 과정 등)을 나타내고 있다. 수준, 주, 지역, 지역의 규모와 감독, 권위의 암묵적 계급, 그리고 하향식 힘의 분배에 따라 사람 또는 사건을 일반적으로 군집화하였다.

여기서 개념적 틀의 초점화 기능을 볼 수 있다. 이 긴 목록에 있는 사람들의 행동 일부가 함께 연구될 것이다. 예를 들면, 연구자는 접근성 때문에 공립학교 교육감이나 공립학교 위원을 직접 인터뷰하지 못할 수도 있다. 그러나 공립학교 위원회 회의록에 기록된 공식 업무에 대한 공문서와 기록은 사용할 수 있을 것이다. 일단 모든 허가를 받고 나면, 언어 과목 교사를 몇 차례에 걸쳐 직접 인터뷰할 것이고, 수업 시간에 가르치는 모습을 관찰할 것이다. 교사의 수업계획서와 학업 성적 샘플같은 서류를 볼 것이다. 적어도 시작 단계에서는 개념적 틀 안의 몇몇 관계만이 탐색될 것이고, 약간의 과정이

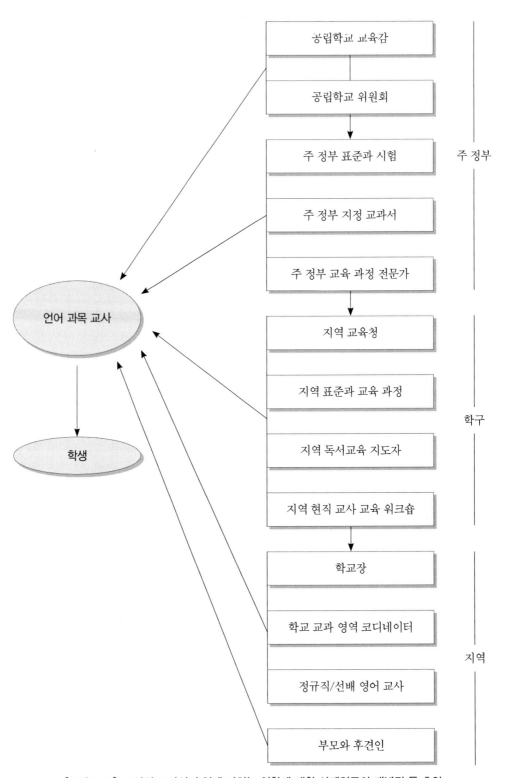

[그림 2-1] 교사와 교사의 수업에 미치는 영향에 대한 사례연구의 개념적 틀 초안

문서화되고, 약간의 분석이 이루어진다.

이제 연구가 진전됨에 따라 비슷한 양상을 사용하는 좀 더 복잡한 개념적 틀을 살펴보자.

[그림 2-2]는 [그림 2-1]과 똑같은 저장소와 이름표를 사용하고 있다. 그러나 그 배열과 영향을 주는 화살표가 다르다. 덜 대칭적이고(우리가 살고 있는 사회 세계의 '비대칭성'을 네트워크가 반영하고 있음을 보여 준다), 새로운 체계와 다른 연관성 구조가 나타나고 있다.

연구자들은 언어 과목 교사를 관찰하고 인터뷰한 후 이런 그림을 도출하였다. 주 정부 표준과 시험은 교사의 수업과 학생의 교실 경험에 영향을 미치는 주요 요인이었다. 계층적으로 나열된 [그림 2-1]의 전체 구성원 중 어떤 이들은 언어 과목 교사의 관점에서는 실제로 그다지 중요하지 않았다. 그래서 그들은 그림 하단에 화살표로 주요 저장소를 향해 나열되어, 최소의 영향력을 시사한다.

연구자들이 가장 핵심적이라고 연구하고 해석한 다른 세 가지 주요 요소는 학교장, 학교 표준화 시험 성적을 끌어올리려는 교사의 '강박', 지역 현직 교사 교육 워크숍(교사들이 칭찬하고 '교사와 학생들에게 매우 유용하다'고 알려진), 그리고 주 정부 지정 교과서

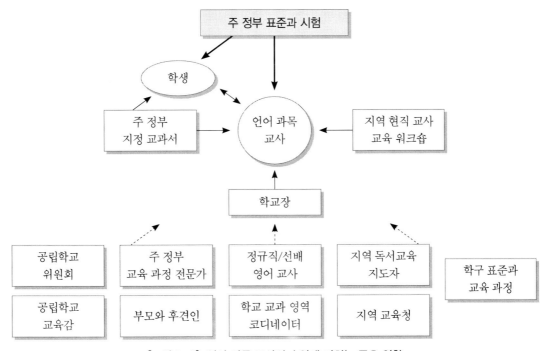

[그림 2-2] 언어 과목 교사의 수업에 미치는 주요 영향

(언어 과목에서 문학 감상 다시 쓰기를 매우 강조하는)이다.

만약 연구자가 같은 학교의 다른 언어 과목 교사나 다른 지역의 교사를 방문하여 그들도 같은 요소로 영향받고 있다고 결론지을 수 있다면 이와 같은 그림은 어느 정도 확실하다고 볼 수 있다. 연구자들이 이 그림을 연구하고 분석한 후 도출한 연구 가설은 다음과 같다. 교육 지침은 주로 교육자와 그 학생들에게 부과되는 규범적인 결과물로 나타난다. 전반적으로 [그림 2-2]에서는 연구가 진행됨에 따라 개념적 틀이 발전하고 더 큰 그림이 명확해진다는 것을 보여 주고 있다.

탐색적 연구 설계부터 확증적 연구 설계까지의 연속선상에서 [그림 2-1]은 탐색적 연구 설계에 가깝고, [그림 2-2]는 확증적 연구 설계에 더 가깝다. 이제 탐색적-확증적 연속선 사이 중간에 해당하는 완전히 새로운 개념적 틀을 살펴보자([그림 2-3] 참조).

이 틀로 학교 개선 연구를 설계했고, 그 이후 많은 그림(Huberman & Miles, 1983, 1984 참조)을 이끌어 냈으므로 특별히 관심을 가질 만하다. 이 그림에서 모든 조각이 어떻게 잘 맞는지, 그리고 화살표를 사용하여 무엇이 무엇으로 이어지는지 살펴보자. 이것은 새로운 교육 프로그램 제도가 시간이 지남에 따라 다수의 학교에서 어떻게 진행될지에 대한 우리의 느낌을 담은 초기의 개념적 틀이다.

사람들과 기록물의 저장소라는 표현 대신 사건(예: '혁신 이전의 기록'), 외적 배경(예: '지역사회, 지역 사무소'), 처리 과정(예: '학생의 인식 변화와 실습'), 이론적 구조(예: '기관의 규칙과 규범')라고 저장소에 이름표를 붙였다. 어떤 것들은 가설로 세운 것이지만('제도화의 수준'), 대체로 제한을 두지 않았다('인지된 득실'). 화살표 방향은 시간의 흐름에 따르지만, 대부분의 가설에 대한 지지가 초기에 나타나는 것을 봤을 때 개선과 학생 및 학교 상호 간에 변화가 일어나게 될 것을 추측할 수 있다.

이것은 매우 개괄적인 지침서이다. 개념적 틀처럼 이 지침서도 도중에 바뀔 수도 있다. 질적 연구자들은 자료를 수집하면서 개념적 틀을 수정하여 더 정확하게 하고, 실증적으로 취약한 저장소를 더 의미 있는 것으로 바꾸며, 상호관계를 수정한다.

그러고 나면 개념적 틀은 첫 번째 분석적 도표가 된다. 이것은 연구의 주요한 개념적 아이디어와 어떻게 그들이 서로 상호 작용하는지를 보여 주는 시각적 설명이다. 예를 들면, 우리는 인간과 과정에 관한 민속지학적 도식과 현상학적 도식 사이의 규범적인 차이점을 느끼지 못한다. 그러나 개념적 틀은 어떤 식으로든 항상 보여 주고 있다. 개념적 틀은 발전한다. 마치 영화감독이 최종적으로 카메라로 찍을 것을 종이 위에 먼저 그리듯이, 진행 중인 연구를 한 페이지로 묘사하는 것은 영화 제작자의 스토리보드와

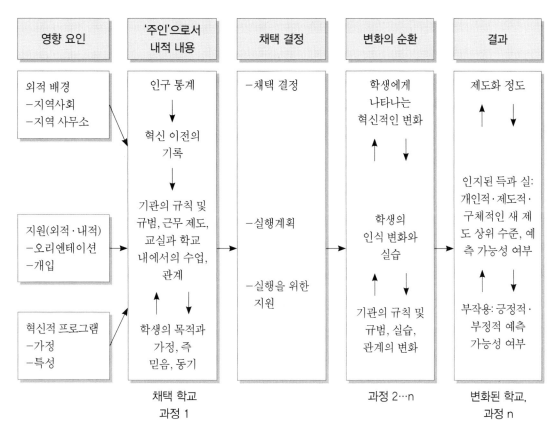

[그림 2-3] '학교 개선' 현장 다중 사례연구의 개념적 틀 초기 버전

출처: Huberman & Miles (1984).

비슷하다.

3) 조언

이 섹션에서 검토한 것들을 요약하고 발전시킨 제안들은 다음과 같다.

① 개념적 틀은 글보다 도표로 더 잘 표현된다. 전체적인 개념적 틀을 한 장의 종이에 담으려면 별개의 현상을 담은 저장소를 명시해야 하고, 가능한 상호 연관성을 도표로 그려야 하며, 개념적으로 또는 기능적으로 구별되게 나누고, 모든 정보를 한번에 연구 대상으로 다뤄야 한다.

② 시작 단계부터 몇 가지 버전을 시행할 예상을 해야 한다. 표현해야 할 변수들만큼

주요 변수를 표현한 방법 또한 여러 가지이지만, 일반적으로 후반의 것들이 더 명료하다.

③ 만약 1명 이상의 연구자가 연구에 참여한다면, 초기 구조화 단계에서 각 현장의 연구자를 배정한 후 여러 개의 버전을 비교한다. 이 과정에서 모두의 견해를 볼 수 있다. 이것은 대개 추후에 문제가 될 수 있는 논쟁의 여지나 막연한 영역에 대한 설명을 가능하게 해 준다.

④ 모험이 없는 틀은 피하라. 즉, 너무 포괄적으로 변수를 정의하고, 여기저기 양방향으로 화살표가 있는 틀을 피해야 한다. 이는 초점 없는 결론을 만들어 내는 것과 마찬가지이다. 그리고 현장에 생각 없이 들어가는 것과 다를 바 없다. 보다 구체적이고 신중한 선택을 하기 위해서는 복합적이거나 포괄적인 틀로 시작할 수도 있다.

⑤ 선행 연구와 이론은 주요한 정보이다. 연구자가 지향하는 구조 설계를 도와주고, 선행 연구를 통해 변수 및 관계가 연관되며, 중복, 모순, 조건 및 개선점을 확인할 수 있다.

개념적 틀에 대한 보다 상세한 논의와 그것이 연구 방향에 어떻게 영향을 미치는지에 대해서는 Ravitch와 Riggan(2012)을 참조하기 바란다.

4. 연구 질문 만들기

1) 설명 및 근거

연구 질문은 연구자들이 가장 탐색하고 싶어 하는 것을 나타낸 것이다. 연구 질문은 일반적이거나 특정적일 수 있고, 기술적이거나 설명적일 수 있다. 연구 질문 만들기는 개념적 틀이 전개되기 전에 이루어지거나 후에 이루어질 수도 있고, 또는 동시에 일어나기도 한다. 또한 시작 단계에서 혹은 나중에 만들어지기도 하고, 현장 연구 과정 동안 다듬어지거나 새로 만들어질 수도 있다.

개념적 틀에서부터 연구 질문까지는 직접적인 단계이다. 만약 [그림 2-1]에서 보듯이, '주 정부 지정 교과서'라는 이름표의 저장소와 그 저장소에서부터 '언어 과목 교사'

로 향하는 화살표가 있다면, 은연중에 교과서가 어떻게 교사의 수업에 영향을 미치는 가에 대해 스스로에게 질문할 것이다(예: 주 정부 지정 언어 과목 교과서가 어떤 방식으로 교사의 교육 과정에 영향을 미치는가?). 만약 [그림 2-2]에서 보듯이, '언어 과목 교사'와 '학생들' 사이에 양방향 화살표가 있다면, 둘 사이의 상호 연관성과 교육의 대인관계 역동에 관련된 질문을 할 것이다(예: 주 정부 지정의 표준화된 언어 과목 시험에서 학생들을 가장 잘 준비시키려면 어떤 종류의 수업이나 학습 방법을 사용해야 하는가?).

만약 개념적 틀이 보다 제한된다면, 연구 질문도 제한될 것이다. [그림 2-2]에서 '지역 교육청'은 교사에게 거의 영향을 미치지 않는다. 이에 교육청의 영향력이 중요하지 않음을 입증하려는 연구 질문이 있을 수 있다. 그러나 사소한 요소를 조사하기 위해 많은 시간과 노력을 들이지는 않을 것이다.

이 질문의 역할은 무엇인가? 질문은 연구자가 가장 중요하게 여기거나 가장 먼저 알고 싶은 것들을 알려 준다. 자료를 수집할 때 그것에 더 집중하여 질문하게 될 것이다. 연구자는 암묵적으로 표집 방법을 결정한다. 연구자는 **특정 주제와 연관된 특정한 맥락**의 **특정한 인물**만을 볼 것이다. 질문은 자료 수집 방법—관찰, 인터뷰, 서류 수집, 또는 설문지—이 일관된 방향성을 갖게 한다. 마지막으로, 연구 질문은 개념적 틀에 변화를 줄 수 있고, 초기의 이론적 가정을 보다 분명하게 해 준다.

다른 예로서, 경찰 업무의 이해에 관한 주제를 생각해 보자(van Maanen, 1979). 만약 연구자가 귀납적 접근법을 사용한다면, 경찰 업무의 모든 측면을 개방형으로 탐색할 것이다. 그러나 그 내용을 모두 살펴본다는 것은 현실적으로 불가능하다. 어디에서 연구를 할 것인가? 모든 장소를 볼 수는 없다. 또 언제 할 것인가? 만약 연구자가 파출소에서 시간을 보내며 몇 달 동안 이 결정을 늦춘다면, 그것은 두 가지 표집 방법을 결정했다는 것을 암시적으로 알려 주는 것이다(경찰서에서 시작한다. 그러고 나서 재검토한다).

암묵적인 연구 질문을 '체포와 조서 작성은 어떤 효과가 있는가?'라고 가정해 보자. 그 선택은 즉각적으로 **표집과 분석할 자료**의 결정으로 이어진다(예: 공식 문서보다는 관찰 사용하기; 다양한 용의자, 다양한 종류의 범죄, 용의자 체포 방식, 그리고 경찰관 종류 선택). 이런 막연한 표집과 분석할 자료의 결정은 실제로 연구될 배경과 구성원, 처리 과정, 사건에 초점을 맞추게 한다. 요컨대, 연구 질문은 암시적이거나 명백하거나 가능한 분석 방법을 제안한다.

개념적 틀의 그림은 도식화한 사회 현상을 연구자가 만든 저장소와 상호 연관성을 나타내는 화살표로 보여 준다. 이것은 어떠한 질문이 가장 중요하고 어떻게 답을 얻어야 하는지 결정하기 위해 분명하게 또는 암묵적으로 사용된다. 귀납의 순수성을 주장하기보다 명백한 틀(그리고 관련된 연구 질문, 사례, 표집 및 자료 분석과 관련된 선택)로 만들었을 때 더 나은 연구가 만들어진다고 믿는다.

2) 예시

우리(Miles와 Huberman)의 학교 개선 연구는 개념적 틀과 연구 질문 형성 간의 관련성을 보여 준다. 연구의 주요 변수 집합이 제시된 [그림 2-3]을 다시 보자. '채택 결정' 이름표가 있는 세 번째 열을 보자. 저장소 안에 채택될 결정, 실행을 위한 계획, 실행을 위한 필요조건 등 구성요소가 나열되어 있다. 주제에 대해서 무엇을 알아내고 싶은지 결정하는 과제가 남았다. 우리가 사용한 과정은 〈표 2-1〉에서 보듯이, 특정 연구 질문을 보다 일반적인 질문 아래에 모은 것이다.

〈표 2-1〉 채택 결정에 관련된 일반적 연구 질문과 특정 연구 질문(학교 개선 연구)

- 채택 결정은 어떻게 내려지는가?
  - –누가 관련되었나(학교장, 교사, 교육청 사람들, 학교 위원회, 외부 기관)?
  - –어떻게 결정이 내려지는가(하향식, 설득, 자문, 동료 참여 또는 위임 방식)?

- 채택 결정 당시 새 프로그램은 어느 정도 우선순위와 중요성이 있었나?
  - –관리자에게 어느 정도의 지원과 약속을 받았는가?
  - –평범한 활동, 고려해 봤거나 시도했던 새로운 제도가 교사들에게 얼마나 중요했었는가?
  - –현실적으로, 계획이 얼마나 중요하게 보이는가?
  - –일회성인가 혹은 연속된 일인가?

- 실행을 위한 원래 계획의 요소는 무엇인가?
  - –선행교육, 모니터링과 수정, 예상하지 못한 문제의 해결, 상시적인 지원을 포함할 수 있다.
  - –계획이 얼마나 정확하고 정교한가?
  - –당시 사람들이 만족하였는가?
  - –예상되는 모든 문제를 다루고 있는가?

- 실행을 위한 필요조건이 연구 시작 전에 보장되었는가?
  - –논평, 이해, 자료와 도구, 기술, 시간 할당량과 관리 기관의 지원을 포함할 수 있다.
  - –중요한 조건이 빠져 있는가? 가장 많이 빠진 것은 어느 것인가?

출처: Miles & Huberman (1994).

각 주제별 영역에서 만들어진 것에 주목하자. 예를 들면, 처음 두 영역에서 채택 결정에 대해 우리가 중요하게 알고 싶은 것은 누가 관련되었고, 실제 결정이 어떻게 이루어졌으며, 다른 것에 비해 이 과제가 얼마나 중요한가이다. 이 모든 질문은 이론적이거나 기술적이라기보다는 기능적으로 보인다. 즉, 질문은 무엇인가를 이루어 내는 것과 관련이 있다.

또한 개념적으로, 우리가 개념적 틀에서 본 것보다 더 많은 것이 계획 중인 것에 주목하자. 질문의 네 번째 부분에서 '필요조건'은 연구자들의 훌륭한 준비에 도움이 되는 요인에 대한 연역적 개념을 나타낸다.

이런 연구 질문이 조작 가능하게 되었을 때, 이러한 상황이 다양한 현장에서 존재하는지, 그 요인이 과제를 수행할 때 영향을 주는지 결정하기 위한 시도가 이루어질 것이다. 이것은 어떻게 연구 질문이 자료 수집에 직접적으로 반영되는지를 보여 주는 예시이다. 물론 현장 연구자들은 아직 생각지 못한 다른 필요조건에 신경을 쓸 것이다. 그리고 필요조건에 대한 아이디어는 연구 전반에 걸쳐 영향을 주지 않을 수도 있다.

3) 조언

① 매우 귀납적인 방식을 택했더라도, 어느 정도 일반적인 연구 질문을 가지고 시작하는 것이 좋다. 연구 질문은 무엇이 가장 큰 관심인지를 명확하게 해 준다. 일반적인 연구 질문은 관점을 제한하지 않고, 암묵적인 것을 명백하게 해 준다.

② 우선순위가 확실하지 않거나 어떻게 틀을 잡아야 할지 모른다면, 막연한 연구 질문에서 시작한 후 명확하게 하라. 대부분의 연구 질문은 연구자가 아무리 경험이 많거나 연구 영역이 아무리 명확하더라도 한번에 바로 나오지 않는다.

③ 12개 이상의 일반적인 연구 질문을 만드는 것은 문제가 된다. 이것은 나무를 보느라 숲을 보지 못하게 되는 것과 같고, 수집한 자료들이 조각조각 부서진다. 많은 질문은 데이터베이스의 다른 부분들 간에 드러나는 연결고리와 발견을 통합적으로 보기 어렵게 만든다. 〈표 2-1〉에서 보듯이, 연구 질문이 지나치게 많아지는 것을 방지하려면 명확성과 특수성을 위해 각 하위 질문이 있는 주요한 질문을 사용하도록 한다. 또한 '정말 알고 싶은 것'이라는 중요 질문이 있는지 생각해 보는 것이 도움이 된다.

④ 때로는 연구 질문 목록을 작성한 후에 개념적 틀을 만드는 것이 더 쉽다. 공통된

주제와 구조, 암시적 또는 명백한 관계 등을 위해 질문 목록을 본 후, 조각들을 연결하여 근본적인 틀을 계획한다. 이런 방식이 어떤 연구자들에게는 효과적이다.

⑤ 다중 사례연구에서 현장 연구자들이 각 질문을 이해하고 그 중요성을 파악하고 있는지 확인하라. 다중 사례연구는 보다 명확해서, 다수의 연구자가 현장에서 정보를 수집할 때 서로 조정될 수 있어야 한다. 불분명한 질문이나 다른 해석은 사례 간 비교할 수 없는 자료를 만들 수 있다.

⑥ 일단 연구 질문 목록이 만들어져 다듬어지고 나면, 각 질문이 실제로 연구 가능한지 확인하기 위해 다시 살펴본다. 연구자나 참여자가 대답할 수 없거나, 질적 또는 양적으로 측정할 기준이 없는 질문은 삭제한다.

⑦ 연구 질문을 가까이 두고 현장 연구를 하는 동안 검토한다. 이런 근접성이 자료 수집에 초점을 맞추게 한다. 참여자가 점심에 무엇을 먹었는지 또는 차를 어디에 세웠는지를 적기 전에 다시 생각해 볼 것이다. 연구 질문과 분명하고 직접적이며 잠재적으로 중요한 연관이 있지 않는 한, 현장노트에 필요 없는 내용을 채우지 말아야 한다.

5. 사례의 정의

1) 설명 및 근거

질적 연구자들은 흔히 '사례가 무엇인지'와 '사례를 어디서 중단해야 할지'의 질문으로 어려움을 겪는다. 추상적으로, 우리는 사례를 '한계가 있는 맥락(bounded context)'에서 나타나는 일종의 현상으로 정의할 수 있다. 사실상 사례는 분석 단위이다. 연구는 하나 또는 여러 개의 사례로 할 수 있다. [그림 2-4]는 이것을 도표로 보여 준다. '심장'이 연구의 초점이고, 점선은 약간 애매한 경계로, 연구되지 않을 사건의 가장자리를 나타낸다.

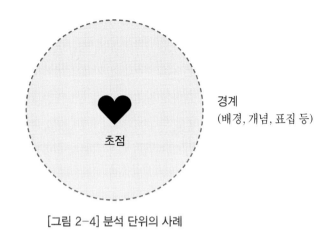

초점

경계
(배경, 개념, 표집 등)

[그림 2-4] 분석 단위의 사례

출처: Miles & Huberman (1994).

2) 예시

사례의 예시는 어떤 것이 있는가? '현상'이란 [그림 2-1]과 [그림 2-2]에서 제안하듯이, 어떤 상황에서는 개인일 수 있다. 18주 봄 학기 동안, 언어 문학 교사와 중·고등학생들을 대상으로 하는 일련의 수업을 살펴보자. 그 학기에 학생들은 주 정부 지정의 표준화된 언어 과목 시험을 치른다. 여기서 '심장'은 교사이다. 경계는 주요 배경인 학생과 학교 현장을 의미한다. 예를 들면, 연구자들은 교사의 엄마를 인터뷰하거나 교사의 근무일에 교사의 자녀를 돌보는 아동 보육시설을 방문하지 않을 것이다. 또한 시간에 따라 경계를 정한다. 18주 후, 봄 학기가 끝나고 표준 시험 점수가 기록되고 난 후에는 어떤 정보도 수집되지 않을 것이다.

더 나아가 경계는 **표집**에 의해서 정의될 수도 있다. 예를 들어, 연구자는 학교 지도 상담교사를 인터뷰하지 않을 것이고, 교장과 언어 과목의 관련 있는 다른 언어 과목 교사들만을 인터뷰할 것이다.

사례는 다음의 것으로 정의될 수 있다.

- 역할(학교장, CEO, 슈퍼바이저 간호사)
- 소규모 집단(도심 지역 인근의 흑인 남자들, 대학의 록 밴드, 유방암 생존자 지지단체)
- 기관(간호학교, 컴퓨터 칩 제조업체, 미국사회학회)
- 공간과 환경(청소년들이 많은 시간을 보낼 수 있는 쇼핑몰, 워싱턴 DC의 베트남 참전용

사 기념비 방문자, 라스베이거스 스트립의 야간 상시 인파)

- 지역사회 또는 정착지(뉴올리언스의 프렌치 쿼터, 탄자니아의 마을, 샌프란시스코 텐덜로앵 지역의 '부패의 중심지')
- 사건 또는 만남(처음으로 투표하기, '하룻밤의 상대', 초등학교 운동장에서의 왕따 사건)
- 행사(조사 위원회 모임, 고등학교 졸업식, 뉴욕 타임스퀘어에서의 새해 전날 밤)
- 기간(소방관의 하루, 봄 방학, 고객이 웨이터에게 음식을 주문하고 받을 때까지 시간을 어떻게 보내는가)
- 과정(식료품 구매와 식사 준비, 국제회의의 조직과 관리, 학군 내의 혁신적인 교육 프로그램의 채택과 실행)
- 문화 또는 하위 문화(대학의 흑인 여성, 로스앤젤레스의 여장 남자, '스케이트 타는 사람')
- 국가(21세기 경제 위기 동안의 그리스, 2012년 대통령 선거 기간 동안의 미국)

Yin(2009)이 제안하듯이, 단일 사례가 극단적이거나 독특하거나 '비판적'으로 또는 '계시적'으로 선택될 수 있다면, 훨씬 질적인 연구이고 매우 뚜렷하며 분명할 수 있다. 그러나 사례는 획일적일 수 없다. Yin은 더 나아가 사례는 그 안에 묻힌 하위 사례가 있을 수 있다고 지적한다. 학교의 사례연구는 특정한 교실의 사례를 담고 있고, 병동의 사례연구는 그 안의 특정 의사와 환자관계의 사례를 포함할 수 있다.

다중 사례는 연구자들에게 처리 과정과 사례 결과의 보다 깊은 이해, 가설을 세울 뿐 아니라 시험할 수 있는 기회, 그리고 지역적으로 기반을 둔 인과관계에 대한 좋은 상황을 제공한다. 표집에서 어떠한 사례를 포함할 것인지에 대한 질문은 다음에 논의하겠다.

표기법에 대한 설명: 이 책의 곳곳에서 자주 쓰이듯이, 우리는 현장이라는 단어를 선호한다. '사례'가 항상 특정한 사회적·물리적 배경에서 발생하기 때문이다. 일반적으로 양적 연구자들이 그러하듯 질적 연구자들도 배경이 없는 개개의 사례를 연구할 수 없다.

3) 조언

① 직감적으로 시작하라. 그러나 초점을 정하고 확장해 가야 한다. 경계를 확정하기 위해 연구하지 않을 대상과 주제를 생각하라.

② 연구하는 동안 가능한 한 빨리 사례를 정의하라. 개념적 틀과 연구 질문을 시작할 때, 누구와 무엇을 사례로 정의할지를 진지하게 다루는 것이 좋다. 그것이 나아가 틀과 질문을 명확히 하는 데 도움을 줄 수 있다.

③ 표집이 발전하여 사례를 규정하게 된다는 것을 기억하라.

④ 사례의 몇 가지 차원—사례의 **개념적 본질**, **사회적 규모**, **물리적 위치**, 그리고 **시기적 중요성**—에 주의를 기울여라.

6. 표집: 수집된 자료 결합

1) 설명 및 근거

표집은 어떤 사람을 관찰하고 인터뷰할 것인지뿐만 아니라 어떤 배경, 사건과 사회적 처리 과정을 다룰지에 대한 결정을 의미한다. 다중 사례연구에서는 어떤 종류의 사례를 포함할지에 대한 분명한 선택이 필요하다. 질적 연구에서는 현장 연구를 하는 동안 연구의 한계, 한도, 범위의 지속적인 목표 재설정과 변경이 필요하다. 그러나 어느 정도의 초기 선택은 필수적이다. 개념적 틀과 연구 질문은 표집 결정에서 초점과 경계를 정하는 데 도움이 된다.

표집은 쉬워 보인다. 많은 질적 연구는 사회 배경에 내재된 어떤 현상 같은 단일 '사례'를 조사한다. 그러나 배경에는 하위 배경(학교에는 교실이, 교실에는 하위 집단, 하위 집단에는 개인이)이 있다. 그래서 어디를 연구할지 결정하는 것은 쉽지 않다. 아무리 연구자가 원해도, 모든 사람을, 모든 장소에서, 모든 것에 대해 연구하기란 불가능하다. 누구를 관찰하고 이야기를 나누며, 어디서, 언제, 무엇에 대해, 무슨 이유로 할지에 대한 선택은 연구자가 도출할 수 있는 결론과 그 결론의 신뢰성에 제한을 둔다. 표집은 이후의 분석에 있어 매우 중요하다.

어떤 사례 내에서든 사회적 현상은 급증한다(과학 수업, 교사의 질문 기술, 고분고분하지 않은 학생들, 새 제도의 사용). 그것들 역시 표집되어야 한다. 다중 사례 표집의 질문은 또 다른 차원에서 복잡한 과정이 가중된다. 모든 것을 어떻게 관리할 것인가? 일반적인 원칙에 대해 논의하고 자세한 도움을 위해 유용한 참고문헌을 제안하겠다.

2) 질적 표집 방법의 주요 특징

질적 연구자들은 대개 맥락 속에서 작은 표집의 사람들을 심도 있게 연구한다. 반면, 양적 연구자들은 배경과 관계없이 많은 수의 사례를 목표로 잡고 통계적 의미를 찾는다.

질적 표집은 무작위라기보다는 목적의식이 분명한 경향이 있다. 질적 연구에서 표집은 대개 전적으로 사전에 지정되지 않고 현장 연구가 시작되면서 발전할 수 있다. 초기에 선택한 참여자는 연구자를 연구 목적과 유사하게 이끌기도 하고, 다른 방향으로 이끌기도 한다. 어떤 교실의 사건을 관찰하는 것은 다른 교실과의 비교로 이어질 수 있다. 어떤 상황에서 주요 관계를 이해하는 것은 다른 상황에서도 연구될 수 있다. 이것이 개념 주도의 순차적 표집이다.

질적 연구에서 표집은 때로 다른 방향으로 작용하는 두 가지 행동을 포함한다. 첫째, 경계를 정해야 한다. 이것은 제한된 시간과 방법 속에서 연구 가능성 및 연구 질문과 직접적으로 연관되어 있으며, 연구하고자 하는 예시들을 포함하고 있을 사례의 특성을 정의 내리기 위해서이다. 둘째, 동시에 연구를 뒷받침할 기본 처리 과정과 생각을 밝히고, 확인하며 인정할 개념적 틀을 만들어야 한다. [그림 2-2]의 연구의 틀은 주로 주 정부 지정 시험이 교사와 학생들에게 주는 스트레스와 결과에 대한 것이다.

질적 연구 표집은 일반적으로 근거 이론 방식에서처럼 이론 주도적이다. 청소년들이 어떻게 친구관계를 형성하는지 연구하는 데 겨우 한 고등학교만을 볼 수 있다고 가정해 보자. 처음에는 매우 제한적으로 보인다. 그러나 해당 이론에 따라 현장을 고른다면, 성별, 인종, 사회경제적 수준, 성적 취향, 종교적 배경 등이 다양한 학생이 다니는 학교를 고를 수 있다. 이것은 청소년들이 다양한 선택을 할 수 있게 되었을 때 친구관계가 보다 선택적·차별적으로 이루어진다는 이론을 시험할 수 있게 해 준다. 하위 집단 형성, 신입생 오리엔테이션, 친구관계 유지를 위한 기술 등과 같은 특정 발달 과정을 고려하기 위해 각 학년(1, 2, 3, 4학년)에서 표집을 한다. 또한 대개 점심시간과 체육활동 및 예술 활동과 같은 특정한 사건에서 사회화 활동이 대체로 풍부하게 일어난다는 것을 알고, 보다 신중히 표집할 것이다. 이런 표집은 사례 내에서와 사례 간에서 일반적인 구조와 그들의 관계에 살을 붙이는 것이다. 우리는 포괄적인 과정을 볼 수 있다. 질적 연구의 일반화는 '모든 청소년'이 아니라 어떻게 친구관계의 발달이 이루어지는지에 대한 기존의 또는 새로운 이론을 위한 것이다.

3) 일반적 표집 전략

Erickson(1986)은 바깥에서부터 배경의 핵심으로 들어가며 작업하는 깔때기 표집 순서를 제안한다. 예를 들면, 학교를 연구할 때, 학교의 지역사회에서 시작한다(인구 통계 자료, 인근을 돌아다니기). 그런 뒤에 학교와 교실 안으로 들어가서 다른 사건들이 얼마나 자주 일어나는지를 알아보기 위해 며칠간 머문다. 거기서부터 특정 사건, 시간, 장소로 초점이 좁혀진다. 그러나 Erickson은 정기적으로 해당 교실에서 발견되는 전형성을 시험하고, 외부 영향과 결정 요인의 보다 나은 해결책을 얻기 위하여 주변 환경으로 영향력의 노선을 펼쳐 갈 것을 제안하였다.

복잡한 사례 내에서 또는 사례 간에 질적 연구자들이 이용 가능한 광범위한 표집 전략이 있다(Patton, 2002, 2008). 그 전략은 먼저 선택될 수도 있고, 초기 자료 수집 기간 동안 발전할 수도 있다. 각 프로젝트마다 너무 많은 독특한 상황(특정 연구 질문, 특정 현장과 사례 등)이 있기 때문에 어떤 표집 전략이 각 연구 형태에 최선인지 처방하기란 불가능하다. 그러나 독자들에게 왜 그런 특정 표집 방식을 선택했는지에 대한 타당한 이유는 설명할 수 있어야 한다.

무작위 표집은 양적 연구자가 사용하는 대표적인 방법이지만, 질적 연구자에게는 때론 편향된 역할을 하기 때문에 최소한으로 사용한다. 질적 연구자는 사례의 특별한 배경에 집중하기 때문에 표집 방법이 보다 **전략적**이고 **목적의식**이 있다. 단언컨대, 질적 연구자는 연구할 사례들을 지리적으로 바로 옆에서 구할 수 있는 곳에서 고를 때도 있다. 이는 **편의 표집**의 형태이다.

표집 전략이 어떻게 분석에 영향을 미치는가? 예를 들면, **최대 변량 표집**은 예외 사례를 찾아서 주된 패턴이 여전히 존재하는지를 알아본다. 반면, **동질적 표집** 방법은 비슷한 인구학적 혹은 사회적 특성의 사람들에게 집중한다. **결정적 사례**는 주된 발견을 '증명'하거나 예를 드는 사례이다. **확증적**이거나 **비확증적 사례**, **극단적**이거나 **예외적 사례**, 그리고 **전형적인 사례**를 신중하게 찾으려는 노력은 결과의 신뢰성을 높여 준다. **우발적 표집** 또는 **눈덩이 표집**과 같은 전략은 귀납적 이론 세우기 분석에 유용하다. **정치적으로 중요한 사례**는 포함되어야 하는(또는 제외되어야 하는) '두드러진' 사례이다. 왜냐하면 그들은 분석 과정에서 정치적으로 민감한 사안과 연관되기 때문이다.

다른 전략들은 자료 수집 이전에 참여자들을 선택하는 데 사용될 수 있다. 예를 들면, Goetz와 LeCompte(1984)는 다음과 같이 제시한다. ① **포괄적 표집**—주어진 인구에서 모든 사례와 사건, 요소를 조사, ② **할당 표집**-주요 하위 집단을 확인하고 거기서 각각의 임의의 수를 취함, ③ **평판 사례 표집**-전문가나 주요 참여자의 조언·추천으로 사례 선택, ④ **비교 사례 표집**-시간의 흐름에 따라 같은 관련된 특징이 있는 개인, 현장, 집단을 선택(복제 전략). 대부분의 이러한 전략은 대표성이라는 이유로 분석적 결과의 신뢰성을 높일 것이다.

지금까지 논의한 표집 전략은 사례 내에서나 사례 간에서 적용될 수 있다. 다음으로 각 영역의 핵심 사안들을 논의해 보자.

4) 사례 내 표집

양적 연구자들은 대개 사례들을 각 개인으로 생각한다. 사람들의 표집을 정하고 나서 각각으로부터 비교 가능한 '측정점'을 수집한다. 그에 반해서, 질적 사례는 개인부터 역할, 집단, 기관, 처리 과정, 그리고 문화까지 정의가 다양하다. 그러나 사례가 개인이라고 할지라도, 질적 연구자는 사례 내에서 많은 표집을 결정해야 한다. 어떤 **활동, 과정, 사건, 시간, 장소, 그리고 역할 파트너**를 표집해야 하는가?

첫 번째 사항은 사례 내 표집은 거의 항상 정보를 **포함**하고 있다는 것이다. 예를 들면, 아동에 관한 연구는 교실 안에서, 학교 안에서, 지역사회 안에서 사다리를 오르내리는 규칙적인 움직임 등을 포함한다. 심혈관 우회술 환자를 위해서는 식단·운동·의학적 조언을 받아들이고 따르기, 입원과 퇴원과 같은 일, 입원 전·입원·퇴원 후를 포함하는 기간(2주에 한 번), 회복실·병동·환자의 집을 포함하는 지역, 그리고 환자의 의료진·병동 간호사·영양사/배우자 및 보호자를 표집할 것이다.

두 번째 사항은 이러한 표집이 이론적인 기반을 염두에 두어야 한다는 것이다. 그 이론이 사전에 결정되든 연구를 하면서 드러나든 간에 전통적 기반을 둔 이론의 '이론적 표집'처럼 말이다. 참여자, 사건, 그리고 상호 작용의 선택은 대표성을 위해서가 아니라 개념적 질문에 따라 조정되어야 한다. '협상' 같은 구조에 근접하려면, 다른 사례들을 다른 순간에, 다른 장소에서, 다른 사람들과 함께 살펴볼 필요가 있다. 주요 관심사는 어떤 조건하에서 구조와 이론이 작용하는지에 대한 것이지, 다른 배경에서 발견의 일반화를 얻고자 하는 것이 아니다.

세 번째 사항은 사례 내 표집이 연구가 진행됨에 따라 진행 과정에서 **되풀이되거나 '기복'**이 있다는 것이다. 표집은 탐색이다. 연구자는 연구 질문의 답을 찾아내는 지적인 탐정이다. 연구자는 관찰하고, 사람들과 이야기하고, 인위적 결과와 문서를 골라낸다. 그것에서 참여자들과 관찰, 새로운 문서의 표집을 찾아낸다. 흔적을 따라가는 각 걸음마다, 주요 패턴을 명확히 하고 대조하며 예외나 모순되는 사례를 밝히고, 패턴과 상반되는 사례들을 알아내기 위해 표집 결정을 한다. 분석적 결론은 연구자가 내리는 사례 내 표집 결정에 달려 있다.

사례 내 표집은 연구 현장을 깊이 있게 이해할 수 있도록 도와준다. 어떻게 사례를 추가할 수 있으며, 사례 표집을 어떻게 만들어야 하는가?

5) 다중 사례 표집

다중 사례 표집은 결과에 신뢰성을 더해 준다. 비슷하거나 상반되는 다양한 사례를 검토하면서 어떻게, 어디서, 그리고 가능하다면 왜 사례가 계속되는지를 명시하고, 그것에 근거하여 우리는 단일 사례의 결과를 이해할 수 있다. 연구 결과의 정확성, 타당성, 안정성, 그리고 신뢰성을 강화할 수 있다. 다시 말해서, 복제 전략(Yin, 2009)을 따르는 것이다. 만약 하나의 배경에서 적용된 연구 결과가 비슷한 배경에서 적용되고, 대조되는 사례에서는 적용되지 않는다면, 연구 결과는 보다 확고해진다.

다중 사례연구에서 일반화 가능성의 문제가 바뀌는가? 근본적으로는 아니다. 우리는 기본적인 이론에 근거하여 한 사례에서 다른 사례로 일반화하는 것이지, 더 큰 세계로 일반화하는 것이 아니다. 사례의 결정은 대개 개념적인 근거에 기반을 두고 내려지지 대표성의 영역에 근거를 둔 것이 아니다. 사례들은 흔히 연속성(예: 매우 뛰어난 학생부터 학업 성적이 좋지 않은 학생들까지)상에 몇몇 본보기를 가지고 배열되거나 대조된다(예: 적극적이거나 소극적인 청소년들). 다른 독특한 특징이 추가될 수도 있다(예: 적극적인 청소년 중 몇 명이 도시 출신이고 지방 출신인지). 사례연구자들은 완전한 배경을 아주 상세하게 조사하기 때문에, 각 배경이 다른 것들과 많이 공유한 특성, 조금 공유한 특성, 또는 전혀 공유하지 않은 특성에 대해 매우 잘 알고 있다. 그럼에도 불구하고 다중 사례 표집은 예측 가능한 방법으로 진행되기 때문에 도출된 이론이 포괄적이라는 신뢰성을 더해 준다.

다중 사례연구는 얼마나 많은 사례를 다뤄야 하는가? 이 질문은 통계적인 근거로 대답할 수는 없다. 이 사안은 개념적으로 다뤄야 한다. 얼마나 많은 사례를, 어떤 종류의 표집 구조로 다뤄야 분석적 일반화에 신뢰성을 줄 수 있는가? 이것은 또한 사례 내의 표집이 얼마나 풍부하고 복잡한가에도 달려 있다. 매우 복잡한 경우는 10개 이상의 사례를 다루는 것도 어려울 수 있다. 시각적으로 훑어보기에 너무 많은 정보가 있고, 설명해야 할 너무 많은 조합이 있다. 그리고 다중 사례연구자가 5명 이상이 된다면, 그들 사이에 현실적이고 지적인 조율의 문제가 매우 커질 수 있다. 2, 30개의 사례를 연구한 다중 사례연구는 훨씬 더 빈약한 자료를 얻게 됨을 볼 수 있다.

특정한 숫자를 추천하라고 강요한다면, 다중 사례로 충분하기 위해서는 최소한 5개의 충분히 연구된 사례가 필요하다고 하겠다. (우리는 2, 3, 4개의 사례만을 비교해서도 뛰어난 질적 연구를 이뤄 낸 것을 본 적이 있다. 그러나 그 연구자들은 일반화 가능성을 주장하지는 않았다.)

6) 예시

'경찰 업무'를 다루고 싶다고 가정해 보자. 이 예시가 지향하는 개념적 틀은 없다. 대신 사람들이 어떻게 관행적 상황을 말 그대로 '이해할 수 있는지'에 대한 사회적 과정의 일반적인 관점을 담고 있다. 어느 한 지역에서 용의자를 체포하고 조서를 작성하는 것을 연구하기로 한 결정은 표집 선택의 좋은 예시이다. '대치 상황에서 집행하는 사람에 따라 법이 어떻게 해석되는가?'라는 질문을 하고 나서 그 사람의 표본으로 경찰관을 선택한다. 또는 일반적인 영역에서 바로 사건과 과정 표집으로 이동하며 '경찰관이 용의자를 체포하고 조서를 작성할 때 어떻게 법을 해석하는가?'라는 질문을 할 수도 있다.

연구가 진행되더라도 경찰 업무, 규범 해석, 체포, 그리고 조서 작성의 표집 모수는 개념적 틀과 연구 질문에 의해 부분적으로 정해진다. 연구의 각 차원에서 여전히 선택의 여지가 있다. 그러나 범위는 이제 훨씬 더 제한되고 초점화되어 있다. 이 범위 안에서 최소한의 초기 표집 선택을 이해하기 위한 방법을 나열해 보자.

표집 모수	가능한 선택
배경	경찰서, 경찰차, 범죄 현장, 용의자의 거주지와 은신처
참여자	다양한 특성의 경찰관들(예: 계급, 서열, 경험, 인종, 종교, 교육)과 다양한 특성의 용의자들(예: 나이, 인종, 종교, 교육, 범행 종류)
사건	체포, 수사, 가능한 용의자의 추격, 그리고 조서 작성의 인과관계 정당성
과정	체포하기, 조서 작성하기, 용의자와 관련된 법 해석하기, 법 실현하기, 구역 내에서 법 집행의 일반적인 협상

연구자들은 연구 질문에 대한 답을 잘 얻기 위해서 대부분 혹은 모든 사실을 다뤄야 할 수도 있다. 첫 번째 사실은 일반적으로 파출소와 같은 배경이다. 그곳에서부터 몇 가지 방법이 도출된다.

① 파출소에서 1명의 경찰관이 하루 중 하는 모든 조서 작성, 그리고 일어나는 '법적' '불법적' 행위의 모든 사회적 상호 작용 사례로부터 시작하라.
② 파출소와 모든 경찰관, 조서 작성, 그리고 수사의 정당성에서부터 시작하라.
③ 1명의 경찰관에서 시작하라. 그리고 그 경찰관이 범인을 추격하여 체포하고 조서를 작성하고 그것을 정당화하는 일련의 과정을 따라가라.
④ 파출소에서의 조서 작성으로 시작하고, 조서 작성 전후의 사건들을 재구성하라.

민속지학적 학자들이 지역을 '돌아다니기' 시작하는 것은 무엇을 관찰하고, 누구와 이야기하며, 무엇을 물을지, 무엇을 기록할지, 한 공간에 머무를지 또는 다른 공간으로 갈지에 대해 지속적으로 표집 결정을 하는 것이다. 그리고 이러한 결정들은 결국 질문 내용에 따라 결정되고, 그것이 암묵적이든 명시적이든 간에 질문을 정하는 관점에 의해 결정된다.

실현 가능성의 의문도 직면하게 된다. 인물과 사건은 변하기 쉽고, 실행계획상의 문제는 많지만 시간은 한정되어 있다. 선택적이라 함은 얻고자 하는 정보의 종류에 제한을 두어야 함을 의미한다. 몇 가지 지침을 제안하자면, 예를 들어 유용한 정보(자료)란, ① 새로운 중요한 단서로 확인됨, ② 새로운 정보의 영역 확장, ③ 기존에 파악된 요소들과의 연관성, ④ 주요 경향의 지지, ⑤ 지배적인 이론에 대한 또 다른 설명, ⑥ 중요한 주제에 대한 증거 제공, ⑦ 알려진 정보의 인정 혹은 반박이다.

마지막으로, 표집은 그저 큰 분야에서 작은 일부를 택하는 것을 뜻한다. 잘 발전된 개념화에서부터 시작한다면, 특정 경찰서에서 특정 조서를 작성하는 특정 경찰관에 집중할 수 있다. 개념화가 유지된다면 다른 경찰관이나 다른 파출소의 조서 작성에도 적용할 수 있다. 그러나 그러한 주장을 시험하고 증명하여 **분석적 보편성**을 이루기 위해서는 비슷하고 대조되는 특징을 가진 다른 지역의 파출소로 이동해야 한다. 여기서 다시, 주요 목표는 연구의 개념적 타당성을 강화하는 것이다. 그러나 그 과정 또한 연구 결과가 어떤 조건하에서 일어나는지 결정하는 데 도움이 된다.

주요 처리 과정은 시작 단계에서 또는 점진적으로, 흔히 패턴 코드, 분석적 메모, 그리고 중간 요약을 통해서 증명될 수 있다(중가 요약에 대해서는 이후의 장들에서 설명할 것이다). 과정을 명확히 하고 비슷한 자료를 수집하는 것은 사례 간 비교를 촉진하고, 자료 수집에 깊이 들어갈수록 근본적인 핵심 구조 파악에 도움이 된다.

7) 조언

① 만약 질적 연구에 생소하다면, 어떤 연구를 하든지 시간이 충분하지 않다는 것을 기억하기 바란다. 따라서 '이곳에서 시작해서 출발하겠다.'라는 방향을 정하는 것은 문제의 소지가 있다. 연구 참여자 및 표집에 대한 대안을 가지고 시작하는 것이 좋을 것이다. 이는 그 시점에서 알고 있는 것을 고려하여 포함해야 한다. 그 표집은 나중에 변하더라도 예상에서 많이 벗어나지 않을 것이다.

② 표집틀 안에서 생각하는 것이 연구에 좋다. 한 사람의 참여자와 이야기한다면, 왜 이 참여자가 중요한지 생각하고, 또 다른 누구를 인터뷰하고 관찰해야 할지 생각해야 한다.

③ 복잡한 사례에서는 배경, 사건, 그리고 과정의 특징에 따라 대상을 표집한다. 이는 주요 사건, 다른 배경에서의 상호 작용, 그리고 연구에서 나타난 상징적 에피소드에 대한 잘못된 표집뿐 아니라 참여자의 이야기나 관찰에 지나치게 의존하는 것을 예방해 준다. 연구 초반의 표집 결정은 가장 적절하거나 정보가 풍부하지 않을 수 있다. 체계적인 검토가 초반과 후반의 선택을 분명하게 할 수 있다.

④ 설문 조사 연구와 마찬가지로 질적 연구는 표집이 너무 좁아질 수 있는 위험을 갖고 있다. 해당 분야에 가장 충실하게 관련된 자료를 찾으라. 그러나 그 주변을 포함하는 것도 중요하다. 현상의 중심은 아니지만 이웃 사람들, 밀접하게 연관되지는 않은 사람들, 반체제 인사, 변절자, 그리고 괴짜들과 이야기하기 같은 것들이다. 인근의 마을, 학교, 이웃, 또는 의료 기관에서 하루를 보내는 것 또한 비록 그 순간에는 알 수 없더라도 가치 있는 시간이다. 많은 것을 배우고 대조되거나 비교되는 정보를 얻을 수 있다. 그것은 여러분이 다른 사례들을 바라보는 특정한 시각으로부터 '탈중심화'시킴으로써 현상을 쉽게 이해하도록 도울 수 있다.

⑤ 표집 구조가 실현 가능한 것인지 검토하는 시간을 가지라. 시간과 자료가 있는지, 사람과 장소에 필요한 접근성이 보장되었는지, 민감한 작업을 하기 위한 조건이 적절한지 확인하라. 연구계획을 세울 때, 너무 많지는 않더라도 조금의 여유 시간

을 '저장'하라. 모두 확인되었다면, 현장에서 더 넓고 깊은 연구를 할 수 있는 시간을 확보하게 될 것이다.

⑥ 다음은 큰 성과를 가져올 세 가지 사례이다. 첫 번째는, 분명히 '전형적인' 사례 또는 '대표적인' 사례이다. 하나의 사례를 찾았다면, 또 다른 것을 찾아보도록 하라. 두 번째는, '부정적인' 사례 또는 '불편한' 사례이다. 이것은 결론을 제한하기도 하고 커다란 변화를 가져오기도 한다. 세 번째는, '예외적인' 사례 또는 '모순된' 사례이다. 이 사례는 관찰된 주요 패턴에서 얻은 연구 결과를 인정하게 하고, 변수나 부수적인 사건을 보여 준다. 부정적이나 이례적인 사례를 신중하게 다루는 것은 그 자체로 발전적인 과정이다. 연구 개념을 명확히 하도록 강요받았거나 표집을 너무 좁게 잡았음을 나타내기도 한다.

⑦ 초반과 후반의 표집계획에 기준을 적용하라. 지금까지 앞서 언급한 본질적 쟁점과 관련한 점검 목록은 다음과 같다.

- 표집이 개념적 틀 및 연구 질문과 관련이 있는가?
- 관심 있는 현상이 드러나 있는가? 원칙적으로 현상이 드러날 수 있는가?
- 계획이 적절하다면 개념적 영향력 혹은 대표성을 통해 연구 결과의 일반화 가능성을 높여 주는가?
- 실제에 충실한 믿을 수 있는 묘사와 설명이 매우 사실적으로 도출될 수 있는가?
- 시간적 · 경제적 요소, 연구 참여자의 접근 가능성, 연구자의 연구 방식을 고려했을 때 실현 가능한 표집계획인가?
- 피험자의 동의를 얻어야 하는 문제들, 가능한 이익과 위험, 그리고 참여자들과의 관계에 있어 윤리적인 표집계획인가? (다음 장을 참조하기 바란다.)

7. 연구 도구

1) 설명 및 근거

연구 도구는 자료 수집을 위한 특별한 방법으로 구성된다. 질적 혹은 양적으로 정리된 정보에 초점을 맞출 수도 있고, 느슨하게 또는 치밀하게 구성될 수 있다. 연구 도구라는 용어는 사건을 관찰하고 기록하는 속기 장치보다 더 많은 것을 뜻한다. 그러나 연구 도구기 개방형 인터뷰 또는 현장노트라도 기술적으로 선택해야 한다. 기록을 해야 하는가? 어떤 종류를 기록할 것인가? 오디오 녹음 또는 동영상 촬영을 해야 하는가? 구술된 내용을 글로 옮겨야 하는가?

앞서 개념적 틀, 연구 질문, 표집계획이 연구에 초점을 맞추는 역할이 있다고 강조해왔다. 그것은 연구자들에게 현장 연구 전과 중간에 누구로부터 왜, 무엇을 알아내고자 하는지를 명확히 함으로써 연구 방향을 제시해 준다. 연구 초반에 무엇을 알아내고자 하는지 아는 것은 어떻게 정보를 얻어낼 것인가 하는 질문으로 이어진다. 그리고 그 질문은 연구자에게 가능한 분석의 범위를 준다. 용의자가 어떻게 체포되고 조서가 어떻게 작성되는지 알고 싶다면, 이런 활동과 관련된 사람들(경찰관, 용의자와 변호사)을 인터뷰하고, 조서 작성을 관찰하고, 체포와 관련된 문서(규정과 심문 녹취록)를 수집하기로 결정할 것이다. 만약 가능하다면, 조서의 사진을 찍고 디지털로 기록을 남길 것이다. 그러나 현장에 나가기 전에 자료 분석을 어느 정도까지 해야 하는가? 자료 분석은 어느 정도의 구조를 갖춰야 하는가?

Kvale와 Brinkmann(2009)은 개방형 인터뷰에서는 인터뷰 동안 많은 해석이 일어난다고 말한다. 자신의 '생활세계'를 묘사하는 사람은 인터뷰 동안 새로운 관계와 패턴을 발견한다. 들은 것을 요약하고 반영하는 연구자는 사실 의미의 흐름을 압축하고 때때로 해석하고 있다. 자료는 수집되는 것이라기보다 공동 집필되는 것이다(인터뷰 질문이 훨씬 더 구조적이고 초점화되어 있어도 같은 일이 일어날 수 있다).

어느 정도의 사전계획과 자료 분석의 구조화가 바람직한가? 몇 가지 가능한 답이 있다. '조금'(사전 자료 분석이 거의 없다), '많이'(잘 구조화된 사전 자료 분석), '상황에 따라서'(연구의 본질에 따라)이다. 각 견해를 뒷받침하는 근거가 있다. 다음과 같이 요약된 내용을 보자(〈표 2-2〉는 어느 정도 수준의 연구 도구가 적절한지를 결정하는 몇 가지 주요 문제를 요약하고 있다).

(1) 사전 자료 분석이 거의 없는 것을 뒷받침하는 주장

① 자료 분석이 미리 설계되고 구조화되면 연구자는 현장을 보지 못하게 된다. 만약 가장 중요한 현상이나 현장의 본질적인 구조가 분석된 자료에 나와 있지 않다면, 연구 결과는 중요한 내용을 간과하고 잘못 나타나게 된다.

② 사전 자료 분석은 보편성, 균일성, 비교 가능성의 목적으로 대개 현장으로부터 벗어나 있다. 그러나 질적 연구자들은 현장을 보며 살고 숨 쉰다. 특수성이 일반성

〈표 2-2〉 사전 자료 분석: 주요 결정 요소

사전 자료 분석이 거의 없음	'상황에 따라서'	사전 자료 분석이 많아야 함
• 풍부한 배경 묘사 필요		• 배경이 덜 중요함
• 지엽적 의미에 귀납적 기반을 둔 개념		• 연구자에 의해 사전에 정의된 개념
• 탐색적 · 귀납적		• 확증적: 이론 주도적
• 기술적 의도		• 설명적 의도
• '기본적 수준' 조사 강조		• 적용된 평가 또는 정책 강조
• 단일 사례		• 다중 사례
• 비교 가능성은 그다지 중요하지 않음		• 비교 가능성 중요
• 단순히 다룰 수 있는 단일 수준 사례		• 복잡하고 다층의 충분한 포화 사례
• 일반화는 중요하지 않음		• 일반화 가능성 · 대표성 중요
• 연구자 영향력을 줄여야 함		• 연구자 영향이 덜 중요함
• 질적 연구만의 독립된 연구		• 혼합 연구 방법, 양적 연구 포함

출처: Miles & Huberman (1994).

을 낳는 것이지 그 반대일 수는 없다.

③ 대다수의 질적 연구가 소수만 연관된 단일 사례들을 연구한다. 경제적이고, 비교 가능하며, 빅데이터에서 모수분포를 산출할 만한 효과를 낼 수 있는 설문지나 관찰 일정 혹은 실험을 필요로 하는 사람은 누구인가?

④ 현장 연구에서 가장 좋은 것은 현장노트, 사건 기록(대화, 모임), 그리고 정보를 알게 되는 것(기록, 결과물, 가공물)이다. 연구 도구란 부적절한 단어이다. 지향하는 질문, 관찰의 제목, 대략적으로 준비된 문서 분석 형태가 연구를 하면서 필요한 것들이다. 아마도 연구 과정 중에는 그 정도면 충분할 것이다.

(2) 사전 자료 분석이 많은 것을 뒷받침하는 주장

① 만약 여러분이 무엇을 찾고 있는지를 알고 있다면, 어떻게 정보를 수집할지를 미리 계획할 이유는 없다.

② 만약 인터뷰계획이나 관찰계획이 명확하지 않다면, 너무 많은 불필요한 정보가 수집될 것이다. 정보의 과부하는 분석의 효율성과 분석능력에 좋지 않은 영향을 미친다.

③ 선행 연구와 같은 자료 분석을 사용하는 것이 연구가 연계될 수 있는 방법이다. 그렇지 않으면, 매우 포괄적인 방법을 제외하고는 비교가 불가능할 것이다. 이론

을 세우고 설명과 예측을 발전시키거나 실천에 대해 제언을 하기 위해서는 공통된 자료의 분석이 필요하다.

④ 편향된 또는 지식이 없는 연구자는 부분적인 질문을 하고 선택적인 기록을 하며, 신뢰할 수 없는 관찰을 하고 정보를 왜곡할 것이다. 그 자료는 타당성과 신뢰성이 없을 것이다. 타당한 자료의 분석을 잘 사용할 때, 신뢰할 수 있고 의미 있는 연구 결과가 가장 잘 보장될 것이다.

(3) '상황에 따라서'를 뒷받침하는 주장

① 만약 탐색적 연구와 기술적 연구를 하고 있다면, 사회 배경의 제한점이나 역학관계에 대해 잘 모를 것이다. 따라서 심층적인 초기 자료 분석 또는 폐쇄형 연구 도구는 부적절하다. 그러나 만약 비교적 집중적인 연구 질문과 경계가 비교적 명확한 표집 대상, 사건, 과정이 있는 **확증적 연구**를 하고 있다면, 잘 구조화된 자료 분석 설계를 해야 한다. 주어진 연구에서 탐색적이면서 확증적인 측면이 모두 있을 수 있거나, 연구 초기에는 탐색적이었다가 후반부로 갈수록 확증적이 되는 시기가 있을 수 있다.

② 단일 사례연구는 다중 사례연구보다 선행 준비가 덜 필요하다. 다중 사례연구는 사례 간 비교를 위한 연구이고, 자료 분석의 표준화가 필요하다. 그래서 연구 결과가 분석 과정에서 나란히 배열된다. 이와 유사하게, 독립적 연구는 **혼합 연구 방법**보다 제약이 덜하다. 기본적인 연구는 흔히 말하는 **응용 연구, 평가 연구,** 또는 **정책 연구**보다 발전된 구조가 덜 필요하다. 후자의 연구들에서는 연구의 초점이 더 정교해지고, 측정 도구는 관심 있는 변수의 핵심에 더 가까워진다.

③ 사례의 정의와 분석의 수준에 따라 많은 것이 달라진다. 초등학교 교실의 분위기를 연구하는 연구자는 교내의 35개 학급 중 3개 학급을 골라 집중적으로 관찰할 수 있다. 따라서 좀 더 느슨한 자료 분석으로 시작하는 것이 맞을 것이다. 그러나 만약 교실 분위기의 문제가 교내 문화에 어떻게 내재되었는지 알아보려는 시도를 한다면, 보다 표준화되고 유효한 자료 분석—교사 설문 또는 집단 인터뷰 스케줄—이 요구될 수도 있다.

세 가지 입장 모두 선행 자료 분석과 구조화의 정도에 대한 입장이 있다. 우선 어떤 종류의 연구를 할 것인지, 연구에서 다른 순간에 어떤 종류의 자료 분석이 필요할 것인지 생각하라. 그 후에 시작 단계에서 필요한 작업을 하라. 그러나 앞에서 논의했듯이, 모든 사례에서 자료 분석의 양과 종류는 개념적 초점, 연구 질문, 그리고 표집의 기준이 있어야 한다. 그렇지 않으면 주객이 전도될 가능성이 있으며, 이후 분석에서 어려움을 겪을 것이다.

2) 예시

연구의 범위와 초점에 근거해서 선행 자료 분석 설계를 어떻게 다른 방법으로 진행해 갈 수 있는가? 개념적 틀과 연구 질문의 영향에 따른 사전 설계와 개방형 자료 분석의 혼합 예시를 앞서 제시했으나 너무 정교하게 정하지는 않았다. 학교 개선 연구로 돌아가 보자.

학교 개선 연구는 다중 사례(N=12)연구이고, 연구에 내포된 현상은 연구에 앞서 적당히 잘(완전히는 아니지만) 이해되었다. 두 가지 관점 모두 어느 정도 선행 자료 분석이 필요할 수 있다. 이 연구에서 한 가지 중요한 연구 질문은 이것이다. 사람들은 새 프로그램을 성공적으로 사용하기 위해 어떤 방법으로 새 프로그램을 재정의하거나 재편성하거나 재창조하는가?

[그림 2-3]을 다시 보면, 이 질문은 '변화의 순환'이라는 네 번째 저장소에서 나온 것이다. 그리고 그 저장소의 첫 번째 변수군 '학생에게 나타나는 혁신적인 변화'에 해당하는 것이다. 이전의 경험적 연구와 인지·사회·심리 이론에서는 인간을 사용하면서 적응하거나 재창조하는 존재라고 설명한다.

표집 결정은 간단하다. 특정 교사들에게 직접 질문을 한다. 그리고 답을 얻기 위해 교사들을 관찰하거나 인터뷰해야 하는데, 이상적인 것은 두 가지 모두 하는 것이다. 교사가 처음 새 제도와 마주했을 때와 같은 사건들, 새 제도의 강점과 약점을 평가하고, 자신의 수업을 새 제도에 맞추기 위해 변화하는 것과 같은 과정들을 표집해야 한다.

자료 분석의 인터뷰 요소에 대해 살펴보자. 우리는 반구조화 인터뷰 지침을 만들었다. 각 현장 연구자는 지침서를 숙지하고 있되, 질문의 순서는 연구자의 재량으로 정한다.

지침서는 현장 연구가 시작된 후에 설계되었다. 배경과 참여자, 그리고 학교 개선 과정이 지역적으로 어떻게 이루어지는가를 이해하기 위해서 초기의 현장 방문 과정이 기록되었다. 이를 바탕으로 연구에 대해 더 심도 있고 넓은 이해를 할 수 있었다.

〈표 2-3〉 인터뷰 지침서 발췌, 학교 개선 연구

33. 아마 여러분은 _____가 지금 어떻게 보이는지 의견이 있을 것입니다. 그러나 처음에 학생들이 오기 전에는 어땠는지 기억하고 있을 것입니다. 그때는 _____이 어떻게 보였습니까?

    문항:

    _____ 명확하게 연결되고 구분되는 vs. 관련 없고 혼란스러운
    _____ 시작 방법이 명확한 vs. 굉장한, 어려운
    _____ 복잡한(많은 부분) vs. 단순하고 쉬운
    _____ 권위적이고 엄격한 vs. 유연하고 조작 가능한

34. 사용할 준비가 되어 보였던 것은 무엇이고, 잘 진행될 것 같았던 것은 무엇입니까?

35. 진행될 것 같지 않았고, 준비되지 않아 보인 것은 무엇입니까?

36. 학생들에게 _____를 사용하기 전 몇 주 동안 무엇을 했습니까?

    문항:

    _____ 읽기
    _____ 자료 준비
    _____ 계획 세우기
    _____ 토론(누구와 무엇에 대하여)
    _____ 훈련

    ....

40. 학생들에게 사용하기 전, 프로그램의 표준 서식을 변경한 것이 있습니까? 효과가 없을 것 같았고, 마음에 들지 않았던 것, 학교에서 시행할 수 없었던 것은 무엇입니까?

    문항:

    _____ 그만둔 것
    _____ 추가하고 새로 만든 것
    _____ 개선한 것

출처: Miles & Huberman (1994).

지침서의 연구 질문과 관련한 부분을 자세히 살펴보자(〈표 2-3〉 참조). 인터뷰 진행자는 참여자에게 자세한 맥락—무슨 일이 있었고, 동료는 누구였으며, 느낌은 어땠는지—에 대해 질문하여 참여자가 학생들에게 새 제도를 사용하기 직전을 떠올리게 한다.

33번부터 36번까지의 질문을 통해 새 제도는 어떻게 보이는지, 새 제도의 준비된 부분과 준비되지 못한 부분, 그리고 새 제도의 사용을 위해 교사가 준비했던 것에 대해 시간 순으로 이동하며 묻는다. 40번 질문은 새 제도를 시행하기 위한 시범 적용을 평가하

게 한다. 문항은 다양한 방법으로 다룰 수 있다. 연구자는 참여자들이 간과할 수 있는 항목이나 이전 연구에서 도출한 하위 질문을 통해 질문을 구체화할 수 있다. 인터뷰 후반, 연구자는 새 제도의 초반과 후반에 느꼈던 교사의 회상적인 견해를 떠올리게 하면서 같은 질문을 반복한다. 시점을 현재로 이동한 후("어떤 변화가 생기고 있나요?") 미래로 옮겨간다("어떤 변화를 생각(기대)하고 있나요?").

3) 조언

시작 단계에서부터 자료 분석의 용어를 생각하는 것만으로도 연구 진행 과정에서 자료를 수집하는 데 도움이 된다. '주어진 연구 질문에서 어떻게 답을 얻을 것인가?'에 대한 지속적인 고민을 통해 **표집**과 관련한 좀 더 민감한 결정을 내릴 수 있게 되고(이런 집단과 사건 혹은 저런 과정을 관찰하고 인터뷰해야 한다), 좀 더 명확한 **개념**을 가질 수 있게 되며, 실제 자료 수집의 **우선순위**를 정할 수 있게 된다. 또한 새로운 질문, 새로운 하위 표집, 그리고 새로운 탐구 방법을 개발함에 따라 자료 분석을 재설계하는 기술을 배울 수 있을 것이다.

현장 연구에서는 대상 인물과 상황을 한 번 이상 관찰할 수 있다. 모든 것이 단 한 번의 인터뷰와 관찰에 달려 있는 것은 아니다. 질적 연구에서는 대부분의 경우 두 번째 기회가 있다. 이러한 점에서 초기 자료 분석은 수정이 가능하다. 사실, 수정하여야 하는 것이 맞다. 현장의 용어로 질문하는 법과 첫 번째 방문 동안 드러나기 시작하는 것을 새로운 눈으로 바라보는 것을 배운다. 자료 분석은 새로운 본보기를 탐구하고, 수정된 연구 질문을 지정하며, 또는 새로운 부류의 참여자들을 인터뷰하기 위해서 꾸준히 수정할 수 있다.

질적 연구에서 자료 분석 타당성과 신뢰성의 문제는 대개 연구자의 기술에 달려 있다. 근본적으로 **연구자**는 이전의 현장 방문과의 비교를 통해 관찰과 인터뷰, 기록을 수정해 가며 현장을 관찰하고 인터뷰하고 기록해야 한다. 따라서 자신과 동료에게 다음과 같은 질문을 해야 한다. 정보 수집의 도구로서 이 **사람**은 얼마나 타당성이 있고 신뢰성 있는가? 연구자가 보는 도구로서 좋은 질적 연구자의 특징은 다음과 같다.

- 현상과 연구 상황에 정통하기
- 지엽적인 근거나 단일 원리에 초점을 두지 않는 다학제적 접근

- 좋은 조사 기술, 사람들의 말을 이끌어 내는 능력, 세부 사항에 대한 세심한 주의
- 연구 환경에 익숙하고, 회복탄력성을 가지며, 참여자들에 대한 비심판적인 태도
- 객관적 인식과 잘 균형 잡힌 뛰어난 공감 능력

비록 현상과 맥락에 익숙하지 않은 것이 풍부한 탈중심화를 가능하게 하지만, 동시에 이는 상대적으로 편협하고 쉽게 착각에 빠뜨리는 현상을 초래할 수 있고, 자칫 산만한 현장 연구로 이어질 수 있으며, 때론 필요 이상의 방대한 자료를 수집하는 결과를 가져올 수 있다. 결과적으로, 요령이 있는 연구자가 질적 연구에서 더 나은 연구 도구일 수 있다. 보다 분명하고 정교하며, 세심하고 친화적이며, 세상사에 밝고 핵심 처리 과정과 사례의 의미에 보다 빨리 집중할 수 있는 사람일수록 질적 연구에 적합한 인물이 된다.

8. 질적 자료와 양적 자료의 연계

세상을 이해하려면 숫자와 글자 모두가 필요하다. 문제는 두 종류의 자료와 그와 관련한 방법들이 연구 설계 과정에서 결합될 수 있는지가 아니고, 두 가지의 결합을 이루어야만 하는지의 여부와 어떻게, 무슨 목적으로 연계할 것인가 하는 것이다.

두 종류의 자료는 기술적·탐구적·귀납적·개방적 목적으로 활용 가능하다. 그리고 두 가지 모두 설명적·확증적, 그리고 가설 검증 목적의 연구에도 활용된다. 예를 들면, 신중한 측정, 일반화가 가능한 표집, 실험적 통제, 그리고 통계적 도구는 좋은 양적 연구에 있어 소중한 자산이다. 그것들이 좋은 질적 연구의 특징인 실제 세계에 대한 근접성, 심층성, 신뢰할 수 있는 이해와 합쳐질 때 연구자는 매우 강력한 결합물을 갖게 된다.

다른 측면에서, 질적 자료는 설계 과정에서 개념 개발과 자료 분석을 도와줌으로써 연구의 양적인 면에 도움을 줄 수 있다. 자료에 대한 접근과 수집을 수월하게 만들어줌으로써 자료 수집 과정에 도움을 줄 수 있다. 분석 과정에서는 양적 연구 결과의 이론을 지지하고 수정하는 것을 도와줄 뿐 아니라 입증하고 해석하고 명확하게 하며, 묘사함으로써 도움이 된다.

혼합 연구 방법은 몇몇 연구 학회에서 유력해진 연구의 장르이다. 양적 연구의 요소를 질적 연구에 이용할지를 선택할 때에는 학계의 흐름을 따르는 것이 아니라 각각의

연구에 맞게 인식론적이고 방법론적인 결정을 내려야 한다. 두 방식을 혼합하는 가장 큰 이유는, ① 연구에 분석적 조화를 제공하기 위해서, ② 한 가지 방식의 부족한 점을 다른 방식의 강점으로 보완하기 위해서, ③ 각 분야의 결과가 서로 지지하거나 확증하거나 또는 반박할 때 분석적 연구 결과를 수정 또는 지지하기 위해서이다.

물론 질적 연구 자료를 양적으로 잘 처리할 수 있는 오랫동안 발달되어 온 전통적인 방법이 있다. 그것은 내용 분석이라는 것인데, 자료에서 발견되는 특정 단어, 구 또는 개념의 순서를 정하고 그 빈도를 세는 것이다. 다중 사례연구에서는 사례의 등급을 매기고 사례들을 대조하기 위하여 비모수 통계 기술의 활용이 가능하다. 또한 인류학의 현장 연구에서 양적 정보를 사용하는 기존의 방식을 주목하자. Bernard(2011)는 도움이 되는 편집 방법을 알려 주고 있다.

1) 혼합 연구 방법 설계로의 접근

질적-양적 결합을 세 가지 단계로 알아보자. 첫 번째 단계는, '정량화' 단계로, 질적 정보가 직접 계수되거나(환자를 인터뷰하는 동안 의사가 몇 번이나 끼어드는가?) 등급척도 (구체적인 새 제도를 교실에서 적용할 때, '낮은 수준'보다 '보통 수준'의 영향력이 나타난다)로 전환된다. 두 번째 단계는, 뚜렷이 구별되는 두 가지 종류의 자료 결합으로, 질적 정보 (개방형 인터뷰로부터)를 숫자로 나타낸 자료와 비교하는 것이다(같은 사람이 작성한 설문 조사에서). 세 번째 단계는, 전반적인 연구 설계이다. [그림 2-5]와 유사하거나 더 복합적인 차원의 그림에서 보여 주는 복합 연구 방식 접근법이다. 사례연구, 설문 조사, 그리고 비개입 측정 연구 방법을 결합하는 방식이 가능하다.

설계 1에서는, 현장 연구에서 사례의 이해를 위해 필요할 때 바로 사용할 수 있도록 지속적이고 통합적인 자료 수집이 있어야 한다. 자료는 질적일 뿐 아니라 양적인 형태의 모든 자료이다.

설계 2에서는, 연속적인 현장 연구와 병행해서 실시되는 다양한 진행의 설문을 보여 준다. 첫 번째 설문 진행은 현장 연구자가 찾아야 하는 것들에 관심을 집중시킨다. 다음의 현장 연구 결과는 과정 2의 수정으로 이어지는 식으로 계속된다.

설계 3에서는, 두 종류의 자료 수집을 번갈아 한다. 탐색적 현장 연구로 시작해서 설문지와 같은 양적 자료 분석으로 이어진다. 설문지 결과는 다음 질적 연구의 과정에서도 체계적으로 발전되고 검토될 수 있다.

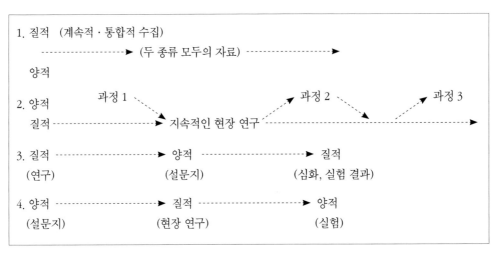

[그림 2-5] 질적 연구와 양적 연구 자료의 결합 설계 실례

출처: Miles & Huberman (1994).

설계 4에서는 또 다른 대안을 보여 준다. 초기 설문지는 현장 연구자가 중요한 현상에 이르도록 도와준다. 현장 연구자는 사건들이 어떻게 작용하는지 분명한 개념적 이해를 돕기 위해 밀착 연구를 한다. 그리고 양적 연구는 발생 가능한 대립적 결과의 가설을 실험하기 위해 설계된다.

다양한 혼합 연구 설계의 예시를 살펴보자.

(1) 양적 차원 조사

학교 개선 연구를 진행하는 동안, 우리는 점진적으로 직업 이동성의 중요성을 알게 되었고, 현장에서 직업을 바꾼 사람들을 관찰하였다(위로, 밖으로, 옆으로 또는 아래로 이동). 이것은 얼마나 많은 사람이 이동하였는지(12개 현장에서 75명), 얼마나 많은 사람이 제도의 변화 때문에 이동을 하였는지(83%), 그리고 얼마나 많은 사람이 실제로 승진하였는지(35%)를 아는 것이 도움이 된다고 입증하였다.

우리는 또한 인터뷰 자료를 비율척도 또는 **서열척도**로 전환하였다. 예를 들면, 새 제도를 받아들이면서 교사들이 느낀 스트레스 정도, 교사들의 받은 지원에 대한 만족도, 제도 시행의 '어려움' 또는 '순조로움'의 기준으로 전환하였다. 해당 사례가 개인이 아닌 학교였기 때문에, 전환을 하는 데 있어 여러 다른 사람의 인터뷰 검토를 포함하여 동의의 정도를 확인하고, 현장 수준 평정에 이르렀다. 3에서 5까지의 척도가 가장 쉽고 신뢰할 만했다. 예를 들면 다음과 같다.

- 5 = 매우 높음, 4 = 높음, 3 = 보통, 2 = 낮음, 1 = 매우 낮음
- 5 = 순조로움, 4 = 대체로 순조로움, 3 = 그저 그렇다, 2 = 어려움, 1 = 매우 어려움

이 그림과 분석에서, 우리는 이러한 숫자와 등급을 우리가 판단할 수 있는 언어에 가깝게 만들었다. 그리고 그 언어들을 상황과 연관지었다.

(2) 자료 유형 결합하기

Kell(1990)은 교실 내 교수 및 학습에 있어서 컴퓨터의 영향에 대해 연구하였다. 연구팀은 1년에 걸쳐 반복적으로 6개 학구의 교실을 방문하며 교사와 관리자들을 인터뷰하고, 체계적으로 교실을 관찰하였다. 그들은 또한 교사들에게 1년에 세 차례 두 가지의 표준화된 설문에 답하도록 요청하였다. 설문에는 교사들의 이론적 성향과 시각, 그리고 새로운 제도와 적용에 대한 교사들의 우려에 대한 항목을 포함하였다. 그러므로 두 가지 자료 유형은 밀접히 연관되어 있었고, Kell은 한 해 동안 발생하는 변화를 연구할 수 있었다.

(3) 다중 기법 설계

McCammon, Saldaña, Hines와 Omasta(2012)는 234명의 참여자로부터 그들의 고등학교 미술 경험에 대한 이메일 설문 조사 응답을 받았다. 설문 조사는 인구학적 정보(성별, 고등학교 졸업 연도, 고등학교 출석 상태)를 묻고, 객관식 답변을 하도록 하였으며(4 = 매우 그렇다, 3 = 그렇다, 2 = 그렇지 않다, 1 = 전혀 그렇지 않다), 개방형 질적 연구를 위해 의견을 적을 수 있도록 하였다. 인구학적 정보는 백분율과 같은 기술 통계로 나타냈고, 평정척도는 평균과 다른 다양한 T 검증(t test) 결과를 표시하였으며, 개방형 설문 응답은 질적으로 코딩하여 분석하였다.

이 다중 기법 설계에서 우리는 질적 자료 코드의 비교를 통해 다양한 집단(여성과 남성 사이에) 사이에 평균을 비교할 수 있었으며, 의미 있는 통계적 차이($p < .05$)를 파악하기 위해서 양방향 T 검증을 적용할 수 있었다. 초기의 몇 가지 질문 뒤에, 우리는 **전형적인 확증**을 관찰하였다. 다시 말해, p 값이 더 낮고 유의미할수록 집단들 간에 더 많은 질적 차이점이 드러났고, p 값이 보통이거나 높을 때, 집단들 간에 더 적은 질적 차이점이 발견되었다. 이 현상은 혼합 방법론적 분석 이론과 일치하고(Tashakkori & Teddlie, 2003), 양적 연구 결과가 질적 연구의 후속조치와 질문에 도움이 됨을 뒷받침하는 것이다.

종합해 보면, 연구가 질적 연구 측면이나 요소로부터 이익을 얻을 수 있는지 생각해

야 한다. 목적을 가지고 미리 생각하라. 나의 연구 질문과 연구 보고서를 읽게 될 독자 층을 감안하여 질적 자료 한 가지만으로 충분한지 혹은 계량화된 자료에 의해 보완되어야 하는지 결정하여야 한다.

연구자는 연구 설계를 통해 해당 연구와 관련된 사회 체계를 만들고 있다는 것도 기억해야 한다. 단독 연구자라면, 두 종류의 정보를 모두 처리할 수 있는가? 어떤 기술적 지원이 필요한가? 연구자에게 조언을 해 주고, 결과물에 대한 비평을 해 주며, 보완적인 다른 관점을 제공해 줄 수 있는 멘토를 찾길 권한다. 만약 연구팀의 일원이라면, 명확한 분업이 가져다주는 결과는 무엇인가? 경험상, 질적 연구자와 양적 연구자를 분리시키는 것은 부정적인 비교, 고정관념, 그리고 '어떤 정보를 더 신뢰하는가'와 같은 무익한 논쟁을 초래하였다.

9. 자료 분석과 관련한 연구 관리 쟁점

질적 연구가 연구 첫날부터 어떻게 관리되었는가는 분석의 종류와 연구의 수월성에 큰 영향을 미친다. 특히 단독 연구자나 연구 초보자라 할 수 있는 대학원생의 질적 연구는 연구 관리 면에서 매우 취약하기 때문에 평가가 좋지 않을 수 있다. Kvale와 Brinkmann(2009)은 "내가 실시한 1,000페이지의 인터뷰 기록을 분석할 방법을 어떻게 찾을 수 있는가?"라는 순진한 질문에 대한 첫 번째 답으로 "당신이 그런 질문을 하는 상황에 놓이게 만드는 인터뷰 연구는 절대 하지 마십시오."라고 한다(pp. 189-190).

연구 관리 문제에 대해 철저한 척하려는 것이 아니라, 분석에 크게 영향을 미치는 일련의 쟁점과 연계된 설계 결정을 이야기하려는 것이다. 간단한 예시, 연구 경험, 동료 연구자들의 지식을 바탕으로 설명하겠다.

우리는 다음과 같은 세 가지 주제를 차례로 다룰 것이다. ① 컴퓨터 프로그램 사용, ② 자료 관리, 그리고 ③ 연구팀 구성과 시간계획이다.

1) 컴퓨터 프로그램 사용

질적 연구를 수행하기 위해 좋은 컴퓨터가 필요하다는 것은 당연하게 여긴다. 오디오 녹음과 손으로 받아 적은 현장노트는 분석 가능한 문서로 전환되어야 한다. 그리고 그것은 요약하고 도식화하여 결론을 도출하고 입증하는 데 사용된다. MS 워드프로세서 같은 프로그램 이상을 사용할 줄 모르는 연구자는 그 이상을 사용할 줄 아는 연구자와 비교해서 제약이 따를 수 있다고 말할 수도 있다. 〈표 2-4〉는 질적 연구자들이 컴퓨터에서 가장 흔하고 빈번하게 처리할 과제들을 나열하고 있다.

〈표 2-4〉 질적 연구에서 컴퓨터 프로그램의 사용

1. 현장에서 필기
2. 현장노트 기록이나 정리
3. 편집: 수정, 확장 또는 교정
4. 코딩: 주요 단어 또는 추후 검색을 위한 부분들에 텍스트 태그
5. 저장: 텍스트를 정돈된 데이터베이스로 보관
6. 검색: 관련된 텍스트 부분을 찾고 조사를 위해 사용 가능하게 하기
7. 자료 '결합': 관련 자료 부분을 서로 연결하고, 정보를 범주화 또는 네트워크 만들기
8. 분석적 메모: 심화 분석의 기초로서 자료의 내용을 반영하여 코멘트 작성
9. 내용 분석: 단어와 구, 순서 또는 위치의 빈도 세기
10. 자료 나열: 조사를 위해 네트워크의 매트릭스처럼 선택된 자료를 요약적이고 정리된 형태로 두기
11. 결론 도출과 입증: 분석가가 나열된 자료를 해석하고 결과를 실험하여 확증할 수 있도록 지원하기
12. 이론 만들기: 결과에 대한 체계적이고 개념적으로 일관성 있는 설명 개발하기, 가설 실험하기
13. 그래픽 매핑: 결과와 이론을 묘사하는 도표 만들기
14. 중간 보고서와 결과 보고서 준비

출처: Miles & Huberman (1994).

'가장 좋은 소프트웨어 프로그램은 무엇인가?'는 의미 없는 질문이다. 프로젝트에서 만들고자 하는 데이터베이스 종류와 분석의 종류를 보다 구체적으로 정해야 한다. MS 워드 프로그램과 MS 엑셀 프로그램(또는 비슷한 프로그램)은 최소한의 필요조건이다. 워드 프로그램은 많은 레이아웃 기능이 있어서 복잡한 표를 그림으로 쉽게 그릴 수 있도록 해 준다. 엑셀 프로그램은 간단한 매트릭스를 만들고, 특히 질적 연구 설문 자료를 저장하며, 선택된 통계적 계산과 실험을 통한 양적 연구 자료를 뽑아내는 데 가장 유용하다. 즉, 혼합 연구 방법에 요긴하다([그림 2-6] 참조).

CAQDAS(Computer Assisted Qualitative Data Analysis Software: 질적 자료 분석 프로그램)의 사용과 관련하여 여러 가지 선택권이 있다. 즉, 복잡성과 비용, 기능에 맞게 선택

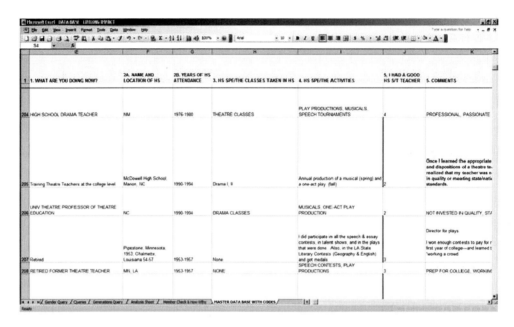

[그림 2-6] 질적 자료와 양적 자료의 MS 엑셀 프로그램 스프레드시트

할 수 있다. 이 프로그램의 웹사이트상에서 가장 최신 버전의 온라인 사용지침서와 시 범 프로그램 · 설명서를 다운로드할 수 있다.

- AnSWR: www.cdc.gov/hiv/topics/surveillance/resources/software/answr
- ATLAS.ti: www.atlasti.com
- CAT(Coding Analysis Toolkit): cat.ucsur.pitt.edu/
- Dedoose: www.dedoose.com
- DiscoverText: www.discovertext.com
- HyperRESEARCH: www.researchware.com
- MAXQDA: www.maxqda.com
- NVivo: www.qsrinternational.com
- QDA Miner: www.provalisresearch.com
- Qualrus: www.qualrus.com
- Transana: www.transana.org(음성과 동영상 자료용)
- Weft QDA: www.pressure.to/qda/

AnSWR과 Weft QDA 같이 몇 가지의 CAQDAS 프로그램은 무료이다. Wordle (www.wordle.net)과 같이 온라인 사용만 가능한 프로그램은 단순한 내용으로 분석적 기능을 가지고 있지만 흥미로운 시각적 배열이 있는 그림을 만들 수 있다.

이들 중 특별히 어떤 프로그램이 낫다고 추천하지는 않겠다. 연구의 범위가 너무 작아서 CAQDAS 프로그램 자체가 필요하지 않을 수도 있다. 그러나 이 프로그램은 종단 연구, 대규모 또는 다중 현장 연구와 디지털 사진 및 동영상 자료로 이루어진 연구에 필수적이다([그림 2-7] 참조). 연구의 특성과 개인적 작업 방식에 알맞은 것(또는 팀 연구 과제를 위한 다중 사용자 접속이 가능한 것)을 선택해야 할 것이다.

CAQDAS는 자료 전체를 저장하고 유지하는 데 있어 가장 탁월한 프로그램이다. 선택된 프로그램들은 연구자가 어떤 자료 덩어리에 무슨 코드를 지정했는지를 명확하고 한눈에 볼 수 있는 도표를 사용하여 시각적으로 보여 준다. 그들의 검색 기능은 범주를 구성하기 위해 신속한 접속을 가능하게 하고, 연구자의 직감, 가설과 질문을 검사할 수 있게 해 주며, 분석 과정을 기록하도록 해 주기도 한다. 또한 어떤 프로그램은 혼합 연구 방법을 위해 양적·통계적 역할을 한다. 보다 정교한 CAQDAS 프로그램은 자료 덩어리 사이의 상호 연관성을 제안하는 교차점과 선을 표시하여 의미 있는 네트워크나 그림을 구성할 수 있다. Saldaña는 네트워크 제시를 위한 CAQDAS의 모델링 기능이 시간이 많이 걸리는 텍스트 기반의 프로그램 기능보다 유용하며 사용법이 간단하다고 하였다. [그림 2-8](McCammon et al., 2012, p. 14)은 고등학교 내에서 스피치와 연극 수업 및 활동에 참여함으로써 참여자의 자신감을 끌어내는 다양한 변수의 복잡한 상호 작용 모델을 보여 주고 있다. 이 모델은 NVivo 8 프로그램만을 사용하여 그렸다.

자료 분석을 위한 컴퓨터 프로그램의 유용성에 대한 논쟁은 여전히 계속되고 있다. CAQDAS는 사용자들을 위해 자동으로 질적 자료를 분석하지 않는다. 그러나 컴퓨터 프로그램은 자료의 선택적인 모니터 도식화를 가능하게 하고, 배치된 부호를 다양한 배열로 보여 줘서 연구자들이 다양한 집합과 의미에 대해 사전에 검토하고 분석적 생각을 할 수 있게 해 준다.

어떤 프로그램도 단독으로 모든 것을 해낼 수는 없기 때문에, 연구를 진행하다 보면 결국 한 가지 다목적 패키지보다는 각각의 장점을 가진 몇 가지 프로그램을 사용하는 방향으로 기울게 될 것이다. CAQDAS 프로그램은 분석을 지원하는 훌륭한 특징을 가지고 있지만, 프로그램을 익히는 것이 쉽지 않다. 따라서 컴퓨터 프로그램의 작업과 체계를 이해하려 하기보다는 자료를 분석하는 데 시간을 투자하는 것이 현명하다. 프로

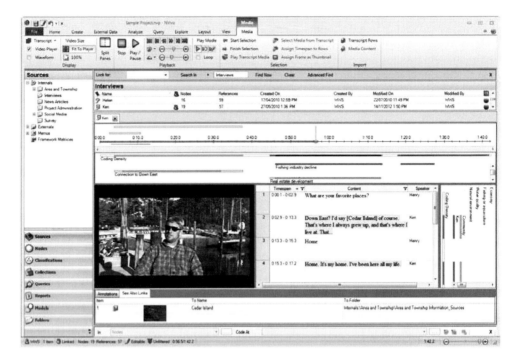

[그림 2-7] 동영상 인터뷰를 코드화한 NVivo 10 스크린샷

출처: Courtesy of QSR International, www.qsrinternational.com.

젝트와 연구가 진행되는 데 있어 필요한 것이 무엇인지 냉정하게 생각하라.

　기술적 측면에서 조언하자면, 초기에는 자신이 가능한 컴퓨터 사용 능력 수준에서 작업하라. 그리고 자신보다 컴퓨터 기술이 뛰어난 동료의 도움을 받아 프로그램을 배워 가도록 하라. 프로그램의 사용 지침서가 도움이 될 수도 있지만, 프로그램을 가장 잘 배울 수 있는 방법은 멘토의 자문을 받아 실제 연구에 사용해 보는 것이다. 연구 설계에서는 새로운 프로그램을 배울 시간을 감안해야 한다. 부록에서 기본 문서 프로그램과 CAQDAS의 사용을 보완할 수 있는 추천도서 목록을 참조하라.

　CAQDAS는 빨리 변화하는 분야이다. 프로그램이 개선되고 새로운 프로그램이 나타나면 이곳의 정보는 구식이 된다. Bazeley(2007), Friese(2012), Lewins와 Silver(2007), Richards(2009)에서 주요 상업용 프로그램에 관련된 문헌과 실질적 지침서를 참조하라. Hahn(2008)은 MS Office 프로그램을 사용한 질적 연구 자료 관리와 분석을 보여 준다(http://caqdas.soc.surrey.ac.uk/). 다음 장에서 CAQDAS에 대해 더 많이 다룰 것이다.

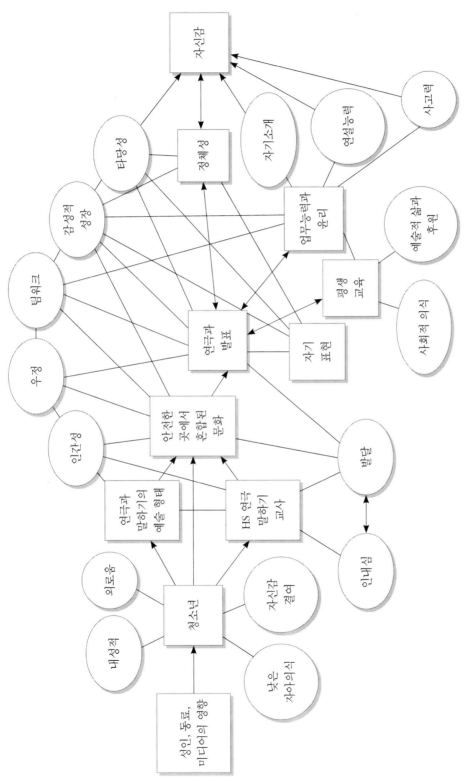

[그림 2-8] 고등학교 말하기 수업과 연극 수업으로부터 얻는 평생 동안의 자신감 모델

출처: McCammon, Saldaña, Hines, & Omasta (2012). pp. 2-25.

2) 자료 관리

자료 관리의 개념은 양적 연구자들에게 친숙하다. 그들은 체계적인 자료 세트(set), 코드북, 변수의 기록, 완료된 분석 기록 등에 관하여 생각하도록 훈련받았다. 자료 관리는 질적 연구자들에게도 그만큼, 어쩌면 그보다 더 중요할 수도 있다. 대부분의 경우, 많은 양의 자료가 여러 가지의 정보원, 사례 또는 다양한 현장에서 수집되고, 때로는 양적 자료 세트까지 추가된다.

주요 사안은 ① 양질의 접근 가능한 자료, ② 완료된 분석의 기록, ③ 연구를 마친 후 자료와 취합된 분석 결과를 보존하는 것이다. 많은 질문이 있지만, 결국 다음과 같이 요약된다. 자료 관리 과정에서 예측해야 하는 바는 무엇인가? 얼마나 철저해야 하는가?

〈표 2-5〉는 프로젝트 동안 관리되었고, 프로젝트 이후에도 유지되길 바라는 자료에 포함될 목록을 나열하고 있다. 목록상의 모든 내용을 준비하고, 사용하고, 보관해야 하는 것은 아니다. 연구를 설계하는 동안 컴퓨터 프로그램의 사용 가능성과 상대적 중요성을 떠올린다면 연구하기가 수월해질 것이다. 적절한 컴퓨터 프로그램을 사용하는 것이 일을 몇 배는 더 수월하게 해 준다. 어떤 CAQDAS 프로그램은 자동으로 자료를 만

〈표 2-5〉 저장 내용, 검색 양식, 유지

1. 원자료: 현장노트, 녹음, 현장 문서
2. 부분적으로 처리된 자료: 쓰기, 전사, 초기 버전, 그리고 추가 수정된, '정리된', '주석을 단' 버전
3. 코드화된 자료: 특정 코드가 첨부된 쓰기
4. 연속적으로 반복되는 코딩계획 또는 코드북
5. 메모 또는 다른 분석적 자료: 자료의 개념적 의미에 대한 연구자의 생각
6. 검색 기록: 분석 중 연구자가 찾는 코드화된 자료 부분을 보여 주는 정보, 검색된 자료, 부분들 사이에서 만들어진 연관성의 기록
7. 자료 나열: 관련된 분석적 텍스트와 함께 검색된 정보를 도식화하는 매트릭스 또는 네트워크. 개정 버전
8. 분석 에피소드: 무엇을 했는지 단계적으로 기록하고 도표를 조합하여 분석적 텍스트 쓰기
9. 보고 문서: 연구의 설계, 방법, 결과에 대한 연속적인 초안
10. 일반적인 시간순의 일지 또는 자료 수집과 분석 작업 서류
11. 이 모든 자료에 대한 색인

출처: Miles & Huberman (1994).

들고 저장한다. 그러나 잘 정돈된 물리적 공간에 현장노트, 오디오, 관련 미디어 자료, 편집된 완성 원고를 저장하는 것 역시 필요하다. 사전 준비가 핵심이며, 연구를 진행하면서 자료 관리 시스템을 수정하고 확장해야 한다. 제도적 재검토(제3장에서 더 논의될 것이다) 또한 자료 관리에 참여자의 익명성과 비밀성을 보장하기 위한 필명과 안전한 저장을 사용하는 등의 특정 요구 조건을 부과할 수 있다.

어떤 연구자들은 각 서식과 자료를 별도의 컴퓨터 파일 형태로 분류된 폴더에 보관하는 것을 선호한다. 예를 들면, '인터뷰'라는 이름표의 폴더는 '인터뷰1-Janice' '인터뷰2-Janice'와 같은 파일을 담고 있다. 다른 연구자들은 사례별 또는 현장별로 적절한 하위 폴더를 가지고 폴더에 이름 붙이기를 선호한다. 예를 들면, 폴더의 이름이 'Janice 자료'이고, 하위 폴더로 '인터뷰' '참여자 관찰' '사진' 등이 있다.

Saldaña는 개인, 단기간, 질적 사례연구를 위해 하나의 마스터 문서를 추천한다. 모든 자료가 하나의 '작업 중(working)' 파일에 보관되며(원본의 자료 세트 전체를 백업 파일에 보관), 이를 요약하고 수정하여 최종 보고서로 발전시킨다. 인터뷰 이후에 작성된 축어록은 최종 연구보고서에서 연구 참여자의 진술 인용문으로 사용 가능하다. 연관된 자료 묶음은 즉시 범주화 형태로 편집되어 모아진다.

대부분의 연구 자료는 대체 불가능하다는 것을 명심해야 한다. 만약 자료가 없어지거나 삭제되고 파손되거나 훼손된다면 문제가 생기므로 **모든 자료를 백업해 놓아야** 한다. 특히 다음의 경우에 자료에 대한 신중한 관리는 아무리 강조해도 부족하다.

- 복잡한, 다중 사례의, 다수의 연구자의, 다중 기법의 프로젝트는 사전에 치밀히 계획되지 않는다면 혼란에 빠질 것이다.
- 결과 및 연구자의 현장이 중대한 영향을 주는 대형 프로젝트가 잘 준비된 답변을 기다리고 있다.
- 연구자가 믿는 프로젝트는 매우 중요하고 결정적이기까지 하다.
- 연구자가 외부 자문을 기대하거나 구하는 프로젝트 관련 자료는 특별히 잘 관리되어야 한다.

3) 연구팀 구성과 시간계획

질적 연구는 만성적으로 '노동의 결과물'이라고 불린다. 그러나 구체적인 내용은 거의 공개되지 않는다. 이것도 우리는 동료들과 우리의 경험에 의존하곤 한다.

누가 연구를 할 것이며, 얼마나 많은 시간이 걸리는가? 이런 순진한 질문에는 흔히 예상하는 것보다 더 많은 복잡함이 잠재되어 있다. 단독 연구자들은 경험이 있건 없건 간에 대안적인 관점, 지원, 그리고 선입견을 막아 줄 조언자나 파트너, 멘토 또는 동료를 찾아야만 한다. 1명 이상의 구성원이 참여한 연구에는 언제나 경험, 배경지식, 기술의 다양성이 있을 수 있다.

그런 복잡성 때문에 프로젝트를 위한 사회적 관계에도 주의를 기울여야 한다. 관계는 자동으로 형성되지 않는다. 연구 파트너와 연구를 도와줄 조력자들과의 긴밀한 관계를 형성하는 것은 매우 중요하다. 초기에 많은 시간을 들여 핵심 사안(개념적 틀, 연구 질문, 표집)을 충실히 다루는 것이 좋다. 그다음에 보다 일반적인 관리 사안들, 예를 들면 프로젝트나 보고서에 대한 바람이나 우려되는 점, '내 인생에서 어떤 다른 일이 일어나는가?'에 대한 기록, 그리고 합동 연구를 위한 절차의 지침을 다룰 수 있다. 연구팀은 하루 만에 구성되는 것이 아니다. 그러므로 충분한 시간을 가지고 연구 파트너와의 관계를 다지고 팀의 기능을 정비하는 것이 바람직하다.

우리가 경험에서 얻은 또 다른 유용한 팁은 후배들이 현장 연구를 하고, 선배들은 분석과 쓰기를 하는 식의 선후배 간의 뚜렷한 업무 분담을 피하라는 것이다. 선배들은 현장 상황에 대한 구체적인 감을 얻기 위해 자료 수집에 직접 관여할 필요가 있다. 현장에서 시간을 보내지 않고 현장 연구의 주된 조사관이 될 수는 없다. 후배들은 '채용된 연구원'으로서 제구실을 하지 못할 것이다. 연구에 참여한 모두가 프로젝트와 도출될 결과를 위해 상호 간에 적극적으로 참여할 필요가 있다.

연구의 시작 단계에서는 사람들이 연구에 필요한 모든 기술을 가지고 있지 않다. 새로운 프로그램, 코딩 방법 사용 또는 자료 도표 제작과 같은 사안에 대해 배울 시간이 필요하다. 우리의 예상 시간은 이렇다.

현장 연구의 1일당 예상 소요 시간은 다음과 같다.

- 2~3일간의 현장노트 처리(기록하기, 수정 등). 만약 오디오 녹음 또는 동영상 녹화의 축어록을 만들려면, 세부 사항의 상세함 정도 또는 축어록 작성자가 내용에 대해 익숙한 정도에 따라 4~8일로 늘어난다.
- 1~2일간의 코딩(진행계획의 상세함과 복잡함에 따라)
- 1~2일간의 도식화와 쓰기 완성(도식의 수와 종류에 따라)

이것은 사례의 수에 비례하여 증가한다. 다중 사례연구에서는 ① 사례의 수만큼 곱하고, ② 어떤 사례 간 분석이 수행될지, 사례 내와 사례 간 보고서가 어떻게 나올지 고려하며, ③ 총 예상되는 기간을 예측하라.

10. 마무리 및 넘어가기

우리는 자료를 수집하고 요약하는 데 초점을 둔 실질적인 제안에 대해 살펴보았다. 이러한 단계는 변수나 개념에 대한 체계적인 **개념적 틀**, 그들의 상호관계성, 연구를 정의하는 **연구 질문**, 사례 **정의**를 통한 연구의 핵심과 한계의 정의, 사례 내 표집과 다중 사례 표집을 위한 계획, 그리고 창의적인 **자료 수집 방법**을 포함한다. 이 모든 단계는 분석의 한계를 정하면서 동시에 지원하는 역할을 한다. 자료 수집에 앞서 이 모든 것은 귀납적이고 발전적으로 이루어질 수 있다. 설계는 치밀할 수도 있고 느슨할 수도 있다. 이런 선택은 연구자가 선호하는 연구 방식뿐 아니라 연구의 주제와 목표, 인용 가능한 이론, 그리고 연구 배경에 대한 연구자의 익숙함에 따라 달라진다.

추가적으로 분석에 큰 영향을 미치는 설계 문제는 같은 상황에서 질적 자료가 양적 정보와 얼마나 연관되는지에 대한 실제적인 관리 문제이다. 어떤 컴퓨터 프로그램을 사용할지, 무슨 목적으로 만들어야 할지에 대해서도 신중한 결정이 필요하다. 원자료부터 최종 연구 보고서에 이르기까지 모든 것을 저장하고 검색하는 체계적인 자료 관리계획도 마찬가지로 중요하다.

다음 장에서는 참여자들과 그들에 대한 우리의 윤리적 의무의 관점에서 보다 인간적인 차원의 현장 연구와 분석에 대해 검토해 보겠다.

11. 주석

우리(Miles와 Huberman)에게 중요한 현장 연구의 기회가 주어졌을 때, 우리는 바로 참여하였다. 프로젝트는 새로운 혁신적 교육 제도의 보급에 대한 연구였고, 1979~1983년 사이에 수행되었다. 이 문서의 많은 부분은 그 연구에서 참고하였다(보다 상세한 정보는 이 책의 초판과 2판에 나와 있다).

그 연구는 학교 개선이라는 더 큰 규모의 연구 안에 포함된 연구이다. 새로운 혁신적 교육 제도의 실행과 관련한 145개 학교와 미국 전역에서 4,000명에 가까운 사람을 대상으로 하는 대규모 연구 중 일부로 이루어졌다. Beverly Loy Taylor와 Jo Anne Goldberg가 1979~1980년 동안 층화 표집된 전국의 13개 현장을 여러 차례 방문하였고, 다음 해에 추가 방문을 통하여 주요 연구 결과를 입증하였다.

수집된 자료의 양은 440건의 인터뷰, 85건의 관찰, 259개의 문건과 2,713페이지의 현장노트 기록이다. 인터뷰와 관찰 기록은 축어록으로 만들었다. 우리는 그것을 통해 공통된 자료 도식화를 개발하였고, 각 12개의 현장에서 결론을 도출하였다. 그 결과, 사례 보고서가 70에서 140페이지까지 이르렀다. 그다음의 사례 간 분석은 12개 사례 보고서의 적절한 부분에서 이루어졌다. 두 번째 다중 사례 현장 연구에서도 자료 수집, 요약, 학교 개선 연구에 대한 질적 자료 분석 등이 반복되었다.

우리는 국립교육대학으로부터 후원을 받은 다른 사례 간 분석 연구를 시작하였다. 이 연구는 현장노트를 코딩한 연구 초기부터 더 진전된 탐색적 사례 간 분석에 이르기까지 우리의 분석 과정의 기록에 관한 것이었다. 각 분석은 자세한 자가기록물을 반영하였다. 이를 통해 많은 그림과 경험에서 비롯된 규칙을 이 책에 제공하였다. 우리는 미국, 캐나다, 서유럽과 호주에서 세미나를 하며 많은 것을 배웠다. 질적 자료 분석의 포괄적인 사안은 연구자들뿐 아니라 문화에 직면할 때 더 분명해진다.

제3장 분석의 윤리적 문제

장 요약

이 장에서는 연구자들이 연구하는 동안 직면할 수 있는 윤리적 문제와 딜레마를 조사한다. 또한 참여자들의 동의와 혜택, 우려, 비밀보장 및 자료 소유권과 같은 여러 문제를 고려할 예정이다.

내용

1. 서론
2. 연구 참여자와의 동의
3. 윤리적 이슈
   1) 프로젝트의 가치
   2) 능력
   3) 사전동의
   4) 혜택, 비용, 호혜성
   5) 위험과 위기
   6) 정직과 신뢰
   7) 사생활, 비밀보장, 익명성
   8) 중재 및 옹호
   9) 연구의 완성도와 품질
   10) 자료 및 결론의 소유권
   11) 결과의 오용 및 합리적인 사용법

4. 갈등, 딜레마 및 절충
5. 마무리 및 넘어가기

1. 서론

우리가 마치 우리의 연구만이 진리라고 여기는 것처럼, 우리가 생산해 낸 지식의 질에만 초점을 둘 수는 없다. 우리는 우리가 연구하고 있는 사람들과 우리의 동료들, 그리고 우리의 일을 후원하는 사람들 및 우리의 동료들과 관련된 질적 연구자들의 '오류'의 가능성을 고려해야 한다. 또한 모든 연구자는 인도적인 행동의 가장 고전적인 원칙에 의해 안내되어야 한다. 첫째로, 해를 끼쳐서는 안 된다.

책임감이 있는 연구자라면 다음과 같은 도덕적·윤리적 질문을 한다. 내 프로젝트가 정말 할 만한 가치가 있는가? 내 연구를 통해 사람들을 착취하고 있지는 않은가? 응답자가 내 연구를 볼 권리가 있는가? 사람들과 그들의 동료들이 보고서를 보고 서로를 인지할 수 있다면, 익명성이 무슨 소용인가? 그들이 서로를 인식을 할 수 있다면 그것이 그들을 다치게 할 수 있지는 않은가? 만약 내가 연구 중에 해로운 행동을 관찰하였을 때 무엇을 해야 하는가? 누가 그 자료를 소유하고 그 보고서를 소유하는가?

질적인 연구에 자주 등장하는 질문에 대해 후회하는 증언과 문장은 "나는 ……을/를 예상하지 못했다…….", "만약에 내가 ……을/를 알았더라면…….".과 "난 그 후에 …… 을/를 깨달았다…….".였다. 우리는 연구를 하기 전과 하고 있는 동안, 그리고 앞으로 해야 할 연구에서 윤리적으로 하고 있는지 확인하고 관찰해야 한다.

우리는 모든 윤리적 문제를 다룰 수 없다. 그러나 우리는 우리가 할 수 있는 만큼 많은 윤리적 자각에 관련된 문제를 극복하기 위해서 노력해야 한다. 이 장에서는 흔히 질적 연구에서 발생하는 특정 이슈와 특별 참여자와의 동의에 대하여 이해하고자 한다. 그 후, 우리는 앞서 밝힌 갈등과 딜레마, 그리고 보편적 조언을 통한 결론에 도달한 타협에 대해 평가할 것이다.

2. 연구 참여자와의 동의

일반적으로, 연구 참여자들과 연구자들은 예상되는 기대에 대하여 만족할 만한 동의를 할 필요가 있다. 여기서 우리의 의도는 일상생활에서 이미 검증된 사람들 간의 동의 사항을 검토하는 것이다. 주된 이슈는 우리가 우리의 결론을 유지하고 개선할 수 있는 연구 참여자들을 연구하고 개선하고자 하는 명확한 기대를 가진다는 것이다.

우리는 첫 번째로 '메타동의(meta-agreement)'를 생각해야 한다. 우리는 연구자들과 참여자들이 비슷한 수준의 목소리를 가지고, 그들의 이야기를 전개하고 있는 것을 생각해 볼 수 있는가? 혹은 연구자들이 지역사회에 참여하여 문제를 연구하고 이를 해결하며, 주변 사람들과 협력하는 **협력적 또는 참여행동연구** 모델을 모색하고 있는가? 아니면 연구자들이 연구를 수행하는 참여자들과 차별화되는 더 **전통적인 모델**이 될 것인가? 앞의 첫 두 모델은 마지막 모델보다 프로젝트의 설계와 행동에 대한 통제력을 중시하는 것을 암시한다.

메타동의에서 암시하는 기본적인 관계가 무엇이든 간에 연구 시작 전, 몇 가지 문제는 참여자들에게 명확히 밝혀야 한다(연구가 전개될 때까지 이 문제들이 양측에 완전히 이해되지 않을 수도 있다는 점을 기억하는 것이 중요하다). 〈표 3-1〉은 초기 기대치의 요소로 간주될 수 있는 문제를 제시한다. 여러 가지 별개의 합의에 도달할 수 있다. 분석을 위해 우리는 이 동의들이 어떤 영향을 끼치는지에 대해 논의할 수도 있다.

저널 집필과 같이 참여자들의 적극적 참여가 요구되는 자료 수집 규약(〈표 3-1〉에서 질문 2)은 그러한 하위 조항이 아주 조금이라도 강요될 때 안 지켜질 수 있다는 위협이 있다(질문 3). 이러한 동의는 연구를 공유하는 방식으로 방향을 바꿀 수 있다(질문 4).

비밀보장에 대한 모호함(질문 5)은 특히 연구자가 자발적이거나 비자발적으로 참여자의 의견을 다른 사람에게 전달하는 경우, 종종 '침묵'과 같은 자료 수집에 영향을 미친다. 다시 말해, 자료 수집에 앞서 연구자와 참여자의 관계가 변형될 수 있고, 후속적으로 분석에 편견이 생길 수도 있다.

익명성도 비슷한 영향을 끼칠 수 있다(질문 6). 익명성보장능력(nonidentifiability)에 확신을 갖지 못한 개인, 집단 혹은 조직은 연구 보고서에 편향된 자료를 포함할 수 있다(자기검열, 방어적, 낙관적 자료). 만약 그 정확하고 확인 가능한 판단이 개인의 관심(interest)을 위태롭게 할 가능성이 보인다면 더더욱 말이다. 어찌되었든지 간에, 개인의 익명성은 집단의 연구 보고서가 멤버들에게 읽힐 때, 지켜지기 어렵거나 불가능하다. [다른 협의 사항 옵션으로는, 실명을 사용하는 방법도 있다. 개인은 실명 자료가 공적이고 자신에게 피해가 가지 않는다고 판단될 때 자료를 제출하는 경우가 있지만, 이 방법도 편협한 결론(conclusion-narrowing)을 만드는 데 일조하기도 한다.]

〈표 3-1〉 연구 참여자의 동의를 위한 질문

1. 얼마나 많은 시간과 노력이 들 것인가?
2. 어떤 종류의 자료가 포함되어 있는가?(예: 관찰, 인터뷰, 일지, 과거)
3. 참여가 자발적인가?
4. 누가 이 연구를 설계하고 주도할 것인가?
5. 참여자들의 소재가 비밀보장될 것인가?
6. 참여자들의 익명성은 유지될 것인가?
7. 누가 자료를 설명하는 제품을 만들 것인가?
8. 참여자들이 잠정적 제품 또는 최종 제품을 평가할 것인가?
9. 참여자와 연구자 모두에게 어떠한 이익이 생기는가?

출처: Miles & Huberman (1994).

여기서 말하는 전형적인 동의란 연구자가 자료 설명 제품(질문 7)을 만드는 것을 일컫는 것이다. 이 전제는 전통적으로 준비가 철저한 연구자들이 근거가 충분한 결론을 내리고 좋은 자료를 발견한다는 암묵적인 전통을 따른 것이다. 하지만 일부 모델에서는, 참여자들이 연구자들만큼의 전문 지식을 지니는 경우도 있다. 협력 혹은 참여행동 연구 모델이란 연구 도중에 연구자의 보호·관찰(facilitation)로 인하여 참여자의 전문적 지식이 개발되는 상황을 일컫는 말이다. 대표적으로, 한 공동체 안에서 발생하는 연구를 예시로 들 수 있다. 앞의 두 모델의 어느 경우에나 '분석의 장점' 문제는 전통적인 모델에서처럼 압박감이 심하다(제11장 참조).

연구 결과는 묘사, 설명, 해석 등의 정확도에 대한 회원의 점검을 위하여 참여자에게 피드백되기도 한다(질문 8). 동의들은 다음과 같이 다를 수 있다. 개인이 다른 사람들과 연구를 하기 전에 미리 자료를 보는가? 개인이나 단체가 검열, 자료 거부 또는 출판물 검열을 할 수 있는가? 아니면 오류가 정정되고, 대안적 해석이 각주에 포함될 것이라는 점만을 동의하는가? 이러한 동의들은 자료와 최종 결론의 질을 향상시킬 수 있다. 하지만 이것들이 검열을 실행하는 누군가에게 주어진다면 불안전하고 변형된 결론을 초래할 수 있다.

연구자들은 대개 통찰력, 인지도, 승진, 새로운 보조금, 컨설팅 등의 이득을 자신들의 연구를 통해 얻는다. 그래서 그들이 조사를 계속하는 것이다. 참여자들의 혜택은 종종 시작 지점에서 다소 모호하게 나타난다. '반성할 기회' '아이디어 설명' '다른 이들의 행위에서 배우는 것'과 같이 말이다. 협력 연구 도움, 협의 또는 훈련, 공저 또는 기대

이익 공유, 저작권 사용료에 대해 언급하는 고급 협상이 오가는 연구들은 보통 자료 품질을 향상해 왔다. 만약 이러한 이점(利點)들이 실현되지 않는다면, 자료와 결론의 질이 나빠질 수 있다.

우리는 학습 참여자와의 동의서에 대해 다음과 같은 최종적 조언을 제공한다.

① 참여자와의 동의가 어떤 형태로 이루어질지 생각하라. 토의 및 접근 방법을 협상하는 동안 토의를 위한 수단으로 그것을 종이에 적으라. 동의가 명확하다면, 요약한 연구와 그 기본적인 규칙은 다수의 참여자가 있는 연구에 도움이 된다.
② 참여자의 동의에 대한 이해도(또는 오해)를 구체화한다. 이는 연구를 통해 얻는 자료나 결론의 질을 위협하는 요소도 포함된다.
③ 제도적 검토 위원회(IRB) 규정에 따르는 연구자들은 규제 참여자의 관계, 계약서 및 자료 수집에 영향을 미치는 구체적인 요건들을 부과할 수 있다.

3. 윤리적 이슈

대부분의 직업은 명확한 윤리 강령을 가지고 있는데, 이는 연구 참여자들의 권리와 부적절한 유형의 관계에 관한 지침을 포함한다. IRB 혹은 유사한 감독 업체의 가이드라인을 따르는 조직은 유사한 감독 기관에 대한 권한 부여 지침을 준수하고, 비밀보장을 유지하며, 미성년자 및 기타 법률적 문제에 대한 비밀보장 사항을 유지한다. 하지만 현장 답사와 그 부수적인 딜레마들은 종종 예측할 수 없는 경우가 많고, 장소가 독특하다. 게다가 연구 질문, 계측, 표본과 같은 모든 정성적인 질적 연구에, 정확하게 연구하기 전에 지정해야 하는 이러한 IRB의 요구 사항을 모두 충족하기 위해 세부 사항을 작성하는 것은 연구가 시작되기 전에 거의 불가능하기 때문에 정확하게 해야 한다. 그럼에도 불구하고 일부 계획은 애플리케이션과 리뷰에 필요하다.

우리는 이제 숙고할 특정한 윤리적 문제와 이슈를 서술한다.

1) 프로젝트의 가치

스스로 다음과 같이 되물어라. 내가 제안한 연구는 가치 있게 진행되고 있는가? 내 자금 후원, 출판업, 그리고 경력보다 더 넓은 영역에 이르기까지 어떤 의미에서 공헌할 것인가? 그리고 내게 중요한 가치와 부합하는 연구인가?

(1) 분석에 대한 함의

일반적으로 연구자에게 큰 중요성 또는 진정한 의미 없이 시작한 기회주의적인 연구는 얕은 방법으로 조심스럽지 않은 자료 수집을 설계할 가능성이 있다고 분석된다. 이 보고서는 '옳았다.'보다는 '좋아 보인다.'고 쓰여 있다. 예측 불가능한 결론은 의심할 여지가 없을 수 있다. 가설을 가진 경쟁사의 분석은 드물다. 사적인 소득에 대한 의뢰를 받는 것은 잘못된 일이 아니다. 그러나 만약 여러분의 연구 결과에 약간의 변화를 주어서 후원자들이 원하는 결과를 얻으려고 노력한다면, 여러분은 정직하지 못한 사람이 된다.

2) 능력

스스로 다음과 같이 되물어라. 좋은 품질의 연구를 수행할 전문 지식을 가지고 있는가? 아니면 초보자와 경험이 있는 연구자들 모두는 그들이 어떻게 해야 하는지를 탐구하고, 훈련받고, 조언을 받으며, 협의할 준비가 되어 있는가? 그런 도움이 존재하는가?

(1) 분석에 대한 함의

승인되지 않은(이해되지 않은) 무능력은 질적 연구에서 분석적 약점의 특정 패턴을 책임진다. 제대로 수집되지 않고 마감되지 않은 많은 양의 자료는 마감일이 다가옴에 따라 피상적이고 성급한 결론을 도출한다. 이러한 일들은 종종 혼자인 연구자들이 친구, 동료, 조언자로부터 도움을 청하지 않을 때 발생한다. 졸업생들은 종종 자신의 무경험을 이해하지만 때로는 교사나 논문 감독관으로부터 도움을 받을 수 없다. 이것은 연구 과오이다.

3) 사전동의

스스로 다음과 같이 되물어라. 내가 연구하고 있는 사람들은 이 연구가 무엇을 포함하는지에 대한 충분한 정보를 가지고 있는가? 자유롭게 자발적으로 참여할 수 있는 동의가 있는가? 계층(예: 자녀, 부모, 교사, 행정관)이 동의 결정에 영향을 미치는가?

IRB 규제는 엄격하지만, 참여자들을 채용하고, 그들에게 연구의 목표를 설명하며, 그들의 권리를 보장하는 면에서는 매우 철저하다. 미성년자 혹은 기타 취약 집단(예: 재소자, 임산부)에 대한 연구에서 동의서를 확보할 때에는 권한 부여 절차에 추가 지침을 포함한다.

프로젝트에 관한 것들을 사람들이 쉽게 꿰뚫어 볼 수 있도록 책을 만들어라. 그러면 개인들의 신뢰감을 증진하는 데 도움이 될 것이다. 그리고 연구자들은 참여자들이 연구의 일부로 참여하는 것은 그들이 연구자에게 훌륭한 호의를 베푸는 것임을 인정하라. '자료'의 근본적인 뜻은 '수집된 것'이 아니라 참여자들로부터 연구자에게 '주어진 것'이기 때문에 참여자들의 시간, 통찰력, 사생활을 존중해야 한다. 만약 아동과 청소년이 포함되어 있으면 그들에게도 문제에 대한 발언권이 주어져야 한다. 때로는 연구 프로젝트의 진실성을 위해 변형된 연구 행위와 거짓이 필요한 극히 드문 사례가 있다(예: 인간의 사회적인 과정들이 불법 행위에 관여하는 것을 조사하는 것). 만약 참여자들로부터 숨길 것이 있다면, 적절한 이유가 있어야 할 것이다.

(1) 분석에 대한 함의

어설픈 승인은 대개 부실한 자료로 이어진다. 관계자들과의 관계 또는 한 가지 형태만을 가진 관계로 응답자들은 그들 스스로를 보호하기 위해 노력할 것이다. 분석 후반부의 모호함은 연구의 품질과 사람들의 흥미를 잃게 만드는 결과를 초래할 수 있다. '회원 확인'을 사용하여 결론을 증명하거나 심화할 계획을 세울 경우, 그 기대와 구체적인 절차는 연구가 진행될 때까지 명확하게 확인해야 한다. 참여자의 허가를 얻는 것은 단 하나의 장애물이 아니다. 연구 내내 재협상이 필요하다.

4) 혜택, 비용, 호혜성

스스로 다음과 같이 되물어라. 참여자들은 시간, 에너지 또는 재정 자원에 무엇을 투자해야 하는가? 각 집단은 연구에 참여함으로써 무엇을 얻었으며, 그것은 공정하게 배분되었는가?

앞서 말했듯이 연구자들은 종종 어떤 식으로 돈을 받는다. 그들은 대부분 그들의 일을 즐기고, 그것으로부터 배우며, 학위 논문을 얻을 수도 있다. 그리고 그들의 논문과 책은 그들의 분야에 기여할 뿐만 아니라 인식, 새로운 자금, 그리고 경력을 가져다줄 수 있다.

연구 참여자들은 약간의 다른 이점을 가지고 있다. 그들은 발표 기회가 오고, 통찰력이나 배움을 얻을 수 있고, 개인 연습이 강화되고, 그들과 관련된 프로그램이나 정책이 개선될 수 있으며, 순환하는 문제에 효과적인 조치를 취할 수 있게 도움을 받을 수도 있다. 하지만 연구 참여자들은 거의 출판물을 공유하지 않으며, 대개 유명 인사가 되지는 않는다. 대부분의 연구비에 대해서도 돈을 받지 못한다.

비용 문제와 누가 그것들을 소유하는지는 중요한 문제이다. 연구자들의 시간은 (보통 충분하진 않지만) 현금 또는 학위 승인으로 보답을 받는다. 일반적으로 조사 참여자들은 그들이 하고 있는 것을 미루고 시간을 내야 하지만, 이 또한 보상이 미흡하다.

(1) 분석에 대한 함의

참여자들의 수당과 비용에 대한 불균형의 우려는 자료 손실과 접근성을 위험에 처하게 한다. 하지만 우리는 그들이 우리에게 사려 깊게 이야기해 줄 때 감동받고 놀란다. 그들의 이익과 혜택이 지연되거나 적어지더라도 매일 시간을 내어 대화해 줄 때 말이다.

연구자들은 참여자들의 금전적 보상에 대한 그들의 관점에 따라 다양한 견해를 가진다(예: 기프트 카드 또는 인터뷰 한 시간당 2만원 상품권 지급). 어떤 사람들은 돈의 제안이 그들이 실제로 생각하는 것보다 더 과도하게 참여자들에게 (참여자들로 하여금 질문에 긍정적으로 답하게 하는) 영향을 미칠 수 있다고 생각한다. 다른 연구자들은 교사와 사회복지사 같은 전문직 종사자들이 그들의 귀중한 시간과 의견에 대해 어떤 형태로든 재정적 보상을 받을 자격이 있다고 생각한다. 이것은 각각의 연구자가 자신의 프로젝트에 의해 해결해야 할 문제이다.

연구자들은 이해심으로 소통하려고 노력한다. 대부분의 연구 참여자는 어떻게 일할지, 그리고 어떻게 하면 보다 나은 삶을 살아갈 수 있을지에 대한 행동에 몰두한다. 여러분이 자신의 분석적인 작업에 깊은 뜻을 가지고 접근한다면, 여러분의 이해력이 더 깊어질 것이라고 주장할 수 있다. 그리고 참여자들에게 더 공평한 혜택이 주어질 수 있다.

5) 위험과 위기

스스로 다음과 같이 되물어라. 이 연구가 어떻게 관련된 사람들을 다치게 할 수 있는가? 그러한 해악이 발생할 가능성은 얼마나 되는가?

많은 참여자는 다양한 방식으로 해를 입을 수 있다. 자존심부터 시작해서 남에게 나쁘게 보이는 것, 다른 사람의 이익에 대한 위협과 지위, 조직의 발전, 프로그램에 대한 자금 상실 또는 구속되거나 체포되는 것도 포함된다. 질적 연구로부터의 정보는 결코 자유롭지 않고 부정적인 결과를 가져올 수 있다.

위협은 두 가지로 살펴볼 수 있다. 우리는 『뉴욕 타임즈』 기자가 마약 거래상에게 솔직하게 말하는 것을 편안하게 생각해 본 적이 있냐고 물어본 사례가 있다. 그러자 그 거래상이 기분 좋게 대답하였다. "좋죠. 하지만 당신이 적은 내용이 마음에 안 들면 저는 당신을 죽이겠습니다." 연구자로서, 종종 우리가 추출한 보고서가 자금 조달 기관의 주요 관심사와 상반되는 결과를 낳았을 때, 기관으로부터 소송을 당할 수도 있다.

Sieber(1992)는 손상의 여러 가지 취약성에 대해 생각해 보는 게 중요하다고 지적한다. 남들보다 더 취약한 입장에 있는 사람들(그리고 공공 기관들)이란, 공개적으로 보이는 사람들, 자원 또는 자율성이 부족한 사람들, 비난받는 사람들, 약해지거나 보호 시설로 보내지거나 자신을 위해 주장할 수 없는, 불법 행위에 관련된 또는 학습자와 관련된 사람들을 가리키는 말이다.

질적 연구에서 잠재적 위해성에 대한 위험의 정도를 설정하는 것은 매우 어렵다(어쩌면 불가능할지도 모른다). 어떤 종류의 위해성이 다른 종류의 위해성보다 가능성이 크다고 가정하는 것과 미리 가능성을 줄이는 방법을 고려하는 것은 지극히 현명한 행동이다.

(1) 분석에 대한 함의

공정한 급여와 비용을 생각했을 때 손해가 예상되는 경우, 접근 또는 자료 품질이 저하될 수 있다. 어떤 종류의 해악의 가능성이 다른 것보다 낮다는 것을 가정하고 그러한 가능성을 줄이기 위해 사전 방법을 고려하는 것이 현명하다.

6) 정직과 신뢰

스스로 다음과 같이 되물어라. 내가 지금 연구하고 있는 사람들과의 관계는 어떠한가? 내가 진실을 말하고 있는가? 서로 신뢰감이 있는가?

대부분의 질적 연구자는 그들의 일을 하는 과정에서 속임수, 거짓말 또는 도둑질을 하지는 않을 것이다. 하지만 지켜지지 않은 약속이 한 번도 세상에 알려지지 않은 것은 아니다. 일부 연구자가 참여자들에게 탐구의 진실성을 숨긴 전례가 세상에 밝혀진 적이 있다[Humphrey(1970)의 동성애자에 관한 연구 참조].

일반적으로 정직하지 않은 것은 더욱 교묘하다. 현장 근로자는 지식이나 접근을 얻기 위해 친근한 경청자나 내부자로 위장할 수 있다. 어떤 단계에서는 van Maanen (1979)이 기록했듯이, 현장 근로자가 전선을 통과할 때마다 상징적인 폭력이 행해지고 있다고 말한다. "사람들은 자신이 숨기고 싶어 하는 사실들이 (어느 정도의 선까지) 유도 질문되고, 납득되고, 억지로 강요되고, 압박받고, 드문 경우지만 원하는 자료를 얻기 위해 연구자에게 협박받는 경우가 있다."(p. 545) 이 폭력에는 언제나 개별적인 도덕적 한계가 있다. 연구자는 예민한 문제를 강요하거나 난처한 장면을 남겨 두지 않기로 결정할 수도 있다. 그럼에도 불구하고 응답자와의 관계가 얼마나 강압적이고 믿을 수 없는지에 대한 의문은 무시될 수 없고, '우리의 관계가 진정 진실한가.'에 대한 경건한 질문을 통해 재정의될 수 있다.

(1) 분석에 대한 함의

만약 사람들이 보고서를 읽고서 배신감을 느낀다면, 그들이 이를 합리적인 해석으로 받아들이는 것은 아마도 불가능할 것이다. 왜냐하면 그들은 사실관계로부터 상처받는 것을 스스로 자기방어하고 오해로부터 분노를 경험하기 때문이다. 기만과 깨진 약속(특히 혜택과 비용이 발생하거나 손상이 발생한 경우)은 연구의 질의 문제를 계속 일으킬 것이다. 우리는 우리의 응답자뿐만 아니라 우리의 동료들에게 부당한 대우를 하게 되는 셈이다.

우리는 범주와 윤리적 딜레마에 대한 쉬운 혹은 확실한 해답을 가지고 있는 것처럼 치장하지는 않을 것이다. 우리는 다음과 같은 고전적인 조언만 할 수 있다. 의심스럽거든 진실을 말하라.

7) 사생활, 비밀보장, 익명성

스스로 다음과 같이 되물어라. 어떤 방면에서 이 연구가 사람들이 원하는 것보다 더 가까이 다가올 것인가? 정보는 어떻게 보호될 것인가? 연구 중인 개인과 조직이 얼마나 눈에 뜨이는가?

Sieber(1992)는 세 가지 조건 사이에서 이러한 유용한 구별을 한다. 이것들은 종종 혼동되거나 연구 관행에서 바꿔 사용될 수 있다.

- 사생활: 정보를 보호하거나 원치 않은 정보를 수신하거나, 원치 않은 정보를 수신하는 것에 대한 타인의 접근과 관련된 정보를 통제한다.
- 비밀보장: 연구에서 나온 자료가 어떻게 사용될지(혹은 어떻게 사용되지 않을지)에 관련한 개인 또는 조직과의 동의(법적 구속력이 포함될 수 있음)
- 익명성: 식별자 부족, 어떤 개인 또는 조직이 어떠한 정보를 제공하였는지 나타내는 정보

Sieber가 참고했듯이, 사생활 문제는 연구자들이 종종 조용히 오해하거나 예상치 못한 사건이 생기거나 사람이 말한 것과 다르게 더 많은 정보가 해석되거나 남들에게 무시당한 신뢰가 발생할 때에 표면을 드러낸다. 다시 말해, 사생활은 비밀이다.

비밀보장과 익명성은 보통—때때로 매우 피상적이지만—비밀로 지키는 것으로 약속되어 있다. 예를 들어, 연구자들이 이 사건이 어떻게 보일지 명확하게 설명하지 않는다면, 그 사건을 읽는 사람들에게 자신의 익명성을 보장받지 못한다는 것을 깨닫지 못한다.

사생활, 비밀보장과 익명성의 문제는 디지털 사진 및 비디오와 같은 시각적 미디어를 사용해 기록될 경우 완전히 새로운 방향으로 전환할 수 있다. 개인과 단체는 여전히 그들이 어떻게 묘사되는지 통제하고, 사생활 침해에 저항할 필요가 있다. 하지만 모자이크 처리를 해도 완벽한 익명성의 가능성은 불확실하다.

(1) 분석에 대한 함의

개인 정보 보호가 위협을 받고 있다는 것을 알게 된다면, 자료 품질을 보호하기 위해 새로운 분석적 조치(예: 다른 출처의 자료)가 필요할 수 있다. 사생활이 침해당했다면, 응

답자에게 피드백을 되돌려 주었을 때 보고서의 영향은 핵심적인 것이다. 정보가 식별 가능한 사람과 연결될 수 있는가?

회원 확인을 이용해 해석, 결론을 확인하고 확장하는 것은 익명성 문제에 도움이 된다. 특히 더 넓은 범위로 이동하기 전에 가장 취약한 응답자로 시작할 경우가 그렇다. 그들은 대개(항상 그렇지는 않지만) 그들을 식별하고 그들의 이익을 위협하는 정보를 찾아낼 수 있다.

신원 확인의 근본적인 문제(특히 사례가 복잡할 경우)는 자료 준비 과정 이전과 도중에 계속 고려되어야 한다. 현지 사람들은 누가 묘사되었는지 거의 항상 알 수 있다. 연구자는 사전에 약속이 되어 있거나, 보고서가 마무리되기 전에 시정 조치를 취하기 위해 대화와 협상에 의지하게 될 수 있고, 또 때로는 지나치게 익명성을 보호해야만 할 수도 있다.

정제되지 않은 자료 및 분석이 저장될 위치에 대한 명시적 비밀 유지 협정과 그것을 이용할 수 있는 사람의 제한됨은 자료 품질을 높여 줄 수 있다. 하지만 법정은 일반적으로 사회과학자들의 자료들을 법적 특권을 가진 의사소통 수단으로 취급하지 않는다. 소송 사건이 제기되면, 서류와 다른 자료들의 비밀보장은 사라질 수도 있다.

8) 중재 및 옹호

스스로 다음과 같이 되물어라. 다른 사람들이 연구하는 동안 해롭거나 불법 행위이거나 잘못된 행동을 하는 것을 보면 나는 어떻게 해야 하는가? 나 이외의 사람들의 이익을 대변해야 하는가? 만약 그렇게 해야 한다면 누구의 이익을 옹호해야 하는가?

예를 들어, van Maanen(1983)은 자신이 목격한 경찰 잔혹 행위를 현장노트에 적었다. 비록 그는 경찰을 돕지 않았지만, 개입하거나 경찰의 행동에 시위하지도 않았다. 이를 통해 그는 자연적으로(디폴트로) 경찰을 보호하게 되어 버렸고, 피해자를 지지하지 않게 되어 버렸다. 나중에는, 경찰관들이 신문사에 민사소송을 걸었을 때도, van Maanen은 자신의 노트를 발표하지 않음으로써 순경들의 이익을 보호하기로 결심하였다.

윤리적인 선택들은 항상 극적인 것은 아니다. 하지만 그것들은 무관심한 교사, 의료 과실, 아동학대 또는 자금을 잘못 쓴 증거를 통해 알 수 있듯이 여전히 존재한다. 또한 우리가 그들을 신고하지 않을 때에도 단면적으로 보여 준다. 우리가 다음과 같이 법을 어기는 사람들을 연구할 때 윤리적인 선택이 존재한다는 것을 볼 수 있다. 마약 거래상과 복용자들, 부패한 기관장, 매춘부 및 알선업자와 그들의 고객, 폭력단, 횡령자 등이다. 그러므로 일탈에 대해 더 많이 아는 것이 중요하다. 하지만 혹시 우리는 중립적이고 가식적인 태도로 인하여 앞의 일탈들을 옹호하고 있는 것은 아닌가?

(1) 분석에 대한 함의

여러분이 '더러운 손'을 가지고 있는 상황(어느 한 집단에 잘못을 저지르고 그 잘못으로부터 회피할 수 없는 상황)은 개인적으로 고통스럽다. 그리고 그것이 어떻게 해결되었는지에 상관없이 개인적인 가치 체계에 대한 여러분의 이해도를 높인다. 만약 여러분이 지속적인 접근을 위해 지식의 진실을 (남에게) 밝히는 것을 보류하기로 결심한다면, 여러분의 공적 보고서뿐만 아니라 개념과 설명 이론들도 편향될 수 있다.

9) 연구의 완성도와 품질

스스로 다음과 같이 되물어라. 내 연구가 적절한 기준에서 확립된 관습을 통해 합리적이고 신중하게 검토되고 있는가?

질적인 연구를 하는 학생의 현장 실습은 학습곡선의 일환이다. 그들에게는 예상치 못한 장애물이 존재할 것이다. 그러나 학생의 교사나 감독은 독립적인 현장 작업에 충분한 준비가 되어 있는지 확인해야 한다. 그리고 모든 관련 상황에 대한 더 좋은 경험의 질을 보장하기 위해 연구 과정 동안 일관된 커뮤니케이션 및 모니터링을 해야 한다.

결과에 대해서는, 만약 우리가 단정치 못한 연구들과 그들의 유효성 주장을 바탕으로 결론을 내린다면, 우리는 우리의 스폰서, 동료, 감독자, 참여자들과 우리의 보고서를 읽고 신뢰하는 사람들에게 정직하지 않게 되는 것이다.

명백한 과학적 사기 행위는 드물지만, 투자금액이 많이 나갈 때 발생할 수도 있다(자금 조달, 발견의 우선성, 경력 향상). 질적 연구가 절대 조작되지 않을 것이라고 믿는 행동은 아주 고지식한 행동이다.

앞서 언급한 사기 행위보다 더 자주 일어나는 일은, Adler(1991)가 행동과학연구에서의 성실성에 관한 보고서에서 적은 것처럼, '질 나쁜 과학(poor science)', 즉 부주의한 자료 기록이다. 이는 부족하거나 누락된 보고, 오도된 결과 보고, 자료를 공유하거나 유지하지 않으려는 경향, 이해관계의 상충, 부적절한 인용문 등을 포함하고 있다.

(1) 분석에 대한 함의

제11장에서 우리는 질적 연구의 질을 평가하는 것의 어려움을 인정하며, 어떠한 특정 연구를 강화하기 위한 일련의 전략을 향상시킬 것을 추천한다. 이는 주변 환경의 확실성, 신뢰성, 진실성, 그리고 잠재적인 양도성을 가리키는 말이다. 견습생은 감독관, 멘토 또는 동료를 거쳐 주기적으로 '현실 확인'을 통해 자신의 자료와 분석을 진행해야 한다.

여기에 있는 실질적인 암시는 여러분이 공부에 관한 선의의 기준에 참석하지 않았다면, 여러분의 지적 근거는 불확실하다는 것이다. 이것은 단지 우리의 중요한 동료 청중을 기쁘게 해 주는 것만은 아니다. 더 깊은 문제는 스스로의 망상을 회피하는 것이다. 그 후에, 우리는 우리가 어떻게 공부를 했는지, 그리고 우리가 그 질에 대해 어떻게 걱정했는지 솔직하게 말할 수 있다. 그러한 솔직한 방법론 없이는, 우리는 '지식이 사실이 아닌' 보고서를 실행하게 되는 위험이 있다.

사기 행위에 관해서는, (Cyril Burt의 유명한 '떨어져 지낸 쌍둥이들의 지적 유사함'에 대한 연구가 가짜로 판명되기 전까지 수십 년이 걸렸듯이 오랜 세월이 걸릴 수도 있으나) 진실은 결국 밝혀질 것이다. 우리는 스스로에게 거짓말을 하지 않도록 집중해야 한다.

10) 자료 및 결론의 소유권

스스로에게 다음과 같이 되물어라. 내 분야에 대한 분석을 누가 소유하고 있는가? 나, 나의 조직, 참여자, 아니면 자금 후원자? 나의 보고서가 작성되면 누가 분배를 담당하는가?

비밀보장에 대한 문제는, 누가 자료에 접근할 수 있는지 명확하게 밝힐 필요가 있다. 대부분의 연구자는 그들의 자료 분석을 그들의 것에 속하는 것으로 간주한다. 어떤 형태의 소송이 없을 경우에는, 감사, 재분석, 이차 분석 및 복제를 위해 비밀을 지키고, 익명성을 유지하며, 자료를 보호하는 책임을 져야 한다고 생각한다. 하지만 이 문제들은 간단하지 않다. 예를 들어, 미국의 「정보자유법」은 연구가 연방 정부의 기금 조달 프로젝트일 경우, 현장 작업 자료에 대한 공공 접근 권한을 부여한다. IRB는 특정 기간 내에 프로젝트의 자료를 파괴 또는 삭제할 필요가 있음을 요구할 수도 있다.

보고서 확산의 통제 또한 중대한 문제이다. 일부 참여자는 공개되지 않은 보고서에서 묘사된 자신들의 모습을 공개하는 것에 반대하며 격렬하게 이의를 제기하고, 법적 수단을 통해 공표하겠다고 위협할 수 있다. 자금 조달 기관들도 이러한 권리를 행사할 수 있다. 1993년에 열린 미국교육연구회(American Educational Research Association)에서는 정부 기관이 공공 기관의 보고서 공개를 거부하는 사례가 최소 두 건 이상 있었다. 첫 번째 사례에서 그 기관은 그 결과가 정치적으로 현명하지 못한 결과를 낳았다는 것을 보여 주었다. 두 번째 사례에서는 기관의 내부 검토가 완료되지 않았었다.

(1) 분석에 대한 함의

자료 수집이 이루어지기 전에 모든 소유 계약서가 서면으로 작성되었는지, 그리고 계약서가 수집되었는지 확인한다. 자료가 악용된다면 응답자에게는 잠재적인 위험이 있을 수 있다. 따라서 다른 사람들이 어떻게 데이터베이스에 접속할 수 있고, 비밀보장과 익명성을 유지할 수 있는지 신중하게 생각해야 한다.

우리의 경험을 통해 봤을 때, 연구자들을 제일 힘들게 하는 것은 어떠한 사람, 집단 혹은 단체가 수개월 또는 수년간에 걸쳐서 완성한 연구의 발표를 방해하는 것이다. 학문적인 질문의 자유는 중대한 가치이다. 승진의 가치와 인식, 그리고 자금 조달도 마찬가지이다. 연구자들은 쉽게 이것에 집착할 수 있다. 연구자는 자신의 일의 정치적 맥락에 대해 명확해져야 하고, 다른 사람들의 거부권에 너무 쉽게 승낙하는 것으로부터 보호되어야 한다. 또한 연구 결과, 출판이나 지속되는 자금 조달을 위해서 중요한 실질적인 측면을 바꾸는 데에 조심해야 한다.

11) 결과의 오용 및 합리적인 사용법

스스로에게 다음과 같이 되물어라. 나의 소견서를 적합하게 사용할 수 있도록 도와줄 의무가 있는가? 만약 그들이 위험하게 사용한다면? 나는 정확히 누구를 도우려고 하는 것인가? 참여자들의 가치, 태도, 신념을 바꿀 권리가 있는가? 의식적인 자원 없이 의식이 증가하는가?

연구 결과의 오용 사례들은 찾기 어렵지 않다. 소견은 오해될 여지가 있으며(고의적이건 아니건 간에), 그리고 잘못된 정책을 지원하는 데에 사용될 수 있다(예: 관측 또는 특수한 위치에의 배치를 목적으로 한 학생들의 시험 점수 차이). 또는 연구 결과가 정확하게 이해될지라도 연구자가 비난하는 단체에서 오용될 가능성도 존재한다(예: 보수적인 정치적 행동위원회). 우리는 연구 참여자들이 인지하지 못한 것을 발견할 수도 있으며(예:

긍정적인 효과보다 반대 입장을 고수하던 프로그램의 경우), 시스템이 작동하는 방식을 방해할 수 있다고 느낄 때 "시스템을 변경할 수 있다."라고 말한다. 참여자는 여러분을 불쾌하거나 불안하게 만드는 의견을 인터뷰 도중 밝힐 수 있으며, 여러분은 이를 경청하는 것보다 자신의 의견을 밝히고 참여자의 생각을 반박하고 싶어 할지도 모른다. 지식은 권력이 아니다. 오히려 우리의 지식은 우리가 공부하고 있는 세계에서 통찰력 있는 힘으로 우리를 일깨워 준다.

(1) 분석에 대한 함의

모든 연구 과제에서, 여러분이 애초부터 연구 결과를 원조하고 믿는지에 대해 가능한 한 명확하게 밝히는 것이 여러분에게 득이 될 것이다. 여러분의 연구 결과를 정기적으로 확인하여 더 넓은 의미와 결과에 대해 논의할 것을 요구한다. 모든 사람이 여러분처럼 생각하거나 느끼지 않는다는 점을 인정하고, 여러분의 분석에 대한 시각(관점)의 다양함이 존재함을 고백하라. 그리고 여러분의 글은 여러분의 연구 결과가 다른 이들에게 어떻게 사용될지에 대한 예측을 정확하게 명시해야 한다.

4. 갈등, 딜레마 및 절충

1932년 터스키기 기관(Tuskegee Institute)에서 시작된 당뇨병 환자들에 대한 악명 높은 장기간의 연구는 '과학적인 이해관계 vs. 개인의 권리'의 딜레마를 보여 준다. 이 사건은 특히 비인간적이고 파괴적인 방법으로 해결되었다. 과학적 목적은 매독의 장기적인 과정을 이해하는 것이 우선순위였다. 연구에 강제적으로 참여하게 된 미국의 아프리카계 미국인 남성들은 치료 없이 남겨졌고, 1943년 효과적인 치료법인 페니실린의 존재조차 통보받지 못하였다. 이 연구는 1972년까지 끝나지 않았고, 대부분의 참여자는 사망하였다. 덜 비참한 수준에서, 이 딜레마는 우리가 연구 내용(그리고 그로 인한 과학 발전)에 접근하지 못하게 되는 위험성을 피하기 위해서, 참여자들이 처한 해로운 상황을 멈추거나 개입하지 않는 연구가 발생하게 되었다는 것이다. 이 잔혹한 행위의 긍정적인 결과는 인간 게놈을 포함한 연구 윤리와 연구의 구성에 관한 것이다(Belmont 리포트).

더욱 전형적인 질적 연구에서도 역시 완전한 딜레마를 경험한다. 예를 들면, 종종 타당성의 요구와 피해 회피 사이의 갈등이 있다. 우리 중에 1명은 새로운 교장이 있는 학교에서 연구를 한 경험이 있다. 그는 업무 능력이 조금 떨어졌고, 경험이 풍부한 전 교장으로부터 정기적인 협조를 받았다. 직원들은 전 교장을 '교장님 베이비시터'라고 불렀다. 보고서 초안의 피드백을 하는 동안 몇몇 응답자는 "그것을 넣을 필요가 없다."라고 말하면서 교장의 자존감을 손상시킬 것이라고 암묵적으로 인정하였다. 그러나 그 문구가 삭제된다면 독자들은 교장이 '베이비시터'를 필요로 하지 않거나 상처받을 이유가 없는 괜찮은 사람이라고 믿게 될 것이다. 또는 그들의 감정을 지키기 위해 아마도 연구자에게 그들과 공모하도록 요청했을 것이다.

결과의 사용을 고려할 때 다음과 같은 또 다른 딜레마가 나타난다. 분리 연구 vs. 도움 요청(detached inquiry vs. help)의 딜레마이다. 주어진 상황에서, 장기적으로 현장 조사가 끝나고 보고서가 들어올 때 우리는 우리의 역할이 무슨 일이 일어나고 있는지 단순히 '이해하고' 단지 모호한 것만을 골라 '도움'을 제공하는 것이라고 이해할 수 있다. 그러한 입장은 그들이 직면한 문제를 해결하는 데 있어 우리의 현실적인 원조에 대한 우리의 실질적인 원조를 정의한다. 다른 한편으로는, 만약 우리의 우선순위를 정하도록 선택하게 된다면, 우리는 선출하는 것과 지적 재산권을 침해할 위험이 있다.

이 또한 서포트 vs. 익명성 유지의 딜레마이다. 여러분에게 말고는 이야기하지 않은 내용들을 협의 사항을 위반하면서 밝히지 않는다는 가정을 한다면, 일반적으로 도움이 필요한 응답자(예: 원조가 없어서 허우적대는 새로운 선생님)를 돕는 것은 꽤 어려운 일이 될 것이다.

조사의 자유 vs. 정치적 우위는 다른 딜레마를 나타낸다. 대부분의 연구자는 첫 번째를 선택하고, 그들의 발견이 방해되었을(blocked) 때 고민에 빠진다. 그러나 의원들이 중요한 국가적인 계획을 세우려 할 때쯤 조기 아동교육의 개선에 적극적이었다고 가정해 보자. 또한 프로그램의 효과에 대해 자료(예: 1990년도에 발표된 자료)가 매우 비관적이었다고 가정해 보자. 여러분은 그 결과가 단지 부분적이거나 불완전한 부분이었다는 것을 말함으로써 전체의 진상을 규명하고 싶어 할 것인가?

딜레마의 목록은 실례가 된다. 그것은 확실히 철저한 것은 아니다. 그리고 종종 여러 가지 딜레마가 발생할 것이다. 정성적 연구 논문에서 윤리적 딜레마에 대해 우리가 읽은 것을 보면 '타협' '절충' '균형' 및 '불행한 선택'이라 설명한다. 윤리적 문제와 해결책이 명확한 것이라면 인생은 단순할 것이다. 하지만 우리는 윤리적 딜레마에 대해 계속해서 생각해 보고 얘기해야 한다. 우리의 응답자들과 우리가 어느 한쪽을 선택하느냐를 알아야 한다.

우리는 질적 연구에서 윤리에 관한 마지막 조언을 다음과 같이 제공하고자 한다.

- 예상: 앞서 예시된 구체적인 문제에서 프로젝트 설계 초기 단계부터 사전 고려를 통해 이익을 얻을 수 있다. 그것이 미리 해결될 수 있다고 착각하면 안 된다. 하지만 각 이슈를 짧은 체크리스트로 작성하여 점검한다면 이후의 문제점을 방지하는 데 도움이 될 것이다.
- 제3자: 윤리적인 문제들은 종종 우리가 당연하게 여기는 가정과 가치관에 가려지는 경향이 있기 때문에, 신뢰할 수 있는 제3자를 고용하는 행동은 그들을 우리의 주목으로 이끌어 내는 데 매우 도움이 될 수 있다. 그러한 사람들은 주목받지 못하는 문제와 대안적 관점을 제안하고 암묵적인 추정을 표현하는 것을 도우며, 응답자들의 대변인이 될 수 있고, 해결되지 않은 문제가 있을 때 참여자와 연구자 사이의 중재자 역할을 할 수 있다.
- 정기 점검 및 재협상: 선의의 노력일지라도, 질적 연구의 전개는 보통 어느 누구도 완전히 예상치 못한 반전을 수반할 가능성이 있다. 초기 동의와 작업 절차는 거의 항상 업데이트가 필요하다. 우리의 경험으로는, 동의 복습은 피드백 문제, 회원 확인, 초점을 맞추기 위한 보고만큼 전형적이다. 연구 초기 단계부터 계약에 재협상이 필요할 수 있다는 것을 예측할 수 있음은 유용하게 작용한다. 그리고 '재확인' 미팅은 연구자나 응답자들이 어느 시점에서든 시작할 수 있다.

5. 마무리 및 넘어가기

우리는 일련의 특정한 윤리적 문제를 조사해 왔다. 그 범위는 프로젝트 시작부터 고려해야 할 문제들(프로젝트의 가치, 자신의 능숙함, 예상된 혜택 및 비용)과 연구 진행 중 발생하는 문제들(위험 요소, 응답자들과의 관계, 사생활·비밀보장·익명성, 개입), 그리고 나중에 중요한 요소로 생각되는 문제들(연구 품질, 자료의 소유권, 결과의 사용) 모두를 포함한다. 이것은 모든 분석과 결론의 질에 영향을 준다. 윤리적 문제를 효과적으로 다루는 것은 보다 높은 자각성과 협상, 그리고 윤리적 딜레마 간의 협정을 포함한다.

제2부에서 디스플레이 방법을 살피기 전에, 다음 장에서 질적 자료 분석의 몇 가지 기본적인 원리를 제시할 것이다.

제4장 질적 자료 분석의 기본

장 요약

이 장에서는 질적 자료 분석의 기본적인 접근법들을 살펴본다. 특히 범주, 주제, 그리고 패턴 발전을 위한 자료 분절 코딩에 중점을 둔다. 다른 분석적 전략들은 적어 두기, 메모하기, 그리고 주장과 제안 만들기를 포함한다. 그리고 사례 내 및 교차 사례 분석이 그들의 고유한 이점들과 연구 기관에 대한 기여도 측면으로 비교될 것이다.

1. 서론

이 장에서 우리는 자료 수집이 진행되는 동안 질적 자료 분석을 위한 기본적인 방법들을 설명한다. 이 방법들은 제6장부터 제10장까지에 걸쳐 설명되어 있는 디스플레이를 사용하는 것들과 같은 나중의 더 깊은 분석을 위해 자료를 정리하는 것을 도와준다.

일부 질적 연구자는 여러 주 동안, 여러 달 동안, 심지어는 몇 년 동안 자료 수집에 우선적으로 그들의 에너지를 쏟아붓고는, 현장에서 나와 '자신들이 기록한 노트를 정리'한다. 우리는 이것이 잘못된 것이라고 생각한다. 이것은 틈새가 있는 부분을 채워 줄 새로운 자료나 분석하는 동안 나오는 새로운 가설들을 검증할 자료를 수집할 수 있는 가능성을 배제하는 것이다. 이것은 현장 연구자의 일상적인 가정들에 문제를 제기할 경쟁 가설들의 형성을 방해한다. 그리고 이는 연구자들의 의욕을 떨어트리고 생산되는 작업의 질을 낮추는 거대한, 가끔은 압도적인 작업이 되고 만다.

우리는 자료 수집과 동시에 분석을 진행할 것을 강력하게 권한다. 그것은 현장 연구가 기존의 자료에 대해 생각하는 것과 새로운, 종종 더 나은 자료 수집을 위한 전략들을 생성하는 것 사이를 오고 가게 만들어 준다. 그것은 자리 잡은 사각지대를 건강하게 바로잡는 것이 될 수 있다. 그것은 분석을 현장 연구의 활력 넘치는 과정에 기여하는, 살아서 전진하는 도전으로 만들어 준다. 그뿐만 아니라 초기 분석은 대부분의 평가와 정책 연구가 요구하는 중간 보고서의 생성을 가능하게 한다. 그래서 우리는 자료 수집과 분석이 아주 초기 단계부터 서로 엮여 있는 것을 추천한다.

1) 자료 처리와 준비

이 장과 다음 장들에 나오는 방법들에 대해 우리는 현장 연구자가 현장노트를 수기나 타이핑으로, 현장 환경에서 인터뷰나 다른 사건의 오디오 녹음이나 비디오 녹화로, 그리고 다른 문서 또는 유물을 프린트나 디지털 형식으로 정보를 수집해 놓은 상태라고 가정할 것이다. 모든 경우에서, 우리는 항상 해당 자료가 발견된 기본 형식으로서 단어들을 중요하게 여긴다. 사진은 자료 코퍼스의 일부일 수 있으나, 그것들은 메모하기를 통해 가장 잘 분석된다(후에 논의될 것이다).

우리는 더 나아가 기본, 처리 안 된 자료(갈겨쓴 현장노트, 기록들)는 그것들이 분석이 가능해지기 전에 반드시 처리 과정을 거쳐야 한다고 가정한다. 현장노트는 직접 타이핑된 것이나 받아 적은 것 중 하나인 확장된 기록들로 변환되어야 한다. 기록은 현장연구자뿐만 아니라 누구라도 쉽게 이해할 수 있는 생산물이다. 그것은 읽힐 수 있고 정확성을 위해 편집될 수 있으며, 첨언될 수 있고 코드화될 수 있으며, 우리가 나중에 설명할 여러 가지 방법을 적용해 분석될 수 있다.

원본 그대로의 현장노트는 개인적인 줄임말을 포함하고 있다. 그것들은 또한 스케치일 수도 있다. 인터뷰 동안 기록된 현장노트는 대개 실제 내용의 일부(fraction)를 포함할 수 있다. 그러나 원본 현장노트를 현장 연구자가 다시 살펴보면서 그 노트에 없는 시간을 기억나게 해 주기 때문에 정식 기록은 대개 부족했던 내용을 추가하게 된다.

현장 사건의 직접 기록 또한 어떻게든 반드시 처리되어야 한다. 예를 들어, 해당 현장 연구자는 기록을 듣거나 보고, 노트를 만들고, 발췌를 선정하며, 그리고 적용된다면 판단 또는 순위 매기기를 한다. 더 전형적으로, 그 기록은 텍스트로 쓰인다. 그러나 이 과정은 불이행투성이다. 그것은 텍스트로 옮기는 사람의 지식과 기술에 달려 있다. 또한 일관성 없는 화자의 '음', '어', 잠시 멈춤, 단어 강조, 부정확한 발음, 그리고 불완전한 문장이 유창한 참여자에게서 나오는 주된 아이디어의 부드럽고 똑바른 요약이 되기까지 텍스트로 옮기는 과정은 상세한 다른 단계들로 이루어진다는 것을 알아야 한다.

그래서 우리는 기본 매체로서 단어들을 중요하게 여기며, 연관된 단어들이 원본 노트 또는 기록에서 읽는 사람이나 분석하는 사람에게 명확한 텍스트로 교정되어 있다고 가정하고 있다. 그러나 이 텍스트는 원래 사건에서 축약되고 상당히 단순화되어 있을 수 있다는 것을 알아 두어야 한다.

이제 방법으로 들어가 보자. 우리는 첫 번째 주기 코딩으로 시작해서, 두 번째 순환 또는 패턴 코드로 넘어가고, 적어 두기와 분석적 메모하기를 통해 훨씬 더 일반적인 주제를 도출하는 과정으로 갈 것이다. 그다음 우리는 주장과 제안 진전 과정을 논의하고, 사례 내 분석과 교차 사례 분석 부분으로 이 장을 결론지을 것이다. 우리는 여기서 분석의 기본만을 다룬다. 제5장부터 제10장에서는 추가적인 방법들과 구체적인 예시들이 포함될 것이다.

2. 첫 번째 주기 코드와 코딩

1) 설명

코드는 연구하는 동안에 쌓여 가는 서술적 또는 추론적 정보에 상징적 의미를 부여하는 이름이다. 코드는 대개 여러 가지 크기의 자료 '덩어리'에 붙여지고, 곧이곧대로 설명적인 이름 또는 좀 더 상기시켜 주면서 복잡한 것(예: 은유)의 형식을 가질 수도 있다. Saldaña(2013)는 코드를 다음과 같이 정의하였다.

> 언어로 이루어진 또는 시각적인 자료의 한 부분에 총괄적인, 핵심적인, 본질을 알려 주는, 그리고 상기시켜 주는 속성을 상징적으로 부여하는 한 단어 또는 짧은 구절이 가장 자주 (사용된다). 그 자료는 인터뷰를 옮겨 적은 것, 참여자 관찰, 현장노트, 저널, 문서, 그림, 유물, 사진, 비디오, 인터넷 사이트, 이메일 대응, 문헌 등으로 이루어질 수 있다. 첫 번째 코딩 과정 동안에 코드화될 자료 부분은 크기 면에서 한 단어부터 전체 문단으로, 텍스트의 전체 페이지로, 움직이는 이미지들의 흐름까지의 범위가 될 수 있다. 두 번째 코딩 과정에서, 그 코드화된 부분들은 정확히 똑같은 단위일 수도 있고, 더 길어진 텍스트의 문단일 수도 있고, 그 자료에 대한 분석적 메모일 수도 있으며, 그때까지 발전된 그 코드 자체의 재구성일 수도 있다. Charmaz(2001)는 코딩을 자료 수집과 그것들의 의미 설명 사이의 '중요한 연결'이라고 설명한다. 질적 자료 분석에서 코드는 상징화되고, 그렇게 해석된 의미가 패턴 찾기, 범주화, 이론 정립, 그리고 다른 분석적 과정들을 목표로 하는 개별적 자료가 되도록 해 주는 연구자가 생성하는 구성물이다. 제목이 책, 필름 또는 시의 1차적 내용과 본질을 대표하고 드러내는 것과 똑같이 코드도 자료의 1차적 내용과 본질을 대표하고 점유한다(pp. 3-4).

다시 말해, 코딩은 분석이다. 일부 연구 방법론자는 코딩이 단순히 해당 연구에 대해 생각하는 더 높은 단계를 위한 기술적이고 준비적인 작업이라고 믿고 있다. 그러나 우리는 코딩을 자료의 의미들에 대한 깊은 반영이며, 따라서 그에 대한 깊은 분석과 해석이라고 믿고 있다.

코드는 1차적이지만, 독점적이지는 않게 비슷한 자료 덩어리들을 찾아내고 분류하는 데에 사용된다. 그래서 연구자들이 특정 연구 질문, 가설, 구조 또는 주제에 관련된 부분을 찾고 빼내고 묶을 수 있게 된다. 응축된 덩어리들을 묶어 주는 것과 디스플레이 하는 것은 더 나아가 분석과 결론 도출을 위한 단계를 만든다.

예를 들어, 우리가 학교 개선 연구에 관심이 있는 것처럼, 여러분도 새로운 교육적 실습이 채택되는 이유들에 관심이 있다고 가정해 보자. 여러분은 아마도 참여자들에게 왜 그들이 또는 다른 이들이 그 실습을 시도하기로 결정했는지 질문하는 것부터 시작할 것이다. 형식적인 현장노트의 일부분은 아마도 이런 모습일 것이다.

> 나는 교장에게 새로운 프로그램이 필요한 이유가 무엇인지 물었고, 그는 9학년이 되는 학생들이 2년 정도 낮은 레벨이며 오래된 커리큘럼이 비효율적이라고 답했다. Nelson 읽기 검사를 통해 학생들이 10개월의 학교 기간 동안 오직 5 또는 6개월만 성장하고 있는 것으로 나타났다.

여러분이 이 덩어리에 하나의 요약하는 표기 또는 코드를 적용하는 것이 가능하다고 생각했다고 가정하면, 그것은 동기부여일 수 있다(다른 코드들도 적용될 수 있다). 그 코드는 분절 옆 오른쪽 여백에 대문자로 나타날 것이다(왼쪽 여백은 나중에 설명될 적어 두기를 위해 사용될 수 있다).

[1]나는 교장에게 새로운 프로그램이 필요한 이유가 무엇인지 물었고, 그는 9학년이 되는 학생들이 2년 정도 낮은 레벨이며 오래된 커리큘럼이 비효율적이라고 답했다. Nelson 읽기 검사를 통해 학생들이 10개월의 학교 기간 동안 오직 5 또는 6개월만 성장하고 있는 것으로 나타났다.	[1]동기부여

현장노트의 다른 덩어리들 또는 동기부여와 관련 있는 인터뷰 기록 또한 같은 코드를 받게 될 것이다.

2) 적용

현장 연구자는 정보를 정리하기 시작하자마자 어려움에 직면하게 된다. 그중 가장 큰 어려움은 자료 출처와 형식의 다양성에서 온다. 어떤 정보는 구조화된 또는 비형식적 관찰에서 나온다. 대부분이 그렇거나, 꽤 많은 것이 인터뷰하기에서 나온다. 또한 일상적이거나 특별한 문서, 기록보관소, 그리고 유형의 유물이 있다. 어떤 연구에서는 질문지와 설문 조사, 비디오 또는 통계 자료에서 나오는 정보들이 있을 수도 있다.

이 모든 정보는 급속하게 축적된다. 연구의 초기 단계에서는 그것들 대부분이 기대할 만한 것처럼 보인다. 그러나 당신이 무엇이 더 중요한지를 모른다면, 모든 것을 중요하게 여겨야 한다. 여러분은 아마도 이 모든 자료를 줄이고 정리할 시간이 절대적으로 부족할 수 있으며, 분석하고 글을 쓸 시간은 더욱 없을 것이다. 그것이 바로 우리가 개념적 틀과 연구 질문들이 과부하에 대처하는 최고의 방어라고 생각하는 이유이다. 그것들은 또한 우리가 앞에서 언급한 점을 반영하는데, 그 내용은 다음과 같다. 자료 수집은 불가피하게도 **선택적** 과정이며, 여러분은 할 수 있다고 스스로 생각한다 하더라도 그것을 다 할 수 없다.

그러나 선택하기 그 자체로는 과부하의 문제를 해결하지 못한다. 실제로, 여러분은 자료를 수집하는 데 필요했던 시간의 대략 3배에서 5배 정도의 시간을 그 자료를 처리하고 정리하는 데에 필요로 한다. 현장에서 실제로 고작 일주일 동안 타이핑하여 정리한 수백 페이지의 현장노트, 인터뷰 기록, 문서, 그리고 부수적 재료를 만들어 내는 경우가 자주 있다. 코드는 자료의 의미를 보다 깊이 반영하기 위한 **프롬프트**(prompts) 또는 **방아쇠**(triger)이다. 따라서 코딩은 여러분에게 가장 의미 있는 재료를 찾게 해 주고, 같이 있어야 할 자료의 덩어리를 조립해 주며, 더 나아가 그 덩어리를 손쉽게 분석 가능한 단위로 집약해 주는 **자료 줄이기** 작업이다.

코딩은 또한 **발견의 방법**(heuristic)이다. 여러분은 신중하게 읽고 그것의 핵심 내용이나 의미에 대한 반영으로서 자료의 덩어리를 위해 코드를 결정한다. 이것은 여러분에게 그 코퍼스에 있는 모든 자료에 대해 긴밀하고 해석적인 친밀감을 갖게 해 준다.

코드는 반복해서 발생하는 패턴을 찾아내기 위한 자료 덩어리에 처음으로 부여된다. 이 패턴으로부터, 비슷한 코드들이 함께 묶여 더 작은 수의 범주들 또는 **패턴 코드**를 만들어 낸다. 그다음 이 범주들의 상호관계가 주장, 명제, 가설, 그리고/또는 이론 발전을 위한 더 높은 단계의 분석적 의미를 발전시키기 위해 구성된다.

3) 첫 번째 주기 코딩의 예시

Saldaña(2013)는 코딩을 다음과 같이 2개의 주요 단계로 나눈다. 첫 번째 주기 코딩과 두 번째 코딩이다. 첫 번째 주기 코딩 방법은 자료 덩어리에 처음으로 부여되는 코드들이다. 두 번째 코딩의 방법은 일반적으로 결과로 나온 첫 번째 코딩 자체에 작업한다.

첫 번째 주기 코딩 방법은 스물다섯 가지의 다른 접근법을 포함하며, 그 하나하나가 특정 기능 또는 목적을 가지고 있다. 여러분은 여러분의 코딩 효과를 위해 단 한 가지 접근법에만 매달리지 않아도 된다. 그중 일부는 필요한 대로 양립 가능하게 '섞이고 맞춰질' 수 있다. 다음의 내용은 이 책에 나온 특정 분석적 접근법에 적용하는 가장 적절한 것들 중 몇몇에 대한 리뷰이다. 각 방법에 대한 보다 온전한 설명이 필요하다면 Saldaña(2013)의 『질적 연구자들을 위한 코딩 매뉴얼(The Coding Manual for Qualitative Researchers)』을 보라.

먼저, 코딩에 대한 근본 접근법 역할을 하는 다음의 세 가지 기본적인 방법이 있다. ① 설명적 코딩, ② 인비보 코딩, ③ 과정 코딩이 그것이다.

(1) 설명적 코딩

설명적(descriptive) 코딩은 질적 자료 단락의 기본 주제를 한 단어 또는 짧은 구절로 요약하는데, 대부분은 한 단어로 요약하기 위해 자료에 이름을 부여한다. 이것은 결국 색인하기와 범주 만들기를 위한 주제들의 내용 목록을 제공하여 민속지학과 자료 형식(현장노트, 인터뷰 기록, 문서 등)이 광범위한 연구에 특히 도움이 된다. 설명적 코딩은 아마도 사회적 행동보다는 사회적 환경에 더 적합할 것이다. 중하위층 이웃에 대한 현장노트에서 한 가지 예시를 들어 보자.

[1]내가 그 학교로 걸어갈 때, 작은 전문 사무실 건물에서 한 블록 떨어진 곳에 세븐일레븐 편의점이 있었다. 검안사, 발 전문가, 그리고 다른 의료/건강 관련 클리닉들. 거기서 바로 길 건너편에는 아무것도 없는 빈 공간이 있었고, 옆에 버거킹 햄버거 가게만이 있었다.	[1]사업

분석가는 그 사례의 더 상세한 내용 목록을 작성하기 위해, 그리고 그 분야의 사업

분위기를 설명하는 내러티브를 구성하기 위해 다양한 현장노트로부터 '사업'이라고 코딩된 모든 문단을 발췌할 것이다.

(2) 인비보 코딩

이것은 가장 잘 알려진 질적 코딩 방법 중 하나이다. 인비보(In Vivo) 코딩은 자료 기록에 있는 참여자의 언어에서 나오는 단어나 짧은 구절을 코드로 사용한다. 그것은 해당 집단의 문화적 범주를 나타내기 위해 특정 문화, 하위 문화나 극소 집단 문화의 전통 또는 고유 용어일 수도 있다(예: 병원에서 여러분은 'code blue' 'sharp' 'scripts'와 같은 독특한 용어들을 들을 수 있다). 인비보 코딩은 사실상 모든 질적 연구에 적합하지만, 특히 자료를 코딩하는 법을 배우는 시작 단계의 질적 연구, 그리고 참여자의 목소리에 우선순위를 매기고 예우하는 연구에 더욱 적합하다. 참여자에 의해서 반복적으로 사용되는 구절들은 좋은 단서이다. 그것들은 종종 그 현장에 규칙성 또는 패턴을 가리킨다. 인비보 코딩은 연구자 생성 코드로부터 그것들을 구별하기 위해 인용부호 안에 둔다. 한 청소년기 여학생의 학교 경험에 대해 코드화된 인터뷰 기록에서 예시를 들어 보자.

[1]작년에 나는 학교가 싫었다. 신입생이 되었던 해는 끔찍했다. 나는 그게 정말 싫었다. 그리고 [2]올해는 사실 훨씬 나은데, 나는, 음, 왜인지 모르겠다. 내 생각엔, 여름을 보내며 내가 약간 [3]다른 사람들이 뭘 생각하는지, 뭐에 신경 쓰는지에 대해 신경 쓰는 것을 그만둔 것 같은데 …… 그냥 잘 모르겠다.	[1]'학교가 싫었음' [2]'올해는 나음' [3]'신경 쓰기를 그만뒀음'

(3) 과정 코딩

이 코딩 방법은 자료에 있는 관찰 가능하고 개념적인 행동을 독점적으로 함축하기 위해 동명사('-ing' 단어)를 사용한다. 과정은 또한 어떤 것들이 나타나고, 변화하며, 특정 순서로 발생하거나 전략적으로 시행되는 것과 같은 시간의 역학에 밀접하게 관련된 행동을 암시하기도 한다. 과정(process) 코딩은 사실상 모든 질적 연구에 적합하지만, 특히 참여자의 행동/상호 작용과 결과들을 추출하는 뒷받침 이론 연구에 더욱 적합하다. 한 청소년기 여학생이 어떻게 루머가 퍼지는지에 대해 설명하는 인터뷰 기록에서 예시를 들어 보자.

그게 한 가지 문제인데, 우리 학교가 작은 편이라서 [1]여러분이 한 가지를 1명에게 이야기하면, 그것은 2명에게 이야기하는 것이 되고, 다시 그 둘이 다른 둘에게 이야기한다. 한 번 돌면, 모두가 알게 된다. [2]여러분이 그게 뭐라고 말했든 간에 학교 전체의 모두가 그것을 안다. 그래서 …….	[1]루머가 퍼짐 [2]여러분이 말한 것을 알고 있음

다음으로는, 우리가 우리의 참여자들에게서 겪게 되는 보다 주관적인 경험에 다가가기 위한 세 가지 정서적 방법이 있다. ① 감정 코딩, ② 가치 코딩, ③ 평가 코딩이 그것이다.

(4) 감정 코딩

아마도 분명하게, 이 방법은 참여자에 의해 회상된, 경험된 또는 그 참여자에 대해 연구자가 추론한 감정에 이름을 붙여 주는 것이다. 감정(emotion) 코딩은 개인 내의, 그리고 대인관계의 참여자 경험과 행동을 탐구하는 연구에 특히 적합하다. 그것은 또한 참여자의 시각, 세계관, 그리고 생활 여건에 대한 통찰력을 제공한다. 참여자 스스로 가끔씩 감정에 이름을 붙일 수 있어서, 그것은 인용부호 안에 인비보 코딩되어야 한다. 다음의 예시는 한 중년 남성이 그의 직장 동료 중 1명에 대해 불평하는 인터뷰 기록에서 가져온 것이다.

[1]나는 그가 명예상을 받은 것이 싫었다. [2]내 말은, 우리는 지금 평범함을 칭찬하고 있다는 것이다. 여러분이 성취한 것이 가지고 있을 만한 가치가 없다는 것에는 신경 쓰지 말라. 학연에서 누구를 아는지가 중요하다.	[1]'싫었음' [2]'쓰라림'

(5) 가치 코딩

이것은 참여자의 시각 또는 세계관을 나타내는 가치, 태도 및 믿음을 반영하는 질적 자료에 관련된 코드의 세 가지 다른 유형을 적용하는 것이다. 가치(V:)는 우리가 우리 자신, 다른 사람, 사물 또는 아이디어에 두는 중요성이다. 태도(A:)는 우리가 자신에 대해서, 다른 사람에 대해서, 사물 또는 아이디어에 대해서 생각하고 느끼는 방식이다. 신념(B:)은 가치와 태도에 개인적 지식, 경험, 의견, 편견, 도덕, 그리고 사회적 언어에 대한 다른 해석적 인식을 더한 것을 포함하는 시스템의 일부분이다. 가치(values) 코딩은 문화적 가치, 정체성, 개인내적·대인관계적인 참여자의 경험과 행동을 사례연구로, 평가적인 탐구로, 구술 역사로, 그리고 비판적 민속지학으로 탐구하는 연구에 적합하다. 다음의 예시는 한 여대생의 정치적 믿음에 대한 인터뷰 기록에서 가져온 것이다.

[1]여성들의 건강 문제에 대한 정부 규제는 감당할 수 없는 상태가 되었다. 그것은 우리를 '보호해 주는 것'에 대해서가 아니라. [2]은밀한 종교적 이데올로기를 통해 여성들을 통제하고 지배하기 위한 그들의 필요에 대한 것이다. 백인 기독교 남성들이 법이 무엇이고, 도덕이 무엇인지, 그리고 그것은 무엇이 어떻게 되어야 하는지를 결정하고 있다. [3]그들은 "이것은 여성들과의 전쟁이 아니다. 모두 그들이 원하는 것이다."라고 말할 수 있겠지만, 내 말이 확실하다. 이것은 여성들과의 전쟁이다.	[1]B: 정부 통제 [2]B: 은밀한 종교적 동기 [3]A: 오산주의자 동기

(6) 평가 코딩

이 방법은 프로그램 또는 정책의 장점, 가치나 중요성에 대한 판단을 내리는 질적 자료에 주로 양적이지 않은 코드를 적용하는 것이다. 평가(evaluation) 코딩은 정책, 비판적, 행동, 조직적, 그리고 평가 연구에 적합하며, 특히 여러 사례의 연구와 연장된 기간에 적합하다. 설명적 코딩이나 인비보 코딩과 같이 이제까지 소개되어 선택된 코딩 방법은 평가 코딩에 적용될 수 있거나 그것을 보충해 줄 수 있지만, 그 방법들은 특정 연구를 위해 맞춤 제작된다. 코드 앞의 + 부호는 그 코드를 긍정적인 평가로 표시해 주는 것이다. 주요 코드 뒤에 오는 두 번째 순서의 코드와 콜론을 하위 코드라고 부른다. 다음의 예시는 한 초등학교 교사가 현직 예술가 프로그램을 평가하는 인터뷰 기록에서 가져온 것이다.

[1]현직 예술가 프로그램은 올해 상당히 성공적이었다. [2]이번에 기관은 자격을 잘 갖춘 후보자들을 선정하는 것을 아주 잘했다. [3]우리는 그들이 교사들의 지도 없이 수학과 기하학을 예술 창작과 통합하는 방식에 아주 감명을 받았다. 나는 그들이 점수와 그 주제의 영역들을 다루는 것이 아주 중요하다는 것을 알고 있었다고 생각한다. 그리고 그들은 아이들에게 [4]재미있는 방법으로 그것을 했다. 교사들에게도 마찬가지였다! 우리는 내년에 우리만의 커리큘럼에 통합할 수 있는 것들을 배웠다.	[1]+RESIDENCY: '성공적' [2]+후보들: 검증된 [3]+커리큘럼: 통합 [4]+커리큘럼: '재미있는'

한 가지 문해와 언어 방법인, 극작 기법(dramaturgical)의 코딩은 인간의 행동과 동기의 전략적 분석을 통한 상호 작용을 탐구한다.

(7) 극작 기법 코딩

이 방법은 캐릭터, 연극 대본, 그리고 생산 분석의 용어와 규칙을 질적 자료에 적용하는 것이다. 캐릭터를 위한 용어는 참여자 목표, 충돌, 전술, 태도, 감정, 그리고 하위 텍스트와 같은 아이템들을 포함한다. 극작 기법(dramaturgical) 코딩은 사례연구, 힘의 관계, 그리고 인간의 동기와 행위 주체의 과정에서 개인내적 · 대인관계적인 참여자 경험과 행동을 탐구하는 연구에 적합하다. 다음의 예시는 한 대학 강사가 자신의 예산 삭감이 가진 딜레마에 대해 이야기한 인터뷰 기록에서 가져온 것이다.

[1]올해는 '더 적은 것으로 더 많은 것을 해야 한다'는 압박감이 굉장히 심했다. 그리고 [2]그것은 항상 나를 좌절시킨다. 왜냐하면 여러분은 '더 적은 것으로 더 많은 것'을 하지 않기 때문이다. 더 적은 것으로는 더 적은 것을 한다. 그래서 만약 [3]그들이 나에게 더 적은 돈과 더 적은 자원으로 더 많은 것을 할 것을 기대하고 있다면, 그들은 원하는 걸 얻지 못할 것이다. 그리고 그건 내가 이것에 대해 소인배이거나 수동적인 공격 태도를 갖고 있기 때문이 아니다. [4]그것은 단순히 순무에서 피를 짜내지 못하는 것과 같다. 여러분이 가진 것이 있을 때 여러분은 할 수 있는 게 많은 것뿐이다. [5]그리고 그렇다. 올해도 나는 내 개인 돈을 써서 교실에 필요한 것들을 사고 있다. 이번 연말까지 쓸 것이 부족하기 때문이다. [6]이것이 그냥 요즘 있는 그대로의 현실이다.

[1]충돌(CON): 더 적은 자원
[2]감정(EMO): 좌절
[3]전술(TAC): 저항
[4]태도(ATT): 한계
[5]전술(TAC): 희생
[6]태도(ATT): 있는 그대로 받아들이기

세 가지 **탐구적 방법**—① 전체론적 코딩, ② 임시적 코딩, ③ 가설 코딩—은 연구자들이 자료를 분석하기 전에 그 자료에 존재할지 모른다고 연역적으로 가정한 것에 근거해 예비의 또는 전역 코딩 할당을 만든다.

(8) 전체론적 코딩

이 방법은 한 줄 한 줄 코딩을 하는 것이 아니라, 하나의 코드를 코퍼스에 있는 큰 단위 자료에 적용하는 것이다. 이것은 전체적인 내용과 발전할 수 있는 가능한 범주의 감각을 잡아내기 위해서이다. 전체론적(holistic) 코딩은 종종 첫 번째 또는 두 번째 순환 방법을 통한 보다 상세한 코딩이나 범주화 과정 이전에 하나의 자료 단위에 준비적으로 접근하는 것이다. 코드화된 단위의 길이는 반 페이지 정도이거나 전체적으로 완성된 연구만큼 클 수도 있다. 전체론적 코딩은 연구자가 해당 자료에서 무엇을 조사할 것인지에 대해 전반적인 아이디어가 있을 때 가장 적합하다. 다음의 예시는 어떤 연구자가 새로 온 정규직 교수가 어떻게 학계 쪽을 지향하게 되었는지를 관찰한 현장노트에서 가져온 것이다.

[1]위원회 의장은 정시에 시작할 것인지 또는 회의에 늦게 오는 사람들을 기다려 줄 것인지에 대해 토론했다. 그는 "우리는 모두 여기에 8시 정각까지 오기 위해 노력을 했습니다. 그러니 시작합시다."라고 말했다. 12명이 앉기로 되어 있는 큰 테이블 주변에 6명의 사람이 앉아 의무적인 자기소개를 하며 네트워크 회의가 시작되었다. 대부분의 참석자는 조교수 또는 협력 교수 단계로 학계에 새로 들어온 사람들이었으며, 주로 중서부 또는 해변 쪽 학교 출신이었다. 그들의 나이는 20대 후반 또는 30대 초반 정도로 보였다. "여러분은 이 학교의 새로운 경호원입니다."라고 의장이 말했다. "그리고 우리는 새롭게 학생들을 가르치기 시작하면서 서로의 일을 연계하고 지지해 주기 위한 방법을 찾기 위해 여기 모였습니다."	[1]새로운 경호원

(9) 임시적 코딩

이 접근법은 자료가 수집되고 분석되기 이전에 준비 단계의 조사가 제시하는 것이 자료에 나타날 수 있다는 것에 근거하여, 연구자가 생성한 코드의 '시작 목록'이 된다. 임시적(provisional) 코딩은 개정, 수정, 삭제되거나 새로운 코드를 포함하기 위해 확장될 수 있다. 이 방법은 이전 연구와 조사를 발전시키거나 그것을 확증해 주는 질적 연구에 적합하다. 예를 들어, 성공적으로 금연을 한 사람들을 인터뷰하려는 연구자는 미리 다음과 같은 금연 방법의 임시적 코드를 만들 수 있다.

- PRESCRIPTION MEDICATION
- NICOTINE PATCHES
- NICOTINE GUM/LOZENGES
- 'ELECTRONIC' CIGARETTES
- PROFESSIONAL COUNSELING
- DEER SUPPORT SYSTEM

• 'COLD TURKEY'

(10) 가설 코딩

이 방법은 연구자가 생성하고 미리 결정한 코드의 목록을 연구자가 생성한 가설을 평가하기 위한 질적 자료에 적용하는 것이다. 이 코드는 자료가 수집되고 분석되기 이전에 그 안에서 무엇이 발견될 것인지에 대한 이론·예측으로부터 발전한다. 필요하다면, 단순히 빈도수를 세는 것부터 보다 복잡한 다변량 분석까지 될 수도 있다. 이 방법은 가설 실험, 내용 분석, 질적 자료 세트의 분석적 유도, 특히 자료 안의 규칙과 원인 및 설명에 적합하다. 또한 가설(hypothesis) 코딩은 질적 연구의 자료 수집 또는 어떤 주장, 명제 혹은 지금까지 발전시켜 놓은 이론들을 입증하거나 부당성을 증명하기 위한 분석 도중에도, 그 후에도 적용될 수 있다. 예를 들면, 미국에서 언어 문제에 대한 특정 질문의 답은 참여자들로부터 다음의 네 가지 답 중 하나(그리고 코딩된 대답들)를 만들어 낼 것이라고 가정할 수 있다.

• RIGHT = 우리는 미국에서 우리가 원하는 어떤 언어든 말할 권리가 있다.
• SAME = 우리는 미국에서 같은 언어, 즉 영어를 말해야 한다.
• MORE = 우리는 하나 이상의 언어를 말하는 법을 알아야 한다.
• NR = 대답하지 않거나 '모른다'.

다음의 두 가지 **절차적 방법**이 개방형 방식보다 코딩 자료를 구체적 방식으로 이용한다. ① 규약 코딩, ② 인과적 코딩이 그것이다.

(11) 규약 코딩

이것은 미리 형성된, 추천된, 표준화된 또는 처방되는 시스템에 따르는 질적 자료의 코딩이다. 일반적으로 종합적인 코드와 범주의 목록이 제공되고, 그 연구자만의 자료 수집이 완료된 후 적용된다. 일부 규약은 또한 코드화된 자료와 함께 특정 질적(그리고 양적) 자료 분석 기술을 추천한다. 규약(protocol) 코딩은 기존에 발전되어 있고, 그 분야에서 검증된 코딩 시스템을 가진 분야에서 이루어지는 질적 연구에 적합하다. 예를 들어, 가정 폭력의 원인을 결정하기 위해 사용되는 규약에서 나오는 코드들의 선택된 목록은 다음과 같다.

- ALCHO = 알코올 중독 또는 음주
- DRUG = 약물 사용
- EDUC = 교육의 부족
- MONEY = 돈의 부족 또는 재정적 문제

(12) 인과적 코딩

이 방법은 특정 결과가 나오는 방법과 이유에 대해서 참여자 자료로부터 속성 또는 인과관계의 믿음을 추출한다. 분석가는 특정 통로로 향해 가는 전례와 중재 변수의 조합을 찾고, CODE 1 > CODE 2 > CODE 3 순서의 세 부분 과정을 그려 내는 것을 시도한다. 인과적(causation) 코딩은 동기, 신념 체계, 세계관, 과정, 근래의 역사, 상호관계, 그리고 영향의 복잡성을 분별하는 것에 적합하며, 인간의 행위와 현상에 영향을 준다. 이 방법은 원인, 조건, 맥락, 그리고 결과를 찾는 것에 근거가 되는 이론의 역할을 한다. 그것은 또한 특정 프로그램의 효율성을 평가하는 것에 적합하며, 결정 모델링과 인과관계 네트워크 같은 시각적 수단을 통한 과정을 도표화하거나 모델링하기 전의 준비 단계 작업으로 적합하다. 예를 들어, 한 설문 응답자는 그녀가 고등학교에서 연설 수업을 들을 때 겪었던 어려움을 서면으로 설명하였다. + 부호는 인과관계 순서의 연결된 부분으로서 참여자가 언급한 변수들의 조합을 가리킨다. > 부호는 '~로 이어진다'를 의미한다.

[1]의심할 여지없이, 다른 사람들 앞에서 말하는 것은 두려운 것이었다. 성인으로서 나의 최종 직업은 저널리즘 분야에 속했다. 낯선 이들에게 다가서서 한 집단의 많은 사람 앞에서 말하는 것에 대해 내가 가졌던 초기의 두려움은 말하는 사건들에 참여하는 것을 통해 극복되었다. 앞에서 이야기한 것처럼, 연설 수업과 그 수업을 듣기 때문에 내가 참여했던 사건들이 아마도 내가 직업으로 저널리즘을 선택하는 데 직접적으로 이끌었다고 생각한다. 저널리즘 분야에서의 나의 성공은 고등학교 시절 그 연설 수업이 없었다면 절대 가능하지 않았을 것이다.	[1]'말하는 것에 대한 두려움' > 말하는 사건들 + 연설 수업 > 저널리즘 직업 + 성공

다음과 같은 네 가지 문법적 방법이 코딩의 역학에서 역할을 한다. ① 속성 코딩, ② 크기 코딩, ③ 하위 코딩, ④ 동시 코딩이 그것이다.

(13) 속성 코딩

이 방법은 현장 연구 환경, 참여자 특성이나 인구 통계, 자료 포맷, 그리고 그 외 질적인 관심사들의 변수와 같은 기본적인 설명 정보와 양적 분석 적용의 표기법이다. 이것은 사실상 모든 질적 연구에 적합하지만, 특히 다수의 참여자와 현장, 교차 사례연구, 폭넓은 자료 형식을 가진 연구에 적합하다. 속성(attribute) 코딩은 앞으로의 관리, 참고, 그리고 분석과 해석을 위한 상황을 위한 필수적인 참여자 정보를 제공한다. 다음은 교육 연구에 대한 자료 세트에서 가져온 예시이다.

- 사례(CASE): 마르티네즈 학교
- 참여자(PARTICIPANT): 낸시(필명)
- 인터뷰(INTERVIEW): 2 of 5
- 인터뷰 주제(INTERVIEW TOPICS)
  - 수업일 평가
  - 급여 문제
  - 교장-교사관계
  - 다가오는 교과 외 활동
  - 다가오는 모금 활동 프로젝트

(14) 크기 코딩

크기는 기존의 코드화된 자료 혹은 그것의 강도, 빈도, 방향, 존재 또는 평가 내용을 알려 주는 범주에 적용되는 보충적인 숫자와 글자 조합으로 이루어지거나 코드로 된 코드 또는 하위 코드로 이루어져 있다. 크기(magnitude) 코드는 질적일 수도 있고 양적일 수도 있으며, 그리고/또는 설명을 더 잘하기 위한 명목 지수일 수도 있다. 그것들은 또한 결과에 대한 증거로서 양적인 수단을 지지해 주는 교육, 사회과학, 그리고 건강관리 지침에 대한 복합적인 방법과 질적인 연구에 적합하다. 다음은 학교 개선 연구에 사용된 예시이다.

- 중요함(MAJOR)
- 중간(MODERATE)
- 중요하지 않음(MINOR)

- $\sqrt{}\sqrt{}$ = 네, 확실히(Yes, clearly)
- $\sqrt{}$ = 아마도, 부분적으로(Possibly, in part)
- 0 = 아님(No)
- ++ = 아주 효율적인(Very effective)
- + = 효율적인(Effective)
- ± = 복합적인(Mixed)

비록 단어가 숫자보다 더 다루기 불편하긴 하지만, 우리는 그것들이 숫자만 있는 것보다 더 많은 의미를 제공해 주며, 자료 분석 전체에 적용되어 있어야 한다고 주장한다. 단어를 숫자로 변환하고, 그다음 그 단어를 버리는 것은 연구자로 하여금 모든 종류의 곤란함을 겪게 만든다. 그래서 여러분은 그 단어의 주요 속성이 다른 것보다 어떤 점에 있어서는 더 많은 것이 있음을 가정하고 있는 것이다. 오직 숫자와 양에만 중점을 두는 것은 그것의 질과 본질적 특성의 전체 개념은 다 무시한 채 주의를 실체에서 수(數)로 이동시킨다. 우리가 후에 부문과 디스플레이에서 볼 내용은, 이 문제에 대한 해결은 분석을 하는 내내 단어, 그리고 관련 있는 모든 크기(낮은, 효율적인, $\sqrt{}$)를 같이 가지고 있어야 한다는 것이다.

(15) 하위 코딩

하위 코드는 주요 코드 다음에 내용을 상세하게 하거나 질을 높이기 위해 부여되는 2차적 표식이다. 이 방법은 사실상 모든 질적 연구에 적합하지만, 특히 민속지학과 내용 분석, 다수의 참여자와 현장을 가진 연구, 그리고 폭넓은 자료 형식을 가진 연구에 적합하다. 하위(sub) 코딩은 또한 일반적인 코드 입력이 나중에 계층이나 분류로 또는 미묘한 차이의 질적 자료 분석을 위해 더 광범위한 색인 만들기, 범주화, 그리고 하위 범주화를 필요로 할 때에도 적합하다. 그것은 초기이지만 일반적인 코딩계획이 적용되고, 연구자가 그 분류계획이 너무 넓었던 것 같다고 깨달은 후에 사용될 수 있고, 또는 특정 질이나 상호관계가 나타나는 경우 주요 코드에 추가될 수도 있다. 다음의 예시는 학교 설비를 설명하는 현장노트의 세트에서 가져온 것이다.

[1]학교의 다목적실은 카페테리아, 강당, 위원회 공간, 회의 공간, 그리고 자습실 기능을 한다. 그곳의 의자에 달려 있는 이동식 테이블은 빠른 변형과 공간 청소를 위해 쉽게 접힌다. [2]인접해 있는 미디어 센터는 책, 26개의 자리가 있는 컴퓨터실, 작은 그룹을 위한 학습 '구석', 그리고 다양한 테이블과 의자를 보유하고 있다. 큰 스크린과 천장에 달린 LCD 프로젝터는 그 공간을 개인 극장처럼 보이게 만든다.	[1]학교-다목적 공간 [2]학교-미디어센터

(16) 동시 코딩

동시(simultaneous) 코딩은 하나의 질적 자료에 2개 이상의 다른 코드를 적용하거나, 질적 자료의 순차적 단위에 적용된 2개 이상의 코드가 중복 발생하는 것이다. 이 방법은 자료의 내용이 하나 이상의 코드를 필요하게 하고, 정당화해 주는 여러 가지 의미를 제시할 때 적합하다(예: 설명적이면서 추론적으로). 다음의 예시는 마을 극장 프로그램의 조직적 연구에 대한 현장노트에서 가져온 것이다.

[1&2]이사회는 마을 극장 프로그램을 한 시즌 더 유지할 수 있는 방법들을 고심하고 있었다. 그것은 거의 40년 동안 그 지역의 특별함이었지만, 많은 비슷한 프로그램처럼 지금은 그 존재가 사라졌다. 더욱 적은 재정적 기여와 더 낮은 박스 오피스 수입은 그 극장을 심각한 적자 상태로 만들었다. 오랜 자원봉사자들과 회원들은 이 프로그램의 '전통'을 이어 가야 한다고 주장하고 있었기에 그들의 머리보다 그들의 마음으로 생각하고 있었다. 그러나 위원회는 이들 중 어느 누구도 그 빚을 떠안는 것을 원하지 않는다는 것을 느꼈다.	[1]재정적 손실 [2]전통의 끝

4) 창조하는 코드

창조하는(creating) 코드의 한 방법은 현장 연구에 앞서 코드의 임시적 '시작 목록'을 만드는 것이다(연역적 코딩). 그 목록은 개념적 틀, 연구 질문의 목록, 가설, 문제 지역, 그리고/또는 연구자가 해당 연구에 가져오는 핵심 변수에서 온다. 예를 들어, 우리(Miles와 Huberman)의 학교 개선 연구에서는 혁신 과정을 부분적으로 상호 간 변화의 하나로 개념화하였다. 교사들은 새로운 실습의 특징을 바꾼다. 그 실습은 그 교사들을 바꾸고 교실 안의 업무 준비를 수정한다. 그래서 그다음엔 그 혁신이 얼마나 사용될 수 있는지 영향을 준다.

우리는 우리가 가설을 세운 변형적 과정을 나타내기 위해 마스터 코드(TRANSFOR-MATION 또는 줄여서 TRANS)로 시작하였고, 변수들의 각 클래스에 있는 자료의 분절을 구별하기 위해 하위 코드[TRANS-ISE, 교실 변화(TRANS-CLASS), 조직적 변화(TRANS-ORG), 혁신에서의 변화(TRANS-INN)]를 더하였다. 그 목록은 무난하게 시행되었고, 현장 노트의 첫 번째 세트에 적용되었으며, 맞춤과 편의성을 위해 세부적으로 검토되었다. 상당수의 코드가 변경되었지만, 개념적인 방향은 우리가 보고 들을 것에 맞추고 잘 설명하는 진짜 결실을 맺은 것 같았다.

시작 목록은 12개부터 50개까지 코드를 가질 수 있다. 목록이 명확한 구조와 근거가 있다면, 그 숫자는 모든 목록에 대한 꾸준한 언급 없이도 분석가의 단기 기억에 놀라울 만큼 잘 남아 있다. 쉽게 보기 위해서 그 목록을 종이 한 장에 표시하는 것은 좋은 아이디어이다. 대부분의 CAQDAS 프로그램은 자료가 그들의 프로그램에 입력되기 전에 이런 임시적 코드를 보유할 수 있다.

여전히 다른 코드들은 자료를 수집하는 동안에 점진적으로 나타난다. 즉, 귀납적 코딩이다. 이것들은 경험적인 것에 더 기반을 두고 있으며, 중요한 지엽적 요인을 발견한 연구자에게 특히 만족스럽다. 그것들은 또한 기존의 코드에 그 자료를 강제로 맞추기로 결정하는 것보다 그 현장에서 무엇을 말해야 하는지에 대해 그 연구자가 열려 있다는 것을 볼 수 있는 다른 독자들도 만족시켜 준다. 대부분의 현장 연구자는 개념적으로 방향을 잡힌 방법에 상관없이 연역적 코딩 체계가 자료에 잘못 만들어졌을 때나 상반된 관점이 더 확실해 보일 때를 알아차릴 것이다.

5) 변경 코드

코딩에 대한 모든 접근법에서, 몇 가지 코드는 현장 경험이 계속되면서 바뀌고 발전할 것이다. 시작 목록을 가진 연구자들은 코드들이 바뀔 것이라는 것을 알고 있다. 우리의 초기 프레임은 꿈꾸던 것보다 더 많은 것이 일어나고 있으며, 이것들을 찾는 것을 피할 만큼 어리석은 현장 연구자는 거의 없다.

일부 코드는 작동하지 않는다. 다른 것들은 부패하였다. 그것에 맞는 현장 자료가 없거나, 그것이 그 현상을 자르는 방식은 그 현상이 경험적으로 나타나는 방식이 아니다. 이 문제는 그 코드를 없애거나 그것의 유형을 바꾸는 것을 요구한다[예: COUNSELING CENTER 같은 명사 위주의 설명적 코드를 REHABILITATING과 같은 행동 지향적 과정 코드로 변형하는 것]. 다른 코드들은 번창한다. 가끔은 지나칠 정도로 너무나 많은 분절이 같은 코드를 갖기 때문에 익숙한 문제가 대량으로 생산된다. 이 문제는 코드를 하위 코드로 나누게 만든다.

수동 코딩으로, 수정은 지루하다. 그러므로 여러분이 전에 코드화한 모든 덩어리의 이름을 다시 붙여야 한다. 그러나 여러분이 가지고 있는 텍스트 기반 소프트웨어의 찾고 변경하는 설비와 대부분의 CAQDAS 프로그램은 이것을 쉽게 해낼 수 있다.

6) 코드 목록에서의 구조와 통합

코드가 일찍 만들어지고 수정되는지 혹은 늦게 만들어지고 수정되는지는 그것이 개념적이고 구조적인 통합을 가졌는지 여부보다는 기본적으로 덜 중요하다. 코드는 다른 것들과 일관성 있고, 연구에 중요한 측면에서 서로 관련이 있어야 한다. 그리고 그것들은 하나의 통합된 구조의 일부분이어야 한다. '소속함'의 어떤 의미가 유지되는 한, 점진적으로 추가하고 제거하며 또는 재설정하는 코드는 확실하게 가능하다.

〈표 4-1〉은 더 길게, 구조화된 코드 목록에서 발췌한 것이다. 코드의 시작 목록은 연구 질문, 그리고 (이 경우에는) 개념적 변수의 '상자들'에 알맞게 만들어지고 정확하게 정의되어서 연구자들이 공통 언어를 갖고, 자료의 한 분절이 혁신 속성, 채택 과정 등과 같은 범주에 실제로 맞는지, 그렇지 않은지와 그 방식에 대해서 명확히 할 수 있다. 이후 실제 코드화된 부분이 범주들의 사례를 제시하고, 주변적 또는 첨부된 의견은 다른 코드 및 전체 부분과 연결을 시작한다.

조작적인 코딩계획은 분리된 서술자들의 카탈로그가 아니라 더 큰 의미와 그것의 구성 특징을 가진 개념적 웹이다. CAQDAS는 계층적 형태에서나 네트워크에서 코딩계획의 구조를 보여 주는 것에 특히 도움이 된다.

〈표 4-1〉 코드의 시작 목록 보여 주기

범주: 혁신 속성	줄임말: IP-OB J
• IP: OBJECTIVES	• IP-OC
• IP: ORGANIZATION	• IP-ORG/DD, LS
• IP: IMPLIED CHANGES-CLASSROOM	• IP-CH/CL
• IP: IMPLIED CHANGES-ORGANIZATION	• IP-CH/ORG
• IP: USER SALIENCE	• IP-SALIENCE
• IP: (INITIAL) USER ASSESSMENT	• IP-SIZUP/PRE, DUR
• IP: PROGRAM DEVELOPMENT (IV-C)	• IP-DEV
범주: 외부적 맥락	**EC (PRE) (DUR)**
• EC: DEMOGRAPHICS	• EC-DEM
In country, school personnel	• ECCO-DEM
Out country, nonschool personnel	• ECEXT-DEM
• EC: ENDORSEMENT	• EC-END
In country, school personnel	• ECCO-END
Out country, nonschool personnel	• ECEXT-END
• EC: CLIMATE	• EC-CLIM
In country, school personnel	• ECCO-CLIM
Out country, nonschool personnel	• ECEXT-CLIM
범주: 내부적 맥락	**IC (PRE) (DUR)**
• IC: CHARACTERISTICS	• IC-CHAR
• IC: NORMS AND AUTHORITY	• IC-NORM
• IC: INNOVATION HISTORY	• IC-HIST
• IC: ORGANIZATION PROCEDURES	• IC-PROC
• IC: INNOVATION-ORGANIZATION CONGRUENCE	• IC-FIT
범주: 적용 과정	**AP**
• AP: EVENT CHRONOLOGY-OFFICIAL VERSION	• AP-CHRON/PUB
• AP: EVENT CHRONOLOGY-SUBTERRANEAN	• AP-CHRON/PRIV
• AP: INSIDE/OUTSIDE	• AP-IN/OUT
• AP: CENTRALITY	• AP-CENT
• AP: MOTIVES	• AP-MOT
• AP: USER FIT	• AP-FIT
• AP: PLAN	• AP-PLAN
• AP: READINESS	• AP-REDI
• AP: CRITICAL EVENTS	• AP-CRIT

범주: 현장 역동과 변형	TRANS
• TRANS: EVENT CHRONOLOGY–OFFICIAL VERSION	• TRANS–CHRON/PUB
• TRANS: EVENT CHRONOLOGY–SUBTERRANEAN	• TRANS–CHRON/PRIV
• TRANS: INITIAL USER EXPERIENCE	• TRANS–START
• TRANS: CHANGES IN INNOVATION	• TRANS–INMOD
• TRANS: EFFECTS ON ORGANIZATIONAL PRACTICES	• TRANS–ORG/PRAC
• TRANS: EFFECTS ON ORGANIZATIONAL CLIMATE	• TRANS–ORG/CLIM
• TRANS: EFFECTS ON CLASSROOM PRACTICE	• TRANS–CLASS
• TRANS: EFFECTS ON USER CONSTRUCTS	• TRANS–HEAD
• TRANS: IMPLEMENTATION PROBLEMS	• TRANS–PROBS
• TRANS: CRITICAL EVENTS	• TRANS–CRIT
• TRANS: EXTERNAL INTERVENTIONS	• TRANS–EXT
• TRANS: EXPLANATIONS FOR TRANSFORMATIONS	• TRANS–SIZUP
• TRANS: PROGRAM PROBLEM SOLVING	• TRANS–PLAN

출처: Miles & Huberman (1994).

7) 코드의 정의

코드가 사전에 명시되었든지 도중에 발전되었든지 간에 명확한 운영적 정의는 필수적이어서 그것은 시간이 가면서 1명의 연구자에 의해 지속적으로 적용될 수 있고, 다수의 연구자는 그들이 코드화하는 만큼 동일한 현상에 대해 생각할 것이다. 첫 번째 주기코드는 하나의 용어로 이루어질 수 있다. 예를 들어, TRANSFORMATION은 다른 분석가들에게 쉽게 다른 의미를 제시할 수 있다. 코드가 분석가를 위해 자료의 검색과 조직을 진행시키기 때문에, 그것은 반드시 정확해야 하고, 그것의 의미는 분석가들 간에 공유되어야 한다. 그것을 정의하는 것은 두 사항 모두에 도움이 된다. 〈표 4-2〉는 〈표 4-1〉에서 부분적으로 보인 코드에 대한 정의의 전체 목록에서 발췌한 것이다. 이 정의는 연구가 진행됨에 따라 개선되고 미세하게 조정된다.

정의는 두 연구자가 같은 자료 세트를 코딩하고 그들의 초기 어려움에 대해 논의할 때 더 예리해진다. 의견 불일치는 정의가 확장되거나 개정되어야 한다는 것을 보여 준다. 이 작업에 쓰는 시간은 불필요한 일을 따지는 것이 아니라 여러분에게 그 코드가 의미하는 것과 자료의 어떤 덩어리가 어떤 코드에 가장 잘 맞는지에 대해 명백하고 공통적인 시야를 줌으로써 진짜 보상을 가져다주는 것이다.

〈표 4-2〉 표 4-1에서 선택된 코드의 정의(발췌)

현장 역동과 변형-TRANS	
사건 연대순-공식 버전: TRANS-CHRON/PUB	실행 초기와 진행 중의 사건이 연대순, 사용자, 운영자 또는 다른 응답자들에 의해 재검토됨
사건 연대순-사후 버전: TRANS-CHRON/PRIV	실행 초기와 진행 중의 사건이 연대순, 사용자, 운영자 또는 다른 응답자들에 의해 재검토되고, ① 공개 버전이 아닌 합의는 되었지만 다른 시나리오를 제시하거나 ② 같은 사건에 대해 다른 설명을 제시함
혁신 내 변화들: TRANS-INMOD	새로운 실습이나 프로그램의 구성 성분에서 보고된 변경 사항, 교사와 운영자의 입장에서 실행 초기와 진행 중에
조직내적 실습에서의 효과들: TRANS-ORG/PRAC	새로운 실습이나 프로그램의 효과 색인: ① 조직내적 계획, 모니터링, 그리고 일일 업무 사항(예: 직원 채용, 일정 관리, 자원 사용, 직원 간 의사소통), ② 조직 간 실습(예: 교육청, 학교 위원회, 지역사회, 학부모 모임과의 관계)
교실 실습에서의 효과들: TRANS-CLASS	새로운 실습이나 정규적인 또는 일상적인 교실 실습에 대한 새로운 프로그램의 효과 색인(교습계획과 관리)
사용자 구성에서의 효과들: TRANS-HEAD	교사와 관리자의 인지, 태도, 동기, 가정 또는 교습, 배움이나 관리 이론에 대한 새로운 실습이나 프로그램의 효과 색인(예: 전문적 자기이미지, 무엇이 성취 또는 효율성, 학생, 동료, 다른 직원들에 대한 태도, 혁신 실습에 대한 입장을 결정하는가의 수정된 개념)

출처: Miles & Huberman (1994).

팀 코딩은 정의적 명료성을 도와줄 뿐만 아니라 훌륭한 신뢰성 점검 방법이다. 분리되어 작업하는 2명의 코더가 자료의 코드화할 수 있는 범위가 얼마나 큰지에 대해 의견이 같은가? 그리고 그들이 자료의 같은 범위를 위하여 같은 코드를 사용하는가? 그렇지 않다면, 그들은 서로 다른 분석을 향해 가고 있는 것이며, 보다 신뢰할 수 있고 신뢰할 만한 가치가 있는 연구 결과를 위해서는 그들의 차이점들을 조정해야 할 것이다.

이와 마찬가지로, 각 코더는 현장노트의 처음 열두 페이지의 코딩을 일단 한번에 하고, 그리고 며칠 뒤에 코딩하지 않은 사본에 다시 한번 하는 것이 좋다. 내부의 일관성이 얼마나 좋은가? 결국, 내적 그리고/또는 코더 간의 합의는 코딩계획의 크기와 범위에 따라 85%에서 90%에 속해야 한다.

8) 코딩의 상세함의 단계

코딩은 얼마나 정교해야 하는가? 그것은 연구와 여러분의 목표에 달려 있다. 그러나 보다 전형적으로, 코드는 다음과 같은 더 큰 단위―문장, 문장의 단주제 '덩어리' 또는 글로 써진 현장노트의 전체 문단―에 적용된다.

자료의 모든 범위는 앞의 동시 코딩에서 설명한 것처럼 대개 한 코드 이상을 위한 후보자이다. 그러나 만일 당신이 수동으로 코딩을 하고 있고, 여백이 지나치게 많은 범위를 위한 다수의 코드로 쌓여 간다면, 여러분은 그 노트가 현장 수준 분석을 위해 리뷰될 때 아주 힘들어질 것이다. 이 문제는 컴퓨터 검색이 사용될 때에는 필수적이지 않다. 그러나 너무 지나친 동시 코딩은 코딩 체계를 명확하지 않거나 불완전하게 보게 하므로 결국 연구 설계를 잘 볼 수 없게 한다.

끝으로, 현장노트나 인터뷰 기록의 모든 분량이 다 코드화되어야 하는 것은 아니다. 여기에는 사소하고 불필요한 자료 같은 것이 존재한다. 대부분의 현장노트와 기록의 선택된 분량은 대개 많은 찌꺼기―사전에 기술된 또는 나타나는 연구 질문과 관련 없는 것―를 포함하고 있다. 그리고 조심스럽게 이루어진다면, 나중 자료의 코딩은 좀 더 인색할 수 있다.

3. 두 번째 주기 코딩: 패턴 코딩

1) 설명

첫 번째 주기 코딩은 자료의 분절을 초기에 요약하는 방식이다. 두 번째 주기 코딩 방식인 패턴(pattern) 코딩은 그 요약을 더 작은 수의 범주, 주제 또는 구성물로 묶어 주는 방식이다. 질적 연구자들에게 있어서 이것은 양적 연구자들이 통계 분석에서 사용하는 군집 분석과 요소 분석 도구에 비유할 수 있다.

패턴 코드는 나타나는 주제, 설정 또는 설명을 확인하는 것인 설명적 또는 추론적 코드이다. 그것들은 첫 번째 주기 코딩에서 많은 재료를 가져다가 더욱 의미 있고, 절약하는 분석의 단위로 만들어 준다. 그것들은 일종의 메타 코드이다.

2) 적용

질적 분석가를 위해, 패턴 코딩은 다음의 네 가지 중요한 기능을 갖는다.

① 많은 양의 자료를 더 작은 분석적 단위로 응축한다.
② 나중의 현장 연구에 더 집중할 수 있도록 연구자들이 자료를 수집하는 동안 분석할 수 있도록 해 준다.
③ 연구자가 인지 지도—현장 사건들과 상호 작용을 이해하기 위해 서서히 전개되는, 더욱 통합된 계획—를 잘 설명하도록 도와준다.
④ 다중 사례연구에서, 공통 주제와 직접적 과정을 표면화하여 교차 사례 분석을 위한 준비 작업을 해 준다.

이 네 가지 기능은 우리가 패턴 코드가 어떻게 생성되는지, 어떻게 보이는지, 그리고 현장 연구자들이 자료 수집 과정에서 그것으로 무엇을 하는지를 논의하면서 명확해질 수 있다.

3) 예시

(1) 패턴 코드 생성하기

초기 현장 연구 동안에, 연구자는 자료 조각을 함께 묶어 줄 가닥을 찾는다. 예를 들어, 2명 또는 3명의 참여자가 그들의 상사에 의해서 내려진 결정에 '기분 상해한다'고 독립적으로 말한다면, 우리는 몇 가지 다른 현상—갈등, 조직적 기후 인자 또는 불만 있는 직원들의 소집단—을 생각할 수 있다. 이 해석들 중 어느 것이든 자료 나누기와 분류하기를 포함하고 있다(앞의 기능 1). 시작하는 사람들에게, 이 참여자들 사이에 또는 그 결정에 기분 상해하는 근거에 다른 어떤 공통적인 것이 존재하는가? 기분 상해하지 않는 참여자들 사이에 다르거나 반대되는 의미적 내용이 있는가?

자료의 첫 번째 조각과 함께 묶이는 코딩된 분절의 리뷰는 단서이다. 그것은 확인해야 할 중요한 변수—다른 현장 인식과 행동을 설명할 요인(앞의 기능 2)—을 알려 준다. 또한 이런 방식들 중 어느 것에서든 억울함 자료(첫 번째 주기의 감정 코딩)를 보는 것은 연구자가 어렵거나 놀라운 관찰을 이해할 수 있도록 도와준다. 이런 몇 개의 조각은 그 지형의 초기 계획으로 합쳐진다(기능 3). 마지막으로, 만일 다중 사례연구에서 한 동료가 억울함의 비슷한 프로필을 이해하거나, 그 대신에 더 많이 '억울한' 사례와 비슷한 상황에서 전혀 억울해하지 않는다면, 우리는 교차 사례 비교의 첫 번째 가닥을 갖게 된다(기능 4).

패턴화는 우리가 습관적으로 정보를 처리하는 방식이기 때문에 빠르게 일어난다. 위험한 것은 한 패턴을 여러분이 이해하고 있다고 가정하고 이름 짓는 것으로 너무 빠르게 들어가 버리고, 그래서 그 이름을 제대로 맞지 않는 자료에 붙여 버리는 것이다. 여기에서 사용할 수 있는 요령은 느슨하게 묶여 있는 의미 덩어리로 작업하는 것, 자료가 다른 방식으로 형성될 때 언제든지 굳어진 것을 풀고 변경할 수 있는 것, 부족한 부분은 다른 참여자들과 관찰을 통해 더 나은 경험적 근거가 나올 때까지 대기시켜 두는 것이다.

그러나 가끔 그 자료가 아무런 중요한 주제도 던져 주지 않는 것 같다. 각 코드는 대부분 독특해 보인다. 이런 경우에는, 스스로에게 무엇이 중요했는지를 상기시키며 연구 질문으로 돌아가서 이 코드를 가진 덩어리를 리뷰하는 것이 도움이 된다.

좀 더 연역적 연구에서는 되풀이되는 구절(즉, 인비보 코딩)이나 참여자들의 설명에서 공통된 가닥, 아니면 여러분이나 참여자가 언급했던 내적 차이점을 찾는 것이 도움이 된다. 일반적으로 이런 차이점들은 더 높은 단계의 공통성을 생산한다.

(2) 패턴 코드의 모양
패턴 코드는 대개 종종 서로 관련된 4개의 요약으로 이루어진다.

① 범주 또는 주제
② 원인/설명
③ 사람들 사이의 관계
④ 이론적 구성

다음에 나오는 내용에서는 패턴 코드의 구체적 예시들이 대문자로 표시되고, 간략한 설명이 뒤따른다.

① 범주 또는 주제

- 규칙(RULES): 여러분은 직원 라운지에서 '업무 이야기'를 하지 않는다. 무언의 이해는 긴장을 풀기 위한 사회적 잡담은 괜찮다는 것이다. 불평하는 것 또한 받아들여지지만, 문제를 위한 해결책은 생성하지 않는다.
- 궤적(TRAJECTORIES): 업무 '궤적'의 은유(사람들은 어떤 일과 장소에서 벗어나기 위해 이런 프로젝트를 사용하고 있다).

② 원인/설명

- 역기능 방향(DYSFUNCTIONAL DIRECTION): 비효율적 리더십을 직원이 지각하는 것, 그리고 그 리더십과 상호 작용하는 것은 업무 현장의 사기와 효율성에 영향을 준다.
- 최고의 실습(BEST PRACTICES): 최고의 프로젝트는 성공을 위한 최고의 전문가들의 검증된 방법을 합쳐 놓은 것이다.

③ 사람들 사이의 관계

- 리더들의 네트워크(LEADERS' NETWORK): 이것은 자신들 각각의 현장에서 핵심 리더로 보이는 사람들(A. Becker, P. Harrison과 V. Wales)의 비공식 모임이다.
- 새로운 경호원(NEW GUARD): 신진 30대 교수진으로 공격적이면서 사회적 의식이 있는 사람들이다.

④ 이론적 구성

- 흥정(BARGAINING): 흥정하는 것 또는 협상하는 것은 아주 자주 은밀하게 결정이 내려지는 방식인 듯하다. 갈등 모델은 어떻게 행동이 시작되었는지에 대해 협동하는 팀워크보다 더 이치에 맞는 설명이다.
- 생존(SURVIVAL): 이것은 어떤 사람이 가끔씩 압도적인 확률에 맞서서 많은 것을 이루기 위해 최소한의 자원 지원으로 하루하루 살아가고 있다는 것을 알려 주는 패배주의적인, 대체로 부정적인 태도이다.

패턴 코드는 반복적으로 관찰되는 행동, 행위, 규범, 일상 및 관계, 현장의 의미와 설명, 상식적 설명과 좀 더 개념적인 설명, 추론 무리 및 '은유적'인 것, 그리고 한 가지 사례와 교차 사례 관찰로부터 나타날 수 있다.

(3) 분석에서 패턴 코드 사용하기

패턴 코드 '매핑', 즉 패턴이 들어 있는 구성요소 코드를 현장노트의 분절에 따라 배열하는 것이 유용해지는 시점이 있다. 이렇게 하면 네트워크 디스플레이에서 구성요소들이 어떤 식으로 상호 연계되어 있는지를 시각적으로 보여 주는 데 유용하다. 매핑은 개념적 틀에 있어 새로운 단계가 된다. 수작업으로 하는 것도 그다지 힘든 작업은 아니지만, 컴퓨터와 CAQDAS 프로그램을 이용하는 쪽이 더 장점이 크며 수월하다.

다음으로, 이러한 방식을 통해 가져올 수 있는 가장 확실한 코드들은 분석적 메모하기의 형태로 작성되며(다음 참조), 코드의 함의를 더 상세히 설명해 준다. 이 과정을 통해 작성자는 분류, 주제, 구성 등에 대해 좀 더 구체적으로 알 수 있으며, 교차 사례 및 더 상위의 분석적 에너지 흐름에 대해 알 수 있게 된다.

일반적으로 패턴 코드는 자격이 주어지는 것이지 무시되지는 않으며, 이것에 대한 조건이 명시된다. 예를 들면, '라운지에서 업무 이야기 금지'라는 규칙은 충돌, 위기 또는 새로운 멤버와 친교를 하는 경우에는 접어 둘 수 있다. 이런 식으로 명확히 해 주는 것은 패턴에 대해 더 정확한 변수를 제공해 주고, 그 타당성을 강화해 준다.

일반적인 패턴 코드[예: 규칙(RULES)]가 많이 쓰인다면, 내용을 설명하고 검색을 쉽게 해 주는 하위 코드를 만들어 두는 것이 좋다.

- RULES-IVDIV: 개인 참여자의 행동에 대한 규칙
- RULES-PUBLIC: 공개된 자리에서의 행동에 대한 규칙
- RULES-WORK: 공적인 업무가 어떤 식으로 이루어지는지에 대해 명시하는 규칙

새로운 유형의 패턴 코드를 만들어 내는 아이디어에 대해서도 가능성을 열어 두어야 한다. 예를 들면, 패턴 코드 QU!라는, 놀라운 것에 대한 질문을 의미하는 것을 개발했다고 하자. 현장 연구에서 놀라는 것은 중요한 사건이며, 우리는 노트에 그것을 기록하고자 할 것이다. Saldaña(2013)가 제시하는 추가적인 두 번째 주기 코딩 방식을 보면 현실 기반 이론 연구를 위해 설계한 것을 볼 수 있다.

마지막으로, 패턴 코드는 차후에 있을 자료 수집 시점에서 확인이 된다. 이는 크게 보면 추론적 과정으로 볼 수 있다. 분석가는 새로운 참여에 대해 해당 코드를 시험해

보거나 제11장에서 살펴볼 것(패턴이 유지되면 다른 것들이 발생하거나 발생하지 않는 것)
처럼 유사한 상황하에서 관찰을 하는 동안 **만약-그렇다면** 방식에 참여하기도 하며, **상반
된 설명**을 확인하기도 한다.

   (**굵은 고딕체**로 표시된 용어들은 결론을 이끌어 내고 입증하는 특정 방법을 가리키는 것으로,
제11장에서 자세히 다룰 것이다. 이후에 나올 내용에서도 이러한 관례를 사용하여 전략을 나타
내는 데 사용할 것이다.)

4) 코드에서 패턴으로

   자료에 대한 최초 또는 첫 번째 주기 코딩은 각각의 코드와 이에 대응하는 자료 덩어
리의 집합체를 생성하게 된다. 첫 번째 주기 코드가 두 번째 주기인 패턴 코드로 변형
되는 것에 관한 가상의 확장 예시를 살펴보고, 그런 다음 매트릭스와 네트워크 속으로
들어가 보도록 하자.

   순서는 임의로 이루어지며, 첫 번째 주기 코드 타입이 명시된 금연 치료 프로그램에
자발적으로 참여한 한 참여자가 첫 번째 달의 금단 증상과 관련하여 선택한 일련의 코
드는 다음에 제시된 바와 같다.

① ANXIETY [감정 코드]

② NERVOUSNESS [감정 코드]

③ 'HURT SOMEONE BAD' [생체 코드/감정 코드]

④ RESTLESSNESS [감정 코드]

⑤ DEEP BREATHING [과정 코드]

⑥ THROAT BURNING [과정 코드]

⑦ 'FELT LIKE CRYING' [생체 코드/감정 코드/과정 코드]

⑧ ANGRY [감정 코드]

⑨ 'EATING A LOT MORE' [생체 코드/과정 코드]

⑩ WANDERING AROUND [과정 코드]

⑪ HABITUAL MOVEMENTS [설명 코드]

⑫ MEMORIES OF SMOKING [설명 코드]

⑬ SMELLING NEW THINGS [과정 코드]

이러한 열세 가지 코드의 분류와 패턴화에 대한 접근 방식에는 여러 가지가 있다. 그중 하나로는 코드 유형에 따라 패턴을 정하는 것이다.

- EMOTIONS(ANXIETY, NERVOUSNESS, 'HURT SOMEONE BAD', RESTLESSNESS, 'FELT LIKE CRYING', ANGRY)
- PROCESSES(DEEP BREATHING, THROAT BURNING, 'FELT LIKE CRYING', 'EATING A LOT MORE', WANDERING AROUND, SMELLING NEW THINGS)
- DESCRIPTORS(HABITUAL MOVEMENTS, MEMORIES OF SMOKING)

부정적이며 강렬한 감정은 금연에 있어 중요한 역할을 하는 것으로 보이기 때문에, EMOTIONS를 패턴 코드로 선택하는 것은 적절하다고 본다. NEGATIVE EMOTIONS와 같이 형용사를 이용하여 코드를 더 개선할 수도 있다.

하지만 PROCESSES와 DESCRIPTORS 라벨은 패턴 코드에 필요한 '매력'이 없어 보인다. 패턴 코드는 일반적으로 ① 범주 또는 주제, ② 원인/설명, ③ 사람들 사이의 관계, ④ 이론적 구성이라는 보통 상호 연관되어 있는 네 가지의 요약으로 이루어진다. 나머지 코드들을 재분류하는 방법에는 여러 가지가 있다. 그중 첫 번째는 특정한 군집으로 재편성하는 것인데, 이는 이들이 함께 어울려 보이기 때문이다. 분석가는 이에 대해 다음과 같이 제시한다.

- 군집 1: DEEP BREATHING, THROAT BURNING, 'EATING A LOT MORE', SMELLING NEW THINGS
- 군집 2: WANDERING AROUND, HABITUAL MOVEMENTS
- 군집 3: 'FELT LIKE CRYING', MEMORIES OF SMOKING

먼저, 군집 1에 있는 네 가지 코드에 공통된 것은 무엇인가? 이들은 모두 호흡, 감각, 소화라는 몸의 상체에 있는 기능이다. 분석가는 네 가지 코드가 공통적으로 지니고 있는 것을 살펴보는데, 이들은 PHYSICAL CHANGES라는 주제로 하나가 되는 것으로 보이며, 그렇기 때문에 이들에게는 이에 해당하는 패턴 코드가 주어진다.

군집 2의 코드들(WANDERING AROUND, HABITUAL MOVEMENTS)은 쉼 없는 이동을 은유적으로 나타내는 것처럼 보이기도 한다. 군집 3의 코드들('FELT LIKE CRYING',

MEMORIES OF SMOKING)은 후회되는 상실의 개념적 패턴 코드를 보여 준다. RESTLESS JOURNEY와 REGRETFUL LOSS라는 패턴 코드 라벨은 어디서 온 것인가? 이것들은 연구자가 해당 구성 코드가 공통적으로 지니는 것으로 보이는 것에 대해 생각한 것에서 온 것이다.

이 네 가지 패턴 코드—① NEGATIVE EMOTIONS, ② PHYSICAL CHANGES, ③ RESTLESS JOURNEY, ④ REGRETFUL LOSS—가 한 사람의 분석적 제안이라는 점을 염두에 두어야 한다. 첫 번째 주기 코드에 대해 고찰하고 군집하는 다른 연구자들은 또 다른 패턴 코드를 개발할 가능성도 있다. 결국, 여기에서 놓치지 말아야 할 중요한 원리는 패턴 코드화하는 것이 항상 정확한 과학적 행위가 아니라 기본적으로는 해석적 행위라는 점이다.

연구자는 이러한 네 가지 패턴 코드를 연구에서 필요로 하는 바에 따라 다양한 방식으로 이용할 수 있다. 기본적인 내러티브 기술이 그중 한 가지이며, 시각적 전시 또한 자료를 참신한 시각에서 분석하는 또 하나의 주요한 방식이다.

(1) 내러티브 기술

연구자는 첫 번째 주기 코드의 구성요소들을 내러티브로 엮어 주고, 그것을 현장노트 자료로 뒷받침하여 패턴 코드를 찾아내고 정교하게 가다듬어 하나의 섹션을 구성할 수 있다.

> 금연 1개월 차 동안에 찾아오는 증상으로는 개인적으로 안절부절못하는 행동 (restless journey)이 포함된다. "내가 집에서 방과 방 사이를 괜히 왔다 갔다 하고 있다는 걸 알게 되었는데, 그게 담배를 피울 수가 없는 것 때문이어서, 대체 내가 뭘 해야할지 알 수가 없었다." 과거에 담배를 피웠던 사람도 흡연과 관계된 습관적인 동작을 따라 했는데, 셔츠 주머니에 손을 넣어 담배를 찾는다거나 담배를 피우러 사무실을 나가는 것 등이었다. 이러한 신체적 행동은 니코틴 배출에 의해 유발되는 부정적인 감정(negative emotions)과 상호 연관되어 있으며, 그것에서 원인이 발생하기까지 하는데, 여기에는 불안, 신경과민, 초조가 있다.

이러한 사례의 경우, 연구자는 내러티브의 스토리라인 기능을 통해 인간행동의 줄거리를 그려 볼 수 있으며, 참여자들(또는 '인물들')이 연구 과정을 통해 어떻게 변화하였는지를 살펴볼 수 있다. 산문적 표현과 결과 제시는 우리가 관찰하고 합성한 사회적 행동이 어떻게 드러나고 시간을 따라 흘러가는지를 독자들과 소통하는 데 있어 필수적인 방법이다. 하지만 매트릭스와 네트워크는 그러한 관찰에 대해 표현하고 제시하는 또 다른 방법이다.

(2) 매트릭스 디스플레이

매트릭스 디스플레이(matrix display)는 다음에 이어질 6개의 장에서 더 깊이 다룰 것이긴 하나 여기에서 일단 간단히 기술하여 구체적인 예시를 보여 줄 것이다. 매트릭스 디스플레이는 분석을 할 수 있도록 도표 또는 표를 통해 자료(코드도 포함)를 나타낸다. 이러한 것들은 고찰, 검증, 결론 도출 및 기타 분석 행위를 위해 '한눈에' 볼 수 있는 형식으로 광범위한 자료를 정리하여 나타낸다.

금연 연구에서 금단 증상이 시간에 따라 어떻게 변화하는지에 관심을 두었다고 해 보자. 〈표 4-3〉은 금연 후 1개월, 6개월 시기의 참여자에 대한 자료를 도표로 보여 준다. 패턴 코드는 1개의 열에 배열해 놓았고, 이와 관련된 첫 번째 주기 코드 또는 기타 자료 요약은 각각의 열에 배치되어 있다. 이렇게 단순한 매트릭스를 통해 연구자와 독자들은 분석에서 두드러지는 결과를 가져올 수 있다. 예를 들면, NEGATIVE EMOTIONS 행에서 증상이 6개월 동안 감소하지만, 불안이 약하게나마 여전히 존재하는 것을 볼 수 있다. 이 매트릭스에 있는 각각의 셀은 금단 증상의 최종 지점까지 포함할 필요가 없으며, 코딩과 분석에서 가장 관계가 깊은 전형적인 것만을 보여 주면 된다.

〈표 4-3〉 1개월 및 6개월 차의 금연 패턴

금연 시작 패턴	1개월	6개월
NEGATIVE EMOTIONS	불안, 초조, 화, 공격적	가끔 불안
PHYSICAL CHANGES	체중 5파운드 증가, 기도와 폐가 '타들어가는' 느낌	20파운드 체중 증가 후 감량 프로그램 중, 후각 개선
RESTLESS JOURNEY	돌아다니며 습관적으로 움직임	습관적으로 움직임
REGRETFUL LOSS	'울고 싶었다', 중단에 대한 과민	흡연을 추억함, 흡연자들 주위를 '맴돎'

(3) 네트워크 디스플레이

이러한 특정한 금단 증상의 예시는 과정을 기술해 주며, 그렇게 함으로써 시간에 따라(또는 관계 역동성 또는 조직적 패턴과 같은 여타 측면에 따라) 어떻게 행동하고 변화하는지에 대한 네트워크를 매핑할 수 있다([그림 4-1] 참조). 매트릭스의 셀에 있는 코드는 이제 네트워크의 라벨로 사용할 수 있게 되었다. 선과 화살표는 행동의 군집 사이의 연결과 흐름을 나타낸다.

분석가는 REGRETFUL LOSS 패턴 코드와 이에 따른 구성 코드인 'FELT LIKE CRYING'과 MEMORIES OF SMOKING 코드가 1개월에서 6개월까지 어떻게 변화했는지를 보여 주었다. 참여자와의 후속 인터뷰를 통해 나타난 바로는 울고 싶은 충동은 시간이 지나면서 약간의 불안함으로 바뀌었지만, 수년간 깊이 자리 잡은 흡연의 기억은 과거의 습관에 대한 추억 정도로 바뀌어 있었다. 하지만 금연 후 6개월이 지났을 때 참여자와의 인터뷰에서 흥미로운 점이 발견되었다.

> 아직도 힘든데요. 그런데 제가 학교에서 담배 피우는 사람들 주위를 맴돌고 있더라고요. 전자담배를 피울 때 담배 연기를 맡으려고 말예요. 이제 담배를 피우지 않는데도 흡연자들 주위에 있는 게 좀 위로가 되는 것 같아요. 어떻게 보면 아직 흡연이라는 것과 뭔가 연결되어 있는 것 같아요. 그런 사람들한테 제 새로운 버릇 같은 걸 말해 줄 수도 있어요. 아직 공범자인 거죠.

다른 코드화된 관련 자료 덩어리와 합쳐진 이 인터뷰 발췌문을 통해 분석가는 6개월 차에 대해 COMFORT IN CAMARADERIE라는 발전적 패턴 코드를 만들어 냈다. 참여자에게 항상 존재했던 약간의 불안함은 흡연 중인 이들과 '어울리면서' 완화되었고, 과

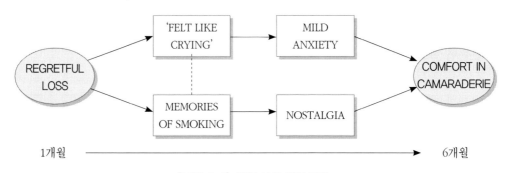

[그림 4-1] 금연 상실 변형 모델

거의 습관에 대한 추억은 자기 자신을 흡연자들 사이에 둠으로써 채워질 수 있었다.

[그림 4-1]의 간결함과 대칭성 때문에 사회생활이 언제나 선형적이고 균형 잡혀 있으며, 원만하게 진행되고, 몇 가지 주요 변수로 간소화될 수 있다는 생각에 빠지지 않도록 해야 한다. 이러한 단순한 예시는 패턴 코드가 내러티브, 매트릭스, 네트워크에 유용하다는 것을 보여 주기 위한 것이며, 이것에 대해서는 제5~10장에서 더 자세히 설명할 것이다.

5) 코딩에 대한 조언

코딩이란 단순히 '자료를 준비'하기 위해 하는 무언가가 아니라 앞서 여러 차례 언급한 것처럼 진행 중인 자료 수집을 계속하도록 하는 것이다. 이것은 초기 단계에 있는 진행 중인 분석의 형태를 하고 있다. 일반적으로 이것은 다음 단계를 위해 관점과 수단을 재형성하도록 한다.

기억할 것은 코드라는 것이 파일 체계를 넘어서는 것이라는 점이다. 모든 프로젝트에는 코드화된 현장 자료를 저장할 수 있는 체계적인 방법과 분석하는 중에 이를 손쉽게 검색할 수 있는 방법이 필요하다. 바인더 노트, 파일 폴더, 반 페이지 종이, 색인카드, 스티커 메모, 벽에 포스터 종이를 붙이고 요약하는 것 등과 같은 방법은 '구식'이기는 하지만 질적 자료 분석에 있어 전통적으로 사용해 온 방법이다. 그렇지만 이미 알고 있듯이, 훌륭한 컴퓨터 소프트웨어는 자료 조직화와 관리에 있어 앞서 말한 것들보다 훨씬 앞서 있다.

아마도 더 중요한 것은 이런 점일 것이다. 현장 연구의 궁극적인 힘은 무엇이 일어나고 있으며, 그 이유가 무엇인지에 대해 연구자가 지도를 제시하는 것에 있다. 그렇기에 이 지도의 구별과 통합을 강요하는 어떤 방식도, 여전히 융통성을 유지하지만 좋은 아이디어가 될 것이다. 코딩은 분석에 힘을 더해 주기 위한 유도와 추론의 반복적 주기를 통해 이러한 목표를 이룰 수 있다.

코딩은 실제보다 더 길게 느껴지는 경우가 많아 피로를 일으킬 수 있다. 그러므로 코딩에 적어 두기와 분석적 메모하기를 여기저기 배치하는 것이 도움이 된다.

4. 적어 두기

적어 두기를 '분석적 스티커 메모'로 생각해 보자(Emerson, Fretz, & Shaw, 2011). 이것은 조그마한 사각형 종이 조각의 공간에 들어가는 글의 한 조각이다. Adobe의 PDF 문서 프로그램에 이 기능이 있으며, Microsoft의 워드 프로그램의 '새 메모' 기능도 같은 것이다. 사용자는 CAQDAS 프로그램을 통해 '주석'이나 '코멘트'를 특정 자료 덩어리에 붙여 넣을 수 있다. 출력물을 가지고 작업하는 경우라면 실제 스티커 메모를 사용할 수 있지만, 이것은 조심하지 않으면 쉽게 떨어질 수 있다. 그러므로 가장자리에 손으로 메모를 넣는 것으로 충분하며, 텍스트 파일의 경우에는 분리되어 있는(나머지 자료와의 구별을 위해 다른 글씨체로 되어 있는) 문단이 적어 두기의 역할을 할 것이다.

그러면 적어 두기는 무엇이며, 그 안에는 무엇이 들어가는가? 적어 두기는 현장 연구와 특히 자료 분석 동안에 떠오르는 사안과 관련하여 연구자에게 잠깐 동안 떠오르는 생각과 견해를 담는다. 어떤 프로젝트를 가지고 작업할 때, 보통 다양한 종류의 생각에 다다르게 된다. 예를 들어, 다음과 같은 것들에 대해 생각해 보자.

- 주요 참여자가 중요하게 보이는 대화 동안에 '실제로' 말하는 것의 의미에 대한 추론
- 몇몇 참여자의 말이나 행동에 대한 개인적인 반응
- 참여자들과의 사이가 어떤 느낌인지
- 일부 자료의 질에 대한 의심
- 인터뷰 질문과 관찰 규약 중 일부에 대한 제고
- 이후의 만남에서 더 깊이 들여다볼 사안에 대한 명심
- 자료 세트의 다른 부분에 있는 자료에 대한 상호 참조
- 현재 중요할 수 있어 보이는 이전의 사건 사고에 대한 정교화 또는 명료화

이러한 예시와 같은 어떤 것이 발생할 때, 머릿속에 떠오른 것을 바로 현장노트나 자료 코퍼스에 있는 어딘가에 적어 두는 것이 유용하다. 이것은 더 깊은 분석적 메모하기에 유용할 수도 있고 그렇지 않을 수도 있지만(이 점에 대해서는 나중에 다룰 것이다), 최소한 글씨로 남겨 두었다는 것이 중요하다. 또 다른 한 가지 관례는 고딕체를 이용하여 그 코멘트를 넣은 자료에서 그 내용이 다른 것과 다르다는 것을 표시하는 것이다. 적어

두기를 이용한 현장노트 예시를 살펴보자.

> 비서실장은 전화에 대고 진중한 목소리로 말한다. "그래요, 도와주셔서 정말 감사드
> 립니다. 정말로 감사합니다. 그럼 이만." 그러고 난 다음 수화기를 객차에 집어 던진다.
> '직업적으로 친절한' 목소리에 바로 이어 전화를 깨부술듯이 끊어 버리는 행동이 바로 이어지는 것
> 을 들으니 재미있기까지 하다. 그녀는 아마 직업상의 긴장이나 불만을 많이 감추고 있는 것 같다.

이러한 발언은 분석에 있어 상당한 의미를 더해 주며, 평가에 있어서도 마찬가지일
것이다.

적어 두기는 분석적 관심을 받을 만한 깊고 근본적인 사안을 가리킴으로써 코딩을
강화해 준다. 앞서 언급했다시피 코딩 자체를 페이지를 체계적으로 스캔하고 작은 자
료 조각을 집어내어 라벨을 붙이는 일을 하는 일종의 기계로 취급한다면 지겨운 일이
될 수 있다. 지루한 기분은 보통 생각하기를 멈췄다는 신호인 것이다. 코딩에 대한 성
실함을 유지하는 한 가지 방법은 때때로 적어 두기를 하는 것이다([그림 4-2] 참조).

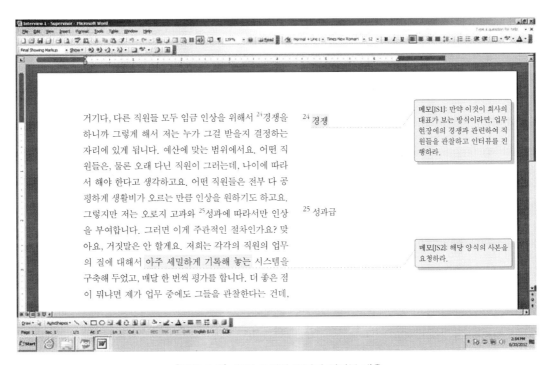

[그림 4-2] 적어 두기가 들어간 인터뷰 내용

코딩을 진행할 때, 무엇을 하고 있는 중인지에 대해 잘 파악하고 있으면 보고 있는 것의 의미에 대한 아이디어와 반응을 지속적으로 잘 알 수 있을 것이다. 이러한 아이디어가 중요하며, 이런 것들을 통해 새로운 해석, 단서, 자료 내 다른 부분과의 연계가 제시되며, 이것들은 일반적으로 다음번에 있을 자료 수집 과정에서 들여다볼 질문과 사안을 향하게 되고, 이러한 아이디어 중 일부를 더 정교하게 만들어 가게 된다. 이러한 미미한 발언까지도 주어진 코드에서 사라지거나 희미해지는 중요한 사안을 가리키게 되며, 코딩계획에서 수정할 부분을 드러낸다.

현장노트 원본을 작성하거나 확장할 때 생각한 내용을 적는 형태의 적어 두기를 추가할 수 있다. 현장에서 발생한 일, 자신만의 느낌, 반응, 통찰력, 해석을 가지고 있는 사람은 작성자 자신이다. Bogdan과 Biklen(2007)은 이러한 부분을 '관찰자의 코멘트' 또는 현장노트에 쓸 때는 'OC'라고 지칭하였다. 이것은 글씨체를 바꾸거나 들여쓰기를 해서 현장노트의 본문과 구별할 수 있다.

> 위원장이 10분간 휴식을 제안했지만, Carla는 계속 진행하자고 하였다. "이제 평가할 것이 3개밖에 안 남았으니까 30분이면 다 할 수 있어요." 위원장은 "그중에 하나가 시간이 많이 걸릴 거라서 좀 쉬면서 정신을 가다듬은 다음에 돌아오는 게 좋을 것 같군요."라고 말했다. OC: 위원장은 사무적인 목소리 톤으로 이유를 말했지만, 다른 이들은 그 1명의 후보자와 관련해 쉽지 않은 문제가 상당히 많다는 것을 알 수 있었다. Carla는 다른 회의를 통해서 관찰한 바로는 정치적 내분에 대해 확실한 것으로 보이며, 나머지 위원은 그녀가 그대로 가기를 원한다.

사소한 기록이 분석가의 메모를 통해 확대되면 이후의 수집 과정에서 바닥에 떨어진 중요한 '빵 부스러기'로 인식될 수도 있다(이에 대해서는 다음에 다룰 것이다).

5. 분석적 메모하기

1) 설명과 근거

분석적 메모는 자료에 대해 연구자가 가지고 있는 생각과 사고 과정을 기록하는 간단하거나 확장된 내러티브를 가리킨다. 이는 단순히 자료에 대한 설명적 요약이 아닌 더 고차원적인 분석적 의미로 합성하는 시도이다. 이것은 연구하는 현상에 대한 일종의 자기 보고서의 초고와 같은 것이며, 더 확장된 최종 보고서의 기초 역할을 한다.

　메모는 일반적으로 자료 수집, 자료 응축, 자료 디스플레이, 결론 도출, 결론 검사, 최종 보고를 하는 동안 발생하는 생각들을 빠르게 모아 두는 방법이다. 하지만 메모는 연구가 많이 진행되었을 때, 특히 자료의 여러 부분을 하나로 모으거나 다수의 구성 도구를 살펴볼 때 좀 더 자세한 내용을 담게 된다. Saldaña(2013)는 다음과 같은 주제를 따라 발전되어 갈 수 있다고 말하고 있다.

- 참여자 및 현상과 개인적으로 어떻게 관계를 형성하는가
- 연구의 설문
- 코드 선택과 그에 대한 실무적 정의
- 새로 생겨난 패턴, 범주, 주제, 개념, 주장
- 코드, 패턴, 범주, 주제, 개념, 주장 사이에서 가능한 네트워크(링크, 연결, 중첩, 흐름)
- 새롭거나 관련된 현존 이론
- 연구의 문제점
- 연구와 관련된 개인적 또는 도덕적 딜레마
- 앞으로의 연구 방향
- 현재까지 만든 분석적 메모['메타 메모'라고 함]
- 연구 최종 보고서(pp. 49-50)

　분석적 메모는 주로 목적상 개념적인 것이다. 이것은 단순히 자료를 보고하는 것이 아니라 서로 다른 자료 조각들을 인식 가능한 군집으로 만드는 것이며, 많은 경우 이러한 자료들이 일반적인 개념의 예시임을 보여 준다. 분석적 메모는 코드 및 이와 관련된 연구의 여러 측면, 즉 개인적 · 방법적 · 실질적인 측면을 넘어설 수도 있다. 이것은 바로 옆에 두고 사용할 수 있는 가장 유용하고 강력한 이해 도구이다.

2) 예시

　분석적 메모는 제목을 붙여야 하고, 분석의 역사와 과정을 참고하기 위해 날짜를 기록해야 하며[예: CODE DEFINITION(코드 정의), ASSERTION(주장), THEORY(이

론), ETHICS(윤리)], 좀 더 구체적인 내용을 표시하기 위해 부제를 달아 준다[예: WHAT CASES HAVE IN COMMON(공통적으로 가지고 있는 사례), PARTICIPANT LEERINESS(참여자의 미심쩍음), AGENDA FOR NEXT SITE VISIT(다음 현장 방문을 위한 안건)]. 대부분의 CAQDAS 프로그램에서는 메모를 만들고 관리할 수 있지만(프로그램에 따라 '코멘트' 또는 '주석'으로도 지칭), 다른 별도의 파일에 운영 일지의 형태로 보관할 수도 있다. 분석적 메모를 현장노트, 기록물, 여타 자료 속에 넣지 말고, 별도의 문서로 보관하는 것이 좋다.

McCammon 등(2012)의 '일생에 미치는 영향' 연구에서 가져온 분석적 메모의 예시를 몇 가지 제시할 것인데, 이 연구는 성인들을 대상으로 고등학교 미술교육과 관련하여 조사한 것이다. 이 첫 번째 메모는 분석가가 높은 연령대의 응답자와 낮은 연령대의 응답자가 대조되도록 코드를 정리한 다음에 관찰한 패턴을 기록하고 있다.

• 2011년 1월 17일
• 패턴: 내적 및 외적

2000년대와 1950~1970년대에 졸업한 질의 응답자들 사이에서 보이는 가장 놀라운 차이점은 경험과 관련하여 무엇에 가치를 두는지에 대한 것이다. 좀 더 최근에 졸업한 이들은 '동지애', '자기발견', 자아와 같은 무형의 내재적 결과에 대해 쓴 반면, 나이가 많은 세대는 수상, 자신들이 수행한 특정 역할, 살아오면서 이룬 것들에 대해 더 많은 의미를 부여하였다. 나는 단순히 최근에 고등학교를 졸업했다는 것 때문에 그러한 내적인 경험들에 대한 기억이 더 생생해서 머리에 더 많이 남아 있는 것인가 하는 궁금증이 든다. 구세대의 한 사람으로서, 나는 내가 남긴 유산과 같이 내가 성취한 것이 분명하게 보이는 유형적인 것에 많은 의미를 둔다는 것을 알고 있다.

아이러니하게도, 내가 생각했던 것은 구세대가 그러한 기억에 대해서 좀 더 생각을 많이 하고, 더 품고 있고, 좀 더 향수가 많을 것이며, 젊은 '나' 중심의 세대가 받은 상이나 동문 점퍼 같은 것에 더 가치를 둘 것이라는 점이다. 아마도 이것은 인간의 발전과 관계가 있을 것 같다. 당신이 10대 후반이나 20대 초반이라면 '나는 누구인가?'를 알아내기 위해 계속 노력하고 있을 것이다. 그렇기 때문에 여러분은 여전히 무엇이 자신에게 중요한가를 계속 살펴보고 탐험하고 있을 것이다.

다음 내용은 대충 기록한 분석적 메모가 최종 보고서에 쓸 내러티브로 마무리되면서 어떻게 바뀌는지를 보여 주는 예시이다.

- 2010년 11월 2일
- 메타 메모: 고고학적 은유

　이 연구가 사회과학과 어떻게 연관되어 있고, 심리적·사회학적·고고학적 연구 방법들이 분석을 하기 위해 어떻게 바라보는지를 아는 것은 흥미로운 일이다. 고고학의 경우, 최근에 내가 깜짝 놀란 것은 '성스러운 텍스트에 대한 통달'이라는 문구를 성장하여 문화의 일부가 되는 것의 조건으로 사용한 글을 읽은 것이다. 연극 화법에서는 성스러운 텍스트를 통달한다는 것은 대본을 외우는 것이며, 희극과 '하나'가 되어 한 인물을 깊이 소유하게 되는 것을 말한다. 극장과 종교의 공통점은 오랫동안 연구되어 왔지만, 공연을 통한 '통과 의례'라는 주제가 문젯거리가 되었다고는 생각하지 않는다(그렇지만 더 확실히 확인하려면 Victor Turner의 글을 확인하라).

　주요 범주에 대한 지금까지의 메모들을 살펴보니, '커뮤니티' '부족' '가족'과 같은 라벨들이 자주 보인다(연극인들은 '앙상블'이라는 용어를 더 많이 사용하는 것 같긴 한데, 이것은 해당 직군의 용어인 것 같다). 더 좋았던 것은 응답자들이 공연, 즉 영적 지식을 얻기 위해 행하는 여정 중 '길을 잃은' 느낌을 받았다는 말을 했을 때이다. 이 참여자들의 여정은 내적인 동시에 행위적인데(특히 시외 연설 대회), 자신을 찾기 위해 길을 잃고, 경쟁해서 이기거나 지는 것을 위해 집을 떠나지만, 떠날 때보다 더 강해져서 돌아온다.

　이러한 기술 보고서에 포함된 내용은 메모에서 나온 아이디어가 어떤 식으로 글의 분석 부분에 적용되고 엮여 들어가는지를 설명해 준다. 사회과학적 관점에서 보면(Lancy, Bock, & Gaskins, 2010), 연극에 참여하는 이들에 대해서는 대중적 기대와 (수치스럽지 않은) 편견이 존재한다. 청소년 왕따들은 마음이 통하는 친족으로 이루어진 공동체 집단 안에서 자신들이 들어갈 틈새를 발견한다. 이렇게 경계가 정해진 교실 공간과 공연장에는 자발적인 지역학교와 고등학교의 교육적 공연 프로그램으로 이루어진 국민문화가 있다. 이러한 청소년 문화 구성원들은 자신이 참여하는 사회 환경의 에토스(가치, 태도, 믿음)를 취하고 받아들이지만, 나이가 어린 사람은 그 문화에 대한 소속

감을 가진다는 전제조건을 지니고 있다. 생존과 안전, 감정 및 도덕적 사회화, 거기에 개인적인 인격 형성을 위한 인지적 지도는 이렇게 안전한 공간에서 관찰, 상호 작용, 도전을 함으로써 발생한다. 암기식 학습과 연극 및 연설 대본을 외우는 것은 "경건함, 수련, 개인적 변화, 문화적 보존의 행위"의 가치를 지닌 "성스러운 텍스트"를 통달하는 것에 비교할 만하다(p. 212). 이러한 문자적이며 공동체적인 내러티브는 자아, 소속, 표현에 기여한다.

극장과 연설에 대한 고유한 요구는 성인의 준비성을 가속화시킨다. 높은 지위에 올라가는 것은 높은 위험이 따른다. 수상, 일, 경쟁을 통한 성취는 더 높은 단계의 성년기를 향해 나아가는 수계이며, 통과 의례로 관심을 돌린다. 다른 세계로의 여행, 즉 공연의 영적인 것과 시외 연설 대회의 공간적인 것은 부족에게 돌아가기 위해, 이전보다 더 강해지기 위해 승리에 앞서 노력이 선행되어야 하는 고전적인 영웅의 여정에 비유할 수 있다(McCammon & Saldaña, 2011, p. 103).

3) 시각적 자료에 대하여

어디에서든지 접근이 가능한 디지털 도구를 이용해 현장 조사를 쉽게 기록할 수 있고, 인터넷에서 사용할 수 있는 자료의 양이 나날이 급증하고 있기 때문에, 현재 시각적 자료 분석에 대한 질적 연구는 많이 이루어졌다. 훌륭한 민속지학자들은 사회생활에 대한 시각적 요소를 어떻게 해서든 항상 기록해 놓았다. 우리가 현재 가지고 있는 매체가 시각적인 것에 대해 묘사하거나 암시적으로 글을 쓰기보다는 이미지로 기록할 수 있게 해 준다는 점이 좋은 것이다.

시각적인 것을 분석하는 것은 나름의 방법적 레퍼토리가 있지만(추천 제목은 부록에서 참조), 여기에서 자세히 보여 주기에는 지면상으로 제약이 있다. 그렇지만 우리가 보는 것을 정지된 시각적 기록으로 해석하는 것(잡지, 인터넷 사이트, 디지털 사진 등)은 체계적이라기보다는 좀 더 전체론적인 모험이라는 점에 동의한다. 움직이지 않는 캡처 이미지에 대한 인상을 분석적으로 메모하는 것은 색, 대조, 구성과 같은 구성요소로 자세하게 나누는 것보다 더 적절한 형태의 탐구이다. 하지만 TV, 영화, 유튜브, 디지털 스트리밍과 같은 움직이는 이미지와 긴 이야기는 더 복잡하며 미묘한 분석을 위한 셈과 범주와 같은 전통적인 내용 분석 방식에 더 의존하게 될 수도 있다.

역설적으로, '그림은 천 마디의 말을 한다.'라는 말은 '이미지는 스스로 말하지 않는다.'라는 말과 다투게 되어 있다. 연구자는 반드시 시각적인 것을 해석해야만 하며, 그 작업이 분석적 방식과 언어 기반 자료에 적용할 수 없는 전략인지를 결정해야 한다. 우리에게 있어 시각적인 것은 현장 조사에서 언제나 중요한 부분이었다. 이는 단순히 수십 년간 진화해 온 시각적 자료의 형태와 형식—표현과 제시—이다. 더 중요하다고 생각되는 것은 디지털 시각 문화가 우리의 참여자들에게 미치는 영향과 작용이다. 그리고 우리는 이를 위해 관찰하고 그들에게 자신들이 어떻게 응답하고 무엇을 생각하고 느끼는지를 알아내라고 말해 주어야 한다.

4) 메모에 대한 조언

다음은 기초 이론 개발자인 Barney Glaser와 Anselm Strauss의 후기 공동 연구자인 Juliet Corbin이 추천한 내용이다. 우리의 조언은 그들과 우리의 경험을 합쳐 놓은 것이다.

① 메모를 우선화하라. 아이디어가 떠오르면 하고 있던 다른 모든 것을 중단하고 메모를 하라. 우아한 문체도, 문법도 염려해선 안 된다. 모든 종류의 사색을 포함하고 어렴풋하거나 정확하지 않은 것도 모두 포함하라. 생각의 자유를 자신에게 부여하라. 스스로 검열하지 말라.

② 최초로 현장 자료가 들어오자마자 메모를 시작해야 하며, 최종 보고서가 만들어질 때까지 지속되어야 한다. 자료 수집의 절반 또는 2/3 정도가 지나면 코드가 상당히 안정되는 것처럼, 메모에서 나온 아이디어는 보통 그쯤 혹은 바로 이후, 즉 기초 이론 학자들이 '포화'(자료에 대해 상당할 정도의 새로운 설명이 없다)라고 부르는 것에 분석가들이 도달할 때 자리를 잡기 시작한다. 메모는 코딩 체계의 개발·수정에 크게 기여한다.

③ 메모를 분류해 두라. 기본이 되는 내용에 따라 부제를 달아 두라. 코드화된 자료처럼 메모 또한 아주 다양한 방법을 통해 저장하고 검색할 수 있다.

④ 다시 한 번 말하지만, 메모는 아이디어에 관련된 것이다. 자료 예시를 요약하고 말하는 것으로는 충분치 않다.

⑤ 특히 복수의 연구자가 진행하는 연구인 경우, 메모의 형식이나 종류를 반드시 표준화하지 않아도 된다. 메모 방식은 서로 다르며, 메모의 종류는 상상할 수 없을

정도로 다양하다.

ⓖ 메모 작성은 명확성이나 이해에 있어 예리하게 태양빛이 새어나오는 듯한, 약간의 개념적 계시를 주는 경우가 많다.

분석적 메모 작성에 대한 더 많은 내용은 Saldaña(2013)를 참조하라.

6. 주장과 제안

코딩은 분석적 사고를 촉발하며, 메모는 분석가의 생각을 '크게 적는 것'이라는 이유만으로 중요하다. 하지만 연구가 진행되면서 연구자의 생각을 형식화하고 조직화하여 일관성 있는 설명 세트로 만들 필요성이 더욱 커진다. 그렇게 하는 한 가지 방법은 주장과 제안 혹은 연결된 진술의 세트를 생성하여 연구에서 발견한 것과 결론을 반영하는 것이다.

주장이란 총괄적으로 종합해 주는 선언적 진술로, 자료에서 나오는 확정적 증거로 뒷받침되며, 부당함을 보여 주는 증거나 모순되는 사례로 인해 주장의 변경이 필요할 경우에 수정이 가능하다[예: "애드코(Adco) 주식회사에서 일하는 노동자들은 탁월한 결과를 이루기 위한 자기 동기부여가 되어 있지 않았다."]. 제안은 조건적인 사건을 제시하는 것으로, 예측이나 이론에 보다 가까워지기 위한 만약–그렇다면(if-then) 또는 왜–때문이다(why-because) 제안이다(예: "근로자들이 제대로 작동하지 않는 환경에서 근무할 때, 이들의 개인적인 업무 현장 실력은 탁월한 결과를 얻기 위한 동기의 부재로부터 쇠퇴할 수도 있다.").

주장과 제안은 많은 수의 개인적인 분석적 관찰을 요약하고 종합하는 방법이다. 이는 연구에서 자신 있게 내세울 만하다고 생각하는 주요한 패턴, 주제, 경향, 결과에 대한 '중요 항목 표시'와 같은 것이다. 이러한 항목들은 넓은 범위의 사실에 대해 기술하는 것(예: "전체적으로 볼 때, 아이들은 새로운 실험적 학습 프로그램에 몰입하는 것으로 보였다.")에서부터 연구의 의미에 대한 좀 더 높은 수준의 해석(예: "실험적 학습 프로그램은 이미 자신들의 지위와 효용에 대한 대중의 낮은 인식으로 인해 의지가 꺾인 교육자들에게는 매우 위험한 모험이 될 수 있다.")을 아우를 수 있다.

예를 들면, Kell(1990)은 교실 학습에서의 컴퓨터의 영향에 대한 다중 사례연구를 수행하였다. 최초 분석 회의에서 현장 연구자들은 자신들의 특정 사례에 대한 주장과 제안을 색인카드에 기록하였으며, 설문에 입력하였다. 그런 다음 진술들을 주제에 따라 군집으로 나누었으며, 근거들을 각 사례에 따라 면밀히 조사하였다.

이 연구에서 제안은 최근 가설들의 형태를 따랐다. 다음은 프로젝트 자료 도표에서 가져온 2개의 설명이다.

- 서로 다른 소프트웨어 프로그램에 대한 교사의 선호는 그들의 독서에 대한 이론적 성향에 크게 영향을 받았다. 즉, 파닉스 또는 언어 전체이다.
- 협력 및 동료 교수뿐 아니라 개별화된 학습 및 자기지시가 컴퓨터 활용을 통해 촉진되었으며, 이러한 학습 방식이 다른 학급 활동에 전이되는 경우도 발생하였다.

각 사례의 제안에 대한 지지의 정도는 '강함' '적절함' '중립' 또는 '모순적'으로 평가되었다.

누락된 자료를 처리한 다음 자료를 수집한 후, 제안에 대해 다시 살펴보았다. 각 현장에 있는 교사들을 나타내는 행으로 이루어진 매트릭스에서, 열에 들어가는 내용에는 제안을 지지하는 자료와 그렇지 않은 자료가 포함되었다. 나중에 알게 된 점은, 두 번째 제안(위)이 지지를 받지 못했다는 것이다. 최종적으로 제안에 대해 다른 자료 소스를 이용하여 더 검증을 하였고(특히 설문 및 관찰), 패턴에 맞지 않는 사례는 신중하게 재검토하였다.

이 예시는 연구의 후반부에 일어나는 제안 생성에 대해 설명을 해 주는 것이지만, 이보다 훨씬 먼저, 심지어는 첫 번째 현장 방문 다음에도 생산적으로 이용할 수 있다. 연구를 진행하면서 주장과 제안에 항목 표시를 한 목록을 계속해서 작성해 나가도록 하고, 현장 연구가 계속되어 그것들이 잘못되었음을 보여 주는 증거들이 나타날 때에는 수정을 하여야 한다. 이처럼 진행 중인 진술들은 다음 단계의 분석과 추가적인 자료 수집으로 나아가는 가이드로 사용될 수도 있다. 결과적으로는 주요 항목을 정리하여 분석에 대한 이야기를 전해 주는 순차적인 개요 형태 및 내러티브로 만들어야 한다.

7. 사례 내 및 교차 사례 분석

사례 내 분석의 주요 목표 한 가지는 단일한 제한적 상황('사례' 또는 현장)에서 무엇이 일어났는지를 묘사, 이해, 설명하는 것이다. 이것은 전통적인 민속지학 연구자들이 하는 것으로, 이들은 개인, 가족, 교실, 학교, 부족, 공식 단체, 공동체, 또는 심지어 문화 전체에 초점이 맞추어져 있는지를 다루는 지역적 현실에 대해 정당한 이해를 제시하고자 노력한다.

교차 사례 또는 다중 사례연구의 한 가지 장점은 일반화 가능성을 증가시키는 것으로, 1개의 잘 설명된 상황 안에 있는 사건과 과정이 완전히 특유한 것은 아니라고 자신을 안심하게 해 준다. 더 깊은 단계로 들어가면, 그 목적은 많은 사례에서 나타나는 과정과 결과를 알고, 이러한 것들이 현장 상황에 따라 어떻게 자격이 주어지며, 그렇게 해서 더 정교하고 강력한 묘사를 만들어 내는 것이다.

그간 많은 연구자는 다수의 개별 사례에 기울어져 있었다(예: 교사, 알코올 중독자, 중간관리자, 매 맞는 여성, 택시 운전사). 그런데 지난 수십 년간, 주로 혼합 방식 접근법과 여러 명의 연구팀원으로 이루어진 다중 사례 구조를 사용하는 복합적 배경에 대한 연구가 눈에 띄게 성장하였다(Creswell, 2009; Creswell & Plano-Clark, 2011).

그렇지만 좋은 교차 사례 분석이나 통합을 만들어 내는 것은 단순한 일이 아니다. Denzin(1993)이 잘 보여 주고 있듯이, 알코올 중독자 A는 성격 역동성에 있어 알코올 중독자 B와 많이 다르며, 쉽게 비교하기가 어렵다. 또는 예를 들어, 여러분이 특정한 사례에 대해 절차를 설명하는 훌륭한 인과관계 네트워크를 개발했다고 해 보자. 만약 그러한 사례가 12개가 있다면, 양적 조사 방식에 따라 별도의 변수를 추가해 주는 것은 인과관계의 지역망을 허물어 버릴 것이며, 다른 것은 고사하고 이 세트에 있는 특정 사례에도 적용할 수 없는 다듬어진 일반화의 세트가 나올 것이다. 각각의 사례는 자기만의 용어로 이해되어야 하지만, 우리는 비교 분석을 통해 얻어지는 이해를 갈구한다.

1) 교차 사례 분석의 목적

교차 사례 분석을 하는 이유는 첫째, 다른 상황에 대한 일반화 가능성 또는 전이 가능성을 높이는 것이다. 이러한 목표가 질적 연구에 있어서는 부적절한 경우가 있다는 주장도 있지만, 이러한 질문은 사라지지 않는다. 우리는 우리의 결과가 다른 조건에 대해 지니는 관련성 혹은 적용 가능성에 대해 알기 원하며, 일반적인 것을 이해하기 위해 세부적인 것들을 초월하고자 한다. 단순히 사례를 추가하는 것은 도움이 안 되는 폭력적인 접근 방식이다. 그러나 적절하게 표본을 추출하고(전형적인가? 다양한가? 아주 효과적이거나 효과가 없는가?), 신중하게 분석한 다수의 사례는 타당한 질문에 대해 대답을 하는 데 도움이 된다. 이러한 결과들이 이 특정한 사례 외에도 적용이 되는가?

둘째, 교차 사례 분석을 하는 더 근본적인 이유는 **이해**와 **설명**이 더 깊어지게 하는 것이다. 다수의 사례는 연구자가 부정적 사례를 찾아내고, 여러 사례에서 유사성과 차이점을 시험하여 이론을 강화하는 데 도움이 된다. 이 과정은 단일 사례보다 다수의 사례가 있을 때 훨씬 더 빠르고 쉬워진다. 다수의 사례는 결과가 발생하는 특정 조건을 결정지을 뿐 아니라 이러한 조건이 어떻게 관련될 수 있는지에 대한 좀 더 일반적인 범주를 형성하는 데 도움이 되기도 한다.

2) 주요 구분: 변수 vs. 사례

연구에 있어 기본적으로 다른 두 가지 접근 방식을 명확히 한다면 유익한 교차 사례 분석 방법을 찾는 데 도움이 될 것이다.

Ragin(1987)은 사례 기반 접근 방식이 사례를 하나의 완전한 독립체—사례 내에 있는 구성, 연계, 원인, 결과—로 보며, 그렇게 한 후에만 많은 수의 사례(보통은 제한적이다)와 비교 분석을 한다는 점을 강조한다. 우리는 근본적인 유사성과 지속적인 연계를 찾고, 다른 결과와 사례를 비교하며, 좀 더 일반적인 설명을 만들기 시작한다.

변수 기반 접근 방식은 개념적이며, 시작 단계에서는 이론을 중심으로 하여 많은 수의 사례에 걸쳐(일반적으로 많다) 살펴본다. '범주 형성'은 사례보다는 변수와 이들 사이의 상호관계이다. 그렇기 때문에 어떤 특정 사례에 대한 세부적인 것들은 수많은 다양한 사례에 걸쳐 발견되는 광범위한 패턴 뒤로 물러나며, 명확한 사례 간 비교는 거의 이루어지지 않는다.

예를 들면, 사례 기반 접근 방식은 특정한 부부와 한부모가 자녀들을 어떻게 키우는지를 관찰하기 위해 여섯 가족을 관찰하는 것으로 이루어질 수 있다. 각각의 부모는 가족 구성원 전체의 나이, 수입, 직업, 육아 스케줄과 같은 세부적인 상황뿐 아니라 가족의 배경, 교육 등에 대해 알기 위해 인터뷰를 하게 된다. 그런 다음 분석을 위해 가족의 생물학적 프로필에 대한 다양하고 자세한 내용을 비교한다.

변수 기반 접근 방식은 다양한 구조의 사례를 보여 주는 50개 가정(부모, 한부모, 동성애 부부, 한의붓부모, 한친부모, 양부모 등)을 살펴보며, '부모—자식 간 의사소통'이라는 주요 범주에 포함되는 변수들의 선결 세트(예: 일상적인 식사 대화, 지시 및 지침, 훈육 방법, 문제 해결, '성장'을 위한 조언자 역할, 잠잘 때 책 읽어 주기, 목소리 톤 등)에 대해 관찰하고 인터뷰한다.

Ragin은 각각의 접근 방식에 장단점이 있다고 말한다. 변수 기반 분석은 많은 수를 대상으로 했을 때 변수 간의 확률적 관계를 찾아내는 데는 좋지만, 인과관계의 실제적인 복잡함을 다루거나 여러 개의 하위 표본을 다루는 데는 좋지 않으며, 결과가 아주 일반적이거나 '공허하기까지' 한 경우가 자주 발생한다. 사례 기반 분석은 특정하고 구체적이며 작은 세트의 사례에서 흔히 나타나는 긴 시간에 걸쳐 형성된 패턴을 발견하는 데는 좋지만, 결과가 배타적이며 일반화에 맞지 않는 경우가 자주 있다.

결론적으로 보면, 질적 자료 분석에 있어 어느 한 가지가 더 낫다고 볼 수는 없다. 보다 중점적인 것은 신중한 선택을 하고, 연구가 진행됨에 따라 방법들을 교대, 결합, 통합하는 것이다. 앞으로 이어질 방법 및 디스플레이 장에서는 변수와 사례 중 분석적 필요에 따라 하나 또는 둘 모두에 동시에 초점을 두는 방법에 대해 다룰 것이다.

3) 교차 사례 분석을 위한 전략

질적 연구자들이 여러 사례로부터 자료를 분석할 때 진행하는 방법은 무엇인가? 여기에 우리는 몇 가지 접근법의 개요를 제시하였다(더 자세한 내용은 뒷장들에서 설명된 방법들을 참조하라). 여기에서 목표는 여러분이 교차 사례의 질문에 접근할 때 어떤 결정을 내리는지 보여 주는 것이다.

디스플레이는 사례들 내부에서(그리고 교차해서) 발견한 내용을 요약하고 비교하도록 여러분을 도와줄 수 있다. 그것들은 자료를 사례 간 얄팍하게 비교 가능한 모양으로 만들어 주지만, 사실 여러분은 사소한 것으로 밝혀질 잣대를 가지고 서로 다른 것들을 본질적으로 비교할 것이다. 일반적 경험에 의한 법칙으로 볼 때, 교차 사례연구에서 사례 내 디스플레이의 형식들이 비교 가능하다면, 교차 사례연구자의 작업은 훨씬 쉬워질 것이다.

(1) 사례 지향적 전략

Yin(2009)은 복제 전략을 지지한다. 이론적 틀이 깊이 있게 한 가지 사례를 연구하기 위해 사용되고, 그다음 발견되는 패턴이 예전 사례의 패턴과 맞는지 보기 위해 잇따른 사례들이 검토된다. 좀 더 약하거나 없는 이론적 근거에 패턴이 예상되는 경우를 검토하는 것도 유익하다.

Denzin(2001)은 **여러 가지 예시**를 통해 문제에 접근한다. 그 이슈는 해석 합성만큼 많은 '분석'은 아니다. 특정 현상(예: 알코올 중독 자체)의 이전 구상을 해체한 후에, 여러분은 여러 가지 예시(사례)를 수집하고, 그다음 관련된 자료 내용에 '괄호를 치거나' 따로 떼어놓고, 본질적 요소나 구성 성분을 찾기 위해 그것들을 주의 깊게 관찰한다. 그 요소들은 그다음에 정돈된 완전체로 다시 만들어지고, 자연적 사회 상황으로 돌려보내진다.

많은 연구자가 **유형이나 계통**을 만들며, 교차 사례 비교에 접근한다. 여러분은 사례들이 특정 패턴이나 설정들을 공유하는 무리 또는 집단으로 나눠지는지 보기 위해 사례들을 한 세트로 조사한다. 가끔씩 그 무리들은 어떤 기준을 따라 순서대로 되거나 분류될 수 있다. 예를 들어, Morse와 Bottorff(1992)는 수유 중인 엄마 61명이 다음과 같은 4개의 집단으로 나뉜다는 것을 발견하였다. ① 급유할 수 있는 엄마들, ② 할 수 없는 엄마들, ③ 그것을 쉽다고 인지하는 엄마들, 그리고 ④ 그것을 어렵다고 인지하는 엄마들이다. 경험의 의미는 각 유형의 엄마들마다 기본적으로 달랐다.

연구자들은 대개 가까이에 있는 사례들이 비슷한 방식으로 이루어져, 더 비교 가능하다거나 덜 비교 가능하다는 가정을 한다. **메타 요약, 메타 통합,** 그리고 **메타 민속지학**(Major & Savin-Baden, 2010; Noblit & Hare, 1988; Sandelowski & Barroso, 2007)은 그런 가정을 하지 않는다. 이런 접근법들은 그것들이 서로 다른 연구자들에 의해 다른 가정과 다른 참여자 유형을 가지고 실행되었다고 해도, 제도적으로 2개 혹은 그 이상의 사례 간의 해석을 **통합**한다.

(2) 변수 지향적 전략

연구자들은 종종 사례들을 교차하는 **주제**를 찾는다. 그런 사례 역학은 우회되거나 소홀히 취급된다. 예를 들어, Pearsol(1985)은 성적 평등 프로그램에 대해 25명의 교사를 인터뷰한 것을 보았다. 주의 깊게 귀납적 코딩을 한 후에(설명적으로, 해석적으로 둘 다), 그는 '학생들에 대한 염려' '변화에 대한 적극적 입장', 그리고 '혁신에 대한 장벽'과 같은 반복해서 발생하는 주제를 찾아냈다. 후에 그는 또한 교사들을 그 주제의 설정에 따라 6개의 유형으로 분류하였다.

(3) 혼합된 전략

사례 지향적인 접근법과 변수 지향적인 접근법을 결합하거나 통합하는 것은 가능하고, 대개는 바람직하다. 앞으로 배울 방법과 디스플레이 장의 여러 부분에서 우리는 비교 사례 쌓기라고 불릴 전략을 제안할 것이다. 여러분은 변수의 좀 더 표준적인 세트 또는 좀 덜 표준적인 세트를 사용해 (독특함에 대한 자유를 가지고) 사례의 시리즈 하나하나를 기록한다. 그리고 여러분은 각 사례를 깊게 분석하기 위해 매트릭스와 다른 디스플레이를 사용한다. 각 사례가 잘 이해된 후에(횡단 변수는 이 과정 동안에 발달하고 변화할 수 있다), 여러분은 '메타 매트릭스'(세로단과 하위 세로단, 그리고 가로단과 하위 가로단을 가진 것) 안에 사례 수준 디스플레이를 쌓는다. 이것은 후에 체계적 비교를 위해 압축된다.

8. 마무리 및 넘어가기

우리는 "좋은 연구는 좋은 생각일 뿐 좋은 방법이 아니다."(p. 19)라고 말한 질적 방법론자 Robert E. Stake(1995)에게 감명을 받았다. 좋은 생각이란 자료 안에서 패턴을 찾고 발견하는 것이다. 좋은 생각이란 코드의 행렬로부터 튼튼한 범주를 짓는 것이다. 좋은 생각이란 특정 사례의 국부성을 초월하여 그것이 다른 상황에도 적용되도록 일반화 가능성과 이동성을 발견하는 것이다. 연구 방법은 훌륭한 도구이지만, 그것은 오직 그것을 사용하는 기술자만큼만 훌륭한 것이다.

이 장에서는 질적 자료를 위한 분석의 기본을 소개하였다. 그러나 그것이 확실한 길잡이를 하는 것이라고 여기지는 않는다. 더 많은 자료의 목록은 부록에 있다. 이것은 제2부에 나올 좀 더 디스플레이 지향적 전략을 위한 기본 방법이다.

제2부 자료 디스플레이하기

제5장 매트릭스 및 네트워크 디스플레이 설계

장 요약

이 장에서는 두 가지 분석적 디스플레이 방법인 매트릭스, 네트워크의 설계 및 내용에 대한 기본 원칙을 제공한다. 이 방법을 통해 연구의 주요 자료와 결과를 압축하여 결론을 제시하거나 심층 분석한다.

내용

1. 서론
2. 디스플레이 양식 선택
   1) 매트릭스
   2) 네트워크
3. 디스플레이 설계 타이밍
4. 매트릭스 템플릿 서식 지정

5. 매트릭스 및 네트워크 자료 입력
6. 매트릭스와 네트워크로부터 추론 및 결론 도출하기
7. 각 방법론의 개요
8. 마무리 및 넘어가기

1. 서론

인터뷰 대본, 현장노트, 문서 등의 형태로 작성된 텍스트는 번거로울 수 있는데, 이는 많은 페이지에 분산되어 있어 전체를 보기가 쉽지 않기 때문이다. 이런 텍스트는 동시적이라기보다는 순차적으로 된 것으로, 2개 또는 3개의 변수를 한꺼번에 살펴보기가 어렵다. 여러 개의 확장된 텍스트를 신중하게 비교하는 것은 매우 어렵다. 이런 텍스트는 순서대로 잘 되어 있지 않고, 부피가 커질 수 있으며, 보기에 단조롭고 힘만 많이 든다고 느낄 수 있다. 이러한 어려움은 우리의 최종 보고서 독자들에게 더 강하게 느껴질 수 있다. 우리는 독자들에게 분석한 내용을 간결하게 전달할 필요가 있다. 그리고 매우 시각적인 현대 문화에서는, 말하기보다는 보여 주기가 우리 청중에게 더 효과적이고 기억에 남을 만한 영향을 미칠 수 있다.

이 책의 주요 목적은 질적 자료를 위한 매트릭스 및 네트워크 디스플레이의 생성과 보급을 장려하고자 하는 것이다. 이 책의 핵심 논거는 '당신은 당신이 디스플레이한 것을 안다.'이다. 신뢰할 수 있는 분석이 필요로 하는 것은 한 자리에서 전체 자료 세트를 볼 수 있도록 집중된 디스플레이며, 연구 결과에 답하도록 체계적으로 배열된 디스플레이다. 물론 '전체 자료 세트'는 인터뷰 기록, 현장노트, 문서 등을 빠짐없이 기록한 완벽한 자료를 의미하지는 않는다. 오히려 연구하고 있는 사람, 사건, 과정의 전체 범위에서 압축하고 추출된 자료를 의미한다. 확장된 텍스트를 보면 자료를 '선별적으로 쌓기' 쉬운 경향이 있는데, 이러한 문제는 조직적인 디스플레이를 통해 방지할 수 있다.

디스플레이 개념은 이 책의 핵심이다. '디스플레이'란 사용자가 결론을 내리고 필요한 조치를 취할 수 있도록 정보를 체계적으로 제공하는 시각적 형식을 의미한다. 이러한 디스플레이가 때때로 번거로울 수는 있어도 단조롭지는 않다. 가장 중요한 점은, 디스플레이를 하면 확장된 텍스트를 그대로 제시할 때보다 결론을 도출하고 검증할 수 있는 가능성이 더 커진다는 것이다. 왜냐하면 디스플레이는 주의 깊게 비교하고, 차이를 감지하고, 패턴과 주제를 파악할 수 있고, 경향을 보는 것 등을 할 수 있도록 일관되게 배열되기 때문이다.

질적 연구자는 출판 가능한 표, 그래프 및 도표를 개발할 수 있는 소프트웨어 패키지를 보유하고 있기도 하다. 질적 연구자는 자료 분석에 대한 고유한 접근을 위한 CAQDAS 프로그램을 보유하고 있을 수 있다. 물론 워드 및 엑셀과 같은 기본적인 마이크로소프트 오피스 프로그램만으로도 대부분의 매트릭스 및 네트워크 디스플레이에 충분할 수도 있다. 그러나 각 프로젝트가 고유하기 때문에 질적 분석가는 프로젝트마다 적절한 자료 디스플레이 양식을 만들어 내야 한다. 아직 질적 연구자들 사이에서 친숙하고 합의된 자료 구성 방식이 거의 없기 때문에 분석가는 다른 분석가의 구성 방식을 적용하거나 새로운 양식을 고안해야 한다. 이 책에서 우리가 제공하는 디스플레이 아이디어는 질적 자료 디스플레이에 대한 처방전이 아니며, 말 그대로 아이디어 그 이상은 아니다.

모든 사람이 매트릭스와 네트워크 디스플레이를 좋아하는 것은 아니며, 시각적으로 생각하지도 않는다. 그러나 응축된 자료를 체계적으로 디스플레이해 보면 이해에 엄청나게 도움이 된다. 디스플레이를 하려면 연구 질문에 대해 생각해야 하고, 그 질문에 답하려면 자료의 어떤 부분이 필요한지 생각해야 한다. 또한 적절하지 않은 정보는 무시하고 전체적인 분석을 해야 한다. 그리고 정보를 일관되게 집중하고 편성해야 한다. 이러한 장점들은 최종 보고서에 디스플레이를 포함할 때 반복된다. 즉, 독자들도 확신을 가지고 자신들의 지적 여행을 재창조할 수 있게 된다.

2. 디스플레이 양식 선택

질적 자료를 디스플레이하기 위한 양식을 결정하고 만드는 것은 중요한 첫 단계이다. 분석 템플릿(template)은 자료가 채워져야 하는 시각적인 개요 같은 것이다. 양식은 분석가의 상상에 따라 다양할 수 있지만 이 책에서 설명된 양식은 두 가지의 주요 계열로 나뉜다.

① 행과 열로 규정되는 매트릭스
② 선과 화살표로 연결된 일련의 노드로 된 네트워크

그러나 자료 입력은 다음과 같은 다양한 양식으로 가능하다. 짧은 단락의 텍스트, 인용, 구절, 변수 부호, 등급 매기기, 약어, 코드, 범주, 상징적인 그림, 점선이나 실선, 단방향 또는 쌍방향 화살표 등이다.

디스플레이 양식과 자료 입력 내용은 이해하려는 내용에 따라 다음과 같이 달라진다. 일반적인 상황, 상세한 연대표, 다른 역할을 하는 사람들의 행동, 변수의 상호 작용 등이다. 즉, 양식은 기능을 따르게 된다. 양식은 항상 연구 질문과 여러분이 도출한 개념에 의해 결정되어야 한다. 양식에 따라 어떤 변수를 어떤 방식으로 분석할 것인지가 결정된다. 만약 어떤 변수가 그 양식에 포함되지 않으면 다른 변수들과 비교되지도 않을 것이다.

그리고 여러분이 연구를 얼마나 해 왔고, 현재 우선순위가 무엇인가에 따라 양식이 결정된다. 이때 탐색적인 방식으로 자료를 바라볼 필요가 있을 수 있다. 혹은 자세한 분석이 필요할 수도 있다. 좀 더 차별화된 디스플레이에서 사용하기 위해 자료를 배열할 필요도 있고, 단일 사례에 대해 병렬 자료를 결합하거나 여러 사례의 자료를 결합하거나 결과를 보고할 필요가 있을 수도 있다. 좋은 양식은 이러한 모든 용도에 어느 정도는 적합하지만, 필연적으로 어떤 것에는 좀 더 적합하고 다른 것에는 덜 적합하다.

이제 두 계열의 양식을 예시와 설명을 통해 살펴보기로 하겠다.

1) 매트릭스

매트릭스는 행과 열로 설정된 두 목록의 '교차점'이다. 예시 양식을 살펴보면서 설명하고, 이름을 붙이도록 하겠다.

마이크로소프트 워드 소프트웨어로 그려진 〈표 5-1〉은 한 학교—마세파(Masepa) 사례—에 제공되는 다양한 원조의 효과를 이해하는 데 그 목적이 있다. 이것은 새로운 프로젝트 혁신이 어떻게 구현되었는지를 관찰한 학교 개선 연구의 일부였다. 이를 위해 연구자는 다섯 가지 관련 변수를 검토하고, 그중 두 가지를 시간에 따라 구분하고, 답을 모으고, 척도에 따라 응답을 평가하고, 원조의 유형에 따라 응답 패턴을 설명해야 한다. 여기서 20~30페이지의 현장노트에서 요약된 정보가 한 페이지로 제시된다.

그 자료는 더 추상적이라는 것을 주목하라. 인용문이나 일반화, 그리고 다른 추리 단서는 마지막 두 열에는 없다. **장기 결과**와 **연구자 설명**은 참여자의 말이나 연구자의 관찰을 직접적으로 요약한 것이 아니다. 오히려 맨 위 줄에 있는 것과 같은 주어진 결과[사용자는 행정적이고 실질적인 도움을 받으며 적응이 덜 된 상태에서도 독서 지도 시범 센터(ECRI)를 운영할 책임감을 느낌]를 도출하기 위해 연구자는 앞선 세 열의 자료를 보고, 그들 사이에 공통점이 없는지 파악하며 2차 일반화를 한다. 이 사례(첫 행 참조-행정부서 구축)에서 '일정의 안정' '상담, 해결책 제공' '압력의 경감, 격려' '조기 실행의 원조', 그

〈표 5-1〉 효과 매트릭스: 원조 위치와 유형(마셰파 사례)

위치	사용자의 평가	제공된 유형	단기적 효과(사용자의 진술)	장기적 결과	연구자의 설명
행정부서 구축	++ − − +	1. 인정된 변화 2. 일정의 안정 3. 성실성 통제 4. 상담, 해결책 제공	1. 압력의 영감, 격려 2. 조기 실행의 원조 3. 단속되는 느낌 4. 지원받고 있다는 느낌, 든든히 도움을 받는 느낌	사용자들은 행정적으로 실질적인 도움을 받으며, 적응이 덜된 상태에서도 ECRI를 해야 할 의무감을 느낌	행정, 권위, 서비스, 유용성, 유연성이 일관되고 적용되고 중심한 수행 모델로 연결됨
중앙부서 행정	+ ++	1. ECRI 증진 2. 구축행정 답변, 훈련자들의 요청	1. 비사용자 압력 2. 구축된 행정가의 물질적·행정적인 지원	중앙부서로부터 지원되고 보조되며 보호받고 있다고 인지되는 프로그램	프로그램을 밀고 나갈 수 있으며 요청에 답하나, 사용자에게서 주된 행동자로는 인식되지 않는 중앙부서
조력교사	++ + ++ ++ ±	1. 새료의 제공 2. 실물 교수, 모델 3. 요청의 답변 4. 격려 5. 순환, 통제	1. 노력 경감, 레퍼토리 증가 2. 계기, 사용의 축적 3. 빠르게 해결된 문제 4. 노력 수준의 유지 5. 양면적: 돕지만 강제되는	새롭고 정형이 많지 않은 사용자들은 조직적인 교수와 사후처리, 지원들을 제공받음: 프로그램과 함께 머무르고 그것이 변화를 만드는 것을 조심하기	개별화된 서비스 메커니즘은 훈련과 지원을 통해 숙달되고, '충실한' 형식으로 ECRI에 숙달되며 '중심한' 형식으로 ECRI가 확산됨
사용자와 조력교사와의 모임	++ + + +	1. 다른 것들과의 실행 비교 2. 수정, 불평 3. 새로운 부분에 대한 배움 4. 격려	1. 격려, 규제 2. 해소, 단기 문제의 해결 3. 레퍼토리 확장 4. 힘겨운 시기 극복	참조 집단을 만들고, 사용자들에게 목소리를 부여하고, 지속적인 문제들을 해결하며, 불안을 돌봄	사용과 사용자를 견고하게 하고 반대를 없애기 위한 다중 목적의 포럼
다른 학교의 교사—사용자: 목표 학교	+ + +	1. 자원 공유 2. 팀, 해결책의 교환 3. 비교, 격려	1. 축적물의 증가 2. 새로운 아이디어, 실행: 해결된 문제 3. 등가화, 자극	혁신의 증가, 사용의 규제(이상 행동의 감소)	사용자가 늘어남으로써 증가하는 부가적인 지원
목표 학교와 다른 학교의 훈련자	++ ++ + +	1. 실행체계에 대한 팀 2. 단기적인 문제들의 해결책 3. 격려 4. 성공적인 모델 제공	1. 실행의 유용화 2. 중앙 체제를 넘어선 원조 확장 3. 노력 유지 4. 자극	학교에서 제공된 믿을 만하고 위협적이지 않은 지원	정교하고 효율적인 네트워크: 등료로 여겨지는 훈련자

범례:
++ = 매우 효과적인, + = 효과적인, ± = 복합적인, − = 비효과적인
출처: Miles & Huberman (1994).

리고 '사용자의 긍정적 평가'와 같은 주제를 통해 원조가 수용되고 합리적이고 성실한 이행에 대한 사용자의 의무감이 장기적 결과로 제시된다. 유사한 귀납적 추론은 연구자의 설명 부분에서도 발생한다.

전반적으로 매트릭스는 한 장소에서 쉽게 볼 수 있도록 자료를 수집 및 정렬하고, 상세한 분석을 허용하며, 다른 비교할 만한 사례와 나중에 사례 간 분석을 하도록 해 주는 표 양식이다. 다음 장들에서 매트릭스를 이용하여 자료를 사례별 또는 시간별로 정렬할 수 있는 방법을 배울 수 있으며, 메타 매트릭스를 만드는 식으로 칸을 배열하고 쌓는 방식도 배울 수 있을 것이다. 메타 매트릭스는 하나의 행 안에 여러 행을 포함하고, 하나의 열 안에 여러 열을 포함하는 것이다.

2) 네트워크

네트워크는 참여자의 행동, 사건, 과정의 흐름을 보여 주는 선과 연관되는 요소들을 보여 주는 화살표 또는 사각형이나 타원형 노드들이 모여 있는 것이다. 네트워크는 변수들 사이의 복잡한 상호관계를 보여 주면서 시간의 경과에 따라 사건의 '플롯'을 재현하는 사례 지향 접근 방식에 적합하다. 네트워크는 매트릭스에서 분석적으로 다듬어지는 경향이 있는 내러티브를 제공해 준다. 매트릭스는 언뜻 분석할 수 있는 정보를 얻기 위해 동시에 여러 변수에 집중하고자 할 때 매우 유용하다.

[그림 5-1]은 고등학교 스피치 수업이 청소년과 졸업 후 성인에게 어떻게 영향을 끼

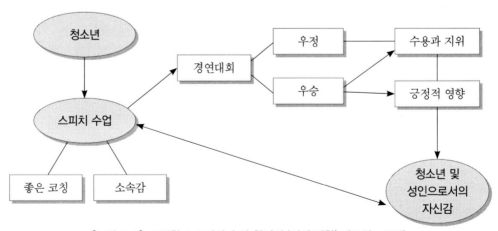

[그림 5-1] 고등학교 스피치 수업 참여의 '평생 영향' 네트워크 모델
출처: Saldaña (2013).

치는지에 대한 McCammon 등(2012)의 연구에서 발췌한 네트워크 모델이다. 이 네트워크는 뒤에 나올 연구의 내러티브에 대한 '플롯 포인트'의 개요를 보여 주는 셈이다.

타원형 노드에서 제시된 이 연구 이야기의 핵심—이론—은 다음과 같다. 청소년이 고등학교 스피치 수업에 등록하면 청소년 시기에 자신감을 얻고, 성인이 되어서도 자신감을 갖게 된다. 그러나 이 이야기는 너무 빈약해 분석적 이야기를 통해 살을 붙여야 한다. 스피치 수업에 첨부된 직사각형 노드는 수업이 반드시 좋은 코칭을 제공하는 선생님에 의해 진행되어야 함을 보여 준다. 학생들은 소속감을 통해 교실 공동체의 일부임을 느껴야 한다.

이 반의 학생들 중 몇몇은 과외의 스피치 토너먼트 또는 경연대회(토론, 즉석으로 말하기, 문학의 구두 해석 등)에 참여하였다. 따라서 별도의 궤도 또는 흐름이 그려졌다. 응답자들은 이러한 행사에 참여함으로써 우정, 수용 및 지위가 생겼고, 특히 경연대회에서 우승한 사람들에게는 긍정적 영향이 생겼다고 말하였다. 그런데 이 경연대회에서의 우승 여부와 관계없이 응답자들은 청소년 및 이후 성인으로서의 자신감이 생겨났다고 말했다.

스피치 수업과 청소년 및 성인으로서의 자신감 사이의 양방향 화살표는 주기적 또는 상호적인 효과를 나타낸다. 스피치 수업을 더 많이 수강할수록 자신감이 더 생기고, 자신감이 높아질수록 스피치 수업 및 경연대회에 계속 참여할 확률이 높아진다.

네트워크는 또한 분별력 있는 인과관계, 종단 추세 분석, 가설 및 이론 개발과 같은 상위 수준의 분석에 효과적인 발견적 방법이다. 네트워크는 매트릭스보다 만들기가 더 쉽지도 어렵지도 않다. 이 두 디스플레이 형식은 모두 설계와 구성에 상당한 시간과 생각이 소요된다. 그러나 선택된 CAQDAS 프로그램은 복잡한 네트워크 구축에 크게 도움이 된다. [그림 5-2]는 QDA Miner 4가 3차원의 코드 네트워크를 가중치가 있는 노드로 '계산'하고 모으는 능력이 있음을 보여 준다. 이러한 그래픽은 진행 중인 자료 분석을 진단할 때에도 유용하고 최종 보고서에서의 디스플레이로서도 매우 유용하다.

보다 다양한 논리 모델 그래픽 디자인 모음을 원한다면 Knowlton과 Phillips(2013)를 참조하고, 추가 아이디어를 위해서는 온라인의 Periodic Table of Visualization Method (http://www.visual-literacy.org/periodic_table.html)를 참조하라.

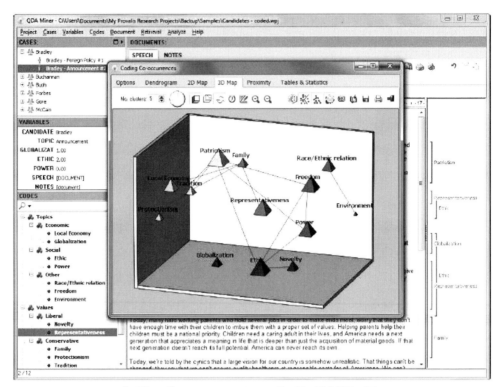

[그림 5-2] QDA Miner 4 코드 네트워크의 3차원 지도

출처: Provalis Research 제공, www.provalisresearch.com.

3. 디스플레이 설계 타이밍

언제 디스플레이 양식이 만들어져야 하는가? 분석 디스플레이는 자료 수집 동안에
나 자료 수집 후에 개발될 수 있다. 그들은 사례에서 일어나는 일에 관한 예비 조사 결
과를 제공할 수도 있고 새로운 자료를 이끌어 낼 수도 있다. 나중에 더 충분하고 완전
한 기술이 준비됨에 따라 이 디스플레이는 보다 높은 수준의 설명—즉, 왜 일이 일어나
고 있는지에 대한 그럴듯한 이유를 위한 기초 자료—을 제공할 수 있다.

자료 수집 중에 디스플레이 양식이 준비되면 앞으로 필요한 정보가 무엇인지 알게
되어 초점을 유지할 수 있으므로 힘이 덜 들 수 있다. 그러나 여기에는 몇 가지 주의 사
항이 있다. 첫째, 질적 자료는 진화한다. 나중에 설명이 풍부해지고 자격을 얻고 관점
이 생기고 이전 자료의 자격이 박탈되기도 한다. 분석가는 자료를 이리저리 둘러보고
추적하며, 두 번, 세 번 본다. 따라서 너무 빨리 자료를 정해진 양식에 입력하는 것은 위

험하다.

또한 주어진 연구 문제 또는 이슈에 대해 동일한 변수 세트를 사용하여 여러 가지(문자 그대로 수십 가지) 디스플레이를 개발할 수 있다. 각 디스플레이는 다소 다른 가정을 한다. 각 디스플레이에는 장단점이 모두 있다. 또 주의할 사항은 디스플레이 양식이 거의 항상 진화하고 있다는 점이다. 나중에 나온 양식이 초기 양식보다 더 민감한데, 이는 더 명확해지기 때문이다.

따라서 자료 수집 중인 초기에 대략적인 양식을 만들고 자료 수집이 끝날 즈음에 더 견고한 형태로 수정하라는 것이 일반적인 충고이다. 자료 수집이 끝나면 양식이 더 맥락적이고 경험적으로 만들어질 수 있다. 첫 번째로 만들어진 디스플레이 양식이 제대로 작동하려면 여러 번 반복해야 한다. 자료를 입력해 보면 그 양식을 검증해 볼 수 있다. 제대로 작동하지 않거나 혼란스러운 양식과 모든 관련된 자료를 통합하지 못하는 양식은 재빨리 드러나게 된다.

4. 매트릭스 템플릿 서식 지정

매트릭스 구축에 정해진 모범 답안은 없다. 매트릭스 구축은 창의적이지만, 체계적인 작업으로 정보를 입력하기도 전에 여러분이 가진 데이터베이스의 본질이나 의미를 더 잘 이해하도록 해 준다. 따라서 '올바른' 매트릭스를 구축하고 있는가가 중요한 것이 아니다. 오히려 여러분이 묻고 있는 질문에 그럴듯한 답을 주는, **'도움이 되는'** 매트릭스인가가 중요하다. 즉, 답변을 얻기 위해 자료를 배열하는 전도유망한 새로운 방법을 주는, '도움이 되는' 매트릭스인가가 중요하다. 더 깊은 수준에서 볼 때, 이 책의 메시지는 '이 매트릭스를 사용하라.'가 아니고, '디스플레이를 생각하라.'이다. 여러분에게 가장 잘 기여할 양식을 고안해 내거나 이미 있는 양식을 개조해서 사용하라.

이런 선택을 고려할 때 매트릭스 디스플레이의 템플릿·개요·틀을 구축하는 최고이자 가장 쉬운 방법은 무엇이라고 할 수 있는가? 그 방법에 대해 이렇게 답할 수 있는데, 그 답은 딱딱한 처방이라기보다는 우정 어린 충고에 가깝다.

- 연구 질문과 주요 변수를 살펴보고, 사용하고 있거나 사용할 수 있는 자료에 대해 생각해 보라. 종이와 연필을 사용하여 매트릭스 개요를 대략적으로 스케치하라.

- 처음 만든 양식을 동료에게 보여 주고, 여러분이 미리 하고 있는 가정을 발견하여 자료를 디스플레이할 수 있는 다른 방법을 제안해 달라고 하라.
- 텍스트 프로그램, 데이터베이스 관리 또는 CAQDAS 소프트웨어를 사용하여 매트릭스 템플릿을 만들라. 모니터 화면이나 인쇄된 종이 한 장에서 디스플레이를 완전히 읽을 수 있게 만들라. 한번에 모두 볼 수 있어야 한다.
- 한 행이나 열에 12개 정도의 변수를 포함하지 말라. 5~6개면 더 쉽게 관리할 수 있다. 더 많은 수의 변수를 설계하게 되었다면, 그 변수들을 묶거나 메타 매트릭스로 분할하라. 실제로 매트릭스를 '줄기(stream)' 또는 인접한 '가족군(families)'으로 다시 묶으라.
- 가장 간단한 매트릭스는 2차원으로 구성된다. 자료에 따라 더 복잡하게 만들 수도 있는데, 행 내에서의 행·열 내의 열이라는 메타 매트릭스로 분할하여 만들 수 있다 (다음 장에서 설명).
- 매트릭스가 정렬되었다면, 만족스러운 버전이 될 때까지 행과 열을 계속 옮겨 보아야 한다. 대부분의 텍스트 기반 소프트웨어, 데이터베이스 관리 및 CAQDAS 프로그램을 사용하면 이 작업을 매우 쉽게 수행할 수 있다.
- 새 행이나 열을 추가하는 것에 대해 항상 열려 있어야 하는데, 분석 작업의 후반부에도 그래야 한다.
- 자료의 의미 있는 차이를 수용하기에 충분할 정도로 행과 열을 세밀하게 유지하되 세부 사항에 파묻힐 정도로 너무 세분화하지는 말라.
- 특정 연구 질문에는 여러 디스플레이가 필요할 수 있다는 점을 명심하라. 예를 들어, 부분적으로 순서가 정해진 초기의 기술적인 매트릭스는 작은 요약표로 이어지고, 그다음에는 네트워크 디스플레이로 이어질 수 있다. 이 가능성을 미리 생각하면서, 분석이 진행됨에 따라 새로운 매트릭스 형식이 생겨나는 것을 허용하라.

매트릭스 템플릿을 만드는 것은 대개 몇 분 만에 끝난다. 자료의 초기 항목을 입력하면서 수정하는 것도 빨리 끝나는 일이다. 사실상 모든 CAQDAS 프로그램은 자료가 입력되고 코딩되면서 새로운 양식으로 다시 만들어질 수 있다. 디스플레이에 자료를 입력하는 데 소요되는 시간은 실제로, 디스플레이의 변수 또는 영역 수, 응답자와 사례 수, 변형 종류와 수에 따라 다르다.

어떤 유형의 행 및 열의 제목 또는 네트워크 도형의 이름을 붙이는 것이 가능한가? 그

조합은 사례에서 변수에 이르기까지 거의 무한하다. 설명을 하기 위해서 여기 Gobo (2008), Lofland, Snow, Anderson과 Lofland(2006), Bogdan과 Biklen(2007)에서 발췌한 유형의 예시를 적어 보겠다. 구체적으로 살펴보기 위해 보건 의료 환경의 사례를 사용하겠다.

개인	제인 휴즈, RN, Dr. 루이스 가르시아
역할	환자, 간호사, 의사, 행정관
관계 및 집단	환자의 배우자, 상주 간호사, 중환자실 직원, 원무과, 수술 팀
장소 내 세팅	수술실, 응급실, 식당
장소 전체	선한 사마리아 병원(Good Samaritan Hospital), 도심의 건강 관리 기관
특정 행동(사람들의 말과 행동)	진단 질문, 대답, 듣기, 정보 제공, 위로
사건(구분되는 일 혹은 상황)	입원, 수술, 퇴원
활동(정기적으로 발생하고, 연결된 일련의 행동)	사례 회의, 실험실 테스트, 청구
전략(어떤 목표를 향한 활동)	재활계획, 영양 상담, 방사선 치료
의미 및 관점(사람들이 사건을 바라보는 방식)	HIV 양성 진단에 대한 환자와 의사의 견해, 노동과 출산 경험
태도, 가치, 신념	의사의 연공서열에 대한 분노, 낙태 찬성 vs. 낙태 반대, 환자의 불안
감정과 상태	직원의 사기, 환자의 공포, 위기 상황
과정(흐름, 국면, 단계 주기, 시간 경과에 따른 변화)	상처 치유, 회복, 환자 분류, 의사결정, 사회적 지지, 사별

5. 매트릭스 및 네트워크 자료 입력

일반적으로 디스플레이 입력을 위한 자료 선택은 관련된 특정 행 및 열의 제목에 따라 결정되거나 네트워크의 노드 및 연결을 정의 내린 방식에 따라 결정되어야 한다. 겉으로 보기에 간단한 이러한 작업은 질적 자료 분석에서는 매우 중요한 문제이다. 디스플레이에서 도출된 결론은 입력된 자료의 질보다 결코 좋을 수 없다. 완성된 매트릭스나 네트워크가 일관되고 그럴듯하게 보일 수 있지만, 만약 자료가 처음부터 제대로 수집되지 않았거나 제대로 구분되지 않고 성급하고 모호한 방식으로 입력된 경우 결론은 의심스럽게 된다. 다음에 디스플레이 양식에 자료를 입력하는 몇 가지 지침을 제공하고자 한다.

- 조밀한 매트릭스조차도 이용 가능한 자료의 매우 작은 비율만을 디스플레이한다. 항상 방대한 현장노트에서 선택하고 응축해야 한다. 여러분은 자료 선택과 응축 방법에 대해 알고 있어야 한다. 현장메모를 버려서는 안 되고, 항상 전체 자료를 다시 참조할 수 있다.

- 정보를 많이 주는 것이 적게 주는 것보다 낫다. 칸에 너무 적게 입력을 하면 자료의 의미와 멀어질 수 있다.

- 입력하려는 자료의 형식과 유형— 직접 인용, 부호, 의역, 일반 요약, 판단, 평가 등—에 대해 명확히 지정하라.

- 코드 및 소프트웨어 검색 기능을 사용하여 핵심 자료를 찾으라. 텍스트 기반 소프트웨어, 데이터베이스 관리 또는 여러 화면이 있는 CAQDAS 프로그램을 사용하면 이러한 자료를 훨씬 쉽게 입력할 수 있다. 코드화된 자료 덩어리를 한 화면이나 영역으로 검색하고, 그것을 다른 부분에 선택·편집·압축할 수 있다.

- 자료 덩어리를 선택할 때 선택한 '결정 규칙'(예: 응답자 또는 자료 유형 간의 일치 정도, 응답자의 감정 강도, 판단 또는 평가 작성 기준)을 미리 기록하라. 그렇지 않으면 소급하여 자신을 속이거나 어떻게 했는지 잊어버릴 수도 있고, 분석 과정 중에 의사결정 규칙을 바꿀 수도 있다.

- 자료가 누락되거나 모호하거나 특정 응답자가 특정 질문에 답변하지 않은 경우, 디스플레이에 이러한 것들을 명시적으로 표시하라.

- 분석 과정의 마지막 단계까지 디스플레이 양식을 결정하지 말라. 자료를 입력하면 디스플레이 양식의 적절성, 사실성 및 유용성을 검증할 수 있다. 이것을 필요할 때마다 수정하라.

- 연구에 적용할 수 있는 경우에 등급, 범위 또는 대용량 코드 형식으로 숫자, 직접적 수량 또는 추정치를 사용하라.

- 의사결정 규칙 및 작성된 현장메모와 함께 여러분의 디스플레이를 동료가 검토하도록 하여 작업의 절차적 적절성을 확인받으라. 동료 검토는 시간이 걸리긴 하지만 선별적으로 사용된다면 사용된 절차의 '확인 가능성'에 대한 중요한 검증이 된다.

입력할 자료의 수준과 유형에 대해서는 항상 선택해야 한다. 예를 들어, 다음과 같은 것을 포함할 수 있다.

직접 인용문, 현장노트에서 발췌	"외과의사는 기본적으로 마초형입니다. 제 말은 가장 좋은 유형이라는 거죠. 그들은 마초형이 되고자 하기도 하지만 실은 어쩔 수 없이 그렇게 되죠."
요약, 의역 또는 초록	환자 옹호는 점점 더 신뢰를 잃어 가고 있는 듯하다. 수련의의 시간 사용에 대한 규칙은 크게 무시되었다.
연구자 설명	환자가 진단에 대해 믿지 않는 것은 생명을 위협받는 상태에서 나오는 하나의 기능이자 진단 부정을 완충 기제로 사용하는 것이다.
등급 또는 요약된 판단	심혈관 우회술 후 위험 감소 행동: 악화, 변화 없음, 개선됨, 많이 개선됨
앞의 모든 것의 조합	위험 감소: 개선됨. 식사("나는 심지어 브로콜리도 먹으려 해 봤어요."), 약간의 운동(매일 20~30분간 산책), 흡연(감소, 니코틴 패치 사용을 고려 중)

6. 매트릭스와 네트워크로부터 추론 및 결론 도출하기

디스플레이는 여러분이 이해하는 바에 도움이 되는지, 그 이해가 신뢰할 만한지를 통해 검증된다. 다음에 나올 5개 장에서는 **굵은 고딕체**를 사용하여 결론을 도출하고 검증할 수 있는 많은 전략이 나올 것이다. 물론 각각의 전략에는 제11장에서 다룰 구체적인 이점과 함정이 있다. 여기에서는 예비적이고 일반적인 조언을 제공하고자 한다.

• 잠깐 훑어보는 것으로 시작하는 것이 좋다. '잠깐 휙 훑어보며 분석하기(squint analysis)' 또는 '눈을 이리저리 굴리며' 네트워크의 행과 열을 가로지르며 빠진 게 있는지 보는 것이다. 그리고 보다 신중히 검토하면서 휙 훑어본 인상이 맞는지 확인하고, 수정 또는 취소하라.
• 모든 디스플레이에는 항상 **여러 전략**이 사용된다. 첫 번째 결론을 도출하기 위해 가장 자주 사용하는 전략은 **패턴과 주제에 주목하기, 대조하기·비교하기·묶어 내기**, 그리고 **계산하기**이다.
• 디스플레이는 여러분에게든 독자에게든 절대로 혼자서 말하지 않는다. 항상 텍스트를 동반해야 한다. 결론은 여러분의 마음에서 형성되므로, 항상 그것을 설명하는 텍스트를 작성하라. 결론을 분명히 하라. 글쓰기의 과정은 필연적으로 재구성과 추가된 명확성 및 추가 분석을 위한 아이디어로 이어진다. 글쓰기는 그 자체로 분석의 한 형태이다.

- 디스플레이에서 도출한 첫 번째 결론은 거의 항상 현장노트와 비교해 확인할 필요가 있다. 결론을 내릴 때 '밑바닥'에서 진실처럼 들리지 않는다면 수정할 필요가 있다. 이를 막기 위해서 원자료를 확인해 보라. 가능하다면 연구 동료 및 참여자와 함께 확인할 수 있으면 더 좋다.
- 초기 결론은 일반적으로 확인, 점검 및 증명이 필요하다. 이때 가장 자주 사용되는 전략은 **뜻밖의 발견 사항에 대한 후속조치**, **삼각화하기**, **만약-그렇다면(if-then) 검증하기**, 그리고 **상반된 설명 확인하기(조사하기)**이다.
- 사례 간 공통된 패턴을 이해하기 전에 한 사례 내에서 혹은 개인적인 수준에서 묘사적인 이해를 분명히 하도록 해야 한다.
- 분석은 보통 기술적 요약을 넘어서 설명으로 나아가야 한다는 것을 기억하라. 여러분이 내린 결론의 개념적 함의를 명확히 하라. 즉, 그 결론이 여러분이나 다른 사람의 사회행동이론과 어떻게 연관되어 있는지를 명확히 설명해야 한다. 증명은 가능하나 의미는 풍부하지 않은 결론을 내는 분석은 누구에게도 소용이 없다.

자료 디스플레이에 대한 결론은 일반적으로 분석적 텍스트 또는 내러티브라는 부분에서 나온다. 분석적 내러티브는 디스플레이된 자료의 모습에 주의를 기울이고, 그 자료의 모습을 이해하고 함께 엮어 분석가가 결론을 도출하고 해석을 추가하도록 한다. 분석적 내러티브에서 분석가는 현장노트로 돌아가 디스플레이에 없는 정보를 참조하고, 그 정보를 텍스트에 추가해 더 명확하게 하기도 한다. 디스플레이가 자체적으로 말하지 않기 때문에 분석적 텍스트는 디스플레이와 함께 제시된다고 할 수 있다.

실제로, 디스플레이의 의미에 대해 반추하면서 텍스트를 쓰는 행위는 그 자체로 초점을 맞추고 추가 분석을 추진하는 장치이다. 글쓰기는 분석 후에 이루어지는 것이 아니다. 저자가 디스플레이에서 자료의 의미를 생각할 때 이루어지는 분석이 바로 글쓰기이다. 글쓰기는 생각에 대한 보고가 아니라 생각 그 자체이다.

분석을 위해 사용하는 디스플레이 양식이 최종 보고서에서도 동일하게 사용되어야 하는가라는 질문에는 답을 정하지 않아야 한다(답변은 종종 '예.'이다). 독자들은 요약된 연구 결과를 전해 받기보다는 결론이 어떻게 도출되었는지 스스로 알 수 있다. 물론 때로는 디스플레이가 중간 목적으로 사용되며, 반드시 최종 보고서의 독자에게 보여야 할 필요는 없다.

기초 자료를 제시하는 전통은 양적 자료 분석 보고서에 깊이 뿌리내린 것으로, 연구자가 자료 표 없이 혹은 적어도 그 자료를 포함하는 문서를 언급하지 않고 결론을 내리는 일은 상상할 수가 없다. 이와 동일한 규정이 특정한 전통적인 연구 장르(예: 민속지학, 근거 이론, 내용 분석, 평가 연구 등) 내에서 일하는 질적 연구자에게도 적용되어야 한다고 믿는다. 자료 디스플레이는 결과와 결론 보고의 정상적인 한 부분이어야 한다. 물론 경우에 따라 요약 표 또는 압축된 버전으로 충분할 수도 있다. 기본 매트릭스 또는 네트워크가 제시되지 않는 경우에는 그 텍스트에 사용된 분석 방법에 대해 명확한 설명을 해야 한다. 어떤 경우라도, 독자가 디스플레이에서 필요로 하는 것을 기억하라. Tufte(1986)의 말을 인용하는 것이 가장 적절할 듯한데, 이 말은 주로 양적 연구에 대한 것이지만 질적 연구자와도 관련이 있다.

> 그래픽 및 표 형식의 정보 디스플레이에서 추구하는 것은 복잡성을 명확하게 묘사하는 것이 아니다. 연구자의 임무는 단순한 것을 복잡하게 만드는 것이 아니라 오히려 미묘하고 어려운 것에 대해 시각적으로 접근할 수 있게 하는 것이다. 즉, 복잡한 것의 드러남이다(p. 80).

속담에서 말하고 있듯이, "상황이 복잡하지 않아도 복잡할 수 있다."

7. 각 방법론의 개요

다음에 나오는 5개의 장에서 각 디스플레이 방법의 개요가 다음과 같은 형식으로 제공될 것이다.

- **설명**: 각 방법이 간단히 기술되는 데 동반되는 디스플레이와 관련하여 그 방법을 간단하게 기술한다.
- **적용**: 이 부분에서는 이 방법의 목적을 간략하게 설명하고, 특정 연구 또는 목적을 위해 권장되는 용도에 대해 간략하게 설명한다.
- **예시**: 공동 연구자들의 이전 연구에서 도출한 연구 결과를 사용하여 디스플레이, 설계 및 자료 입력을 설명한다.
- **분석**: 연구자가 매트릭스 또는 네트워크에 모인 자료를 어떻게 분석하고 해석했는

가로 논의가 옮아 간다. 여기에서는 독자의 적용을 위한 권장 사항도 제공된다.
- **노트**: 각 방법에 대한 보충 설명이나 결론적인 의견 제공 방법이 제시된다.

개요의 길이는 각 방법의 복잡성에 따라 다르다. 각 장에서 이 개요는 공통의 목적이 있을 경우 몇몇의 하위 범주로 묶여 분류되기도 한다.

여기서 강조해야 할 점은 방법과 디스플레이에 우리가 붙인 이름은 단지 기술상의 편의를 위한 것이지 표준화를 위한 것은 아니라는 것이다. 그 명칭이 '사례 중심 기술적 메타 매트릭스'이든 '예측−산출−결과 매트릭스'이든 무슨 상관이 있겠는가? 명칭은 전문 용어처럼 들릴지 모르지만 걱정하지 말라. 중요한 것은 주어진 디스플레이가 어떻게 작용하는지, 그리고 자료를 더 잘 이해할 수 있도록 해 주는지이다. 모든 방법과 디스플레이는 특정 연구가 필요를 충족하도록 적용될 수 있다. 너무 복잡해 보이면 단순화하라. 사례가 소수의 개인인 연구에서는 쉽게 수정될 수 있다. 방법론마다 모든 연구에서 다 사용될 필요는 없다. 여러분의 연구 목적과 목표에 유용한 것을 취하면 된다. 가능한 한 풍부함을 유지하면서도 할 수 있는 것에 초점을 맞추라.

8. 마무리 및 넘어가기

이 장은 다음에 나올 몇 개의 장의 내용에 대한 기초를 제시하였다. 즉, 탐색, 기술, 배열, 설명, 예측이다. 이 5개의 양식을 통해 질적 자료를 분석하고 디스플레이하는 방법에 대한 기초를 제시하였다. 제6장에서 제10장까지 순서대로 읽기를 권장하는데, 대체적으로 한 방법에 나오는 기법들이 그다음 방법에도 사용되기 때문이다.

제6장 탐색 방법

장 요약

이 장에서는 탐색을 위한 초안을 제공하기 위해 자료 디스플레이 방법을 개괄한다. 현장 연구 과정을 기록하고, 발생하는 중요한 변수를 탐색하며, 최종 보고서 작성을 위한 예비 개요를 만드는 방법 등을 포함한다.

내용

1. 서론

2. 현장 탐색
   1) 자료 기록일지
   2) 접촉 요약지
   3) 사례 분석 회의
   4) 중간 사례 요약
   5) 부분 정렬 메타 매트릭스
   6) 설명적 효과 매트릭스

3. 변수 탐색
   1) 체크리스트 매트릭스
   2) 내용 분석 요약표
   3) 대조표
   4) 두 변수 사례 정렬 매트릭스

4. 보고서 탐색
   1) 선구조화된 사례
   2) 순차적 분석

5. 마무리 및 넘어가기

1. 서론

이론적으로는 사실 연구를 할 때 초기 개념화부터 마지막 글쓰기까지 어떤 식으로든 탐색은 할 수 있다. 하지만 이 장에서의 탐색은 분석을 할 때, 임시적으로 만들어지는 문서에 대한 것이다. 질적 자료를 활용하여 '초안'을 작성하고자 한다면 말이다. 탐색 디스플레이는 최종 원고를 위해 꼭 필요한 것은 아니지만, 연구자가 과정 중 자료를 분석하기 위해 경험적 접근으로써 사용된다. 즉, 탐색 과정에서의 애매한 문제들을 정리하기 위해 반복해서 이리저리 틀을 맞춰 보는 것이라고 할 수 있다. Wolcott(1992)은 이를 '이론 전' 혹은 '이론 후' 접근법이라고 하였다. 둘 다 가능한 말이다.

현장 탐색은 방대한 양의 질적 자료에 연구자가 압도되지 않을 수 있도록 하기 위한 방법을 설명한다. 요약과 통합을 통해 연구에서 한발 앞서 나가기 위한 방법이라고 할 수 있다. 변수 탐색은 변수의 속성, 규모, 전체적인 특성을 살펴보기 위해 질적 자료집의 구성요소를 살펴보는 것이다. 보고서 탐색은 시간의 흐름에 따라 어떻게 기록하는지, 추후 연구에 어떻게 기여할 수 있는지를 보여 준다.

2. 현장 탐색

자료 기록일지에는 수집된 자료의 종류와 양이 포함된다. 접촉 요약지는 현장방문에서 가장 중요한 자료들을 모아 둔 한 페이지짜리 양식이다. 사례 분석 회의에서는 연구팀에서 지금까지 논의된 것들을 체계적으로 문서화한다. 중간 사례 요약은 지금까지 작성된 보고서와 연구의 임시안이다.

부분 정렬 메타 매트릭스는 연구의 혼합 디스플레이에서 가장 적절한 자료들의 집합체 초안이다. 설명적 효과 매트릭스는 분석적 설명의 깊이를 더하기 위해 가능한 인과관계를 모아 놓은 초안이다.

1) 자료 기록일지

(1) 설명

자료 기록일지는 특정 참여자와 현장으로부터 수집된 자료의 종류가 무엇이고 언제 수집되었는지에 대해 단일 양식으로 단순하게 문서화한 것이다. 분석가는 가지고 있는 자료가 언제 수집되었는지와 부가적인 사항들을 각 셀에 기록한다(〈표 6-1〉 참조).

(2) 적용

자료 기록일지는 모든 질적 연구에서 자료 관리 및 기록 관리를 위해 매우 추천할 만하다. 특히 참여자와 현장이 많은 질적 연구라면 더더욱 그러하다. 이 방법은 많은 시간과 노력을 요하는 것처럼 보일 수 있고, 심지어 지나치게 열성적인 것처럼 보일 수도 있지만 값진 결과를 가져온다. 현장 연구에서 각각의 참여자로부터 수집된 자료 중 어떤 종류의 자료는 너무 많아서 매우 빠르게 사라져 버릴 수 있다. 질적 연구에서의 자료는 종종 확증적이기 때문에—다른 연구에서 주장하는 바를 뒷받침하거나, 발생하는 가설이나 결론을 검증해야 하므로—양적 연구의 결측치보다 자료 손실에 대한 손해가 더욱 크다. 이러한 자료들은 분석가가 분석해야 하는 입증 자료인 것이다.

(3) 예시

〈표 6-1〉은 작은 규모 연구의 자료 기록일지이다. 행에는 주요 참여자가, 열에는 자료 양식이 기록되어 있다. 각 칸에는 한눈에 볼 수 있도록 날짜, 보충설명, 연구자 확인이 기록되어 있다. 디스플레이를 만드는 데에는 엑셀이 활용되었다.

(4) 분석

양식은 과정 중 수집된 자료와 연구의 마지막에 완성된 기록집 모두를 보여 준다. 기록을 반추해 보면 필요한 혹은 수집될 수 있었던 자료의 추가적인 양식들을 알게 될 수도 있다. 자료 기록일지는 접촉 요약지(다음에 설명할 것이다)에 포함할 수 있으며, 자료 수집의 다음 단계를 계획하는 데에도 사용될 수 있다. 기록은 기술적인 보고서의 참고 문헌이나 부록으로 제공될 수 있다.

〈표 6-1〉 자료 기록일지

	캐롤(선생님)	톰(학생)	리안(교장)	엘레나(상담사)	마세(행정직원)	제이크(부친)	리즈(모친)
인터뷰1	2012/05/04	2012/05/08	2012/05/15	2012/05/17	2012/05/23	2012/05/09	2012/05/09
인터뷰2	2012/05/14	2012/05/17	×	추가 인터뷰가 가능한지 문의할 것	×	두 번째 인터뷰 거절함	2012/05/11 (전화 인터뷰)
인터뷰3	2012/04/26	×	×	×	×	×	×
참여자 관찰1	2012/04/26	2012/04/26	해당 없음	해당 없음	해당 없음	해당 없음	해당 없음
참여자 관찰2	2012/04/27 (주요 이슈 발생일)	2012/04/27 (주요 이슈 발생일)	해당 없음	해당 없음	해당 없음	해당 없음	해당 없음
참여자 관찰3	2012/04/30	2012/04/30	해당 없음	해당 없음	해당 없음	해당 없음	해당 없음
참여자 관찰4	2012/05/01	결석	해당 없음	해당 없음	해당 없음	해당 없음	해당 없음
참여자 관찰5	2012/05/02	2012/05/02	해당 없음	해당 없음	해당 없음	해당 없음	해당 없음
문서화 (수업계획)	✓	해당 없음	해당 없음	해당 없음	해당 없음	해당 없음	해당 없음
위탁 파일	✓―톰	✓―사본	✓―사본	접근 권한 확인 필요	접근 권한 확인 필요	사본	사본
기타 학생 과제	✓―모든 학생	✓	해당 없음	해당 없음	해당 없음	해당 없음	톰의 학업계획의 사본을 가지고 있음
표준 테스트 점수	해당 없음	✓	해당 없음	접근 권한 확인 필요	접근 권한 확인 필요	해당 없음	해당 없음
성적표	해당 없음	✓	해당 없음	접근 권한 확인 필요	접근 권한 확인 필요	해당 없음	해당 없음

(5) 노트

자료 기록일지는 필요한 만큼 상세하게 만들 수 있다. 여러 교차 사례의 각기 다른 참여자들에게 같은 질문을 했는지, 연구자가 연구 질문에 대한 답을 얻기 위한 충분한 자료 양식을 수집했는지 각 칸에 기록된 내용을 통해 확인할 수 있다.

2) 접촉 요약지

(1) 설명

접촉 요약지는 특정 현장 접촉에 대해 중점적인 혹은 요약된 질문들이 기록되어 있는 한 페이지 정도의 문서이다. 현장 조사자는 접촉의 주요 포인트에 대한 전체적인 요약을 제공하기 위해 기록된 현장노트를 검토하고 각 질문에 간략하게 대답한다([그림 6-1] 참조).

(2) 적용

현장 접촉(하루에서 여러 날이 소요되는) 후에 기록이 완성되면 잠시 멈추고 현장에서 보고 들은 주요 개념, 주제, 이슈 및 질문이 무엇이었는지에 대해 심사숙고할 필요가 있다. 이러한 과정이 없다면 많은 양의 세부 사항을 놓칠 수 있다.

접촉 요약지는 관련된 기본 정보들을 놓치지 않고 처음 수집된 자료를 요약할 수 있는 빠르고 실용적인 방법이며, 심도 깊은 느낌과 생각을 담아낸다. 현장 연구자들뿐만 아니라 다른 팀의 연구자들도 추가적인 숙고와 분석에 접촉 요약지를 사용할 수 있다.

(3) 예시

우선, 연구자는 방대한 양의 기록을 통해 해당 현장에 필요한 노하우가 무엇인지 명확히 해야 한다. 자료의 본질을 파악하기 위한 질문은 어떤 것이어야 할까? 다음의 예시를 살펴보자.

- 어떤 사람, 어떤 상황 혹은 어떤 사건이 관련되어 있는가?
- 현장에서의 주요 이슈나 주제는 무엇이었는가?
- 초기 연구 설계의 어떠한 연구 질문과 변수가 현장에서 가장 중점적으로 이루어졌는가?

접촉 형태:		장소: 틴데일
방문	___×___	접촉 날짜: 79/11/28~29
전화	누구와	기록 날짜: 79/12/28
		기록자: BLT

1. 이번 접촉에서 인상 깊었던 주요 이슈나 주제는 무엇인가?
   −상의 하달식의 매우 규범적인 '교사 검증' 교육 과정과 교사가 직접 작성하는 교육 과정의
    상호 작용
   −감시인(행정가)과 부서장(교장과 교사)의 직업관 차이
   −의사결정자로서 관할 부서 교육 과정 책임자들의 연구 관련 학교 승인

2. 이번 접촉에서 목표했던 각각의 질문에 대해 얻은 정보(혹은 얻지 못한 정보)를 요약하라.

질문	정보
혁신부서 연혁	• 교육 과정 책임자, 영어 주임과 부주임이 개념화함 • 여름에 교사가 작성함 • 다음 여름에 교사들이 현장 테스트 자료와 함께 수정함
학교 조직 구조	• 교장과 행정직원들이 훈육을 맡고 있음 • 부장이 교육의 리더임
인구학적 배경	• 1960년대 후반의 인종 갈등, 60%의 흑인 학생, 학교 규율과 시카고에서 유입된 비주류 학생들의 방출을 지나치게 강조함
혁신에 대한 교사의 반응	• 처음에는 마음에 들어 하지 않았으며 조직적이었음. 현재는 만족함/욕구 탐색
연구 접근성	• 매우 좋음. 단, 교사들이 꼭 협조하지 않아도 됨

3. 이번 접촉에서 핵심적이었거나 흥미로웠거나 뚜렷이 드러났거나 중요한 것이 있었는가?
   −혁신부서와 훈련의 치밀함
   −지역 교육 과정 책임자가 계획하고 실행한 교육 과정의 침투성
   −현재의 수용도(사용자가 보고한)와 대비되는 높은 규범성(사용자가 보고한)에 대한 초기
    저항

4. 이 현장에서 다음 접촉을 고려할 때 새로운(혹은 남아 있는) 목표 질문은 무엇인가?
   −이용자들이 실제로 혁신에 대해 어떻게 인지하는가? 만약 그들이 진정으로 혁신을 받아들
    이기로 했다면 초기 저항을 변화시킨 요인은 무엇인가?
   −혁신 이용자들 사이의 네트워킹 정도와 유형
   −초기에 파악하지 못했던 '완고한' 수학 교사들에 대한 정보: 그들은 누구인가? 특정 상황은?
    해답은?
   −영어 교사 라일리의 '교장직 낙선' 이후의 상황
   −로테이션, 계획 등을 하는 날 팀에 동행하라.
   −고려 사항: 추후 4, 5개월 동안 주 2일 학교 식당에서 식사를 하는 것…….

[그림 6-1] 접촉 요약지(일부)

출처: Miles & Huberman (1994).

- 현장에서는 어떠한 주장, 제안, 가설, 추론 또는 직감 등이 제시되었는가?
- 다음 현장 접촉에서 가장 많은 노력을 기울여야 하는 곳은 어디이며, 어떠한 정보를 찾아야 하는가?

질문지는 종이 한 장(혹은 텍스트 기반 프로그램의 한 페이지 분량 안에)에 준비되어야 하며, 현장 조사자가 답을 적을 공간이 있어야 한다. 사례, 특정 현장, 현장 조사자와 일정에 관한 정보도 명시되어 있어야 한다.

접촉 요약지 양식에서 자료는 현장에서의 기록을 검토·수정하여 완성한 후, 질문에 대한 응답을 고려해서 추린 구절이나 문장이다. 이때 현장 접촉에서 무슨 일이 있었는지에 대한 개요와 신속성을 모두 포괄하는 관점을 갖게 된다. 다음 현장에서 해답을 찾을 수 있는 질문뿐만 아니라 연구자의 생각을 반영한 부분도 포함할 수 있다. 현장 자료를 충분히 수집하고 완벽하게 코딩이 될 때까지 기다리는 것은 너무 늦어질 수 있다. 그리고 보통 코딩 과정에서 현장에 대한 부가적인 생각이 떠올라 원래 현장노트에 있었던 내용이 묻혀 버리거나 왜곡될 수도 있다.

[그림 6-1]은 이에 대한 예시이다. 질문 2와 4는 현장 조사자가 '목표 질문'에 초점을 맞추어 시작했다는 것을 보여 주고 있다. 이는 시간이 제한되어 있을 때 유용하다. 각각의 질문에 대한 정보가 요약되어 있고, 다음 현장 방문을 위한 새로운 '목표 질문'이 제시될 것이다. 이러한 질문은 연구 질문의 배경에서 나온 것이며(이용자들은 실제 혁신에 대해 어떻게 인식하고 있는가?), 현장 방문에서 수집된 자료로부터 도출된 것도 있다(예: 영어 교사 라일리의 '교장직 낙선' 이후의 상황).

(4) 분석
작성된 접촉 요약지는 다음과 같이 여러 가지로 사용될 수 있다.

- 다음 현장 접촉계획에 대해 가이드를 줌
- 다시 기록할 때 현장 접촉으로 되돌아보게 함
- 연구에 참여하는 인원이 1명 이상일 때 서로 협동하게 함
- 추가적인 자료 분석을 도움. 여러 번의 현장 접촉이 이루어지는 경우에는 요약지 자체가 코딩 및 분석 대상이 될 수 있음
- 새로운 혹은 수정된 코드를 제시함

접촉 요약지

접촉 형태	미팅	교장 / 누구와, 어떤 집단과	켄의 사무실 / 장소	76/04/02 / 날짜	현장	웨스트게이트
	연락	누구와, 누구로부터	장소	날짜	코딩한 사람	MM
	정보	누구와, 누구로부터	장소	날짜	코딩 날짜	76/04/18

1. 접촉에서 가장 중요한 포인트가 무엇인지 골라내라. 기록지에 페이지를 매기고, 포인트가 나타나는 곳의 페이지를 표시해 두라. 기록 내용의 포인트에 넘버링을 하라. 각 포인트의 주제 또는 양상을 각각의 대문자로 표시하라. 주제가 없는 곳에는 주제를 만들어서 별표를 해 두라. 첨언은 이중괄호로 포함할 수 있다.

쪽	두드러진 특징	주제/양상
1	1. 4월 30일까지 직원 결정이 이루어져야 함	직원
	2. 교사들은 현재 배정된 학년에서 다른 학년으로 가야 할 것임	직원 · 자원 관리
2	3. 특별교육이 필요한 아이들을 담당 학급으로 통합하는 것에 대한 교사들의 의지가 각기 다름: 몇몇 교사들은 '골칫거리'임	*저항
	4. 켄이 이전 미팅에서 유출된 임시 교사 배정 목록에 대해 지적함(이에 대해 함축적으로 개탄함)	내부 의사소통
	5. 켄은 "교사들은 누가 이동해야 할지 결정할 권리가 있는 것처럼 행동한다."라고 말함(격렬한 항의가 있을 수 있음)	권력 분배
	6. 암묵적인 · 분명한 의사결정: '우리가 결정해야 할 것'(켄의 의견, 에드의 동의)	권력 분배, 갈등 관리
	7. 교장과 켄, 존, 워커는 엡스타인 부인이 '나쁜 사람'이라는 데에 동의함	*고정관념
	8. 켄은 교사들에게 인사이동에 대해 미리 알려 주지 않기로 결정함('그러면 기정사실이 되어 버리기 때문에')	계획 수립의 계획, 시간 관리

[그림 6-2] 접촉 요약지: 코드화된 주제의 예시
출처: Miles & Huberman (1994).

요약지가 데이터베이스에 저장되어 있다면 이러한 사용이 더욱 쉬워진다. 기록을 시작하기 전에 완성된 접촉 요약지에 복사하기-붙여 넣기를 하는 것도 도움이 되며, 이것은 요약한 자료에 가까운 것이다. 기록은 현장 접촉 후 바로, 하루 이상 지체하지 않고 하는 것이 좋다.

접촉 요약지는 코드를 적용함으로써 보다 체계적인 방법으로 사용될 수 있다. [그림 6-2]에 예시가 제시되어 있다. 이것은 분석가들이 가지고 있던 기록에서 선택된 '두드러진 특징'을 적용한 코드 목록(주제 또는 양상이라고 할 수 있는)이며, 새로운 코드도 생성되었다.

(5) 노트

접촉 요약지 양식은 단순하게 하는 것이 좋다. 현장 접촉과 관련된 모든 것을 빠르게 돌이켜서 통합할 수 있도록 하는 도구가 필요하다. 주요 개념, 질문, 이슈에 초점을 맞춰야 한다.

3) 사례 분석 회의

(1) 설명

사례 분석 회의에서는 사례에 대해 가장 친숙한 현장 조사자가 중요한 친구, 동료, 또는 공동 연구자와 같은 1명 또는 2명 이상의 사람과 만나 사례의 현재 상황에 대해 요약한다. 회의는 준비된 질문으로 진행되고, 회의 과정에서 질문에 대한 해답이 구해지면 이를 기록한다. 사례 분석 회의는 한 사례에서의 단일 주제에 초점을 맞출 수도 있고, 혹은 여러 사례의 다양한 주제를 다루기도 한다([그림 6-3] 참조).

(2) 적용

대부분의 다중 사례연구에서는 현장 연구, 코딩, 기타 예비 분석 등의 양이 많기 때문에 시간이 갈수록 각각의 사례에서 일어나는 일들이 의미하는 것이 무엇이었는지 잃어버리는 경향이 있다. 단독으로 연구하는 연구자나 스태프는 사례 분석 회의나 요점을 통해 빠르고 경제적으로 사례에서 일어나는 일들을 이해할 수 있다. 또한 자기 자신이 어떠한 상황에 처해 있는지 이해할 수 있고, 추후 분석을 위한 연구 논리도 발전시킬 수 있다.

사례 분석 회의는 현장에서 받은 느낌을 빠르게 떠올리게 할 수 있고, '헤드노트'를 작성하는 데에도 도움이 된다. 또한 임시로 서술적 일반화 및 추론적 일반화를 구성하는 데에도 좋은 도구로 활용될 수 있다. 동료들과의 다양한 상호 작용은 현장 조사자가

사례 분석 회의 양식   날짜 _____   사례 _____

기록자 _____   회의 참석자 _____

1. 사례에서 발생하고 있는 일에 대한 **주요 주제, 느낌, 요약 진술.** 계획/실행 시스템의 일반적
   인 상태에 대한 의견
2. 사례에서 발생하고 있는 일에 대한 설명, **추측, 가설, 제안, 주장**
3. 사례에서 발생하고 있는 일에 대한 대안적 **해석, 설명, 불일치**
4. 자료 수집을 위한 다음 단계: 추수 질문, 세부 활동, 현장에서 지켜야 할 일반적인 지침
5. 검토, 코딩 체계 업데이트의 영향

[그림 6-3] 사례 분석 회의 양식

출처: Miles & Huberman (1994).

솔직함을 유지할 수 있도록 해 준다. 그렇기는 하지만 성급한 일반화에 갇히지 않도록 주의해야 한다. 신중하게 코드화된 현장노트의 기록에서 주지하고 있는 바에 따라, 사례 분석 회의에서 도출된 주제 및 제안점이 사례에서 발생하는 일들과 대치되지는 않는지 항상 점검해야 한다.

만약 회의에 참석하는 인원이 서너 명보다 많다면 녹음과 더불어 누군가 의장을 맡는 것이 도움이 될 수 있다.

(3) 예시

우리(Miles와 Huberman)의 신설 학교 설립에 관한 연구에는 6개의 현장이 있었다. 우리는 각 신설 학교에 대한 계획과 실행에서 발생하는 사건에 대한 정보를 최신으로 유지하고자 하였다. 또한 설명을 하고 가설을 세우고자 하였다. 매우 복잡하고 별 도움이 되지 않는 코딩 체계를 수정할 필요가 있었다.

우리는 여섯 군데의 각각의 현장에 대한 사례 분석 회의를 차례로 진행하기로 하였다. 회의에서의 집중을 돕기 위해 [그림 6-3]에서 보는 바와 같이 압축된 회의록 양식이 필요하였다. 물론 실제로는 기록할 수 있는 공간이 필요하기 때문에 3~4페이지 정도의 분량으로 질문들이 배열되어 있다. 이러한 특정 예시는 시간의 흐름에 따른 복잡한 사례(학교)에 초점이 맞춰져 있지만, 단일 사례나 소규모의 사례에서도 쉽게 적용할 수 있다.

가장 깊게 관련되어 있는 현장 조사자가 주요 주제인 항목 1에 대해 논의하면서 회의가 시작될 수 있다. 다른 회의 참석자들은 이를 보다 명료하게 하기 위해 질문을 할 수

있다. 기록자는 이러한 논의를 따라가며 해당 표제 아래 노트를 하고(수기로 할 수도 있고, PC를 사용할 수도 있다), 필요하다면 추가적인 설명을 위해 질문할 수 있다.

종종 다음 질문으로 건너뛰어 논의가 이루어지기도 하기 때문에 기록자는 적절한 표제 아래에 잘 입력해야 한다(예: 주제는 해석을 시사한다). 각각의 표제 아래의 주요 포인트나 사항은 넘버링을 해서 표시하여 논의가 진행되는 중에 참조할 수 있도록 해야 한다. 만약 다음 질문으로 넘어가지 않으면 기록자가 이를 해야 한다. 또한 기록자는 논의가 정확하게 이루어지고 있는지 확인하기 위해 노트한 내용을 이따금씩 요약해 줄 필요도 있다.

(4) 분석

회의가 끝나면 회의 참석자 모두에게 복사본을 주거나 파일을 첨부해서 이메일을 전송하여 참석자들이 회의 내용을 검토할 수 있도록 한다. 회의에 대한 검토나 계획 수립은 추후에 하더라도 특정 계획(코드 수정이나 어떤 종류의 새로운 자료 수집 방법 등)은 이루어질 수 있다. 〈표 6-2〉는 신설 학교에 대한 연구에서의 사례 분석 양식 중 일부를 발췌한 것이다.

현장 조사자는 신설 초등학교의 공개 개교를 관찰하고 있었다. 이 표에서 우리는 사전 준비가 빈약했음에도 어떻게 공개 강의 초기에 비교적 매끄럽게 진행될 수 있었는지에 대해 연구자가 설명하고(1번 항목), 이해하려고(2번 항목) 했음을 알 수 있다. 항목 2의 가설과 직감(예: '재처리 가능성' 개념, 교장-교사 관계 또는 교사 인터뷰)은 항목 3의 제안된 경쟁 가설, 대안으로 이어지고, 항목 4의 추가적인 자료 수집계획(예: 교사 인터뷰)으로 이어졌다. 사례 분석 회의에서 작성된 노트는 자료 수집에서의 구체적인 다음 단계를 보여 주며, 확인을 위해 자료 수집의 다음 단계 또는 그다음 단계 후에 다시 논의될 수 있다.

현장 조사자의 일반화 혹은 인상을 의심 없이 받아들이거나 명확히 하지 않고 넘어가서는 안 된다. 회의에서는 상대방의 관점을 수용하는 분위기가 형성되어야 한다. 어조는 논쟁적이어서는 안 되며, 우호적인 회의론을 띠면서 구체성과 명료성을 가져야 한다. 그리고 합리적인 합의에 이르는 것과 대안, 경쟁 가설을 테스트하는 것 사이의 균형을 유지해야 한다. 이해하고 있는지 체크하기 위해 자주 요약해야 한다.

〈표 6-2〉 **사례 분석 양식: 자료와 함께 제시**

1. 사례에서 발생하고 있는 일에 대한 **주요 주제, 느낌, 요약 진술**
   1) 에드(교장)는 유능한 '기술적인' 관리자로서 사회적인 시스템에 대해 다루지 않고 고려하지 않는다. 켄(교감)이 에드에게 자넷과 함께 일할 필요가 있다고 지적했을 때 에드는 그녀를 불평하는 교사("그녀를 조심스럽게 대해요…… . 행운을 빌어요.")라며 "행운이 필요한 사람은 그녀가 될 거예요."라고 말했다. 특히나 지지적이지 않았다. FW가 에드에게 그녀에 대해 재차 언급했을 때 마지못해 한 교사가 현장전문가에게 도움을 요청했다.
   2) 준비와 훈련이 최소한으로 진행되고 있다는 점에서 열린 공간에 대한 접근이 아주 매끄럽게 실행되고 있다. 그러나 여전히 '아주 조심하는' 느낌이 있기는 하다.
   3) 교사는 상황이 어떻게 진행되고 있는지 직접적으로 낙관적인 입장을 드러내지 않고 조심스럽게 지켜보는 것 같다. 반신반의하며 준비가 부족하다고 느끼는 것 같다. "만약 일이 진행되지 않는다면 원래대로 돌아갈 수 있기를 바란다."라며 약한 의지를 드러냈다. 우리는 이를 '재처리 가능성'이라고 했다.
   4) 학생들은 편안한 상태였다.
   5) 교사들은 교장이 실제로 일을 착수하는 데 있어서 어떻게 관여해야 하는지에 대해 아이디어가 없다고 느끼고 있었다.
   ……

2. 사례에서 발생하고 있는 일에 대한 **설명, 추측, 가설, 제안, 주장**
   1) 에드가 강조하는 '효율성'은 일의 진행을 매끄럽게 하는 데 도움이 된다.
   2) 사람들은 지원을 위해 가야 하는 사람이 누구인지 알고 있다
   3) 많은 교사가 교감을 배울 만한 사람이라고 여기고 있었고, 그를 신뢰한다.
   4) 외부인들은 할 수 없는 일이다.
   5) 교사들의 태도는 '재처리 가능성' 개념과 관련이 있을 수 있다.
   6) 교장은 교사들이 열린 공간 개념을 실행하기 위한 실행팀을 충분히 구성할 수 있다는 것을 알고 있다. 또한 불평하는 교사는 다른 학교로 보냈다.
   7) 교장은 교사들을 존중한다. 행정계획을 하는 동안 교사가 벌레 취급을 받았더라도 말이다.

3. 사례에서 발생하고 있는 일에 대한 **대안적 설명, 반대 의견서, 불일치**
   1) 교사들의 과거의 주요한 경험과 훈련, 전문성은 현장에서의 일을 매끄럽게 진행할 수 있도록 할 것이다.
   2) 에드 편인 교수단의 규모는 2배였다. 외부인들이 많았다. 준비가 부족한 만큼 불확실성도 증가하고 있는 것 같다.
   ……

4. **자료 수집을 위한 다음 단계: 추수 질문, 세부 활동, 현장에서 지켜야 할 일반적인 지침**
   1) 에드에게 자넷이 얼마나 적응하고 있는지에 대해 물어보라. 그녀를 알아 갈 것이다.
   2) 단지 일이 착수되는 것을 보고 있지만 말고 교사들과의 대화가 필요하다. 교사들은 그들이 보여 주고 있는 '전문적인' 피상적 행동보다 더 괴로워하고 있을지도 모른다.
   3) 켄이 교사들에게 기술적인 도움을 줄 것인가? 혹은 줄 수 있는가?

4) 어제 교수단 미팅에서는 어떤 일이 있었는가?

5) 일의 착수에 앞서 여름 작업, 계획 결정 등에 대해 켄과 에드의 인터뷰를 조심스럽게 진행해야 한다.

6) 주요 인사에게 문의할 것: 크리스마스 혹은 6월까지 학교가 어떤 방향으로 가길 희망하는가? 어떤 지표들이 좋은 교사 연합에 사용되어야 하는가? 인도적인 교수법은 무엇인가?

……

5. **검토, 코딩 체계의 업데이트 실행**

1) 지지를 위한 코드를 고려하라.

2) 혁신에 대한 교사의 책무 또는 소유권을 나타내라.

3) 중요한 키가 될 '재처리 가능성'에 대한 패턴을 사용하라.

4) '계획－실행 연결'에 대한 코드가 너무 복잡하므로 매우 단순화할 필요가 있다.

……

출처: Miles & Huberman (1994).

사례 분석 회의는 90분을 넘지 않도록 한다. 그 이상이 되면 논점이 흐려지기 시작한다. 회의 횟수는 인원수, 사례 수, 사례 접촉 횟수와 같은 요소에 따라 달라질 수 있다. 꼭 기억해야 할 원칙은 사례 분석 회의 전에는 대량의 사례 자료 덩어리를 쌓아 놓지 말아야 한다는 것이다. 이번 학교 개선 프로젝트에서는 각 현장 방문 이후 짧은 사례 분석 회의를 하는 것이 유용하다는 것을 알게 되었다(보통 2~3일이 소요되었고, 많은 정보가 축적되었다).

사례 분석 회의에서 나온 요약된 정보는 그 자체로 코드화될 수 있으며, 분석에 사용될 수 있다. 이러한 부분이 어떻게 적용되는지는 [그림 6-4]에 나타나 있다.

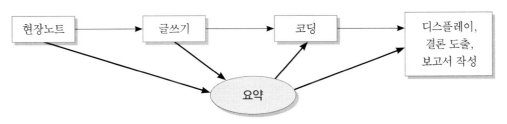

[그림 6-4] 분석에서 요약이 활용되는 방법

출처: Miles & Huberman (1994).

(5) 노트

구체적인 연구 질문은 사례 분석 회의 양식에서 다룰 수 있는 추가적인 실질적 이슈를 만들어 낼 수도 있다(예: 현재 혁신의 결과물은 무엇인가? 프로그램은 정치적으로 얼마나 안정적인가? 정보 흐름의 주요 채널은 무엇인가?). 사례 분석 회의에서는 다음과 같은 일반적인 질문도 생성될 수 있다.

- 최근 사례에서 당혹스럽거나 이상하거나 예상하지 못했던 사건은 무엇인가?
- 중요한 역할을 맡고 있는 다양한 사람과의 친밀감 형성 상태는 어떠한가?
- 사례를 더욱 잘 이해하기 위해 기존 자료에서 어떤 분석이 추가적으로 필요한가?
- 이 시점에서 분명하게 진실이 아닌 것은 무엇인가?
- 다음 며칠, 몇 주 내에 어떤 일들이 발생 가능한가?

4) 중간 사례 요약

(1) 설명

중간 사례 요약은 다양한 길이(5~35페이지, 연구의 범위에 따라 다를 수 있음)의 임시 결과물이다. 이것은 사례에 대한 전체적이고 일관된 설명(연구자가 사례에 대해 알고 있는 것과 알아야 할 것들을 종합한 것)을 이끌어 내기 위한 첫 번째 시도이다. 중간 사례 요약은 조사 결과에 대한 리뷰, 조사 결과를 지지하는 자료의 질에 대한 신중한 검토, 자료 수집의 다음 주기를 결정하기 위한 의제를 보여 준다(요약 개요를 보여 주는 〈표 6-3〉 참조).

중간 사례 요약을 통해 가지고 있는 자료들을 소화하여 사례의 의미를 보다 분명하게 구성하고, 수집된 자료의 타당성에 대해 연구자가 스스로 평가해 볼 수 있다. 이러한 과정을 통해 자료 수집, 계획, 코드의 재구성, 더 나아가 분석계획에 이르는 다음 단계로 나아갈 수 있다.

(2) 적용

일반적으로 임시 자료 검토는 연구 중에 혹은 자료의 어떤 부분을 위해서 사용될 수 있다. 지금까지의 주요 결과 수집을 위해, 이러한 결과물에 대한 신뢰성을 추정하기 위해, 차이점과 이상한 점 및 더 수집이 필요한 자료들의 목록을 작성하기 위해, 연구자

〈표 6-3〉 중간 사례 요약 개요: 예시

표 목차

A. 현장
 1. 지리적 위치, 환경
 2. 지역사회와 해당 지역의 인구사회학적 사항
 3. 조직도(주요 관계자 및 그들의 관계 제시)

B. 간략한 연대기
 1. 선정(혁신에 대한 간략한 기술 포함)
 2. 계획(선정 후와 학생들과의 실질적 실행 전에 대한 것)
 3. 현재까지의 진행 상황

C. 연구 문제의 현재 상태
 1. 혁신(모든 하위 질문을 다루라, 현재 알려진 혹은 알려지지 않은 혹은 풀리지 않는 것은 무엇인지 요약하라)
 2. 사회적 조직, 예비 실행으로서의 학교
 3. 선정 결정
 4. 실행 · 변화가 이루어지는 동안의 현장의 역동
 5. 새로운 형태의 구성 · 결과
 6. 외부 · 내부 조력자의 역할

 (불확실성, 풀리지 않는 문제에 대한 목록과 함께 이 섹션을 마무리한다)

D. 인과관계 네트워크
 1. 결과에 영향을 미치는 것으로 보이는 현장의 변수들에 대한 네트워크 도표
 2. 특별히 두드러지거나 관련이 있어 보이는 것들을 알리기 위해 이전의 다른 개념적 · 경험적 작업을 연결하는 등의 네트워크에 대한 논의

E. 간략한 방법론적 기록(분석 방법, 문제에 직면하는 방법, 결과에 대한 확신, 다음 요약을 위한 제안 등)

출처: Miles & Huberman (1994).

는 무엇이 알려져 있고, 얼마나 잘 알고 있는지 의무적으로 감사하도록 하는 통합적인 실행이 필요하다. 중간 사례 요약은 이러한 목적을 충족한다.

 연구자가 때때로 조언을 해 주는 동료와 연락하면서 혼자 작업을 하든 다른 비슷한 사례를 연구하는 동료가 있든 간에 중간 사례 요약지가 도움이 된다. 동료와 중간 요약지를 교환함으로써 최신 정보를 유지할 수 있다. 그리고 교환을 통해 새로운 구성 개념이나 반복되는 주제를 비판적으로 검토할 수 있다. 미처 발견하지 못한 부분은 다음 독

자에게는 명백하게 드러난다.

중간 사례 요약지에 대한 교환과 논의는 사례 간 분석에도 도움이 된다. 연구팀 구성원들은 자신들의 비전을 보다 잘 정리할 수 있고, 공유하고 있는 문서화된 실례를 기반으로 논의할 수 있으며, 전체적으로 연구가 진행되는 데에 명료화가 필요한, 즉 분명하지 않거나 잘 알려져 있지 않은 이슈를 풀 수 있다. 팀 회의를 통해 인과적으로 발생되는 것보다 후에 검토될 수 있는 새로운 설명적 변수를 산출해 낼 수도 있다.

전략적으로, 중간 사례 요약지를 구성하기 가장 좋은 때는 현장 연구가 1/3쯤 진행되었을 때—보고할 초기 자료가 있고, 요약지가 가지고 있는 차이점이나 약점을 수정하기 위한 충분한 시간이 있을 때—라고 할 수 있다. 이러한 활동을 통해 다음과 같은 보다 장기적이고 실질적인 질문들을 다룰 수 있다. 어떤 패턴과 주제가 발생하는가? 지금까지의 사례에서 실제로 어떤 일들이 일어나고 있는가? 큰 그림은 무엇인가?

(3) 예시

우리(Miles와 Huberman)는 여러 현장 연구에서 중간 사례 요약지를 사용해 왔다. 〈표 6-3〉은 중간 사례 요약지의 개요로, 학교 개선 연구에서 각각의 연구자에게 제공되었던 표 목차이다. 이와 같은 공통 양식을 통해 사례 간 비교도 할 수 있다. 이는 다른 분석가가 다음 현장 방문에서 사용할 수 있는 믿음직한 방법을 제안하고, 다중 사례에 존재하는 주제와 개념을 확실하게 상기시켜 준다.

코드가 연구 질문에서 직접적으로 드러나든 초기 답사 작업에서 개발되어 좀 더 간접적으로 연결되든 간에 기록을 검토하고 주 관심 코드를 찾아내고 진행 상황을 메모하며 요약지를 작성하는 것이 좋다. 이러한 과정은 데이터베이스가 하드 카피로만 작성된 것보다 컴퓨터 파일로 저장하는 것이 보다 빠르게 진행될 수 있을 것이다. 코드화된 덩어리를 찾을 수 있고, 맥락 속에서 검토하며, 발견한 주제를 다른 파일에 기록하여 전환할 수 있기 때문이다.

수기로 작성하는 것은 좀 느리지만, 때로는 지금까지의 조사 결과를 종합하고 여전히 답을 찾지 못했거나 분명하지 않게 답한 질문을 발견하는 데에는 가장 간단한 방법일 수 있다. 어떤 분석가는 기록물을 신중하게 다시 읽고 모든 연구 질문을 한번에 다루는 것을 선호하기도 한다. 그런 다음 이들은 요약을 위해 패턴 코드를 사용하여 자료를 재조직한다.

(4) 분석

중간 사례 요약은 다양한 형태와 규모로 이루어질 수 있다. 가장 좋은 것은 5~10페이지 분량의 잘 짜인 작은 규모이다(〈표 6-3〉에서 제시된 개요는 25~35페이지의 요약으로 만들어진 것이다). 요약은 물론 좀 더 전문화될 수도 있다. 예를 들어, 개별 연구 질문과 매우 중요한 주제 모두를 위한 자료들을 수집하는 것보다는 두 가지를 모두 연속적으로 요약하되 한 요약에서는 연구 질문을 검토하고 한 달 쯤 뒤에 또 다른 요약에서는 그때까지 좀 더 명확해져야 하는 보다 큰 이슈들을 다루는 것이다.

다중 사례연구에서는 개별 연구자가 다른 사람들의 요약지를 논의하고 연구할 수 있는 시간을 주어야 한다. 이 시간 동안에는 공통 과제에서 발생한 상호 작용에 초점을 맞추어 논의한다. 또한 논리적인 것을 지향하는 스태프 미팅보다 보통 더 지적이기 때문에 사고가 더욱 확장될 수 있다. 중간 사례 요약에 대한 논의는 개별 연구자들이 자신의 자료와 다른 사람들의 자료를 어떻게 조합하고 분석할 수 있는지에 대한 감각을 시험해 볼 수 있는, 풍부하고 위험성 없는 무대이다.

매우 간략한 요약지는 Stiegelbauer, Goldstein과 Huling(1982)이 보여 준 사례연구 인터뷰 방법을 통해 빠르게 만들어질 수 있다. 현장 조사자 한 사람이 '당신은 사람들과 교장의 상호 작용의 특성을 어떻게 묘사하는가?' '어떤 사람이 학교에 대해 ＿＿＿＿＿라고 한다면 당신은 처음에 무슨 생각을 하는가?'와 같은 표준 질문안을 만들어서 한 시간 동안 다른 현장 조사자를 인터뷰하는 것이다. 피면접자는 제공된 모든 자료를 살펴보면서 인터뷰를 준비하되, 인터뷰하는 동안에는 자료를 볼 수 없다. 그런 다음 피면접자가 기록된 인터뷰를 편집하고, 필요하다면 가능한 자료들을 다시 참조한다. 이러한 방법은 현장 전문가가 사례에 대한 느낌, 드러나기 시작한 주요 주제를 함께 조합하여 통합하는 데 도움이 된다. 또한 이는 반증과 예외를 무시하는 획일적인 꼬리표("그녀는 '보수적인' 교사이다." "이곳은 '자유분방한 혁신적인' 학교이다.")를 붙이는 '전체성의 오류'를 피하는 방법이기도 하다.

가장 어려운 부분은 중간 요약이 임시적이라는 사실—그리고 중간 요약은 불완전하고 빠르게 쓰였으며, 해체되어 있을 수 있다는 것—을 받아들이는 것일 수도 있다. 이를 잘 해내기 위해서는 일주일 이상이 필요할 수도 있다. 하지만 이 시간은 산출 대비 너무 많은 시간이다. 따라서 빠르게 진행해야 하며, 그런 다음에는 동료들과 함께 의견을 공유할 필요가 있다.

(5) 노트

현장 연구에서는 각기 다른 참여자로부터 수집된 자료가 얼마나 많은지—어떤 종류의 자료인지—매우 빠르게 잊어버리기 마련이다. 이러한 자료는 종종 확증적—다른 사람들이 제공하는 설명을 확인하고, 발생한 논거를 검증하는 것—이기 때문이며, 이러한 자료 손실은 양적 연구에서의 단순한 '결측 자료' 이상으로 중대한 것이다. 이들 하나하나가 반드시 분석해야 하는 입증 자료이다. 중간 사례 요약은 자료 계산지를 만드는 계기가 될 수 있다(〈표 6-4〉 참조).

자료 기록지는 참여자 집단이나 각 참여자가 제시한 각각의 연구주제를 단순히 배열해 놓은 것이다. 〈표 6-4〉의 범례에서 볼 수 있듯이, 분석가는 모든 셀을 채우겠다는 궁극적인 목표를 가지고, 자료를 수집했을 때 셀에 표기하도록 한다. 특정 사례 접촉에 대한 코딩이 끝나면 자료 기록지가 자료 수집의 다음 단계 계획에 사용될 수 있다.

〈표 6-4〉 자료 기록지: 요약된 예

연구 질문/자료원	배경 자료			참여자 집단 1					참여자 집단 2, 등			
	1	2	3	1	2	3	4	5	1	2	3	4
Q 1.1	✓	×	✓		N.A.		N.A.	N.A.	N.A.	N.A.	×	
Q 1.2	×		✓	✓	✓	×				×		✓
Q 1.3		N.A.	✓		×		×	✓	✓		×	×
Q 2.1, 등	N.A.	N.A.	N.A.	×	×							✓

범례
빈칸 = 결측 자료　　　　　　✓ = 완성 자료
× = 미완성 자료　　　　　　N.A. = 해당 없음

출처: Miles & Huberman (1994).

5) 부분 정렬 메타 매트릭스

(1) 설명

메타 매트릭스는 여러 사례의 각각의 설명적 자료를 표준 양식에 정리해 놓은 중요한 도표이다. 가장 간단한 형태는 큰 도표에 병렬로—한 줄로—각 사례 디스플레이를 나열하는 것이다. 가장 기본적인 원칙은 관련된 간결한 자료 모두를 **포함**하는 것이다(〈표 6-5〉 참조).

메타 매트릭스를 통해 자료를 더욱 **분할**하기도 하고(새로운 방식으로 나눔), 일치하는 자료들을 군집화하기도 하여 흥미 있는 변수들의 사례 간 대조를 좀 더 명확하게 할 수 있다. 이러한 분할과 군집화가 된 메타 매트릭스는 계속해서 다듬어지고 짧은 인용구, 요약된 문구, 등급, 기호 등 사례 수준의 자료로 변화한다(〈표 6-7〉, 〈표 6-8〉 참조).

〈표 6-5〉 부분적으로 정렬된 메타 매트릭스를 위한 사례 수준 디스플레이

사용자	감정/관심사	혁신에 대한 관점	사용자가 가장 많이 하는 것	문제
1.				
2.				
3.				
4.				
5., 등				

출처: Miles & Huberman (1994).

(2) 적용

사례 간 분석은 단일 사례의 수에 따라 자료 집합이 증가한다. 각 사례에서 수백 장에 달하는 현장노트와 부수적인 자료를 만들어 낸다면 사례 수준에서 아무리 잘 이해하고 있다고 하더라도 사례 간 유사점과 차이점보다 더 깊고 의미 있는 수준의 사례 간 결론을 도출해 내고자 할 때 과부하와 통제 불능에 직면하게 될 수 있다.

사례 간 자료는 각 사례의 공통 코드, 공통적으로 코드화된 자료 조각들의 공통 디스플레이, 그리고 공통된 보고서 양식을 통해 비교할 수 있다. 코드, 디스플레이, 보고서 양식은 수백 페이지에 달하는 텍스트를 작업 가능한, 합리적으로 일관된 단위—표, 그림, 관련 분석 텍스트—로 만들기 위한 자료 압축 도구이다.

단일 사례에서는 사례 내에서 정렬된—많지는 않은—디스플레이로 시작하는 것이 유용하다. 메타 매트릭스는 일반적인 영역으로 보이는 것이 무엇인지 살펴보기 위해 사례 간 분석으로 깊이 들어가는 첫 번째 탐색이다. 사례 간 자료 집합이 다음 분석에 사용되도록 분할되고 군집화되면서 붕괴되기 때문에 위험한 작업일 수 있다. 자료의 군집화와 집합에서의 정제 작업은 추후에 이루어질 수 있으며, 지금은 요약하고 검토할 수 있는 확실한 방법을 마련하기 위해 노력하고, 그것을 이해하며, 다음의 가장 가능한 분석 단계(강함부터 약함과 같은 사례에 의한 또는 이르거나 늦음과 같은 시간에 의한 주요 변수에 따라 개념적으로 정렬된 메타 매트릭스를 포함할 수 있다)를 고안해 내도록 노

력해아 한다.

(3) 예시

사례 간 분석은 우선적으로 사례 내 정보가 얼마나 논리적인가에 따라 달라진다. 예시에서 보듯이, 분석가는 새로 도입된 교육 실습을 적용하고 있는 교사의 경험에 대해 여러 질문을 통해 해답을 얻고자 하였다. 그 질문들은 다음과 같다.

- 사용자에게 어떻게 보이는가?
- 사용자는 무엇을 하고 있었는가?
- 가장 중요한 느낌과 관심사는 무엇인가?
- 어떤 문제가 드러나고 있었는가?
- 어떻게 이 일을 장기적으로 할 수 있었는가?

사례 수준의 디스플레이 양식은 〈표 6-5〉와 같이 만들 수 있을 것이다.

그런 다음 사례마다 공통적으로 구성된 매트릭스의 4개의 분석적 분류 안에 각각의 사용자별로 축약된 자료를 정렬한다. 〈표 6-6〉은 리도(Lido) 학교 한 사례에 대해 자료

〈표 6-6〉 부분적으로 정렬된 메타 매트릭스를 위한 사례 수준 디스플레이: 리도(Lido) 학교 사례에서 사용자의 2차년도 실행

사용자	감정/관심사	혁신에 대한 관점	사용자가 가장 많이 하는 것	문제
반스	아이들을 야외에 나갈 수 있도록 하는 좀 더 편안한 방식의 교수법	유용하고 좋은 지침, 도움이 되는 아이디어, 활동	자료를 활용한 작업, 환경교육 연수 주최 및 참여, 지역사회 활동, 외부 현장 활동	과제를 수행하기에 너무 제한적인 기간
드류	임학·생태학 수업에서 낙제생이 증가하는 것에 대한 우려	생물학에 대한 기초 없이 아이들에게 너무 새로운 발견을 강요함, 좀 더 적절한 강의 방식이 필요함	증가하는 낙제생 수준에 맞는 자료 및 강의 채택, 외부 현장 활동	낙제생들을 좀 더 성공적으로 관리하는 것
캐롤	새로운 활동에 대한 흥미, 과학 프로그램의 확대	첫해와 같음	지역사회 활동, 환경교육 연수 주최 및 참여, 외부 현장 활동	과도하게 확대된 활동 수행

출처: Miles & Huberman (1994).

를 기입해 놓은 것을 보여 준다.

　셀에 기입된 것은 사례의 자료에서 코드화된 덩어리를 요약해 놓은 신호 양식의 구절이다. 여기에서 선택과 분류가 이루어졌다. 분석가는 감정, 문제 등을 명확한 의사결정 규칙에 따라 선택하였고, 분리되어 있지만 유사한 항목들을 군집화하였다(예를 들면, 맨 오른쪽 칸의 문제 열에 과제를 수행하기에 너무 제한적인 기간이라 함은 몇몇 업무가 과부하 상태라는 말이다).

　각 셀에 기입되어 있는 내용은 여러 단어·문구를 포함하는데, 다음 작업은 이러한 작업을 더 축약하는 것이다. 〈표 6-6〉에 기입된 것과 비슷한 N개의 사례 수준의 디스플레이를 가지고 있다고 생각해 보자. 사례가 12개보다 적고, 이 표보다 덜 복잡하다면 아마 부분적으로 정렬된 메타 메트릭스 안에 자료를 모두 기입할 수 있을 것이다.

　부분적으로 정렬된 메타 매트릭스는 단순히 사례 수준의 도표 덩어리가 될 것이다. 예를 들면, 〈표 6-7〉에서와 같이 처음 2개의 열이 나타났을 것이다.

〈표 6-7〉 부분적으로 정렬된 메타 매트릭스: 사용자의 감정/관심사와 다른 변수

현장/사용자	감정/관심사	……
리도 학교 1.		
2.		
3.		
마세파 학교 1.		
2.		
3., 등		

출처: Miles & Huberman (1994).

〈표 6-8〉 부분적으로 정렬된 메타 매트릭스: 사용자의 감정/관심사와 다른 변수(리도 자료)

현장/사용자	감정/관심사
리도 학교 1. 반스	+ 새로운 방식과 규정에 대한 편안함(낮은 통제)
2. 드류	− 목표 대상의 변화(지정된 낙제생)
3. 캐롤	+ 새로움, 확대(프로그램, 활동)

출처: Miles & Huberman (1994).

표 구성과 자료 기입은 적절한 소프트웨어를 사용하면 비교적 쉽게 할 수 있다.

보통 연구가 진행되는 동안 사례 수준의 셀에 기입되어 있는 내용을 정리할 필요가 있다. 예를 들면, 〈표 6-6〉의 리도 학교에 대한 도표는 〈표 6-8〉과 같이 사례의 특징이 나타나는 단어나 일부 상징으로 축소할 수 있다.

감정/관심사는 플러스, 마이너스 코드로 이분화되어 있다. 또한 각각에 기입된 사항은 추상적 개념의 중범위에 대한 감정 또는 관심사(예: 조건에 대한 '편안함'), 그리고 특정 현장에서 명확하게 어떤 일들이 일어나고 있는지를 분석가가 인지하기 위한 짧고 유형화된 구절(예: '지정된 낙제생')이다.

메타 매트릭스는 여러 개의 표를 하나의 큰 표로 편집하여 원자료를 매우 축약해 놓은 것이다. 즉, 모든 자료를 하나의 표로 볼 수 있는 것이다. 메타 매트릭스는 종합적인 의미를 부여하는, 그리고 각 특정 사례의 가장 중요한 특징들을 빠르게 상기시킬 수 있는 단어, 구절, 상징을 포함해야 한다.

(4) 분석

매트릭스와 분석은 자료가 가장 말하고자 하는 것이 무엇인지, 어떤 관계의 종류에 관심이 있는지에 더욱 영향을 받게 된다. 원래의 메타 매트릭스는 변형되고 추가될 수 있다. 셀을 재구성하고 재분류함으로써 **분할하기**와 **군집화하기**(제11장 참조) 전략을 세울 수 있으며, 이를 통해 새로운 분석적 검토가 이루어질 수 있는지 결정한다.

예를 들어, 〈표 6-9〉는 매년 관심사의 형태에 따라 자료를 분류한 것이다.

〈표 6-9〉 시간에 따라 정렬된 메타 매트릭스 형식

관심사의 형태	1차년도	2차년도	3차년도	4차년도
1.				
2.				
3., 등				

출처: Miles & Huberman (1994).

이 매트릭스를 통해 다음의 두 가지를 알 수 있다. ① 경향, 즉 시간의 흐름에 따라 일정하게 유지되거나 변화되는 관심사, ② 관심사의 형태, 즉 새로운 디스플레이는 자료를 **군집화**하여 (각기 다른 관심사의 형태로) **분할**한다(이 사례의 경우, 기간과 관심사에 따라).

⟨표 6-10⟩ 요약표: 후차년도 실행에서 개인 차원과 기관 차원의 관심사

관심사/아이템의 형태	항목이 언급된 지역
개인 차원: 프로젝트 스태프 사이의 관련 마찰 문제	베인스타운, 페리-파크데일
동기적 문제(낙담, 수행에 대한 '거부감')	칼스턴, 리도, 마세파, 던 할로, 프로빌, 틴데일
지구력, 소진, 프로젝트의 과도한 요구	마세파, 카슨, 플러밋
기관 차원: 프로젝트의 기관 차원의 혹은 지역적 차원의 낮은 우선순위(참여자의 보수 감소)	리도, 플러밋
열악한 전체 기능(전체로서의 혹은 요소로서의 프로젝트)	페리-파크데일, 던 할로, 프로빌
프로젝트에 참여하지 않은 스태프의 저항, 방해, 지원 부족	베인스타운, 페리-파크데일, 카슨
프로젝트가 약속이나 목적을 수행할 수 있을지에 대한 우려	베인스타운
다음 연도 지속성	베인스타운, 칼스턴, 리도, 페리-파크데일, 플러밋

출처: Miles & Huberman (1994).

예를 들면, 다음과 같은 2개의 주요 형태로 관심사를 군집화할 수 있다. ① 개인적인 차원, ② 기관 차원. 그리고 후차년도가 될수록 개인 차원의 관심사는 점차 기관 차원의 관심사로 옮겨 간다(전략: **'만약-그렇다면' 검증하기**).

다음 단계로 개인 차원의 관심사와 기관 차원의 관심사에 대한 요약표(⟨표 6-10⟩ 참조)를 만든다(미리 정의된 일부 변수에 따라 자료를 **분할**한다). 12개의 사례 중 후차년도에서 주로 고려되는 사례가 무엇인지 볼 수 있다.

이 과정에서 2개의 큰 범주로 실증적인 **군집화**를 할 수 있다('관계적 문제' '동기적 문제' 등).

여기에는 굉장히 유용한 설명적 정보가 들어 있다. 예를 들어, 어떤 학교의 사례는 여러 문제를 가지고 있는 반면(베인스타운, 페리-파크데일), 다른 3개의 학교는 하나의 문제만 가지고 있다(마세파). 12개의 사례 중 2개의 사례는 어떠한 문제에도 해당하지 않았다(전략: **계산하기**). 또한 개별적인 관심사는 주로 비전문적인 것으로 보이고, 기관 차원의 관심사는 지속성(낮은 우선순위, 빈약한 기능성, 약속 이행 여부)을 강조한다(전략: **패턴과 주제에 주목하기**). 이러한 결과를 통해 사례 교차표의 다른 부분을 살펴볼 수 있고, 연구자의 직감을 검증할 수 있다('**만약-그렇다면' 검증하기**). 앞의 사례에서는, 기술적인 숙련도가 높은 프로젝트도 그렇지 않은 프로젝트만큼이나 기관 차원의 관심사가 많다고 예상할 수 있을 것이다.

부분적으로 정렬된 메타 매트릭스부터 다양하게 배열된 메타 매트릭스까지 다른 대안적인 경로는 많다. 하지만 가끔은 첫 번째 메타 매트릭스만으로도 보고서 작성에 있어 충분한 요약 정보가 제공되기도 한다.

워드의 표나 엑셀을 활용한 자료 관리, 그리고 CAQDAS 등을 활용하면 기본적인 메타 매트릭스 정리나 군집화 및 분할 과정을 빠르게 할 수 있다. 그러나 생각하는 시간을 줄일 수 있는 지름길은 없다. 변수가 적더라도 사례 간 자료들을 이해하는 과정은 서서히 이루어진다. 서두를 수 없는 일이다.

(5) 노트

메타 매트릭스를 개념적으로, 연대기 순으로 혹은 다른 형태로 너무 빨리 구성하지 말아야 한다. 다중 사례에서는 부분적으로 정렬된 정보들을 초기에 유심히 살펴야 한다. 초기에 메타 매트릭스를 잘 구성해 놓으면 나중에 막다른 골목에 부딪혀 비용을 낭비하는 일을 피할 수 있다. 만약 앞에서 제시한 예시보다 덜 복잡한 사례라면, 메타 매트릭스 또한 덜 복잡할 것이다. 실행이 가능한, 생산적인 군집화, 그리고/또는 분할이 이루어지기 전에 대체로 여러 선택 가능한 것들이 보일 것이다. **군집화**와 **분할**에 대한 자세한 사항은 제11장을 참조하라.

6) 설명적 효과 매트릭스

(1) 설명

설명적 효과 매트릭스는 왜 이러한 결과가 도출되었는지, 무엇이 그 결과를 야기했는지에 대한 답을 일반적으로 혹은 명확하게 설명하는 첫 번째 단계의 역할을 하는 광범위한 도표이다(〈표 6-11〉 참조).

(2) 적용

설명적 효과 매트릭스는 개념적인 관점의 영역을 명확히 하는 데 도움이 된다. 즉, 인과관계의 실마리가 나타나는지 앞뒤로 추적하기 시작하는 첫 번째 탐색이며, 매우 유용하다. 매트릭스를 통해 현재 상태를 이해할 수 있으며, 포함될 수 있는 인과적 메커니즘을 살펴볼 수도 있다. 설명에 있어 복잡한 사항들을 보다 분석적으로 작업하기 위한 분류의 초안이라고 할 수 있다.

〈표 6-11〉 설명적 효과 매트릭스: 진행 중인 지원

출처	사용자 평가	제공 유형	단기적 효과 (사용자의 '상태')	장기적 효과 (가능 여부)	연구자의 설명
관리자	0	• 없음	• "그는 돈만 관리한다."	• 자신만의 프로그램 으로 구축하거나 확장함	• 관리자는 프로그 램에 관여하지 않 고 돈을 관리함
구축 행정가 1~2년	+	• 지역사회와의 만남 • 격려하기 • 원조 보충	• "우리는 여기에서 도움 을 약간 받는다." • "우리는 혼자가 아니다." • "우리는 싸울 것이다."	• 사용자들에게 프로 그램 이슈, 학생들, 현장, 버스에 대해 발언할 수 있는 더 많은 시간을 줌	• 행정가는 교사들 에게 도움을 제 공함으로써 혁신 프 로그램을 지원함
3~4년	0	• 없음	• "우리는 친구를 잃었다."	• 스스로 투쟁해야 했고, 그래서 어떻 게 하는지 배움	• 행정가의 상대적 인 무관심이 사용 자들을 확고하게 한 듯함
개발자	++	• 아이디어와 도 움 제공 • 구조 제공 • 활동계획 • 긍정적인 전망 • 자원	• "그들은 본인들의 자질 을 안다." • "모든 것이 합리적이다." • "할 수 있다!" • "우리는 잘 대비할 수 있다."	• 과학 프로그램을 지역사회가 참여하 는 학교 이외의 지 역으로 확장	• 프로그램 실행 비 용이 필요함: 한 사용자는 지침과 지지가 필요함. 그 들은 지침과 지지 를 획득하여 떠남
동료 사용자	+	• 계획을 도움 • 아이디어와 제 안을 줌 • 격려하기	• 어떻게 진행되었는가 • 차이를 채웠음 • 혼자가 아니며 도움이 있음	• 학교 밖 프로그램의 열렬한 사용자. 그 들은 프로그램을 어 떻게 이용하는지 알 고 있음	• 한 사용자가 이 방 법에 대해 경험했 고, 다른 사람들을 촉진함
자료 (지침)	+	• 개관, 접근, 상 세한 활동 제한	• 이것은 정말 좋은 것이 고 잘 진행되고 노력하 고 있으며, 유용함	• 자체적인 프로그램 개발을 위한 좋은 기반	• 자료들은 제 역할 을 다 함: 지역 프 로그램 개발을 자 극하고 도움을 줌

출처: Miles & Huberman (1994).

(3) 예시

연구자는 환경적 연구 프로그램 혁신의 사용자들에게 매일 누가 지원을 하고 있는지 (관심의 개념적 영역), 실제로 어떻게 구성되어 있으며, 어떤 효과가 나타나고 있는지(장

기적·단기적 측면 모두에서) 물었다. 그 결과가 〈표 6-11〉에 나타나 있다. 연구자는 각 셀에 인터뷰 자료의 본질을 유지하기 위해 따옴표로 그들의 말을 그대로 인용하거나 다른 말로 바꾸어 표현하였다. 마지막 열에 연구자는 각 행의 '이야기'에 대한 자신의 일반적인 설명을 추가하였다.

(4) 분석

분석가들은 각각의 서술적 줄거리의 의미들을 확인하기 위해 모든 열을 검토하게 된다. 현장노트, 인터뷰, 그리고 다른 원자료를 다시 검토하는 것이 맨 오른쪽 연구자의 설명 열을 채우는 데 도움이 될 것이다. 이 셀들은 단순한 요약이 아니라 추후 검토에서 가능한 잠재적 가설을 제공한다.

〈표 6-11〉은 어떠한 원조가 있었는지, 어떠한 역할이 있었는지, 사용자들에게 어떠한 종류의 영향을 주었는지, 그리고 왜 그러한 영향을 주게 되었는지에 대한 이슈들을 추적하는 것이 포함되어 있다. 예를 들어, 개발자들이 제공한 기술적인 도움과 자료들로 명확성과 합법성을 확보할 수 있을 것이며, 반면 새로운 프로그램을 사용자가 실제적으로 잘 사용하게 하기 위해서는 동료와 행정적인 지지가 필요할 수 있다(전략: **대조와 비교하기**).

연구자의 설명 열에서 우리는 매우 간략한 요약을 볼 수 있다. 인과관계에 대한 탐색이 충분하지 않았던 것이다. 원조의 종류, 역할, 영향 사이의 연결고리를 보다 명확하게 보기는 어렵다. 더욱이 각 열에서는 인과적인 순서가 한 번에 하나씩 이루어지는 것처럼 보이기도 한다. 각 열 사이의 **상호 작용**의 복잡성을 파악하기는 어렵다. 따라서 보다 자세하고 철저하게 인과관계에 대한 분석을 하기 위해서는 제9장에서 설명하게 될 다른 방법들이 필요하다.

(5) 노트

설명적 효과 매트릭스는 주로 연구 과정 중 전체적인 구조나 구성을 결정하기 위한 것이다. 지속적인 분석을 통해 이야기가 진행됨에 따른 참여자 특성의 목적과 미묘한 동기들을 발견하여 그 이야기의 교훈을 구성할 수 있다(예: 관련 이론).

3. 변수 탐색

체크리스트 매트릭스는 하나의 주요 변수의 복합적인 역동을 탐색한다. 내용 분석 요약표는 흥미 있는 차원이나 변수에 대한 다중 사례 디스플레이다. 대조표는 극단적인 범위를 보여 주기 위한 차원의 변동성을 강조한다. 두 변수 사례 정렬 매트릭스는 선택된 사례의 수가 어떻게 많은 변수와 관련되는지를 동시에 탐색한다.

1) 체크리스트 매트릭스

(1) 설명
체크리스트 매트릭스는 주요 변수나 일반적인 관심 분야의 현장 자료들을 분석하기 위한 양식이다. 기본 원리는 하나의 일관된 변수의 여러 구성요소(꼭 필요하지 않은 것이라도)를 이 매트릭스에 포함하는 것이다(〈표 6-12〉 참조).

(2) 적용
체크리스트 매트릭스는 새로운 영역을 탐색할 때 유용하다. 만약 어떤 주요 변수나 그 변수의 구성요소에 대한 대략적인 아이디어가 있다면 이 장에서 배운 대로 매트릭스를 그려서 만들어 나갈 수 있을 것이다.

질적 연구자는 모든 주요 참여자로부터 유사한 자료들을 수집하여 미리 지정된 양식에 기입할 필요가 있을 것이다. 이는 다음과 같은 상황에서 발생할 수 있다.

- 변수가 개념적으로 중요할 때
- 변수가 각기 다른 지표나 구성요소들과 잘 부합할 때
- 연구 결과를 지지하는 변수가 필요할 때(예: 유의미한 결과 측정치)
- 형식이나 측정의 유사성이 요구되는 다중 사례를 연구할 때
- 현장의 자료를 같은 변수의 설문 측정치와 연결하고자 할 때

체크리스트 형식은 자료 수집을 보다 체계적이고, 확증적이며, 비교할 수 있도록 할 뿐 아니라 적절한 단일 척도를 허용할 수 있도록 한다. 체크리스트 매트릭스는 워드

〈표 6-12〉 체크리스트 매트릭스: 스미슨 학교, 베인스타운 사례에서의 지원 준비 조건

조건	지원 조건 현황	
	사용자를 위한 지원	관리자를 위한 지원
참여도	• 강함: '제대로 운영되기를 원함'	• 구축 단계에서 지원이 약함 • 중앙부서의 주요 인사들은 의지가 있으나 나머지는 그렇지 않음
이해도	• 교사에게는 '기초적'('할 수 있을 것도 같았으나 어떻게 하는지 정확히 몰랐음') • 보조교사에게는 지원 없음('이 모든 것을 어떻게 진행해야 하는지 이해할 수 없음')	• 구축 단계 및 직원들 사이에 지원 부재 • 2명의 주요 인사에게 기초적 지원('개발자로부터 필요한 모든 도움을 받음') • 다른 중앙부서 직원들을 위한 지원은 없음
자원	• 부적절함: 늦게 정리되고, 난해하며('내가 써 왔던 것과 달랐음'), 폐기됨	• 해당 사항 없음
사전훈련	• 교사들을 위한 지원이 '부실함'('너무 갑자기 벌어진 일임'), 사전 시범학급이 없었음 • 보조교사를 위한 지원 없음('전혀 준비되어 있지 않음. 학생들과 같이 배워야 했음')	• 중앙부서의 주요 인사는 개발자 현장에서 훈련함, 다른 사람들을 위한 지원은 없음
기술	• 교사들을 위한 지원이 약하지만 적절함 • 보조교사를 위한 지원은 '없음'	• 주요 인사(로브슨)만이 실질적인 기술이 있음, 다른 사람들은 없음
진행 중인 서비스	• 없음: 단, 월례 위원회 회의는 진행함, 실질적인 재원은 없음	• 없음
계획, 시간 조정	• 없음: 낮 시간 동안의 다른 업무 사용자들에게도 없음, 연구실 일정이 빡빡하여 여유 시간이 없음	• 없음
오류 관련 대비	• 체계화되어 있지 않음: 여름 동안 사용자가 즉흥적으로 작업함	• 없음
학교행정 직원 지원	• 부적절함	• 해당 사항 없음
중앙행정 직원 지원	• 주요 인사 쪽에서는 매우 강함	• 구축 관리자, 중앙부서 위원의 의지에 따라서만 실행됨
연관 선행 경험	• 양쪽 사례 모두에서 강하고 유용함: 개별화 교수법을 실행한 적이 있으며, 성취도가 낮은 학생에게 작업했음. 그러나 보조교사는 특징적 경험 없음	• 중앙부서, 특히 로브슨(전문가)의 경우 연관 선행 경험이 있으며 유용함

출처: Miles & Huberman (1994).

표, 엑셀과 같은 프로그램 혹은 비교 가능한 CAQDAS 등을 활용하여 만들 수 있다.

(3) 예시

우리(Miles와 Huberman)의 학교 개선 연구에서, '준비 상태'는 개념적인 준거틀에서 볼 때 수행의 성공과 밀접하게 연관되어 있으며, 연구 문헌도 이를 강력하게 뒷받침하고 있었다. 준비가 잘 되어 있어야 일을 잘할 수 있다는 것은 물론 상식적인 것이다. 경험주의적 연구에서는 프로젝트를 훌륭하게 수행할 수 있도록 하기 위해 준비 상태를 세분화하여 연관되어 있는 구성요소들을 구분할 수 있게 한다. 게다가 우리의 연구에서는 12개의 사례가 연구 중이었으며, 유사한 척도들이 필요하였다. 또한 설문지에 연구 준비 관련 문항이 포함되어 있는 대규모 설문 조사와 학교 개선 연구의 결과를 연결하고자 하였다.

우리는 변수들에 대해 몇 가지 의심을 가지고 있었다. 준비 상태가 훌륭한 실행으로 연결된다는 논리가 너무 기계적이지 않은지도 궁금했다. 또한 다른 변수들이 준비 상태 변수들과 섞일 수도 있다는 의심도 있었다. 예를 들어, 경험이 많은 사용자는 기술적인 훈련을 생략하더라도 준비가 잘 되어 있는 것처럼 보일 수 있다. 그리고 학교 수준의 예측 불가능한 많은 요인이 프로젝트 실행에 상당한 영향을 줄 것이라고 믿었다. 따라서 준비 상태와 같은 개별적이고 기술적인 요인은 새로운 프로젝트의 성공 정도를 판가름하는 데 거의 비중을 차지하지 않을 수 있는 것이다. 이들은 모두 현장 관찰과 인터뷰를 통해 수집할 수 있는 것이었으며, 이러한 부분을 정리하는 데 도움을 줄 디스플레이가 필요하였다.

이 연구에서 답을 얻고자 했던 두 가지 주요 연구 질문은 다음과 같다.

① 실행하기 위한 원래 계획의 구성요소는 무엇인가?(예: 사전훈련, 모니터링과 예측하지 못했던 오류/분쟁 조정 문제, 진행 중인 지원)
② 시작하기 전에 수행에 필요한 조건이 보장되었는가?(예: 의지, 이해, 자원, 도구, 기술, 시간 조정, 조직적인 지원)

⟨표 6-12⟩는 새로운 프로젝트를 실행하기에 앞서 '준비 상태'를 평가하기 위한 것이다. 이 사례에서 혁신 내용은 교정이 가능한 읽기 관련 실험 프로그램이었으며, 교사와 보조교사에 의해 처음으로 사용된 것이었다. 열은 연구 질문에서 언급된 실행계획과

지원조건의 다양한 구성요소에서 선별되었다. 여기에 구성요소들을 분류하거나 정렬하려는 노력은 하지 않았다. 그러나 새로운 프로그램의 사용자와 행정가들의 준비 상태가 매우 다를 것이라는 생각은 있었다. 따라서 행에는 이러한 차이를 반영하여 구분하였다. 즉, 매트릭스는 **역할**에 따라 부분적으로 정렬되어 있다고 할 수 있다.

셀에 기입되는 내용은 요약된 문구와 직접 인용구, 분석가에 의한 전반적인 타당성 판단(정도의 범위로 나타나는 평가적인 단어) 등이다.

- 부재/없음
- 약함
- 부적절함
- 부실함
- 기초적임
- 있음
- 강함
- 매우 강함

인용구는 순위를 **정당화**하고 설명하는 데 유용하다(즉, 정도 코드).

요컨대, 체크리스트 매트릭스를 만들기 위해 분석가는 글쓰기 관련 영역을 검토하고, 코드화된 자료를 다시 살펴보며, 일반적인 평가를 형성하거나 필요하다면 직접 구성요소의 적절성 정도에 대한 순위를 매기고, 적당한 인용구를 배치한다.

인용구와 순위는 셀 안에 함께 넣는다. 여기에서 말하는 순위는 무엇이 얼마나 있는지 정도만 알려 줄 뿐 그것이 무엇을 의미하는지는 알려 주지 않는다. 간략한 인용구로도 충분히 의사소통을 할 수 있으며, 이러한 간략한 인용구는 다른 분석가들이 글쓰기 단계로 돌아감으로써 순위가 정당한지에 대해 판단할 수 있도록 돕는다.

인용구를 선택하고 평가나 순위를 매길 때 따르는 의사결정 규칙은 명확해야 한다. 그렇지 않으면 동료들이나 독자들이 연구 결과에 대해 의심할 수 있으며 스스로도 확신할 수 없을 것이다. 인용구와 순위를 매트릭스에서 함께 사용하면 그들의 적합성을 평가할 수 있을 것이다. 〈표 6-12〉에서 자료를 입력할 때 사용된 몇 가지 의사결정 규칙은 다음과 같다.

- 사용자가 2명밖에 없으며, 그들은 각각 다른 역할을 맡고 있으므로(교사와 보조교사) 평가를 일반화하지 말아야 한다. 이는 행정직원들의 경우에도 마찬가지로 적용된다.
- 사용자와 관리자들이 평가를 했다면 그것을 사용하도록 한다. 그리고 그것을 인용구로 넣으라.
- 직접적인 보고를 제외하고는 다른 사람에게 검증을 부탁하지 말라.

(4) 분석

〈표 6-12〉에 있는 매트릭스의 열을 보며 서로 다른 구성요소들의 준비 상태 수준에 대한 일반적인 견해를 형성할 수 있다. 분석적 전략은 단순히 '이치에 맞는' 평가가 아니라 **패턴과 주제에 주목하기** 중의 하나이다(제11장 참조). 예를 들면, 자료를 유심히 살펴본 후에 분석가는 다음과 같이 적을 수 있다.

> 확고한 의지와 행정적인 지원(원칙 수립 문제를 제외하고)은 있으나, 필수적인 기술과 이해가 부족하여 교육, 문제 해결, 계획 등을 위한 진취적인 메커니즘이 전무한 상태로 보인다.

그러나 디스플레이는 새로운 질문을 던진다. 과연 이곳에서 무슨 일이 일어나고 있는가? 중앙부서 관리자는 사용자보다 프로그램에 대한 기초적인 이해도가 높고 의지가 있다(전략: **대조하기**). 그들은 왜 도움을 주지 않았는가? 분석가는 다시 현장노트를 보고 다음과 같은 사실을 발견하였다.

> 바우어스 부인[행정 중심적이며 노련미가 부족한 인사]에게 연구실 교사들이 요구한 것은 자료 제공과 기본 교육뿐이었다. …… 교사들이 이미 아이들에게 개별적으로 교육을 했기 때문에 "그들은 실제로 어떠한 심경의 변화도 갖지 않았다."는 것이 그녀의 이유였다. …… 그러나 이 부분에 대해 그녀는 "잘 모르겠네요. 우리가 너무 성급했을지도."라고 말했다.
> 심지어 독해 전문가인 로브슨 부인 역시 초기에 준비를 좀 더 잘 할 수 있는 몇 가지 방법을 알고 있었으나, 교사들이 '준비가 되지 않았다고 생각한다.'라고 인지했다. 그녀 또한 교사에게 요구되는 변화의 정도를 과소평가하고 있었던 것이다.

따라서 분석가는 정보를 더 많이 찾아냈다. 훈련과 지원이 빈약하고 성급했던 이유는 생각이 다른 데 가 있던 행정가가 새로운 사용자의 실제 욕구를 간과했기 때문이었다. 분석가는 또한 설문 조사 자료를 검토하면서 모든 응답자가 조건 목록의 '매우 일부분만' 제대로 되고 있다고 생각한다는 것을 알게 되었다. 관리자들은 기금과 자원을 강조했고, 교사들은 프로젝트의 목표를 성취할 수 있는 동기가 있는지에 대해 더 회의적이었다.

이러한 사실을 통해 분석가는 매트릭스에서 빠진 중요한 행이 다른 학급 교사들의 지원이었다는 사실을 깨달았다. 연구실 프로그램에 대한 이들의 이해와 의지가 부족하여 비협조, 회의론, 불만을 가져왔다. 이러한 부분은 오직 연구실 교사와 보조교사들과의 개인적인 친분으로만 상쇄되고 있었다.

전체적으로 볼 때, 체크리스트 매트릭스는 관련 자료의 특정 중요 부분을 체계적으로 수집하고 평가하며 심사숙고하기에 효과적인 도구라고 할 수 있다.

(5) 노트

모든 연구 질문과 변수는 다양한 디스플레이를 가질 수 있다. 각각은 장점과 제한점을 가지고 있다. 예를 들면, 〈표 6-13〉에 있는 준비 상태 체크리스트 매트릭스(대안 양식 1)는 〈표 6-12〉의 행과 열을 교체해서 다시 배치한 것이고, 특정 개인의 모든 조건에 대한 응답을 쉽게 살펴볼 수 있다. 〈표 6-12〉처럼 한 셀에 많은 것을 집어넣지 않았기 때문이다. 또한 분석가는 심리사회적 조건과 실행계획이라는 두 가지 일반적인 영역에 조건들을 군집화하였다. 이 군집화는 더 쉽게 비교할 수 있게 해 준다.

〈표 6-14〉에 있는 준비 상태 체크리스트 매트릭스(대안 양식 2)는 다른 형식을 보여 주고 있다. 이 셀에는 사용자나 관리자 보고의 숫자와 함께 조건의 이름들을 기입한다. 첫 행에 있는 조건 이름 옆에 별표를 기입하여 어떤 조건에서 '가장' 준비가 미흡한지 표시할 수 있으며, 참여자들이 성공을 위해 꼭 필요하다고 응답한 조건의 이름 옆에 # 표시를 할 수도 있다. 그러나 〈표 6-13〉에서 볼 수 있는 개별적인 자료는 보여 줄 수 없다. 또한 어떤 특정 조건의 상태를 추적하는 것이 훨씬 어려울 수 있다.

〈표 6-15〉에 있는 준비 상태 체크리스트 매트릭스(대안 양식 3)는 관리자와 사용자의 차이에 대해서는 강조하지 않고, 조건들의 역동성, 즉 왜, 얼마나 그것들이 중요한지를 강조하는 방향으로 완전히 바꾼 것이다. 이 역시 분석가의 상황에 대한 관점을 보여 줄 수 있다. 이것은 특정 예시에 대한 아이디어를 내포하고 있으나, 개별적으로 식별이 어렵고 사용자와 관리자 간의 비교도 어려울 것이다.

〈표 6-13〉 준비상태 체크리스트 매트릭스(대안 양식 1)

	심리사회적 조건						실행계획				
	연관 선행 경험	참여도	이해도	기술	학교 행정 직원 지원	중앙 행정 직원 지원	자원	사전 훈련	진행 중인 서비스	계획, 시간 조정	기타
사용자 1 사용자 2											
구축 관리자(교장) 1 구축 관리자(교장) 2											
중앙부서 관리자 1 중앙부서 관리자 2											
다른 중앙부서 직원											

출처: Miles & Huberman (1994).

〈표 6-14〉 준비 상태 체크리스트 매트릭스(대안 양식 2)

조건	사용자	관리자
없음		
약함		
적절함		
강함		

출처: Miles & Huberman (1994).

〈표 6-15〉 준비 상태 체크리스트 매트릭스(대안 양식 3)

조건	예시[a]	얼마나 중요한가[b]	왜 중요한가[c]
참여도			
이해도			
자원			
훈련			
기타			

[a] 구체적인 예시, 관리자나 사용자를 각각 A나 U로 표기
[b] 평가: 매우 중요함, 꽤 중요함, 다소 중요함, 중요하지 않음
[c] 조건의 중요성에 대한 이유, 응답자(A 또는 U) 또는 연구자(R)

출처: Miles & Huberman (1994).

체크리스트 매트릭스의 구성요소는 처음에는 정렬되지 않은 상태였어도 의미 있는 구조를 갖게 될 때가 있다. 분석가는 〈표 6-14〉와 같이 몇몇 군집으로 나누거나 주변에서 중앙으로 혹은 약함에서 강함으로 정리할 수 있다.

디스플레이의 형식을 너무 빨리 결정하지 말아야 한다. 특히 텍스트 기반의 소프트웨어에서의 복사하기, 붙여 넣기 기능을 사용하면 다양한 디스플레이를 만들 수 있기 때문이다. 또한 동료들의 아이디어와 반응을 여러 번 반복해서 살피도록 해야 한다. 특히 탐색적 연구의 경우, '비고' 열을 만들고 여기에 모든 종류의 관련된 내용을 포함하여 이해를 도울 수 있다.

2) 내용 분석 요약표

(1) 설명

내용 분석 요약표는 초기 또는 탐색적 분석을 하기 위해 여러 사례로부터 추출된, 모든 관련된, 그리고 적절한 자료를 단일 양식에 함께 묶어 놓은 매트릭스 디스플레이다. 매트릭스의 각 셀은 관심 있는 영역을 구체적으로 보여 주고 있다(〈표 6-16〉 참조).

(2) 적용

단일 사례에서 교차 사례 분석으로 이동할 때의 우선적인 과업 중 하나는 많은 사례를 어떻게 유사한 특징으로 나눌 것인가를 결정하는 것이다. 매우 단순하게는 단일 사례에서 사용했던 원래의 매트릭스를 선택하고 모든 압축된 자료를 포함하는 메타 매트릭스를 만들어 낼 수 있다. 하나 이상의 사례에서 나타나는 같은 특징이 있다면 그 특징 옆에 숫자로 표기할 수 있다[예: '학생 투입의 변동(5)'는 다섯 군데의 다른 곳에서 같은 부분이 관찰되었다는 뜻이다].

때로는 그 내용이 어떤 사례에서 발생했는지에 대한 참고 없이 메타 매트릭스의 내용에만 집중하고 싶을 때가 있다. 이때는 사례 간 주요 흐름을 보기 위해 사례를 식별할 수 있는 부분들을 고의로 누락시키게 된다. 각 사례의 특징을 살펴보기보다는 개념화하는 것이 목적이기 때문이다.

초반의 설명적 매트릭스는 '모든 것을 담아낼' 필요가 있기 때문에 크고 복잡하다. 따라서 명확하게 이해하기 위해서 내용 분석 요약표를 사용한다. 이를 통해 규모가 큰 매트릭스를 다시 체크하여 연구 결과를 지나치게 단순화하거나 왜곡하지 않도록 할 수 있다.

(3) 예시

〈표 6-16〉은 학교 개선 연구의 내용 분석 요약표를 보여 주고 있다. 우리는 두 가지 형태의 변화—일시적인, 지속적인—를 표기하고자 하였다. 또한 각각의 변화의 형태를 다음과 같이 두 가지의 형식으로 세분화하였다. ① 혁신 자체 내에서 보이는 것들, ② 전체 조직에서 관찰되는 것들이다.

또한 일시적인 변화와 지속적인 변화를 다음과 같이 세 가지의 변화 유형으로 세분화하였다. ① 구조적 변화, ② 절차적 변화, ③ 분위기의 변화(참여자들의 사회적·정서적 역동을 참조함)이다. 각 셀은 현장노트에 기입된 다양한 학교 현장에서 관찰할 수 있는 관련 특징들을 포함하고 있다.

〈표 6-16〉 내용 분석 요약 표: 조직 변화의 내용

변화 유형	일시적 변화		지속적 변화	
	혁신 내부 변화	조직 변화	혁신 내부 변화	조직 변화
구조	• 프로젝트 감독자 추가 부서 개발 • 고문위원회의 창설과 폐지	• 통제, 자금 조달, 관리 감독의 지역 변화	• 투입 학생의 변동(5) • 개편: 부서 간 상호 의존 증가	• 혁신 자체(5): 교정실, 대안학교 업무 경험 프로그램, 영어교육 과정, 학업 성과 책임 제도 • 없음(5) • 일정 조정(4) • 새로운 사용자에게 혁신 확대(3) • 프로그램 영역(2) • 조정자 역할 창출 • 관리 위원회 창설 • 고용된 위원회 창설 • 프로그램에 서머스쿨 버전 추가 • 팀티칭 증가 • 조력 교사의 역할 창출

절차	• 적극적이고 강압적인 학생 선별 • 지원(정서적 · 물리적) 제공 리더십 • 교사들과 지도자 '자문' • 비사용자가 테스트로 사용자를 원조함 • 보조교사, 부모가 설명하여 원조함 • 지역사회 접촉 증가	• 쇠퇴한 혁신은 중단됨 • 자료들에 대한 현장 검증 • 교사들의 교재 교환 • 다른 교육으로 교체	• 철저한 관리 감독과 통제(2) • 학생 '일괄처리' • 형식과 절차의 관례화 • 카리스마 있는 리더가 더 소원해짐 • 직원 모임이 줄어듦 • 프로그램에서의 학생 시간 감소 • 직원 재배치 • 교재의 선택적 사용	• 혁신 자체(5): 학생 심사, 의뢰/초기면접, 집단 구성, 철수 절차 • 서류 업무 증가(2) • 학생 교통편의 증가(2) • 교사 부담 감소 • 자유화 시기: 교체와 조기 퇴직 • 문자등급평가 저하 • 교사들 간의 협력 증가 • 개별 학생에 대한 교사의 논의 증가 • 학생 할당 이상의 교사 통제 감소
분위기	• 갈등(4): 사용자, 사용자-보조교사, 부서 사이에서의 팀 응집력 증가(2), 선구자 정신과 기지 • 사용자의 불만(2) • 긴장, 공포, 불신	• 사용자와 비사용자의 갈등(2) • 교정실에 대한 사용자의 불만 • 관리위원회의 모호함 • 보다 상향된 영향력, 침해, 낮은 도덕성 전망 • 교장의 저항과 지원	• 낙담, 소진, 흥미 상실(3) • 협동적이고 원조적인 분위기(2) • 응집력(2) • 응집력 감소 • 과부하 • 친밀감/적대감의 발생	• 서류 업무에 대한 불만(2) • 혁신에 대한 경계심 • 혁신에 대한 개방성 증가 • 규범의 변화: 융통성, 동료의식, 상호 작용 • 없음: 분위기 아직 좋음 • 없음: 분위기 아직 나쁨 • 혁신에 대한 행정적 인식 증가

* 각 항목은 한 지역에서 발생한 변화를 나타냄. 한 지역 이상에서 발생한 변화는 옆에 숫자로 표기함.
출처: Miles & Huberman (1994).

(4) 분석

준비 상태에 대해 숫자를 표기함으로써 이것이 다중 사례에 대한 분석이라는 것을 볼 수 있다. 또한 한 셀 안에 숫자들을 표기함으로써 하나의 유형 안에 얼마나 많은 종류의 조직적인 변화가 발생했는지도 볼 수 있다.

예를 들어, 혁신 내부의 변화 중 '구조에서의 일시적인 변화'(상단의 왼쪽 칸)는 빈번하게 발생하지 않고 하나의 사례에서만 발생한 반면, '혁신 내부에서의 일시적인 분위기의 변화'(두 칸 아래)는 좀 더 다양하고 여러 사례에서 반복되는 것을 볼 수 있다(전략: 대조와 비교하기, 계산하기).

그러나 지속적인 변화에서는 다소 다른 측면이 있다. '조직 내에서의 지속적인 변화'

(상단의 맨 오른쪽 칸)는 여러 지역에서 다수 발생한다. 매트릭스를 단순히 살펴보자면, 일시적인 변화보다 지속적인 변화가 좀 더 많이 발생한다고 볼 수 있다.

이와 같이 자료를 탐색적으로 모아 놓음으로써 한번에 모든 사례의 자료 구조를 이해할 수 있다. 이를 통해 후속 분석 작업에 필요할지도 모르는 특성, 변수, 상호관계, 그리고/또는 경향을 알 수 있다.

(5) 노트

물론 특정 사례나 현장을 식별할 수 있는 매트릭스 안의 각 자료에 머리글자나 몇몇 유형의 코드를 붙일 수 있다. 원하는 참고 자료나 후속 작업이 있다면 이러한 작업을 통해 특정 사례를 추적하거나 돌아가 볼 수 있을 것이다.

3) 대조표

(1) 설명

대조표는 선택된 변수들을 탐색하기 위해 사례들의 극단값, 정규값, 이상치의 범위를 하나의 표에 모아 놓은 것이다(〈표 6-17〉 참조).

(2) 적용

일반적인 변수, 아마도 중요한 결과값, 그리고 각기 다른 사례에서 어떻게 그러한 결과가 도출되었는지의 의미를 이해하기 위해서는 대조표가 유용한 도구가 될 것이다. 극단적인 범위의 샘플들을 시험해 봄으로써 많은 사례 중 단지 몇몇 사례를 살펴볼 수 있다. 긍정적인 부분과 부정적인 부분 혹은 탁월한 부분과 실패한 부분을 함께 살펴봄으로써 변수의 범위나 사례의 지속성을 살펴보는 것으로는 가능하지 않은 분석적 관점들이 생겨날 수도 있다. 사례들이 '정규값'을 갖는다는 사실을 알게 되기 전에 모든 사례 혹은 대부분의 사례를 꼼꼼하게 살펴볼 필요가 있다. 이러한 과정은 사례들의 속성을 배치하는 데에도 도움이 될 것이다.

(3) 예시

〈표 6-17〉은 프로그램 변화가 '높음, 낮음, 부정적'의 세 가지가 극단적으로 드러나는 세 군데의 학교 사례를 보여 준다. 이 세 군데의 대조적인 학교는 기술 숙달, 에너지

〈표 6-17〉 대조표: 사용자의 각기 다른 변화 정도를 보여 주는 전형적인 사례

사용자 변화의 양상	마세파: 높은 변화	버튼: 낮은 변화	던 할로: 부정적 변화
1. 일상과의 차이가 발생하기 시작함	높은 수준의 차이	낮은 수준의 차이	중간 정도의 차이
2. 변화의 확대	높음: 모든 측면	낮음: 특정 영역에서만	낮음/중간: 일상과 태도
3. 기술 숙달	천천히 드러남	빠름	낮은 편
4. 에너지 투여	매우 높음	낮음	높은 편
5. 보고된 정적 변화	일부	전혀 없음	많음
6. 자발적 변화를 넘어서는 확대와 압력	그렇다: 확대됨	아니다	그렇다: 초기

출처: Miles & Huberman (1994).

투여 등과 같은 '사용자 변화의 양상'을 보여 주고 있으며, 연구자는 높음, 느림, 빠름, 높은 편 등의 정도를 나타내는 코드로 표기하였다.

(4) 분석

분석가는 3개의 대표적인 사례를 선택하고, 사례 보고서에 기록한 여섯 가지의 사용자의 변화 양상을 뽑아 사용자가 혁신을 시도한 결과 어떻게 변화했는지에 대한 아이디어를 얻는다. 이러한 작업을 통해 사용자의 변화가 어떻게 구성되어 있고, 그것이 어떻게 작용하는지에 대한 개념화를 할 수 있다. 예를 들면, 던 할로와 같은 부정적인 사례가 초기에는 마세파의 사례처럼 높은 변화를 더 선호하다가 이후에는 변화 정도가 퇴보하는 것을 볼 수 있다.

표를 살펴보면, 사용자 변화의 양상이 정도를 나타내는 코드로 조화롭게 적용되어 있고, 세 군데 학교의 변화가 높음, 낮음, 부정적과 같이 범주화되어 있는 것을 확인할 수 있다. 즉, 학교 프로그램 변화에 대한 연구자의 전체적인 평가가 여섯 가지 사용자 변화의 양상을 통해 잘 드러나고 있다.

대조표는 예측-결과 매트릭스에 사용되는 유용한 변수를 파악할 수 있다(제10장 참조). 예를 들면, 〈표 6-17〉에서 변화의 침투성이 높은 경우 사용자 변화가 높다. 매트릭스 배치를 바꾸어 보면 확인할 수 있을 것이다.

(5) 노트

대조표는 탐색적 분석을 위해 다중 사례에서 선택된 극단적 범위를 함께 보여 주는 것이다. 그러나 이 예시를 다른 비슷한 사례에 완전히 의존하여 적용하지는 말아야 한다.

4) 두 변수 사례 정렬 매트릭스

(1) 설명

두 변수 사례 정렬 매트릭스는 가능한 상호 작용을 탐색하기 위해 열에는 잘 알려진 변수를, 행에는 덜 알려진 여러 변수의 양상을 배치하는 것이다(〈표 6-18〉 참조).

(2) 적용

연구의 한 부분의 퍼즐이 완성되어도 다른 부분은 여전히 풀리지 않을 때가 있다. 혹은 여러 사례가 초기에는 어떤 공통 부분으로 묶여 있다가 사례들 사이의 또 다른 공통성이 존재하는지 보기 위해 추가적인 분석이 필요할 때도 있다. 두 변수 사례 정렬 매트릭스는 이러한 두 가지 특정 연구에 도움이 될 수 있다. 이 방법은 또한 두 변수 사이에 인과관계는 명확하지 않으나, 가능한 상호관계를 연구하는 데에는 매우 유용하다.

(3) 예시

〈표 6-18〉은 12개 학교의 사례를 연구자가 감지한 수행 안정성에 따라 높음부터 높은 편, 중간, 낮음 등의 범위로 수직적으로 분류해 놓은 것이다. 행에는 조사가 완료되어 '배치된' 변수들을 포함하고 있고, 열에는 아직 탐색이 끝나지 않은 변수들이 있다.

2열과 3열에는 정도를 나타내는 추가적인 코드를 넣었고(긍정적인, 혼재됨, 높음, 불확실함 등), 4열에는 학교의 프로그램 지속 가능성에 영향을 줄 수 있는 주요 요인을 넣었다. 분석가는 '사용자의 태도'와 '지속적인 사용 가능성'이 '주요 요인'과 어떻게 상호관계를 가지는지를 파악하고자 하였다.

(4) 분석

이러한 디스플레이는 매우 풍부하게 증명되어 있다. 분석가는 매트릭스를 살펴보고 전략적 관찰을 근거로 하여 주장과 제안들을 개발하였다.

〈표 6-18〉 두 변수 사례 정렬 매트릭스: 사용자의 수행 안정성과 지역의 지속성 간의 관계

수행 안정성의 정도/사례	1. 프로젝트의 마지막 연도	2. 지속성에 대한 사용자 태도	3. 지속적 사용 가능성(같은 수준이나 더 나은 수준)	4. 높은/낮은 지속 가능성에 기여하는 주요 요인
높은 안정성 아리스토리아(E)	1	긍정적	높음	• 프로젝트 권한 • 적합성을 위한 큰 지역적 변화
틴데일(L)	3	매우 긍정적	높음	• 지역 권한이 잘 수행됨 • 코드화된 절차 • 사용자의 만족
높은 편의 안정성 칼스턴(E)	2	혼재됨*	낮음	• 예산 위기와 직원 감축, 재배치
페리−파크데일(E)	3	매우 긍정적	불확실함	• 직원 재편성 • 불확실한 재정
리도(E)	4	혼재됨[+]	불확실함	• 행정적 지원 낮음 • 우선순위 낮음(현재 가능한 새로운 편의시설) • 사용자의 실망
중간 안정성 버튼(E)	1	긍정적	높음	• 프로젝트의 일부가 교육 과정에 사용됨 • 큰 지역적 변화, 사용자 적합성
베인스타운(E)	2	긍정적	불확실함	• 예산 위기 • 직원 감축, 재배치
마세파(E)	3	혼재됨	높음	• 프로젝트 권한 • 강력한 업무 지원 • 학생들의 성과 개선
카슨(L)	3	매우 긍정적	높음	• 코드화, 관례화된 절차 • 프로젝트 권한 • 지역적 지원 확산
플러밋(L)	4	긍정적	불확실함	• 직원들의 재편성 가능성 • 지역의 지지 낮음
낮은 안정성				

던 할로(L)	3	부정적	낮음	• 사용자와 교장의 불만족 • 지역의 지지가 강하지 않음
프로빌(L)	4	부정적	없음	• 다른 중앙부서 우선, 지지 없음 • 프로젝트 중단 • 사용자와 교장의 불만족

* 인터뷰 자료와 사례 보고서 표에서 추출한 연구자 평가.
+ 일부는 지속을 원하나 다른 일부는 그렇지 않음.
(E) = 외부적으로 개발된 혁신
(L) = 지역적으로 개발된 혁신

출처: Miles & Huberman (1994).

안정된 지역이 그렇지 않은 지역보다 더 지속되었는가? 극단적인 범위에서는 그렇지만 중간 범위에서는 모두 다 그렇지는 않았다(전략: **변수 간의 관계에 주목하기**).

2열에서는 12개의 사례 중 7개의 사례에서 사용자들이 대부분 혹은 명백하게 지속되기를 원한다는 것을 보여 준다(전략: **계산하기**). 그러나 4개의 사례만이 그들의 바람을 이루었다. 따라서 긍정적인 사용자의 태도는 강화되었을 수 있으나, 지속 가능성까지 높지는 않았다(전략: **변수 간의 관계에 주목하기**). 반면, 혁신을 선호하지 **않는** 사용자들은 약간 더 나은 예측 변수로 보인다. 적어도 현장에서 지속적인 사용을 보장하는 데 있어 교사들의 선호도는 여전히 결정적이지는 않은 것으로 보인다.

내용이 가장 많은 4열에서는 주요 요인의 정도를 추정하여 대략적으로 목록화하였다. 이것은 사용자의 반응에서 직접적으로 도출된 것이다. 지속성이 불확실한 현장에서는 그것을 하고 있거나 관리하고 있는 대다수의 사람이 그것을 좋아하지 않을 때, 다른 주요 요인이 지지하지 않을 때 혹은 외부적인 큰 혼란이 있을 때 지속성이 낮아지는 것으로 볼 수 있다. 만약 그 모든 것보다 우선하는 요인을 찾는다면, 분명 노골적인 예산 삭감으로 인해 지속적인 **행정적 지원**이 부족했기 때문일 것이다(전략: **인수분해**).

5개의 지역에서 지속성이 매우 높은 것은 행정적인 지원(행정적 지시와 행정적 체계)이 명확하게 드러나고 있기 때문이다. 따라서 행정적 지시와 더불어 사용자와 행정적인 지지가 꼭 필요하다고 추론할 수 있다(전략: **극단적 사례 이용하기, 변수 간의 관계에 주목하기**)

이러한 분석은 설명적 절차 중 하나로 다음 단계를 제시할 수 있다. 즉, 안정화의 다양한 원인을 보다 명확하게 파악하고 제도화 과정의 역동을 분석할 필요성이 제시된다. 다음 단계에서의 이슈는 단순한 '지속성' 이상이 될 것이다.

(5) 노트

소프트웨어에서 복사하기, 붙여 넣기 기능은 다양한 순서와 행렬의 구성을 쉽게 탐색할 수 있도록 해 준다. 만약 두 변수 사례 정렬 매트릭스를 검토한 후에 뭔가 분석적으로 맞지 않는다고 느낀다면 행렬의 구성을 바꾸어 볼 필요가 있다. 새로운 행렬의 매치가 추가적인 관련성과 관점을 제시할 수도 있다.

4. 보고서 탐색

선구조화된 사례는 보고서의 연속적인 원고 양식이다. 순차적 분석은 기존의 연구 결과에 다음 연구 결과들을 어떻게 누적하여 발전시켜 가는지를 보여 준다.

1) 선구조화된 사례

(1) 설명

연구자가 명확한 개념적 준거틀, 세밀한 연구 질문, 표본추출계획 등을 확립했다면, 선구조화된 사례는 자료가 수집되기 전에 개발된 사례 개요로 시작된다. 이 사례 개요에는 상세한 자료 디스플레이뿐만 아니라 디스플레이에 들어갈 내용도 포함된다. 사실 사례 개요는 자료를 담아낼 뼈대라고 할 수 있다. 여러 차례의 현장 방문을 통해 연구자는 사례의 연속적인 원고를 작성하게 되고, 꾸준히 수정하게 된다. 사례의 최종 버전은 마지막 현장 방문 직후에 완성된다(〈표 6-19〉 참조).

(2) 적용

앞서 질적 연구에서 너무 많은 자료가 문제가 될 수 있음을 종종 언급하였는데, 현장 노트를 처리하고 코딩하는 데 필요한 시간이 부족하여 이러한 문제를 악화시킬 수 있다. 시간이 제한되어 있고 연구 질문이 잘 명시된 연구에서는 선구조화된 사례가 자료 수집과 분석을 '빠르고 정확하게' 집중하여 간소화하는 방법이 될 수 있으며, 신뢰할 만

〈표 6-19〉 선구조화된 사례 개요: 축약 버전

A. 시작 노트: 사례 방법과 자료

Ⅰ. 내용

   a. 학교: 개관

   b. 지역사회 상황

   c. 학교 지역

   d. 주 상황(SEA와 의회)

   e. 학교: 추가적인 세부 그림

   f. 변화를 위한 사전조건

Ⅱ. 계획된 개선 프로그램: 개관

Ⅲ. 프로그램의 이유

Ⅳ. 계획과 실행에 대한 내용

   a. 연대표

   b. 계획과 실행 과정

   c. 문제점

   d. 제공된 지원

      1. 자원, 유형, 적절성

      2. 지원 이유

   e. 문제를 다루는 방법

      1. 전략 관리와 모방

      2. 이러한 전략 선택의 이유

Ⅴ. 프로그램 실행 노력

   a. 전반적인 프로그램의 규모와 질

   b. 향후 전망

   c. 실행 이유

Ⅵ. 결과

   a. 중간 결과

   b. 장기 결과

Ⅶ. 이러한 결과의 원인

Ⅷ. 도시 고등학교 개혁을 위한 교훈

출처: Miles & Huberman (1994).

한 결과를 제공할 수 있을 것이다. 이러한 방법은 다중 사례연구에서 더욱 중요하게 쓰일 수 있으며, 다중 사례연구에서 사례 간 비교는 설득력 있는 결론에 도달하기 위해 매우 중요하다.

(3) 예시

6개의 도시 고등학교 개혁 과정에 관한 연구에 5명의 연구자가 참여하였으며(Louis & Miles, 1990), 이들은 세부적인 개념적 준거틀과 함께 다음과 같은 14개의 세부적인 연구 질문을 개발하였다.

- 학교 개선 프로젝트를 계획 · 착수 및 실행하는 데 있어 장애물, 문제, 딜레마는 무엇인가?
- 이러한 장애물, 문제, 딜레마를 다루기 위해 어떠한 관리 및 대처 전략이 사용되었는가?

연구 문제가 있다면 분명하게 명시된 개요를 구성할 수 있다. 〈표 6-19〉는 40페이지에 달하는 사례 보고서를 염두에 두고 작성한 축약된 양식 중 하나이다. 모든 사례연구자는 보다 세부적인 버전을 사용하였으며, 그 목표는 '예측되는 보고서에 필요한 자료를 수집하도록 추진하는 것'이다(Miles, 1990). 즉, 최종 보고서가 어떠할지에 대해 알고 있는 현장 전문가가 그 뼈대를 채우는 데 필요한 자료를 수집한다는 것이다. 물론 특정 자료 디스플레이(매트릭스, 조직도 등)는 미리 설계된다.

보통은 이러한 방법을 사용하고자 할 때 시간이 제한적이므로 사례 내에서의 표본 추출을 위해 사전계획을 세우는 것이 도움이 된다. 예를 들면, 앞서 제시한 두 가지의 연구 질문에서 다음과 같은 훌륭한 표본을 원하였다.

- 주요 관계자: 조정 위치에 있는 사람들
- 주요 사건: 문제 해결과 조정을 위한 회의
- 핵심 과정: 시작과 실행 초반 및 후반에 맞닥뜨리는 문제들, 그리고 영향력 있는 다양한 역할의 대처 전략(교사, 건물 관리인, 중앙부서 직원들)

시간이 제한되어 있을 때는 다음과 같이 자료 수집에 대한 순차적인 접근 방법의 계획을 세우는 것도 유용하다. 다음 현장 방문에는 어떤 연구 질문에 초점을 둘 것인가?

(4) 분석

연구자는 개요를 명확하게 그리면서 자료 수집을 시작해야 한다. 가공되지 않은 현장노트는 기록으로 변환하지 않고 코딩한다. 연구자는 코드화된 현장노트를 검토하고 디스플레이에 직접 자료를 입력한다. 이때 분석적인 설명을 함께 기록하게 되는데, 이것은 디스플레이에 입력한 자료에서 도출한 결론이라고 할 수 있다. 여기에는 결측치나 모호한 자료 혹은 해결되지 않은 연구 질문이 있을 것이다. 이는 다음 자료 수집 대상을 제공해 준다. 사례 개요의 초기 버전은 설명적 자료, '반영적 소견', 그리고 사례의 각 장에서 '모호하고 해결되지 못한 연구 질문'에 대한 세부 항목들이 부족할 수 있다.

이러한 절차는 자료 수집과 완성된 사례의 처리가 끝날 때까지 반복된다. 따라서 자료 수집, 분석, 보고서 작성의 과정은 하나의 전개 과정으로 축소된다. 경험이 있는 연구자는 자료에 대해 끊임없이 고민하고 연구 결과를 확인하며 확장해 나갈 것이다. 예비 결론을 확인하고 수정해 가는 과정에서 연구 참여자들의 피드백을 구하여 통합해 나갈 수 있다.

[그림 6-5]는 이러한 분석적 과정이 전통적인 절차와 어떻게 다른지를 보여 준다. 두 가지 절차가 모두 반복적이긴 하지만 선구조화된 사례에서의 작업은 도출된 결론, 보고서 초안뿐만 아니라 개요를 통해 이루어질 수 있다.

그러나 [그림 6-5]에는 중요한 약점이 있다. 코딩이 '공적인' 기록이 아니라 현장노트에서 직접 이루어지며, 비평과 개선을 위한 작업이 훨씬 덜 이루어진다는 것이다. 따라서 경험이 부족한 현장 조사자나 혹은 진행 중인 연구 유형에 익숙하지 않은 현장 조사자는 이러한 방법을 사용하지 말아야 한다. 또한 개념적인 준거틀과 연구 질문이 잘 준비되어 있지 않은 상황에서도 사용하지 말아야 한다. "요컨대, 선구조화된 사례를 잘 수행하기 위해서는 중요한 대부분의 것을 갖춘 상태에서 자신이 무엇을 하고 있는지 알아야 한다."(Miles, 1990, p. 48)

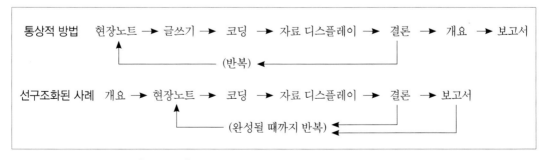

[그림 6-5] 통상적인 분석 순서와 선구조화된 사례의 비교

출처: Miles & Huberman (1994).

(5) 노트

선구조화된 사례 방법은 연구자로 하여금 초기에—혹은 너무 이르게—결론을 내리게 할 수도 있다. 이러한 경향으로 인해 시야가 좁아지고, 감지되지 못하는 편견이 발생할 수 있다. 심지어 경험이 많고 지식이 풍부한 연구자에게도 다음과 같은 수정 전략이 필요하다. ① 앞에 논의된 잠재적 어려움을 피하기 위해 두 사람 이상이 사례 개발에 참여할 것, ② 연구 참여자들과 현장에서 다양한 자료를 추출할 것, ③ 자료 수집 방법, 이론 또는 응답자들과의 **삼각화하기**(제11장 참조), ④ 디스플레이와 기록에서 다른 결론이 도출될 수 있는지 보기 위해 동료들과 협업할 것.

2) 순차적 분석

(1) 설명

순차적 분석은 구체적인 방법론이나 디스플레이 될 수 있는 것들에 꼭 필요한 것은 아니다. 그러나 순차적 분석은 보다 탄탄한 연구 결과를 도출하기 위해, 그리고/또는 다음 연구를 위한 중간 결과물의 첫 번째 단계를 구축하기 위해 추가적인 자료 수집과 재분석을 반복하는 것이라고 할 수 있다. 각각의 자료 수집을 통해 점점 더 많은 군집화와 분석이 가능하다.

(2) 적용

하나의 중간 분석만으로 '충분한' 경우는 드물다. 첫 번째 중간 분석은 자료 수집을 개선하는 데 초점을 두어야 한다. 또한 첫 번째 중간 분석을 통해 보다 상세하고 훌륭한 질적 자료를 사용하게 되고, 사례에 대한 인지 지도가 더욱 풍부하고 강력해지므로 코딩, 메모, 결론 및 제안 도출을 점검하여 보다 깊고 풍부한 분석을 지속적으로 이어나가야 한다.

성급한 결론을 도출하거나 거짓이 '참'인 것처럼 느껴질 수 있다. 특히 초기 자료 수집은 불완전하고, 결측이 있으며, 어떤 중요한 면에서 지나치게 단순화되어 있기 때문이다. 기본적으로 훌륭한 중간 분석은 사례에 대한 관점에 새로운 방향을 제시하는 데 도움이 되는 방법이다. 그리고 그 어떤 중간 분석도 여러 번의 분석 중 처음이어야 한다. 중간 분석의 강점은 탐구적이고, 요약적이며, 합리적이라는 것이다. 그러나 잠재적인 약점은 피상적이고 성급한 결론을 내릴 수 있으며, 자료가 불완전하다는 것이다. 이러한 약점은 회의적인 시각을 가진 동료의 지적인 비평을 참조하여 차후의 자료 수집에 반영함으로써 극복할 수 있다.

(3) 예시

McVea와 동료들(2001)은 1997년부터 2001년까지 청소년 흡연 실태에 대한 질적 연구를 매년 시리즈로 수행해 왔다. 매년 연구가 공개되었고, 차년도 프로젝트의 추가적인 연구 질문도 제공되었다. 그들의 첫 번째 탐색적 연구는 한 특정 고등학교 현장에서 10대들의 흡연을 조사하는 것이었다. McVea는 다음과 같이 보고하였다. "현재 흡연 정책이 명시되어 있음에도 불구하고 고등학교는 흡연 압박으로부터 '안전한 공간'이 아니었다. …… 우리의 첫 번째 연구 결과를 통해 다음과 같은 연구 질문이 도출되었다. 학교는 왜 금연 정책을 시행하지 않았는가?" 연구팀은 차년도 프로젝트에서 이 질문에 대한 탐색을 실시하였다.

(4) 분석

McVea와 동료들(2001)의 두 번째 연구는 첫 번째 연구의 현장에서 제시된 가장 모호했던 관찰에서 시작되었다. 학교는 왜 금연 정책을 시행하지 않았는가? 연구팀은 청소년들과 성인들을 인터뷰하였고, 다음과 같이 보고하였다.

> 우리는 행정가들이 흡연 학생들이 많기 때문에 규정을 시행하기 어렵고, 따라서 흡연 학생들의 행동을 규제하기 위해 중요한 자원이 필요하다고 여기고 있다는 것을 알게 되었다. 교사들은 학생들이 흡연을 위해 학교를 벗어나는 것이 수업을 빠지는 원인이 되고 있으며, 처벌을 위한 처벌이 흡연보다 더욱 해로움을 야기할 것이라고 걱정했다. 강제성의 부족은 교사들이 흡연을 '관리하지 않는다'는 증거라고 학생들은 생각했다. 흡연을 하는 학생들은 심지어 친구들과 학교에서 흡연하는 능력이 어떻게 그들의 습관에 기여했는지에 대해 언급하기도 했다.

이러한 결과들을 근거로 하여, 3차년도와 그다음 연도 연구에서는 어떻게 흡연 중단 프로그램이 10대들을 대상으로 실행될 수 있었는지에 대해 탐색하였다. 연구팀은 친구 관계와 그 영향력이 청소년의 흡연 중단 여부에 강력한 역할을 한다는 사실을 발견하였다. 매년의 연구는 다음 연구에 대해 고지하였고, 보다 풍부한 분석과 평가, 그리고 긍정적인 활동과 결과를 위한 구조적 전략까지 가능하게 하였다.

앞의 예시는 순차적 분석의 광범위하고 추상적인 사례였다. 보다 상세한 다른 예시로, 주요 건강 관리에 대한 벨기에의 연구(Schillemans et al., 연도 미상)에서는 친족 성폭행 피해자들에 대한 치료에 중점을 두었다. 연구자들은 10~15명의 의료진 집단을 2년 동안 매주 '탐구 집단'에서 만나는 것으로 시작하였다. 다음은 이 연구의 연속적인 분석 단계이다.

- 첫 번째 환자 사례의 자료(비디오테이프, 문서, 노트)
- 사례 검토에서 '어둠에 대한 두려움' '언어장애' '성적인 부분에 대한 혐오감'과 같은 코드들의 첫 번째 묶음 생성
- 전문 서적에서 발췌한 '남성과 여성 간의 경계' '폭력'과 같은 보다 임상적인 코드 추가
- 추가적인 사례 검토와 분석적 귀납법을 통해 더 진전된 코드 개발
- 주요 가설 설정(예: 친족 성폭행 피해자들은 경계가 취약하다.)
- 몇몇 환자와의 인터뷰를 통한 가설 검증
- 이러한 조사 결과와 기존의 경험적·개념적 문헌과의 통합(예: 해리성 성격)
- 연구 결과를 새로운 표본(친족 성폭행의 경우에 대한 새로운 사례 선별)과 분석 주기로 확장

각각의 단계를 거치면서 자료는 적어지지만 필수적인 자료들이 남게 된다.

전체적으로 볼 때, 순차적 분석은 축적된 최종 보고서에 가치를 더해 준다. 절차는 연구 결과에 대한 신뢰를 더해 주고, 자료 뭉치에 차원성을 제공하며, 이를 통해 구체성, 미묘한 차이, 복잡성에 대한 보다 풍부한 분석을 보장할 수 있을 것이다.

(5) 노트

순차적인 연구가 이전 연구를 기반으로 어떻게 세워지고 다음 연구에 어떻게 영향을 미치는지에 대한 추가적인 방법은 Saldaña(2013)의 「정교한 코딩」과 「종적 코딩」을 참조하기 바란다.

5. 마무리 및 넘어가기

이러한 탐색 방법은 질적 연구 수행에 있어 핵심 자료를 다양한 디스플레이 양식에 재조립하고 문서화하기 위한 **첫 번째 방법**을 제공한다. 이러한 방법은 연구에서 매우 작은 부분을 차지하는, 단독으로 수행되는 것이지만 연구 목적을 달성하는 데에는 충분하다고 할 수 있다. 무엇이 중요한 것인지를 알아내고, 가장 중요한 세부 항목들을 종합하고 요약하며, 보다 깊이 있는 분석을 위한 기초 작업을 수행하고, 자료에서 의미있는 패턴을 구성하는 자료 재조직을 위해 경험적인 '초안'을 제공한다.

다음 장에서는 자료를 임시적으로 기록하는 것에서 더 나아가 디스플레이를 보다 견고하게 보여 줄 것이다. 이 장에서와 같이 정렬, 설명, 예측과 같은 보다 풍부한 분석을 위한 토대를 제공할 것이다.

제7장 묘사 방법

장 요약

이 장에서는 서술적인 문서 작성을 목적으로 고도의 체계적인 방식부터 예술적인 방식까지 다양한 방법을 통해 질적 자료를 함축적으로 조직화하는 방법을 설명한다. 서술적인 개요는 참여자와 변이성, 사회적 행동을 묘사하는 데 초점을 두고 있다.

내용

1. 서론
2. 참여자 묘사하기
   1) 역할 중심 매트릭스
   2) 맥락 도표
3. 변이성 묘사하기
   1) 구성표
   2) 개념적으로 배열된 매트릭스
   3) 민속분류법

4. 행동 묘사하기
   1) 비네트
   2) 시적인 디스플레이
   3) 인지 지도
5. 마무리 및 넘어가기

1. 서론

Wolcott(1994)은 서술을 여러분이 보고 들은 것을 독자들도 보고 들을 수 있도록 돕는 질적인 표현이라고 주장한다. 자료의 탄탄한 서술적 기반은 고차원의 분석과 해석을 가능하게 한다. 일반적으로 그것이 무엇인지를 충분히 이해하기 전까지는 현상이 '어떻게' 그리고 '왜' 그러한지 설명하는 것은 어려운 일이다.

텍스트로 시작하여 그것에서 코드를 추출하고, 유사성을 보이는 패턴, 범주, 주제를 식별한다. 그리고 최초의 '심도 있는 구조'를 파악하기 위해 직관과 결과를 비교하고, 설명적인 틀에 자료를 통합한다. 이러한 의미에서 시간이 지남에 따라 압축되고, 군집화되며, 분류되고, 연결되는 정보로서의 자료 변화를 이야기할 수 있다. 연구자는 일반적으로 보다 통합적인 이해—추후 원인과 방법을 분석하기 위해 견고한 토대를 마련하는 것에 대한—로 자료를 요약하는 일련의 분석 과정으로 넘어가게 된다(Wolcott, 1994).

참여자 묘사하기는 연구에 참여하는 사람들 간의 관계 역동을 살펴보는 것이다. 변이성 묘사하기는 현장에서 발견하고자 하는 범위와 지형을 도식화한다. 그리고 행동 묘사하기는 예술적인 방식을 통해 체계적인 방식에서부터 참여자들의 경험과 과정을 기록한다.

2. 참여자 묘사하기

역할 중심 매트릭스는 다양한 참여자의 연구와 관련된 본질적인 특성을 도표화한다. 맥락 도표는 참여자들을 둘러싼, 참여자들 간, 참여자들 사이에서의 위계와 상호관계를 분명하게 보여 준다.

1) 역할 중심 매트릭스

(1) 설명

역할 중심 매트릭스는 특정한 '역할 수행자'들로부터 수집된 혹은 그들에 대한 자료를 모아 행과 열의 형태로 정렬한다. 이러한 자료는 그들의 관점을 반영하고 있다. 디스플레이는 연구에서 관심을 가진 주제에 대한 역할 간의 비교를 체계적으로 할 수 있게 해 주며, 같은 역할을 하는 사람들의 이슈를 비교할 수 있는 방법을 제시해 준다(〈표 7-1〉 참조).

(2) 적용

대부분의 집단이나 조직 또는 그 안의 사람들을 연구하는 우리와 같은 사회과학자들은 삶을 어떻게 바라볼 것인지는 부분적으로는 그 역할에 따라 달라질 수 있다는 것을 알고 있다. 역할이란 하는 것과 해야 하는 것으로 이루어진 행동과 기대치의 혼합물이라고 할 수 있다. 가정, 교실, 위원회, 병원, 경찰서, 다국적 기업 등 어떤 환경에서 그에 맞는 특정 유형의 행동을 하는 것처럼 말이다.

역할 중심 매트릭스는 이러한 인식을 연구자가 비교하고 대조할 수 있도록 선택된 주제와 이슈에 관한 사람들의 인식을 집단화하고, 요약하며, 비교한다. 예를 들어, 어머니는 아버지와는 다르게 세상을 보는 경향이 있다. 상사는 근로자들과 멀리 떨어져 있으며, 부하 직원들이 상사에게 보고를 할 때는 나쁜 소식을 배제하기 때문에 근로자들이 직면하는 좌절감을 보지 못하는 경향이 있다. 하루 동안 수백 명의 아이와 이루어지는 교사의 빠른 상호 작용은 학부모, 판매상, 비서, 중앙부서의 행정가, 다른 교사들의 주요하고 다양한 상호 작용과는 매우 다른 방식을 보인다. 우리는 각각 다른 방식으로 세상을 경험하며, 역할 중심 매트릭스는 다양한 경험을 문서화하는 단지 하나의 방식일 뿐이다.

(3) 예시

우리(Miles와 Huberman)는 학교 개선 연구를 사례로 제시하였다. 이것은 고등학교에서 시행 중인 집중 교정 프로그램을 변경하는 것인데, 이 고등학교에서는 영어, 과학, 수학 과목에서 읽기를 강조하고 있다. 관심 있는 질문은 '처음 이 혁신에 참여하게 되었을 때 사람들은 어떻게 반응할 것인가?'였다. 이 일반적인 질문은 다음과 같은 몇 가지 하위질문으로 구분해 볼 수 있다.

- 혁신의 어떤 측면이 가장 두드러지며, 사람들의 마음에 가장 인상 깊게 남는가?
- 사람들은 궁극적인 수행과 관련해서 혁신을 어떻게 평가하는가?
- 사람들은 학급 또는 조직의 수준에서 혁신에 어떤 변화가 필요하다고 생각하는가?

〈표 7-1〉 역할 중심 매트릭스: 혁신에 대한 첫 반응

		주요 특징	평가	교실 및 조직적 변화에 대한 예측@	이전 방식 및 조직적 환경과의 적합도@@
교사	+라일리 4년차	• 높게 구조화됨	• 여유가 거의 없음	• DK-1	• DK-3
	+케네디 4년차	• 놀라운 방식 • 업무 과부하 • 다량의 유인물 보유	• 어렵고 복잡함 • 여유가 전혀 없음	• 독립성을 잃은 단순한 팀 구성 • 활용 없음	• 부적합함: 이용자가 구조나 여타 체계에 부적절하다고 느낌
	+파 1년차	• 누수누출된고 조직적임 • 활동체계을 짜임새 있게 세움 • 효과에 대한 사전-사후 테스트	• 단순하고 명료함 • 활용과 이해를 쉽게 함	• 변화 방향에 대한 자율성이 낮음	• 아주 적합함: 이용자가 구조화되고 조직화된 것으로 자신을 바라봄
	+도저스 2년차	• 권위적 • 융통성 없음	• 훈련 • 지나치게 단순한 내용	• 첫 번째에 기초적인 학생들과 활동	• 과제의 구성이 비교적 적합함: 문법과 기타의 것들은 단순함
	+플레밍 2년차	• 판례적 • 미디어 활용 • 팀 구성 • 심한 모니터링	• 풍부한 내용 • 매우 복잡하고 명료하지 않음	• 다른 교사와 함께 활동 • 모든 내용을 수담함	• DK-2
	*배닝 1년차	• 목표가 지나치게 폭이 넓음 • 좋은 내용	• 이전 학교의 프로그램과 유사하고, 활용하기 용이함	• 목표를 달성하지 못함 • 게임과 활동을 추가함 • 아이들에게 목표를 부여함	• 예상되는 변화가 발생했을 때 적합함
	*태처 2년차	• (과학 커리큘럼을 작성함) • 기술지향적 • 독서 강조	• 지나치게 구체적임	• DK-1	• 꽤 편리함, 독서는 새로웠음, 좀 더 적은 실험실
	#위지 1년차	• 학습장, 연습문제지, 컴퓨터 단말기와 같은 다양한 방식	• 활용하기 용이함: 수준과 형식이 적합함	• DK-1	• DK-2

부서장	#머스키 2년차	• 컴퓨터 단말기 • 간단한 학습문제지	• 첫 번째에 절반 정도의 절함: 두 번째에 절반이 정확함 • 양호한 다양성	• DK-1	• DK-2
	반*롤레 과학 부서장	• 과학 내용 개정 • 독서 보강 • 활동의 유연성	콘텐츠를 제조직하면 절 어우러질 것인지에 대한 의문	새로운 커리큘럼을 활용한 교사들이 동일하지 않음	• 적합함: 프로그램이 예전의 커리큘럼을 대체함
	맨틀리 영어 부서장	• 수평적이고 수직적인 구조를 가진 절서정연한 커리큘럼 • 세 가지 요소의 강화	• 개념은 옹호함 • 설정된 바에 따라 활용되는 것에 달려 있음	• DK-1	• 적합함: 기본 영어 과정을 제우기 위한 부분으로 설계된 프로그램
교장	매카시 틴데일 동부	• DK-2	• DK-2	• DK-2	• 적합함: 체계가 유지되었음, 특별한 요구사항 없음
중앙 부서	크로든 교과 과정 책임자	• 레벨 1에서의 세 가지 요소 • 순차적이고 포괄적인 보강	• 따른다면 작동함 • 어떤 교사는 성공적으로 활용할 수 있음	• 구조에 맞는 프로그램이 없음	• 비교적 적합함: 커리큘럼을 작성한 교직원과 교사와 같은 운일 저자 구성
	마녠 감독관	• DK-2	• DK-2	• DK-1	• 적합함: 프로그램은 지역에서 성공적인 커리큘럼 개정 노력

+ = 영어 교사

* = 과학 교사

= 수학 교사

DK = 모름

DK-1 = 대상자에게 질문을 하지 않음

DK-2 = 질문했으나 응답하지 않음(질문에서 벗어나거나 대답이 무엇인지 모름)

DK-3 = 모호한 응답

@ = 교직의 변화 질문을 교사에게 질문함. 조직에 대한 것은 다른 사람에게 질문함

@@ = 개인적 방식 조정에 대한 것은 교사에게 질문함. 조직에 대한 것은 다른 사람에게 질문함

출처: Miles & Huberman (1994).

• 사람들의 이전의 학급 운영 방식과 조직 운영 방식에서 혁신이 얼마나 적절한가?

우리는 이러한 질문에 대한 각기 다른 역할에 따른 답을 살펴보기 위해 혁신에 참여하여 혁신에 대해 의미 있는 반응을 제공할 것이라고 기대되는 역할—예를 들면, 교사, 부서장, 교장, 중앙부서의 직원과 같은 사람들—을 고려할 수 있을 것이다. 매트릭스의 행(row)은 역할일 수 있지만, 역할 내의 비교를 원한다면 행은 아마도 **사람**이거나 **역할의 범위**가 되어야 한다. 또한 교사부터 중앙부서의 행정가까지 혁신의 실제 현장에서 얼마나 떨어져 있는가에 따라 역할을 정렬하는 것이 좋을 수도 있다. 열(column)은 연구 하위 질문에 집중될 수도 있다. 〈표 7-1〉은 이러한 접근법을 보여 준다.

연구자는 관련 자료에 대한 코드화된 기록을 탐색하고, 각 셀에 입력된 자료는 연구자가 각 응답자로부터 발견한 것들을 간략하게 요약한 것이다. 주요 의사결정 규칙은 다음과 같다. 관련 내용이 기록되어 있고 내부적으로 모순되지 않는다면, 요약하고 그것을 반영하는 문구를 입력하라. 또한 관련된 질문이 대상자들에게 질문되지 않았거나 질문에 응답하지 않았거나 응답이 모호하기 때문에 자료가 누락되어 있는 경우에는 'DK(잘 모름, Don't Know)'로 입력한다.

(4) 분석

이제 우리는 역할 내에서, 그리고 역할 간에 무슨 일이 있어나는지 살펴보기 위해 매트릭스의 열을 볼 수 있다. 첫 번째 2개의 열(주요 특징과 평가)을 살펴보면, 많은 교사가(특히 영어 과목 교사는 더욱) 새로운 교정 프로그램을 개작할 수 있는 여유가 적고 규범적이라고 느끼고 있음을 알 수 있다(전략: **계산하기**와 **비교하기**). 그리고 혁신을 권위적이라고 생각하는 교사들은 가장 오랜 시간 동안 사용해 온 사람들이며, 이 프로그램이 처음 소개되었을 때 규범성이 가장 높다고 제시했던 사람들이다(전략: **변수 간의 관계에 주목하기**). 또한 많은 교사는 **복잡성**에 대해 언급한다(1년차 교사들은 프로그램이 사용하기에 단순하고 쉽다고 느낄 수 있으며, 프로그램을 고정적으로 사용하자고 제안할 수도 있다).

부서장과 중앙부서 행정가들 영역으로 내려가면서 살펴보면 상황은 꽤 다르다. 그들은 '교과 과정' '요소'와 같은 것들을 강조하면서 '전체적인 상황'의 관점을 취할 개연성이 높다. 비록 그들 역시도 규정하는 것('설정된 바에 따라 활용되는 것에 달려 있음' 또는 '따른다면 작동함')을 강조하지만, 복잡성에 대한 문제에 명확하게 대답을 하지 않거나 교과 과정 책임자나 프로그램에 대한 주요 지지자의 경우와 같이 '어떤 교사는 성공적으로 활용할 수 있음'이라고 말한다. 하지만 초기에 부담이 큰 까다로운 프로그램에 직면해 있는 교사들은 그렇게 확신하지 못한다(전략: **비교하기**).

〈표 7-1〉의 세 번째 열(교실 및 조직적 변화에 대한 예측)로 이동하면서 역할-관점의 차이를 볼 수 있다. 2명의 교사는 예상되는 변화로서 그들의 자유가 감소하고, 동료의 일정이나 활동 방식에 영향을 받게 되는 것과 같은 것으로 팀 구성을 언급하였다. 현장노트에서 볼 수 있듯이, 행정가들은 프로그램의 여러 요소를 수행하는 데 팀 구성을 필요한 것으로 고려하였고, 역량을 갖춘 교사에 의한 학습이 취약한 교사에게 더 효과적으로 도움을 줄 수 있는 방법이라고 생각하였다. 그럼에도 불구하고 그들은 프로그램이 구조에 맞도록 고안된 것이므로 조직적인 변화가 필요하지 않다고 말하거나 조직적인 변화가 예상되는지 여부에 대해 모른다고 말하는 것과 같이 현저한 변화라고 생각하지 않는다.

마지막으로, 우리가 지속적으로 **비교하기** 전략을 만들어 간다면 네 번째 열(이전 방식 및 조직적 환경과의 적합도)은 내용에 대한 관점, 자신의 방식, 관련된 조직적인 이슈에 따라 다른 교사들의 '개인적인 적합도'의 범위를 보여 준다. 그러나 행정가들은 교과 과정의 타당성과 기존 조직에 대한 혁신의 적합성을 강조하면서 조직적인 차원에서의 좋은 적합성을 일관되게 강조한다. 책임자 또한 교사들이 그것을 작성했다는 점을 언급한다.

간단히 말해, 이런 종류의 매트릭스는 역할 내에서뿐만 아니라 역할에 따라서 관점이 어떻게 다른지를 볼 수 있도록 해 준다. 이 사례의 경우, 프로그램을 시작하는 시점에서 영어 부서의 이용자들은 이후의 이용자나 수학과 과학 부서의 이용자들보다 더 힘든 시간을 보냈다. 행을 통한 역할 내에서의 분석은 예상대로 감독관이 혁신에 대해 아는 바가 거의 없다는 것을 보여 준다. 더 놀랍게도 교장도 마찬가지이다. 이 사례의 경우, 현장노트의 재검토(전략: **뜻밖의 발견 사항에 대한 후속조치**)는 이 지역 고등학교 교장의 공식적인 직무 설명에서 교과 과정의 결정은 교과 과정 책임자와 부서장의 역할이므로 교장이 교육 과정 결정을 내리지 못함을 제시하고 있다.

또한 **만약-그렇다면(if-then) 검증하기** 전략을 적용해 볼 수 있다. 만약 감독관과 교장이 교과 과정 결정의 역할을 공유했다면 혁신에 대한 그들의 관점은 교사의 관점보다는 좀 더 유사해야 한다. 다시 한번 수직적으로 검토해 보면, 부서장의 관점은 교사보다 중앙부서 행정가의 의견과 훨씬 유사하다는 것을 알 수 있다.

역할 중심 매트릭스의 디스플레이는 자료와 인식을 통해 다양한 역할을 강조한다.

예를 들어, 교사들은 부서장, 교장, 중앙부서의 구성원들을 어떻게 대하는가와 같이 역할이 다른 사람의 행동이나 인식을 중심으로 역할을 어떻게 처리하는지에 대한 역할 중심 매트릭스를 개발하는 것도 가능하다.

현재 당면한 문제와 가장 관련이 있다고 생각되는 역할의 목록을 작성함으로써 명확하게 중요하지 않은 역할로 인해 매트릭스에 과부하가 걸리지 않도록 해야 한다. 만약 관련이 있다면 하위 역할(예: 수학이나 과학 교사)에 따른 매트릭스를 구분하여 작성하라. 만약 사례가 개인인 경우, 역할 중심 매트릭스는 상대방의 관점 또는 사람들 간의 상호 작용이 어떠한지를 중점적으로 보여 주는 것이 도움이 될 것이다.

(5) 노트

날짜가 빠져 있거나 명확하지 않거나 처음에 질문을 하지 않은 경우, 이를 명확하게 표시해야 한다. 특히 이번 사례와 같이 자료 입력 결정 규칙이 많은 양의 요약을 포함하는 경우에는 도출된 결과를 확인하기 위해 현장노트를 다시 확인하라. 역할 간 차이에 대한 이전의 경험으로 인해 역할 중심 매트릭스가 너무 빨리 결론 내려질 수 있다. 동료들에게 분석에 대한 검토를 요청해야 한다(제11장 참조).

2) 맥락 도표

(1) 설명

맥락 도표는 개별적인 행동의 맥락을 형성하는 역할과 집단(경우에 따라서는 조직) 간의 연관성을 그래픽의 형태로 제시하는 네트워크이다([그림 7-1] 참조).

(2) 적용

질적 연구자가 직면하게 되는 하나의 문제는 세부 사항들에 압도되지 않으면서 개별적인 행동의 사회적인 맥락을 경제적이고 합리적으로 정확하게 제시하는 것이다. 맥락 도표는 이러한 목표를 달성하는 하나의 방법이다. 맥락 도표는 개인적인 삶의 환경을 매우 풍부하게 제시하기 때문에 연구 사례가 개인일 때 특히 효과적이다.

대부분의 질적 연구자는 개인의 행동은 그들의 특수한 맥락에서 이해되어야 하고, 그 맥락은 무시되거나 일정하게 유지될 수 없다고 믿는다. 맥락은 그 사람에게 나타나는 사회 체계적인 측면(학급, 학교, 부서, 회사, 가족, 병원 병동, 지역사회)과 함께 상황(물리적으로 어디에 있으며, 누가 참여했는지, 최근의 접촉 상황이 어떠한지 등)과 직접적으로 관련되는 것으로 볼 수 있다. 그들의 상황과 관련 없이 개인적인 행동에만 초점을 맞추는 것은 사건의 의미를 오해하게 될 위험을 발생시킨다. Mishler(1979)가 제시한 바와 같이 맥락은 의미를 이해하는 방법을 유도하며, 의미는 항상 맥락 안에 있고, 맥락은 의미를 통합한다.

대부분의 사람은 조직에서 일상적인 업무를 수행한다. 그들에게는 상사, 동료, 부하 직원이 있고, 그들의 업무는 역할에 특화된 방식으로 정의되며, 그들은 그들의 사회적 영역에서 다른 역할을 하는 다른 사람들과 다른 관계를 맺는다. 그러나 여러분은 단순히 표준적인 조직 도표를 작성하는 것이 아니며, 맥락의 핵심적인 속성을 제시하는 것이다. 또한 여러분의 도표는 완전하거나 완벽하지 않을 수 있다. 예를 들어, [그림 7-1]과 같이 보호자, 비서관, 대다수의 학구 직원의 직계 부하 직원을 제외한 것은 조직의 단편이나 발췌된 것들의 모음이기 때문이다. 맥락 도표는 또한 가족이나 비공식 집단 또는 지역사회의 사람들을 대상으로도 도출될 수 있다.

(3) 예시

네트워크는 권한, 위계, 노동, 분업과 같은 조직의 특성을 반영해야 한다. 따라서 누구에게 공식적으로 권한을 부여받았으며, 역할의 이름이 무엇인지를 제시해야 한다. 그러나 그런 것들은 우리에게 많은 것을 제시해 주지 못한다. 우리는 또한 다른 역할을 하는 사람들 간의 협력관계의 수준에 대해서도 알아야 한다.

우리가 그랬듯이 여러분이 학교와 교육구라고 불리는 조직에 관심이 있고, 조직에 혁신이 도입되고 수행되는 일반적인 문제에 관심이 있다고 가정해 보자. 디스플레이는 혁신을 옹호한 사람, 실제로 혁신을 사용한 사람과 사용 여부에 상관없이 그것에 대한 사람들의 태도를 제시해야 한다. 디스플레이는 우리가 연구하고 있는 특정 학교가 어떻게 큰 지역의 조직에 포함되어 있는지를 보여 줄 수 있다. 무엇보다 우리는 정보가 과부하되지 않는 수준에서 직접적으로 영향을 주는 사회 환경을 명확하고 적절하게 단순한 형태로 제시하는 디스플레이를 필요로 한다.

[그림 7-1]은 현장 연구자가 새로운 독서 프로그램을 실행하고 있는 틴데일 동부 고등학교를 처음 방문한 후 이러한 필요가 어떻게 충족되었는지를 보여 준다. 분석가는 맥락을 이해하는 데 가장 중요한 역할과 집단을 선택하였다. 지역 사무소의 역할은 위쪽에, 학교의 역할은 아래쪽에 있다. 따라서 네트워크는 역할과 권한의 수준에 따라 부

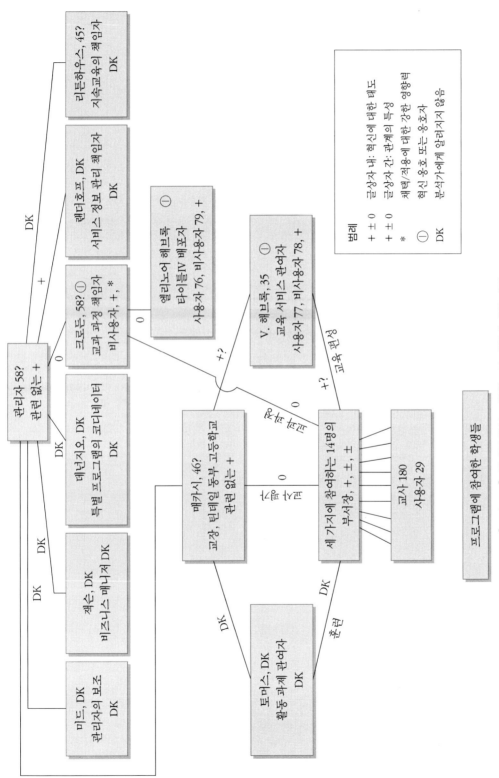

[그림 7-1] 틴데일 동부 고등학교와 지역에 대한 맥락 도표

출처: Miles & Huberman (1994).

분적으로 정렬된다.

각 개인별로 그들이 혁신의 사용자인지, 혁신에 대한 태도가 대규모의 코드로 표현되는지 여부에 따라 이름, 분석가가 업무관계와 직업적 포부를 이해하는 데 중요하다고 생각한 연령, 직위가 제시되었다.

- + = 긍정
- ± = 양가성
- 0 = 중립

*과 같은 특별한 기호는 개인이 혁신 옹호자이거나 실행에 강력한 영향을 줄 때 적용하였다. 개인 간의 관계 또한 긍정, 양가성, 중립으로 분류하였다. 상위 레벨을 편성한 후 그림은 세부적인 것을 제시하지 않고 단순히 개인들의 수를 제시하였다(개별 교사 수준의 두 번째 맥락 도표 또한 개발되었지만 여기에서 제시하지는 않는다).

분석가는 자료를 얻기 위해 현장노트, 활용 가능한 조직도와 문서를 참조한다. 결정의 규칙은 다음과 같다.

- 직위, 인원수 등의 정보는 현재 정보가 정확하다는 가정하에 입력한다.
- 비록 바로 결정할 필요는 없지만 관계의 수준(X와 Y가 어떻게 일치하는지)은 이 관계의 대상에 의해 무가치한 것으로 치부되어서는 안 된다.
- '혁신 지지자'와 '높은 영향력'의 수준은 최소한 1명의 확신이 있고, 이견이 없는 경우에만 주어져야 한다.
- 모호하거나 알 수 없는 정보는 'DK'라고 입력한다.

(4) 분석

맥락 도표가 작성된 후 연구자는 위계 구조, 흐름, 크기를 현장노트와 함께 검토하여 지금까지의 관계에 대한 이야기를 제시할 수 있는 분석적 메모나 서술을 작성한다. [그림 7-1]에서 발췌된 분석 내용은 다음과 같다.

위계의 선을 살펴보면, 혁신을 수행함에 있어서 오직 중앙부서의 한 사람(크로든) 만이 부서장에 대한 직접적인 권한을 가지고 있음을 알 수 있다. 크로든은 옹호자일 뿐만 아니라 구현에 대한 영향력도 크며, 이를 수행하는 감독자의 인가를 받은 것으로 보인다.

제시된 것과 같이 부서장은 훈련, 교사 평가, 일정 편성과 같은 즉각적인 문제에 따라 다른 3명의 상위 구성원이 있는 것으로 보인다. 이 사례에서 혁신은 일정 편성의 문제를 포함하고 있기 때문에, V. 해브록이 옹호자일 뿐만 아니라 실제로 혁신을 사용하였고, 그것에 대해 긍정적이라는 점은 흥미로운 것이다. 우리는 크로든이 중앙 사무국의 권한을 사용하여 일반적인 압력을 행사하는 사람이라는 것과 V. 해브록은 실행의 문제를 직접적으로 돕고 있다는 추론을 도출할 수 있었다. 현장노트는 이러한 사실을 뒷받침했다.

또한 매카시 교장은 교과 과정 문제에 대해 책임을 지지 않으며, V. 해브록과 좋은 관계를 가지고 있다는 점에 주의해야 한다. 아마도 매카시는 혁신에 대한 중요한 정보를 V. 해브록으로부터 얻게 될 것이며, 그것을 통해 혁신을 긍정적으로 평가한다.

따라서 [그림 7-1]에 제시된 도표는 크로든과 V. 해브록과 같은 개인의 행동을 상황에 맞게 배치하여 의미를 이해하는 데 도움을 준다. 예를 들어, 크로든이 혁신에 대해 논의할 때 "이것은 위반된 것이 아닙니다. 혁신의 수행은 수업 중 어느 순간 교사의 변덕을 기반으로 하지 않고, 혁신의 성공은 카리스마 있는 교사에 의해 이루어지는 것이 아닙니다."라고 이야기한다면 도표는 이러한 권위적인 태도가 중립적으로 수용되는 교과 과정 이슈에 대한 부서장의 직접적인 권한이 뒷받침되고 있음을 이해하는 데 도움을 준다. 간단히 말해, 분석가는 **패턴이나 주제를 보는** 전략뿐만 아니라 **특수한 것을 일반화에 포함하기** 전략을 활용한다(이러한 전략의 추가적인 내용은 제11장을 참조하라).

[그림 7-1]에 사용된 기호는 Miles와 Huberman의 원래의 중요도에 대한 코드였지만 여러분은 그것을 활용할 필요는 없다. 맥락 도표는 분석을 강화하기 위해 다른 시각적인 요소를 사용할 수 있다. 점선은 비공식적인 영향을 나타내는 반면, 굵은 선은 강력한 영향을 나타낼 수 있다. 예를 들어, 글자 크기는 권력관계를 나타내는 데 사용될 수 있고, 더 크거나 굵은 글자의 이름은 작은 글자의 이름에 비해 더 많은 권한을 가지는 것으로 활용될 수 있다. 원은 비공식적인 집단이나 하위 문화를 표시할 수 있다. 환경에 영향을 미치는 다른 조직과의 연결을 추가할 수도 있다. 교실, 교사의 책상, 자료

파일, 학생의 책상과 의자, 입구와 같은 물리적인 맥락은 환경 안에서 사건의 흐름을 이해하는 것을 돕도록 제시될 수 있다. 그리고 단기간에 많은 변화가 있는 조직적인 맥락에 대해 수정된 맥락 도표는 시간의 경과에 따른 비교를 제시할 수 있다.

(5) 노트

현지 조사 초기에 여러분의 첫 이해를 요약하고, 다음 단계 자료 수집을 위한 질문을 찾아내는 데 맥락 도표를 사용하라. 연구의 주요 질문을 염두에 두고 가장 관련성이 높은 정보를 표기할 수 있도록 맥락 도표를 설계하라. 만약 여러분이 질적 연구를 처음 접한다면, 맥락 도표를 단순한 형태로 유지하라. 맥락 도표는 현지 조사를 수행하는 동안 계속적으로 추가될 수 있다.

3. 변이성 묘사하기

구성표는 연구에서 중요한 구성의 변화 또는 범위를 보여 준다. 개념적으로 배열된 매트릭스는 선택된 개념에 대한 연구 참여자들의 다양한 관점을 도표화한다. 그리고 민속 분류법은 참여자들이 그들의 세계를 조직하고 범주화하는 독특한 방식을 체계적으로 도표화한다.

1) 구성표

(1) 설명

구성표는 연구에서 관심을 가진 하나의 주요 구성, 개념, 변수, 범주 등에 대한 변수 특성 및(또는) 범위를 강조하는 자료를 포함한다(〈표 7-2〉 참조).

(2) 적용

구성표는 분석가가 관심을 갖는 핵심적인 항목(구성, 개념, 변수, 핵심 범주 현상 등)에 초점을 두기 때문에 질적 조사나 근거 이론 및 현상학적 연구에서 특히 유용하다. 전통적인 근거 이론은 연구자로 하여금 **범주**나 가변 범위를 적절하게 검토하도록 하며, 구성표는 분석적인 반영을 위해 가변성을 취합하여 구성한다.

'평생의 영향'과 같은 주요 변수의 속성과 범위에 대한 사전의 일반적인 아이디어가 있을지라도 대개 이러한 변수는 실제 사례의 자료가 어느 정도 깊게 탐구될 때까지 보통 분명하게 드러나지 않는다. 변수가 다른 맥락에서 실행되는 방식은 그 특성을 밝혀 주므로 사례 간 구성표는 핵심 개념을 모으고 검토하는 훌륭한 방법이다.

〈표 7-2〉 평생의 영향: 영향의 가변성

평생의 영향	응답을 뒷받침하는 인용구	성별	졸업 연도	직업
전혀 없음	"그것은 내 생애를 전혀 변화시키지 않았다."	남성	1982	제조 회사의 품질 관리자
거의 없음	"나는 비록 연극에 참여한 것이 내 인생을 변화시켰다고 느끼지는 않지만 그것은 나의 고등학교에서의 경험을 확실히 변화시켰다. 그것은 내가 열심히 노력하고, 즐기고, 기대했던 것이다."	여성	2006	고등학교 영어 교사
일부, 다른 것과 결합해서	"내가 경험한 경력 성공은 엔지니어링 학교에서 개발된 과정적 사고와 더 중요하게는 고등학교 때의 연극, 말하기, 토론 경험이 모두 크게 영향을 미친 것이다. 나는 효과적인 의사소통, 글쓰기, 분명하게 말하기, 속도를 조절하며 청중들을 집중하도록 하기, 억양, 행동 등을 배웠다."	여성	1984	유통 및 판매 인력 효과성을 위한 글로벌 리더 (대기업 대상)
높음	"고등학교 때의 연설 코치와 연극 선생님은 내 인생에서 가장 큰 영향을 주었다. 그녀는 내게 많은 것을 가르쳐 주었고, 내가 가장 크게 감사하는 마음으로 성장하도록 나를 도왔다. 만약 그녀의 지도가 없었다면 오늘날 내 인생은 매우 달랐을 것이다."	남성	1999	인터넷 전략 컨설턴트
매우 높음	"연극과 말하기는 나와 내 형제의 인생을 구원했다."	남성	1999	헐리우드 음향 효과 및 대사 편집인

(3) 예시

McCammon 등(2012)은 234명의 성인을 대상으로 고등학교 때의 연극과 연설 프로그램이 성인기 삶의 궤적에 어떤 영향을 미쳤는지에 대한 인식을 얻기 위해 이메일을 통해 조사를 하였다. 현재 연예계에서 근무하는 응답자가 약 절반이었기 때문에 분명 응답자들의 경력에 영향을 미쳤을 것이다. 나머지 절반은 사업에서부터 교육 영역까지 다양한 분야에서 경력을 추구하였으나, 고등학교 때의 연극과 연설 활동을 좋아하는 것처럼 보였다. 대다수는 고등학교 때의 예술 활동 참여로 인한 평생의 영향을 인정했지만, 모든 사람이 그 영향력이 비슷하다고 진술하지는 않았다. 평생의 영향의 양과 질에서 가변성이 관찰되었고, 이것들은 보다 신뢰성이 있고 믿음직한 분석을 위해 문서화되거나 확인될 필요가 있다.

〈표 7-2〉는 평생의 영향 구조에 관한 중요한 자료를 포함하는 표이다. 구조의 가변성은 연구 참여자의 성별, 고등학교 졸업 연도, 현재의 직업을 포함하여 5개의 응답자의 인용문을 통해 설명되었으며, 이후의 분석에서 잠재적으로 중요한 변수로 간주된다. 연구자가 정한 평생의 영향의 범위는 '전혀 없음'("그것은 내 생애를 전혀 변화시키지 않았다.")에서부터 '매우 높음'("연극과 말하기는 나와 내 형제의 인생을 구원했다.")이다.

(4) 분석

구성표는 일종의 사례연구이다. 구성표에는 분석에 도움이 되는 중요한 요소 중 하나에 대한 대표적인 자료가 포함되어 있다. 요소의 가변성은 연구자로 하여금 다음과 같은 질문에 대해 심사숙고하게 만든다.

- 이 자료에 왜 가변성이 존재하는가?
- 어떤 특수한 조건이 가변성에 영향을 줄 수 있는가?
- 이 가변성은 어떻게 영향을 미치며, 다른 결과와 성과에 영향을 줄 수 있는가?

이러한 질문은 근거 이론 연구에서 특히 중요하다.

다음의 분석적 서술은 평생의 영향의 가변성을 설명하기 위해 개발되었다. 발췌된 부분의 마지막 두 문장은 고등학교 때의 연극과 연설 프로그램의 조건부 참여를 강조하는 분석 결과를 서술한다. 연구자들은 예술교육이 사회적 질병과 인간 발달을 치료하는 마법의 탄환이지만 의미 있는 평생의 변화는 탁월한 교사, 교실 콘텐츠에 대한 도전, 내용의 수준에 대한 높은 기대 등의 여러 요소에 달려 있다는 것을 전면적으로 제시하는 것을 원치 않았다.

5명의 연구 참여자의 응답은 평생의 영향의 가변성을 강조한다. 첫 번째와 두 번째 인용구는 고등학교 연극이 모든 사람에게 생소한 경험이나 삶을 변화시키는 경험일 필요는 없지만, 두 번째 인용구에서 볼 수 있듯이 청소년기의 풍부함과 참여를 위한 중요한 프로그램으로 기능할 수 있음을 보여 준다. 세 번째 인용구는 연극 및(또는) 연설 경험 자체만으로는 연극과 관련이 적은 직업을 선택한 사람들에게 성공적인 성인기의 경력을 제공한 것으로 인정될 수 없다는 것을 나타낸다. 네 번째 인용구는 현장의 교사가 청소년의 발달 과정에서 학생에게 지대한 영향을 미치며, 이는 성인기의 삶의 과정에 큰 영향을 미칠 수 있다는 것을 보여 준다. 그리고 다섯 번째 인용구는 양육하는 스승에 의해 지도된 예술 방식은 문자 그대로 강력하게 인간의 삶에 영향을 미치고, 심지어 삶을 구원할 수 있음을 제시한다.

　우리는 고등학교 때의 연극이나 연설 프로그램에 몰입한 사람들이 성인기의 삶의 과정에서 진행된 것과 같은 수준으로 모든 사람에게 도움이 된다고 주장할 수는 없다. 그러나 조사된 내용들은 총체적으로 평생의 잠재력을 극대화하기 위한 이상적인 일련의 조건이 됨을 제시한다(McCammon & Saldaña, 2011, p. 92 재구성).

　추가적인 분석을 통해 응답자들의 고등학교 졸업 연도, 즉 세대별 집단이 기억을 회상하고 인식하는 방식에 있어서 중요한 역할을 한다는 것이 밝혀졌다. 성별과 현재의 직업은 조사 패턴에 있어서 그 중요성이 낮았다.

　조사표를 다시 검토하고 필요에 따라 데이터베이스의 관련 부분을 다시 검토하는 것은 자료의 범위와 한계를 살펴보는 데 도움이 된다. 또한 관찰된 내용에 대해 너무 좁은 견해를 갖는 것을 막아 줄 것이며, 여러분의 추론을 자료로부터 얻은 보다 광범위한 결과로 변경해 가는 데 도움이 될 것이다.

(5) 노트

　짧고 보기 편한 구성표를 유지하라. 구성표의 주요 목표는 대표적인 자료의 샘플을 통해 연구에서 중요한 한 항목의 가변성에 초점을 맞추는 것이며, 상호관계 분석을 위해 더 많은 자료를 포함하는 형식은 이 장의 역할 중심 매트릭스와 개념적으로 배열된 매트릭스를 참조하라.

2) 개념적으로 배열된 매트릭스

(1) 설명

　개념적으로 배열된 매트릭스는 한눈에 볼 수 있는 요약된 문서와 분석을 위해 주요 역할, 연구 하위 주제, 변수, 개념 및(또는) 주제를 배열한 행과 열을 가지고 있다. 행과 열의 주제를 구성하는 요소를 결정하는 데는 다음과 같은 두 가지 방법이 있다. ① 연역적으로 연구자가 연구에서 탐색될 주요 개념, 주제, 이론에 관한 이전의 아이디어를 가질 수 있으며, ② 귀납적으로 초기의 분석 중에 질문에 대한 응답자들의 매우 유사하거나 상이한 응답이나 기대하지 않았던 변수, 개념, 주제가 발견될 수도 있다. 기본적인 원칙은 연구자가 지정한 평가 기록원에 의해 수반되는지에 상관없이 매트릭스 셀에 자료의 개념적 또는 주제별 문서를 배열하는 것이다(〈표 7-3〉, 〈표 7-4〉 참조).

(2) 적용

많은 연구는 장황한 연구 질문에 답을 하기 위하여 고안되었다. 결과적으로 각 연구 질문에 대해 분석과 사례 보고 섹션을 분리하는 것은 연구자와 독자 모두를 힘들게 하고 혼란스럽게 할 수 있다. 한 가지 해결책은 의미가 좀 더 용이하게 형성되도록 여러 연구 질문을 모으는 것이다. 모든 자료를 손쉽게 분석할 수 있는 위치에 모아 두면 모든 자료가 합리적인 계획에 부합하는지와 모든 평가 또는 범위가 타당한지 확인하여, 신속하고 타당성 있는 압축된 매트릭스를 구성하는 데 도움을 받을 수 있다.

개념적으로 배열된 매트릭스는 명확한 개념이나 주제가 초기의 분석에서 도출되는 경우에 가장 유용하다. 또한 개인이나 소규모의 집단과 같이 덜 복잡한 사례에 활용될 수 있다.

〈표 7-3〉 개념적으로 배열된 매트릭스: 동기와 태도(형식)

참여자	연구 질문			
	동기(유형)	경력 관련성 (없음/일부)	집중성 (저/중/고)	초기 태도 (호의, 중립, 비호의)
이용자 U_1				
이용자 U_2, 등				
행정가 A_1				
행정가 A_2, 등				

출처: Miles & Huberman (1994).

(3) 예시

우리(Miles와 Huberman)의 학교 개선 연구는 새로운 교육 실행에 대한 사용자와 행정가의 동기에 관한 일반적인 질문을 가지고 있었고, 좀 더 구체적인 질문은 이러한 동기가 참여자들이 승진을 하거나 프로젝트에서 이탈할 수 있다고 생각하는지와 같은 **경력 관련 여부**를 알고자 하는 것이었다. 여기에서 우리는 두 개념 간의 가능한 관계에 대한 사전적인 생각을 가지고 있었다. 따라서 자료를 수집하는 동안 동기에 대한 질문과 다른 2개의 질문[① **집중성**에 대한 질문(혁신이 사용자의 일상에서 다른 업무들보다 더 크게 보이는지 여부), ② **태도**에 대한 질문(초기에 새로운 실천에 대해 선호하는지 여부)]이 관계가 있다고 보았다. 우리는 사람들의 동기와 실행에 대한 초기 태도 사이에 관계가 존재하는지를 알고자 하였다.

가장 좋은 방법은 이러한 질문에 대한 응답자들의 질문을 모으는 것이다. 여기에는 조사해야 할 관계뿐만 아니라 동시에 일반적인 주제(초기의 태도)와 세 가지 연구 질문 및 개념을 처리해야 할 가능성이 함께 존재한다.

개념적으로 배열된 매트릭스는 다음과 같은 형식을 취한다.

- 모든 주요 참여자의 관련 응답 내용을 모두 제시한다.
- 참여자 간 또는 응답 간의 1차 비교를 할 수 있다.
- 다시 분할 또는 군집화하는 것과 같이 어떤 방법으로 좀 더 자세히 분석할 것인지를 제시한다.
- 다중 사례연구의 경우, 그 자체로 용이하게 사례 간 분석을 제공하므로 다시 분석하지 않는다.
- 다중 사례연구의 경우, 모든 분석가가 사용할 수 있는 일련의 콘텐츠와 같은 예비적인 표준화된 분석 주제를 제공한다.

개념적 또는 주제별로 관련된 연구 질문을 함께 다룬다면 초기의 형식은 〈표 7-3〉과 같이 참여자와 변수로 구성되는 매트릭스처럼 단순한 형식일 것이다. 그렇기 때문에 이 연구에서 관심 있는 개념인 네 가지 연구 질문에 대한 모든 응답자의 모든 응답 내용을 한 페이지에 기입하는 방식이다. 우리는 사용자와 관리자를 포함한 여러 종류의 참여자 간의 비교를 설정했기 때문에 개념적인 정렬뿐만 아니라 역할에 따른 정렬의 형태를 취하고 있다. 또한 형식은 동기의 응답 유형, 경력 관련 여부, 집중성의 수준, 초기 태도의 방향성에 대한 예비적인 분류 또는 측정을 요구한다.

다음으로 우리는 연구 질문 및 제시된 개념에 맞춰진 코드화된 자료의 부분으로 돌아간다. 분석가는 참여자가 제시한 **동기** 또는 참여자의 속성을 기록한 다음 동기에 대한 라벨을 붙이려고 한다. 예를 들어, 한 명의 참여자가 새로운 실천에 대해 얼마나 좋게 들었는지(사회적인 영향), 교장이 '실천에 열광하거나 원하거나'(압력), 대부분의 다른 교사가 그것을 사용하거나 '그것을 당연한 것으로 생각하거나'(순응), 새로운 실천을 적용하는 것은 '지속적으로 성장하는'(자기개발) 좋은 기회인지와 같은 여러 가지 동기를 가지고 있었다. 이 단계에서 모든 참여자를 포함할 수 있는 적은 수의 제목으로 묶는 것보다는 초기의 라벨을 그대로 유지하는 것이 좋은 방법이다. 이는 자료의 초기 형태를 유지하면서 좀 더 높은 수준의 자유도를 제공한다.

두 번째 개념인 **경력 관련성**으로 돌아가서 분석가는 각각의 참여자를 위한 실행을 채택하는 것의 적절성을 구나 절로 요약한다. 다음 과제는 사람들을 위한 새로운 실천의 **구심점과 초기의 태도**가 어떠했는지를 보여 주는 증거를 찾는 것이다. 이 두 열의 분석을 위해 분석가들은 특정한 인용구에 기반해 일반적인 등급을 부여한다. 이러한 자료가 매트릭스에 입력되면 〈표 7-4〉와 같은 매트릭스를 획득하게 된다.

〈표 7-4〉는 질적 연구자가 처리해야 하고 독자가 따라가면서 보게 되는 많은 자료가 포함되어 있다. 분석가는 실행 기간(초기 사용자, 2세대 및 최근 사용자), 역할(사용자 또는 행정가)에 따라 참여자를 배열하고, 새로운 수행을 거부하기 위한 동기와 적용에 대한 동기 간의 예시적인 대조를 설정하기 위해 사용자 집단 내에 비사용자를 포함하였다.

연구자는 각 셀에 자료를 입력하기 위해, 라벨(예: 자기개발), 인용문, 간단한 요약 문구, 등급(없음/일부, 낮음/높음, 호의적/비호의적)과 같은 네 종류의 코드화된 말 모둠으로 축약하였다. 라벨과 등급은 필요하다면 참여자 간, 그리고 사례 간의 비교를 형성한다. 인용문은 자료에 대한 근거 있는 의미를 제공하고, 등급이나 라벨에 더 자세한 내용을 붙이며, 분석 텍스트에서 활용이 용이하도록 추출될 수 있다.

경력 관련성 열과 같이 대체로 인용문이 없는 경우에 요약된 구절은 등급을 설명하거나 평가한다. 일반적으로 라벨이나 척도 옆에 짧은 인용문이나 설명문을 추가하는 것은 좋은 방법이다. 그렇지 않으면 집중성의 '높음' 응답에서 볼 수 있듯이, 분석가는 실제로 다른 것을 의미하는 응답을 일반적인 범주에 포함하려는 것의 유혹을 받게 된다. 만약 구분이 잘 되지 않고 혼란스러울 때, 단어의 평가는 쉽게 참조할 수 있는 가까운 것을 선택하게 된다.

전체 사례를 분석할 수 있을 때까지 하나 또는 그 이상의 이러한 열의 내용이 경험적으로 적합성이 좋지 않을지라도 각 사례의 공통적인 범주, 척도 및 등급을 유지하는 것

〈표 7-4〉 개념적으로 배열된 매트릭스: 마세파 지역의 사용자와 행정가의 동기와 태도

참여자		동기	경력 관련성	집중성	프로그램에 대한 초기 태도
초기 이용자	R. 퀸스	• 자기개발: "좀 더 실천하기 위해 나는 변해야 한다." ……"아마도 나는 최선의 방법으로 교육을 하지 않았다." • 압력: "그들은 우리가 그 일을 하길 원한다." • 사회적 영향: "모든 사람은 계안이 훌륭하다고 말했다."	• 없음: 실천이 향상	• 높음: "가장 중요한 것은 누군가가 내가 이 일을 하도록 이야기해 주었다는 것이다."	• 중립: "이따한 매력도 없었다. 그들은 나에게 노력해서 그 일을 하라고 했다."
	L. 바예이스	• 관련: G. 노리스트는 그것을 수행했고, "인상적이었다". • 개인적인 특성에 적합: "나는 체제를 좋아한다." • 실천 개선: "독서교육에 대한 다른 방식을 찾는 것이다." • 새로움: "항상 오래된 같은 방식을 수행하는 것에 지쳐 있다."	• 일꿜 공급되는 자동차의 교육자 역할: 제1의 조정자가 됨	• 높음: "내가 여기에 참여했다는 것은 매우 중요하다."	• 호의적
2세대	F. 모벨리	• 사회적 영향: 프로그램에 대해서 여러 친구에게 들었음 • 기회, 노력의 정당화: "나는 제임용을 위해 훈련을 받았고, 그 후에 나는 따라야만 했다." • 압력: "일링은 우리가 여기에서 그것을 해야 하는 이유였다. 그는 그것에 대해 열성적이었다."	• 없음: 학교에서 그녀를 다닐 때 했던 안정화함을 가능성이 있음	• 높음: "이 일은 내가 학교를 다닐 때 했던 유일한 새로운 일이고, 나는 많은 노력을 해야 했다."	• 중립, 불안함
	L. 브렌트	• 사회적 전해, 영향: "나는 그것이 얼마나 좋은 것인지 들었다." • 압력: "일링은 그것으로 진정으로 열광했다. 그들은 정말로 그것을 원한다." • 순응: "그것은 필연적인 것이다." • 자기개발: "계속 성장할 기회이다."	• 없음, 야간의 불안	• 높음: "그것은 야웅 이었다."	• 비호의적, 단지 훈련이 시작됨
최근 이용자	V. 샤프	• 의무: 교육직을 취득하기 위한 요건-"나는 선택할 수 없었다." • 실천 개선: 예비 교사 훈련의 보완	• 지역 내 교육직 자격 획득	• 높음: "나의 첫 번째 직업이다."	• 중립, 걱정스러움

A. **올린**	• 사회적 영향: "그것은 좋은 것이라고 들었다." …… "좋은 친구들은 그것을 선호했다." • 압력: 월링과 달모프에 의해 "강력하게 장려되었다." • 관련, 모델링: G. 노리스트를 보았고, "매우 인상적이었다."	• 없음: 행정가에 의해 의무감을 느낌	• 높음: "이 일은 나에게 정말로 의무겠이다."	• 중립, 흔제된 감정
S. **소렐스**	• 관련: "이것은 나의 아이들에게 좋은 것이었다. …… 독서, 철자법, 공부하는 습관에서의 엄청난 변화이다."	• 전임 교원 지위 부여	• 높음: "이것은 나에게 되는 게 내 경력에서 이보다 더 큰 것은 없었다."	• 호의적: 호이: "나는 그것을 고매했다."
C. **신디**	• 상대적 불이익: "내 프로그램이 훨씬 좋았다." • 개인의 방식에 맞지 않음: "너무나 학문적, 너무나 프로그램화되었다."	• 없음	• N/A	• 비호의적
비사용자 **K.** **월링** **교장**	• 욕구 부합: "고도로 구조화되고 기술 지향적인 독서 프로그램을 찾고 있었다." • 새로움, 실천 개선에 대한 희망: 독서를 통해 수련된 학습을 도모함, 실제로 그것이 운영되는 것을 보고자 함	• 처음에는 없음: 이후에 가시성을 인정함	• 높음: "이것은 내가 가장 많은 투자를 한 것이다."	• 중립에서 이후 호의적
J. **달모프** **교과 과** **정 조정** **자**	• 상대적 이득, 프로그램이 안면타당도도: '잘 구성된,' 다른 주에도 사용될 수 있음 • 사회적 영향: 역량이 뛰어난 교수들이 이 프로그램에 대해 호의적이었음에 '깊은 인상'을 받음 • 실천 개선: 초임 교사는 독서에 취약성이 있다. "우리는 그룹과 무엇을 해야 할지 …… 그룹은 단지 업무를 통해 배워야 했다."	• 수행에서의 일련의 연속 중 하나로 하나	• 중도: "내가 수행하는 많은 일 중 하나."	• 호의적
행정가 **W.** **페이슬리** **교육감**	• 사회적 영향: J. 달모프와 '그것에 대해 이야기를 함'	• 없음	• 낮음: "별것 아니다."	• 중립

출처: Miles & Huberman (1994).

은 중요하다.

(4) 분석

행을 따라 가로로 읽어 가는 것을 통해 분석가는 각 참여자에 대한 간략한 윤곽을 획득하게 되고, 다른 질문들에 대한 응답자들 간의 관계에 대한 초기 분석 결과를 얻게 된다(전략: **변수 간의 관계에 주목하기**). 예를 들어, L. 바예이스는 경력과 관련된 동기를 가지고 있어 수행을 매우 중요하게 보고 있으며, 초기에 호의적이었다. 하지만 R. 퀸스는 이러한 패턴도 아니고 대조적인 패턴도 아니다. 우리는 더 많은 행을 검토해야 한다.

열을 아래로 읽어 가는 것은 상이한 이용자들과 행정가 집단뿐만 아니라 이들의 동기 간의 **비교하기** 전략이다. 경력 관련성, 집중성 및 초기의 태도 자료에 대한 응답자 간 비교도 유사한 방법으로 가능하다.

〈표 7-4〉의 열을 아래로 살펴보는 것은 후속적인 분석을 위한 정보와 단서를 제공해 준다. **대조와 비교하기** 전략은 결론을 도출한다. 예를 들어, 사용자들에게 있어서 경력과 채택은 일부 관련이 있지만 행정가들에게는 실제적으로 관련이 없다. 집중성은 사용자들에게 있어서는 압도적으로 높지만 행정가들에게는 그렇지 않다. 사용자들은 행정가들에 비해 초기에 호의적이지 않다.

행을 따라 살펴보면, 우리는 **변수 간의 관계에 주목하기** 전략을 사용할 수 있으며, 경력과 관련하여 동기부여된 3명 중 2명의 사용자에 대해 변수 간의 관계가 존재한다는 것을 알 수 있다. 높은 집중성과 호의적인 태도가 존재하지만, 낮은 경력 관련성, 낮은 집중성과 중립 또는 비호의적인 태도와 같은 반대의 패턴은 나타나지 않는다. 사실 중립의 태도를 가진 사람들은 수행을 함에 있어서 그렇게 걱정을 하지 않기 때문에 호의적인 태도를 갖는 것으로 보인다(전략: **매개 변수 발견하기**).

요약하면, 개념적으로 배열된 매트릭스는 하나의 매트릭스 안에서 중요한 참여자로부터의 주요한 자료를 함께 제공한다. 목적은 관심을 갖는 선택된 변수, 개념 또는 주제가 어떻게 조화를 이루는지 요약하는 것이다. 개념적으로 배열된 매트릭스에 있어서 5개 이상의 연구 질문은 피해야 하며, 만약 그렇지 않다면 생각이 혼란스러워질 것이다. 한번에 전체적으로 보기에는 너무 많은 자료가 포함되며, 군집화와 상호 간의 관계를 파악하기 위해 자료를 처리하는 데 너무 많은 시간이 소요될 것이다.

(5) 노트

개념적으로 배열된 매트릭스는 〈표 7-4〉와 같이 사람과 역할에 의해 구성될 필요가 없다. 좀 더 일반적인 개념과 주제는 행뿐만 아니라 열의 배치 원칙이 될 수 있다. 예를 들어, 행은 문제의 유형에 대한 대응, 열은 다양한 유형의 전략 형태로 나누어져 구성될 수 있다. 구체적인 사례와 사람들은 덜 강조되며, 연구의 개념적 또는 주제와 관련된 문제가 더 강조된다.

3) 민속분류법

(1) 설명

민속분류법은 그것과 관련된 특정 배열을 설명하는 고유한 일련의 구성 어휘에 의해 가장 잘 설명된다.

McCurdy, Spradley와 Shandy(2005)는 다음과 같이 말하였다.

> 다른 범주의 영역을 분류하는 범주와 그것을 부르는 단어는 어휘를 포함한다. ……
> 분류학은 공유된 특정 속성에 기초하여 소집단의 문화 구성원에 의해 범위의 단위하에서 함께 분류되는 여러 항목의 단순한 (위계적인) 목록이다(pp. 44-45).

Spradley(1979)는 더 나아가 민속분류법을 "하나의 의미론적인 관계에 기반해 구성된

형식	의미론적 관계
1. 엄격한 포함	X는 일종의 Y이다.
2. 공간의	X는 Y에 위치하고, X는 Y의 일부이다.
3. 원인-결과	X는 Y의 결과이고, X는 Y의 원인이다.
4. 근거	X는 Y를 하는 이유이다.
5. 행동의 장소	X는 Y를 하기 위한 장소이다.
6. 기능	X는 Y에 사용된다.
7. 수단-목적	X는 Y를 하는 방법이다.
8. 순서	X는 Y의 단계이다.
9. 속성	X는 Y의 속성이다(p. 111).

일련의 범주"로 정의하였다. 분류법은 "영역 내의 모든 민속 어휘 간의 관계를 보여 준다."(p. 137) 민속 어휘를 추출하는 원문 그대로의 자료 기록은 분류 체계를 구성하는 데 필요하다. 하지만 특정한 민속 어휘가 참여자들에 의해 제시되지 않을 때에는 연구자가 자신들의 분석 용어를 개발한다.

의미론적인 관계는 어느 정도 '만약–그렇다면'의 알고리즘과 유사하며, 다음과 같은 유형을 포함한다(Spradley, 1979).

예를 들어, '과일'은 열매의 한 종류인 '산딸기류 열매'와 **엄격한 포함**의 의미론적인 관계를 가지는 범위/표지 용어일 수 있다. 즉, X는 일종의 Y이다. 산딸기류 열매의 범주에는 딸기, 라즈베리, 블루베리, 블랙베리 등과 같은 그 자체 목록이 계속되지만, 이 차원에서는 위계가 없다. 즉, 딸기는 블랙베리보다 더 중요하거나 덜 중요하지 않기 때문에 산딸기류 열매의 종류가 어떤 순서로 배열되는가 하는 것은 중요하지 않다. 그리고 '사과'는 그래니스미스, 데리셔스계, 허니크리스프 등과 같이 그 자체의 목록을 가지는 또 다른 종류의 과일로 분류된다.

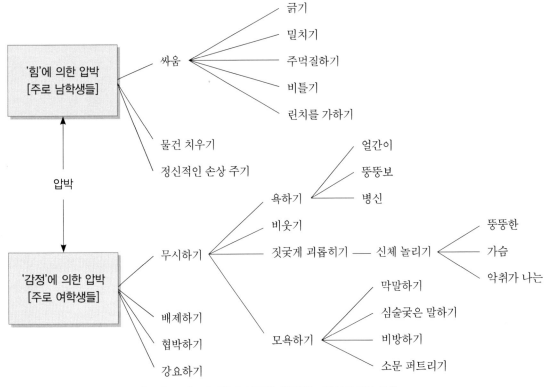

[그림 7-2] 아이들이 서로를 압박하는 방식의 민속분류

출처: Saldaña (2013).

요컨대, 민속분류법은 적절하게 분류되고 범주화된 참여자 또는 경우에 따라 연구자에 의해 생성된 용어의 조직화된 네트워크 목록이다(그림 7-2) 참조).

(2) 적용

개념은 항상 매트릭스의 행과 열로 적합하게 분류할 수 있는 것이 아니다. 때로는 사회생활의 상호 연결된 복잡성을 설명하기 위해 분류 도표와 같은 네트워크 형식이 필요하다.

분류 체계는 참여자의 자료에서 방대하고 복잡한 일련의 독특한 용어들이 등장할 때, 그리고 당면한 사회적 세계에서 인식하고 살아가는 하위 문화나 소집단 문화의 방식을 좀 더 잘 이해하기 위하여 조직에 대한 연구자의 이해가 필요할 때 유용하다. 또한 분류 체계는 방대한 현장노트, 인터뷰 전사 자료, 문서와 같이 관련된 다양한 자료를 종합하는 주요한 분석의 단계에서 이를 분류하고 범주화하는 데 도움이 된다. 목적은 일상적인 삶과 업무의 혼란스러움에 인위적인 배열을 부과하는 것이 아니라 분석가가 알고자 하는 사람들에 대한 해석에 있어 향상되고 인지적인 명확성을 제공하는 것이다.

(3) 예시

Saldaña(2005)와 그의 연구팀은 한 초등학교의 4학년과 5학년 학생들이 서로를 '압박'하는지를 연구하였다. 참여 관찰, 설문 조사, 전체 학습에 대한 인터뷰는 단기 예술가 거주 프로그램을 위해 준비되었다. 이 프로그램은 극적인 상황을 통해 괴롭힘과 아이들의 압박을 어떻게 능동적으로 다룰 것인지를 아이들에게 가르치기 위한 것이었다. 압박이란 어휘는 연구의 핵심이었고, 아이들에 의해 정의되었다. 의미를 파악한 이후 그들은 학교나 집에서 그들이 경험하거나 목격한 압박의 사례를 연구자들에게 제공하였다.

- 4학년 남학생(집단 인터뷰): 때때로 게임이나 어떤 것을 할 때 1명이 다가와서 "내가 너희들과 같이 놀아도 될까?"라고 말하면 다른 학생들은 "아니, 너는 우리와 같지 않으니 당장 나가는 것이 좋겠어."라고 말한다.
- 5학년 여학생(설문 조사 응답): "나는 비만이라고 놀림을 당했어요. 나는 뚱보라고 불렸고, 나에게 아이를 가진 것처럼 엄청나게 뚱뚱하다고 했어요. 나는 항상 슬펐어요. 나는 체중을 줄이려고 노력했지만 점점 체중이 늘었어요. 체중. 체중은 줄지 않았어요. 압박은 멈추지 않았어요."

이러한 아이들의 경험은 의미-목적의 의미론적인 관계의 사례가 되었다. X는 Y를 하는 방법이고, 배제하는 것은 압박하는 방법이다. 욕하는 것도 압박하는 방법이다. 이러한 모든 가슴 아픈 이야기가 수집된 후, 이후의 분석을 위해 그들이 묘사한 억압적인 행동의 유형을 묘사적으로 코드화하였다.

(4) 분석

분류 체계 개발을 위한 개별 항목의 적절한 분류와 범주화는 참여자의 항목별 질문, 방대한 설문과 설문 정리, 후속 인터뷰에 이르는 다양한 체계적인 방법을 통해 이루어질 수 있다(Bernard, 2011; Spradley, 1979, 1980). 방법의 선택은 민속 어휘와 그것들의 문맥상의 의미에 대한 연구자의 지식에 달려 있다. 대부분 자료에 포함된 어휘에 익숙해지면 이러한 민속 어휘를 데이터베이스에서 직접 텍스트 기반 소프트웨어나 그래픽 프로그램으로 코딩하고 추출할 수 있다. 먼저, 용어 배열을 잘라 내어 전통적인 개요 형식으로 붙여 넣은 후 노드나 줄이 있는 네트워크 형식에 배열되도록 변환하는 것이 가장 좋다. 대부분의 경우, 심층 반응이나 추론보다는 좀 더 복잡한 것에 주목하는 것이 용어가 의미론적 관계에 따라 정렬되는 방식을 이해하는 데 도움이 된다(X는 일종의 Y, X는 Y를 하는 방법 등).

[그림 7-2](Saldaña, 2013, p. 162)는 아이들이 서로 압박하는 방식을 설명하기 위해 구성된 민속분류 체계에서 발췌된 내용을 보여 준다. 간단히 말해서, 아이들 스스로는 연구자들에게 압박은 대부분의 소년과 소녀가 각자 정의한 '힘'이나 '감정'에 의한 것이라고 제시하였다. 이 두 가지 주요 범주에서 육체적·언어적 압박의 형태가 배열되었다. 빛 비추기, 긁기, 밀기와 같은 일부 민속 어휘는 아이들이 이야기한 것이며, 배제하기, 강요하기, 비방하기와 같은 다른 어휘들은 단어 자체는 없었지만 아이들이 설명한 압박의 유형을 확인하여 연구자가 작성한 분석 어휘이다.

매트릭스와 마찬가지로 분류 체계를 눈으로 확인하거나 살펴보는 것을 통해 분석적인 통찰력이나 추가 조사를 위한 질문을 도출하게 될 것이다. 예를 들어, 무시하기와 같은 민속 어휘는 가장 복잡하고 확장된 노드와 줄을 가지고 있어 이러한 유형의 압박은 고학년 아이들 사이에서 더 자주 나타날 뿐만 아니라 언어적으로 무시하는 것이 신체적 위해보다 잠재적으로 더 폭력적이라는 것을 보여 준다. 초등학교에서 이루어진 행동 연구 프로젝트의 이러한 결과는 성인들이 자녀들의 언어적인 무시를 어떻게 줄이고, 친구들로부터의 언어 학대에 대응하기 위한 건설적인 전략을 어떻게 제공할 것인가에 초점을 두도록 제안하였다.

이러한 다른 어떤 분류 체계의 모든 것이 완벽하게 경계를 가지고 있는 것에 주목하라. 예를 들어, 누군가에게 '물건 치우기'는 '힘'이라는 물리적인 행동일 수 있지만, 결국 피해자로 하여금 상실감과 상처라는 '감정'을 초래할 수 있다. 회색 음영처럼 모호한 것이 많고, 사실상 모든 규칙에는 예외가 있다. 분류 체계는 인간이 사회에서 사물을 분류하는 방식에 있어서 완벽한 모델은 아니다. 기껏해야 복잡성 내의 구조를 발견하여 문화의 구성요소를 한눈에 파악할 수 있는 분석적 탐구이다.

대부분의 CAQDAS 프로그램에는 분류 체계를 그리는 그래픽 기능이 포함되어 있다. ATLAS.ti와 같은 일부 프로그램은 어휘들의 빈도와 연구자가 표기한 연결을 기반으로 코드의 조직적 배열을 보여 주는 시각적 모델을 '계산'하고 표시할 수 있다. CAQDAS 프로그램은 입력된 것에 기반해 코드를 위계와 트리로 정렬하고 관리할 수 있다.

(5) 노트

물론 분석가들은 배타적으로 자신의 이론적인 생각을 정리하는 방법으로 분류 체계 방법을 사용할 수 있지만, 연구자가 그것을 명명하는 것에 있어서는 민속분류법보다 주의를 기울여야 한다. 이것은 특히 이론적 코딩, 축/집중 코딩, 원문 내/과정/초기 코드로 구성된 분류 체계를 구축하는 근거 이론을 활용하는 연구자들에게 권장된다 (Saldaña, 2013 참조).

4. 행동 묘사하기

비네트(vignettes)는 암시적인 산문 형식의 해석으로 중요한 순간이나 현지 조사의 확장된 부분에 대한 행동을 정확히 포착하는 역할을 한다. 시적인 디스플레이는 의미의 본질과 핵심을 포착하기 위해 시적인 형식으로 자료를 압축한다. 그리고 인지 지도는 일련의 행동으로서 개인의 사고 과정을 도식화한다.

1) 비네트

(1) 설명

비네트는 연구하는 사례에서 대표적이거나 전형적이거나 상징적으로 받아들여지는 일련의 사건 묘사에 초점을 둔다. 그것은 보통 짧은 기간, 1명 또는 소수의 핵심 행위자, 제한된 공간 중 일부 또는 세 가지 모두로 제한되는 연대기적인 흐름을 갖춘 서사적인 이야기의 구조를 갖고 있다. 비네트는 연구자에 의해 단독으로 작성될 수도 있고, 연구팀이나 연구 참여자들과 공동으로 작성할 수도 있다. 비네트는 한 단락만큼 짧은 것부터 한 장만큼 길어질 수도 있다(뒤의 '분석' 참조).

(2) 적용

다음에 설명하는 시적인 디스플레이와 같이 비네트도 주로 현장 조사에서 관찰된 것에 대한 풍부한 산문 형식의 해석일 뿐만 아니라 인터뷰 자료에 내포되어 있는 각색된 이야기를 포함할 수 있다. 사례는 중환자실 간호사의 일상, 전형적인 대학 교수 회의에서의 사건, 몇 주 동안 주요 경영진이 어떻게 의사결정을 하는지에 대한 이야기, 학생이 특정 수학 문제를 푸는 방법이 될 수 있다.

기억을 떠오르게 할 수 있도록 작성된 비네트는 코딩, 디스플레이, 심사숙고한 자료가 의미와 문맥에서 다소 부족한 경우에 그것을 수정할 때 유용할 수 있다. 공동으로 작성된 비네트는 연구 참여자가 적극적으로 자료의 내용을 제작하고 반영하며, 학습하는 데 참여할 수 있는 기회를 제공한다.

초기 자료 수집 기간 동안 연구자는 즉각적으로 사례에서 나타나는 상황이 어떤 것인지 더 잘 알게 되므로 잠정적으로 이해하는 데 중점을 두고 함께 추출해 낼 수 있는 의미 있는 자료 가운데 특히 두드러지는 대표적인 자료 집단을 종종 발견하게 된다. 비네트는 이러한 풍부한 자료를 꽤 쉽게 활용할 수 있는 방법을 제공한다. 또한 연구자 자신, 동료 연구자, 외부의 활용자를 위해 요구될 수 있는 중간 보고서에 포함될 무엇이 일어나고 있는가에 대한 연구자의 이론인 핵심적인 주제를 형성하는 데 도움이 된다. 이와 함께 더 길고 공식적인 사례 보고에도 유용하게 포함될 수 있다.

(3) 예시

Saldaña(1997)는 초임 백인 여성 교사가 연극 프로그램을 운영했던 히스패닉계가 대다수인 남서부의 도심에 위치한 예술 중점 학교에서 민속지학 연구를 수행하였다. 이 연구에서 도출된 주요 주제 중 하나는 연극 교사가 무조건적으로 학생들을 지원한다는 것이었다. 중산층의 백인 교사인 낸시와 히스패닉계의 저소득층 학생과의 인종적 차이에도 불구하고 상호 작용에 있어서 상호 존중이 발견되었다.

　현지 조사 기간 동안 관찰된 하나의 사건은 중학교 학생들을 위한 교육구 차원의 연설 대회였다. 다음의 내용은 이 교외 행사 기간 동안 작성되어 수정되지 않은 현장노트에서 발췌한 것이다. 실시간으로 3분을 넘기지 않는 순간에 일어난 행동의 단면에 관해 대략적으로 급히 작성한 메모이다.

　　　베아트리즈는 '음주 운전을 하지 말자'는 연설을 했다. 그녀가 단상으로 올라올 때 엘리언이 "힘내라, 베아!"라고 소리쳤다. 베아트리즈는 억양의 변화 없이 부드럽게 연설을 했다. 다른 마르티네즈 학교의 소녀가 대사를 네 번 알려 줘야 했다. 베아트리즈가 자리로 돌아올 때 낸시는 그녀의 어깨를 쓰다듬었다. 베아트리즈는 여전히 웃고 있었지만 상처를 받아 울 것처럼 보였다.

　　　OC: 다른 학생과 비교해 볼 때 역량이 뛰어나지는 않지만, 마르티네즈 학교 팀은 많은 지지를 받은 것으로 보인다. 뎀 양키즈(Damn Yankees)에서와 같이 야구팀은 좋지 않을 수도 있지만, 그들도 '심장'을 가지고 있다.

　이것은 연구자들이 당시에 관찰하고, 생각하고, 느낀 것의 전체적인 그림을 외부의 독자들에게 보여 주지는 못한다. 따라서 사건의 중요성을 보다 완벽하게 설명하는 내러티브 형태의 비네트가 적합하다.

(4) 분석

　서술적이고 세부적인 내용, 분석적인 해석, 비판적 또는 평가적인 관점이 내용에 충분히 포함되어야 한다는 등의 규정이 지켜진다면 비네트는 어렵지 않고 빠르게 작성할 수 있다. 그러나 문학적인 글쓰기는 창조적인 일이며, 비네트는 연구자로 하여금 전통적인 학술적 담론에서 벗어나 자료에 확실히 기초를 두고 있지만 그것에 종속되지 않는 회상적인 산문으로 모험을 할 수 있는 기회를 제공한다.

　다음의 내용은 앞의 예시에서 제시한 메모에 대한 비네트이며, 겉보기에는 사회행동의 작은 부분이 연구자와 연구의 핵심 결과에 왜 특별한 중요성을 갖게 되었는지를 설명하기 위해 작성된 것이다.

캔튼 중학교의 옷을 잘 차려 입은 설득력 있는 연설자는 주제로 선택한 보호소 동물들에 대해 명확한 연설을 했다. 그 여학생은 세련된 주장을 하기 위해 자신감과 성량에 있어서 좋은 지도를 받았다. 그 여학생의 완벽한 연설이 끝난 후, 그녀가 무대에서 내려올 때 강당에 있는 100명 이상의 학생과 교사 청중은 큰 소리로 박수를 보냈다.

행사 진행자는 판정석에서 일어서면서 청중에게 "감사합니다. 다음은 마르티네즈 학교의 베아트리즈 거즈먼."이라고 말했다.

베아트리즈는 엘리언이 "힘내라, 베아!"라고 외칠 때 조용하고 겸손하게 의자에서 일어나서 학급 동료들이 앉아 있는 좌석을 지나갔고, 그녀의 코치 낸시는 그녀가 지나가자마자 미소를 짓고 그녀에게 '열광적으로' 응원의 몸짓을 해 주었다. 옅은 노란색 드레스를 입은 베아트리즈는 무대를 향해 주저하면서 걸어갔고, 분명히 긴장해 있었으며, 누군가가 이전에 당당하게 걸어갔던 것과는 달리 걱정스럽게 연단으로 걸어갔다.

학생 프롬프터 마리아가 1분짜리 설득력 있는 연설문을 잊었을 경우에 베아트리즈에게 줄 대본(어린 참여자들을 위해 연설 대회 규정에서 허용되는 안전 조치)을 한 손에 들고 아래쪽에 자리를 잡는 동안 베아트리즈는 무대 중앙으로 걸어갔다.

베아트리즈는 단조로운 작은 목소리로 부드럽게 말하기 시작해서 연설을 이어 갔다. 연설 중 네 번째 문장에서 그녀는 "그리고 사람들이 음주 운전으로 체포될 때"라고 말했다. 베아트리즈가 어두운 강당을 멍하니 응시하면서 길고 불편한 멈춤이 있었다. 낸시는 속수무책으로 베아트리즈를 바라보았고, 의자에서 앞으로 몸을 기울였다. 학생 프롬프터는 "그들의 삶은……."이라고 내용을 알려 주었고, 베아트리즈는 눈을 감고 잠시 아래쪽을 보다가 고개를 들고 "그들의 삶은 영원히 파괴되었습니다."라고 연설을 계속했다.

그녀의 연설은 채 1분도 유지되지 못했다. 연설문을 잊어버려서 세 번이나 연설문을 전달받았다. 베아트리즈는 연설의 마지막 단계에서 "그것이 사람들이 술을 마시고 운전을 하면 안 되는 이유입니다."라고 말하면서 마치 연설을 빨리 끝내고 무대에서 뛰어 내려오는 것처럼 그녀의 오른쪽으로 몸을 기울이기 시작했다. 마지막 줄을 연설했을 때, 학교 친구들은 베아트리즈를 위해 응원을 하고, 가끔 "예스!"라고 외쳤으며, 청중은 지시를 받은 것처럼 공손하게 박수를 쳤다.

다른 학교의 참여자가 자신감 있게 단상으로 걸어갈 때, 베아트리즈는 그녀의 자리에 빨리 돌아와 낸시 옆에 앉아 몇 초 동안 침묵했다. 낸시는 베아트리즈의 어깨 너머로 팔을 뻗어 학생을 가까이 당겼다. 낸시가 학생의 등을 부드럽게 쓰다듬기 시작할 때 베아트리즈는 엄마와 같은 선생님의 몸에 머리를 기울였다. 베아트리즈는 미소를 지었지만 상처로 인해 울 것처럼 보였다. 두 젊은 여성은 앉아서 서로에게 아무 말도 하지 않았다. 그들은 정말로 아무 말도 할 필요가 없었다.

그날 저녁 이후 그날의 사건을 되새겨 볼 때, 나는 베아트리즈가 그녀의 남은 생애 동안 절대 잊지 못할 무대에서의 공포로 인해 옴짝달싹하지 못하는 순간, 그리고 나중에 낸시가 그녀에게 안심할 수 있는 편안함을 준 것으로 생각하였다. 내가 보기에는 평화롭고 눈을 뗄 수 없는 순간이었다. 어린 여학생은 실패한 이후, 무조건적인 지지의 순간에 젊은 여성에게 기대었다. 내가 생각할 수 있었던 것은 학생들에 대한 낸시의 사랑과 그녀가 단지 인간이라는 것을 깨닫는 것이다.

Erickson(1986)은 현장노트를 읽은 후 비네트를 작성하는 것은 발생한 사건에 대한 자신의 관점을 표현하고 명확히 하는 강력한 수단이 될 수 있다고 주장한다. 이 방법은 "저자의 해석적 관점을 강조하는 친근한 방법인 분석적 캐리커처"를 생성한다(p. 150). 사실에 근거하고 집약된 이야기로서의 잘 쓰인 비네트는 연구자가 '거기에 있었다'는 것을 독자들에게 생생하고, 눈을 뗄 수 없으며, 설득력 있게 전달하는 것이 된다. 만약 그것이 대표적인 것이 아니라면, 연구자와 독자들은 그것이 언급한 사례를 잘못 이해하는 위험에 빠지게 된다. 여러 개의 비네트를 사용하는 것은 도움은 되지만 '이것이 진짜 전형적인 것인가?'에 대한 질문은 항상 확인되어야 한다.

만약 연구 참여자들과 공동으로 비네트를 구성하기로 결정했다면, 비네트에 대한 생각을 설명하기 위해 그들 중 몇몇을 만나는 것은 도움이 된다. 그 후에 각 사람은 묘사할 상황을 선택하고, 메모를 작성한 후 일상 언어로 경위를 다시 말하거나 글로 쓴다. 연구자는 기록 또는 전사된 경위를 읽고, 그것에 대한 메모나 질문을 작성한 후 재검토를 위해 작성자에게 보낸다. 메모와 질문에 대해 논의하고, 연구자는 개정판과 확장판을 작성한 후 이후의 검토와 논의를 위해 다시 보낸다. 그다음 가명으로 작성된 최종 버전은 현장의 다른 사람들에게 배포할 수 있다. 이는 참여자들의 인식과 잠재적인 학습의 측면에서 추가적인 이점이 된다.

(5) 노트

우리가 발견한 이 방법에 대한 가장 좋은 논의점들은 Erickson(1986)에 있다. Seidman(2006)은 장기간에 걸친 경험을 묘사하기 위해 인터뷰 전사 자료에서 나타난 참여자들의 어휘를 사용한 서술적인 요약인 '프로필'이라고 불리는 확장된 버전을 설명한다. 물론 내러티브 연구와 구술 역사 영역은 비네트 작성의 확장을 위한 독특하고 흥미로운 방법을 개발하였다. 이러한 주제와 관련된 영역에 관한 추천 자료는 부록을 참조하라.

2) 시적인 디스플레이

(1) 설명

시적인 디스플레이는 연구와 그것의 결과 또는 주요 참여자들의 관점의 회상적인 묘사와 발표를 위해 선택된 질적인 자료를 전통적 또는 다양한 시적인 구조에 신중하게 배치한다(뒤의 '분석'에서의 디스플레이 참조).

(2) 적용

연구자는 때로는 데이터베이스의 엄청난 양의 세부 자료에 압도당하고, 가장 중요하거나 핵심적인 내용을 파악해야 할 필요가 있다. 시의 독특한 특징 중 하나는 우아한 언어로 인간의 경험을 표현하고 떠오르게 해 주는 능력이 있다는 것이다. 따라서 문학적 장르는 수집된 방대한 문서로부터 핵심적인 의미를 추출하는 한 가지 방법으로 사용될 수 있다.

시적인 디스플레이는 연구자의 관점에서 본질적이고 가장 중요한 표현을 담은 질적인 자료의 예술 기반의 묘사와 발표이다. 그것의 구성은 기본적으로 연구자의 사용을 위해 작성되지만 만약 완성된 시가 충분히 예술적이고 학술적인 우수성을 가지고 있다면 출판되는 보고서에 포함될 수 있다.

시적인 디스플레이는 분석가의 피상적인 관심 사항에 빠지지 않고 압축된 형태의 자료에 독자들을 가장 가깝게 데리고 간다. 시는 때때로 깊은 수준에서 관여되기 때문에 일련의 자료와 사람을 진지하게 다루어야 한다. 시적인 디스플레이는 비유적인 전치일 뿐만 아니라 감정적인 진술이다.

(3) 예시

예술 중점 학교의 여성 교장은 학교 현장의 철학과 사명에 대해 인터뷰를 하였다. 학교와 학생들을 위한 목표에 대한 그녀의 인식에 관한 한 시간의 인터뷰에서 발췌된 내용은 다음과 같다.

> 우리가 이곳에서 하려고 하는 것은 전인적 인간을 창조하고 평생 학습자가 될 수 있는 기회를 제공하는 것이며, 음, 배우는 기쁨을 느끼게 하고 학생들을 지원하며, 음, 학생들의 배경을 존중하기 위해 노력하는 것이기 때문에 매우 다른 종류의 교육 환경이라고 할 수 있습니다. 그리고 교과 과정이 있고, 배워야 할 것들이 있는 학교와는 매우 다릅니다. 우리는 사람이 배워야 할 단 한 가지를 발견할 수 없었습니다. 당신은 알파벳을 알 필요가 없으며, 그것을 항상 내려놓을 수 있습니다. 당신은 곱셈표를 알 필요가 없으며, 그것은 엉덩이에 있는 주머니에 넣어서 가지고 다닐 수 있습니다. 당신이 배워야 하는 것은 태도입니다. 이미 알다시피, 우리는 그들이 표현의 포괄적인 우아함을 맛보기를 바랍니다. 문제 해결에 대한 애정. 이것이 태도이며, 우리가 가르치는 것들입니다. 그리고 우리는 매우 정중하고 즐겁게 가르치려고 노력합니다. 그리고 그것은 다릅니다. 저는 그것이 다르다는 것을 압니다.

시는 온전히 교장의 주요한 관점이나 연구자로 하여금 강하게 흥미를 유발하는 측면을 전체적으로 정확히 담아내기 위해 인터뷰 전사 자료에서 구성될 수 있으며, 구성되어야 한다. 그러나 단지 설명적인 목적을 가진 시는 앞에서 주어진 발췌문만으로도 구성될 수 있다.

(4) 분석

축어적 연극(verbatim theatre) 작가인 Anna Deavere Smith는 사람들이 일상적인 말을 통해 '유기적 시(organic poetry)'를 말한다는 것을 증명하였다. 청자는 통찰력 있고 의미 있는 의사소통을 위해 화자의 리듬, 어구의 분석, 휴지, 그리고 일상적인 담론을 초월하는 글의 중요한 단어와 구절에 확실히 적응해야 한다.

연구자는 자료의 내용에 대해 철저히 알게 되며, 텍스트에서 중요하고 의미 있는 그대로의 단어 또는 구절을 추출한다. 예를 들어, 앞의 전사 자료 첫 번째 문장에서 '전인적 인간'과 '평생 학습자'라는 문구는 강조된 중요한 구절로 두드러진다. 이 기법은 170 단어의 전사 자료 내에서 계속되었다.

다음으로 선택된 구절은 시의 배열과 흐름을 확인하기 위해 별도의 페이지에서 재조합된다. 데이터베이스에서 추출한 모든 것이 필요한 것은 아니며, 때때로 단어들이 구절로 재구성될 때 단어의 구조를 바꾸기 위한 문법적 재량이 필요할 수 있다. 결과적으로 분석가는 170 단어의 전사 자료에서 선택한 단어와 문구를 가져와서 예술 중점 학교에서 예술적으로 표현된 특정 학교의 철학, 사명, 목적을 표현하기 위해 23 단어의 시를 작성하였다.

- 교육 태도
  - 전인적 인간 창조
  - 평생 학습자

- 학습 태도
  - 문제 해결에 대한 애정
  - 표현의 우아함

- 교육과 학습
  - 정중히
  - 지지적으로
  - 즐겁게

기억해야 할 두 가지 점은, ① 디스플레이에서 자료 선택, 구성, 표시가 이 사례와 같이 결정적인 분석행동이며, 사려 깊고 명쾌한 방식으로 수행되어야 한다는 것이고, ② 디스플레이는 과학을 할 때와 마찬가지로 예술과 기술을 필요로 한다는 것이다. 참여자들 안의 유기적 시를 찾는 데 도움이 되는 여러분 안의 시를 살펴보라.

고전 문학시는 그 자체로 만족할 수 있지만, 시로 연구를 하는 것은 독자가 예술 작품을 맥락화하거나 확장할 수 있도록 하기 위해 항상 일정한 형태의 서문이나 보충적인 서사가 필요하다. 또한 시가 학술적인 학문이 될 때 독특한 일련의 관습과 전통을 가지게 되는 것을 인정하라. 학술 문헌의 각주와 인용은 시에는 자리 자체가 없으므로 필요하다면 동반되는 산문 형태의 서술에 이를 기입하라.

(5) 노트

시를 발표하고 출판하기로 결정하였다면 연구자로서 시를 연구로 사용하는 것을 방어하거나 정당화해야 한다는 느낌의 패러다임 함정에 빠지지 말라. 질적 연구 분야의 많은 실천가는 시를 '실험적' 또는 '대안적(실제적으로는 '소외된')' 연구 형식으로 보는 시에 대한 시대착오적인 인식을 초월했으며, 현재는 이를 좀 더 **진보적인** 것으로 본다. 그러나 시를 작성하기로 선택했다면 연구에 대한 묘사로서 사례를 설득력 있게 제시하기 위한 예술적인 목소리가 되어야 함을 깨달아야 한다.

좀 더 많은 시와 시적인 구조, 질적 연구의 표현과 발표로서의 응용에 대한 것은 Mears(2009), Prendergast, Leggo와 Sameshima(2009)를 참조하라.

3) 인지 지도

(1) 설명

인지 지도는 특정 범위에 관한 개념이나 과정에 대한 인간의 표현으로 그들 간의 관계, 흐름, 역동을 보여 준다. 시각적인 지도는 "그 사람이 특정한 일련의 행동을 경험하거나 행동이 경험에 반영될 때 사람들의 마음에서는 어떤 일이 일어날까?"라는 질문에 대한 답변을 찾는 것을 도와준다. 설명을 위해 해설이 지도와 함께 표시된다([그림 7-3] 참조).

(2) 적용

개념과 과정의 시각적 표현은 내러티브만을 제시할 때보다 훨씬 효과적일 때가 있다. "한 장의 그림이 천 마디 말보다 가치가 있다."는 속담을 신뢰한다면 인지 지도는 그들이 경험을 반영하거나 재현할 때 사람들의 마음속에서 어떤 상황들이 발생하는지를 효과적이고 품격 있게 표현하는 하나의 방법이다.

지금까지의 많은 사례는 복잡하고 다차원인 경우가 많았다. 그러나 사례는 종종 개인적인 차원으로 초점화된다. 우리는 사람의 복잡성을 보여 줄 수 있는 디스플레이가 필요하다. 사람들의 마음과 그들에 대한 우리의 이론은 민속분류법처럼 항상 위계적으로 구성되지 않는다. 그것들은 비계층적 네트워크 형태로서 선으로 연결된 노드, 화살표로 확장된 상자를 포함하는 풍부한 내용을 가진 형태로 표현될 수 있다.

그러나 질적 연구자는 독심술가가 아니며 뇌외과 의사도 아니기 때문에 다른 사람의

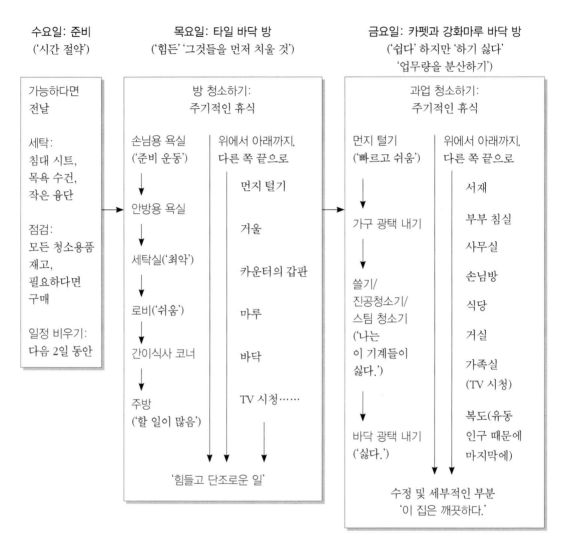

수요일: 준비
('시간 절약')

목요일: 타일 바닥 방
('힘든' '그것들을 먼저 치울 것')

금요일: 카펫과 강화마루 바닥 방
('쉽다' 하지만 '하기 싫다'
'업무량을 분산하기')

가능하다면
전날

세탁:
침대 시트,
목욕 수건,
작은 융단

점검:
모든 청소용품
재고,
필요하다면
구매

일정 비우기:
다음 2일 동안

방 청소하기:
주기적인 휴식

손님용 욕실
('준비 운동')
↓
안방용 욕실
↓
세탁실('최악')
↓
로비('쉬움')
↓
간이식사 코너
↓
주방
('할 일이 많음')

위에서 아래까지,
다른 쪽 끝으로

먼지 털기

거울

카운터의 갑판

마루

바닥

TV 시청……

'힘들고 단조로운 일'

과업 청소하기:
주기적인 휴식

먼지 털기
('빠르고 쉬움')
↓
가구 광택 내기
↓
쓸기/
진공청소기/
스팀 청소기
('나는
이 기계들이
싫다.')
↓
바닥 광택 내기
('싫다.')

위에서 아래까지,
다른 쪽 끝으로

서재

부부 침실

사무실

손님방

식당

거실

가족실
(TV 시청)

복도(유동
인구 때문에
마지막에)

수정 및 세부적인 부분
'이 집은 깨끗하다.'

[그림 7-3] 한 사람의 집 안 대청소 과정에 대한 인지 지도

마음속에서 무엇이 진행되는지 결코 알 수가 없다. 따라서 인지 지도는 참여자의 역동적이고 때로는 독특한 사고의 과정을 고정된 형태로 만드는 가장 좋은 방법이다.

(3) 예시

일부 연구는 역할, 관계, 규칙, 일상 및 의례와 같이 일상적으로 매일 일어나는 습관들의 개념을 이해하기 위해 사람들의 삶의 평범한 것들을 검토한다(Duhigg, 2012). 여기에서 평범한 사례는 집 안 대청소이며, 우리가 곧 배우게 될 것은 이것은 단순하거나 보이는 것처럼 아무 생각이 없는 것이 아니라는 것이다. 일부 사람은 시간에 따른 행동의 시간 효율성 패턴을 개발하기 위해 많은 고민을 해 왔다.

나이 들고 경미한 관절염이 있는 기혼 여성이 집 안 대청소의 의례에 관해 집에서 인터뷰를 한다. 인터뷰 진행자에게 빗자루, 먼지 걸레, 유리 세제, 가구 광택제 등의 모든 청소용품이 보관되고 있는 곳을 보여 준다. 그 후 그녀는 인터뷰 진행자에게 4개의 침실을 보여 주고, 격주 간격의 '대청소의 날' 동안 수행하는 그녀의 특정 작업과 도전을 언급한다.

> 여성: 청소를 하는 것 자체가 오래 걸리는 것은 아니지만 내 나이에는 두 번에 나누어서 반나절씩 청소하는 것이 더 쉽기 때문에 나는 이틀에 걸쳐 집을 청소합니다. 나는 첫날에는 타일 바닥 방을 청소하고, 둘째 날에는 카펫과 강화마루 바닥 방을 청소합니다.
>
> 인터뷰 진행자: 왜 첫날에 타일 바닥 방을 청소합니까?
>
> 여성: 왜냐하면 그것이 가장 힘들고, 먼저 마무리되길 바라기 때문입니다. 그리고 모두 같은 청소용품을 사용하므로 다른 방으로 옮기기만 하면 되기 때문입니다. 나는 항상 욕실 청소를 먼저 시작합니다.
>
> 인터뷰 진행자: 어느 것이 먼저 끝나야 합니까?
>
> 여성: 때때로 그것은 중요하지 않습니다. 나는 대청소를 위해 '준비 운동' 차원으로 먼저 작은 것을 청소하고, 그 후에 샤워실과 더 많은 거울, 용품이 있기 때문에 3배의 시간이 더 걸리는 안방 욕실을 청소합니다. 그리고 세탁실을 청소하며, 보시다시피 고양이의 쓰레기를 처리합니다. 그곳은 공간이 좁기 때문에 모든 물건을 옮기는 데는 시간이 좀 걸립니다. 그 방이 작은 방처럼 보이지만 실제로 그곳을 청소하는 데는 20~25분의 시간이 걸립니다. 그다음 로비로 가는데, 그곳은 쉬워서 대부분 5~10분의 시간이 걸립니다. 그리고 간이식사 코너와 주방으로 가며, 이곳을 청소하는 데 얼마나 오랜 시간이 걸리는지는 당신이 잘 알고 있을 것입니다.
>
> 인터뷰 진행자: 글쎄, 나의 부엌은 훨씬 좁습니다. (웃음) 당신은 얼마나 걸리나요?
>
> 여성: 주방을 위에서 아래까지 청소하는 데 대략 한 시간? 나는 항상 커피메이커가 있는 이쪽 끝에서 청소를 시작한 후 마지막에 싱크대를 청소합니다. 음, 바닥이 마지막이고, 스팀 청소기로 청소를 합니다. 마루가 다 마르면, 융단을 다시 내려놓습니다.

여성의 둘째 날 청소 과정의 세부적인 내용을 확인하기 위해 인터뷰는 계속된다.

전체적으로 무엇이, 어디서, 어떻게, 그리고 왜 그러한 방식으로 이루어지는지를 파악하기 위하여 인터뷰 진행자는 구체적인 질문을 하였다. 또한 인터뷰 대상자가 집 안의 각 방을 청소하는 데 걸리는 시간을 지정했기 때문에 시간이 언제, 얼마나 걸리는지에 대해 논의하고, 구분하였다. 인터뷰의 기본적인 목적은 사람의 사고 과정에 대한 인지 지도를 구성하는 데 충분한 정보를 수집하는 것이다. 다시 말해, 우리는 "특정한 일련의 행동을 경험하거나 경험을 반영할 때 사람들의 마음속에서 무엇이 진행되고 있습니까?"라는 질문에 대한 충분한 자료를 수집해야 한다. 여기에는 사실뿐만 아니라 추론, 기억, 감정까지 포함된다.

최초의 인터뷰는 전사되고 재검토된다. 필요하다면 두 번째 인터뷰를 위한 후속 질문을 작성한다. 그리고 전사 자료는 시각적인 지도를 설계하는 데 있어서 언어적인 요소들의 지침이 된다.

(4) 분석

인지 지도를 그리고 구성하는 것은 실시간으로 이루어지는 것을 시각적으로 보여 주기 위해 필요한 분석 과정이다. 사용 가능한 도구는 종이와 연필, '스티커 메모'와 벽 보드 또는 대부분의 CAQDAS 프로그램과 같은 그래픽이나 모델링 소프트웨어이다. 종이나 스크린샷을 통해 과정을 포착했다고 생각하기 전에 몇 개의 지도 초안을 작성하게 될 것이라는 것을 깨닫기만 하면 어떤 방법이든 상관없다. 대안적인 지도 작성하기와 동반되는 내러티브는 각각 서로에게 정보를 제공한다는 것을 발견하게 될 것이다. 인지 지도의 초안을 작성한 후, 지도에 대한 재작성과 세부적인 내러티브의 명확화를 자극하는 내러티브가 작성될 것이다.

[그림 7-3]은 인터뷰 자료에서 추출된 집 안 대청소 과정의 사례연구에 대한 최종적인 인지 지도를 보여 주며, 캡션, 글, 상자, 노드, 그리고 화살표를 활용하여 시각적으로 제시되어 있다. 또한 시각적인 디스플레이는 그녀의 생각의 뉘앙스를 설명하기 위해 내러티브를 추가하는 것이 필요하다.

집 안 대청소는 두렵지만 그럼에도 불구하고 하루 전에 '준비한다.' 경미한 관절염을 앓고 있는 제니스에게 격주 간격의 업무는 '필요악'이다. 제니스는 목요일과 금요일에는 집 안 대청소를 하기 때문에 '번거로움'이 없도록 수건, 융단, 침대 시트의 세탁은 시간이 허용되는 수요일에 이루어진다. 이것은 더 힘이 드는 과업을 덜 힘들게 수행하는 하나의 방법이다.

시간과 에너지는 집 안 대청소를 생각할 때 중요한 두 가지 개념이다. 일상적인 것은 이 집에서 20년간 살아오면서 높은 수준으로 조직화되었다. 공식적인 집 안 대청소의 첫 번째 날, 제니스의 전략은 '방해가 되지 않도록' '어려운' 방을 먼저 청소하는 것이다. 이 전략은 충분한 에너지로 계획된 과정을 완수하기 위해 관절염으로 인한 짧은 휴식 시간을 포함하여 거의 세 시간 동안 그녀가 지속적으로 청소를 할 수 있게 해 준다. "만약 가장 힘든 방을 나중에 청소한다면, 그 방은 아마도 청소가 끝나지 않거나 부분적으로 끝날 것이다. 욕실은 최악이다. 나는 욕실 청소하는 것을 싫어하는데, 그것이 내가 첫 번째로 욕실을 청소하는 이유이다."

첫 번째 날 여섯 개의 타일 바닥 방에는 준비 의식이 있다. "나는 각 방을 청소하기 전에 유리세정제, 종이 수건, 스팀 청소기, 먼지떨이, 쓰레기봉투 등 청소를 위해 필요한 모든 것을 가져온다. …… 그렇게 하면 앞뒤로 오락가락하며 시간을 낭비할 필요가 없으며, 모든 청소용품은 방에 있고, 준비가 되어 있다." 각 방에서의 청소의 일상 또한 2개의 공간적인 패턴에 따른다. "위에서 아래로, 벽 먼저, 그리고 계산대, 그다음에 바닥." 또 다음과 같이 시계 방향으로 청소를 한다. "방의 한쪽 끝에서 시작하고, 내 방식으로 청소를 한다."

이러한 과정은 연구자가 사람의 마음을 통해 무엇이 이루어지는지를 해석한 것이다. 그러나 인지 지도는 연구자와 참여자가 공동으로 구성할 수 있다. 이 절차는 응답자와 연구자를 공동 작업에 참여시킴과 동시에 디스플레이를 구축하고 자료를 입력한다.

경험이나 과정에 대한 초기 인터뷰 후, 연구자는 주요 용어, 개념, 원문 그대로의 코드 등의 교환과 발췌를 기록한다. 각각의 것은 '스티커 메모'로 작성되고, 참여자와의 후속 지도 작성을 위한 인터뷰가 예정된다.

오디오 녹음 지도 작성 인터뷰에서 참여자에게 스티커 메모가 주어지고, 벽에 붙어 있는 큰 포스터 크기의 종이에 '용어들에 대해 어떻게 생각하는지를 보여 줄 수 있는 방식으로' 그것들을 배열할 것을 요청한다. 이 작업이 완료되면 연구자는 "왜 이러한 방식으로 정렬을 했습니까?"라고 질문한다. 연구자는 사람들이 공통적으로 이야기한 개념 주위에 선을 그리고, 디스플레이에 또한 기입되어 있는 집단의 이름을 떠올린다. "(A)와 (B) 간에는 어떠한 관계가 있습니까?"라는 질문은 개념과 개념 집단 간의 관계를 사람들이 명명하도록 하며, 디스플레이에 그것들을 또한 기입한다.

예비적인 분석을 하는 동안 연구자는 지도 작성을 위한 논의에 대한 기록을 듣고, 오류를 명확하게 설명하며, 완성된 지도를 통해 제시하려고 했던 것에 대한 서술적인 문서를 작성한다. 수정된 지도와 서술이 개념과 과정에 대한 정확한 표현인지를 확실히 하기 위해 응답자에게 피드백을 받는다.

이 인지 지도는 결과에 있어서 최대의 특이성과 복잡성에 기여한다. 좀 더 단순한 버전은 응답자가 주요 주제와 관련된 개념의 목록을 작성하도록 요청한다(Morine-Dershimer, 1991). 주요한 주제는 중심에 위치하고, 다른 개념이 주변에 배치되며, 명명되지 않은 연결선은 차례로 다른 개념으로 연결된다.

인지 지도는 사람들의 마음속에 있는 어떠한 것을 좀 더 조직적이고 사회적으로 바람직하며, 체계적으로 보이도록 하는 방식을 가지고 있다. 분석과 해석을 할 때 이러한 편향이 발생하는 것을 허용하라. 또한 한 사람의 인지 지도가 반드시 다른 사람들의 사고와 행동을 비교할 수 있는 상황을 필수적으로 나타내는 것은 아니다(예를 들어, 이 사례에서 남편이 집을 청소할 때, 그는 이틀이 아닌 하루 만에 청소를 끝내는 것을 선택할 수 있다. 그는 집의 한쪽 끝에서 시작하고, 바닥의 재질에 상관없이 하나의 방에서 시작해서 집의 마지막에 도달할 때까지 가까운 방을 청소할 수 있다).

(5) 노트

인지 지도는 또한 인터뷰 전사 자료, 소설 또는 기타 긴 문서와 같이 미리 작성된 내러티브로부터 도출할 수 있다. 여기에서 분석가는 사람보다는 문서에서 정보를 얻는다. 인지 지도의 작성 기술을 사용하여 특정한 일련의 자료의 의미에 관한 자신의 아이디어나 분석적인 과정을 명확히 할 수 있다.

참여자에 대한 관찰과 인지 지도 작성의 변덕스럽고 익살스러운 가상의 미디어 표현은 노르웨이, 스웨덴의 뛰어난 영화인 〈주방 이야기(Kitchen Stories)〉를 참조하라.

5. 마무리 및 넘어가기

사회적 환경과 행동을 기술하는 이러한 방법은 다큐멘터리 과정이다. 이들은 연구의 가장 기본적인 질문 중 하나인 "여기에서 무슨 일이 일어나고 있습니까?"라는 질문에 응답하기 위해 방대한 양의 자료를 좀 더 논리정연한 형태로 축약한다. 때때로 연구 조사의 목표가 오로지 설명에 초점이 맞추어지기도 하지만, 다른 목표는 인간의 행동에 '왜'라는 부분을 좀 더 깊게 탐색하는 것이 포함될 수도 있다.

　탐색하고 묘사하는 것은 질적인 자료를 분석하는 두 가지 기본적인 방법이다. 제8장에서는 시간, 과정, 사례에 따라 더 많은 패턴을 구성하기 위해 좀 더 체계적이고 배열된 형식으로 자료를 처리할 것이다.

제8장 배열 방법

장 요약

이 장에서는 시간, 과정, 사례에 따라 함축된 자료를 배열하는 방법의 윤곽을 잡고자 한다. 자료 배열은 심층 분석 작업을 위한 연속성과 계층 구조를 결정하기 위한 기초를 제공한다.

내용

1. 서론
2. 시간에 의한 배열
   1) 사건 목록 매트릭스
   2) 성장변화도
   3) 시간 지향적 매트릭스
3. 배열 과정
   1) 의사결정 모델
   2) 사건 상태 네트워크
   3) 혼합 연속성 분석

4. 사례에 의한 배열
   1) 사례중심 기술적 메타 매트릭스
5. 마무리 및 넘어가기

1. 서론

디스플레이의 세 가지 주요한 단위는 연대순의 흐름을 보존하며, 무엇 다음이 무엇 이고 언제 다음이 언제인지를 잘 보이도록 허용하여 시간, 과정, 사례에 따라 순서화하는 것이다. 일단 과거의 초기 설명이 있다면 어떤 형태의 순서화는 전형적으로 매우 도움이 된다. 시간에 의한 순서화 매트릭스는 국면, 단계, 주기의 분석을 가능하게 하고, 아마도 제시된 원인 작용에 영향을 끼치게 될지도 모른다.

삶은 연대기이다. 우리는 사건의 흐름 속에서 살고 있다. 그러나 비록 우리가 우리 자신을 사건이라는 강의 한가운데 있다고 생각할 수 있어도 이 비유는 맞지 않을 때가 있다. 강의 흐름이 1차원적이지 않기 때문이다. 어떤 사건은 삶의 한 영역에서 일어나지만, 다른 사건은 다른 영역에서 일어난다. 어떤 사건은 우리에게 가깝지만, 어떤 것은 거리가 있다. 어떤 사건은 다른 사건들과 맞물려서 일어나며, 다른 사건은 우연히 일어난다. 또한 그것이 명백할지라도 오래전 사건들은 현재와 연관이 있으며, 거리가 먼 사건들은 가까운 사건과 연관이 있다.

이 경우와 마찬가지로 사례를 살펴보는 것은 우리의 이해를 깊게 하고 일반화 가능성을 증가시킬 수 있다. 하지만 사건 간 분석은 까다롭다. 단순히 피상적으로 어떤 주제 또는 변수 간을 요약하는 그 자체로는 우리에게 말해 주는 것이 거의 없다. 우리는 각 사건 안에 있는 복잡한 배열의 과정을 주의 깊게 보아야만 하며, 특정 사건을 뛰어넘는 변수의 유형을 보기 이전에 지역적인 역학관계를 이해해야만 한다. 그러므로 배열 방법에서는 '과정'과 '변수'를 결합하는 접근법이 요구된다.

시간에 의한 배열은 시간에 따라 변화할 때 자료를 검토하기 위한 구조화된 틀로서 연대기를 사용한다. 배열 과정은 '큰 그림', 즉 복합 여정이 도표화될 수 있는지를 검토한다. 사례에 의한 배열은 개인, 집단을 계층적으로 배열하고, 지정된 관심 변수에 따라 지정된다.

2. 시간에 의한 배열

사건 목록 매트릭스는 선택된 기간 동안 선택된 행동들을 기록한다. 성장변화도는 시간의 범위에 걸쳐 변수의 발달 단계를 나타낸다. 또한 시간 지향적 매트릭스는 여러 변수의 병행 경로와 선택된 기간 동안 연구자들의 평가 기록을 보여 준다.

1) 사건 목록 매트릭스

(1) 설명
사건 목록은 일련의 견고한 사건들을 연대순에 따라 몇 개의 범주로 구분하고 정렬하는 매트릭스이다(〈표 8-1〉 참조).

(2) 적용
질적 연구자들은 항상 사건에 관심이 있다. 무슨 일이 언제 일어났으며 다른 사건과 어떤 관계가 있는지(혹은 있었는지) 연대순으로 일어난 과정을 밝히기 위해서이다. 결국 한 과정은 필연적으로 밀접하게 관련된 사건들의 연속이다. 일반적으로 이런 관심은 적절한 시간 연속성에 따른 확장된 내러티브의 생성으로 연결된다(보통 플래시백 또는 플래시포워드 없이).

우리가 복잡한 연대기를 충분히 다 이해하려면 아마도 내러티브는 필수적이다. 문제는 현장노트에 적은 것을 확대된 설명으로 바로 바꾸는 데에 위험이 있다는 것이다. 설령 그렇게 하는 것이 독자에게 더 생생하고 일관성 있으며 개연성 있게 들린다 하더라도 이야기를 부분적·편파적·극단적으로 잘못 전달할 수 있다. 사건 목록은 이런 연대기의 약점을 바로잡을 수 있는 좋은 방법이다. 그것은 여러분의 내러티브가 매트릭스에 근거하고 있음을 나타낸다.

(3) 예시
우리는 학교 개선 연구에서 학교 차원 혁신의 채택과 수행 과정 중에서 나타난 사건들을 다른 양상 혹은 진행 시간대로 디스플레이하고 싶었다.

과거에 사용하던 좌에서 우로의 전형을 지키면서, 우리는 매트릭스의 열들을 연속적

〈표 8-1〉 베인스타운 사례의 사건 목록

시기 수준	맥락적 영향 1976~1978년	문제의 발생 1978년 10월	통합과 해결책 제안 1978년 11월	찬성과 준비 1979년 1~2월	훈련과 작업 시작 1979년 3~4월	확장과 새로운 시작 1979년 9월	예산 삭감, 붕괴 1980년 5월
주/거시적	–최소한의 역량 수준, 주 학교에서 도입한 테스트			–논의된 제안, 주 수준의 찬성	–스미스슨 학교의 교사들과 두 행정가가 D/D 지역에서 훈련(3월 초, 4월 동안)		–타이틀 I 할당의 감소
학구	–읽기와 수학 영역에 보충 기술 교 프로그램 도입	–실패 확률에 대한 주의, –내부적 해결책이 제시됨, 받아들이기 어려운 점으로 판단	*행정가들은 SCORE-ON을 '적절한 인식'으로 이해함, –IV-C 제안이 신속하게 작성되고 제출됨	*스미스슨 학생들의 광고물이 선발됨, –스미스슨 연구실의 교사와 보조교사들 간에 약속이 이루어짐	–30명의 4학년 학생이 스미스슨 연구실을 위해 배치됨, –스미스슨 연구실을 위해 교재와 기술이 도움이 되어 강화됨	–스미스슨 직원들이 새 연구실을 만드는 데 활용됨, *스미스슨 직원을 위한 기금이 타이틀 I에 의해 형성됨	*학교구의 타이틀 I 예산이 삭감, –초등학교에서 제안된 직원 감축 시행
지역 학교	–알려을 최소 수준으로 올리기 시작			*두 중학교의 5학년에 1년 연장이 계획됨: 교사가 지명됨	–교사들, 중학교교를 위한 교실 중인이 마무리됨, –다른 두 초등학교가 가을에 수행한다는 허가를 받음	–연구실이 개 렁닌, 베인스타운 중학교에 개설됨, –수정된 버전이 사우스엔드의 스미스슨 교에 개설됨	–중학교는 감원의 영향을 받지 않음, –베인스타운 중학교에서 스미스슨의 위협(대됨)
스미스슨 학교	–많은 부진아가 열등반에 배치됨	*4학년 교사들이 40명의 학생이 뒤처져서 1~3학년 등급을 받았음을 보고, –교사들이 정부 행정가의 제안에 부정적	–교사들이 연구실 관련 원칙을 철회하는 것에 찬성	–연구실 교사와 보조교사들이 교체됨(야간의 봄만), –연구실이 개설되고 최소한의 설비가 들어옴	–스미스슨 연구실 개설(3월 람), –준비 소홀, 교재가 도착하지 않음, 일정에 차질이 생김	–스미스슨이 3, 4학년 학생 45명을 동원	*연구실의 주요 중 원이 교사들에게 공지됨, –프로그램이 축소됨, 1~3학년대에 초점, 5월 1일 개시, –붕괴에 대한 제한

*기준이 되는 사건

출처: Miles & Huberman (1994).

인 시간대로 나타낼 수 있었다. 이들은 채택-수행 과정의 국면 또는 단계를 경험적으로 끌어냄으로써 임의로(예: 제1년도, 제2년도) 또는 좀 더 유기적으로 정의될 수 있다. 아마도 일부 사건은 다른 사건들보다 중요할 수 있고, 새로운 사건의 원인이 되거나 그 과정을 새로운 국면으로 옮겨 가는 데 쓰일 수 있다. 이 경우, 매트릭스의 행에 놓을 수 있는 것은 주(state), 지역구(district), 지역 수준(local levels)이다.

〈표 8-1〉은 이 기법이 어떻게 SCORE-ON이라는 1970년대의 혁신을 이루어 내었는가를 보여 준다. SCORE-ON이란 정규 교실에서 '빠져나온' 어린이들에게 수학과 읽기 보충 학습을 시키는 학습 증진 연구였다. SCORE-ON으로 명명된 〈표 8-1〉은 1970년대의 혁신을 위해 어떻게 고안되었는지를 보여 주는데, 이러한 기법은 정규 교실로 학생들을 이끌기 위해 치료 목적으로 수학을 가르치거나 읽기 학습 보충을 위한 연구이다. 그 시기들(맥락적 영향 1976~1978년, 문제의 발생 1978년 10월 등)은 초기에 일반적인 채택-실행 모델로서 개념적으로 정의되지만, 각 기간은 그 기간 동안의 실제 핵심 활동에 의해 다르게 명명된다. 새로운 시기는 활동에 중요한 변화가 일어날 때 구분된다. 분석가는 '기준이 되는 사건'(그 과정을 다음 시기나 국면으로 진행시키는 것)을 별 표로 표시하였다.

분석가는 주로 스미스슨 학교(맨 아래의 열)에 초점을 맞추었고, 그곳을 학구에서 주요 장소로 삼기를 원하였다. 그러나 이 혁신 프로그램은 다른 학교(다음 위의 열)에서도 실행되었다. 그리고 사건들은 학구, 주/거시적 수준으로 정렬될 수 있으며, 그것은 차례로 좀 더 낮은 수준에 영향을 미쳤다.

혁신 프로그램의 역사를 기술하기 위하여 사람들에게 탐색적 인터뷰 질문을 하였다("이 학교에서 어떻게 SCORE-ON 프로그램이 시작되었는지 말해 줄 수 있습니까?"). 추수 조사는 혁신 프로그램에 대한 인식에서 적용까지 주요 결정이 누구에 의해 어떻게 내려졌는지, 관련 근거는 무엇인지에 관한 일련의 과정을 구체화하였다. 다른 질문은 외부 정부 기관과 사건에 관한 것으로서 "그 시기에 있었던 중요한 것이라면 무엇이든 질문 내용이 될 수 있다." 수행 과정 동안 사건들에 대해 유사한 질문을 하였다.

분석가는 코드화된 현장노트를 보고(여기서 코드들은 하위 코드인 연대표를 포함하는 것이다), 4학년 지도 교사가 40명의 학생이 1~3학년의 뒤처진 등급을 받았다고 보고하거나 관리자들이 SCORE-ON을 '적정한 인식'으로 이해했다는 등의 특별한 사건요소를 추출하였다. 분석가는 어떤 한 응답자가 언급하고 다른 응답자가 그것을 부인하지 않은 하나의 특정한 행위 혹은 사건으로 규정하였다. 적어도 두 사람이 한 사건이 중요하다, 결정적이다, 그 후에 일어난 것에 대해 '큰 차이를 만들었다'고 했다면 '기준이 되는 사건' 옆에 별표를 표시한다.

(4) 분석

디스플레이를 전체적으로 훑어보면 진행 과정이 무척 빠름을 알 수 있다. 1978년 가을, 한 초등학교에서 4학년 교사들에 의해 드러난 문제점이 SCORE-ON이라는 학습 증진 프로그램의 발견과 도입의 단초가 되어 1979년 가을에 5개 지역 학구에서 진행되었다.

별표를 보면 그 속도를 이해하는 데 도움이 된다. 중앙 행정가들이 학습 증진 프로그램을 적정한 인식으로 이해한 후 그들의 적극적인 개입은 학생 서류심사, 특정 학교 수준의 계획, 보충 학급을 꾸려 나갈 특정 교사의 임명이라는 사건들을 야기하였다. 우리는 주 수준의 경쟁력 요구가 배경이었으며, 교사들이 제출한 문제점에 관한 보고서가 사태의 심각성을 알렸고, 주의 요구에 부응하기 위한 학구 수준의 노력에 힘입어 일련의 행위가 촉발되었음을 알 수 있다.

외부의 영향에 따른 예산 위기가 다음 학년도(1979년 9월~1980년 5월)에 미치는 영향을 인식한다면, 우리는 타이틀 I 펀드 지원의 근원적 변화에 중요한 역할을 할 수도 있었음을 추론할 수 있다.

〈표 8-1〉의 자료에 있는 의미를 가지고 이런 추론을 해내는 것은 타당하다. 이를 확인하기 위해서 분석가는 이제 낱낱의 조각을 하나의 일관성 있는 내러티브로 만들어 내기 시작한다. 어려운 서술은 현장노트 곳곳의 다양한 기록을 조합하여 이루어 낼 수 있다. 여기 분석가가 작성한 명확한 내러티브를 발췌한 내용이 있다. 이것은 〈표 8-1〉과 연관 지어 읽어야 한다.

1978년 가을, 스미스슨 학교의 6학년 담당교사가 40명이라는 이례적으로 많은 수의 학생의 읽기능력이 한두 학년 뒤처져 있음을 발견한 것은 큰 충격을 안겨 주었다. 그 40명 중 38명이 최초 3학년 동안 FACILE 프로그램을 거쳤다. 어째서 이 많은 학생이 4학년에 진급했는지는 불분명하지만 아무도 놀라지 않았다.

교사들은 그 많은 학생을 진급시키거나 유급시키는 것 모두 문제가 될 것이라고 염려했다. 그들은 유급 쪽으로 의견이 기울었지만 학부모의 거센 항의가 두려웠다. 필연적으로 그들은 학년을 시작할 때부터 학생들이 이미 뒤처진 상태에서 진급해 온 것이지 자신들의 지도 아래 뒤처지게 된 것이 아니라는 변명을 하였다. ……

이 국면 동안 연방 지원을 알리는 회람이…… 주 감독에서 중앙 부서로 전해졌다. 일련의 계획을 선보이는 인식 회의가 근처에서 열리며 그곳에서 많은 발달 보충 기술이 소개된다고 하였다. 바우어스 부인의 주도로—스미스슨 학교의 문제 해결 방안 모색을 위해 중앙 부서에서 파견된—바우어스 부인, 로브슨 부인, 리버스 씨가 회의에 참석했고, SCORE-ON 프로그램에 큰 관심을 갖게 되었다. 이 프로그램은 비교적 유연하고 이동 학교에 통합되기 쉬워 보였다. 또한 그것은 읽기와 수학에서 하위 4분위(25%)에 맞추어져 있었다.

여기서 몇 가지 주목할 점이 있다. ① 바르게 묘사되고 분석된 내러티브는 도표의 다른 수준에서 사건을 결합하고 구체화하는 데 도움을 준다. ② 분석가는 한 사건이 다른 사건을 어떻게 이끌어 내는지 보여 주는 조건과 상태 설명을 덧붙일 수 있다. ③ 현장 노트를 다시 보면 원래의 디스플레이에 나타나 있지 않은 중요하고 도움이 되는 정보를 발견할 때가 있다. ④ 해설은 디스플레이 혹은 다른 것들과 관련지어 읽을 때 더욱 이해하기 쉽다. 첫 번째 형식의 디스플레이가 완성되면 초점이 되는 내러티브를 대략 써 보기 시작하라. 이 단계에서 현장노트를 다시 봐야 할 것이다. 추가되는 새로운 사건에 대한 아이디어와 기입하거나 빼게 될 사건에 마음을 열어 두라.

주의 깊은 재구성을 위해 목록에 있는 사건들은 칸 속에 날짜를 표시할 수 있다. 시기가 훨씬 짧거나 사건 목록이 매우 짧은 시간대를 포함할 수도 있다(예: 한 학급에 한 시간). 목록의 사건들은 '열정 부족'과 같이 좀 더 일반적인 상태나 조건을 포함하는 네트워크 흐름을 보여 줄 수도 있다(이 장 후반의 사건 상태 네트워크를 보라). 칸에서 중요한 사건들은 눈으로 훑어보는 동안 중요성을 강조하기 위하여 붉은색으로 암호화할 수 있다.

사건의 흐름을 이해하는 데 있어서 우리가 직면하는 문제들은 사건의 다른 영역을 가려내거나 연속성을 보존하거나 다음 사건들을 위한 선행 사건들의 특징과 중요성을 보여 주는 문제이며, 이 모든 것은 유효한 연대기를 구성해 낼 수 있도록 눈에 보이는 디스플레이 안에서 해내야 하는 문제이다. 사건 목록은 특히 종단 질적 연구를 하는 분석가에게 복잡한 사건 흐름의 이해를 돕고, 연계된 연대순의 설명에 대한 신뢰를 높인다(제9장 참조).

(5) 노트

사건 목록은 중요하거나 결정적으로 정의되는 '주요 사건'으로 제한되거나 즉각적인 세팅으로 정확히 제한될 수 있다. 이 매트릭스들은 수많은 다른 수준에서 구축될 수 있지만, 행을 최대 4~5개로 제한하여 그 행들이 의미 있고, 차별적인 범주 세트를 대표함을 확인해야 한다. 연구의 의문점을 지시하는 것에 대해 비평하지 말라.

좀 더 선별적으로 사건들은 주요 사건에 제한된 흐름을 나타낼 수 있는데, 이럴 경우 관계나 일반적인 추진 상태에 대한 설명이 부족할 수 있다. [그림 8-1]은 Pillet의 연구 (개인적 의사소통, 1983)에 적용된 디스플레이 작업 모델에서 채택된 도표를 보여 준다.

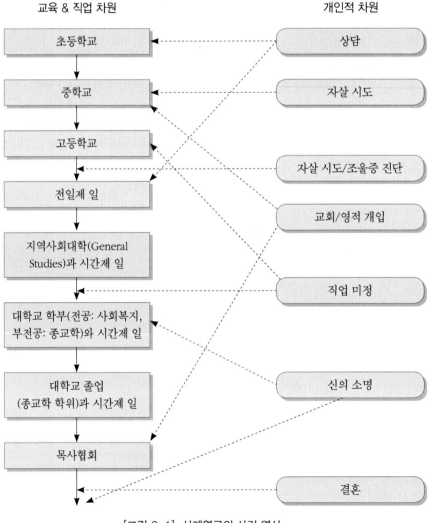

[그림 8-1] 사례연구의 사건 역사

여기에 있는 사례는 한 청년의 유치원 시절부터 20대 후반까지에 관한 Saldaña(1988, 2003, 2008a)의 종단적 질적 연구이다. 그의 연속적 교육과 직업적인 경험은 왼쪽 열에, 그의 사적이며 중요한 위기와 사례연구의 교육적이고 직업적인 역사를 통해 이끄는 주요 동인에 대한 연구자의 요약은 오른쪽 열에서 볼 수 있다. 연구자는 이것을 단지 사건 목록화 연대기로서뿐만 아니라 중요한 기간과 젊은 시절의 직관에 관한 시각적인 연대기로서 사용한다.

2) 성장변화도

(1) 설명
성장변화도는 점선과 텍스트를 수반한 연결고리를 사용해 시간 경과에 따른 변화의 양, 수준, 질을 나타내는 그래프화된 디스플레이다([그림 8-2] 참조).

(2) 적용
때때로 사건들은 시간이 흐르면 바뀌는 몇몇 잠재된 변수와 결합된 것으로 개념화된다. 그 변수는 성장변화도의 중심 주제 혹은 목적으로 여겨진다. 이 그림은 한 과정이나 누적된 사건들과 관련되어 '점선으로 연결된' 지도를 제공한다.

성장변화도란 횡단적인 변수들 간의 이야기를 말한다. 그래서 특별히 질적 종단 연구 혹은 측정 연구, 문화기술지, 특히 융합 연구 방법 요소를 가진 프로젝트에 적절하다.

(3) 예시
[그림 8-2]에서는 우리(Miles와 Huberman)의 학교 개선 연구에서 혁신 도입의 '성장변화도'를 보여 주는 간단한 네트워크 디스플레이를 볼 수 있다. 네트워크는 5개의 분명하고 분리된 기간으로, 연대순으로 정렬되어 있다. 수직 축은 사용자 수를, 수평 축은 시간을 보여 준다. 각 점 혹은 마디는 주목할 만한 사건들이며, 선이나 연결선은 '다음으로'라는 함축적인 의미를 갖는다. 각 점은 혁신의 이행과 역사에 분석가가 중요하게 여기는 사건으로 표시하기 위하여 더 구체적인 달(month)과 가끔은 날짜와 함께 꼬리표가 붙는다. 각각의 요점이 더 구체적인 달(월)로 표시되어 있으며, 때로는 분석가가 보기에 혁신적이며 역사적으로 보이는 사건에는 날짜도 표시한다.

(4) 분석

여기에서 분석가는 혁신의 내부 확산이라는 주요 변수에 관심을 갖게 되며, 그것을 사용하는 교사 수의 증가로 정의된다. 그 변수는 점과 점 사이의 한 줄로서 네트워크 형태로 나타냈다. 중요한 라인(줄) 위에 (예를 들어) 주요 인사와의 약속·훈련 등을 첨부하고, 주요 변수의 동향은 우리의 이해를 확장시킨다. 여러분은 확장 속도를 한눈에 알수 있고, 어떤 사건이 결정적인지를 볼 수 있다(예: 1977년 8월 1일의 워크숍). 더 일반적으로 여러분은 워크숍이 혁신 도입 확장의 주요 과정임을 파악할 수 있다.

또한 성장변화도는 다양한 학교에서 혁신의 '광범위한' 사용을 위해 1970년대에 4년에서 5년 걸린 것을 나타낸다. 일부 행정관은 이것을 실질적인 변화가 일어나기 위한 전형적인 시간 프레임으로 인식하고 혁신 프로젝트의 성공을 선언할지도 모른다. 특히 빠르게 진행되는 21세기에 다른 행정관들은 이것을 너무 천천히 진행되는 과정으로 해석할지도 모른다. 왜냐하면 그다음에 시행될 때에는 학기가 시작되기 직전에 전략적으로 계획된 워크숍 발표를 통해 빠르게 커리큘럼 속으로 통합되는 과정일 수 있기 때문이다.

성장변화도는 시간에 따른 증가뿐 아니라 감소, 안정성, 파동, 변곡점, 불규칙성, 특이성을 나타낼 수 있다(Saldaña, 2003). 이러한 패턴들은 그것들이 점진적으로 나타날 때나 상당히 누적적일 때 특히 두드러진다. 여러분은 성장변화도에서 동시에 2개 혹은 3개의 변수를 나타낼 수 있고, 그것은 작업(제9장 참조)에서 몇 가지 재미있는 상호관계와 원인인자(causation factor)를 나타낸다.

적어도 성장변화도의 하나의 축은 시간이고, 다른 축은 범위, 연속체 혹은 몇 가지 유형의 원동력이다. 숫자(1, 2, 3), 일반적인 양(거의 없는, 조금, 많은), 평가척도(미흡, 만족, 우수), 빈도(드문, 가끔, 자주), 성향(보수적, 중립, 진보적), 자질(분열된, 양면성의, 통일된) 등이다. 성장변화도의 마디에 놓인 항목들은 어떤 면에서는 여러분이 검토하고 있는 주요 변수와 관련되어야만 한다. 마디 위에 놓인 요약된 사건 문구들은 역사적 시간 상에서 변화와 변곡점을 해석하는 데 충분히 도움이 되어야 한다.

(5) 노트

질적 자료와 양적 방법처럼 보이는 것을 사용하는 데 주저하지 말라. 그 성장변화도는 장기간의 양적·질적 변화를 동시에 평가하는 데 효과적인 방법이다. 장기간의 자료 수집과 관리, 질적 자료 분석을 위한 달력과 시간 일지 방법은 Belli, Stafford와

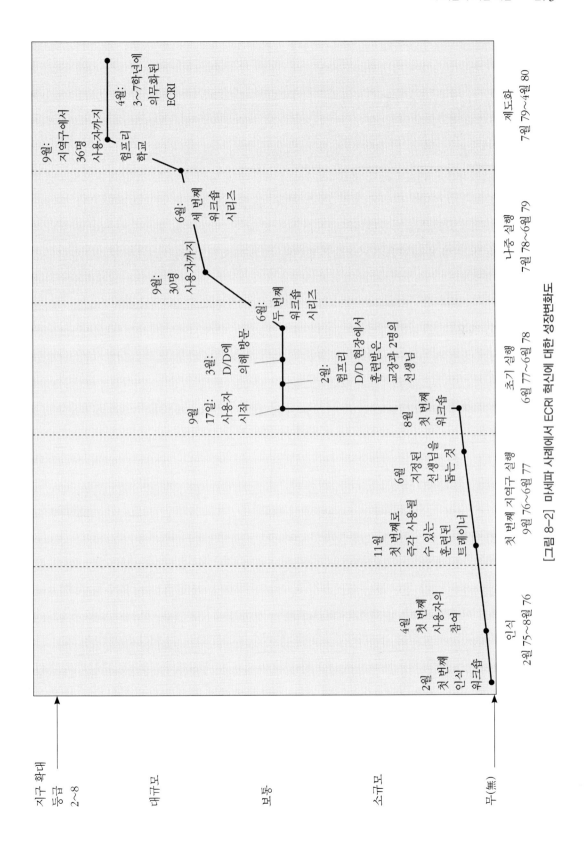

[그림 8-2] 마셰파 사례에서 ECRI 혁신에 대한 성장변화도

Alwin(2009)을 참조하라.

3) 시간 지향적 매트릭스

(1) 설명

시간 지향적 매트릭스는 연속성 내에서 시간대에 따라 정렬된 열을 가지므로, 언제 특정 현상이 나타났는지 차례로 볼 수 있다. 열들을 구성하는 내용은 연구자가 무엇을 연구하는가에 따라 다르다. 이 매트릭스는 앞에 있는 사건 목록 매트릭스와 비교되는데, 시간 지향적 매트릭스는 연속성, 타이밍, 진행 과정의 안정성 및 경험을 강조한다(〈표 8-2〉 참조).

(2) 적용

질적 자료가 있으면 연속성, 진행 과정 흐름을 추적할 수 있으며, '스냅 사진'의 제약을 받지 않는다. 시간 지향적 매트릭스는 무엇이 일어났는지를 이해(나중에 설명하겠다)하기 위해 특정 '사건'보다 더 큰 현상을 나타내는 시간 관련 자료를 디스플레이한다.

가능한 설명을 만들어 내기 위해 자료가 완전히 갖추어졌을 때, 기술적인 시간 지향적 매트릭스를 사용하라. 그 설명은 코드화된 현장노트에서 물러남으로써 시험할 수 있다.

(3) 예시

우리(Miles와 Huberman)의 학교 개선 연구에서, 우리는 몇 년의 수행을 거치면서 혁신이 얼마나 변할 것인지를 염려하였다. 우리는 대부분의 혁신이 사용자 요구와 지역 상황의 영향에 적응하면서 그런 변화를 보일 것이라 예상하였다.

우리는 혁신을 구체적인 요소 혹은 양상으로 나누어서 그것들을 매트릭스의 행으로 사용하였다. 매트릭스의 열은 시간대로서, 초기에서 후기까지 걸쳐 있다. 구성요소 속에서 한 변화가 시간대 동안 일어나면, 우리는 변화에 대한 짧은 기술을 삽입하였다. 빈칸은 변화가 없음을 나타낼 수 있다. 좋은 도표는 변화뿐 아니라 안정성도 나타낼 수 있다.

〈표 8-2〉는 이 매트릭스가 어떻게 보이는지를 제시한다. CARED 혁신은 고등학생의 직업 경험 프로그램이다. 공식적인 요소는 원래 프로그램 개발자에 의해 구체화되어 있다. 이들 구성요소가 혁신의 중요한 부분을 총망라하는 것은 아니므로 시간, 신

〈표 8-2〉 시간 지향적 매트릭스: CARED 혁신에서의 변화(직업 경험 프로그램)

		계획 기간 (1977년 1~6월)	1차년도 (1977~1978년)	2차년도 (1978~1979년)	3차년도 (1979~1980년)
개발자 구성 요소	개별화			학생들을 '집단화'하여 기준 프로젝트를 장려하려는 경향이 나타남	
	학생들의 책임감과 시간 활용	기록/시간 일지 추가	'책임감'계획 추가	교실을 떠나는 학생들을 위한 통과 시스템 추가	늦은 과업에 대한 거부, 학생들이 탈락함
	직업 경험에의 직접 노출				개별화와 탐구 양상을 줄이고, 보다 장기적 배치와 편리함, 일자리의 위치 등을 고려
	프로그램 요건/ 교육 과정		기본 기술에 관한 직접적 지시 추가, 직업과 분리	경쟁력이 요구됨	경쟁력과 프로젝트가 요구됨
	학습 전략	고용주 세미나를 포함하지 않음, 강화된 '경쟁력' 경험	새로운 '경쟁력'을 씀, 학습 스타일의 도구를 없앰, 새로운 기본 기술과 자료	1학기에만 학생들에게 학습계획·기본 기술을 더욱 강조	일상화된 의사소통, 상담을 덜 중시함
	부모 개입		학부모 자문위원회 신설	자문위원회 모임이 소홀해지다가 없어짐	학부모에게 세부 사항에 대해 보고하는 것을 줄임
기타 양상	시간과 신뢰	4시간으로 줄임, 학생들은 다른 과정을 하나 수강해야 함			
	학생 선발			전적 임의 추첨에서 지원과 일부 임의 추첨 형식으로 변화	낮은 SES
	프로그램 규모		학생 32명	학생 64명	학생 70명에서 2학기에는 50명으로 감원, 다음 해는 25명만(저학년)

출처: Miles & Huberman (1994).

뢰, 학생 선별 등과 같은 '다른 면'을 나타내는 행도 있다. 이러한 면은 대개 최초의 현장 작업과 혁신을 직접 경험해 본 이후에 나타난다.

열들은 시간대로서 최초의 계획 기간과 함께 시작된다(비교적 까다롭고 복잡한 혁신이 준비되는 동안 변화가 있을 것이라고 예상했기에 시간대를 행에 넣었다). 연속되는 세 학년도가 이어진다.

이 사례에서 분석가는 혁신에서 구성요소 하나하나의 변화를 찾고 있다. 이러한 변화는 코드화된 현장노트에서 찾을 수도 있는데, 현장에서 혁신 수행자들은 자신들이 혁신의 기본 형식에서 어떤 변화를 만들 수 있는지를 물었다. 추수 조사에서 추가되거나 누락, 조정, 통합, 제외된 부분이 있는지 물었다. 우리는 만약 보고된 변화가 1명 이상의 다른 직원에 의해 확인되었거나 다른 사람이 부정하지 않았다면 매트릭스에 넣기로 하는 의사결정 규칙을 사용하였다.

(4) 분석

매트릭스로부터 추려낸 몇 가지 분석적 관찰 값이 다음에 서술된다.

〈표 8-2〉의 행을 전체적으로 보면, '흐름' 혹은 구체적 변화들 아래서 축적된 어떤 경향을 나타내는 점진적인 변화를 이해하게 될 것이다. 예를 들어, '프로그램 요건/교육 과정' 행을 보면 학생들에게 더 어려운 과업을 요구하는 경향이 짙어짐을 볼 수 있다(여기서 사용되는 전략은 **패턴과 주제에 주목하기**이다-제11장 참조). '학생들의 책임감과 시간 활용' 항목은 학생들의 행동을 통제하려는 추이가 점차 강하게 나타남을 보여 주고 있다(예: 책임감계획, 통과 시스템 등).

이 부분에서 분석가는 현장노트의 다른 면을 되짚어 참고함으로써 이해를 심화할 수 있다. 사람들이 변화에 대해 어떻게 이야기하는지, 그 이유는 무엇인지 등이 두드러지는 예시이다. 이 예시에서 한 직원은 "직장생활의 지속 여부가 걸려 있습니다……."라고 말하였다. 그래서 강도가 높아진 통제는 직원의 불안한 정서와 학생에 대한 불신에서 기인한 것일 수 있다(전략: **변수 간의 관계에 주목하기**).

그 외에 어떤 일이 일어나고 있는가? 우리는 또한 중요한 구조상의 변이를 두 번째 해에 발견하였다. 즉, 무작위 학생 선발에서 기준 선발로 바뀐 것이다. 현장노트에 따르면, 이 결정은 대학 진학을 목적으로 하는 학생들이 참여하는 것을 반대하는 대신에 이 프로그램이 학업 성적이 낮고 소외된 학생들을 위한 일종의 안전 장치로 사용되기를 원하는 교장과 상담가에 의해 서둘러 이루어졌다. 그래서 이 프로그램은 낙오된 학생을 받아 주는, 그런 학생의 '쓰레기 처리장' 혹은 '오아시스'(전략: **은유 만들기**) 같은 존재가 되었다. 그러나 '프로그램 규모' 행을 보자. 이 프로그램은 두 번째 해에는 두 배가 되었지만, 세 번째 해에는 상당히 축소되었다. 이러한 사례에서 극심한 자금 문제가 일어나고 있었다(전략: **매개 변수 발견하기**).

이 보고서는 우리가 보고서에 뽑아낸 실들을 한데 모아 짜내듯 분석 텍스트를 기술하거나 그와 함께 도표를 제시할 수도 있다. 하지만 〈표 8-2〉는 독자의 입장에서 너무 복잡하고 산만할 수 있다. 이것은 결과 보고서라기보다는 중간 분석 도식에 가깝다. 이러한 문제를 해결하는 한 가지 방법은 매트릭스의 중요 부분만 남겨서 최초 분석에서 관찰된 경향을 입증하고, 연구자와 독자를 위한 핵심 정보를 요약하는 것이다.

〈표 8-2〉는 가지각색의 방식으로 요약될 수 있다. 그중 한 가지 방법은 여러 추이에 이름을 붙임으로써 그것들을 '표준화'하는 것이다. 이는 통제, 강화 등과 같이 혁신에서 변화가 일어날 때 무슨 일이 있었는지를 보여 주는 명사를 찾아서(전략: **군집화하기**) 그 추이를 상황에 연결하고, 변화가 해당 사례에서 무엇을 의미하는지 추론하는 것이다. 그 결과는 〈표 8-3〉 요약표에 제시되어 있다.

'경향' 열을 읽고 각 주제에 대한 수많은 언급을 계산하기 기술을 이용하면 최초 분석의 정확도를 검증할 수 있다. 핵심 주제는 실제로 지나친 성과 요구('학문적으로 가기'), 통제 강화, 늘어난 관례화('단순화')와 감소된 개별화('표준화')이다. 여러분은 '자기방어 상실'과 같은 세트를 예시하기 위하여 아치 모양 표시를 할지도 모르며, 그리하여 특수한 것을 일반화에 포함하기를 할 수도 있다. 이런 표기는 최종 분석 텍스트를 시작할 수 있게 해 주고, 결과 보고에도 유용하다.

'중요도/의미도' 열을 자세히 보면 잠재된 이슈들을 요약하는 데 도움이 된다. 즉, 소진 상태, 지역의 승인 부족, 혁신에 필요한 것과 조직 절차와 실제 환경의 규칙 사이의 불일치 등이다.

전반적으로 시간 지향적 매트릭스를 위해 행들이 합리적인 방법으로 조직되었는지를 살펴보자. 여러분은 그것을 흐름이나 영역에서 가다듬을 필요가 있다. 중요 부분만 남긴 매트릭스가 연구자인 여러분의 이해나 독자의 이해를 향상시켰는지 고려해 보라. 또한 선택된 기간이 연구 상황에 잘 맞는지 확인하라. 연속성을 유지하기 원하는 개별 사건들은 분리만 해 두는 것이 한데 모아 섞는 것보다 나을 것이다. 만약 그것이 너무 복잡하다면 디스플레이에서 자료를 보고 끄집어낼 수 있도록 내용 분석 요약표(제6장의 〈표 6-16〉 참조)를 사용하라.

〈표 8-3〉 시간 지향적 매트릭스의 확인과 해석 요약표: CARED 혁신에서의 변화

구성요소	경향	중요도/의미도
개별화	표준화	개별화를 겪다가, 과도한 업무에 대한 대처로 합리화를 보여 줌
학생에 대한 책임감	통제, 강화	학생들에 대한 불신과 취약성에 대한 직원들의 감정을 반영함
직업에의 노출	간소화, 표준화	과도한 업무에 대한 대처: 프로젝트의 혁신성을 줄임
프로그램 요건	학습 쪽으로 감	두 고등학교에서 프로젝트의 취약성과 한계를 보여 줌−다시 CARED 프로그램의 혁신성을 축소
학습 전략	학습 중심, 반개별화, 간소화, 표준화	전체적으로 더욱 '관례화'함
부모 개입	줄어듦, 간소화	과도한 업무에 대한 대처
시간과 신뢰	줄어듦, 학습 중심	조기 중단: 프로젝트에 대한 교장들의 반대를 반영함
학생 선발	자발적 선택	프로젝트가 '낙오 학생들을 위한 곳'으로 자리잡음, 그러나 상담가와 교장에게서 더욱 강한 지지를 얻음
프로그램 규모	증가, 다시 줄어듦	기금 문제와 미약한 지지도를 반영

출처: Miles & Huberman (1994).

(5) 노트

이 프로필의 예시에서 시간대는 비교적 길지만(한 학년도), 이것은 연구 상황에 따라 다를 수 있어서 학기, 월, 주, 일, 시간으로 짧아질 수도 있다. 여기 칸에 기입하는 내용은 구체적 변화이다. 그러나 의사결정, 행동, 주요 모임, 위기 등의 구체적인 사건도 입력할 수 있다.

이러한 매트릭스의 행들은 혁신의 양상이나 구성요소이다. 많은 다른 유형의 행도 시간 지향적 매트릭스에서 사용될 수 있다. 예를 들어, **역할**(교장, 교사, 학생, 학부모), **사건 형태**(계획적 · 비계획적 · 비판적 행위), **환경**(교실1, 교실2, 운동장, 교장실, 교무실), **행동 형태**(교습, 상담, 공식 모임) 등이 그것이다.

매트릭스 행에 라벨을 다시 부착함으로써 여러분은 시간에 관련된 사건이나 상태를 사례에 따라 검토할 수 있다. 종단적, 행동, 그리고 평가 연구에서 변화를 평가하기 위해 여러 사례의 자료가 연대기적으로 배열될 수 있다. 사례 내에서 사건의 일반적인 흐름을 보기 위해 사건 목록 매트릭스와 사건 상태 네트워크를 살펴보자.

3. 배열 과정

의사결정 모델은 우리가 특정한 과정에서 취한 구체적인 선택과 행동을 지도 밖에 나타낸다. 사건 상태 네트워크는 어떤 사건인지 설명해 주고, 그 사건들의 과도기적 상태는 흐름도로 그려질 수 있다. 또한 혼합 연속성 분석은 수많은 참여자의 여정을 하나의 다이어그램으로 통합한다.

1) 의사결정 모델

(1) 설명

의사결정 모델은 조건들의 범위에 포함된 행동의 흐름 중에 만들어진 사고, 계획, 선택/결정의 윤곽을 그린 시각적인 도표이다([그림 8-3] 참조).

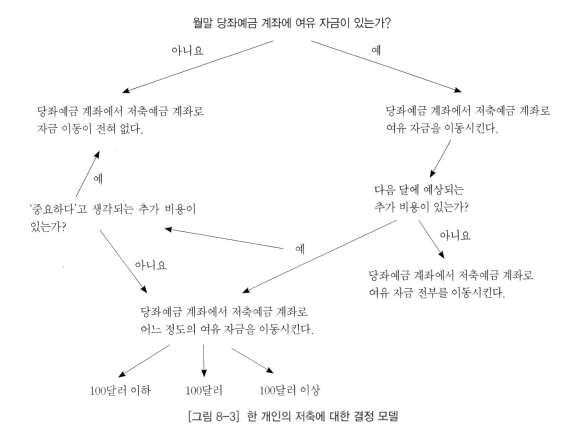

[그림 8-3] 한 개인의 저축에 대한 결정 모델

(2) 적용

때때로 여러분은 기본적인 과정이 몇몇 사례를 가로질러 어떻게 이루어지는가에 대해 알고 싶을 것이고, 그것이 어떻게 움직이는가에 대한 일반적인 모델을 만들고 싶을 것이다. 그러한 과정은 의사결정으로서 개인에 의한 행동과 관련된다. 의사결정 모델은 특정 과정에 사용할 수 있는 옵션의 개인적 또는 집합적인 디스플레이며, '예' 혹은 '아니요' 양자택일을 근거로(대개 배타적이지는 않다) 취할 수 있는 가능한 경로이다.

그 방법은 모호한 것을 분명하고 잘 보이도록 하는데, 매우 유용하고 많은 사람과 복잡한 상황(예: 집중치료실에서의 환자 돌봄, 식당의 파티에서 식사 제공하기, 고객의 불평 다루기)을 포함하는 반복되는 결정에 사용될 수 있다. 이 표의 분류는 훈련을 개선하거나 정책을 다시 만드는 데 적합하다. 이 모델은 더 많은 참여자가 다음 사례의 연구 질문에 답하는 데 도움이 되는 의사결정 과정을 도표화하는 것에도 효과적이다. 고등학생들이 어떻게 특정 대학에 가는 것을 결정하는가? 기분전환용 마약 사용에서 마약 중독으로 이동하는 데 무엇이 관련되어 있는가? 몇몇 여성 지지 집단은 왜 해산하였는가?

(3) 예시

2008년부터 불황 동안에 한 연구자는 나라의 불확실한 경제 시기에 중하위층 시민들이 저축할 수 있었는지에 대해 관심이 있었다. 그 연구자는 여러 참여자를 파일럿 인터뷰했고, 저축하는 의사결정이 참여자의 고용 상태, 연소득, 채무, 현저한 부채, 나이 등에 의존한다는 것을 알아냈다(크게 놀랄 만한 것은 아니지만). 그러나 다른 요인은 불확실한 미래, 가족의 안전에 대한 헌신, 절약 습관 등에서 나왔다.

[그림 8-3]은 일하는 한 미혼 성인 남성의 '저축'에 관한 의사결정 과정을 나타낸다. 이 과정의 기본 창은 월말인데, 그때 그는 당좌 계좌에 얼마나 남길지를 결정한다. 이 그림에서 모델을 위한 행동 항목(예: 당좌 계좌에서 저축 계좌로의 자금 이전)은 개인과의 인터뷰에서 추출하였다.

참여자: 만약 월말에 돈이 있다면(다시 말해서 당좌 계좌에 잔고가 있다면), 나는 저축 계좌로 나머지를 옮기거나 다가올 다음 달에 (결제될) 비용이 있다면 당좌 계좌에 그대로 둘 것입니다.
면접자: 평균적으로 월말에 저축 계좌로 얼마나 옮기시나요?
참여자: 정말로 그때그때 다릅니다. 야구장 관람료는 약 100달러입니다. 하지만 가끔

그달의 청구서에 따라 그 이하일 때도 있고 이상일 때도 있습니다. 다음 달 치과 진료비와 같이 큰 비용 지출이 일어날 것을 안다면, 저축 계좌로 어떤 여유 자금도 이전하지 않을 것입니다. 나는 당좌 계좌에 그대로 둘 것입니다. 왜냐하면 어차피 소비하게 될 테니까요.

인터뷰는 참여자의 의사결정 과정을 명확하게 하기 위해 질문으로 이어진다. 즉, 그의 의사결정에 영향을 줄 수 있는 가상의 대안들이 그에게 주어진다(예: 월말에 현금이 부족하다면 어떻게 하시나요? 만약 당신에게 신용카드가 있다면 그것이 당신의 저축계획에 어떤 영향을 줄까요?)

(4) 분석

인터뷰 후에 연구자는 기록 사본을 검토하고, 연필과 종이를 가지고 저축하기 위한 참여자의 의사결정 과정을 나타낸다. 첫 번째 초안 의사결정 모델에서 기억해야 할 중요한 두 가지는, ① 매우 집중화된 과업('저축'하는 것은 '은퇴를 위한 장기간의 계획'이라기 보다는 플롯으로 더 단순화된 것이다)을 고수하는 것이고, ② 단순한 의사결정 질문지와 '예'나 '아니요'의 양자택일을 할 수 있는 행동들의 목록으로 시작하는 것이다. 여러분은 마치 이것이 여러분이 모델로 하려고 하는 풍요로움을 대담하게 줄일 수 있는 것처럼 느낄지도 모른다. 하지만 이것은 더 나은 **행동**을 위해 필요한 **행동**에 대해 생각하도록 하는 시작점이다. 그래서 그것들은 저축하는 과정에 대해 여러분이 인터뷰한 각 사람을 추가함으로써 더욱 복잡해질 것이다. 새로운 대안이 문자 형태로 그림에 들어가고, 여러분의 모델은 경로선택1, 경로선택2, 경로선택3 등을 나타내기 위해 '예'나 '아니요'를 넘어서 확장될 것이다.

혼합 의사결정 모델을 위한 절차는 반복적으로 이루어질 수 있다. 첫 번째 사람에 의해 언급된 기준은 다음 사람의 인터뷰에 계속적으로 사용될 수 있다. 다수 참여자의 반복된 인터뷰는 대개 피드백, 검증, 인터뷰하지 않은 새로운 사람들의 표본이 확인되지 않도록 요구된다. 점차적으로 저축에 관한 혼합 의사결정 모델이 만들어진다. 혹은 [그림 8-3]과 같은 개인적인 의사결정 모델 한 세트가 만들어지고, 그다음에 하나의 혼합체로 일반화된다. 다음 단계는 **새로운** 모집단과의 인터뷰를 통해 모든 의사결정 기준을 사용해서 혼합 모델을 테스트하는 것이다.

인생에서 우리의 행동이 항상 일련의 '예'나 '아니요'로 의사결정이 이루어지는 것은 아니다. 그것은 앞에서 언급된 것 이상으로 참여자에게 '달려 있다'. 의사결정 모델 접근법은 내러티브된 정렬보다는 **논리적 정렬**이 더욱 강하다. 미묘하지만 필수적이지 않은 정보는 제거하지만 주요 조건은 그대로 유지하고 의사결정 모델을 부수적으로 지정한다. 각각의 개별적인 의사결정에 타당성을 유지하는 것은 필수적이다. 비록 일부 특이한 특징이 더 축약된 버전으로 일반화될 필요가 있더라도 각 사람의 경로는 정확하게 제시되어야 한다.

의사결정은 복잡한 인지적 과정이며 당면 과제이다. 왜냐하면 '예'나 '아니요' 이상의 선택적 대안이 고려될 때 한 사람의 마음을 빠르게 경쟁할 수 있는 사고의 혼란이 있기 때문에, 자신이나 다른 사람에게 주는 이익이 중시되고 도덕적·윤리적 독백이 숙고되며, 최선·최악의 결과가 가정된다. 의사결정 모델은 개인을 통해 일반화하려고 시도하지만 그것이 일반성을 제한하지는 않는다. 일부 모델은 정서적인 복잡성과 의사결정의 딜레마에 대한 내면의 동기부여에 대해 줄거리를 만들 수도 있다.

이 프로파일은 그럴듯한 과정과 방법이다. 왜냐하면 혼합 의사결정 모델이 적당한 통계 작업으로 이루어지는 규정된 과정이기 때문이다. 좀 더 세부적인 지침과 사례는 Bernard(2011), Bernard와 Ryan(2011)을 참조하라.

(5) 노트

의사결정 모델은 인지 지도(제7장의 [그림 7-3] 참조)와 비교된다. 그러나 의사결정 모델이 특정 과정과 행동에 초점을 맞추고 검토하는 데 반해 인지 지도는 더 확장된 경험을 도식화하려고 시도하는 경향이 있다.

2) 사건 상태 네트워크

(1) 설명

사건 상태 네트워크는 사건 목록 매트릭스(〈표 8-1〉 참조)의 시각적이고 프로세스적인 적응과 표현이다. 사건들은 상자로 표현했으며, 상자의 각진 모서리는 구체성과 짧은 시간의 영역을 나타낸다. 상태를 동그라미로 표시해서 동그라미의 둥근 테두리는 강한 확산성, 약한 집약성, 더 긴 시간 동안의 지속을 나타낸다. 이 상자와 동그라미를 선으로 연결해 무엇이 무엇을 야기했는지 표시할 수 있다. 상태나 조건은 사건처럼 시간에 제한을 받지 않으며, 때로는 특정 사건들 사이의 중재나 연계 역할을 한다([그림 8-4] 참조).

(2) 적용

매트릭스는 사건들을 연대순으로 조직한 셀 기반 선형 구조이다. 그러나 매트릭스의 단단한 테두리는 특정 상태와 조건하에서 동시에 발생하고, 때때로 다중 사례가 중복되는 사례에 대한 과정을 설명하지 못한다. 만약 삶이 복잡하고 상호 연결되어 있다면 그때 우리의 분석적 표현과 디스플레이를 더 다루기 쉬운 이해로 압축하기보다는 오히려 복잡성과 상호 연결성을 나타내 줄 필요가 있다.

사건 상태 네트워크는 참여자의 행동(상자에서 사건들로서)과 행동을 유발하는 갈등 혹은 이성(원 모양에서 상태로서)을 둘 다 그린다. 그러므로 네트워크는 무엇이 일어났느냐가 아니라 어떻게, 왜 동기부여되는지를 자료에서 추론하기 위한 발견적 방법이다.

(3) 예시

그때까지 사건 목록은 만들어지며, 여러분은 사건들을 진행시키는 것에 대한 일반화된 이해를 표면화한다. 사건 상태 네트워크는 이 아이디어를 명확하고 확실하게 해 준다. [그림 8-4]는 〈표 8-1〉의 사건 목록 매트릭스에 있는 자료에서 이끌어 낸 사건 상태 네트워크를 발췌한 것이다.

(4) 분석

일단 사건 목록 매트릭스가 만들어지면 네트워크는 더 빨리 만들어진다. 만약 여러분이 수작업으로 한다면 '스티커 메모' 하나당 하나의 사건을 적고, 다른 포스터 용지에 발생한 네트워크를 배열하고 화살표를 그리라. 이 방법은 특정 사례의 인과 역동을 평가하는 데 있어서 특히 도움이 되는 단계이다. 스티커 메모의 상태나 조건을 만들려면, ① 현장노트를 통해 특정 사건의 결과 혹은 선행 사건에 대한 증거를 검토하고, ② 여러분의 연구 과정에서 사건들을 진행하는 것에 대한 일반화된 이해를 표면화하라.

컴퓨터 소프트웨어로 이 그림을 만들고자 하는 사람들을 위해 NVivo와 같이 선택된 CAQDAS 프로그램을 통해 네트워크를 쉽게 만들며, 그들을 움직이고 변환함으로써 연구자의 이해가 증진될 수 있다. 워드 텍스트 상자는 더욱 접근 가능한 옵션이다.

셀별 매트릭스는 네트워크를 그리기 위해 꼭 필요한 것은 아니지만 매우 유용하다. 대용량의 데이터베이스를 다루는 대규모 질적 연구에 있어서 네트워크를 다루기 전에 범주/주제, 프로세스별 확고한 이해는 필수적이다. 좀 더 다루기 쉬운 데이터베이스를 가진 소규모의 질적 연구에 있어서 범주/주제, 프로세스별 이해를 얻기 위한 방법으로 네

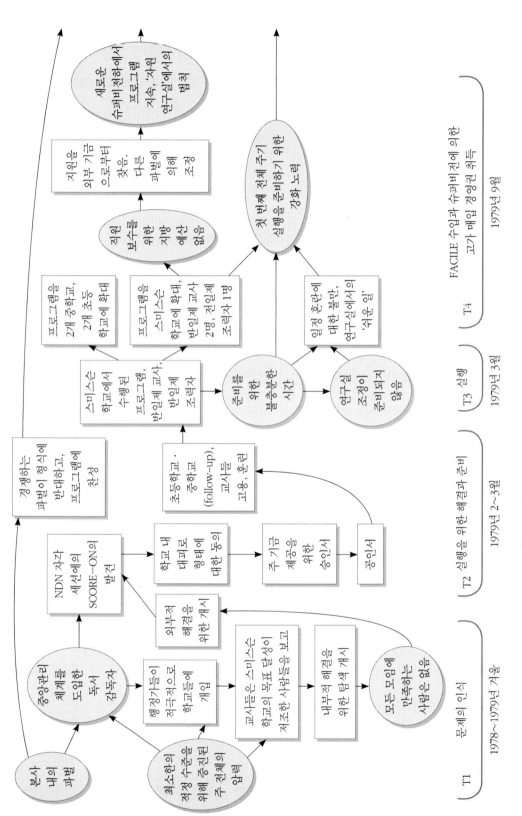

[그림 8-4] 베인스타운 사례의 사건 상태 네트워크(발췌)

출처: Miles & Huberman (1994).

트워크를 그리면서 경험할 수 있다.

동료가 프로세스별 과정을 따르는지 알아보기 위해 여러분의 네트워크를 설명하지 않고 동료에게 검토하게 해 보라. 그 심사가 그 네트워크를 재설계하기 위해서 가치 있는 토론의 장을 만들 수도 있다. 가령, 또 다른 분석가가 Saldaña의 도표 중 하나를 검토하고 어떻게 하나의 상태가 다른 상태를 이끄는지에 관한 이슈를 얘기할 수 있다. 반면에 그 자료는 다른 방법으로 나타나는데, 그 프로세스가 발생해야만 한다고 연구자가 느꼈던 방법은 참여자들이 그것을 했다고 말한 방법이 아니었다. 그래서 참여자의 설명은 네트워크에 최종적으로 받아들여졌다.

(5) 노트

사건 상태 네트워크는 텍스트 기반 사건 목록 매트릭스를 이해하기 위한 시각적이고 프로세스적인 방법이다. 사건 상태 네트워크는 대개 긴 내러티브 텍스트를 표기한 네트워크에는 도움이 되지 않는다. 즉, 디스플레이 그 자체는 경제적이고 조명받을 만하다. 그러나 분석적 주석의 요약 상태만 유용할 수 있다.

3) 혼합 연속성 분석

(1) 설명

혼합 연속성 분석은 다중 사례로부터 의미 있는 연속성과 경로에서 공통적이고 독특한 특징을 표현하는 집합적 네트워크를 나타내도록 전형적인 스토리나 시나리오를 추출한다([그림 8-5] 참조).

(2) 적용

여러분이 시간에 따른 다수의 참여자 여정을 기술해야 할 필요가 있을 때에는 분석적인 경우가 있다. 그 이야기는 개인적인 내러티브나 주제로 연결된 것을 통해 들을 수 있다. 그러나 이러한 개인적인 이야기의 길이나 수가 너무 많아서 한자리에서 파악할수는 없다. 복합 연속성 디스플레이는 참여자의 집단적 여정을 시간(혹은 공간)에 따라 도식적으로 나타내지만 조직과 세부 사항에 필요한 접점과 특이한 경계를 유지한다.

종단 연구는 국면, 단계, 주기 같은 구분된 기간에 관심이 있다(Saldaña, 2003). 이렇게 패턴화된 주기성은 우리에게 어떻게 인생이나 일의 리듬이 진행되는지에 대한 단기

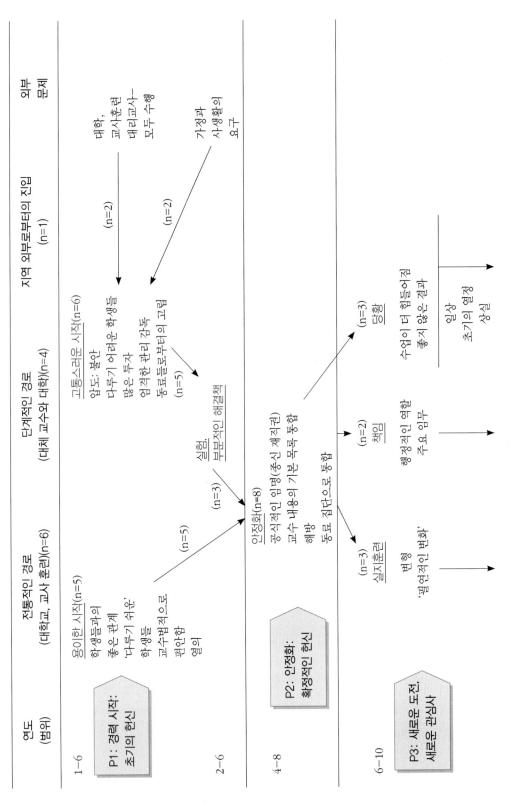

[그림 8-5] 종합 연속성 분석: 11개 사례의 직업 궤도 자료

출처: Huberman (1989). pp. 31-57.

적 혹은 장기적인 이해를 제공한다. 만약 우리 앞에 무슨 일이 발생할지 안다면 여행에 대한 준비가 훨씬 더 철저해질 수 있다. 그래서 혼합 연속성과 디스플레이 디자인은 예측적인 효용이 있는 것이다.

(3) 예시

이 사례는 Huberman(1989, 1993)의 160명 교사의 생활주기 연구에서 도출되었다. Huberman은 소위 교사의 경력 궤도에 관심이 있었다. 그는 단계마다의 경력이 분리되어 있는 중등교사에 대한 다섯 시간의 인터뷰로 연구를 진행하였다. 교사들은 스스로 질문 목록에 반응하기보다는 오히려 스스로 각 단계에 이름과 주제를 제시하였다.

먼저, 각 사례의 요소를 각각의 정보에 동일한 형태로 변환한 25페이지의 프로토콜로 요약하였다. 개개인의 경력 궤도에서 주제의 연쇄는 각 주제의 특징이 포함된 형태로 지도화되었다. 예를 들어, '혼란'이라고 명명된 초기의 주제는 규율 유지의 어려움, 기진맥진, 예측 불가능, 전문성 부족의 느낌, 과부하와 같은 것들로 특징지어졌다.

궤도의 '집단'을 살펴보기 위해 단계에 따라 어떻게 사례의 집단화를 시작할 수 있을 것인가? 첫 단계는 단계 내에서 사례를 집단화하는 것이다. 주어진 단계 내에서의 사례 집단화의 결정 원칙은, ① 주제 그 자체가 외연적이거나 함축적이어야 하고, ② 최소한 2개의 특징이 같아야 한다는 것이다. 예를 들어, 한 정보 제공자는 '안정화' 단계로 명명하고, 다른 정보 제공자는 '진정' 단계라고 명명할 수 있는데, 이는 두 교사가 연속체상에서 같은 시점에 있고, 단계로 묘사하는 2개의 같은 특징(예: 종신 재직권 획득, 교수 내용의 기본 목록 통합)을 각기 사용하는 경우이다.

도식적으로 이 절차는 개인적인 궤도의 '중복'이 되며, 비록 그것이 비슷하게 보이지만 각각의 경력은 질적으로 명백히 다르다. 하지만 독특한 특성을 가지면서 교차점을 가지고 있는 Wittgenstein이 제시한 '집단 유사성'을 얻을 수 있다.

(4) 분석

[그림 8-5]를 보며 이 교차점을 실제로 살펴보자. 이 그림은 16개의 하위 집단의 하나로서 11명의 교사를 그린 것으로, 중등 저학년에서 5~10년 정도의 교수 경험을 가진 여성의 자료가 제시되어 있다.

맨 왼쪽은 단계 내에서의 교수 경험의 연수 범위이고, 일련의 전반적인 단계는 경력 시작과 같이 정보 제공자가 붙인 단계 명칭의 관점에서 연구자에 의해 정의되었다.

- P1: 경력 시작: 초기의 헌신
- P2: 안정화: 확정적인 헌신
- P3: 새로운 도전, 새로운 관심사

　전반적으로 각 단계 내에는 하위 집단이 존재한다. 예를 들어, 11명의 여성 중 5명은 초기 단계를 '용이한 시작'이라고 묘사하였다(전략: **군집화하기**). 공통적인 특징은 해당 주제 아래에 제시되었다. 6명의 여성은 특징 목록에서 '고통스러운 시작'을 환기하였고, 4명의 여성은 외적인 문제들을 언급하였다('대학'과 '교사훈련'의 병행, '가족과 사생활의 요구'). 3명의 여성은 실지훈련과 시행착오를 통해 이러한 문제를 줄여 나갔다.

　두 번째 단계인 안정화는 거의 전부에서 공통적이다. 그것은 사실상 교육 경력에서 전형적인 단계 중의 하나이다. 그러나 n=8이 의미하는 바는 11명의 초기 집단 중 3명은 이 단계를 따르지 않고, 그림에는 제시되지 않았지만 다른 과정을 밟았다는 것임을 주목하라. 그러한 점에서 연속성 분석은 발전적으로 좀 더 엄격함을 획득하게 된다. 같은 단계의 연속체에서 동일하거나 유사하게 붙어 있는 정보 제공자는 군집화된다.

　[그림 8-5]에서 이 연구 집단의 세 번째 단계로 경로가 더 많이 분화되는 '새로운 도전'을 볼 수 있다. 즉, **실지훈련**(3명의 교사), **책임**(2명의 교사), **당황**(3명의 교사)이다. 다시 말하지만, 이러한 주제의 명칭은 정보 제공자에 의해 제시된 것이다.

　이러한 연구에서 연구자들은 변수 지향적인 접근을 하면서 여전히 자료를 서술적으로 순서화하여 배열하려고 시도하고 있다. 연구자들은 160명의 정보 제공자 간의 일치를 찾고 있다. 이와 같은 16개의 표를 살펴봄으로써 4개의 연속 양상을 발견할 수 있다. 첫 번째 시나리오([그림 8-5]에서 우선 연속성)는 전체의 17%를 차지하고, '회복된 조화'로 일컬어지는 것이다.

$$\boxed{\text{고통스러운 시작} \longrightarrow \text{안정화} \longrightarrow \text{실지훈련}}$$

　또 다른 연속성은 여기에서 결코 다수는 아니지만 강력하게 군집화(자신의 직업 과정을 '재평가'라는 단어로 묘사하는 다수의 사람)를 형성하는 표본의 25%에서 볼 수 있다.

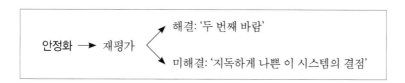

하나로 합쳐 생각해 볼 때, 네 번째 시나리오는 전체 사례의 65%를 차지하고 있다. [그림 8-5]의 요점만 남은 연속 과정에서 25페이지의 대부분의 인터뷰 자료는 축약되었다. 그러나 개념적 조건하에서 우리는 사례의 내러티브들이 어떻게 군집화되는지 가장 도표화된 형태로 보여 줄 수 있는 것이 최종(마지막) 시나리오 구축이라고 주장하였다. 이와 같은 예시는 교사의 경력이 여러 하위 집단에 어떻게 작용하는가이다. 또한 우리는 사례의 연속성을 보호하고 변수 간 형태를 유지하기 위한 개념적인 역량을 획득하면서 사례 지향적인 방법과 변수 지향적인 방법을 성공적으로 연결해 보았다.

혼합 연속성 디스플레이를 구성하는 가장 중요한 준비 작업은 어떻게 사례들이 서술적으로 언급되는지, 연구자 혹은 참여자가 생성한 단어나 구가 무엇을 묘사하는지, 그리고 국면에 무엇으로 라벨을 붙일지에 대한 확고한 이해를 가지는 것이다. 모든 차이점(적어도 대부분의 차이점)이 공통적으로 가지고 있는 것이 무엇인지를 고려하도록 요구하는 것도 분석 과업 중의 하나이다. 서술하든지 디스플레이하든지 둘 다 동시에 또는 앞뒤로 작업하는 것이 타인의 발달을 알리는 데 도움이 된다는 것을 알 수 있다.

(5) 노트

이 방법은 네트워크 디스플레이가 매트릭스에 비해 내러티브의 복잡성을 좀 더 쉽게 처리할 수 있다는 것을 보여 준다.

우수한 질적 종단 연구인 Cochran-Smith(2012)를 보면, 교수법에서 5개의 다양한 초기 직업 결정을 설명하고 있다.

4. 사례에 의한 배열

사례중심 기술적 메타 매트릭스(case-ordered descriptive meta-matrix)는 공통 변수와 관심 있는 결과를 비교하기 위하여 선택된 기준에 따라 계층적으로 사례를 조직화한다.

1) 사례중심 기술적 메타 매트릭스

(1) 설명

사례중심 기술적 메타 매트릭스는 모든 사례에서 얻은 초기 수준의 기술적인 자료를 포함하고 있지만 그 사례는 검증된 주요 변수에 따라 정렬된다(예: 높은, 중간의, 낮은). 따라서 그것은 주요 변수에 따라 기초적인 자료를 모든 사례에 걸쳐 일관되게 배열한다(〈표 8-4〉, 〈표 8-5〉 참조).

〈표 8-4〉 사례중심 메타 매트릭스: 학생 영향 자료를 위한 형식

사례	프로그램 목적	직접적 효과		메타 수준과 부수적 효과	
		긍정적	부정적	긍정적	부정적
사례1 (가장 높은 영향)					
사례2 (그다음)					
기타					

출처: Miles & Huberman (1994).

(2) 적용

사례중심 디스플레이는 사례별로 자료를 정렬하지만, 그 사례들은 높은, 중간의, 낮은 사례 간의 차이를 쉽게 볼 수 있도록 관심 있는 몇몇 변수에 따라 정렬된다. 이 방법은 사례를 가로질러 차이를 이해하는 데 효과적이다. 사례에서 좀 더 또는 덜 X인 실제 패턴은 무엇인가? 우리가 어떤 지역 또는 사례에서는 X를 많이 볼 수 있고, 또 다른 지역에서는 덜 보게 되는 이유는 무엇인가? 이러한 것이 평가나 행동조사연구에 적합한 방법을 만든다.

(3) 예시

우리는 우리(Miles와 Huberman)의 학교 개선 연구에서 '학생 영향'이라는 변수에 관심을 가지고 있었다. 우리는 학생들뿐만 아니라 교사, 부모, 행정가, 상담가를 인터뷰했고, 공식적인 평가 자료도 보았다. 우리는 이 정보를 한 장소에서 모으고, 높게, 중간으로, 낮게 나타나는 학생 영향 사례 간의 차이점에 대해 이해하고 싶었다.

우리의 인터뷰와 자료 검색은 '직접적인' 학생의 결과물(예: 향상된 읽기 시험 점수)뿐만 아니라 소위 '메타 수준'이라 부르는 일반적인 결과물(예: 학교 활동에 대한 증가된 관심)과 '부수적 효과'(예: '실험 프로그램에 대한 관심이 정규 수업에서 고립을 초래함')에 초점을 맞추었다. 또한 학생들에 대한 혁신의 긍정적인 효과와 부정적인 효과 모두를 살펴보기를 원하였다.

사례들은 어떻게 정렬될 수 있는가? 각 사례 보고서의 관련 부분을 볼 수 있을 것이고, 그 저자가 주장했던 학생 영향의 일반적인 수준을 기록할 수 있을 것이다. 또 사례들을 개략적인 순서에 배치하고, 첫인상이 충분한 근거가 있는 것처럼 보이는지 혹은 배치를 바꿔야 하는지를 살펴보기 위해 각 사례의 텍스트를 대략적으로 훑어본다. 일부 프로그램은 학생들의 성취에서 자아개념까지 모든 것을 높은 수준으로 목표를 삼는 반면, 일부 프로그램은 단지 읽기 기술의 향상에 초점이 맞춰져 있다. 또한 읽기는 그 데이터가 다양한 견고함(상세하고 철저한 성취도 자료, 인터뷰, 설문지 응답에서부터 거의 지원되지 않는 의견까지의 범위를 가짐)을 지녔다는 것을 보여 주고 있다.

이러한 범위는 〈표 8-4〉와 같은 유용한 형식으로 제시된다. 여기서 아이디어는 목적을 보여 주는 것이고, 적절한 셀에 구나 문장의 형태로 자료를 입력한다. 우리는 이런 방식으로 많은 가공되지 않은 자료를 보존하고, 어떻게 결과가 목적과 관련되는지를 살펴볼 수 있다. 가공되지 않은 자료(즉, 속성 코드)를 보여 주기 위해 우리가 간략하게 그린 매트릭스는 다음과 같다. U(사용자), A(행정관), E(평가자), S(학생), P(부모) 등이다. 만약 영향이 강한 것으로 보인다면 그 글자에 밑줄을 긋고, 분명하지 않다면 물음표를 추가한다. 만약 증거가 대립된다면 X를 추가한다(즉, 중대 코드).

우리는 각 사례 보고서와 연관된 부분에서 직접적이고 메타 수준의 결과의 코드화된 재료를 찾아보고, 그것들을 각각 별개의 결과에 하나씩 일련의 짧은 문장이나 구로 요약하는 것이다. 쉽게 비교하기 위하여 나란히 배열하는 방식으로 프로그램 목적과 직접적 효과 열에 자료를 배열할 수 있다. 기술과 성취 목적은 감정적 · 태도적, 그리고 다른 결과에 따라서 첫 번째에 위치할 수 있을 것이다.

매트릭스에 자료가 모두 정리되면 다시 검토하라. 모든 사례가 학생 영향 면에서 높은 수준부터 낮은 수준까지 정확하게 정렬되었는가? 이 사례에서 '높은' 수준에 대한 기준들은 다음과 같다.

〈표 8-5〉 사례중심 기술적 메타 매트릭스(발췌): 프로그램 목적과 학생 영향(직접적, 메타 수준, 부수적 효과)

사례	프로그램 목적	직접적 결과 (높은 수준의 영향)		메타 수준 결과와 부수적 효과	
		긍정적	부정적	긍정적	부정적
페디-파크 데이팜(E)	• 기초 기술(읽기, 수학, 의사소통 등) • 생활 기술(비판적 사고, 시민의식) • 생활능력(신용, 건강 등) • 구직 기술 • 전습 업무 기술, 직업훈련 • 의사결정 기술 • 자기 책임감과 독창성 • 직업 정보에서 관심/능력의 조화 • 타인에 대한 이해 • 사회경제적 경향 이해: 직업 지식 • 성역할 인식 • 부모-자녀 의사소통능력의 향상	• 참가나 향상된 기초 기술 점수 U, 향상된 수하능력(12하년 소녀들) E P • 구체적 직업 기술 S E P U • 직업계획과 선택: 성과 없이 원조 U • 긍정적 직업 탐색 자세 E • 작성에 맞는 직업이 무엇인지 E • 작험 직종에 관심을 갖게 하는 발견, 직업 탐색 C A • 직업에서 추구하는 바 E: 정체성, 직업 기회 탐색 C A • 직업에 대한 경험: 헤드스타트 C U S • 경력, 직업 지식 E • 직업에 대한 실정적 준비 • 성인과의 업무에 대한 경험: P • 의사소통능력의 향상 U	• 학문적 과정에의 노출 정도에 낮음 C	• 개인적 발달과 정체성 U E P • 성인과의 의사소통능력 향상 U S • 자신감 U E P S • 출석률 증가 U • 책임감, 동기 U C E P • 학업 유지(저하년의 학생으로) C A U • 성과 없는 학생의 원조 A • 동료관계의 향상 U • 영구적 직업 획득 S • 부모-자녀 의사소통능력 P	• 얼마 가지 못해 다시 일부 학생이 '상실' U • 일부가 매를 기다리지 만 '성취하지 못함' U • 여성에 좀 더 효과적인 프로그램 C A S • '자유를 관리하지 못하는' 무제임 P T
마세과 (E)	• 전 범위에 걸친 언어 구사능력의 향상 • 좀 더 과업적인 행동 • 개선된 절차	• 증가된 언어 기술: 단어 U A P, 철자 U A, 발음 Ux, 구두점 U, 독해력 Ux E, 판독 U, 문법 U, 쓰기 표현 U • 낮은 성취자들이 좀 더 생산적임 Ux	• 기억력의 수준이 좋지 않음 U • 너무나 적은 변화 • 학생들의 피로 U	• 집중, 학습 기술 • 정계 문제의 감소 U A • 잘못에 신경을 씀 U • 학문적 자기이미지 향상 U • 증가율과 의욕 증가 U A • 자신 관리, 감독하에서의 업무, 책임감의 증가 A U • 소비되는 시간 감소, 과업에 초점을 더 두게 됨 U A E • 민감한 학생들이 빠르게 반응함 E	• 일부는 느리고 시험에 실패함 • 수달 시험 U • 지루함 U

중간 수준의 영향

가논 (L)	• 증가된 성취 • 직업 관심의 명료화 • 우정 • 학습자로서의 자기이미지 향상 • 내적 통제의 향상	• 직업 지식 U A C • 새로운 흥미에 대한 업무 U	• 자원을 활용한 복합 달성 E • 학습 태도의 향상 U • 학교에 대한 태도 E U • 학습자로서의 자기이미지(HS) F • 우정 E • 사회적 학습(기초) E • 자기이해 E	• 성취 효과의 미흡 U
감스틴 (E)	• 기초적인 읽기능력, 학습을 위한 도구로서의 읽기능력 증가, 문학 감상, 즐거움을 위한 독서	• 시험 점수와 관련된 기준의 향상 A U • 읽기능력의 향상 Ux	• 독립적인 자기관리능력 학습 U A • 동기화 A: 아이들이 독립적인 업무를 선호함 U • 등교를 자랑스러워함 A • 경쟁하지 않는 아이들 A • 징계 문제의 감소 A	

중간에서 낮은 정도의 영향

민 힐로 (L)	• 에스키모에 대한 고정관념 제거 • 에스키모의 역사, 문화, 현재의 삶에 대한 지식 • 에스키모 문화에 대한 긍정적인 이미지 창출	• 문화에 대한 학습, 고정관념의 감소 U A • 읽기능력의 향상 Ux	• 정보가 너무 나 세부적임 U	

낮은 수준의 영향

바튼 (E)	• 정치적(행정적/법률적 과정에 대한 지식과 실제적인 기술(투표자 교육, 주 정부, 개인적인 권리)	• 다른 영역에서의 학습된 개념 U • 활동적 학습 방법에 대한 경험 A	• 분간할 수 있는 효과가 없음 U	• 일부 학생의 언어 기술이 뒤처짐 U

범례

U = 이용자, P = 부모, A = 행정가, E = 평가자, C = 상담자, S = 학생 / 졸업한 문서는 최소한 2명 이상에게서 언급된 것을 의미함 / x = 반대나 매립되는 이견이 존재함

(E) = 외부적으로 개발된 혁신, (L) = 지역적으로 개발된 혁신

출처: Miles & Huberman (1994).

① 프로그램이 목표의 대부분을 이루었는가?

② 프로그램이 다른 긍정적인 메타 수준과 부수적 효과를 얻었는가?

③ 이러한 판단은 한 역할에 대한 반복적인 반응이나 역할 간의 의견 일치 또는 평가 자료에 근거할 때 확실한가?

〈표 8-5〉는 데이터 디스플레이의 이러한 방식이 어떻게 이루어지는가를 보여 준다. 행에는 학생 효과가 높은 수준인 두 가지 사례(페리-파크데일과 마세파)와 중간 수준인 두 가지 사례(카논과 칼스턴), 그리고 중간보다 낮은 한 가지 사례(던 할로) 및 영향이 낮은 수준인 한 가지 사례(버튼)를 보여 준다(우리는 단순화를 위해 열두 가지 사례 중에서 여섯 가지 사례만 포함된 표를 보여 준다).

(4) 분석

얼핏 보기에 〈표 8-5〉는 힘들고 부담스러워 보인다. 하지만 우선 '얼핏 보기 분석'을 시도해 보아라. 표 안에서 어떤 부분의 자료가 조밀하게 혹은 드물게 되어 있는가?

열을 따라 볼 때, 부정적인 효과에 비해 긍정적인 효과가 좀 더 많이 나타나고 있음을 알 수 있다(전략: **대조와 비교하기**). 다시 얼핏 보면 우리에게 많은 부정적인 효과가 기록되어 있는 사례(예: 페리-파크데일, 마세파)의 경우, 프로그램 목적 부분에서 더 많은 것이 시도되었음을 알 수 있다. 많은 것이 시도된 사례들은 부정적인 효과를 가져오는 것처럼 보인다(전략: **변수 간의 관계에 주목하기**).

오른쪽의 두 열은 거의 모든 사례에서 의미 있는 메타 수준과 부수적 효과를 볼 수 있다(전략: **패턴과 주제에 주목하기**). 가장 영향이 낮은 사례인 버튼은 이러한 것을 전혀 볼 수 없다. 아마도 이러한 패턴은 중간 수준의 영향을 받은 사례에서의 메타 수준의 변화에 대한 요청으로 추정해 볼 수 있음을 의미한다. 어쩌면 그것들은 반복된 진술이 적을 것으로 보이고, 다중 역할 확증에 대한 실례도 적을 것이다(전략: **극단적 사례 이용하기**).

마지막 두 열을 명확히 하기 위해, 우리는 영향을 주는 학생들의 기능의 좀 더 일반적인 양상이 아닌 프로그램의 목적과 일치하는 것에 따라 메타 수준의 결과를 정의하였다. 칼스턴에서의 독서 프로그램을 주목하라. 그것은 독립적인 학생 과업을 위한 흥미로운 요소나 기회의 제공에 의한 것이 아니라, 향상된 읽기능력의 직접적인 결과를 가져온다. 아마도 학생의 향상된 자기관리능력에서의 메타 수준의 결과를 유발할 것이다. 부수적 효과는 더욱 계획되지 않은 것이다. 정규 고등학교 과정과 활동을 좋아하지는 않았지만 프로그램의 명확성과 적절성을 선호한 페리-파크데일 학생의 고립을 주목하라.

사례중심 기술적 메타 매트릭스를 분석하는 동안 처음에는 얼핏 보기를 하도록 하라. 매트릭스가 어떻게 보이는가? 어느 부분이 조밀하고, 어느 부분이 비어 있는가? 결론을 도출하고 그것을 기록하라. 그 후에 개별적인 행을 살펴보고 높은, 중간 정도의, 낮은 사례인지를 **비교**하고 **대조**해 보라. 이 방법은 **변수 간의 관계에 주목하기 위해** 한번에 하나의 행을 살펴보는 것보다 유용할 것이다.

첫 번째 사례중심 기술적 메타 매트릭스는 방대하다. 때때로 주요 '배열' 변수로 구성될 수 있는 방대한 범주의 변수를 '정렬하기' 위해 20개 이상의 행이 사용되기도 한다. 엑셀 데이터베이스 소프트웨어가 매트릭스의 이러한 유형과 크기에 맞추어 편리하게 나온다. 연구 목적에 가장 적합한 하나를 결정하기 전에 매트릭스 형식에서 여러 가지 형태를 만들 것을 조언한다. 진행된 여러 번의 과정마다 사례의 배열을 다시 점검하라. 연구자가 배열한 결과를 확증하거나 논의할 때에는 동료에게 도움을 요청하라. 덜 복잡한 데이터베이스에 구조화된 문장이나 구를 넣기보다는 사례 보고서를 직접 인용해 넣는 것이 좋다. 그것은 분석가와 독자에게 자료에서 더욱 직접적인 근거를 제공해 줄 수 있기 때문이다.

(5) 노트

Miles와 Huberman의 고전적인 〈표 8-5〉는 자료의 출처와 보강 증거 간의 차별화를 위해 단일 문자와 기호를 사용하였다. 현재 워드나 엑셀과 같은 소프트웨어는 컬러 코드와 풍부한 텍스트적 특징을 사용할 수 있고, 매트릭스에서 다른 유형의 자료를 분리하기 위해 폰트 크기를 다양화할 수 있으며, 시각적으로 한눈에 더욱 식별 가능하게 만들 수도 있다.

사례중심 기술적 메타 매트릭스는 종종 사례 간 관계를 이해하기 위한 기본적인 다음 단계이다. 여러분이 사례를 배열하기 위한 훌륭한 기초를 설정한다고 가정한다면 그것이 부분적으로 배열된 매트릭스보다 좀 더 설득력을 갖게 된다. 패턴은 높은, 중간 정도의, 낮은 사례에서 보일 수 있고, 설명의 발단은 분명해질 수 있다. '아하'와 같은 표현들이 그러하다. 일반적으로 말해서 이 방법에 쓰인 시간은 이후 연구의 상당 부분이 그것에 기초하고 있기 때문에 가치 있고 투자할 만하다.

또한 분석 목적을 위해 행과 열이 바뀔 수 있음을 명심하라. 대개는 열보다는 행에 효과를 써 넣는 것이 보기 쉬운데, 행이 표제를 기록할 수 있는 더 많은 공간을 확보하고 있기 때문이다. 여러분은 연구 중인 주요한 원인의 정도에 따라 사례들을 분류하고, 각 사례의 다양한 효과를 보여 주는 **사례중심 효과 매트릭스**를 만들 수 있다. 다양한 변수가 동시에 검토될 필요가 있을 때 여러 가지 사례의 결과물에 초점을 맞춘다(〈표 8-6〉 참조).

〈표 8-6〉 사례중심 효과 매트릭스 템플릿

제공된 지원에 의한 사례의 배열

혁신의 효과	실질적				보통		낮음	
1.								
2.								
3....								
개인의 효과								
1.								
2.								
3....								
조직의 효과								
1.								
2.								
3.								
4....								

출처: Miles & Huberman (1994).

사례중심 효과 매트릭스는 여러분이 어떤 공통된 원인으로부터 매우 다양한 효과를 예상할 수 있는 경우라면 더욱 유용하게 이용된다. 이 매트릭스는 사례 간의 기술과 설명 간의 분명치 않은 경계를 분리해 주고, 이론을 정립하며, 검증하는 데 실마리를 제공해 준다. 사례중심 효과 매트릭스는 단순히 사례를 모아 놓는 일을 피할 수 있고, 사례의 정보를 그대로 보존할 수 있으며, 이질적인 사례도 버리지 않을 수 있다. 결론적으로, 사례중심 효과 매트릭스는 다수의 결과물 구성을 보여 주기 위해 여러 가지 사례, 변수, 시간을 동시에 함께 모으거나 배열하는 것이다.

5. 마무리 및 넘어가기

대부분의 디스플레이는 복잡하다. 그것은 우리가 다차원적으로 혹은 동시 다발적으로 사례, 등급, 변수, 행위, 시간대, 결과, 평가를 시도하기 때문이다. 우리는 2차원적인 표현으로 기본 소프트웨어를 읽고 쓰는 능력과 접근능력으로 제한하지만, 그때 그래픽을 3차원적으로 그리거나 애니메이션으로 그릴 수 있다. 2차원적 매트릭스와 그림은 연구자들이 복잡한 참여 과정에 대한 이해를 하는 데 있어 한걸음 더 나아가게 해 줄 것이다.

탐구, 묘사, 배열된 자료는 다음 장의 방법인 '**설명**'을 위해 꼭 필요하다. '어떻게' '왜'라는 질문을 던짐으로써 풍부하고 통찰력 있는 대답들이 생성될 것이다.

제9장 설명 방법

장 요약

이 장에서는 상호 연관성, 변화, 그리고 인과관계를 설명하기 위해 사용하는 구조를 어떻게 디스플레이하는지를 알아본다. 매트릭스와 네트워크는 선행 사건, 순서, 결과의 조사 시나리오를 지도로 만들기 위해 섬세하게 설계되고 계획된다.

내용

1. 서론
2. 상호 연관성 설명
   1) 변수 간 매트릭스
3. 변화 설명
   1) 효과 매트릭스
   2) 사례 역동 매트릭스
4. 인과관계 설명
   1) 인과관계 사슬
   2) 인과관계 네트워크: 사례 내 분석
   3) 인과관계 네트워크: 사례 간 분석
5. 마무리 및 넘어가기

1. 서론

우리는 수많은 사례에서 **무엇이, 어떻게** 발생했는지에 대한 일관된 설명을 개발하는 방법을 프로파일링해 왔다. 이 장에서는 왜 일이 일어나는지에 대한 질문으로 넘어간다.

연구의 최전선에서는 왜 발생하게 되었는지 생각하고, 무슨 일이 일어나고 있는지 이해하는 것은 기본적인 문제이다. 일상생활에서 사람들이 '왜'와 '어떻게 오는지'에 대한 질문을 하고, '때문에'로 시작하는 응답은 일상적인 상호 작용에서 끊임없이 나타난다.

전통적 관점에서 질적 연구란, 탐구적 또는 묘사적 시도나 강한 인과적 속성을 포함한 강조된 설명을 필요로 할 때 유용한 것이며, 특별하게 전통적 실험통제집단 연구와 같은 양적 연구를 통해서만 고안될 수 있는 것이었다. 우리는 이러한 관점이 잘못된 것이라 생각한다. 대부분의 수준 높은 양적 연구 절차에서도 실제 인과관계가 아닌 연관성(연계성)을 우선적으로 다룬다. 그들은 많은 사람과 상황을 통해서만 합리적인 가능성들을 만들어 낼 수 있다. 우리는 질적 연구란, 인과관계 사슬을 설명하는 매우 강력한 방법이라고 생각한다. 그러나 우리는 주장 이전에 Y가 설명했거나 X의 영향을 받은 주장에 대한 경험적 근거를 보여 주어야 한다.

좋은 설명은 사람들로부터 주어진 설명과 연결되는 것이 필요하며, 우리는 연구자로서 설명을 발전시키고자 연구한다. 그러나 이러한 연결에는 문제가 있다. 설명은 일상에서 많은 결함을 제공한다. 그래서 연구자들이 설명을 하게 된다. 아마도 사람들은 왜 그러한 일이 일어났는지 이성적인 이유를 매번 설명하지 못할 것이다. 어떤 경우는 원인이 하나이고 단순해서 복잡함이 감소할 수 있다. Munton, Silvester, Stratton과 Hanks(1999)는 "인과관계에 대한 신념은 다양한 원인 및 결과와 관련이 있고, 그럴 수 있으며…… 속성들의 연속성 안에서는 하나의 속성 안에서 나타난 하나의 결과는 다음에 원인이 될 수 있다."(p. 9)라고 하였다. 원인은 다중적일 뿐만 아니라 '결합(conjunctural)적'으로, 그들은 연결되어 있고 서로에게 영향을 미친다. 그뿐만 아니라 여러 원인은 모든 상황에서 동일하지 않으며, 원인의 여러 조합은 다른 효과를 만들어 낼 수 있다. 따라서 Saldaña(2003)는 "**영향력**(influences)과 **작용**(affects)은 실증주의자들의 원인(cause)과 영향(effect) 구조와 같이 좀 더 명확한 방법으로 재개념화되어야 한다."라고 이야기한다. 그러나 이 책에서는 Miles와 Huberman에 의해 구성된 인과관계 사슬에 대한 방법론적 디스플레이 원칙과의 조화에 좀 더 초점을 맞추어 **영향**(effect)이라는 용어를 사용할 것이다.

Morrison(2009)은 우리에게 원인과 이유, 그리고 동기 사이의 미묘한 차이에 대해 신중하게 생각해야 한다고 충고하였고, 우리는 사람들의 의도, 선택, 목적, 가치, 관점, 기대, 욕구, 바람과 함께 그들의 특별한 맥락과 환경 안에서의 조합에 우선적인 초점을 두어야 한다고 다음과 같이 이야기하였다. "변수(사회적 계층, 성별, 민족 등)가 아닌 개인이 원인이 되고 작동한다."(p. 116) 사람들은 당구공과 같이 움직이는 것이 아니라 상호 작용하면서 각자의 방향으로 서로 나아간다. 사람들은 타인의 의도와 행동이 얽혀 있는 복잡한 네트워크 안에서 복잡한 의도를 가지고 작용한다. 또 하나의 추론적 맥락으로서 사람들은 사회적 사실의 '무질서(disorderly)'라는 본질을 강조한다. 그들은 우리의 마음보다 더 혼란스럽고 덜 복잡하다. 우리가 인간의 사건과 행동, 의미에 대해 어떻게 이해해야 하는지 알 수 있는 방법은 시간과 연결되어 있으며, 무질서해질 수 있다.

묘사와 설명 사이에는 깔끔한 경계가 없듯이 일반적인 '설명'과 '원인' 사이에는 정확한 경계가 없다. 인과관계를 결정하는 것이 필연적으로 다른 것보다 더 강력한 설명의 형태라고 말하는 것은 공정하지 않다. 최소한 인과관계가 결정적으로 시간의 문제를 야기한다는 것을 알 수 있다. 우리가 무엇이 무엇을 유도했는지 알아내는 것과 관계가 있다. 이전 사건은 그 연결이 깔끔하고 명확하지 않을지라도 다음 사건과 어떤 연관성이 있다고 가정한다.

인과관계를 평가하는 것은 본질적으로 회고적 문제이다. 고전적인 실험을 하더라도, 그 후에 어떤 효과가 있었는지 알 수는 없다. 그것은 이야기의 생성과 어구의 해부(parsing), 맥락에서 연결된 사건들의 흐름에 의해 진행될 수 있다. 프로세스 모드에서는 연대기를 구성하고, 시간에 주의를 기울이며, 큰 그림 내에서 연결을 찾을 것이다. 변수 모드에서는 자료를 검색하는 작은 단위를 코딩하면서 유사성과 개념 패턴을 찾고, 순서 설정 및 시간 경과에 주의를 덜 기울이게 될 것이다. 분명히 두 가지 자세 모두가 연구의 다른 지점에서 필요할 것이다. 이 문제는 분석 가정을 파악하고 적절하게 행동하여 이야기와 개념 모드 사이를 반복적으로 이동하면서 각각의 정성 분석을 심층적으로 보여 준다.

질적 분석에서는 클로즈업을 해 보면 단순한 연관성을 뛰어넘어 메커니즘을 식별할 수 있다. 그것은 흐름이 있는 맥락적 영역이며, 상황에서 복잡한 프로세스와 네트워크를 잘 다룬다. 그것은 시간 차원을 분류하여 직접적인 관측이나 회고를 통해 무엇이 선행되었는지를 명확하게 보여 준다. 변수와 프로세스 사이를 왔다 갔다 돌아가고 이야기가 잘 변화하지 않으며, 기본 변수를 포함하고, 변수가 고정되어 있지는 않지만 시간이 지남에 따라 연결되어 있음을 보여 준다.

일반적으로 설명 매트릭스는 다양한 형식의 순서보다 주의를 기울여야 한다. 그리고 여러 경우가 설명을 생성하고 체계적으로 테스트하는 데 매우 도움이 된다. 진정한 의미에서 그들은 사회생활 방식에 대한 우리의 주장과 이론을 발전시키는 데 가장 좋은 자원이다. 그러나 우리는 과학적 설명이 어떻게든 고귀하고, 완전히 결정적이며, 정확해야 한다는 것을 망각해서는 안 된다. 연구는 결코 모든 것을 '증명'하는 것이 아니라 제안하는 것이다.

이 장에서 **상호 연관성 설명**은 변수가 어떻게 상호 작용하고 상호 작용하는 방식이 무엇인지 조사한다. **변화 설명**은 결과 변수를 향한 여러 경로를 살펴본다. 그리고 **인과관계 설명**은 연구 결과의 '어떻게', 그리고 '왜'를 표시하고 설명할 수 있는 방법을 제공한다. 또한 자세한 분석을 위한 원인의 예비 도표 작성을 위해 **설명적 효과 매트릭스** 및 제6장 195페이지의 〈표 6-11〉을 참조하라.

2. 상호 연관성 설명

상호관계는 변화를 설명하고 원인을 설명하는 방법의 기본 원리 중 하나이다. 변수 간 매트릭스는 우선 여러 변수 쌍 간의 상호 작용을 탐색하여 선택한 사례에 적용되는지 확인한다.

1) 변수 간 매트릭스

(1) 설명

변수 간 매트릭스는 행과 열에 2개의 주요 변수가 있다. 각 변수의 특정 속성 또는 구성요소는 강도별로 개별적으로 나열되고 정렬된다. 자료 항목이 아닌 셀 항목은 사례의 이름이며, 이로 인해 변수가 어떤 순서로 정렬되었는지 알 수 있다. 그리하여 우리는 사례 안에서 두 가지 주요 변수 간 상호 작용 또는 상호관계 유형을 알 수 있다(〈표 9-1〉 참조).

〈표 9–1〉 변수 간 매트릭스: 사례별 대처 전략 및 문제점

스타일	대처 전략	프로그램 과정	프로그램 내용	대상 팝 (Target Pop)	기술 부족	태도	위기	경쟁 요구	낮은 통제	물리적 설정	지원
ㅡ	결정할 수 없음	ㅂ	엘리미다						카루소		
아무것도 하지 않음	없음	체스티			카루소	체스티			체스티		
일시적인	지연/회피	카루소	카루소			체스티				카루소	카루소
	단기 대처	카루소 체스티	카루소								카루소
익숙한 방식으로 행동하기	기존 미팅/역할 사용	엘리미다 ㅂ 카루소 체스티	체스티								엘리미다 카루소
	행동 취하기	카루소									
쉬운 방법	사람 섞기		카루소?	에기시즈 ㅂ 카루소		에기시즈	카루소 체스티				카루소
	프로그램 수정		ㅂ		ㅂ?	ㅂ		ㅂ			
더 힘들게 하기	상징적인 지원					에기시즈 카루소 체스티		에기시즈			
	보상/인센티브					에기시즈 엘리미다 ㅂ 체스티					
	협상										체스티

개인 능력 구축	업력/필요							엘리미다 카루소
	인력 교체	엘리미다		예거시즈				
	새로운 조정 구조	엘리미다 카루소	카루소	엘리미다				
	새로운 상호 작용 무대		페					
시스템 역량 구축	비전 구축/공유		예거시즈		예거시즈 엘리미다 페			
	모니터링		카루소		엘리미다			예거시즈
	롤링계획		예거시즈	엘리미다				
	지속적인 지원	예거시즈			엘리미다 페			
새로운 사람 추가	재작업						예거시즈	
	증가하는 통제	예거시즈 엘리미다 페?					페?	예거시즈?
시스템 재설계	권한 부여				예거시즈 엘리미다			
	역할 재설계							예거시즈
	조직 재설계							예거시즈 엘리미다

범례

예거시즈 고등학교 [더 성공적], 엘리미다 고등학교 [더 성공적], 카루소 고등학교 [덜 성공적], 페로즈 [페] 고등학교 [보통 성공], 체스티 고등학교 [덜 성공적]
? = 연구자의 확신이 부족한 사례

출처: Miles & Huberman (1994).

(2) 적용

때로는 사례를 신중하게 분석한 후에 몇 가지 주요 변수가 작용하고 많은 특수한 현상이 발생한다는 것을 알기 시작한다. 일반적으로 우리는 이러한 변수가 어떻게 연관되어 있는지 또는 상호 연관되어 있는지 알고 싶어진다. 문제는 주요 변수의 특정 지표의 풍부함을 유지하는 방법을 찾는 것이다. 따라서 핵심관계가 무엇인지 더 자세히 살펴봐야 한다.

변수 간 매트릭스는 변수의 개별 특성 또는 구성요소를 별개의 행 및 열 머리글로 정렬하여 사례 및 해당 자료 내에서 발생할 수 있는 연관 또는 교차 유형을 탐색한다. 이것은 묘사적이고 순서가 있으며, 탐색적이고 설명적이다. 두 변수가 있는 경우, 비교하여 매트릭스에 상호관계가 제안된 이유를 설명하도록 제안한다.

(3) 예시

도시 고등학교 개혁에 대한 연구(Louis & Miles, 1990; Miles, 1986)에서 관심 있는 질문 중 하나는 학교가 변화 과정에서 직면한 피할 수 없는 문제에 어떻게 대처했느냐 하는 것이었다. 연구자는 보고된 문제의 유형을 분류하여 가장 소중한 것 또는 가장 '다루기 쉬운' 것(〈표 9-1〉의 열 머리글 참조)으로 정렬하였다. 프로그램 과정과 내용 문제는 비교적 다루기가 쉽고, 학교의 물리적 환경이나 이용 가능한 재정 자원으로 인한 문제는 이전의 교육 개혁 연구를 바탕으로 해결하기가 더 어렵다고 판단되었다. 첫 번째 과정은 연구팀의 다른 구성원들과 같이 판단한 것이다.

연구자는 또한 5개의 고등학생 사례를 바탕으로 23개의 대처 전략 과제(왼쪽의 두 번째 열)를 설명한다. 지연/부인, 사람들의 회피, 비전 구축/공유 및 역할 재설계와 같은 대처 전략에 나열된 전략은 아무것도 하지 않고, 일상적인 방법이며, 더 어려워지고, 시스템을 재설계하는 것과 같은 아홉 가지 스타일의 군집(단위)으로 분류되었다. 이러한 군집은 주요한 얕은-깊은 차원, 그중 하나는 '얕고, 부드럽고, 비공식적이며, 관통하는' 것이고, 다른 하나는 '더 깊고, 구조적으로, 의도적으로, 그리고 사람이 변화하는 것'이었다. 여기에서도 첫 번째 단편은 동료의 피드백과 수정이 필요하였다.

동료 의견 및 개정 개념 작업이 완료되면 매트릭스 디자인이 그려졌다. 행은 대처 전략이었고, 열은 문제 유형이었다. 셀 항목은 5개의 고등학교 사례 이름이었다. 애거시즈와 앨러미다가 가장 성공적이었고, 버로즈는 중간 정도 수준이었으며, 카루소와 체스터는 가장 적은 성공을 거두었다. 문제의 사례와 사용된 대응 전략은 사례 보고 디스플레이, 현장노트 및 연구자 판단에서 추출되었다. 문제는 적절한 열로 분류되어 사용된 전략은 현장 조사 및 사례 분석을 통해 가장 잘 알고 있는 연구자에 의해 확인되었다. 동일한 문제에 대해 둘 이상의 전략이 사용된 경우에는 하나 이상의 셀 항목이 작성된다. 연구자가 문제를 극복하는 연결에 대해 확신이 없으면 학교 이름 뒤의 셀 항목에 기호를 추가하였다. 전체적으로 76개의 문제 대처 쌍이 5개 현장에 입력되었다.

(4) 분석

변수별, 변수 간 매트릭스 분석은 주로 결과를 확인하고 연결에 대한 추론에 따른다. 분석가는 표의 상단을 보고 다음과 같이 썼다. 첫째, 얕은 '대처'의 대부분의 경우(아무것도 하지 않음, 일시적인, 익숙한 방식으로 행동하기)는 가장 성공적이지 않은 두 학교, 카루소와 체스터(전략: **패턴과 주제에 주목하기**)가 해당된다.

둘째, 표 아래쪽으로 이동하여 살펴보면, 더 깊은 관리 및 대처 전략(개인 능력 및 시스템 역량 구축, 새로운 사람 추가, 시스템 재설계)이 대부분 성공적인 지역에서 사용된다는 점은 주목할 만하다. 카루소의 새로운 조정 구조와 모니터링 전략을 제외하면 덜 성공한 현장에서는 그러한 전략이 거의 부재하다. 버로즈와 같은 적당히 성공한 곳에서는 몇 가지 '깊은' 전략을 사용하지만 애거시즈와 앨러미다보다는 적다.

분석가는 좀 더 복잡한 또 다른 **패턴**을 보았다. 그는 애거시즈와 앨러미다 현장에 집중했고, 다음과 같이 이야기한다.

> 이 현장은 실제로 없음과 지연 방지를 제외하고는 매우 광범위한 전략을 사용한다. 문제가 무엇이든지 행위에 대한 느낌이 있는 것처럼 필요한 곳에서 활발한 관리 및 능력 배양 중재를 포함하는 레퍼토리가 있다. …… [그들은] 더 어려운 문제에 대한 '더 깊은' 대처법을 보여 준다.

더 나아가 이 발견은 분석가가 사례 보고로 돌아가 문제 해결 대책의 전형적인 결과를 설명하고, 〈표 9-2〉(전략: **사본 찾기**)에서의 표 내용을 요약한다. 이 요약표는 결과를 종합할 뿐만 아니라 함께 모여서 변수별 행렬 연관을 지원하는 데 도움이 된다.

〈표 9-2〉 요약표: 사례에 대한 전형적인 대처 결과

애거시즈	• 대부분의 문제는 인정되고, 처리되고, 해결되었다. • 주요 결과는 개인과 집단적 자신감의 증가이다. • 더 많은 다운타운(중앙사무소)에서 학교를 존중하게 되었다.
앨러미다	• 걱정을 줄이고, 더 건설적인 규범을 세웠다. • 직원 개발과 더 잘 맞물리고, 교사의 필요를 충족시켰다. • 새로운 역할과 권한 부여로 인해 [프로그램 중단 없이] 교장을 재임용할 수 있었다.
버로즈	• 교장의 권위에 대한 존경심이 높아졌다. • 직원 분열: 사람들은 큰 팬이거나 반대자이다. • 프로그램에 신규 직원은 거의 투자하지 않는다. • 숙련된 직원이 다른 학교로 옮겨 가면서 새로운 직원들은 프로그램에 대한 지식이 없거나 기술이 없었다.
카루소	• 문제는 약간 개선되었지만 재발할 것이다.
체스터	• 프로그램의 커리큘럼 정렬 부분을 중간 정도로 조정하지만, 나머지는 그렇게 하지 않았다. 문제는 계속될 것이다.

출처: Miles & Huberman (1994).

매트릭스 행 및/또는 열에 나열된 변수의 특성 및 구성요소가 많을수록 자료를 검토하고 셀을 채우는 데 필요한 준비 작업이 늘어난다. 그러나 이것은 상호 작용의 존재와 활동을 알기 위한 보람 있는 시간과 에너지의 투자이다. 이것은 잠재적으로 설명적 추론에 대한 기본적인 설명적 결합을 커버할 수 있을 것이다.

시간 영역은 일정 기간 이전 또는 이후에 발생하는 것으로 변수별 매트릭스 항목에 추가될 수 있다. 각 셀 엔트리는 '성공' 전략이 어떻게 나타났는지를 나타내는 규모에 대한 코드를 포함할 수 있다. (이 특별한 디스플레이에서 문제가 다시 발생했는가, 새로운 문제로 이어졌는가 또는 효과적으로 해결된 것인가?)

(5) 노트

워드 표와 엑셀 데이터베이스의 잘라 내기와 붙여 넣기 기능을 통해 탐색을 위한 행과 열을 쉽게 다시 정렬할 수 있다. 대부분의 CAQDAS 프로그램은 변수별(또는 코드별 또는 범주별) 행렬을 신속하게 조합하여 표시할 수 있으므로 특정 경우에 발생할 수 있는 가능성을 쉽게 조사할 수 있다. 이러한 프로그램의 대부분은 협회에 관한 통계 정보를 제공할 수도 있다.

3. 변화 설명

이 두 가지 프로파일은 연구의 궤적과 결과의 변화에 대한 설명과 함께 인과관계를 설명하기 위한 기초적인 방법이기도 하다. **효과 매트릭스**는 일반적으로 최후의 상황을 설명하고, 사례 역동 매트릭스는 결과가 어떻게 나타나는지 도표로 나타낸다.

1) 효과 매트릭스

(1) 설명

효과 매트릭스는 연구가 요구되는 하나 이상의 결과에 대한 자료를 나타낸다. 효과는 항상 글로벌 프로그램, 독립 변수, 개입 변수와 같은 무언가의 결과이다. 적어도 암묵적인 사전 요인이 있으며, 효과 매트릭스의 기본 원칙은 종속 변수에 초점을 맞추고 있다(〈표 9-3〉 참조).

〈표 9-3〉 ECRI 프로그램의 실행 후 효과 매트릭스 조직 변화

효과 유형	빠른 사용 1년차와 2년차		늦은 사용 3년차	
	주요 변경 사항	스핀오프(spin-offs)	주요 변경 사항	스핀오프(spin-offs)
구조상 효과	• 스케줄링: ECRI 오전 내내, 음악 일정을 재조정하는 중, 물리학 교육 • 선생님 역할의 제시: 이중 상태의 보유(교사/행정가)	• 수학 선택 활동 줄이기 • 학교에서 2개의 분리된 연대표 • 상태 및 역할의 모호함	• 통합 일정(스케줄링), 2~6학년의 연령별 집단화	• 서열화 감소: 교실의 문제가 조직의 문제가 됨
절차상 효과	• 문자 등급이 없으며, 규범도 없음 • 교사를 돕는 제도화 지원	• 부모들의 불안 • 수업을 컨트롤하는 두 가지 기법 • 교사들의 불안 • 느슨한 연령 등급 시스템 • 가정 내 지원 메커니즘 주입	• ECRI 평가서, 감독 강화 • 모든 교실에서 보다 일관된 업무 수행	• 교사가 좀 더 관찰할 수 있고, 감시할 수 있음 • 문제, 해법이 더 일반적이고 공개적임

관계/ 분위기	• 사용자가 소수 집단	• 파벌, 사용자와 비사용 자 간의 마찰	• 더 엄격한 학술지 • 모험가형 선생님 의 인식	• '재미 있는 활동' 프로 젝트(예: 크리스마스) 의 감소 • 더 많은 측면의 도움말 • 더 많은 '공공'의 고충

출처: Miles & Huberman (1994).

(2) 적용

많은 연구에서 연구자는 결과에 관심이 있다. 평가자는 대상 집단에서 특정 프로그램이나 치료가 어떤 변화를 가져왔는지 알고 싶을 수 있다. 좀 더 기술적인 연구자는 단순히 과정의 처음과 끝에 무엇이 있는지 알고 싶어 할 수 있다. 설명을 목표로 하는 연구자는 일반적으로 예측 변수로 전환하기 전에 주요 관심 있는 종속 변수(예 : 독서 점수, 중도 이탈률, 학교 사회 환경)를 잘 보고 싶어 한다. 이것은 '궁극적인' 결과의 예시이다. 이 라벨은 의심스러운 소리일지 모르지만 변수가 일시적 또는 원인적 연결에서 마지막으로 발견되었음을 의미한다. 연구자는 역시 보통 '개입' 또는 '중간 단계' 등의 선행 결과에도 관심을 가질 것이다.

질적 연구자가 가진 문제는 하나 이상의 관심 결과로 간주되는 사람, 관계, 집단 또는 조직의 변화된 상태를 충실하게 나타내는 자료를 선택하고 표시하느냐이다. 이러한 면에서 단어는 숫자보다 관리하기가 훨씬 어렵다. 질적인 자료의 경우, 어떤 결과가 발생했는지 명확하게 하는 것이 항상 쉬운 과정은 아니다. 개념적 명확성은 매우 소중하고 중요하다.

(3) 예시

학교와 같은 조직이 혁신을 구현할 때 조직은 결과적으로 어떤 방식으로든 변경될 수 있는 가능성이 있다. 일부 혁신은 기존 구조에서 '삭제'될 수 있지만, 교체 가능한 부분으로 사용되는 대부분의 혁신은 시스템에 대한 요구를 만들고 파급 효과를 나타낸다. 조직의 대응은 종종 새로운 태도, 새로운 규칙, 새로운 절차 및 새로운 구조의 형태로 나타난다. 학교 개선 연구(Miles와 Huberman)에서는 지역 학교의 변화를 연구하여 혁신을 실행한 결과를 추적하고자 하였다. 이 사례에서의 독서 지도 모범 센터(Exemplary Center for Reading Instruction: ECRI)는 비교적 까다롭고 다소 구조화된 초등학교에서 실시되는 언어 프로그램이다. 단어 인식, 음성학, 작문 및 어휘에 행동주의적 접근법이 필요하다.

첫째, 우리는 '결과'(이 경우에는 조직 변화)라고 불렀던 것을 명확하게 해야 한다. 부분이나 측면은 무엇인가? 〈표 9-3〉은 이것이 어떻게 작동했는지 보여 준다. 분석가는 '조직 변화'의 결과가, ① 구조적 변화, ② 절차적 또는 운영적 변화, 그리고 보다 일반적으로, ③ 관계적 또는 사회적 분위기 변화의 세 가지 기본 부분에서 도출된다는 것을 확인해야 한다.

둘째, 분석가는 조직의 변화 측면을 초기 사용 기간(1년차 및 2년차)과 나중에 사용한 기간으로 구분하여 11명의 교사 중 9명이 혁신을 위한 사용자였을 때를 특별히 반영하여야 한다.

셋째, 분석가는 혁신의 암묵적 요구 사항에 직접적으로 따르는 주요 변경 사항과 스핀오프라고 불리는 2차 영향을 구분하기를 원하며, 그중 일부는 완전히 예상되지 않을 수도 있다. 일반적인 관례(적어도 인쇄된 단어가 오른쪽에서 읽히는 문화권에서)는 나중의 사건이 이전 사건의 오른쪽에 표시되어야 하기 때문에 분석가는 시간 차원을 열에, 결과 유형을 행에 넣는다.

〈표 9-3〉의 셀 항목은 현장메모의 코드화된 기록에서 발견된 특정 조직의 변경 사항을 설명하는 간략한 문구이다. 교사, 교장, 중앙사무소 직원들에 대한 원래의 질문은 "이 기간 동안 학교 또는 교육구 조직에서 어떤 변화가 있었습니까?"였다. 계속된 증명 과정에서 특정 구조적 또는 '설정' 변경, 절차 변경, 분위기 또는 감정 변화에 대해 질문을 하였다. 결정 규칙은 문서 또는 적어도 하나의 다른 응답자가 보고하고 확인한 모든 변경 사항이며, 매트릭스에 들어가는 요약 구문에 응축된다는 것이다.

(4) 분석

표의 왼쪽을 보면 주요한 구조 변화가 이전에 별개의 언어 예술 활동을 하나의 통합된 아침 시간으로 재조정했다는 것을 알 수 있다. 이 변화는 순환 교사(음악, 체육)가 가르치는 과목의 재조정을 요구했기 때문이다. 이러한 변화(스핀오프 열 참조)는 첫 번째 해에 2명의 ECRI 사용자와 두 번째 해에 5명의 ECRI 사용자에 대해 스케줄링이 수행되었기 때문에 두 가지의 별도의 일일 처방을 만들었다. 다른 선생님들도 이전 일정에 따랐다.

다른 초기 변화로는 문자 등급보다는 숙달 수준의 사용과 ECRI의 새로운 사용자를 돕기 위한 새로운 도움 교사 역할 창출이 있다. 많은 사회심리학 연구에서 발견된 바와 같이, 우리는 구조적 변화가 절차적 변화로 이어지고 분위기/태도 변화(전략: **개념적 · 이**

론적 일관성 형성하기)로 이어지는 흐름을 수직으로 내려다볼 수 있다. 이 경우에는 압력, 불안정 및 특별한 주의로 인해 사용자가 함께 결속된 '우리는 불만이 적은' 분위기 변화가 발생하였다. 분위기 행을 가로질러 이동하면서 우리는 스핀오프 효과에서 파벌과 마찰을 볼 수 있다.

매트릭스의 오른쪽 중간 정도로 이동하면(늦은 사용, 3년차) 11명의 교사 중 9명이 참여했기 때문에 보다 통합되고 면밀한 슈퍼비전과 통일성 있는 일정이 전형적으로 진행되었음을 알 수 있다. 그리고 더 완전한 규모의 좀 더 규제된 시행이 이제는 교사들에 의해 집단적 모험사업으로 간주된다는 것이 나타난다. 스핀오프에 대한 주요 변경 사항을 살펴보면 교사는 도움의 필요성을 표현하고, 증거의 논리적 연결고리를 주고받을 수 있는 가능성이 더 높아졌다(전략: **증거의 논리적 연결고리 구축하기**).

이 표는 구조적 변화가 절차적 및 태도 변화를 유도하는 방법을 보여 준다. 우리는 첫 번째 수준의 변화가 나중에 결과(스핀오프)로 이어질 수 있음을 알 수 있으며, 3년 동안 조직의 변화가 어떻게 흘렀고 발전했는지를 알 수 있다. 자연스럽게 이러한 결론은 확인, 시험 및 검증될 필요가 있다. 예를 들어, **부정적 증거 찾기**나 **상반된 설명 확인하기**(조사하기)이다. 그러나 우리는 효과가 상승되었다는 좋은 시작을 하였다. 만일 보고된 모든 조직 변경 사항을 하나의 콘텐츠 분석 요약으로 묶었다면 모든 정보가 손실되었을 것이다.

효과 매트릭스는 특정 인원에 의해 구성될 수도 있다. 인용된 인터뷰 발췌문을 통해 혁신을 사용하면서 여러 교사가 경험한 개념, 태도 및 행동의 변화를 예를 들어 보여 줄 수 있다. 효과 매트릭스는 또한 결과의 사용자 인식을 나타내기 위해 일종의 + 또는 −와 같은 숫자 등급과 같은 코드를 사용할 수 있다.

효과 데이터는 관찰 또는 사용 가능한 문서뿐만 아니라 인터뷰에서도 검색할 수 있다. 그리고 결과를 달성하기 위한 치료의 전형적인 '프로그램'에는 평가 요소가 첨부되어 있다. 이미 수집된 일부 데이터도 함께 통합될 수 있다.

최종적으로 결과는 직접성에 따라 분류될 수 있다. 일부 결과는 방금 언급한 주요 변경 사항과 같은 '직접적인' 영향이고, 다른 것들은 보다 일반적이며, '메타 효과'라고 할 수 있다. 즉, 혁신이 가져야 할 즉각적인 직접 효과를 훨씬 뛰어넘는 결과이다. 그리고 결과들이 원래 의도와 매우 다르기 때문에 우리는 '부작용'에 대해 생각할 수 있다.

(5) 노트

모든 혁신이 완벽하게 구현되어도 관련자 모두가 행복하게 받아들일 가능성은 거의 없다. 효과 매트릭스가 부정적인(원하지 않는) 결과를 포함하지 않는다면 독자를 위한 타당한 근거를 제공할 준비를 해야 한다.

2) 사례 역동 매트릭스

(1) 설명

사례 역동 매트릭스는 변화를 위한 역동의 집합을 표시하고 결과적인 과정과 성과를 추적한다. 기본 원리는 예비 설명 중 하나이다(〈표 9-4〉 참조).

〈표 9-4〉 사례 역동 매트릭스: 지역 및 학교 조직 변화의 원동력으로서의 IPA 혁신

변형, 발생된 어려움	근본 문제(연구자가 보는)	처리 방법	해결 방법:결과 변경 유형
모순된 기대: 부모나 선생님들이 활동을 해야 하는가?	작업 부하. 부모-교사 역할 충돌	'설명'에 따르면, 교사가 학교 밖 활동에 대한 1차적인 책임을 질 수 없음	조정자가 설정한 '일괄 처리된' 활동의 사용이 증가했음(P)
양식과 절차가 '여분'이었음을 볼 때 과부하	작업 부하. 자율성, 통제에 대한 저항	서비스 중 지원	양식 및 절차의 반복 개정 및 단순화, 운영 매뉴얼의 제작. 기대치 감소(가정 방문 없음, 회의 횟수 감소)(P)
사용자의 불확실성 및 사용에 대한 저항	자율성	서비스 중 지원. 경영진 전체 직원 인터뷰	상위 참조. 또한 사내 위원회를 설립하여(S) 경영진을 통해 조정(P)
추가 시간 요구	작업 부하	처음에는 자원봉사를 통해 높은 헌신을 함	대리인 사용(P). 회의 기간 중 학교 폐쇄(P). 기대치 감소(상위)
프로그램은 복잡하고 까다로우며 외부 자금으로 운영	권한 조정, 책임	경영진의 조기 구성, 초등학교 교사 추가	경영진의 제도화(S). 교사에 대한 높은 기대치(C). 기대 위반 시 사기 저하(C)
'지지자' 교사들의 열광은 또래 집단의 비판으로 연결됨	자율성	비공식 토론을 통해 충돌 해결. 비공식 조정 및 의뢰	학교 내 유연성과 동료의 영향력을 지원하는 용어 및 학교 간 상호 작용(C). 증가된 연계 및 학교 간 긴밀한 상호 작용(C). 취미의 날(P)

범례
(S) = 구조적 변화
(P) = 절차적 변화
(C) = 분위기 변화

출처: Miles & Huberman (1994).

(2) 적용

분석가는 자료 수집 중 및 수집 후 자료를 설명과 연결하고 왜 특정 일이 일어나는지 이해하며, 사례의 사람들에게 어떻게 일이 일어나는지 설명한다. 사례 역동 매트릭스는 예비적 방법으로 특정 질문과 관련 있는 설명을 보여 준다.

(3) 예시

여러분이 우리(Miles와 Huberman)와 같이 학교 개선 연구에서 혁신이 어떻게, 그리고 왜 그것을 구현하는 조직에 변화를 유도하는지에 대한 질문에 관심이 있었다고 가정해 보자. 많은 교육 혁신의 역사는 흔적도 없이 사라지고 일상적인 작동 절차에 흡수되거나 과소평가된다는 점에서 '왜'라는 질문은 중요하다. 어떤 상황에서 이것이 일어나지 않는가?

우리가 원인을 찾고 있다면, '역동성' 문제, 즉 왔다 갔다 이동하는 이슈에서 시작할 수 있다. 이 경우 혁신은 혁신에 필요한 '요구' '필요 사항' 또는 '변형'일 수 있다. 이들은 매트릭스의 행에 있을 수 있다. 열의 경우, 우리는 이러한 요구의 의미, 조직 대처 반응, 결과적으로 결과가 어떻게 바뀌었는지에 관한 기본 이슈 또는 가정을 포함할 수 있다.

〈표 9-4〉는 이것이 어떻게 작동하는지 보여 준다. 이 혁신은 특수교육에 관련된 사람들이 아닌 학교 지역 내 모든 학생을 대상으로 개별화된 교육계획을 세우는 프로그램이다. 따라서 그것은 지역 전체의 변화가 일어나도록 조직적으로, 의도적으로 설계되었고, 관련된 모든 스태프가 일상적으로 사용하는 절차가 포함되어 있다.

코딩된 현장노트를 통해 분석가는 관련 코드로 표시된 상당한 자료를 추출할 수 있다. 이 경우, 코드화된 자료는 다음과 같다.

- 이행 문제
- 조직 실천에 미치는 영향
- 조직의 분위기에 미치는 영향
- 조직에 미치는 영향에 대한 설명

분석가는 또한 조직 효과를 분류하는 세 가지 구분을 구조적, 절차적, 분위기로 결정하였다.

〈표 9-4〉의 자료 입력 결정 규칙은 다음과 같다. ① 서로 다른 '요구 사항'을 명확하

게 찾고, 요구 사항의 본질, 대처 방법 및 해결 방법을 구(phrase) 또는 두 가지로 요약한다. ② 다른 정보 제공자와 모순되지 않는다. ③ '근본적인 이슈'에 대해 조직의 이론과 설명에 대한 아이디어를 그려 내고, 가장 관련성이 높은 개념을 입력한다.

(4) 분석

언제나 그렇듯이, 어떠한 디스플레이라도 약간의 이슈를 감추고 있다. 여기서 분석가는 실제로 조직 변화를 구성하는 그들의 요구에 기반한 효과를 찾기 위해 조직 효과가 없거나 흔적 없이 사라지는 요구를 암묵적으로 제외한다.

이런 종류의 매트릭스에서는 실제 자료 입력 중에 많은 분석이 이루어지며, 이들은 각 행을 가로질러 이동한다. 행이 채워질 때까지 분석가는 역동성이 무엇인지에 대한 첫 번째 느낌을 가지게 된다(전략: **패턴과 주제에 주목하기**). 분석적인 텍스트 요약은 자세한 사항 기록과 명확화를 위해 작성한 필기 현장노트의 필요에 따라 순환하여 작성할 수 있다. 다음은 〈표 9-4〉의 첫 번째 행에 대한 텍스트의 예시이다.

> IPA의 '초기 정착민'들의 열정은 강사들이 특별한 활동을 하면서 5명의 자녀 중 1명과 주말을 보내는 경우가 많았지만, 프로그램이 확장됨에 따라 긴장과 역할 갈등이 있었다. 부모와 학생이 책임을 져야 한다는 공식적인 설명은 부분적으로만 효과가 있었으며, 부모 중 25~30%만 실제로 도움을 받았다. 차이는 코디네이터에 의해 채워져야 했으며, 코디네이터는 점점 더 일을 설정하고 수행할 것으로 기대되었다.

유사한 분석들이 열에 따라 한 줄씩 이루어질 수 있다.

마지막 열의 결과, 변화 유형(해결 방법)을 살펴볼 수도 있다. 진정한 구조 변화는 절차 또는 분위기 변화(전략: **계산하기**)보다 적다. 그리고 작업 부하와 자율성의 문제가 반복적으로 일어나는 감춰진 이슈들을 찾을 수 있다(전략: **군집화하기**). 어떻게 해결되는지 보기 위해 마지막 열로 돌아가서 우리는 작업한 이슈들이 유형화 및 감소의 노력에 의해 일반적으로 해결되었음을 알 수 있다.

대조와 비교하기 전략을 사용하여 자율성 문제가 증가된 상호 의존성 및 동료 영향력 등으로 인하여 흥미롭고 예상치 못한 방식으로 해결되었음을 알 수 있다. 분석가가 그러한 결론을 내릴 때, 그것은 퍼즐과 같아서 예측되지 않은 발견에 대해 어떻게 나타내는지 보여 준다. 이것을 **뜻밖의 발견 사항에 대한 후속조치** 전략이라고 한다. 현장메모를 더 검토하면서 분석가의 의견을 제시한다.

　　많은 교사가 그들 자신이 부모였기 때문에 부분적으로 더 많은 기본–2차 접촉을 하고 협력한 것으로 보였고, 그 역할에서 IPA 프로그램을 경험했다. 또한 도움이 된 점은 부분적인 실행과 빈약한 부분을 주목할 수 있게 된 것이다.

　이 유형의 디스플레이를 사용하면 전체를 행 단위로 분석할 수 없지만 행이 서로 영향을 미치는 방식을 볼 수 있다. 이것은 네트워크 디스플레이만큼 풍부하지는 않다.
　이런 종류의 설명 매트릭스에 있는 자료는 실제 현장메모에서 여러 번 지워지기도 하며, 디스플레이는 요약, 명확화, 퍼즐 패치(항상 퍼즐–해결은 아님) 도구로 가장 잘 작용할 것이다. 현장노트로 돌아가는 것이 종종 도움이 된다.
　이 예시에서처럼 '변형'으로 시작하는 것보다는 사례 역동 매트릭스를 '딜레마'로 시작할 수 있다. 적절한 셀 항목을 사용하여 다음과 같이 열을 분류할 수 있다.

- 딜레마(문제)
- 문제(왜 그들이 문제로 인식되었는지)
- 누가 무엇을 했는가(딜레마를 해결하기 위해 개인이 취한 행동)
- 최종 결의안(행동의 결과)

　일부 셀 항목에는 변경이 필요 없는 항목도 포함될 수 있다. 초기 압박 또는 변형으로 인해 선험적으로 변경될 것으로 예상되는 결과에 대해 특히 안정성과 비변동 자료를 강조하는 열을 쉽게 추가할 수 있다. 그 추가는 차례로 '설명' 열의 필요성을 시사한다.

(5) 노트
　매트릭스의 첫 번째 버전을 검토(또는 동료 검토)하여 배제하는 내용 및 수행할 수 있는 것과 수행할 수 없는 분석을 확인하라. 다른 사람에게 완성된 매트릭스를 보고 분석 가정이 무엇인지 알려 달라고 요청해 보라.

4. 인과관계 설명

이 섹션의 세 가지 방법은 서로를 기반으로 하고 **상호 연관성 설명 및 변화 설명**에서 선택한 원칙을 통합한다. 인과관계 사슬은 자료의 개별 스토리 라인의 궤도 또는 경로를 보여 준다. 인과관계 네트워크: 사례 내 분석은 여러 가지 인과관계를 상호연관된 시스템에 통합하는 반면, 인과관계 네트워크: 사례 간 분석은 여러 가지 사례 네트워크를 토대로 구축 및 결합된다. 이것들은 아마도 지금까지 분석 방법에 대해 가장 길고 복잡하게 묘사되었지만, 우리가 설명을 위한 지침으로 제공하는 세 가지 프로파일만 있다.

1) 인과관계 사슬

(1) 설명
인과관계 사슬은 연구자가 만든 사건과 행동, 그리고/또는 상태의 선형적인 표시로서 그럴듯한 원인과 결과를 제시한다([그림 9-1], [그림 9-2] 참조).

(2) 적용
인과관계 모델링의 초기 단계는 무엇이 무엇으로 연결되고, 원인과 결과를 선형 연결에 배치하는 것에 관한 가정을 간소화하는 데 도움이 된다. 이러한 연결은 분석가가 특정 현상을 유발할 수 있는 요소를 명시적으로 배치하는 데 도움이 된다. 연결은 단순화를 나타내지만, 매우 단순화하면 더 완전한 설명의 종자가 된다.

인과관계 연결/사슬은 정교함이나 텍스트 설명이 거의 필요하지 않기 때문에 유용하다. 그들은 동료(그리고 최종 독자)와 의사소통의 빠르고 간단한 방법으로 프로세스의 기본 메커니즘에 대해 이야기할 수 있다. 그들은 정교화될 수 있고 인과관계를 형성하기 위해 다른 사슬과 연결될 수 있다.

(3) 예시
[그림 9-1]은 개별화와 학생 중심주의를 강조한 혁신을 사용하는 교사들이 'Letting Go'라고 불리는 자신의 변화를 경험하게 된 방법을 이해하려는 분석가의 노력을 보여 준다. 화살표 사이에 제시된 명제들은 코딩된 현장메모 및 연구의 핵심 교사의 성과에

| 개별화 학생 중심성 | → | 학생 자신의 사용자 정의, 자신의 조직화 | → | 모니터 불가능 (교실 안에서, 학교 밖에서) | → | 신뢰 발전 | → | 실행 | → | 교사에 대한 개별 이미지 변화 |

[그림 9-1] 인과관계 사슬: 실례

출처: Miles & Huberman (1994).

대한 분석적 반영을 검토한 후에 연구자가 개발하였다.

(4) 분석

인과관계 사슬은 내러티브의 스토리 개요와 비슷하다. 무엇을 왜 이끌어 내는지 전체를 설명하기 전에 요약된 대처 유형을 나타낸다. 분석가는 [그림 9-1]에서 제안한 프로세스를 확장한다.

> 학교 밖으로 나가는 학생들이 종교적인 관점의 보살핌의 대가로 선생님들을 '배신' 하지 않는다는 암묵적인 계약 같은 것이 있다. 교실에서 진행되는 프로젝트에서는 학생들이 어려운 개념이나 작업에 대한 도움을 받고 난 후 학업을 마치고 필수적인 연습이나 숙달 검사를 수행한다.
> 우리는 이 그림에서 몇 가지 단계를 생략했다. 예를 들어, 학생 중심은 관계 근접성으로 이어지고(제시하지 않음), 개별적인 능력 수준과 감정 상태를 더 잘 이해하게 된다. 그런 다음 직원과 학생 사이의 유대관계로 신뢰가 형성된다(신뢰 침해는 많은 현장에서 흔한 주제였다).

인과관계 사슬은 덜 건설적인 과정, 즉 부정적인 결과를 갖고 온 순서를 연구하는 데 사용될 수 있다. [그림 9-2]는 에너지가 지속적으로 감소하면서 초기의 야심찬 혁신이 결국 중단된 이유를 설명하는 사슬 하나를 제시한다. 각 조치, 사건, 그리고/또는 상태의 라벨은 시간 경과에 따른 일반적인 아이디어를 연구 배경지식 없이 독자에게 충분히 설명하면서도 간결해야 한다.

인과관계를 최대 5~7개의 설명 블록 또는 상자로 제한하라. 이것은 훨씬 더 큰 초상화의 축소판 그림이며, 복잡한 여러 실로 짜놓은 직물(tapestry) 안에 있는 단지 하나의 실의 순서라는 것을 기억하라. 시간 내에 중요한 사건을 추적하여 순서를 탐색하거나

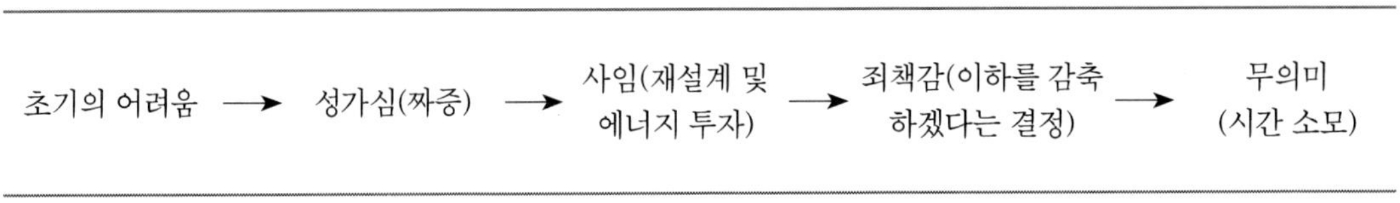

초기의 어려움 → 성가심(짜증) → 사임(재설계 및 에너지 투자) → 죄책감(이하를 감축 하겠다는 결정) → 무의미 (시간 소모)

[그림 9-2] 인과관계 사슬: 실례

출처: Miles & Huberman (1994).

(A로부터 B나 C로), 선행 원인을 찾기 위해 역으로(C에서 B나 A로) 확인할 수 있다.

(5) 노트

인과관계 사슬은 표시 설계가 선형이고 네트워크화되어 있으며, 상호 결합되어 있고, 다중 방향 인과관계가 있어 '원인과 효과'의 긍정적 구조를 의도적으로 사용한다 (Saldaña, 2003 참조).

2) 인과관계 네트워크: 사례 내 분석

(1) 설명

변수 X가 변수 Y를 가져오거나 변수 X가 변수 Y를 증가시키고 변수 Z를 감소시키는 일부 변수가 있다고 가정한다. 인과관계 네트워크에서 현장의 가장 중요한 변수는 상자로 표시되고, 그들 간의 관계는 화살표로 표시된다. 이러한 관계의 플롯은 하나 이상의 변수가 다른 변수로 이어질 것을 제안하기 위해 양방향 또는 상관관계가 아닌 단방

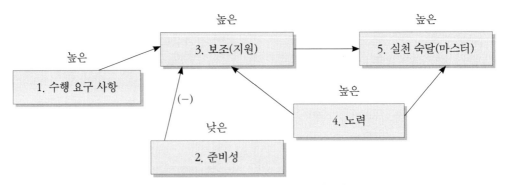

[그림 9-3] 원인 조각들: 새로운 교육 실천(실습)의 숙달

출처: Miles & Huberman (1994).

향이다. 인과관계 네트워크에서 분석가는 특정 주제의 출현과 결과를 추적하여 다른 주제와 조율한다. 이것이 유용하려면 디스플레이에 변수 간의 연결 의미를 설명하는 분석 텍스트가 있어야 한다([그림 9-3](네트워크 조각), [그림 9-4](네트워크 발췌) 및 [그림 9-6](전체 네트워크) 참조).

(2) 적용

참여자들은 행동과 인식을 위한 프레임을 제공하고 자신의 세계에서 무엇이 원인인지를 설명하는 인지 지도를 만들어 낸다. 현장 조사의 많은 부분이 스키마 흡수와 재작업으로 이루어진다. 여러분은 개인적인 정신적 원인을 담은 지도를 기록하고, 함께 모으고 연결하여 자신만의 진화하는 지도로 만들 것이다. 그러나 원인은 일방적이지 않다. 따라서 연구 사례의 전반적인 '플롯'(특정 사례의 사건 흐름)에 대해 합리적인 방법을 사용하고 다른 모든 것에 영향을 미치는 모든 것을 놓치지 않으려면 어떻게 해야 할까?

기본적으로 인과관계 네트워크는 연구의 변수를 통해 선형이면서 짜인 패턴에서 한 가지가 다른 것을 어떻게 이끌었는지를 보여 준다. 인과관계 네트워크는 사례 현상에 대한 점진적 통합 지도를 구축하고, 여러 경우에 대해 보다 일반적인 원인 설명이 포함된 사례 간 지도를 만들기 위해 지도를 정렬한다. 그것은 깔끔하게 모아서 하나의 주제로 '포함'하여 각 사례의 모든 이야기를 보여 준다.

인과관계 네트워크는 일관된 방식으로 현장 학습 자료를 구성하는 추상적인 추론 그림이다. 이 인지도(profile)에서는 한 가지 사례에 대해 이 작업을 수행하는 방법을 검토한다. 이후에는 여러 가지 개요 또는 사례 간 방식에 대해 설명한다. 복잡성을 유지하면서 응답자와 연결된 좋은 인과관계 지도를 개발하는 것은 어려운 일이다. 이 과제를 해결하면 분석가는 지능적인 과부하를 피하고, 체계적이며 검증 가능한 결과를 얻을 수 있다.

(3) 예시

인과관계 네트워크 구축에는 '방법'에 대한 단계별 개요가 필요하다. 따라서 기초 원칙을 먼저 논의하고 나서 그 통합을 논의할 것이다.

① 인과관계 네트워크 구축에 대한 귀납적이고 연역적인 접근 방법

기본적으로 자료 수집을 시작할 때부터 인과관계 네트워크 표시를 생성하여 연속적인 자료 수집, 그래서 모든 자료에 대한 중간 분석 및 네트워크 자체의 반복이 결론을 향해 형성되도록 계획해야 한다. 작업에 접근하는 방법에는 귀납적 접근법, 연역적 접근법이 있다.

귀납적 접근법에서, 연구자는 현장 경험의 흐름에서 재발하는 현상을 발견하고 그 사이에서 재발하는 관계를 발견한다. 이러한 가설들은 현장 작업이 진행됨에 따라 점진적으로 수정되고 수정된다. 인과관계 네트워크는 단편적이고 귀납적으로 나타난다. 여기에는 규칙성과 패턴이 있다. 어떤 일은 다른 사람들이 그렇게 하거나 그렇지 않을 때에만 발생한다. 그들 사이의 연결에서 고유의 이름이나 라벨을 얻게 될 것이며, 가능한 영향들이 모여서 그들이 나타나는 것처럼 보인다. 즉, 분석가는 인과관계 네트워크를 가지게 된다.

연역적 접근법에서 연구자는 현장에서 테스트하거나 관찰할 수 있는 선험적 방안을 제시한다. 이러한 분석 단위는 설정된 다음 현장의 자료 틀과 연결된다.

귀납과 연역은 실제로 상호 배타적인 연구 절차라기보다는 변증법적 연구 방법인 것이다. 그럼에도 불구하고 연역적 방법의 연구자는 예비 인과관계 네트워크로 시작하고, 귀납적 연구자들은 하나에서 끝난다. Wolcott(1992)은 이 접근법을 '이론-우선'과 '이론-후자'라고 부른다. 어느 쪽의 접근법이든, 초기 버전은 경험적 사건과 특성에 대해 확인할 때 수정되고 정제된다. 자료 수집이 끝날 때까지 두 유형의 연구자 모두 거의 같은 위치에 있다. 둘 다 원인-결과/영향과 영향으로 구성된 네트워크를 구체화하고 있지만 연역적 개념론자는 하향식 모델을 가지고 있으며, 귀납적 구조론자는 하나로 결론을 지으려 한다.

원칙적으로 연구의 초기 단계에서 사례에 대한 전체 인과관계 네트워크를 그린 다음 추가 확인 및 정제를 위해 현장으로 돌아갈 수 있다. 우리는 이것을 조언하지 않는다. 위험한 것은 네트워크 비전이 너무 일찍 시작된다는 것이다. 그림의 각 부분을 개별적으로 또는 신중하게 조합하여 마지막의 '일관된' 그림이 나타난다. 분석가는 조기 인과관계 네트워크를 구성하고 이를 사용하여 관심 있는 모든 현상을 잘못 해석한다. 더 나은 대안은 프로젝트의 마지막까지 인과관계 네트워크 그리기 및 분석을 저장하여 마지막 분석 작업으로 만드는 것이다.

② 원인 조각

이 장의 앞부분에서 인과관계 사슬은 선형 구조로 프로파일링되고 설명되었다. 이 같은 원칙 중 많은 부분이 다음의 인과관계 조각에 대한 논의에 적용될 예정이지만 네트워크 모델의 복잡성을 수용하기 위해 사슬의 선형성이 여기저기에 '휘어져' 있다.

[그림 9-3]은 인과관계의 조각을 보여 준다. 이것은 새로운 교육 실습의 숙달에 관한 변수들을 합친 것이다. 이야기는 한 지점씩 또는 상자별로 전달된다.

- 상자 1. 요구 사항이 높은 까다로운 프로젝트……
- 상자 2. 낮거나 부적절한 준비로 시작되어……
- 상자 3. 높은 수준의 지원으로 구제 조치를 취한 다음……
- 상자 4. 현지 노력 강화, 궁극적으로……
- 상자 5. 실습 능력 향상

마이너스 기호(−)는 인과관계의 역효과를 나타낸다. 별로 준비하지 않아도 이러한 특별한 경우에서는 많은 도움을 이끌어 낸다.

이러한 조각들을 다른 조각과 연결하지 않고도 몇 개의 조각을 조립할 수 있다. 주변을 연결하고 다른 조각들을 다루라. 논리적인 근거로 인해 존재해야 한다고 하더라도 경험적으로 결합하지 않는 변수를 연결하지 말라. 혈액형과 같은 몇몇 일부 변수는 잘 섞이지 않는다.

인과관계형 지도 설명 방식에서 우리(Miles와 Huberman)는 상자마다 양방향 화살표나 흐름을 조언하지 않았지만, 그들은 곧 더 혼란스러워질 것이다("결국은 모든 것이 그 밖의 것에 영향을 미친다."). 그래픽과 명확한 지적을 위해 시간적 순서를 제공하는 하나의 화살표를 사용하는 것이 더 좋다. 적절하게 '순환'하거나 누적되거나 후퇴하는 모든 것(예: 나쁜 경제는 높은 가격으로 이어지고, 이것은 경제 악화로 이어지고……)에 대해 양방향 화살표가 아니라 새 상자를 통해 반복되는 동작을 보여 준다. Saldaña는 양방향 화살표를 사용하는 경우에는 설명에서 화살표의 사용을 설명하고 정당화해야 한다고 조언한다([그림 5-1] 참조).

유용한 다음 단계는 이러한 단편을 현장으로 가져가 작동 방법과 작동 여부를 확인하는 것이다. 이 단계에는 사례 참여자에게 대략적인 다이어그램을 보여 주어(전략: **연구 참여자들의 피드백 모으기**) 확인 또는 개정 권장 사항을 획득할 수 있다.

만약 여러분이 질적 연구에 익숙하지 않다면, 원인 조각부터 시작하라. 그것은 여러분의 중요한 친구들과 토론하기 위한 기초로서 일찍, 그리고 반복적으로, 효율적으로 수행할 수 있다. 원인 조각은 사례가 개인으로 정의된 경우에 유용하며, 여러 개인을 연구하는 경우에도 매우 유용하다.

③ 인과관계 네트워크 선행 요인으로서의 사건 중심 네트워크

지금까지 논의한 표시는 인과관계 네트워크 분석을 제공할 수 있다. 예를 들어, 개념적으로 배열된 매트릭스(제7장)를 분석하면 변수들 중 하나에서 관계를 분석할 수 있다. 효과 매트릭스(제6장, 제8장)는 인과관계를 확인하는 연습이다. 사례 역동 매트릭스(이 장)에서는 군집화의 원인-효과 추론을 모두 사용하고 있다. 즉, 인과관계 분석은 점진적으로 진행된다. 개별 경로를 보다 엄격하게 테스트하는 동시에 인식적으로 의미 있는 통합 인과관계 지도를 구축하는 것이다. 특별히 사건 상태 네트워크(특히 제8장)는 우리를 거의 그곳에 도달할 수 있게 해 준다.

[그림 9-4]는 사건 중심 네트워크의 해당 변수에 연결된 변수 번호를 사용하여 최종 인과관계 네트워크에서 발췌한 것을 보여 준다. [그림 9-5]는 그림의 사례에 대한 원래 사건 네트워크에서 발췌한 내용을 보여 준다(페리-파크데일).

일반적으로 사건 상황 상자 및 버블보다 인과관계 네트워크 변수가 현저히 적다(여기서는 사건별 네트워크에서 더 많은 부분을 추출하여 세 가지 원인을 파악한 경우가 있다).

대부분의 경우, [그림 9-5]와 같은 사례별 사건 및 상태를 보다 일반적인 네트워크 변수로 변환할 수 있다. 그들은 다른 경우에 사용할 수 있는 더 강력한 설명을 해 준다. 또한 특별히 일시적이고 프로세스 지향적인 표시 장치(사건 상태 네트워크)에서 아직도

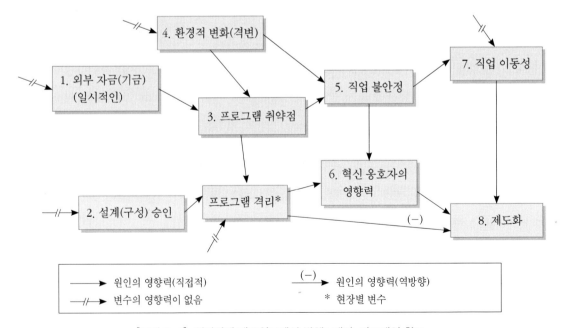

[그림 9-4] 인과관계 네트워크에서 발췌: 페리-파크데일 학교

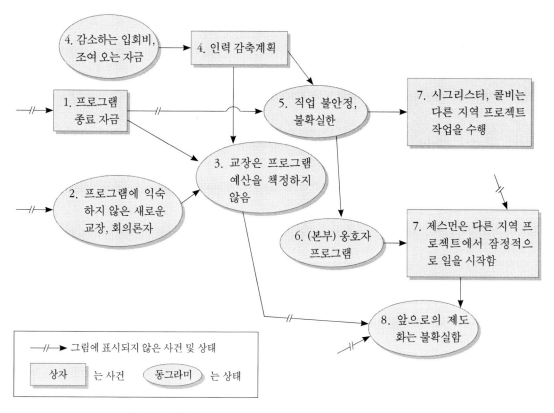

[그림 9-5] 사건 상태 네트워크에서 발췌: 페리-파크데일 학교

출처: Miles & Huberman (1994).

지속적인 성능을 유지하는 가변적인 표시 장치(사건 지향적 네트워크)로 작용하는 분석 능력이 매우 크다. 여기서 얻을 수 있는 교훈은 다음과 같다. 여러분의 자료에 대한 이전의 분석 디스플레이 작업을 사용하여 인과관계 네트워크 연결망(tapestry)을 구성하는 것이다.

④ 인과관계 네트워크 변수 목록 생성

인과관계 네트워크 변수 수집 말기쯤에 전체 인과관계 네트워크 부분을 가정할 수 있을 것이다. 그러나 첫 번째 유용한 단계는 전체 네트워크 변수 집합을 목록화하는 것이다. 목적은 중요하게 보이는 모든 사건, 상태, 요인, 프로세스 및 결과를 나열하고 변환하는 것이다. 예를 들어, 종업원 간의 몇몇 싸움은 '조직 갈등'이 될 수 있다. 첫 번째로 나타난 것들을 철저하게 살피고 다음 단계를 선택한다. 정리 해고와 과도한 차별을 위해 첫 번째 목록을 조사해야 한다(예: 직원들 사이의 세 가지 투쟁 유형).

〈표 9-5〉는 학교 개선 연구에 의해 생성된 주요 변수의 목록을 보여 준다(이것은 복잡한 다중 사례연구로, 단순한 경우는 훨씬 짧다).

〈표 9-5〉 선행, 중재 및 결과 변수 목록: 학교 개선 연구

선행 변수 또는 시작 변수	중재 변수	결과
• 내부 자금(기금) • 승진 동기 • 지역 수행에 대한 적절한 평가 • 환경적 변화(격변)	• 외부 자금(기금) • 프로그램 채택 (E) • 프로그램 개념 계획 (L) • 지역 승인 • 설계(구성) 승인 • 혁신 옹호자 영향 • 수행 요구 사항 • 초기 사용자 준비의 적절성 • 프로그램 지역 적합성 • 프로그램 설계 적합성 • 프로그램 사용자 적합성 • 지원 • 사용자 참여 • 사용자 기술 • 프로그램 변환 • 교사-행정가 조화(균형) • 유효성 검사 노력 (L) • 프로그램 리더십 안정성 • 프로그램 스태프 안정성 • 조직적 변환	• 사용 안정화 • 사용 비율 • 학생 영향 • 사용자 역량 변화 • 제도화 • 직업 이동성

범례
(E) 외부에서 개발된 혁신
(L) 지역적으로 개발된 혁신

출처: Miles & Huberman (1994).

다음의 세 가지 일반적인 시간적 범주에 유의하라.

- **선행 변수 또는 시작 변수**: 나중에 변경될 현장 내의 기준 조건
- **중재 변수**: 어떤 종류의 변화나 행동을 시작하는 사건, 상태, 절차, 그리고/또는 요인
- **결과**: 선행 및 중재 변수들과 연결된 결과

결과적으로 선행 및 중재 변수의 결과, 원인 조각(단편)을 그리는 것이 네트워크 디스플레이를 위한 효과적인 사전 작업이기 때문에, 변수 목록을 작성하는 것도 중요한 기초 작업이다. 이를 통해 상자에 무엇이 들어 있는지 구체적으로 알 수 있으며, 무엇을, 무엇에 관한 가설이 만들어질지 알 수 있다. 원인 코딩(Saldaña, 2013)은 선행 및 중재 변수 목록과 그 결과를 디스플레이 결과로 생성하는 효과적인 방법이다.

⑤ 자료 조각 조합: 코드, 분석적 메모 및 요약

이전에 프로파일링된 것처럼, 두 번째 패턴 코드(제4장)는 더 큰 자료 덩어리를 상징적으로 나타내며, 종종 인과관계 네트워크에 포함될 후보가 된다. 본질적으로, 그들은 네트워크에 통합될 수 있는 주제 또는 패턴을 신호로 보낸다. 예를 들어, 페리-파크데일에 대한 우리의 연구에서 혁신을 사용하는 교사는 "마침내 나는 실제로 그것을 느꼈다." "내가 그 방법을 알았을 때 더 용이해졌다." "이젠 끝이다." "기본적으로 올바른 방법을 배웠다."와 같은 용어로 경험을 묘사하였다. 우리는 이 반응 패턴에 라벨을 표시하고, 체크한 변수에 '사용자 기술'이라고 표시하였으며, 상자를 만들었다.

탐색 및 기술적 요약과 결합된 상호관계에 대한 분석적 메모 및 기타 분석 프로세스는 인과관계를 제안하는 증거 사슬로 분리된 자료를 통합한다. 여러분은 대략적으로 '이 변수들은 함께 존재하거나 존재하지 않는 반면, 다른 변수들은 임의적이거나 연결되지 않은 것처럼 보인다.'라고 생각한다. 그 전략은 **증거의 논리적 연결고리 구축하기**이다. 하지만 여러분은 좀 더 많은 지식을 가지고, 다음과 같이 보다 정교하게 생각하기 시작한다. '이러한 변수들 중의 일부는 다른 변수들과 작용하거나 다른 변수들과 다르거나 다른 변수들에 **영향**을 미치고 그 영향은 다른 변수를 고려했을 때 변하는 것처럼 보인다.' 변수 **집합** 중 영향력 **방향**에 대한 근거가 충분한 주장을 포함하는 인과관계 네트워크의 규칙이 있다.

아이디어는 궁극적으로 종이나 모니터에 그려질 필요가 있으며, 다음과 같은 작업을 통해 여러분의 생각과 분석의 조각들이 하나로 합쳐지기 시작한다.

- 예비 분석 작업에서 변수, 즉 등급이 변할 수 있는(즉, 높거나 낮거나, 조금씩 더 많거나 적게) 변수로 변환하라.
- 변수를 평가하라(예: 높음, 중간, 낮음). 이 사건에 어느 정도 연결되는가?
- 일관되게 함께 나타나거나 일종의 관계가 있는 변수 쌍 사이에 선을 그린다(예: 한

변수는 적어도 또 다른 변수와 연결된다).

- 첫 번째(시간적)로 오는 각 변수와 나중에 나타나서 영향을 주는 변수 사이에 **단방향 화살표**를 그린다. 여기서 **영향**은 하나 또는 그 이상의 변수가 어느 정도는 다른 변수의 등급을 결정한다는 것을 의미한다. 두 번째 변수의 평가는 첫 번째 변수가 존재하지 않았을 때와 다를 수 있다. 여기에는 합리적인 '메커니즘'이 관련되어 있다.
- 나타난 두 변수가 서로에 대해 미온적이거나 연결성이 높지 않으면, 두 변수에 결합할 다른 잠재 변수를 찾아야 한다(전략: **매개 변수 발견하기**). 코드 전체 목록을 검토하여 여기에 맞는지 확인한다.

인과관계 네트워크 상자로 포함될 수 있는 등급 또는 척도(높음, 중간, 낮음)가 모든 변수에 수반되는 것은 아니다. 이 프로파일에 사용된 예시는 원래 연구가 평가 목표를 가지고 있었기 때문에 이러한 예시를 포함한다.

(4) 분석

[그림 9-6]은 한 사례의 인과관계 네트워크를 보여 준다. 처음에는 복잡한 것처럼 보일 수 있다. 하지만 이 텍스트와 함께 텍스트의 한 섹션(예: 왼쪽 상단부터 시작)을 살펴보라.

앞선 세 가지 변수(1, 2, 4)는 이러한 방식으로 산출되었다. 잘 계획된 직업교육 프로그램에 대한 국가 권한(2)과 함께 적절성 이하의 지역 수행력 평가(1), 새로운 프로그램들을 찾기 위한 연결(3), 그 프로그램들에 대한 적합성 인증(7), 차이나는 특징들과 그로 인해 나타나는 보증(8), 그리고 프로그램 선정(9).

그러나 이것들은 선정의 충분한 이유가 아니었다. 부적절한 현지 내부 자금(4)이 기존 프로그램을 커버하고 있기 때문에 추가 자금(6)을 거의 '생활 방식'으로 지속적으로 찾았다. 그 결과, 3년간 외부 자금을 일시적으로 확보할 수 있었다. 이들은 또 다른 기본적인 선정 사유이다.

이 프로그램은 지원의 필요성을 저해하는 실질적인 이행(10)을 채택하였으며, 양질의 직원(21)을 신중하게 선정하고, 이들의 준비를 위해 상당한 압력을 가했다. 무거운 이행 요구 사항(10)과 제공된 지원(18)은 사용자의 많은 헌신(20)을 유발하였으며, 이는 직원의 역량(21)으로 인해 높은 수준이었다. 1980년 말까지 프로그램이 상당히 안정화되었다는 사실과 더불어 높은 사용자 기술은 학생들에게 상당한 영향을 미쳤다(30).

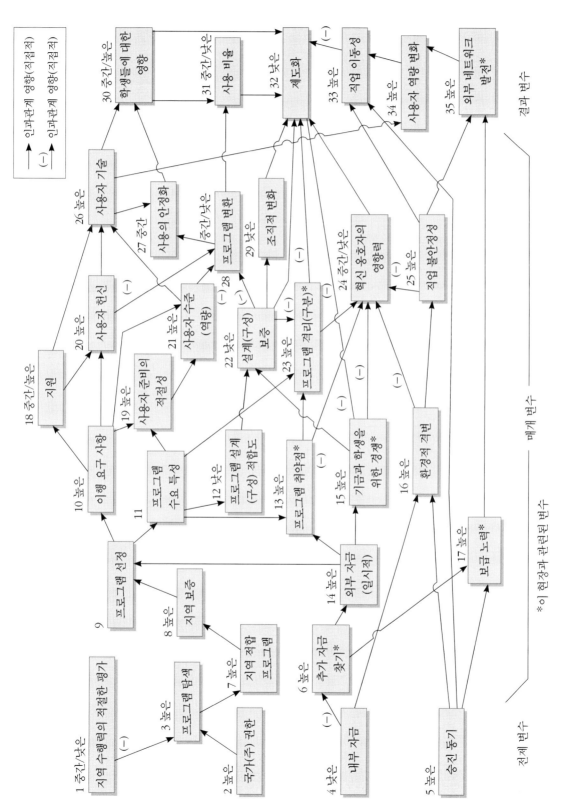

[그림 9–6] 페리–파크데일의 CARED 프로그램을 위한 인과관계 네트워크

출처: Miles & Huberman (1994).

테스트와 네트워크는 둘 중 하나만 사용할 수 있는 것보다 더 많은 의미를 준다. 우리는 페리–파크데일에서 있었던 일에 대한 단순한 묘사가 아닌 설명으로 나아가고 있다. 이 네트워크는 300페이지가 넘는 현장노트를 한 페이지에 수십 개의 상자형 단어와 화살표로 줄였다. 네트워크와 텍스트는 효율적으로 어떻게, 그리고 왜 일이 일어났는지를 말해 준다.

① 흐름

네트워크 그리기는 분석하는 것과 같은 방식으로 수행된다. 이것은 흐름에 대한 흐름이며, 어떤 흐름은 연결고리를 끊을 수 없을 정도로 길다. 이 번호가 붙은 상자들을 보라. 1 > 3 > 7 > 8 > 9 > 10 > 20 > 26 > 30 > 31 > 32. 다른 것들은 편하게도 5 > 33 > 32처럼 짧다. 끊어지지 않은 흐름(stream) 내에서, 다수의 채널은 보통 다른 방향으로 이끌거나 다른 경로를 통해 같은 장소에서 끝난다. 그것들 또한 그려져야 한다.

사건 상태 네트워크가 시간 내의 잠재적인 추세에서 이전 추세로 사용되는 경우에는 특히 흐름을 가장 쉽게 그릴 수 있다. 종속 변수를 사용하여 뒤로 작업할 수도 있지만, 연결이 일관성 있고 경험적으로 정당한지 확인하기 위해 다시 실행하는 것이 중요하다. 불가피하게 교차 흐름 연결을 찾을 수 있으며, 네트워크가 진화함에 따라 연결될 수 있다.

종종 이러한 흐름에는 시나리오 또는 주제 이름이 지정될 수 있으며, 이 라벨을 사용하면 분석과 보고가 보다 용이해진다. 예를 들어, 하위 흐름 변수 5 > 17 > 35 > 34를 따라 '공동/공동화' 주제로 새로운 프로젝트와 관련하여 환경 밖으로 나가는 사람들, 그리고 경력을 확장하는 경험이 있다고 이야기할 수 있다. 또는 네트워크 하단을 따라 유지하면서, 상자 4 > 16 > 25 > 33은 낮은 내부 자금, 높은 환경적 격변(일반적으로 예산 삭감의 형태로), 높은 직업 불안정성, 높은 직업 이동성 등 네 가지 유형의 '피해자'의 흐름을 추가한다.

흐름은 또한 높은 학생들에 대한 영향 시나리오, 낮은 제도화 시나리오 또는 높은 직업 이동성 시나리오와 같은 종속 변수 수준에 따라 라벨을 붙일 수 있다. 이와 유사하게 이름이 붙여진 이러한 시나리오들은 심지어 같은 경우에서조차 매우 다르다. 예를 들어, 하나의 높은 직업 이동성 시나리오는 승진이나 바람직한 이동을 수반하는 반면, 원치 않는 재발령이나 심지어 해고까지 수반한다.

마지막으로, 인과관계 네트워크는 예측 기능을 가질 수 있다. 종속 변수로 이어지는 2~3개의 하위 구조를 가진 변수 흐름을 그릴 때 '효과 D는 예측 변수 A, B, C가 연속적

〈표 9-6〉 인과관계 네트워크를 위한 서술: 페리-파크데일 CARED 프로그램

앞의 세 변수(1, 2, 4)는 이런 식으로 작용했다. 잘 계획된 직업교육 프로그램에 대한 국가 권한(2)과 함께 적절성 이하의 지역 수행력 평가(1), 새로운 프로그램들을 찾기 위한 연결(3), 그 프로그램들에 대한 적합성 인증(7), 차이나는 특징들과 그로 인해 나타나는 보증(8), 그리고 프로그램 선정(9).

그러나 이것들은 선정의 충분한 이유가 아니었다. 기존 프로그램을 감당하기에 부적절한 현지 내부 자금(4)이 추가 자금(6)을 거의 '생활 방식'으로 끊임없이 찾았다. 그 검색은 3년간 임시 외부 자금(14)을 받게 했다. 그것들은 선정되었을 때 프로그램이 실질적으로 실행된 다른 기본적인 원인이었다(9).

이 프로그램은 선정될 때 지원(18)의 필요성을 지시하는 실질적인 이행 요구 사항(10)을 가지고 있음을 입증했으며, 또한 높은 수준의 신중한 선택을 위한 많은 압력을 행사했다. 우수한 직원(21), 그리고 프로그램을 수행하기 위한 신중한 준비(19), 과도한 이행 요구 사항(10)과 제공된 지원(18)은 직원 만족도(21)로 인해 높은 사용자 헌신(20)과 사용자 기술(26)을 유발했다. 1980년 말까지 프로그램이 상당히 안정화되었다는 사실과 더불어 높은 사용자 기술은 학생들에게 중간 수준의 영향(30)을 가져왔다.

인과관계의 흐름은 본질적으로 내부 프로그램 역학을 의미한다. 구분과 구성 수준에서는 어떤 일이 있었는가?

프로그램 수요 특성(11)으로 되돌아가면서, 우리는 프로그램의 특정 측면(예: 고등학생과 고등학교 과정 및 활동에서 학생을 제외시킴)이 프로그램과 구성 사이의 부적절한 적합성을 초래했음을 확인했다. 그러한 열악한 적응은 교장, 카운슬러 및 교사를 지명함으로써 지지가 부족한 결과이다(22). 외부 자금(14)이 일시적이라는 사실에 기인한 자금 및 학생 경쟁(15)의 존재로 인해 빈약한 지지가 더욱 약화되었다.

프로그램의 수요 특성(11)(예: 학생은 고용주에게 눈에 띄었고, 책임을 져야 하는)과 함께 일시적인 자금 조달은 프로그램 취약성(13)을 위해 만들어졌다. 결과적으로, 직원들은 프로그램을 열정보다는 전형적인 방식으로 운영하는 경향이 있고(23), 즉각적인 환경 지지(22)가 약했을 때 취약적인 결과에 대비하여 프로그램을 완충하는 경향이 있었다. 특정 프로그램은 집중 시간, 강화된 격리(23)와 같은 특성(11)을 요구한다.

추가된 일련의 인과관계 변수도 작용했다. 주요 중앙사무소 직원과 교장의 승진 동기(5)가 지역 내 상당한 동요를 유도하기 위해 운영되었다. 이러한 혼란은 혁신을 지지하는 사람들의 영향력을 효과적으로 감소시켰다. 일부 옹호자는 직업 불안정성으로 인해 영향력이 약해졌다(25).

비록 프로그램이 낮은 구성(22)으로 인한 반대를 충족하기 위해 어느 정도 변형 및 개조되었고(22), 잠시 동안 사용 비율(31)의 완만한 증가를 달성했지만, 우리가 보았듯이, 학생들(30)에게 합리적으로 효과가 있음을 입증하고 프로그램의 제도화(시스템에 내장됨)를 보장하기에는 요인들이 충분하지 못했다(32).

오히려 약한 구성 보증(22), 프로그램의 격리(23), 기금과 학생을 위한 경쟁(15), 혁신 옹호자의 영향력 약화(24)로 인해 제도화가 약화되었다(32). 따라서 직업 이동성(33)은 승진 동기(5)와 직업 불안정성(25)에 의해 좌우된 프로그램이 직원의 이탈 가능성을 높인 것으로 보인다. 보급 노력을 통해 창출된 외부 접촉 네트워크(35)에 의해 강화된 프로그램(26)의 숙련된 사용 경험에 따라 유도된 바로 그 사용자 역량 개발(34) 또한 결정에 기여했을 것으로 보이며, 직원들(그리고 아마도 관리자가 된 것 같다)이 계속 나아갈 것이다.

전체적으로 볼 때, 이러한 설명들은 복잡해 보인다. 그러나 각각의 인과관계가 설명된 대로 작동했다는 꽤 명확한 증거가 있다. 도표에 네 가지 기본 흐름이 포함되어 있는 노트가 있는 경우, 도표는 덜 복잡해 보일 것이다. 프로그램 개발 흐름은 상단을 가로지르고, 중간에서는 구성/분리가 이루어지며, 하단에서는 경력 흐름, 그리고 외부의 확산/네트워킹 흐름은 마지막에 존재한다. 많은 면에서 최종 결과는 흐름을 가로지르는 상충되는 압력에서 기인한 것으로 볼 수 있다.

으로 발생할 때 발생할 가능성이 있다.' 또는 'J의 높은 수준을 얻기 위해서는 이전의 G, H의 높은 선행 수준이 필요하지만 반드시 E, F가 필요한 것은 아니다.'라고 할 수 있다. 이 문장들은 단일 사례 분석에서 중간 정도의 비중을 보이지만, 여러 사례 세트 안에서는 동일하거나 유사한 패턴을 더 가치 있게 주목할 수 있다.

② 인과관계 네트워크 내러티브

네트워크에서 도출한 결론은 네트워크의 생산과 일치한다. 모든 시간과 관련된 표현과 마찬가지로, 이것은 스토리와 관련된 몇 가지 이야기를 해 준다. 여러분은 처음부터 시작하여 각각의 주요한 흐름을 포함한 시간적인 이야기를 쓸 수 있다. 〈표 9-6〉은 [그림 9-6]에 표시된 인과관계 네트워크에 대한 전체 내용을 보여 준다.

이야기를 쓰는 것은 보통 몇 가지 일을 한다. 첫째, 그것은 여러분에게 덜 기계적이고 더 일관성 있게 작업하게 한다. 네트워크를 명확한 텍스트로 바꾸는 것은 여러분이 무엇을 야기한다고 생각하는 것에 대해 정직해야 한다는 것이다. (정정 및 수정은 매우 일반적이다.) 둘째, 확장의 기회를 제공한다. 변수가 관련된 이유, 서로 다르게 평가되는 이유, 일부 변수가 다른 변수보다 우선하는 이유, 더 중요한 이유 등을 설명할 수 있다. 셋째, 두 가지 결과물—네트워크 디스플레이와 설명 텍스트—은 동료에게 보일 수 있고, 반응과 수정을 이룰 수 있는 기본적인 자료이다. 처음에 인과관계 네트워크를 '올바른' 지도로 그리는 것은 거의 불가능하다. 데이터베이스를 알고 있는 다른 사용자가 데이터베이스를 검토하고 개선 사항을 제안할 수 있다. 인과관계 네트워크와 그것의 서술이 일관성 있는 형태로 개정되면, 그것들은 다양한 사례에 대한 더 일반적인 설명을 생성하는 데 사용될 수 있다.

③ 최종 권장 사항

개별 네트워크 변수에 암묵적 가중치를 부여하지 않도록 주의하라. 아마도 화살표가 더 많은 것이 더 중요하겠지만, 흐름 수준의 분석은 이것을 상쇄한다. 사실, 너무 많은 화살표를 가지고 있는 변수는 문제가 된다. 왜냐하면 그것은 가능한 흐름의 수를 증가시키기 때문이다.

항상 흐름을 명확하게 정리하고 요약하기 위해 텍스트를 함께 작성할 것을 권장하며, 주어진 네트워크와 설명을 동료 및 심지어는 비평의 부분을 적용하여 신뢰도를 높인다. 느슨하고 결론이 나지 않는 사건들에 너무 많은 질서와 목적을 부여하고 있을 수도 있다는 것을 명심하라.

인과관계 네트워크를 수행하면 자료를 하나의 요약 양식으로 모으는 추론 수준의 분석이 필요하다. 모든 자료와 앞의 결론을 보고 일관된 방식으로 매핑해야 한다. 시간이 지남에 따라 진행되고 '프로세스'와 '변수' 분석을 성공적으로 결합했을 때 인과관계의 복잡한 관계는 구성될 수 있다.

(5) 노트

인과관계 네트워크에서 원래의 코드, 개념적 군집 및 디스플레이는 매우 중요한 위치를 차지한다. 이것은 우리에게 자료의 질과 범위 및 자료 수집 방법의 신뢰성을 다시 생각하게 한다. 좋은 모델은 측정값과 그로부터 파생된 더 단순한 분석 또한 우수하다.

선택한 CAQDAS 프로그램은 분석 입력 중에 사용자의 입력을 기반으로 사용자를 위한 인과관계 흐름을 유도하는 데 도움을 준다. 그러나 여러분은 무엇이 무엇에 연결되는지를 지정하고 확인해야 한다.

3) 인과관계 네트워크: 사례 간 분석

(1) 설명

사례 간 인과관계 네트워크 분석은 사례 내 인과관계 네트워크 디스플레이의 체계적인 비교에서 도출된 **주제적** 설명이다. 표본의 모든 사례는 결과 또는 핵심 변수를 설명하는 데 가장 큰 영향을 미치는 것으로 추정되는 변수를 사용하여 분석된다. 각 결과 측정값을 검토하고 각 경우에 해당되는 결과를 도출하거나 '결정'하는 변수의 흐름을 검토한다. 사례별로 유사하거나 동일한 흐름을 추출하여 다른 흐름과 일정한 방식으로 해석한다. 기본적인 원리는 각각의 네트워크가 파생된 개별 사례 네트워크를 존중하는 하나 이상의 메타 네트워크를 개발하는 것이다(Huberman & Miles, 1989; 하위 네트워크 예시에 대해서는 [그림 9-7] 참조).

(2) 적용

사례 내 디스플레이의 인과관계 네트워크는 단일 사례 자료의 포괄적인 설명 분석을 수행하는 방법을 보여 준다. 여러 사례에 걸쳐 유의미한 변수가 발견된 **핵심 사례 목록** 인과관계 네트워크는 사례별 설명에서 좀 더 일반화가 가능한 구조 및 이론으로 전환하는 강력한 방법이다. 우리는 부분 원인으로부터 중요한 속성을 공유하는 사례의 집단 또는 '가족군'에 주의를 기울일 것이다.

(3) 예시

사례 간 인과관계 네트워크는 여러 세트의 상자와 화살표를 동시에 조작하기 때문에 설명하기가 혼란스러울 수 있다. 이제는 프로세스를 연속적인 분석 단계로 나누어 보겠다. 우리는 익숙한 예시로 작업하고, 사례 간 분석에 쉽게 도움이 되는 결과 변수를 취할 것이다.

① 인과관계 네트워크 구축

각 사례에 대해 앞에서 설명한 사례 내 인과관계 네트워크의 기본 구성요소가 있다고 가정한다.

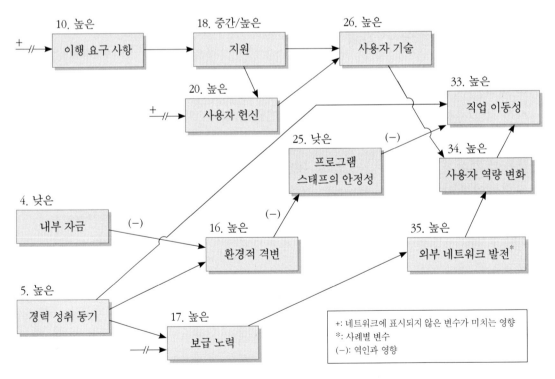

[그림 9-7] 하위 네트워크: 높은 직업 이동성으로 이어지는 변수 흐름(페리-파크데일 사례)

출처: Miles & Huberman (1994).

- 핵심 변수의 목록(예시는 〈표 9-5〉 참조)
- 원인 네트워크([그림 9-6] 참조)
- 동반 내러티브(〈표 9-6〉 참조)

예를 들어, 우리(Miles와 Huberman)의 학교 개선 연구에서 35개의 변수가 포함된 핵심 목록과 6개의 사례별 변수가 통합된 12개의 네트워크 및 서술이 있었다. 각 사례 내 인과관계 네트워크 디스플레이를 인쇄하여 벽이나 다른 디스플레이 표면에 게시하는 것이 좋다.

② 분석되는 종속 변수로 이어지는 각 사례에 대한 원인 흐름 분리

이것이 중요한 일이다. 실제를 보여 주기 위해 사람들의 역할과 경력 전환에 대한 연구에서 '직업 이동성'이라고 불리는 결과가 어떻게 결정되는지 보려고 한다고 가정해 보자. 우리는 한 가지 경우에 대한 결과를 예측해 보는 것으로 시작한다. 먼저, 페리-파크데일 사례에 대한 인과관계 네트워크를 살펴보겠다([그림 9-5]). 그러나 사례 간 인과관계 네트워크 분석을 더 쉽게 하기 위해 [그림 9-7]에 나온 것처럼 '직업 이동성'을 초래한 인과관계 네트워크에서 흐름을 추출한다.

우리는 결과적으로 '직업 이동성'으로 이어지는 변수의 하위 네트워크를 제거하였다. 직업 이동성 상자(33)에는 상자 5, 25 및 34에서 오는 3개의 화살표가 있다. 이 상자 중 2개는 하나의 흐름에서 추출된 다른 항목들에 따라 만들어진 것이다. '직업 이동성'으로 이어지는 흐름은 상자 33에서 이전 상자를 역방향으로 스캔하면 쉽게 볼 수 있다. 결과 측정에서 두 단계만 뒤로 이동하는 것이 도움이 된다. 그런 식으로 도달한 상자는 결과의 '즉각적인' 원인으로 생각할 수 있다. 원인 흐름의 초기 상자는 '거리가 먼' 원인 (일반적으로)이다.

우리는 하위 네트워크 내의 5개의 흐름을 이해하기 위해 2개의 도구를 가지고 있다. 먼저, 우리는 각 흐름을 읽고 주제와 논리적 계승이 무엇인지를 이해할 수 있다. 그러기 위해서는 변수와 등급이 있다. 예를 들어, 5 > 17 > 35의 하위 흐름을 들 수 있다. 여기서 메시지는 페리-파크데일의 주요 참여자들이 승진에 관심이 있었고(5), 이로 인해 자신들이 개발한 혁신을 다른 사람들에게 전파하기 위해 더욱 강력한 노력을 했다는 것이다. 그들의 고향 지역(35)을 벗어나, 아마도 몇몇 흥미로운 직업이 발견될 것이다.

디스플레이 하단에서 작업하면서, 5개의 흐름을 살펴보겠다(상자 33).

- 5 > 17 > 35 > 34 > 33
- 5 > 33
- 5 > 16 > 25 > 33
- 4 > 16 > 25 > 33
- 10 > 18 > 20 > 26 > 34 > 33

그러한 해석이 타당하다는 것을 확실히 하기 위해, 우리는 두 번째 도구인 인과관계 네트워크 서술을 가지고 있다(〈표 9-6〉 참조, 여기서 논의된 그 사례에 대한 서술). 서술은 맥락을 밝히고, 네트워크에 매핑된 일시적이고 인과적인 관계를 보여 주며, 변수들이 왜 그대로 묶여 있는지 설명한다.

하지만 여기서 분석은 진정한 질적인 변화를 가져온다. [그림 9-7]의 각 직업 이동성의 흐름은 단순한 인과관계가 아니라 다음과 같은 주제를 가진 이야기이다.

- 4 > 16 > 25 > 33: 이 흐름에서는 불충분한 낮은 내부 자금, 높은 환경적 격변, 높은 직업 불안정성, 낮은 프로그램 스태프의 안정성, 높은 직업 이동성이 보인다. 내러티브를 읽으면 이는 피해자 시나리오라는 인상을 받는다. 낮은 내부 자금 때문에 프로젝트가 계속 진행되는 것에 대한 지역의 불확실성이 생겨 프로젝트 스태프가 다른 일자리로 옮겨 가게 되었다.
- 5 > 16 > 25 > 33: 이 흐름은 '경력 성취 동기' 변수를 추가하여 피해자의 주제를 강화한다. 사람들이 원하는 경우에도 원하는 직업 자리로 승진하거나 재배치되지 않는다.
- 5 > 33: 어떤 사람들은 프로젝트를 통해 그들이 원하는 곳에 도착하였다. 이것은 기회주의 흐름이라고 할 수 있다.
- 5 > 17 > 35 > 34 > 33: 어떤 사람들은 원하는 직업 변화를 만들었지만, 그것은 사회적 보충 같아 보인다. 보급 노력은 경력 성취 동기에 의해 이루어질 수 있지만 프로젝트를 다른 지역으로 전파하는 과정에서 교육 및 컨설팅 기술(용량 변경)을 개발하여 회사를 지원한 다음 직장을 이동하였다. 여기서 무슨 일이 일어나고 있는지 좀 더 명확하게 이해하기 위해 이야기를 읽는 것은 **직업을 결정하는** 주제를 만들어 낸다. 보급을 하고 있는 사람들은 이전 직장으로 돌아가기보다는 이런 종류의 일을 계속하고 싶다는 것을 깨닫는다.

- 10 > 18 > 20 > 26 > 34 > 33: 이 흐름 자체는 긍정적이다. 지역 스태프들은 극심한 프로젝트를 수행하고(높은 이행 요구 사항), 적절한 지원을 받고, 강한 의지를 갖고, 그 프로젝트를 마스터(사용자 프로필)하고, 새로운 역량을 개발하며, 원하는 새 직업으로 이동한다. 이 흐름을 **성공적인 발전**이라고 부르자.

몇 가지 경우를 살펴보기 전에는 주제나 시나리오 이름을 사용하지 말라. 흐름에는 대개 빗나간 예측 변수가 1, 2개 정도 있으며, 이러한 흐름이 일관성 있게 나타나는 변수에서 분리될 때까지 기다려야 한다. 이 분석의 나머지에 대해 '흐름이 있는 곳에 주제가 있다.'고 이야기할 수 있다.

(4) 분석

일치하는 것은 하나의 경우가 다른 경우에도 복제되는지 여부로, 일반적인 시나리오를 말한다. 핵심 변수의 동일한 패턴이 관련되어 있는가? 등급(높음, 중간, 낮음)이 같은가? 그 결과로 이어지는 흐름을 추출하는 또 다른 높은 '직업 이동성' 사례를 살펴보겠다. [그림 9-8]은 칼스턴 사례에 대한 결과를 표시한 것이다.

2개의 흐름만이 '직업 이동성' 변수로 이어지며, 두 흐름 모두 동일한 시나리오를 강조한다. 페리-파크데일 사례([그림 9-7])를 돌아보면, 같은 변수 세 가지, 즉 내부 자금, 환경적 격변, 프로그램 스태프의 안정성을 살펴볼 수 있다. 더 나은 여전히, 그들은 동일한 순서에 있으며, 동일한 등급을 가지고 있다.

다른 사례를 시도해 보자. [그림 9-9]는 베인스타운에서 추출된 부분을 보여 준다.

이것은 명백하게 또 다른 피해자를 주제로 한 사례이다. 만일 우리가 사례별 특별한 변수('구청 분위기')와 '외부 자금' 변수를 취하면 같은 순서는 아니지만 페리-파크데일과 동일한 변수가 나타난다. 여기에서 '내부 자금' 변수는 '환경적 격변' 변수 전이 아닌 이후에 나타난다. 하지만 그 이야기를 읽는 것은 경력에 대한 희망을 꺾어 놓은 것과 같은 슬픈 시나리오를 만들어 낸다. 순서의 변화는 별 의미가 없다.

[그림 9-10]에서 한 가지 예를 더 살펴보자.

이제부터 네트워크를 좀 더 빨리 분석할 수 있을 것이다. 3개의 화살표를 사용하면 높은 '직업 이동성'을 얻을 수 있지만, 5개의 흐름도 가능하다. 첫 번째 변수는 20 > 18 > 26 > 36 > 37이다. 이것에 친숙해져야 한다. 우리가 페리-파크데일에서 본 **성공적인 발전** 흐름/주제이다. 최소한 즉각적인 인과관계 변수에서 기준 측정에 가장 가까운 변

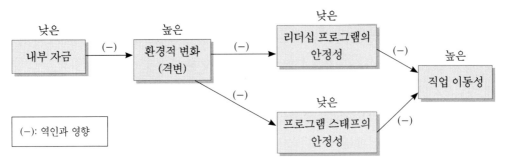

[그림 9-8] 직업 이동성을 위한 하위 네트워크(칼스턴 사례)

출처: Miles & Huberman (1994).

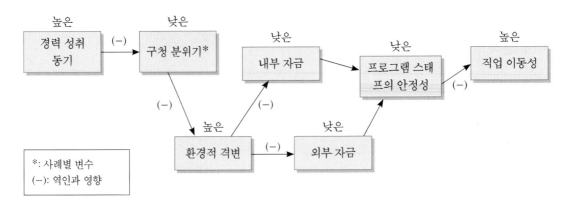

[그림 9-9] 직업 이동성을 위한 하위 네트워크(베인스타운 사례)

출처: Miles & Huberman (1994).

수는 숙련도, 역량 변화이다. 순서는 같으며, 등급은 동일하다.

다른 흐름을 시도해 보자. 27 > 31 > 37. 이것은 페리-파크데일의 기회주의 시나리오로 보인다. 마지막으로, 세 번째 흐름을 보자. 39 > 38 > 37. 이것은 칼스턴 피해자 시나리오의 최종 세 예측 변수와 동일한 순서로, 실제적으로 페리-파크데일 피해자 시나리오와 동일하다. (이를 확인하기 위해 분석가는 세 가지 경우에 대한 인과관계 네트워크 설명을 읽는다.)

이 분석을 마친 후에는 12개 사례에 대한 40개 이상의 흐름이 다음과 같은 과정에서 확인된 4개의 주제군이 되었다.

① 피해자 시나리오

② 기회주의 시나리오

③ 성공적인 발전 시나리오

④ 직업 결정 시나리오

또한 분석가는 개별 흐름보다 분석 단계 및 사례 군집으로 상향 이동할 수 있다. 예를 들어, 페리-파크데일과 플러밋 둘 다 성공적이고 실패한 직업 이동성 시나리오를 가지고 있다. 어떤 사람들은 그들이 원하는 것을 얻고, 다른 사람들은 그렇지 못하다. 이것은 또한 다른 사례에서도 그렇다. 우리는 그들을 성공-실패 시나리오/주제의 등급 수준 사례로 분류할 수 있다.

샘플 사례에서 보면, 비교 가능성뿐만 아니라 가변성도 있다. 중간 및 낮은 직업 이동성 사례가 있으며, 높은 직업 이동성 사례에서 원인의 흐름이 다르거나 반대인지 확인

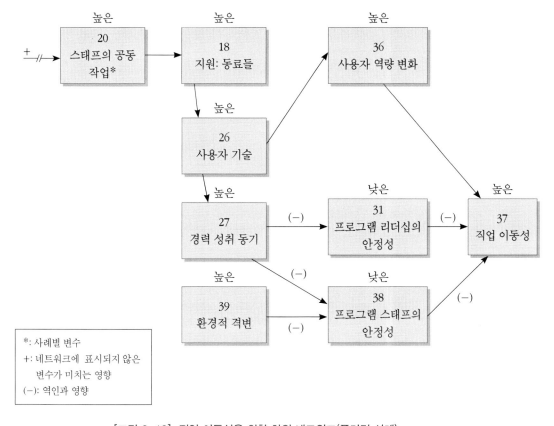

[그림 9-10] 직업 이동성을 위한 하위 네트워크(플러밋 사례)

출처: Miles & Huberman (1994).

해야 한다. 이상적으로, 낮은 경우는 높은 경우와 동일하거나 유사한 순서로 동일한 변수를 가질 수 있지만 순위(등급)는 다를 수 있다. 예를 들어, 높은 내부 자금과 낮은 환경 악화 및 높은 프로그램 스태프의 안정성은 낮은 일자리 이동성으로 이어지며, 이는 피해자 시나리오의 반대이지만 동일한 순서로 같은 변수를 사용하게 된다. 그것은 분석을 강화하고 설명력을 증가시킬 것이다. 이제 우리는 높은 이동성과 낮은 이동성이 모두 동일한 인터페이스에서 기인하기 때문에 직업 이동성이 자금, 악화 및 프로그램 스태프의 안정성의 **특정 조합**에 의해 발생한다는 확신을 가질 수 있다.

떠오르는 시나리오/주제의 확인은 연구팀 토론 및 합의에서부터 다음과 같은 일련의 논리 기반 의사결정 규칙에 이르기까지 다양할 수 있다.

- 결과 측정에 가장 근접한 2개 또는 3개의 가장 즉각적인 예측 변수는 동일한 순서로 되어 있다.
- 공통 예측 변수의 등급(높음, 중간, 낮음)이 동일하다.
- 결과 주제는 등급이 다른 결과 변수(예: 높음, 중간, 낮음)가 있는 경우, 다르거나 없다.

단일 사례연구에서 변수 목록을 만들고 수정하는 것은 매우 간단하다. 다중 사례연구에서 우리는 결정적인 순간에 있다. 사례 간 비교의 경우, 5, 10 또는 20개의 경우를 분석하는 데 동일한 변수가 사용된다. 이런 경우 이상적인 상황에서는 각 변수가 모든 경우에 경험적으로 의미가 있어야 한다. 물론 가능한 두 가지 상황에 대해서는 여지를 두어야 한다. ① 일부 사례 고유 변수가 있으며, ② 일부 변수가 모든 경우에 영향을 미치지는 않는 상황이다. 전자의 경우, 최종 인과관계 네트워크는 일부 사례별 변수를 포함하며, 이에 따라 분류된다. 후자의 경우, 일부 네트워크 변수는 분석에 거의 기여하지 않거나 전혀 기여하지 않는 경우 (설명과 함께) 삭제된다.

마지막으로, 어떤 막다른 골목과 만났다면 철회하라. 막다른 골목이란 말이 안 되는 흐름으로, 여러 사례에 걸쳐 흔하게 나타나는 것처럼 보이지만, 그것들은 해체되어야 한다. 사례 간 시나리오가 네트워크 이야기와 일치하지 않는 경우에는 시나리오를 수정해야 한다.

(5) 노트

사례 간 인과관계 네트워크 분석을 위한 기본 작업이 사례 내 인과관계 네트워크에서 사용되는 작업과 매우 유사하다는 것을 발견하였다. 여기서 다시 한번 배울 것은 여러분의 자료에 대한 이전 분석 표시 작업을 사용하여 인과관계 네트워크 태피스트리(causal network tapestry)를 짜는 것이다.

사례 간 인과관계 네트워크를 표시하는 것도 가능하지만 여기에서는 예시를 제시하지 않는다. 이는 주제와 함께 제공되는 설명 서술의 단어가 분석 활동을 위한 보다 강력하고 우수한 디스플레이 전략인 경우이다. 선택된 CAQDAS 프로그램은 복잡한 모델링에 필요한 소프트웨어를 제공할 수 있지만 자료 분석가로서 상자의 라벨과 경로를 시작하고 정당화해야 한다.

5. 마무리 및 넘어가기

연구는 결코 어떤 것도 입증하지 못한다는 것을 기억하라. 최선은 증거를 기반으로 '왜' 일이 일어났는지 설명하는 것이 가능하며, 이것이 인과관계를 파악하기 위한 선의의 노력이라는 것이다. 이는 '다음에 무슨 일이 일어났는지'에 대한 체계적인 조사를 통해 구축된 자료의 스토리 라인을 찾아야 하는 복잡하고 파악하기 힘든 작업이다.

다음 장에서는 예측에 대한 준비 작업으로 설명 방법의 기초가 제시된다.

제10장 예측 방법

장 요약

이 장에서는 세심하고 세밀한 해석을 바탕으로 결과를 예측하기 위해 노력을 표현하는 방법을 제시한다. 이러한 방법들은 행동 경로를 가정하고 기록하는 초기 표시 장치로서의 기반 역할을 수행한다.

내용

1. 서론
2. 예측 방법
    1) 예측하고 시험하기
    2) 예측–결과–영향 매트릭스
    3) 인과관계 예측 모델
3. 마무리 및 넘어가기

1. 서론

미래 학자들과 발명가들은 세상의 비전에 대해 생각할 때 스스로에게 다음과 같은 세 가지 질문을 던진다.

① 가능한 것은 무엇인가?(즉, 무슨 일이 일어나는가?)
② 타당한 것은 무엇인가?(즉, 무슨 일이 일어날 수 있는가?)
③ 무엇이 더 좋은가?(즉, 무슨 일이 일어나야 하는가?)

이 문제들은 비교할 수 있는 상황과 미래를 가정하고 학설을 세우는 연구를 하는 질적 연구자들에게도 적용될 수 있다.

그러나 아무도 100% 정확하게 미래를 예측할 수 없다. 심지어 정교한 수학 모델을 가지고 있는 사람들조차도 그들 스스로에게 오차의 한계를 준다. 연구 개발에 기반을 둔 예견 및 이론이 이것을 잘 알려 주고 있다. 그럼에도 불구하고 발생 가능하거나 발생할 수밖에 없거나 발생해야만 하는 잠정적인 예측을 할 수밖에 없다.

2. 예측 방법

예측하고 시험하는 것은 이론을 만드는 가설을 제안하기 위한 일련의 추측을 발견하도록 한다. 예측-결과-영향 매트릭스는 주요 결과와 결말을 초래한 순차적 변수를 문서화하고, 순서를 매기며, 도표를 작성하는 방법을 설명한다. 인과관계 예측 모델은 기본적으로 설명된 매트릭스 자료에 대해 이론적인 구성요소와 생산적인 구성을 네트워크 디스플레이를 이용해 전환하는 방법을 보여 줌으로써 연결을 완성한다.

1) 예측하고 시험하기

(1) 설명
예측이란, 연구자가 사건의 발생 가능성이 큰 변화와 다음 수개월 또는 몇 년 동안 발생할 수 있는 결과에 대해 추론하는 것이다. 예측은 분석 시점에 작성되고 기다렸다가 마지막으로 참여자들에게 제출된다(예: 6~12개월 정도, 하지만 기간은 경우와 예측 결과에 따라 달라질 수 있다). 참여자들은 ① 예측의 정확성에 반응하고, ② 그들을 정당화하기 위해 주어진 이유들의 정확성에 반응한다. 비록 예측은 어떠한 연구자의 연구 과정에서도 발생할 수 있지만, 그들은 간편하게 또는 설명적인 표시 장치에서 빠져나올 때 더 견고하게 기초를 두게 된다(〈표 10-1〉 참조).

(2) 적용

나폴레옹이 말했듯이, 역사는 사람들이 동의하기로 결정한 과거의 사건이다. 지역 참여자들의 인식과 설명에 크게 의존하는 현장 연구자는 그러한 논평에 일관성을 부여하는 집단적인 인식에 빨려 들어갈 수 있다. 수집 중인 자료에서 명백한 편견을 피할 수 있는 방법은 여러 가지가 있지만, 그룹으로 수집된 자료를 피하는 방법은 적다. 또한 참여자들은 서로의 혹은 참여자 자신들이 작성한 자료에 동의하지 않을 수 있다. 사람들은 반복해서 일어나는 사건을 목격하고, 그것을 의도와는 다른 방향으로 해석하며, 모순된 서술을 할 수 있다.

우리는 평상시의 네트워크를 제공한 3개의 연구에서, 참여자들 사이(혹은 그들과 연구자인 우리 사이)의 극히 근소한 차이를 발견하였다. 약간의 의견 차이가 있었고, 우리는 그것에 대해 해결할 방법을 생각해야 했다. 우리는 한 가지 방법을 고안하였다. 6개월 또는 1년 후에 발생할 수 있는 일을 예측함으로써 결과의 타당성을 시험한다. 만약 그 분석이 명확하게 표현된다면, 그것은 약간의 암시나 결과를 가지고 있을 것이다(**만약-그렇다면** 검증하기 전략). 이것들은 설명될 수 있고 조작될 수 있다. **연구 참여자들의 피드백 모으기** 전략을 통해 얻는 실제 세계의 결과는 나중에 새로운 현장 접촉을 통해서 확인할 수 있다. 결과는 질적 연구자의 풍부하고 훌륭한 예측을 통해 사회적 삶의 질의 단면을 보여 준다. 이것은 현재의 작업 방식과 생활 방식에 도움이 되며, 우리의 목표를 향해 노력하면서 잠재적 장애물을 극복할 수 있다.

예측을 생성하는 것은 좋은 경험이다. 자료와 분석을 자세히 살펴보고, 그들의 의미를 명시적으로 설명해야 한다. 다양한 측면의 사건에 대하여 여러 가지 예측을 함으로써 여러분의 사건에 대한 일반적인 이론을 명확하게 할 수 있다. 이것은 또한 참여자들의 반응이 모호할 때에도, 유효성 검사 장치이기도 하다. 예측은 또한 사건 보고서에 첨부될 수 있는 추가적인 자료를 가져올 수 있다. 마지막으로, 많은 참여자는 그들의

〈표 10-1〉 예측 피드백 형식

학교행정	던 할로	성명 ＿＿＿＿＿
우리의 예측	(1980년 6월에 만든 자료)	날짜 ＿＿＿＿＿

1. 제도화: 이것은 에스키모 연합 행정구역 안에서의 견고하고, 잘 짜인 또는 일상적으로 진행 중인 운영의 등급이다.

우리의 예측

> 교과 과정은 카 지역과 토터스 지역 학교들에서의 현장 테스트 후 행정을 통해서 법인 조직화되지는 않을 것이다.

그 이후 실제 상황에 대한 여러분의 설명

실제 상황

실제 상황으로 이끄는 많은 가능성 있는 요인이 있을 것이다. 그중 중요한 요인은……

A. ＿＿＿＿＿＿＿＿＿＿＿＿＿＿＿＿＿＿＿＿＿＿＿＿＿＿＿＿＿＿＿＿＿＿
＿＿＿＿＿＿＿＿＿＿＿＿＿＿＿＿＿＿＿＿＿＿＿＿＿＿＿＿＿＿＿＿＿＿

B. ＿＿＿＿＿＿＿＿＿＿＿＿＿＿＿＿＿＿＿＿＿＿＿＿＿＿＿＿＿＿＿＿＿＿
＿＿＿＿＿＿＿＿＿＿＿＿＿＿＿＿＿＿＿＿＿＿＿＿＿＿＿＿＿＿＿＿＿＿

C. ＿＿＿＿＿＿＿＿＿＿＿＿＿＿＿＿＿＿＿＿＿＿＿＿＿＿＿＿＿＿＿＿＿＿
＿＿＿＿＿＿＿＿＿＿＿＿＿＿＿＿＿＿＿＿＿＿＿＿＿＿＿＿＿＿＿＿＿＿

D. ＿＿＿＿＿＿＿＿＿＿＿＿＿＿＿＿＿＿＿＿＿＿＿＿＿＿＿＿＿＿＿＿＿＿
＿＿＿＿＿＿＿＿＿＿＿＿＿＿＿＿＿＿＿＿＿＿＿＿＿＿＿＿＿＿＿＿＿＿

E. ＿＿＿＿＿＿＿＿＿＿＿＿＿＿＿＿＿＿＿＿＿＿＿＿＿＿＿＿＿＿＿＿＿＿
＿＿＿＿＿＿＿＿＿＿＿＿＿＿＿＿＿＿＿＿＿＿＿＿＿＿＿＿＿＿＿＿＿＿

F. ＿＿＿＿＿＿＿＿＿＿＿＿＿＿＿＿＿＿＿＿＿＿＿＿＿＿＿＿＿＿＿＿＿＿
＿＿＿＿＿＿＿＿＿＿＿＿＿＿＿＿＿＿＿＿＿＿＿＿＿＿＿＿＿＿＿＿＿＿

A~F 옆의 빈칸에 여러분이 중요하다고 생각하는 요인을 적어 주세요. 1번이 가장 중요한 요인이고, 2번이 그다음으로 중요한 요인입니다.

출처: Miles & Huberman (1994).

요청된 의견에서 나오는 상황에 대해 보람을 느낀다.

예측하는 데 들이는 시간은 가치가 있는가? 만약 분석이 정말 잘되어 많은 것이 그 안에 포함되어 있다면 분명 가치가 있다. 여러분의 연구에서 주요하게 추진하는 바가 예측하는 것이거나 설명적인 것이 아닌 단지 서술하는 것이라면 가치가 없다고 본다.

(3) 예시

① 예측하기

예측훈련은 연구의 예산과 일정 기간을 통해 반드시 확립되어야 한다. 우리(Miles와 Huberman)의 학교 개선 연구에서는, 학교에서 3~4년간의 변화 노력을 회고해 왔다. 현장 조사가 끝난 지 1년 후, 우리의 분석이 단순한 설명뿐만 아니라 예측능력이 입증되었는지를 알아보기 위한 후속조치를 계획하는 것이 타당하였다.

이 과정이 어떻게 작동하는지 알아보려면, 제9장의 [그림 9-6]을 보고 **제도화**(institutionalization)에 관한 네트워크 변수(상자 32)를 참고할 수 있다. 이 견해의 혁신을 가리키는 것은 '낮은' 등급을 갖고 있는 것이다. 지속적이고 인상적인 운영의 일부가 되어 있지 않았음을 강조하고 있는 것이다. 이 변수에 대한 등급은 여러 경로의 변수와 연결되어 있으며(예: 30 학생들의 영향, 31 사용 비율), 여러 결과적인 변수이고, 인과관계 흐름(causal stream)보다 떨어진 변수이다. 도식에서, 인과관계 네트워크는 **제도화**란 변수의 화합 기능의 수보다 낮다고 말하고 있다. 그렇다면 그들은 **제도화**의 '결과'를 작동한 것이다.

간편한 분석의 신뢰성 시험에서는 두 가지의 예측 질문을 하였다.

- 현재와 내년 사이에 혁신이 어떻게 이루어질 것으로 생각하는가?
- 우리는 어떠한 요소에 의해 추측하는 것인가?

인과관계 네트워크와 제공되는 텍스트를 보고, 연구를 위해 수집된 디스플레이를 검토했을 때, 분석가는 프로그램에 문제가 있다고 결정하였다. 혁신으로 주장되던 정보는 중요하지 않은 정보였고, 그 정보로부터 직원들이 원하는 만큼의 혜택을 제공해 주지 못하였다는 점과 정보에 대한 지지는 약하고, 경쟁하는 행동을 완전히 제거하지 못하였으며, 자금 조달이 불확실했다고 제안하였다.

하지만 몇몇의 긍정적인 조짐도 있었다. 이 프로그램들은 일상적으로 매일 운영되고 있었고, 학생들에게 긍정적인 결과를 얻고 있었다. 그러나 이러한 이점들은 비관적인 시선에 매장되어 버리고 말았다. 분석가들은 그 프로젝트가 다음 해에 점진적으로 폐지될 것이라고 예측하였다.

② 예측을 정당화하기

이제 예측이 완료되었으니, 자료를 통해 정의될 필요가 있다. 여기 여러분이 디스플레이로 작업한 증거를 제공한다.

[그림 9-6]의 예로 돌아와서, 인과관계의 흐름은 상자 32, 즉 제도화와 예측을 보여 준다. 일정한 관계의 변수를 보여 주는 내용은 다음과 같다.

- 이 프로젝트는 프로그램에 적합하지 않으며(상자 12), 교사나 관리자가 지지하지 않는다(상자 22). 조직의 변화에 잘 적응하지 못하였다(상자 29).
- 프로젝트는 요구, 고립, 그리고 쉽게 버는 돈에 의존하기 때문에 취약하다(상자 11, 13, 14, 23).
- 기금과 학생들을 위해 경쟁한다(상자 15).
- 중앙 행정 기관의 지원은 다양한 이유로 불확실하다(상자 24).
- 주요 프로젝트 담당자가 곧 떠날 예정이다(상자 33).
- 다음 연도에 예상되는 학생 수는 전년도보다 적다(상자 31).

이것들이 긴박한 예측의 이유이다. 여러분은 영향력의 단계에 의해 이 모든 표시를 조절한다. 또한 숫자를 4나 5로 끌어내리는 방법이기도 한데, 이는 참여자들에게 응답할 수 있는 최대한의 선이다. 〈표 10-2〉는 결국 세팅된 다섯 가지를 보여 준다.

③ 상반된 자료 찾기

예측을 지원하는 요소만 고려한다면, 여러분은 아마도 빈약한 결정을 내릴 것이다. 좋은 추측을 하는 것은 일종의 장치로, 하나의 결과뿐 아니라 다른 결과의 차이의 중요성의 기능을 추측하는 것이다. 여기서는 예측에 반대될 수 있는 요소를 고려하는 것이 중요하다(전략: **부정적 증거 찾기**).

〈표 10-2〉 '제도화' 예측을 지지하는 요소

> A. 제도화된 '관심을 잃은(매력 없는)' 프로그램의 빈약한 지역 기록
> B. 새로운 원칙으로부터 강력한 지지를 받지 못할 가능성: 일부 상담자는 무관심함. 일부 선택 과
> 　목은 교사들이 적대적임
> C. 중앙사무소의 미온적 지원
> D. 지방 금융 긴축: 등록 저조, 인원 또는 외부 자금 조달 감축. 프로그램은 고비율로 폐지 가능성
> 　이 높음
> E. 원칙에 대한 지나친 요구: 프로그램이 지나치게 느슨해서 학생에 대한 통제력이 마치 '겉치레'
> 　로 보일 수 있는 프로그램

출처: Miles & Huberman (1994).

〈표 10-3〉 '제도화' 예측에 반대되는 요인

> A. 지속적인 구현을 요구할 보급 자금 조달 가능성
> B. 대학 밖의 소외된 학생들의 요구에 부응하기 위해 필요한 프로그램
> C. 충분히 안정되고(모집, 일자리, 감독, 훈련 등에서) 잘 준비된 프로그램
> D. 새로운 직업교육센터와 그것을 통해 자금을 조달받을 수 있는 프로그램

출처: Miles & Huberman (1994).

　같은 예시([그림 9-6])에서, 프로젝트는 일반적으로 학생들에게 공개적으로 접근할 수 있는 것처럼 보이고, 몇몇의 주요 연구실의 지원(24)을 받고 있었던 일상적인 기능에 의해 잘 확립되었다는 것을 암시하고 있다(상자 30 > 31 > 32).

　전체 상황에 대한 상황 분석 및 사례 분석을 통해 이러한 지표를 분석한다. 분석가들은 〈표 10-4〉에 나온 것처럼 비관적인 예견을 '망칠' 수 있는 네 가지 요인을 내놓았다.

(4) 분석

① 예측을 확인하거나 확인하지 않을 수 있는 참여자 선택

　예측이 전달되기 전에, 다음과 같은 윤리적인 검토는 중요하다. 이 정보가 개인들이나 그들의 동료에게 어떤 방법으로든 피해가 될 수 있는가? 일반적인 예측은, 개인의 특별한 정보에 비교해서, 대개 거의 유해하지 않은 잠재력을 가지고 있다. 하지만 그 문제는 주의 깊게 다뤄야 한다.

　예측과 그 정당화의 대의명분은 1년 후에 주요 참여자에게 주어지며, 만들어진 예측

〈표 10-4〉 사건 정보 제공자로부터의 '제도화' 예측 관련 설문 조사

적절함 등급
1 = 적절하지 않음
2 = 적절함, 하지만 현 상태 원인 제공과 밀접한 관계는 아님
3 = 현 상태 원인 제공과 밀접한 중요 요인

우리의 예측
이 프로그램은 1980~1981년에 과도기를 겪을 것이며, 그 기간 동안 단계적으로 사라질 것이다.

우리의 예측을 지지할 것이라고 생각했던 요인	적절	간단한 설명
A. 제도화된 '관심을 잃은(매력 없는)' 프로그램의 빈약한 지역 기록	2	더 적극적인 지도자가 있었으면 달랐을 것이다.
B. 새로운 원칙으로부터 강력한 지지를 받지 못할 가능성: 일부 상담자는 무관심함. 일부 선택 과목은 교사들이 적대적임	2	새로운 교장선생님은 지지할 수 있었지만, 다른 한 교장선생님은 아니었다. 상담자들은 교장선생님들의 태도를 반영하였다.
C. 중앙사무소의 미온한 지원	3	그야말로 4년 동안 아무도 그 방에 가 본 적이 없다. 작년에는 새로운 비서가 고작 30분을 그 방에서 보냈을 뿐이다.
D. 지방 금융 긴축: 등록 저조, 인원 또는 외부 자금 조달 감축. 프로그램은 고비율로 폐지 가능성이 높음	3	
E. 원칙에 대한 지나친 요구: 프로그램이 지나치게 느슨해서 학생에 대한 통제력이 마치 '겉치레'로 보일 수 있는 프로그램	1	프로그램에 대한 '지나친 요구'를 인식하지 못하였다. 학생들이 '예'라고 행동하였다.
우리의 예측에 반대될 것이라고 생각했던 요인	적절	간단한 설명
A. 보급 자금 조달 가능성이 지속적인 구현을 요구할 수 있음	3	국가 기금을 사용할 수 있는 한, 시범 프로그램을 이용할 수 있다.
B. 프로그램은 대학 밖의 소외된 학생들의 요구에 부응하기 위해 필요함	3	올해 더 많은 학생이 동기부여를 받지 못하였다.
C. 프로그램이 올바르게 설치되고 안정되어 있음	1	나는 이것이 결정권자들에게 전혀 중요하지 않다고 생각한다.
D. 프로그램은 새로운 직업교육센터로 접할 수 있고, 그것을 통해 자금을 조달받을 수 있음	1	나는 voc. 교육센터에 관해 얘기한 것을 들은 적이 없다. 하지만 나는 고용주와의 계약을 통해 학생 커뮤니티 배치를 허용할 수 있는 국가 지침하에서 가능성이 있다고 생각하였다.

출처: Miles & Huberman (1994).

의 현재, 현실의 상황에 관한 자료의 요청과 함께 이루어진다. 보통, ① 신뢰성이 입증된 참여자, ② 현재 상황을 파악할 수 있는 위치에 있는 참여자, ③ 다른 역할을 맡고 있으며, 다른 관점이 있는 참여자를 선택한다.

〈표 10-4〉는 3명의 참여자 중 1명에게서 얻은 반응 양식을 보여 준다. 도표 상단에 위치한 A에서 E의 요인은 '지지하는 요인'이며, 밑에 있는 A 요인에서 D 요인은 '스포일러'이다. 이 응답자는 대부분의 지지 요인이 1년 후에 밝혀진 방식을 결정하는 데 적절하다고 동의한다. 다른 두 참여자는 모든 예측에 유사하지만 동일하지 않은 판단을 내렸다(예: 두 참여자는 중앙사무소의 높은 조력이 있다고 했고, 원칙에 대한 지나친 요구는 더 적절한 예측이라고 보고하였다).

예측에 반대되는 요인의 측면에서는, 이 2명의 고위급 인사는 분석가가 외부 자금 조달의 가능성과 프로젝트의 '헐뜯기 현장' 기능의 중요성을 부각시킬 가능성이 있음을 시사하였다. 다른 2명의 참여자도 동의했지만, 그들은 또한 C와 D가 제도화의 기회를 올릴 수 있는 영향력 있는 요인이라고 느꼈다. 그래서 우리는 여전히 응답자들 간에 서로 다른 인식을 한다는 딜레마에 사로잡혀 있다. 이런 딜레마는 때때로 후속 전화 인터뷰를 통해 해결될 수 있다.

예측할 수 있는 변수 또는 결과의 수를 제한한다(4~5개 정도). 그리고 각 수와 그보다 적은 수에 설명을 위한 요인을 보존한다. 각각의 결과 변수를 구체적으로 정의해야 한다. 그렇지 않으면 다른 참여자들이 혼돈스러운 반응을 보일 수 있다. 윤리적으로 볼 때, 여러분은 현장 직원들이 어떠한 형태의 보상도 없이 전문적인 작업을 수행할 수 있다고 예측해서는 안 된다. 우리는 참여자들의 시간과 피드백에 대한 간단한 읽기 비용을 지불하였다.

② 예측 평가

프로그램이 단계적으로 폐지될 것이라는 연구자의 예측 자체는 어떤 영향을 줄 수 있는가? 그 예측은 참여자들이 '스포일러'가 적절하고 중요한 요소라고 생각했기 때문에 아마도 어려움을 겪었을 것이다. 결과적으로 보면, 우리의 예측은 너무 비관적이었다. 그 프로젝트는 규모가 축소되었고, 그것은 과도기적 상태였다. 그럼에도 불구하고 프로젝트는 아주 어렵게 살아남았다.

중앙사무소의 지원은 예상보다 더 강력해져 있었다. 이는 성공적이고 아직 필요한 '쓰레기 매립지' 기능, 그리고 다른 지역으로 사업을 전파하기 위한 새로운 외부 자금 조달 가능성의 큰 도움이 있었다. 구청은 그 프로젝트에 1년 더 예산을 책정하기로 결정하였지만, 그들은 프로젝트 직원들과 학생들을 절반으로 줄였다. 우리는 우리의 정확성을 '적절함' 정도까지 계산하였다.

우리는 다른 현장의 제도화를 더 잘 예측하였다. 하나는 알맞게 맞았고, 나머지는 매우 정확하였다. 게다가 우리가 제공한 설명뿐 아니라 현장에 있던 사람들의 증언과 합리적으로 잘 들어맞았다(할당된 원인의 58%가 완전한 동의로 이루어졌다).

[그림 9-6]이 보여 주는 인과관계 네트워크에서 볼 수 있듯이, 이것은 어려운 예측이었다. 여러 흐름과 사실로 미루어 보았을 때 알 수 있듯이, 모든 것이 같은 결론에 이르지 못하였다. (학생들의 영향과 직업 이동성 등의) 연락망 마지막 결과에 나타난 다른 결과 변수에 대한 예측은 더 쉬웠고, 아주 정확하였다.

(5) 노트

이 작업은 약간의 한계가 있다. 여러분이 현장으로 돌아가지 않으면, 여러분은 오로지 자기 자신의 보고서 자료에만 의존해야만 한다. 그리고 그들의 내부 타당성과 거의 관련이 없는 이유들로 인해 예측은 틀릴 수 있다. 예산 위기나 주요 참여자의 갑작스러운 사망과 같은 예상치 못한 사건들은 분석가들의 예상치 못한 전망을 망쳐 놓을 수 있다. 뜻밖의 사건의 개입을 미리 예방하는(predictive) 차원에서 상상하려고 시도할 수도 있지만, 그것의 놀라움과 독특함은 결코 완벽하게 예측할 수 없다.

2) 예측-결과-영향 매트릭스

(1) 설명

예측-결과-영향 매트릭스는 3개의 구성요소에 대한 사례 및 자료를 배열한다. ① 여러분이 생각했을 때, 다음 두 요소의 가장 중요한 원인인 주요 선행 변수이다. ② 주요 성과 또는 표준 변수, 그리고 ③ 연구 성과의 예상된 결과가 그것이다. 이렇게 세 가지 구성요소 매트릭스의 기본 원칙은 순전히 서술적인 것이라기보다는 오히려 설명적이다. 우리는 특정한 경력과 성과가 결과를 예측하거나 발견하길 원한다.

이 분석 모델은 조사 중인 특정 사례에 대해 본질적으로 '미래 예측' 자체는 아니다. 오히려 여러분은 전략적으로 사례에서 실제로 일어난 일을 되돌아보고, 어떤 선행 변수 또는 요인, 그리고 어떤 조합으로 예측하였는지, 즉 예측되는 결과와 영향을 발견할 수 있다(〈표 10-5〉 참조).

(2) 적용

교차 사례 매트릭스(cross-case matrices)는 두 변수 간의 관계를 탐색하고 시험하는 데 사용할 수 있다. 교차 사례 매트릭스를 통해 보다 직접적으로 설명할 수 있으며, 확률적 예측을 넘어 인과적(결정론적) 분석으로 넘어갈 수 있다. 우리는 일련의 예측 변수를 중간 결과에 연결한 다음 해당 결과의 나중 결과, 즉 성과의 결과를 표시할 수 있다. 이러한 디스플레이는 '최종' 결과로 해석되지 않는 중재 또는 개입 변수를 볼 때 특히 유용하다.

서로 다른 기준 척도와 관련하여 몇 가지 주요 요인이 함께 작용하는 방식을 보고 싶을 때, 예측-결과-영향 매트릭스를 사용해 볼 것을 권유한다. 매트릭스의 변수는 가변적이지만 각각 경우의 변수의 구성을 유지한다. 이 행렬과 그에 수반되는 분석은 조건부 가설을 개발할 수 있는 기회를 제공하지만, 사례의 상황에만 해당되는 특정한 장소일 수 있다.

(3) 예시

학교 개선 연구에서 우리(Miles와 Huberman)는 어떤 경우에는 초기 사용 중에 쉽고 유연하게 시간을 보내고, 다른 사람들은 더 힘겨운 시간을 보냈다는 것을 발견하였다. 이 차이를 어떻게 설명할 수 있는가? 다시 말해, (초기 연구 이전과 도중에 사용되는) 어느 중요 요소가 더 정교함과 관련이 있는가? 우리는 사전 준비 요인(예: 사용 가능한 자원 및 자료, 학교 직원의 기술 및 교육 등)에 대한 사전 분석을 이미 마쳤다. 과도한 세부 사항으로 인해 여기서는 다루지 않겠는데, 그것은 명확히 하기보다는 혼란스럽게 하기 때문이다. 방법론적 프로파일의 분석에서 주목해야 할 중요한 점은 우리가 **동적인 기술자**를 검사 중인 각 사례의 변수에 할당한다는 것이다. 예를 들면, 다음과 같이 각 장소를 평가하였다.

- 필요한 업무의 변화는 주요한, 중간 또는 사소한 것이었다.
- 혁신의 실제 크기와 범위는 크거나 중간 정도이거나 작았다.
- 혁신의 실제 교실 또는 조직 적합성은 양호하거나 중간이거나 안 좋았다.
- 변화를 위한 중앙사무소의 책임감(commitment)은 높거나 중간이거나 낮았다.

〈표 10–5〉 예측-결과-영향 매트릭스: 지원의 선행 및 결과

장소 / 지원 규모	선행조건							규모		빈도
	실제 크기/혁신 범위 →	요구된 연습 변화 →	실제 교실/조직 적합성 →	시행 요구 강도#	자금 규모 →	중앙 행정부의 변화참여도 →	관리자의 관용도 →	결과: 전반적인 존재	초기 구현의 유연함/거칠기 (roughness)	실습 안정화 (구현 이후)
실제적인 규모										
마세파(E)	대	주요	중/좋음	12 of 15	$30~50K	높음	낮음	높음	매우 거침	보통
블리밋(L)	대	중간–주요	좋음/안 좋음#	12 of 15	$300K	높음	높음	높음	매우 거침	보통
카슨(L)	대	주요	중/좋음	12 of 15	$96K	높음	보통	보통/높음	거침	보통
틴데일(L)	대/중	주요	중	12 of 15	$87K	높음	낮음	보통/높음	거침	높음
페리–파크데일(E)	중	중간–주요	중	10 of 15	$300K@	보통	높음	보통/높음	혼합	보통/높음
베인스타운(E)	소/중	주요	중	10 of 15	$5.6K	높음	높음	보통	매우 거침	높음
최소화 후 초기 지원										
리도(E)	소	중간	중	7 of 15	$6.1K	낮음	낮음	낮음/보통	대체로 유연함	보통/높음
아스토리아(E)	소	적음	좋음	3 of 15	없음	높음	높음	낮음/보통	유연함	높음
캄스텅(E)	소	중간	안 좋음	9 of 15	없음	보통/높음	보통/높음	낮음/보통	혼합	보통/높음
거의 없음										
던 할로(L)	소	적음	안 좋음	7 of 15	없음	보통	보통	낮음	거침	낮음
프로빌(L)	소	적음	중	7 of 15	$180K	높음	낮음	낮음	매우 거침	낮음
버트(E)	소	적음	좋음	3 of 15	$3.1K	높음	낮음	낮음	유연함	보통

(E) = 외부에서 개발된 혁신. (L) = 지역적으로 개발된 혁신.   ＊ = 좋은 성적의 가난한 학생
= 왼쪽에서 세 변수의 가중 합계, 1–5배율 조정
@ = 재태함지역 혁신 기금
＋ = 외부에서 개발된 혁신 보급

출처: Miles & Huberman (1994).

- 초기 구현의 유연함 또는 조잡함은 매우 거칠거나 거칠거나 거의 유연하거나 유연하거나 섞여 있었다.
- 그리고 다른 변수들도 있다.

이러한 크기 설명을 사용하는 것은 우리의 관찰력을 약화시키거나 겉보기에 계량화하려는 의도가 아니다. 오히려 사례를 넘어 변수 사이에서 비교 가능하고 평가 가능한 분석을 보다 가능하고 관리하기 쉽게 하기 위한 것이다.

〈표 10-5〉에서, 첫 번째 목표는 12개의 현장에서 제공되는 지원의 정도를 예측하는 것이다(12개의 현장은 왼쪽 열에 위치해 있다). 이를 위해 분석가는 개별 사례 및 앞선 교차 사례 분석에서 나오는 가장 가능성 있는 예측 변수를 조합하였다.

처음 3개의 선행조건 열(실제 크기/혁신 범위, 요구된 연습 변화 및 실제 교실/조직 적합성)은 번들로 묶어 네 번째 열에 숫자가 부여된 변수를 처리하는데, 시행 요구의 강도를 나타낸다. 높은 '점수'인 15점이 가능하였다.

그다음 3개의 선행조건 열(자금 규모, 중앙 행정부의 변화참여도 및 관리자의 관용도)이 추가로 있다. 지원 수준으로서의 전반적인 존재는 다음 열에 나열되어 있다. 보통/높음 또는 낮음/보통 등급은 우리의 평가가 두 단어 사이에 있음을 의미한다(즉, 각각 '보통 높음' 및 '낮음에서 보통'). 우리는 매트릭스에서 앞서 선행된 선행 변수와 준비 요인에 대한 초기 분석 및 열두 가지 경우의 미묘한 점에 대한 내부자 연구 지식을 토대로 예측 등급을 만들었다.

만일 우리가 원한다면 여기에서 분석을 중단하고, 두 가지 구성요소 예측 변수 결과 행렬로 끝낼 수 있었다. 그러나 디스플레이는 또 다른 목표를 도울 수 있다. 지원을 넘어서 보는 것은 이전 분석을 위한 종속 변수였으며, 차례로 나중에 두 가지 결과의 주요 예측 변수였다.

(4) 분석
다음 단계는 다변량 예측 모드로 들어가서 결과 또는 결과에 대한 개별 효과 및 복합 효과를 평가하는 데 기여한 믿을 만한 이유가 있는 선행 변수 또는 예측 변수를 사용하는 것이다.

분석가는 도움의 정도를 가장 잘 설명하는 예측자들의 의미가 있으며, 이후 다른 결과 수준으로 이어질지를 보고자 한다. 그래서 우리는 매트릭스에 나타나 있는 인과관계 사슬의 기초를 가지고 있다. 그러나 우리는 각각의 경우에 대한 간단한 구성을 넘어 실제 발생 원인을 이해할 수 있게 된다.

분석가는 가능한 설명 구성을 찾고 이 그림을 이해하기 위해 사례 수준 보고서로 돌아가서 이 모자이크를 함께 모으기 시작한다. 분석가는 상쇄 군집(큰 연습 변화, 낮은 위도 및 대규모 혁신 범위)과 함께 사례 및 변수 군집(작은 연습 변화, 높은 관용도)을 보았다. 여기서 분석가가 사례 및 변수 군집(작은 연습 변화, 높은 관용도)과 그 군집에 상쇄되는 다른 군집(큰 연습 변화, 낮은 관용도, 그리고 대규모 혁신 범위)을 보았다. 그런 다음 그 동물이 실제로 존재했는지 여부와 초기 순조로운 적용에 영향을 미치도록 하는 변화의 크기에 대한 가설이 각각의 경우에 그럴듯했는지 아닌지를 보기 위해 사례 보고서를 검토할 수 있었다(전략: **사본 찾기**).

물론 매트릭스를 눈으로 보고 패턴을 찾는 것이 예측을 작성하는 가장 좋은 방법이다. 한 분석가는 기본적인 만약-그렇다면(if-then) 논리를 사용하여 세 가지 가설을 개발하였다.

① 사실상 혁신을 위한 현장 준비 지원이 없을 때에는 이후 프로그램 안정화가 낮아지는 경향이 있다.
② 혁신을 위한 현장 준비 지원이 많더라도 초기 프로그램 구현은 거칠지만 나중에 프로그램 안정화는 보통 정도일 것이다.
③ 혁신을 위한 현장 기금의 양은 프로그램의 궁극적인 초기 실행이나 나중의 안정화에 영향을 미치지 않는 것처럼 보인다. 그러나 자금 조달은 일반적으로 최소한 현장 준비 지원과 동일하다(경우에 따라 나중에 프로그램 안정화를 초래할 수 있다).

12개 특정 장소에서 일어난 일에 대한 가설이나 진술은 현재 시제로 쓰였다. 가설은 미래의 다른 프로그램 혁신이 이들 장소에서 시작될 경우에 발생할 수 있는 예상이나 예측과 유사하다. 또한 조건이 맞다는 것은 '경향' '나타나지 않음' '가능성이 높음' '경우에 따라' 등과 같은 문구가 문장에 짜여 있음을 의미한다. 통계학자라 할지라도 미래를 정확하게 예측할 수는 없다. 그러므로 질적으로 파생된 예측을 겸손한 자세로 예측하는 것을 연습해야 한다.

좋은 감각, 개념적 타당성 및 경험적 근거에 기초하여 선택된 선행 변수 예측자의 관리 가능한 수를 사용하여 작업을 시작하라. 한번에 12 이상이 과부하의 기준이다. 지나치게 부풀려서 예견하는 것을 삼가라. 개념적 틀 또는 사례의 자료가 처음부터 유망한 단서를 제공해야 한다. 하나의 행렬이 다른 행렬로 이어질 것이고, 다음 행렬은 첫 번째 행렬의 결과로서 더 작아지고 보다 잘 알려질 것이라고 기대하라.

변수 사이의 관계를 사용하기 전에 매트릭스를 설명적으로 작업해야 한다. 즉, 각 열을 먼저 내려서(전략: **패턴과 주제에 주목하기**) 비교하고 **대조하는** 열을 시작한다. 매트릭스에 편차가 너무 적다면, 설명적으로 추출할 수 있는 내용으로 정리하거나 범위가 있는 변수에 집중해야 한다.

(5) 노트

이 방법은 작업 중인 특정 연구에 대해 '향후 예측'하도록 설계되지 않았지만, 현장 조사에서 무슨 일이 일어날지 예측하지 못할 것은 없다. 나중에 결과에 대한 예측이 올바른지 확인하면 된다. 연구의 범위와 논쟁의 설득력에 따라 다른 유사한 환경, 상황 및 조건에 대한 예측의 이전 가능성이 있을 수 있다.

이 프로파일은 세 가지 구성요소 모델(예: 예측, 결과 및 영향)을 보여 준다. 소규모 또는 단기 연구의 경우보다 단순한 두 부분 예측 및 결과 모델을 탐구해 볼 수 있다(다음의 〈표 10-6〉에서 설명).

3) 인과관계 예측 모델

(1) 설명

인과관계 예측 모델은 여러 사례 분석에서 추출된 인과관계가 있는 변수의 네트워크이다. 경험적으로 근거가 있지만, 본질적으로 변수와 상호관계의 전체 네트워크에 대한 검증 가능한 일련의 명제를 도출하기 위해서는 더 높은 수준의 노력이 필요하다. 원칙은 이론 구축과 예측 중 하나이다([그림 10-1] 참조).

(2) 적용

조심스럽게 정렬된 메타 매트릭스, 시간 지향적 매트릭스 또는 효과 매트릭스는 무엇이 무엇과 진행되는지에 대해 많은 것을 알려 줄 수 있다. 변수에 의한 변수에서 우리는 X가 Y보다 먼저 나오고, 더 많은 X가 Y보다 더 많음을 알 수 있다. Z가 적으면 Y가 더 많아진다. W가 다양한 수준을 고려하지 않는 한 X는 V와 무관하게 보인다. 이 모든

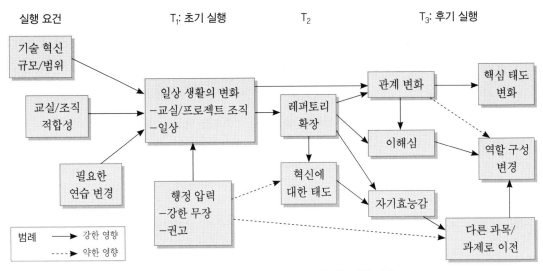

[그림 10-1] 인과관계 예측 모델이 발견한 실행 변화

출처: Miles & Huberman (1994).

것은 꽤 여러 개의 독립된 개체로 이루어진 것이다. 2개의 문제가 남아 있다.

첫째, 단순한 관계를 초월하여 **상호관계**에 도달하기 시작한다는 것이다. 변수 X와 변수 Y는 일관성 있게 연결되어 있는 것처럼 보인다. 만약 X가 올라가면, Y는 위 또는 아래로 갈 것으로 예상된다.

둘째, 어떻게 하면 단순한 목록 작성을 넘어서 변수들 사이의 통합된 관계를 만드는가에 대한 것이다. 쉽게 말해, 어떻게 **모델**을 만드는가에 대한 질문이다. 실제로 이러한 문제는 일반적으로 함께 해결되어야 하며, 매트릭스 디스플레이가 아닌 네트워크가 필요하다.

우리는 제9장에서 인과관계를 평가하고 합리적인, 자료 기반의 인과관계 네트워크를 형성하는 실제적인 문제를 논의하였다. 그 질문은 다음과 같다. 정렬된 매트릭스 형태의 다중 사례와 변수 지향적인 결론의 구성이 주어지면 인과관계 및 이론적/예측 연결을 어떻게 명시하는 변수와 관련된 일반적인 시각적 모델로 통합할 수 있는가? 인과관계 예측 모델은 하나의 새로운 발견이다.

(3) 예시

① 예비 디스플레이: 변수와 결과

우리(Miles와 Huberman)는 학교 개선 연구에서 '혁신 사용자가 혁신을 사용한 후 어떤 방식으로 자신의 '실천'을 바꾸고, 더 큰 또는 적은 양의 실천 변화를 결정하는가?'라는 질문을 던졌다. 인과관계 예측 모델링은 일반적으로 다른 디스플레이에서의 2차 활동 그림이기 때문에 예비 디스플레이를 먼저 논의해야 한다.

이 책 전체에서 학교 개선 연구와 관련된 많은 전시물이 있었는데, 그중 일부는 변수, 행동, 과정, 현상, 주(states), 사건, 결과, 결론을 탐구하고, 묘사하고, 주문하고, 설명하고, 예측하는 데 계속 초점을 맞춘다. 우리는 그러한 디스플레이와 현장노트 및 인과관계 예측 모델에 대한 아이디어를 제공하는 방법을 따라 추가 분석 통찰력을 활용한다. 이것들은 나중에 논의될 것이다.

② 예비 디스플레이: 예측자와 결과

먼저, 이 연구에서 어떤 예측자가 특정 결과와 관련이 있는지에 대한 질문을 살펴볼 필요가 있다. 이를 위해 사례별 예측–결과 메타 매트릭스를 구축해야 한다(〈표 10-6〉 참조).

이 사건의 경우, 분석가는 결과의 전체적인 강도 측면에서 사건을 정리하기로 결정하였다(높음, 보통, 보통–낮음, 낮음/변화 없음). 그리고 사용자 연습 변경을 유도하는 데 있어 사례별로 중요하다고 판명된 다수의 예측자를 선택하였다.

이 사례에서 분석가는 필요한 연습 변경, 프로젝트 크기/범위 및 교실/조직 적합성이 모두 사용자 연습 변경 정도(전략: **대조와 비교하기**)와 관련이 있다고 결론지었다. 이 결론에는 **아웃라이어(극단치) 의미 점검하기**라는 또 다른 전략이 포함되었다. 예를 들어, 분석가들은 프로빌의 보통 규모의 프로그램이 불만족스러운 사용자에 의해 약간의 방해를 받았기 때문에 사용자 연습 변경이 발생할 기회가 없다고 지적하였다. 분석가는 또한 실행 중 일반 태도는 중단이 발생한 사례(던 할로, 프로빌)를 제외하고는 대체로 긍정적이었기 때문에 좋지 않은 예측자라고 지적하였다.

마지막으로, 분석가는 직접 분류하는 행정 압력 자체가 그다지 좋은 예측자가 아니라는 것을 알았다. 그러나 **간접적인 압박**(보강, 강화)과 결합된 결과는 분명하다. 당근과 채찍 접근법은 사용자 행동 변화(전략: **매개 변수 발견하기**)와 관련이 있다.

(4) 분석

① 인과관계 예측 모델 구축

이제 반영하기를 시작한다. 매트릭스 디스플레이에 언급된 연관성을 어떻게 의미 있는 설명 네트워크 모델로 변형하고 통합할 수 있는가? 지금까지 분석은 주로 변수 지향적이었다. 프로세스 지향적인 네 가지 경험 법칙을 적용해 보았다.

- 일시적으로 모델 정렬하기: 어떤 변수가 처음에 발생했는지, 실행 중에 발생했는지, 이를 통해 초기 결과인지, 이후의 결과인지 배울 수 있다.
- 다른 변수에 직접적으로 **영향**을 미칠 것으로 예상되는 변수를 고려해야 한다.
- 사례 참여자의 설명 확인하기: 그들은 어떤 인과관계가 있다고 주장하는가? 현장노트를 참조하라.
- 인과관계와 그 결과에 대해 가능한 **연구**와 **이론**이 무엇을 의미하는지 고려하라(이 경우에 구현 및 개별 학습 이론에 대한 과거의 연구는 변수 간의 관계를 제안할 수 있다).

이 규칙을 사용하면 한동안 생각을 해야 한다. 다른 네트워크 디스플레이와 마찬가지로 색인카드나 '스티커 메모'에 변수를 넣고 다양한 구성으로 변수를 이동시키며, 그럴듯하고 합리적인 연결을 보게 된다. 사용자 친화적인 CAQDAS 그래픽 소프트웨어를 사용하는 경우, 이를 사용할 수 있다. [그림 10-1]은 마침내 우리 자신의 프로세스에서 나온 모델을 보여 준다. 그 내용을 살펴보면 다음과 같다.

첫째, 분석가는 혁신의 세 가지 **구현** 요건이 구현되었을 때 논리적이라고 결론 내린다. 따라서 그 분석가는 혁신 크기/범위, 교실/조직 적합성, 필요한 연습 변경을 사용자 이력의 일부로 배치한다.

〈표 10-6〉 매트릭스에서 우리는 가장 쉽게(그러므로 아마도 가장 초기의) 변경해야 할 것들이 교실의 일상생활임을 제안할 수 있다. 분석가는 순간을 반영하고 사례 자료를 검토하면서 마술이 아닌 프로젝트 조직의 형태와 교실에서 수행되는 방식에 따라 일상생활이 변경되고 있음을 깨닫게 된다. 그래서 초기에 즉각적인 **일상생활 훈련**은 변경 사항이 반영된다. 그 모델은 계속 성장하고 있다.

행정부의 관리 압박은 어디에 놓아야 하는가? 그것은 주로 현장노트들이 보여 주듯이, 초기 도입 과정에서 발생한다. 분석가들은 그것이 **일상생활 훈련**에 직접적인 영향을 미

〈표 10-6〉 예측-결과-매트릭스: 이용자 실천 변화의 예측 인자

변화의 정도	필요한 연습 변경	프로젝트 크기/범위	교실/조직 적합성	초기 구현 요구 사항@	시행 중의 일반적인 태도	행정적 압력: 직접적, 강력한 무장	행정적 압력: 간접적, 보강, 강화
			높은 변화				
마세파 (E)	주요	대	중/좋음	14	+	높음	높음
플리밋 (L)	중간-주요	대	좋음/안 좋음#	12	+	낮음	높음
			중간 변화				
베인스타운 (E)	주요	소/중	중	10	+	보통	높음
틴데일 (L)	주요	대/중	중	12	+	높음	높음
카슨 (L)	주요	대	중	13	+	낮음	높음
페리-파크데일 (E)	중간-주요	중	중	10	+	낮음	낮음/보통
			중간-낮은 변화				
캄스틴 (E)	중	소	안 좋음	9	+	보통	보통
리도 (E)	중	소	중	7	+	낮음	보통
			적은 변화				
메른 (E)	적음	소	좋음	3	+	낮음	보통
던힐로 (L)	적음	소	안 좋음	7	–	보통	낮음
프로빌 (L)	적음	중	중	7	–	보통	보통
아스토리아 (E)	적음	소	좋음	3	+	낮음	낮음

(E) = 외부에서 개발된 혁신

(L) = 지역적으로 개발된 혁신

° = 사용자의 관습적인 교육 실습과 초기 사용 시 혁신이 필요한 실습 간의 불일치

= 사용자에서 좋은 성적을 받으며, 입학이 필요한 가난한 학생들

@ = 처음 3열의 5점 척도의 합

출처: Miles & Huberman (1994).

친다고 설명한다. 강력한 무장 및 과다 충전은 즉각적인 시행을 보장한다(이전의 교육 구현 연구는 이 연계를 지원하는 경향이 있어 모델의 예측 구성요소의 강도에 기여한다).

분석가는 또한 **행정부의 압력**이 약하며, 나중에 영향을 미친다고 주장한다(점선으로 제시). 그것은 강력한 무장과 권유를 통해 **혁신 자체에 대한 긍정적인 태도**를 장려하고, 사용자가 다른 과목과 직무로 학습 내용을 이전할 가능성을 높인다.

② 초기(T1)에서 후기(T3) 구현

실제로 처음 사용자가 변경되면, 우리가 [그림 10-1]에서 언급된 '더 깊은' 결과를 다른 사람에게 알릴 수 있는 합리적인 모델은 무엇인가? 거의 확실하게 선형 사슬이 아니라 네트워크이다. 우리는 교사의 후속 유형이 서로 영향을 줄 수 있는 방법을 고려해야 한다. 다시 한 번, 네 가지 규칙이 적용된다. 분석가는 이전의 관련 디스플레이의 변수와 결과를 경험적으로 사용한다.

분석가는 이전의 전시 및 현장노트에서 교사의 경험을 토대로 프로젝트를 일상생활의 레퍼토리로 확장(즉, 교사는 그들이 알고 있는 새로운 방법을 가지고 있다)하도록 유도하였다고 추론하였다. 이 확장에서 혁신에 대한 긍정적인 태도가 나타났다.

이 두 가지 연습은 더 많은 결과를 가져온다. 확장된 레퍼토리로 인해 **관계 변화**(예: 다른 교사와 새로운 지식을 공유하려는 보다 많은 의지)가 생긴다. 교실 역동의 이해, 자신과 학생들의 역할, 그리고 경우에 따라 학교 및 지역 역학에 대한 교사의 이해를 심화시킨다.

마지막으로, 두 가지 레퍼토리 확장과 혁신에 대한 긍정적인 태도는 모두 **자기효능감**을 증가시킨다(즉, 나는 이 새로운 좋은 일을 하는 데 더 숙련되어 있으므로 전문적으로 나 자신에 대해 긍정적으로 느낀다).

성공적인 실행을 거친 후, **핵심 태도** 변화(예: "나는 유연함을 배우고 있다.")는 본질적으로 동료와의 교사 관계뿐만 아니라 학생 자신과도 관계가 있다. 분석가는 또한 **역할 구성** 변화(예: '구조화된' 교수법을 권위주의보다는 생산적으로 재개념화한다)가 본질적으로 기본 이해와 다른 과목 및 과제로의 성공적인 경험에서 비롯된 것이라고 제안한다. 이 모델 자체에서 전달은 주로 **자기효능감**에서 비롯된다. 자신의 역량에 대해 더 잘 느낄수록, 나의 새로운 아이디어와 관행을 내 일의 다른 측면에서 시도할 가능성이 높아진다.

이러한 모든 변수는 인과관계 예측 모델인 [그림 10-1]에 제시되어 있다. 최종 결과는 학교 개선 연구에서 인과관계 선을 신중하게 엮어서 비교할 수 있는 현장 및 상황으로 이전할 수 있는 가능성을 생각해 보아야 한다. 각 흐름은 시간에 따른 프로젝트 및 참여자에 대한 이야기이며, 융합의 포인트(또는 변수)는 상호관계의 상황이다. 인과관계 예측 모델의 구조는 '다음에 어떻게 될 것인가?'에 대한 시나리오로, 우리가 독자들에게 "이것이 일어난 것이다. 그리고 이것이 이 특정한 순서대로 일어난 이유이다."라고 말할 수 있도록 동반하는 서술을 대략적으로 설명한다. 이것은 우리가 이론을 제안하고 있음을 의미하며, **이론은 예측에 관한 것이다.**

③ 인과관계 예측 모델 개발을 위한 권고 사항

단순화 전략으로 전체 선형(W → X → Y → Z)인 하위 모델을 만드는 것이 도움이 된다(제9장의 인과관계 선에 대한 프로파일을 참조). 이는 역방향 접근법을 고려할 때 유용하다. 최종 결과로 시작하여 인과관계를 따라 추론해야 한다(원칙적으로 이 변화를 유도하기 위해 어떤 변수가 변경되어야 하는가?).

가끔은 변수 A가 가변적인 C로 이어질 수 있는 방법을 이해할 수 없어 막막한 경우가 종종 있다. 결과에 영향을 주는 하나 이상의 변수가 그림에 있어야 한다. **개입 변수 발견하기** 전략을 사용하여 A와 C 사이에 오는 변수 B를 생성한다.

다른 분석가는 다소 다른 인과관계 예측 모델로 나올 수 있다. 엄지손가락의 규칙은 다른 방식으로 가중치를 줄 수도 있고, 대체로 똑같이 매력적인 계정을 나타낼 수도 있다. 동료 및 참여자를 통해 '최종' 인과관계 모델을 검증하는 것이 가장 쉽다. 동료 및 참여자는 자신이 가정하고 있는 대안을 제시하고, 대안 보기를 제안할 수 있다[전략: **상반된 설명 확인하기(조사하기)**]. 지적이고 합리적으로 만족할 수 있는 인과관계 예측 모델이 주어지면 부당성 입증이나 수정이 필요한 증거를 위해 작성된 현장노트에 다시 한번 답을 해야 한다. 물론 인과관계 예측 모델의 실제 시험은 미래의 다른 설정에서 동일한 순서대로 일어난다.

(5) 노트

인과관계 예측 모델의 여러 버전을 기대할 수 있다. 색인카드나 스티커 메모는 디스플레이 디자인의 초기 단계에서 정말로 도움이 된다. 일단 상대적으로 설정되면 모델링 소프트웨어를 사용하여 디지털 표현 방식으로 전환해야 한다. 동료들에게 조언을 구하고, 너무 빨리 끝내지 마라. 현장메모를 반복적으로 반영하여 모델을 확인 및 시험하고, 확장해야 한다. **극단치와 극단적인 사례**의 경우는 보통 선행 매트릭스를 언급하면 도움이 된다. 확실하고 잘 이해된 사례가 모델에 적합하지 않을 때, 그 '도움이 되지 않는' 정보를 설명하려고 노력하는 것 대신에 그 정보를 수용하기 위해 **모델을 바꿔야** 한다.

3. 마무리 및 넘어가기

예측은 질적 탐구에서 실수할 수 있는 개념이지만, 우리가 할 수 있는 일과 예상할 수 있는 일에 대한 예측이 우리 연구 노력의 필수 결과이다. 엄격한 분석과 진술의 결과에 대한 신중한 반영이 이루어진 후에만 예측, 제안, 가설 및 이론화를 수행하는 것이 좋다.

우리는 디스플레이를 통한 질적 자료 분석의 방법에 대해 탐색, 묘사, 배열, 설명 및 예측의 5개 장을 완료하였다. 다음 장에서는 추후의 분석 작업을 위한 여러 가지 방법, 즉 결과의 진실성과 신뢰성을 보장하는 방법을 제시할 것이다.

제3부 분별하기

제11장 결론 도출 및 검증

장 요약

이 장에서는 원자료에서 의미를 발견하는 방법과 이미 발견된 연구 결과물들을 확인하는 추가적인 분석 방법을 제공하고자 한다. 이 장에서는 연구자의 분석 과정을 문서화하는 방법과 함께 연구 결과의 질을 평가하기 위한 기준이 제시된다.

내용

1. 서론
2. 의미 생성을 위한 전략
   1) 패턴과 주제에 주목하기
   2) 타당성 발견하기
   3) 군집화하기
   4) 은유 만들기
   5) 계산하기
   6) 대조와 비교하기
   7) 변수 구분하기
   8) 특수한 것을 일반화에 포함하기
   9) 요인화하기
   10) 변수 간의 관계에 주목하기
   11) 매개 변수 발견하기
   12) 증거의 논리적 연결고리 구축하기
   13) 개념적·이론적 일관성 형성하기
3. 조사 결과 테스트와 확증의 전략
   1) 대표성 점검하기
   2) 연구자의 영향 점검하기
   3) 삼각화하기
   4) 증거에 비중 두기
   5) 아웃라이어(극단치) 의미 점검하기
   6) 극단적 사례 이용하기
   7) 뜻밖의 발견 사항에 대한 후속조치
   8) 부정적 증거 찾기
   9) '만약-그렇다면' 검증하기
   10) 거짓 관계 배제하기
   11) 사본 찾기
   12) 상반된 설명 확인하기(조사하기)
   13) 연구 참여자들의 피드백 모으기
4. 결론의 질을 위한 기준
   1) 객관성/확실성
   2) 신뢰도/의존성/감사(監査) 가능성
   3) 내적 타당도/신뢰성/진정성
   4) 외적 타당도/이동성/적합성
   5) 활용성/적용성/행동방향(실행력)
5. 분석적 문서화
   1) 문제
   2) 삽화
6. 마무리 및 넘어가기

1. 서론

이 장은 이 책의 핵심적인 장이다. 이 장은 우리가 분석을 위한 도구로 묘사했던 디스플레이에 관한 것이다. 여러분은 디스플레이를 어떻게 사용할 것인가? 디스플레이를 활용해 작업할 때마다 항상 특정한 분석 **전략**의 흐름이 있다. 그 흐름은 진행 과정에서 사용한 결론을 그려 보고 확인하는 방법이다. 이러한 전략들은 앞선 장들에 **굵은 고딕체**로 이름 지어져 있다. 이제, 우리는 그 각각에 대해서 자세히 논의하려고 한다. 그런 다음, 우리는 여러분이 도달한 연구 결론의 선(善), 즉 '질'에 대한 질문으로 향한다. 이 장은 질적 분석의 문서화를 살펴봄으로써 결론을 맺는다.

창의성 학자 켄 로빈슨 경(Sir Ken Robinson)은 설득력 있는 주장을 하는 것에 대해 다음과 같은 경고성 조언을 하였다. "자료가 없이는, 여러분은 단지 의견을 지닌 또 다른 사람일 뿐이다." 우리는 다음과 같이 덧붙인다. "증명 없이는, 여러분은 단지 직감이 있는 또 다른 연구자일 뿐이다."

2. 의미 생성을 위한 전략

이 절에서는 디스플레이의 특정 자료 구성에서 의미 생성을 위한 열세 가지의 구체적인 전략을 논의한다. 대개 우리는 직면하고 있는 일반적인 분석 상황을 기술하고, 전략을 설명하고, 하나 이상의 예시를 제시하며, 때로는 이전 섹션(**굵은 고딕체**로 표기된 전략 부분)을 다시 언급한다. 우리가 조언을 수집할 수 있다면, 그것 또한 제시할 수 있다. 그러나 이 전략들의 진정한 검증은 실제로 사용하며 확인할 수 있다.

사람들은 의미 발견자와 의미 결정자이다. 그들은 혼란스러운 사건들을 이해할 수 있다. 우리의 균형은 이러한 기술에 의해 결정된다. 여기서의 중요한 질문은 여러분이 질적 자료에서 찾아낸 의미가 신뢰할 수 있는 것인지, 그리고 '올바른' 것인지에 대한 것이다. 그다음 단계는 의미 확인 또는 테스트하기, 편견 최소화하기, 그리고 결론의 질을 보장하기 위해 당신의 최선을 다할 전략들을 논의하는 것이다.

첫째로, 여기 의미 생성을 위한 ①부터 ⑬까지의 간략한 전략이 있다. 이 전략들은 기술적인 것에서부터 탐색적인 것으로, 구체적인 것에서 개념적이고 추상적인 것으로 배열하였다.

　① **패턴과 주제에 주목하기**, ② **타당성 발견하기**, ③ **군집화하기**, ④ 연구자들이 '무엇이 무엇과 함께 가는지'를 파악하도록 돕는 **은유 만들기**는 앞의 세 가지 전략처럼 다양한 자료 조각 간의 통합을 더 향상시키는 방법이다. ⑤ **계산하기**는 '무엇이 저기에 있는지'를 보는 익숙한 방법이다.

　⑥ **대조와 비교하기**는 논점을 더 분명히 이해하기 위한 보편적 전략이다. ⑦ 변수 분할과 마찬가지로 **변수 구분하기**도 때로는 필요하다.

　우리는 또한 사물들과 그것들의 관계를 더 잘 이해하기 위한 전략을 필요로 한다. 이러한 전략으로는, ⑧ **특수한 것을 일반화에 포함하기**, 양적 방법과 유사한 ⑨ **요인화하기**, ⑩ **변수 간의 관계에 주목하기**, 그리고 ⑪ **매개 변수 발견하기**가 있다.

　결론적으로, 어떻게 체계적으로 자료를 정리해 모을 수 있을까에 대해 논의된 방법으로는, ⑫ **증거의 논리적 연결고리 구축하기**, ⑬ **개념적·이론적 일관성 형성하기**가 있다.

1) 패턴과 주제에 주목하기

　여러분은 텍스트 또는 초기 디스플레이 작업을 할 때, 자주 반복되는 패턴, 주제 또는 '형태(gestalts)'에 주목할 것이다(분리된 많은 자료를 정리할 때).

　학교 개선 연구에서 나타난 참고할 만한 몇몇 패턴 예시는 다음과 같다.

- 프로젝트의 설명이나 타당성으로 '기적 사례'를 자주 인용함
- 고등학교 직원 집단의 문제를 해결하는 스타일로서의 '심도 있는 대처'
- '관리상의 자유'의 사용—그것을 시도한 대가로 혁신을 바꾸는 자유

　여기에 어떤 종류의 패턴이 있을 수 있는가? 대개 우리는 범주 안에서 유사성과 차이점이 수반되는 변수의 패턴과 한정된 맥락 안에서 시공간의 연결을 수반하는 과정의 패턴을 기대한다.

　사례 수, 그리고/또는 자료 과부하가 심각할 때 패턴을 발견하는 것은 매우 생산적일 수 있다. McCammon 등(2012)은 수집된 234부의 개방형 설문 조사를 분석하였다. 패턴은 혼합 연구 방법을 통해 30개의 범주로 구성되었다. 그리고 그 범주들은 3개의 주

요 주제로 합성되었고, 이후에는 1개의 주장으로 정리되었다.

인간의 마음은 거의 대부분 패턴을 직감적으로 찾는다. 어떤 조언도 구할 필요가 없다. 그러나 패턴은 이렇게 단순하게 일어나지 않는다. 우리는 재발생하는 현상에 대한 관찰로부터 패턴을 구성해야 한다. 중요한 점은 ① 동일한 패턴에서의 추가적 증거를 발견할 수 있어야 하며, ② 부정적 증거의 출현에도 여지를 남겨 두는 개방적 자세를 유지하는 것이다. 패턴은 유용한 지식을 나타낼 수 있기 전에 **회의론**의 대상이 될 필요가 있고(자신에게든 다른 사람에게든), 개념적·실증적 테스트(패턴이 정말 개념적으로 만들어졌는가? 우리는 그것을 예상하는 자료를 다른 곳에서 찾을 수 있는가? 반례는 없는가?)를 받아야 한다.

2) 타당성 발견하기

분석을 수행하다 보면 어떤 결론은 상당히 타당한 것처럼 보일 때가 있다. 조리 있고, '적절하기도 하다'. 그러나 동료가 여러분에게 그 결론에 대한 근거를 묻는다면 여러분의 즉각적인 대답은 "확실하지는 않지만 느낌상 그 결론이 맞는 것 같습니다."와 같을 수 있다. 많은 과학적 발견은 처음에는 외관상 그럴듯하게 보이는 것들로 나타났다. 그러나 과학의 역사는 포괄적이고 직관력에 의한 깨달음으로 채워지고, 그 후에 고된 타당화 작업을 통해 진실로 밝혀진다.

사람들은 심지어 아주 무질서해 보이는 자료에서조차 어떤 의미를 찾고자 하는 의미발견자이다. 어떤 패턴은 무작위 자료 속에서 발견되기도 하는데, 이는 숫자에 빠져 있는 사람들의 연구 활동과 같다[영화 〈π〉 〈뷰티풀 마인드(A Beautiful Mind)〉 〈넘버 23(The Number 23)〉을 보라]. 따라서 '개연성'은 결론에 뛰어들 준비가 된 분석가에게는 쉬운 피난처가 될 수 있다.

수행했던 분석 작업을 문서화하는 동안 '개연성'에 대한 근거를 부여하고 있는 우리 자신의 모습을 쉽게 발견하게 되는데, 특히 분석 초기 단계에서 그렸던 결론에 대한 개연성의 근거를 부여하고자 하였다. 개연성은 거의 언제나 초기 단계에서 형성되는 강한 확신과 같은 느낌이며, 결론에 이르기 위해서는 여러 방법을 통한 지속적 검증이 필요한 것으로 알려졌다. 이런 점에서 개연성은 일종의 **지침서**와 같은 것으로, 작업에 참여한 분석가들로 하여금 표면적으로는 논리적이고 합리적으로 보이는 '결론'에 관심을 갖도록 한 것이다. 그러나 그것이 실제적인 '근거'에 기반한 것이었던가?

여기 간단한 예시를 들어 보자. McCammon 등(2012)은 남성과 여성이 고등학교 때의 예술적 경험에 대해 다르게 반응하는지 관찰하기 위해 **성별**에 따라 설문 조사 자료를 분석하였다. Saldaña는 그의 이전 연구 참여자들의 응답 경향에 근거하여 성별 간의 큰 차이점이 있을 것이라고 가정하였고, '확신'하였다. 그러나 자료를 분석한 후, 성별 간의 '큰' 차이점은 발견되지 않았다. 단지 여성은 기억하고 남성은 기억하지 못하는 경험의 미세한 차이가 있었을 뿐, 예상하였던 차이점은 자료에서 나타나지 않았다. Saldaña는 심지어 '이것은 맞지 않다.'는 생각을 하였고, 질적 자료를 재분석 기술에 적용—**계산하기** 및 **대조와 비교하기**의 새로운 방식을 자료에 적용—하였다. 그러나 어떤 새로운 것도 발견되지 않았다(사실상 가장 흥미로운 차이점은 연령 세대와 같은 다른 계층에서 발견되었다).

즉, 교훈은 다음과 같다. "여러분의 '개연성'의 본능을 믿으라. 그러나 그 개연성의 본능과 사랑에 빠지지는 말라. 초기 단계에서 얻은 결론은 가급적 다른 결론 노출과 확인을 위한 방법들을 거치도록 해야 한다."

흔히 신뢰성 있는 방법일수록 '개연성'의 결점을 찾게 해 준다. 어떤 결론에 대해 누군가 '말도 안 된다'며 반박한다면, 그 결론은 제외하는 것이 안전하다(물론 반드시 그렇지는 않을 수도 있지만). 반직관적이거나 모호한 발견은 때때로 놀라울 만큼 고무적이고 내용이 풍부하여 있는 그대로 채택하기도 한다(**뜻밖의 발견 사항에 대한 후속조치** 전략은 곧 다루게 될 것이다).

분석 작업 중 도출된 대부분의 결론은 내용에 근거하며, 실제적이다. 그러나 분석가들은 거기서 끝내지 않고 계속 **절차상**의 결론을 도출한다. 분류 매트릭스의 행렬 순서를 바꾸는 작업, 특정 열의 추가 혹은 삭제, 자료를 요약표로 마무리하는 작업, 자료 입력에 대한 결정 규칙의 변경 등의 작업이 수행된다. 절차적 결정을 기록하고 보고하는 것은 중요하다(최종 매트릭스, 중요한 결정 규칙 등).

3) 군집화하기

일상 속에서 우리는 모든 사물을 종류 및 범주로 분류한다. 움직이지 않으나 자라는 사물은 '식물'로 분류한다. 움직이며 새끼를 갖는 부류는 '동물'로 칭한다. 또 움직이며 4개의 바퀴가 있고, 화석 연료나 전기에 의해 달리는 엔진이 있으며, 사람들을 운송하는 사물은 '자동차'라고 부른다. 대부분의 범주를 정의할 '바퀴' '엔진' '새끼'와 같은 다른 범주가 필요하다.

다음 단계는 무엇을 한 군집이라고 할 것인지를 찾아내는 일이다. 예를 들어, 수백 장의 인터뷰 전사록(축어록)과 현장노트를 한 페이지의 매트릭스 또는 네트워크로 변형하는 작업을 자료 '압축'이라고 부른다. 그러나 다른 이들에게는 자료 '추출' '합성' '추상화' '변형', 그리고 심지어 불쾌하게도 자료 '축소'라고도 일컬어진다. 다른 단어와 과정으로 표현됨에도 불구하고 그것들이 의미하는 바는 어느 정도 동일하다. 우리는 그것들을 군집화하고, 그것들을 모두 대표할 수 있는 하나의 단어나 구절을 배치해야 한다. 앞의 6개의 단어 중 하나를 그것들을 대표하는 단어로 선정해야 하는가? 혹은 6개의 단어의 완전히 새로운 상위 라벨을 구성해야 하는가? (이 과정에서 유의어 사전은 도움이 된다. 그러나 궁극적으로 그것은 분석가로서 여러분의 결정이다.)

우리가 패턴 발견자인 것처럼, 우리는 군집화를 만드는 사람들이기도 하다. 우리는 편안함과 안전함을 느낄 수 있도록 우리 삶의 방대한 것의 집합체들을 범주화하고 조직화한다. 역할, 규칙, 관계, 일상, 의식은 패턴화된 행동 군집이다. 어떤 것들은 일반적으로 습관이라고도 분류된다(Duhigg, 2012). 군집화는 다음과 같은 다양한 질적 자료 관점에서 활용될 수 있는 기술이다. 사건 또는 행동, 개인 참여자, 과정, 현장 · 세팅, 사례 전체 또는 특정 부분, 시간별 등이다. 모든 사례에서 우리는 **집단화**를 통해 어떤 하나의 현상을 더 잘 이해하고자 시도한다. 그 후에 유사한 패턴과 특성을 갖는 것들끼리 **개념화**하는 것을 시도한다.

그러나 가끔 군집화는 항상 상호 배타적이지는 않으며, 공통된 부분이 나타날 수도 있다. 예를 들어, 학생의 대부분은 학부나 대학원 과정에 있다. 이것은 충분히 쉽다. 그러나 학부생들의 전공은 무엇인가? 이것은 복잡하다. 어떤 학생은 사회복지학과 종교학을 복수 전공하고 있다. '그리고' 그는 동시에 우등학생 명단에 올라가 있다. 그렇다. 그는 남학생이고 동성애자이며, 히스패닉계 사람이다. 그리고 1세대 대학생이다. 삶은 보이는 것처럼 그렇게 깔끔하게 경계되어 있거나 구분되어 있지 않다. 분석가들이 과정이나 활동 장면, 일련의 사례의 군집화 작업을 함에 따라 그 작업은 더욱 복잡해지고 범위가 확대된다. 그것은 사물을 '동물'과 '식물'로 분리하는 작업처럼 단순한 작업(오해의 소지가 있을 수는 있지만)에서 바퀴가 달린 모든 물체(자동차, 트럭, 골프카트, 비행기, 스키 리프트, 바닥 닦는 기구)를 명확히 구별되는 군집으로 분류하는 복잡한 단계로 점점 확장된다. 군집화는 함께 속하는 것으로 보이는 것들을 분류하기 위한 최고의 시도이다.

여기 몇 개의 추가적인 예시가 있다.

연구 참여자들에게 초점을 맞추고, 우리는 고등학생들에게 학교에서 보았던 패거리의 이름을 물어보았다. 그들은 '프레피' '운동을 많이 하는 남자아이들' '고스' '스케이트 타는 사람들' '밴드 아이들' '수학 괴짜들' '치어리더들' 등으로 군집화하였다.

과정의 관점에서 지연된 혁신 수행의 문제를 극복하는 활동에 대해 군집화를 하였다. '희망 갖기' '개선' '수정' '다듬기' '통합' '적용' '확장'과 같이 집단화하였다. 과정들은 동명사 형태에서 가장 잘 확인된다.

과정과 구(句)의 관점에서 또 다른 예시로 교사와 관리자의 직업 이동성을 살펴본 결과, 이 범주를 다음과 같이 쉽게 구분할 수 있었다. 부서 '전입' '전출' '승진' '전입과 승진' '전출과 승진' '자리 이동' 등과 같다.

활동 장면 등을 군집화하는 것 또한 가능하다. 학교를 예로 들면, 사람들의 상호 교류의 군집에 따라 장소를 다음과 같이 분류할 수 있다.

• 정규 교육 활동(교실, 체육관)
• 비정규 교육 활동(도서관, 동아리방)
• 정규 성인 교육(회의실, 사무실)
• 정규 성인 사교 활동(교사 구내식당, 화장실, 복도)
• 혼합(매점, 운동장)

한편으로, 군집화는 상위 추상 개념으로 이동해 가는 일련의 과정이라고 볼 수 있다(이 장의 후반부에 나오는 **특수한 것을 일반화에 포함하기** 참조).

이상의 예시를 통해 군집화는 귀납적 분류 체계 형성 과정, 그리고 반복적인 분류의 활동—사건, 인물, 과정, 배경, 지역—에 붙여진 일반적 명칭임을 알 수 있다. 비교적 덜 복잡한 수준의 대상에 대한 분류 작업(사건, 참여자 등)에서 군집화 기술은 전형적으로 집계나 비교(서로의 유사점 혹은 차이점은 무엇인가?)가 된다. 그리고 속성 코드의 생성 및 활용과 밀접하게 관련이 있다.

군집화 기술은 완벽히 스스로 발견될 필요는 없다. 내용 분석, 코딩, 범주화 기술은 질적 자료의 군집화와 결합 작업에 매우 도움이 되는 전통적 기법이다(Richards, 2009; Saldaña, 2013; Schreier, 2012).

4) 은유 만들기

연구는 오로지 사실의 것, 문자적 기술에 초점을 두어야 하며, 그 후 신중한 해석과 의미 발굴을 감행해야 한다는 개념은 지적 빈곤과 불행을 초래하였다.

이 문장 자체는 은유로 채워져 있다(신중한 모험, 가난, 불행). 수사법 또는 문학적인 기교의 주 형태로 인식되는 은유는 2개의 사물에 대해 그 유사성을 비교하거나 차이점을 무시하는 과정을 거친다. Morgan(1980)이 언급했듯이, 권투선수를 '링 위의 호랑이'라 부름으로써 사나움, 기품, 힘을 환기시키고, 줄무늬, 송곳니, 네발 등의 이미지를 준다. 그러므로 은유는 '부분 추상화'이다.

우리가 연구하는 사람들은 그들의 경험을 조리 있게 설명하는 방식으로 은유법을 꾸준히 사용한다. 우리 또한 우리의 자료를 조사하면서 그렇게 한다. 요지는 '은유법을 분석 방법으로 사용할 것이냐'에 있는 것이 아니라, 아마도 '우리와 연구 대상자들이 그것을 어떻게 사용하는지 인지하는 것'에 있어야 할 것으로 생각한다.

예를 들어, 여러분이 성장한 자녀를 둔 누군가의 인터뷰를 보며 '빈 둥지'를 언급하고 있음을 깨달았다고 가정하자. 실제로 여러분은 그 은유를 통해 여러 내용에 관해 빗대어 말하고 있는 것이다. '둥지'라는 중요한 환경 조건, 다 커서 날아가 버리고 이제는 비어 있는 그 개체를 갈망하는 애정 어린 양육, 둥지가 비워질 때까지 수많은 세월 동안 이어진 양육에 대한 감사의 마음 등을 은유를 통해 언급하고 있는 것이다. 그러나 여러분은 둥지 자체는 의미 있는 것이 아니고 무시될 수 있다고 가정하고 있을 수 있다. 그러면서 그 둥지가 새로운 새끼에 의해 채워질 것은 전혀 생각하고 있지 못하면서 말이다.

어쨌든 은유법의 '풍부함과 복합성'은 유용하다. '빈 둥지'의 은유는 단순히 '자녀와의 분리에 대한 모성의 불안'과 같은 하나의 변수가 줄 수 있는 것 이상의 것으로 우리를 이끌어 간다. 우리가 사용하는 은유는 새로운 이론적 가능성들을 보도록 이끌어 준다(예: 아마 개인의 사회화가 약하다면 아동은 퇴보할 것이다).

은유의 또 다른 가치는 무엇일까? 은유는 '자료 축소 도구'와도 같다. 즉, 여러 개의 개별 개체를 취하여 하나의 일반화된 개체로 만들어 낼 수 있게 해 준다. 예를 들면, '속죄양'의 은유를 통해 집단의 규범, 변절자의 처리, 사회의식, 사회적 합리화와 같은 사실에 관한 통합된 개념을 이끌어 낼 수 있다. 이러한 기능은 당연히 무시될 수 없는 것이다. 정신분석 연구자들은 산더미처럼 쌓여 있는 현장노트를 보며 분석의 다양한 통로는 열어 둔 채 그 많은 양의 정보를 축소해 줄 수 있는 어떤 장치라도 있다면 감사할 것임을 알 수 있다.

은유는 또한 **패턴 형성 도구**이다. 적어도 우리나 우리가 연구하는 대상의 사람들에게 는 말이다. 예를 들면, 학교 개선 연구에서 다음과 같은 표현을 보았다. 보충학습실은 그곳으로 보내진 학생들에게는 그 순간만큼은 '오아시스'와 같은 곳이다(한 교사가 그 단 어를 사용하기 시작했고, 그 후 어떤 패턴을 발견하게 되었다). '오아시스' 은유는 개별적 단 위 정보를 하나로 묶어 준다. 큰 단위의 학교는 사막과도 같이 거칠기 마련이다. 이때 보충학습실은 학생들이 쉴 수 있을 뿐 아니라 양분(즉, 학습)을 공급받을 수 있다. 또 어 떤 재원은 '사막의 물과도 같이' 매우 풍부한 곳이 된다. 그러한 은유는 또한 더 큰 문맥 에 적힌 패턴을 제출하는 것을 돕는다(여기서는 거칠고 적은 학교 양분).

은유는 또한 **중심에서 벗어나게 하는 매우 훌륭한 도구**이기도 하다. 여러분은 현장의 관찰과 대화의 장에서 한 발 뒤로 물러서서 "도대체 무슨 일이 일어나고 있는 거야?"라 고 말할 것이다. 은유는 현상에 대해 간단히 묘사하고 서술하지 않을 것이기에 조금 더 추론적이고 분석적인 단계로 한걸음 더 나아가야 한다. 보충학습실은 진짜 오아시스처 럼 보이지는 않을 것이다. 그리고 대부분의 사람은 오아시스로 묘사하지도 않을 것이 고, 또 야자나무 밑에 있는 지친 유목민처럼 행동하지도 않을 것이다.

마지막으로, 은유 혹은 유추는 **'발견한 것을 이론으로 만드는 연결고리'**가 된다. '오아시 스'의 은유는 여러분으로 하여금 학교들이 어떻게 스트레스를 줄이고 또는 낙오자를 고립함과 동시에 교육하는 보상 제도를 개발하는지를 생각하게 할 것이다. 혹은 여러 분은 조금 더 일반적으로 사회 통제 제도를 고려하기 시작할 것이다. 은유적인 생각은 이성과 상상력을 아주 효과적으로 일치시킨다. Lakoff와 Johnson(1980)의 『삶으로서의 은유(Metaphors We Live By)』는 이 주제의 필독서이다.

은유는 경험적 사실로부터 그 사실의 개념적인 **중요성**으로 가는 중간 지점이다. 은유 는 의미를 부여하는 기본적인 사회적 과정 도중에 여러분을 자극하고 이해시킨다. 은 유를 만드는 사람들을 위한 몇 가지 조언이 여기 있다.

- 여러분 스스로 혹은 여러분의 연구에 참여한 다른 사람이 완전히 깨닫지 못한 상 태에서 사용하고 있는 은유는 피하라. 함축적인 의미와 더 명백한 조사 및 실험을 위하여 더 깊이 파고들어야 한다.
- 연구 초기에 전체를 포괄하고자 하는 은유를 찾는 것은 위험한 일이다. 그것은 현 장 조사에 대한 집중을 흐리게 할 것이다. 그것은 여러분의 연구의 의미를 조여 오

는 경솔한 판단으로 이끌 것이다. 여러분은 주위를 덜 돌아보기 시작하게 될 것이고, 기껏해야 희미한 연관성을 갖는 것들을 은유에 사용하게 될 것이다.

- 적극적인 인지 활용 자세는 은유를 창조하는 데 도움이 될 것이다. 여러분 자신에게 다음과 같은 질문을 던져 보라. '만약 지금 이 중요한 특징을 묘사할 단어가 두 단어밖에 없다면 그것은 무엇일까?' 혹은 '어떤 느낌일까?' 여기서 중요한 것은 외연적인 것에서 내포적인 것으로 바꾸는 것이다. 사회적인 것이나 사적인 것 대신에 생물학적이거나 기계적이거나 공간적인 영역으로 눈을 돌려 은유를 찾도록 하라.
- 상호 작용은 도움이 된다. 집단은 입력을 증가시키거나 새로운 각도로 보거나 활발히 생각하는 환경을 제공함으로써 집단 구성원의 생각을 자극한다.
- 은유에서 적절한 엑기스를 짜내기 위해 언제 멈춰야 할지를 아는 것도 중요하다. '오아시스'가 낙타를 갖기 시작하면서 낙타 운전자, 시장, 모래폭풍 등 너무 멀리 갈 수도 있다. 너무 과장해서 은유하지 말고 적당한 때에 멈춰야 한다. 은유로 비교된 두 가지는 항상 차이점이 있다는 것을 기억하라.

질적 분석에 이용할 수 있는 다른 문학적 장치들이 있다. 예를 들어, 아이러니(반대편에서 바라보면 때로는 부조리하고 모순되는), 제유(사례들을 더 큰 개념으로 연결하는) 및 환유(어떤 사물을 그것의 속성과 밀접한 관계가 있는 다른 낱말을 빌려서 표현하는)가 있다. Gibbs(2007)는 로맨스, 비극 및 기타 문학 장르가 어떻게 이야기 탐구에 효과적으로 사용될 수 있는지를 설명한다.

5) 계산하기

질적 연구에서 숫자는 무시당하는 경향이 있다. 결국 질적 연구의 특징은 중요한 질에 대해 양적인 설명을 능가한다는 것이다.

그러나 여러 번의 계산을 거쳐야 질에 대한 평가가 내려진다. 패턴이나 주제를 확인할 때 보통은 반복해서 발생하고, 끊임없이 일관되게 일어나는 것들을 배제하기 마련이다. '발생 빈도'와 '일관성'은 계산에 근거한 것이다. 일반화할 때 우리는 수많은 개체를 모으고, 거의 무의식적으로 어떤 개체가 빈도가 높은지, 중요한 의미를 갖는지, 동시에 발생하는지 등을 결정한다. 우리가 어떤 것이 '중요하거나' '더 의미 있거나' '빈번하다고' 할 때, 이러한 평가는 계산하기, 비교하기, 가중치 적용하기 등의 방법을 사용한다.

따라서 질적 연구에서 우리는 종종 계산하며, 빈도를 가지고 의식적으로 연구하는 것이 좋을 때와 **그렇지 않을 때**를 아는 것이 굉장히 중요하다.

숫자로 분류하는 것이 좋은 이유는 다음과 같다. ① 많은 분량의 자료에서 무엇이 있는지를 빨리 볼 수 있고, ② 직감이나 가설을 검증할 수 있으며, ③ 편견에서 벗어나 분석적으로 다가갈 수 있다.

(1) 여러분이 가진 것 보기(결과 보기)

앞에서 말했듯이, 숫자는 단어보다 더 경제적이고 다루기가 쉽다. 분포 상태를 봄으로써 일반적인 자료들의 경향을 더 쉽고 빠르게 '볼 수 있다'. 예를 들어, 학교 개선 연구에서 우리가 연구하고 있는 새로운 학교 제도를 왜 사용하고 있는가를 물었을 때, 우리는 12개의 현장에서 많은 사람으로부터 수많은 대답을 들을 수 있었다. 많은 사람은 이 프로젝트에 자발적으로 뛰어들기보다는 약간은 강제적으로 동원된 듯 보였다. 더 정확히 보기 위해 대답의 내용을 분석하고 합산하여 〈표 11-1〉의 결과를 유추하였다.

62%의 응답자가 강요나 강제를 언급한 것으로 나타났다. 그리고 반직관적으로 아주 소수의 혁신안만이 문제 해결을 위해 채택되었다. 또한 거기에는 일반적인 '직업적인 발달·능력 증진'의 주제(도전, 프로젝트의 구체화, 전문적인 성장)가 있는 것을 볼 수

〈표 11-1〉 사용자의 사용 이유

이유/동기	응답자 수 언급된 항목(N=56)
행정적인 압력, 제한	35
교실실습의 혁신(새로운 자원, 현재의 실습보다 상대적으로 유리)	16
참신함, 도전정신	10
사회적으로(동료의 영향)	9*
프로젝트를 구체화하는 기회	5
전문적인 성장	5
더 나은 작업 환경	3
문제 해결	2
보너스 보수	1
합계	86

*한 현장에서 7명이 대답함

출처: Miles & Huberman (1994).

있다. 그 주제를 보고 '강제적인' 동기의 중요성을 평가하고, 드문 문제 해결 동기를 주의하는 것은 모두 도움이 되었다. 우리는 전반적인 경향을 보았고, 몇몇 새로운 방법을 얻었으며, 약간의 예기치 않은 차이를 보았다. 이 모든 조사 결과는 비정량 분석에 큰 도움이 된다.

(2) 가설 증명하기

McCammon 등(2012)은 고등학생 때의 예술적 경험이 성별에 따라 어떠한 차이점이 있는지를 혼합 연구 방법 조사로 실험하였다. Saldaña는 성별에 따른 차이가 있을 것이라고 가정하였다. 4점이 '강한 동의'를 나타내는 척도로 조사한 결과, '나는 내 고등학교 연설·연극 참여의 좋은 기억을 가지고 있다.'는 문항에 대해 여성의 응답 평균은 3.85점이었고, 남성의 응답 평균은 3.93점으로 나타났다. 그러나 T 검증을 통한 수치를 계산하였을 때, 두 평균값 사이에 통계적으로 유의미한 차이점은 발견되지 않았다 (p < .05). 그리고 여성과 남성의 인터뷰 내용을 질적 내용 분석하였을 때도 커다란 차이점을 발견하지 못하였다. 이렇듯 통계적 연산 형태의 계산하기 방식은 가설의 부당성을 증명하고, 조금 더 신뢰할 만한 분석을 만들어 냈다.

(3) 분석적으로 다가가기

우리는 시작부터 직업이 학교 개선 프로젝트에 중요할 것으로 기대하였다. 더 많은 자료를 얻을수록, 새로운 영역을 '개척하는 것'은 안으로, 밖으로 또는 위쪽으로(드물게는 아래로) 움직이는 수단임을 더더욱 알게 되었다. 이러한 발견은 중요하고 토론의 여지가 있으며, 우리가 기대한 결과였을 것으로 보였다. 그래서 우리는 실제로 직업 이동의 수를 세어 보았고(12개의 현장에서 63번), 얼마나 많은 사람이 그것을 혁신의 덕으로 생각했는지를 평가해 보았다(83%). 그 후에 우리는 우리의 주장에 대하여 훨씬 더 편하게 느꼈다. 예를 들면, 직업 관련 이동 중 단지 35%가 우리의 초기 생각과는 반대로 상승하는 것으로 보였다.

질적 연구를 하는 사람은 어느 정도는 통찰력과 직관에 의해 일한다. 밝게 빛나는 순간도 있다. 상황들은 '함께 온다'. 문제는 우리가 틀릴 수도 있다는 것이다. 숫자의 도움으로 모든 자료를 질적 분석하는 것은 가능한 편견을 검사하고, 우리의 통찰력이 얼마나 확고한지를 볼 수 있는 아주 좋은 방법이다.

6) 대조와 비교하기

비교가 꺼려지는 것일지라도, 질적 자료 디스플레이를 보는 것을 포함하여, 우리의 삶의 경험에서 비교를 직면하였을 때는 자연스럽고 신속하게 적용해야 한다. X와 Y는 어떻게 다른가? 비교는 예로부터 전통적으로 결론을 검증하는 방법이다. 우리는 어떤 중요한 면에서 차이를 보인다고 알려진 두 자료 세트—사람, 역할, 활동, 사례—에 대해 대조 혹은 비교를 하게 된다. 이것은 전통적인 발견적 '차이법'이다. 이전 장들에서 언급했던 우리의 선행 작업들에서의 몇 가지 예를 들어 본다.

- 대조표는 범위의 극단적인 범위에서 '높음'에서 '낮음'으로, '낮음'에서 '부정'의 정도까지 사용자의 변화를 보여 줌으로써 어떻게 모범적인 사례가 다른지를 보여 준다(〈표 6-17〉 참조).
- 성장 기울기 디스플레이는 하나의 축에 시간을 기록하고, 다른 축에는 각도를 기록해 시간에 따른 변화를 비교할 수 있다(그림 8-2] 참조).
- 예측-결과-영향-매트릭스는 사례를 높고 낮은 결과에 의해 정렬한다. 그리고 그 수단을 가능한 예측 인자의 영향을 조사하는 데 사용한다. 우리의 예시에서 비교는 작업 이행의 평탄함과 평탄치 못함에 대한 것으로 어떤 예측 인자가 '평탄한 사례'에는 있으나, '평탄치 못한 사례'에는 없는지 보여 주는 것이다(그림 10-2] 참조).

우리는 여러분이 비교한 것이 올바른 것인지, 그리고 그들이 타당한지를 확실히 할 것을 조언한다. 비교한 것을 디스플레이하기 전에 잠시 멈추고 생각하라. '차이점을 발견하기 전에 얼마나 큰 차이점이 있어야 하는가?' '어떻게 그것을 알고 있다고 생각하는가?' 여러분은 의존할 만한 통계적 유의성 검증을 가지고 있지 않다. 실제적인 중요성은 여러분이 무엇을 평가할 필요가 있느냐이다.

7) 변수 구분하기

차별화가 통합보다 중요할 때가 있다. 이것은 여러분이 분석을 하는 어느 시점에서 발생할 수 있다."음, 변수가 실제로 1개가 아니라 2개 또는 심지어 3개이다."
변수 구분하기 또는 변수 세분화하기는 분석 과정의 많은 부분에서 발생할 수 있다.

초기 개념화 단계에서 융통성 없이 단순함이라고 치부하기보다는 각각의 변수에 더 의의를 둔다. 예를 들어, 혁신 수행 '준비'의 일반적 변수를 사용자의 상태('참여도' '이해도' '기술')로부터 행정가에 의해 취해진 행동('시간 조정' '연수교육')의 유효성까지의 10개의 종속 변수 혹은 요소로 나눈다.

여러분이 매트릭스 형식을 설계하고 있을 때에도 '변수 구분하기'는 유용하다. 더 많은 구분은 여러분으로 하여금 그 방법을 사용하지 않았을 경우, 흐리게 되거나 묻힐지도 모를 차이를 보는 것을 가능하게 한다. 1개의 열로 결과를 나누는 것보다 2개의 열, 즉 단기 효과와 장기적 결과로 나누는 것이 더 도움이 될 수 있다.

변수 구분하기는 언제 이용하는 것이 좋은가? 첫째, 수미일관성이나 자료의 의미를 흐리게 하는 것을 피하기 위해 변수를 초기 단계(개념화, 코드화 단계)에서 나누라. 둘째, 변수가 개념적인 준거틀(혹은 다른 이용 가능한 자료)을 통해 여러분이 기대했던 것과는 달리 어떤 변수와 연관성을 갖지 않을 때에는 변수 분리를 하라.

마지막으로, 우리는 변수 구분이 본질적으로 유익한 것은 아님을 밝힌다. 극단적인 구분은 복잡하게 분해되는 것, 사건과 프로세스 간 매핑의 실패 등을 야기할 수 있다. 여러분이 변수를 나눌 때에는 일관되고 통합된 설명과 기술을 발견하는 것 안에 있어야 한다.

8) 특수한 것을 일반화에 포함하기

군집화는 하나의 혹은 다수의 범위를 이용하여 '병행되는 것'을 하나로 모으는 것을 포함한다. 관련 기술은 다음과 같이 질문하는 것이다. '이 특정한 것은 어떤 것의 사례인가? 그것은 더 일반적인 항목에 포함되는가?'이 방법은 패턴 코딩의 분석적 과정과 초점화 코딩과 비슷하다(제4장 참조). 고전적인 근거 이론은 이것을 '끊임없는 비교법'이라고 부른다. 여러분은 특정한 행동, 사건, 참여자, 상태, 기타 등등 모두 상세하게 정의되어 있는 부류를 나누어 범주화를 하려고 시도한다. 이러한 부류는 이미 정의되었거나 코딩 혹은 분석적 메모의 결과로 나타날 수 있다.

예를 들어, 우리의 학교 개선 연구에서 우리는 교사와 행정가의 다음과 같은 진술에 주목하였다.

• "만약 여러분이 지침에서 떠나기를 원할 때는 나에게 물어보고, 왜 그렇게 하기를 원하는지 말하고, 그것이 지침의 목적을 어떻게 실현시킬 수 있는지 말하라."

- "기본 원칙은 있으나 프로그램 사용은 융통성이 있고, 모든 단위의 사용을 요구하지도 않는다."
- "이 프로그램에서 여러분은 로봇과 같다. …… 그러나 나는 내가 뭔가를 바꾸기를 원하면 그냥 가서 실행하면 된다는 것을 배웠다. …… 또 지름길을 택해 그대로 하는 것도 배웠다."

이런 진술은 일반적 항목으로 통합될 수 있다. 이것은 교사들에게 부여된 혁신을 채택 혹은 변용할 수 있는 **운영적 범위**의 존재가 있음을 의미하며, 이 범위라는 변수는 혁신 수용 발생의 수를 설명하는 데 중요한 역할을 한다는 것이다.

세부 항목들을 좀 더 일반적 분류로 포괄하는 작업은 개념적이며 이론적인 활동으로, 여기에는 초기 단계의 자료와 좀 더 일반화된 범주, 일련의 반복을 통해 발전해 나아가 '포화 상태'(즉, 새로운 자료가 더 이상 의미를 부여하지 못하는 상태에 이른 범주) 사이를 왕복하는 활동이 수반된다.

그러나 임의의 추상화는 여러분에게 아무런 도움이 되지 않는다. 첫 수업에서 한 교사가 칠판에 그녀의 이름을 적는다고 가정해 보자. 이 특정한 행동은 '기록 의사소통'의 상위 항목으로 포괄될 수 있다. 이는 다시 '정보 전송'이라는 더 큰 종류로, 그다음 결론적으로는 '인간의 행동'이라는 더 광범위한 부류에 포함될 수 있다. 그러나 그것은 실질적으로는, 의미 없는 분류학상의 구분일 뿐이다. 여러분은 아무것도 없는 상태에서 어떤 항목이 '옳음' 또는 '최선'이라고 결정할 수 없다. 연구의 개념적 준거틀과 연구 질문 간에는 명백한 연결고리가 있을 것이다.

9) 요인화하기

'요인화하기'는 요인 분석에서 비롯된다. 통계 분석 기법은 많은 수의 측정 변수를 적은 수의 가상 변수로 나타내기 위한 통계 기법이다. 이 2차 변수(요인)는 서로 중첩되는 '공통 인자'를 갖게 될 것이다. 그렇다면 질적 연구자의 요인화 버전은 무엇일까? 패턴의 패턴 또는 범주화의 범주를 만드는 것이다.

우리가 논한 기술의 대부분은 다음의 두 가지를 하도록 되어 있다. ① 다량의 자료 압축하기, ② 압축된 자료 안에서 패턴 발견하기이다. 패턴과 주제에 주목하기, 군집화하기, 은유 만들기는 모두 패턴을 강조하는 훈련이다. 이 작업은 본질적으로 여러분 자신에게 말하고 있다. '나는 여기에 정보의 산을 가지고 있다. 어떤 정보 조각이 함께 갈 것인가?' 여러분이 패턴 코드를 창조할 때(제4장 참조), 여러분은 몇 가지 서로 전혀 다르지만 관련된 자료 조각들이 공통점을 가지고 있다고 제안하고 있다. 그것들이 무엇이거나 무엇을 하는 것이 요인이며, 그 요인을 생성하는 과정을 요인화라고 한다. 다시 말해서, 우리는 자료에 더욱 엄격해져서 다수의 패턴으로부터 소수의 패턴을 만들어 내거나, 다수의 범주에서 소수의 범주를 만들어야 한다. 삽화를 위한 시간이다.

Hager, Maier, O'Hara, Ott와 Saldaña(2000; Saldaña, 2013도 참조)는 주 교육부의 새로운 예술 표준 문서와 그것이 고등학교 연극 교사들에게 어떻게 받아들여졌는지를 조사하였다(긴 이야기를 짧게 하면, 교사의 대다수는 거부하였다. 왜냐하면 그것은 사실상 그들의 조언이 조금도 반영되지 않아 형편없이 쓰였고 개발되었기 때문이다). 초점 집단 면접 축어록 자료는 52개의 각기 다른 비교 코드를 생성하였다. 그다음 유사한 집단으로 군집화되고, 다음과 같이 8개의 설명 범주를 형성하였다.

① 예술 기준 개발
② 교과목 교과 과정
③ 교원의 저항
④ 사람
⑤ 정치 이데올로기
⑥ 시험 및 졸업 요건
⑦ 배제와 한계화
⑧ 기관

다음 분석 단계는 이 범주들의 요인 분석이다. 다시 말해서, 이 8개의 범주를 더 작고 타이트하게 범주화하는 것이다. 다음의 내용은 분석가가 8개의 범주를 3개의 범주로 정리한 결과이다. 연구 참여자들 사이에 긴장감이 높았고, 이 연구에서 해당 은유가 적절하였기 때문에 전쟁의 이미지로 분류되었다.

• 범주 1: 인간과 기관의 갈등-'전사들'
  하위 범주: 사람(인간)

         기관

                정치적 이데올로기
- 범주 2: 기준과 교과 과정 갈등-'지분'
  하위 범주: 교육 과정
              예술 기준 개발
              시험 및 졸업 요건
- 범주 3: 갈등의 결과-'부가적 피해'
  하위 범주: 배제와 한계화
              교원 저항

이러한 3개의 새로운 범주는 결과적으로 자료를 주제로 표현하는 '비교' 구문으로 변형되었다(예: 여러분의 길 vs. 우리의 길).

이 분석 방법에는 다음과 같은 파생적 질문이 따르게 된다. '이러한 대조 작업은 유의한 차이점을 이끌어 내는가, 아니면 그저 장식에 불과한 것인가?' 요인들은 우리가 해당 사례를 이해하거나 그 사례의 근본 역학을 이해하는 데 기여해야 한다. 그렇지 않다면 그 요인들은 단지 겹겹이 포장되어 있으나 마지막 작은 상자에는 아무것도 들어 있지 않은 선물 상자와 다를 바 없다.

10) 변수 간의 관계에 주목하기

변수 간 관계의 아이디어는 상자와 화살표의 세트처럼 가장 쉽게 묘사되었던 개념적 준거틀에 관한 설명에서 이미 제시되어 있다.

네트워크는 네모 상자와 화살표 세트로 가장 쉽게 묘사된다. 네모 상자는 변수이고, 화살표는 변수 간의 관계를 보여 준다. 일단 어떤 변수가 이 상황에서 작용할지에 대해 합리적으로 명확해지면, 그다음 자연스러운 의문은 '어떻게 서로 관련이 있는가?'이다.

변수 A와 B 사이에는 어떠한 관계가 있을 것이라 생각하는가? 변수란 변하는 어떤 것이다. 따라서 다음과 같은 경우가 존재한다.

① A+, B+(동시에 모두 높음 혹은 낮음)
② A+, B-(A는 높고, B는 낮음 혹은 그 반대)
③ A↑, B↑(A는 증가하고, B도 증가함)

④ A↑, B↓(A는 증가하고, B는 감소함)

⑤ A↑, 그리고 B↑(A가 먼저 증가하고, B는 다음에 증가함)

⑥ A↑, 그리고 B↑, 그다음 A↑(A가 증가하고, B가 다음에 증가하며, 이어서 A가 조금 더 증가함)

물론 이 목록이 모든 발생 가능한 순열을 나타내는 것은 아니다.

1번의 관계는 직접적인 관계이다. 두 변수 모두가 동시에 높거나 낮다. '전부거나 전무인' 변수는 A가 현존할 때 B 역시 현존하거나 둘 다 현존하지 않는다.

2번 관계는 '반대'이다. 3번 관계에서는 A와 B가 최근에 같은 방향으로 변화가 일어났다고 말한다. 4번은 3번과 반대라고 말할 수 있다. 어떠한 주장도 변화가 서로 연결되어 있다고 만들어지지는 않는다. 그저 현존할 뿐이다.

5번 관계에서는 인과관계에 이른다. A가 변하면 B도 변한다(아마도 A가 B의 원인이 되었을 것이라는 그럴듯한 믿음이 있다). 만약 A가 저녁의 과음이라면 B는 다음 날 아침의 두통일 것이다. 여기에는 추정의 근거가 되는 관계가 있다. 그러나 B가 아침의 두통이라면 A가 도시의 새로운 예산 발표일 관계는 희미하다(그 두통이 시장이 겪고 있는 것이라면 몰라도).

마지막으로, 6번 관계에서는 상호적인(되풀이되지 않는) 관계를 볼 수 있다. A의 변화는 바로 B의 변화를 이끌고, 다시 A의 변화를 이끈다. 이러한 관계의 힘은 다양하다. 우리는 확고하고 강하며 명백한 관계 혹은 무기력하고 약하며 모호한 관계 모두를 볼 수 있다. 그리고 Morrison(2009)이 우리에게 상기시켜 주듯이, 인과관계는 직접적 또는 간접적일 수 있으며, 다른 변수를 통해 중재(조정)될 수 있다.

여기에서의 기본적인 분석 기술은 2개—혹은 그 이상—의 변수 사이의 관계가 존재한다면 그것이 어떤 것인지 발견을 시도하는 것이다. 기억해야 할 중요한 점은 우리가 지금 **변수 또는 개념**(특정한 행동이 아닌)에 대해 논의하고 있다는 것이다.

특정한 사건에 초점을 맞추고 있다 하더라도 숨겨져 있거나 좀 더 일반적인 변수들은 포함된다. 저녁의 과음과 다음 날 아침의 두통은 전적으로 직접적인 영향을 끼친다고 할 수는 없다. 거기에는 모든 종류의 변수가 작용한다. 술에 함유된 특정한 화학 물질의 존재와 몸의 알코올 분해 능력, 소비된 양, 시간 간격 등이다.

관계들은 어떻게 인지될 수 있는가? 이 책에서 우리는 디스플레이는 그들을 볼 수 있는 전략적인 방법이라고 제안한다. 2개나 그 이상의 변수의 자료 관계는 체계적인 조사와 결론을 통해 배열될 수 있다. 네트워크 디스플레이는 복잡한 배열을 조사할 수 있도록 도와주며, 명확한 시간 배열을 볼 수 있도록 도와준다.

　사람들은 인과관계를 생각하는 경향이 있다. 두 변수 사이의 관계를 이해하려는 시도의 위험은 'A는 높게 나타나는 편이고, B도 높게 나타나는 편이다.'라고 하기보다는 'A가 B의 원인이 된다.'라고 성급하게 결론을 내리는 것이다. 여기에서 대응하는 **상반된 설명 확인하기(조사하기), 거짓 관계 배제하기, 극단적 사례 이용하기** 등과 같은 결과 확인 방법으로 옮겨갈 수 있다.

　이러한 방법의 하나 또는 그 이상을 사용하기 위해 회의적인 동료를 끌어들이는 것도 도움이 될 것이다. 내 친구 중 한명은 사회적 상황에 관한 어떤 원인 관계 기술은 그것이 더 맞는지 확인하기 위해 즉시 역으로 해석해 봐야 한다고 하였다.

- "선생님을 싫어하기 때문에 학생들이 수업 시간에 지각을 한다."(반감에 의한 저항)
- "학생들이 수업 시간에 지각을 하기 때문에 선생님을 싫어한다."(다른 이유에 의한 지각이 반감으로 이끈다. 아마도 지각에 대한 교사의 처벌로 인해서)

　이 예시는 조금 비현실적인 것처럼 들릴 수 있다. 그러나 그 반대로 생각하는 것은 유용하다. 학교 개선 연구에서 이 상투적인 진술을 생각해 보자. "교사의 헌신과 참여가 혁신 프로그램을 더 효과적으로 사용하도록 이끌었다." 그러고는 반대로 생각해 보자. "교사의 큰 노력이 참여와 헌신으로 이끌었다." 인지적 불협화 이론에 의해 두 진술은 논리적으로 맞는 것처럼 들린다. 그리고 우리는 초기의 교사의 많은 노력이 나중의 헌신을 부추긴 몇몇 사례의 예시를 보았다.

11) 매개 변수 발견하기

　분석의 과정에서는 때때로 여러분의 개념적 기대나 사례 분석의 초기 단계의 이해 과정에 근거해 병행할 것이라 생각된 두 변수에 결정적인 관계가 없는 경우가 종종 발생하곤 한다. 또 실제로 병행하는 변수임에도 어떤 논리를 만들지 못하는 어려운 문제도 존재한다. 분석가는 왜 그 변수들을 함께 병행하는지 알 수가 없다.

　이런 두 가지 상황에서 가능성 있어 보이는 다른 변수를 찾는 것은 유용한 방법이다. 초기 분석에서 A → C가 표시될 수 있지만, 여러분은 '예, 하지만 뭔가 빠졌어. B는 어

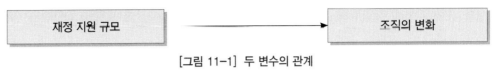

[그림 11-1] 두 변수의 관계

출처: Miles & Huberman (1994).

디에 있지? 그런데 B는 무엇이지?'라고 생각할 수도 있다.

예시를 보는 것에서부터 시작하자. [그림 11-1]을 참조하라.

학교 개선 연구에서 우리는 대규모 재정 지원을 동원한 혁신을 채택한 학교가 재정 지원이 덜 된 혁신을 채택한 학교보다 더 많이 바뀌는 것을 관찰하였다. 그 결과들은 다수의 설명되지 않는 것을 남겼다. 재정 지원을 잘 받은 혁신이 더 조직적인 변화를 '초래'하는 이유는 무엇인가?

이 사례에서 분석가는 다른 조직의 변화의 예를 들어, '주변 압력' '문제 해결 방법' '실행 요건', 그리고 '관리(행정) 지원'과 같은 발생 가능한 상호관계의 매트릭스를 만들었다. 신중하게 검토한 결과, 본래의 관계([그림 11-1])에 몇 개의 다른 변수가 추가될 때([그림 11-2] 참조) 훨씬 현실적으로 이해될 수 있었다. 여기에 '재정 지원 규모'가 다른 변수의 엉켜 있는 한 부분임을 볼 수 있다.

규모가 큰 혁신([그림 11-2]의 상자 (1))은 더 많은 기금이 필요하다(상자 (2)). 재정은 행정가들의 지원(상자 (4))을 증대시킨다. 그러나 그러한 혁신일수록 더 까다로운 실행 요건(상자 (3))이 부여된다. 조직의 변화(상자 (6))는 다음과 같은 최소한의 세 가지 요소가 있다. ① 실행 자체의 직접적인 요건(상자 (3)), ② 행정적 지원(상자 (4)), 그리고 ③ 어떤

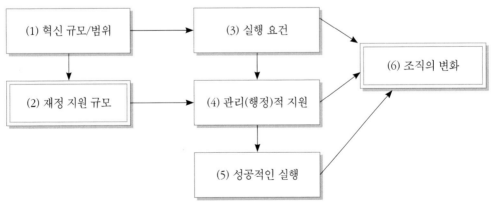

[그림 11-2] 매개 변수와 두 변수의 관계

출처: Miles & Huberman (1994).

실행의 성공 정도(상자 (5)). 네트워크가 보여 준 것처럼, **행정적 지원은 아주 중요한 매개 변수**이다.

이 예시는, 가설을 확인하려 하나 관계를 혼란시키는 사례를 좀 더 명확한 —좀 더 복잡한—공식으로 이끌었다. 매개 변수를 찾는 더 간단한 사례도 존재한다. 매개 변수를 찾는 것은 두 변수 관계의 여러 예시를 보고, 대조하고 비교하는 것이 가장 쉽다.

12) 증거의 논리적 연결고리 구축하기

지금까지 '패턴에 주목하기' '은유 만들기' '군집화하기' '특수한 것을 일반화에 포함하기', 그리고 '요인화하기'에 관해 논의하였다. 이러한 기술을 통해 개별적이었던 정보가 통합되어, 단순한 부분들의 합 이상의 통합체가 된다. 그렇다면 여러분은 실제로 어떻게 이를 이루어 가겠는가? 어떤 지도법이나 알고리즘을 사용할 수 있는가? 예를 들어 설명해 보자.

학교와 대학 간의 조직 간 조절/합의에 관한 연구에서 우리는 특별히 성공적인 한 사례를 얻었다. 한 주립 단과대학과 연계된 '교사 센터'의 활동으로 지역의 반경 60마일 이내 학교의 현직 교사를 대상으로 연수를 담당하는 사례였다.

우리는 요인들의 논리적 연결고리를 개발했는데, 이것은 주립 단과대학과 일반 학교 모두에 성공적으로 적용되었다([그림 11-3] 참조). 증거의 논리적 연결고리는 다음과 같이 이어져 나간다.

주립 단과대학은 지역 봉사활동 또는 아웃리치 활동을 중심 활동(1)으로 보게 되었다. 사실상 그렇기에 우리는 해당 학교의 위원들이 교사 센터의 활용도(2)를 매우 높게 평가할 것으로 기대한다. 이는 다시 센터에 더 높은 수준의 자원 개입(3)으로 당연히 이어지게 되는데, 대개는 금전적인 형태나 전담 인력의 개입 형태로 나타난다.

관찰을 통해 우리는 일반 학교의 측면에서 재직 교사 원조를 위한 몇몇 다른 기회(5)와 양질의 교육 재료의 부족(6)을 발견하였다. 이 두 가지 사실은 당연히 센터의 활용을 통해 높게 인지된 혜택(7)으로 이어졌다. 물론 센터에서 양질의 원조와 새로운 교육 자료를 제공하였을 경우에 그렇다. 결과적으로 높은 자원의 개입은 교사 센터의 가치(4)와 활용도(8)를 높였다.

이 예시는 증거의 논리적 연결고리가 어떻게 구축되어 가는지를 보여 준다. 여기서 최소한의 어떤 조건들은 반드시 충족되어야 한다. 다른 역할을 갖는 **몇몇** 정보 제공자

주립 대학

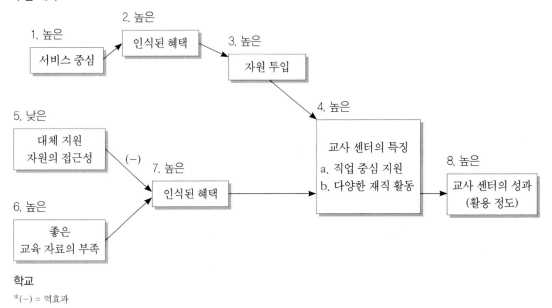

학교

*(−) = 역효과

[그림 11-3] 관찰된 결과를 지지해 주는 증거의 논리적 연결고리의 예

출처: Miles & Huberman (1994).

는 반드시 변수들을 독립적으로 중시해야 하며, 직간접적으로 **원인 상관성을 제시하여야** 한다(예: "우리는 새로운 교육 자료를 구할 어떤 수단도 소유하고 있지 않았고, 그렇기에 교사 센터를 매우 유용하게 받아들였다." = 5와 7의 연계). 또 반드시 논리적 예측과 주장을 **검** **증해야** 한다(예: 실제 개입 기금, 대체 자원의 부족, 실제 수행한 활동). **반작용의 증거에 대한** 고려도 반드시 있어야 한다.

   증거의 논리적 연결고리의 구축은 인과관계 네트워크와 어떻게 다른가? 이 접근 방식은 보다 전략적이고 구체적으로 지향한다. 증거의 논리적 연결고리의 구축은 좀 더 기술적이고 구체적인 접근 방식으로 각 단계마다 매우 까다로운 검증을 거쳐야 하는 수고를 요한다. 예를 들면 다음과 같은 검증이다. '이것'이 실제로 발생하는가? 우리는 결과로서 무엇을 논리적으로 예측할 수 있는가? 그리고 그 결과는 사용한 자료에 나타나 있는가? 이러한 과정은 마치 일련의 **만약-그렇다면**(if-then) 전략을 연속시키는 것이다. "만약 그것이 사실이라면 X를 찾게 될 것이다. X를 찾는다. 따라서……."와 같은 과정이 될 것이다.

   더욱이 그 관계는 타당성을 가져야 한다. 예를 들면, "인식된 대학 혜택은 자원의 개입을 이끌어 낸다."라는 주장에는 반드시 논리적 근거가 있어야 한다. 그리고 그 **논리적 연결고리**는 완전한 것이어야 한다. 마치 조상으로부터 후손에 이르는 계보에 어떤 허점도 없듯이 말이다. 예를 들면, [그림 11-3]에서 3과 4의 연결에는 모호함이 있다. 아마도 대학 측은 개입 자원이 있었거나 다른 성격의 다른 모델 또는 센터를 찾았던 것 같다. 여기서 자원의 개입이 반드시 기술 위주의 자원만을 의미하는 것은 아니다. 무엇인가 논리적 연결고리상 생략된 것이 있으므로 보충되어야 한다.

여러분은 이러한 증거상의 흔적을 천천히 구성하고, 주요 요인을 인지하며, 실험적으로 논리적인 관계를 구성한다. 그다음 자료 수집에서 산출된 것들을 테스트하고, 새로운 탐색 지도로 수정하고 정제하며, 새로운 사례와 예시로 시험하고 그 결과를 이끌어 낸다. 이것은 고전적인 분석적 귀납법의 절차이다.

가장 효과적일 때는 2개의 연동 주기를 사용한다. 하나는 같은 방향으로 가는 숫자와 다양한 실례를 모은 '계산적인 귀납법'이다. 다른 하나는 여러분이 대안에 대해 가설을 테스트하고, 결론의 일반성을 범주한 조건을 자세히 보는 '유도적인 귀납법'이다. 질적 연구자들이 '진보주의적인 초점'을 끌어낼 때, 그들은 계산적인 귀납법에 관해 말하고 있는 것이다. 그리고 그들이 '끊임없는 비교'나 '조직상의 증거'로 들어갈 때, 유도적인 귀납법으로 전환하고 있는 것이다. 병리학자, 정비기술자, 임상의, 탐정, 학교 교사들의 문제 해결 장치로 사용되는 '(작업) 방식' 논리는 계산적인 귀납법과 유도적인 귀납법 사이를 왔다 갔다 하는 좋은 예시이다.

13) 개념적·이론적 일관성 형성하기

여러분이 누군가의 행동의 함축적 '의미'를 결정하고자 할 때에는 정신적 활동이 수반된다. 즉, 하나의 단편적 사실을 다른 단편적 사실들과 연결하여 적합하고 함축적이며 더욱 개념적 유형으로 집단화하는 정신적 활동을 하게 된다. 이전에 살펴본 전략들을 통해, 우리는 소극적 실험 범위에서 보다 광범위한 영역에 대한 개념의 정립으로 점진적으로 발전하게 된다. 즉, 더 이상 관측되는 것만을 다루는 것이 아니라 관측되지 못하는 것도 다루게 되며, 이 두 객체를 '추리'라는 접착제를 사용하여 하나의 층으로 붙이는 작업을 하게 된다.

다음 단계로 은유와 상호연관성의 단계에서 복합 단계로 발전하고, 다시 복합 단계에서 이론의 단계로 이동해 간다. 연구를 통해 발견된 사실을 연구 속에 나타난 현상들에 대한 '어떻게'와 '왜'에 대한 고려를 가능케 하는 여러 범위의 연구 영역으로 연계해야 한다.

학교 개선 연구에서 우리는 자신의 활동 영역에서 새롭게 제시되는 교육 실습법을 사용하는 자체만으로도 에너지를 소모한다는 것을 깨달았다. 그런데 바로 그들이 활용한 실습법이 독서력이나 아이들이 학교에 임하는 태도에서 상당한 향상을 이루었다고 강조하고 있다. 흥미로운 것은 그들이 그렇게 주장하는 향상이라는 것을 입증할 확실한 자료가 사실은 존재하지 않거나 있다 하더라도 그들의 주장을 그다지 뒷받침하지 못했다는 것이다.

이러한 것은 우리가 패턴을 생성한 데서 이끌어 낸 '사실'이다. 활동 현장의 정보는 그 사실들과 일치할 만한 것이었고 또 실제로 일치하였다. 그러나 그 정보를 우리가 했던 것처럼 모으지는 않았다. 왜냐하면 덜 투자되었거나 덜 주장되었거나 더욱 정확한 주장이 이루어진 어떠한 현장에서 일어난 정보여서 어느 정도는 우리가 패턴을 볼 수 있었기 때문이다. 다중 사례연구는 대조와 변량을 제공하는 데 유용하다.

우리가 발견한 패턴을 일종의 '감각의 환상'이라 칭하자. 즉, 모두가 동의하듯 실제로 나타나는 결과보다 더 많은 것이 나타나는 현상이라 할 수 있다. 이런 관점에서 본다면 은유는 동명사 형태로 표현되는데, 아마도 '집단적 사고' '망상' 또는 '소원성취'일지도 모르겠다. 우리는 [그림 11-3]에 나타난 것과 같은 논리적 흐름도를 그려 낼 수 있다. 그럼으로써 어떻게 여러 지역에서 그와 같은 '감각적 환상'이 발생할 수 있는가에 대한 답을 제시할 수 있다. 그러나 우리는 아직 연구 자체에 구속되어 있다.

분석가들은 이제 '내가 수행한 것과 같이 이러한 사실을 통합하는 다른 어떤 광범위한 통합 개념이 있는가?'와 같은 질문을 할 것이다. 이 질문에는 동명사가 매우 도움이 된다. 첫 번째 동명사(group thinking)는 집단 행동을 가리키고, 두 번째 동명사(self-deluding)는 개인의 인식 과정을 그리며, 마지막 동명사(wish-fulfilling)는 동기부여의 원동력 역할을 가리킨다.

우리는 인지·사회심리학에 있어서 적합하고 매우 영향력 있는 복합 개념인 **노력의 정당화**(effort justification)를 선택하였다(Festinger, 1957). 수반된 노력을 정당하게 평가하기 위해서는 일반적으로 나타나는 것 이상의 결과를 평가해야 한다. 이러한 활동은 우리를 인지적 불협화 영역으로 이끌고, 사람들이 그들이 경험한 고통을 사랑하게 하는 법을 학습하게 한다.

이 과정은 우리를 어디로 이끌어 갈 것인가? 초보자들에게는 우리의 탐구가 관념적 유추를 지니고, 이것이 우리의 탐구와 개념에 더 많은 타당성을 부여하게 되며, 다시 실험적인 과정을 통해 또 다른 새로운 맥락에 도착하게 함을 말해 준다. 이것은 또 왜 그러한 패턴이 발생하게 되었는지를 설명하는 데 도움이 된다. 그리고 더 광범위한 이슈(예: 사람들이 우리의 위치에서 일반적으로 어떻게 불확실성에 대처하는지에 대한 방법) 해결에 대한 실마리를 던져 준다. 마지막으로, 구인에 관련되어 있지만 혼란스러운 현상을 설명하기 위해 우리의 사례로 다시 훈련받을 수 있다. 예를 들어, 우리는 왜 객관적인 기준(테스트 점수)을 쉽게 볼 수 있는데도 조직적으로 무시되는가를 볼 수 있다.

우리는 현장에서부터 개념에 이르기까지 모든 부분을 살펴보았다. 단계들은 ① 분리된 조사 결과를 구축하고, ② 조사 결과들을 서로 관계 짓고, ③ 패턴에 이름을 붙이고, ④ 대응하는 도안을 확인한다. 우리는 대체로 그들에게 적용할 수 있는 더 많은 것을 만들어 주기 위하여 관찰된 자료에 개념을 '추가'하고 있다.

개념적 프레임 작업 또는 이론에서 정보의 타당성을 테스트하는 데 이르기까지 상위 개념부터 하위 개념으로 작업하는 것이 가장 합리적이며 때때로 필요하다. 물론, 여러분은 자료를 볼 때 개념이 적용하기에 부적합하다거나 변형되어야 한다거나 버려야 한다는 생각에 대해 항상 마음이 열려 있어야 한다. 해당 사실이 없는 개념은 아무런 의미가 없다.

3. 조사 결과 테스트와 확증의 전략

우리는 지금까지 의미 생성—추론의 각기 다른 단계에서 조사 결과를 찾고 해석하는—을 위한 특정한 전략에 시간을 할애하였다. 이제는 결론의 타당성 또는 신뢰성의 문제에 직면해야 한다. 질적 분석은 좋은 생각이 떠오르게 하고, 이해를 도우며, 훌륭하다. 물론 틀릴 수도 있다. 잘 만들어진 이야기도 자료와 일치하지 않을 수도 있다. 상당히 괜찮은 동료들과도 사례의 재확인 과정에서 서로 다른 결과들을 찾아낼 수도 있다. 사례 참여자의 해석은 이러한 연구자들과 또 다를 수도 있다. 현상학자는 '정답'을 얻을 확률이 없다는 생각을 갖지만, 그럼에도 불구하고 합리적인 결론이 어딘가에 있을 것이라는 부끄러운 느낌에서 벗어날 수 없다. 이 절에서 우리는 질적 연구의 '선량함'을 판단하는 몇 가지의 일반적인 가이드라인을 살펴본다. 즉, 연구자들이 실험을 전략적으로 운영하는 법과 검출된 결과를 확인할 때 할 수 있는 방법을 살펴볼 것이다.

첫째, 문제에 대한 광범위한 안목을 갖자. 대부분 그렇지 않은 경우, 질적 연구자는 현장에서 홀로 일한다. 연구자는 각 개인이 하나의 연구 기계이다. 즉, 문제를 규명하고, 샘플링하고, 연구 방법(수단)을 설계하며, 정보를 수집하고, 정보를 압축하며, 그것을 분석하고, 해석하여 자세히 서술한다. 수직적 독점인 셈이다.

그리고 우리가 보고서를 읽을 때, 그 보고서들은 대부분 '어떻게'('무엇'을 어떻게 할 것인가)보다는 '무엇'(결과, 설명)에 중점을 둔다. 대부분의 사례에서 우리는 분석의 절차상 설명은 볼 수 없고, 단지 연구자가 500페이지가 넘는 현장노트에서 어떻게 결론을 도출해 내었는지에 대해서만 설명하는 것을 볼 수 있다. 그래서 우리는 결과에 어느 정도 확신을 가져야 하는지 모른다. 연구자들은 모호하거나 둔하지 않다. 단지 동료들에게 그들이 무엇을 하였고, 어떻게 하였는지를 설명할 가이드라인이 많지 않을 뿐이다 (그리고 공평히 말하자면, 학술지 논문의 페이지 제한도 연구자들로 하여금 연구 방법론 문단을 간략하게 스케치만 하도록 하는 데 일조한다).

우리는 질적 연구의 다양한 자료의 분석적 편견에 대해 몰두할 필요가 있다. 이러한 분석적 편견은 우리의 연구 결과를 약화시키거나 심지어 결과가 틀렸음을 입증할 수도 있다. 이러한 편향의 일부는 주류 연구 방법 교과서에서 확인되었다. 전형적인 오류들은 다음과 같다.

- **총체적 오류**: 사건들을 보다 패턴화된 패턴으로 해석하는 것은 사회적인 삶의 많은 부분을 앗아가는 것이다(부주의한 연구).
- **엘리트 편견**: 명료하고 잘 알려지고 일반적으로 높은 지위의 연구 참여자로부터 수집된 자료의 비중을 확대하고 덜 명료하고 낮은 지위의 참여자로부터 수집된 자료를 적게 표시하는 경향이 있다.
- **개인적인 편견**: 연구자 개인의 의제, 개인적으로 마음을 괴롭히는 주제, 개인적으로 '따분한 것'들은 현장 작업과 자료 분석을 표현하는 방식을 왜곡할 수 있다.
- **원주민화(native)되는 것**: 연구자가 자신의 관점이나 '제시하는' 능력을 잃고, 지역 참여자의 인식과 설명 안에 흡수되는 것이다.

우리는 조사 결과에 대한 테스트와 확증을 위한 연구 방법을 논의할 때 이 문헌을 발췌한다. 확증과 증명이라는 단어는 우리가 주로 성취할 수 있는 것보다 더 선명하다. 그러나 그 의도는 여전히 거기에 있다. 우리는 어떻게 우리와 우리의 독자들로 하여금 우리가 발견한 것들에 대한 확신을 증가시킬 수 있는가?

우리는 열세 가지의 전략을 제시할 것이다. 먼저, 자료의 기본적인 질을 확보하는 방법을 검토하는 것을 시작으로, 초기 패턴에 대한 예외를 검토하여 결과를 확인하고, 새롭게 발견된 설명에 대해 회의적이고 까다로운 접근법을 취함으로써 전략에 대한 결론을 내릴 수 있다.

자료의 질은 ① **대표성 점검하기**, ② **연구자의 영향 점검하기**, 역으로 자료와 연구 방법에 대한 ③ **삼각화하기**를 통해 평가된다. 이러한 점검들은 어떠한 종류의 자료를 가장 신뢰할 수 있는지와 같은 ④ **증거에 비중 두기**와도 관련이 있다.

'비패턴'을 보는 것은 우리에게 많은 것을 이야기한다. ⑤ **아웃라이어(극단치) 의미 점검하기**, ⑥ **극단적 사례 이용하기**, ⑦ **뜻밖의 발견 사항에 대한 후속조치**, ⑧ **부정적 증거 찾기**와 같은 이러한 모든 전략은 '패턴'에 대한 결론을 시험하는 방법이다.

우리는 어떻게 우리의 설명들을 시험할 수 있는가? ⑨ **만약–그렇다면(if–then) 검증하기**, ⑩ **거짓 관계 배제하기**, ⑪ **사본 찾기**, ⑫ **상반된 설명 확인하기(조사하기)**는 공공연한 사실의 공격이나 다른 사람의 아름다운 이론과의 경쟁에서 우리의 멋진 이론을 제출하는 모든 방법이다.

마지막으로, 좋은 설명은 원본 자료를 제공한 연구 참여자들, 바로 그 사람들의 관심을 끌기에 충분하다. ⑬ **연구 참여자들의 피드백 모으기**로 우리의 열세 가지 전략 목록의 결론을 맺는다.

1) 대표성 점검하기

우리가 현장 연구에서 결과물을 발전시킬 때, 우리는 재빨리 그 결과를 전형적이고 일반적인 현상의 하나의 예시로 치부한다. 그러나 진짜 그러한가? 또 그렇다면 그것은 어떻게 대표성이 있는가?

> 사람들은 전형적으로 일반화를 만들고 그것을 설명한다(예: "내 친구가……."). 그러나 그들은 널리 퍼져 있는 몇몇 사건의 더 많은 예시를 가지고 나타나기는 어려울 것이다. 문제를 복잡하게 만드는 것은 사람들(정보를 추구하는 사람, 처리자로서의 사람)의 불일치가 더 자주 발생하는 경우에도 확실한 사례를 보는 것보다 신념이나 인식의 사례를 확인하는 경향이 훨씬 크다.

표준화된 혹은 검증된 도구조차 없이 홀로 연구하는 현장 연구자는 특정한 예시들로 부터 잘못된 일반화를 할 몇 가지 위험을 가지고 있다. 여기 가장 일반적인 함정과 관련된 오류의 원인들이 있다.

첫 번째 함정은, **대표성 없는 연구 참여자들의 표집**이다. 이것은 여러분이 접촉할 수 있는 단지 몇 명의 사람과만 이야기한다는 것이다. 어떤 사람들은 다른 사람들보다 연락이 닿는 것이 더 어려울 수 있다. 이 문제는 어떤 특정한 것에 신호를 보낸다. 연락 가능성은 아마도 작업 부담, 협력적 태도 결여 혹은 두 가지 모두와 연결되어 있을 것이다. 종종 현장 전문가들이 말을 잘하고, 통찰력 있고, 매력 있고, 지적으로 대답하는 연구 참여자들(그들 대부분은 지역의 엘리트로 판명된다)에게 지나치게 의지한다는 경고를 받아 왔다.

두 번째 함정은, 연구자의 현장에 대한 비연속적인 출석에서 비롯된 것으로 **대표성 없는 사례나 활동을 일반화하는 것**이다. 연구자는 자신이 현장에 없을 때 현장에서 무슨 일이 벌어질지 추론해야만 한다. 여러분이 극적인 사건(위기, 싸움)을 관찰할 때, 그 사건이 여러분이 없을 때 '시작된' 것이라고 생각하거나 또는 그것이 일반적인 패턴을 상징화한다고 추측하는 경향이 있다. 이것은 있을 수 있지만 확실히 근거가 있는 추론은 아니다.

세 번째 함정은, 여러분이 보고 들은 것의 근원적인 과정 설명을 찾을 때 **비대표적인 과정을 통해 추론을 도출하는 것**이다. 그러나 만약에 샘플로 수집된 사례와 활동이 잘못된 사례라면, 여러분의 설명은 그 사례를 넘어 일반화될 수 없을 것이다. 만약 최근 만들어진 설명이 (여러분에게) 논리적으로 합리적이고, 다른 독립적으로 파생된 분석 결과와 잘 어울리는 경우 여러분은 그 설명에 고정되어 그 설명에 대한 더 강력한 사례를 만들기 시작할 수 있다. 문제는 여러분이 그것에 대해 그럴듯한 타당성은 가지고 있을지 모르지만 그것을 확증할 능력은 없다는 것이다.

선택적 표본 추출과 성급한 일반화의 진짜 문제는 여러분이 이러한 편견들에 점점 더 빠지게 된다는 것이다. 즉, 첫 단계의 선택적 표본 추출 등과 같은 편향은 곧바로 다음의 선택적 표본 추출의 토대가 되어 버리는 것이다. 이렇게 서서히 여러분은 여러분이 새롭게 만든 사례 이해 체계의 포로가 되어 간다. 인식적으로 말하자면, 지금까지 여러분이 관찰해 온 것에 대한 뒤로 물러서기 또는 비판적 검토에 대한 어떤 가능성도 없게 된다. 지금 여러분이 이해하고 있는 것은 무(無)에서 검증되어 온 것들이 아니라 단계적으로 내부에서 쌓여 온 것이다.

따라서 만약 여러분이 한 걸음 뒤로 물러서서 비판적으로 검토하고 싶다면, 다른 누군가가 그것을 수행하도록 하거나 여러분의 자기기만에 대항하는 보호 장치를 만들어야 한다. 우리는 이미 묘사를 통해 이러한 접근(비판적인 친구, 동료, 다른 현장 전문가, 연구팀원들, 청중)들을 강화해 왔다. 따라서 여기서는 몇 가지 추가적인 보호 장치를 제공하고자 한다.

여러분이 대표성이 없는 사례, 사람, 사건 혹은 과정에서 추론을 이끌어 내고 선택적 표본 추출을 하고 있다고 가정해 보자. 여러분은 여러분의 연구를 매우 넓게('우주'만큼) 확장하여 여러분의 결백을 입증하기 전까지는 유죄이다. 어떻게 입증할 것인가?

① 사례 수를 늘리라.
② 의도적으로 대조되는 (부정적, 극단적, 대항적인) 사례를 찾으라.
③ 사람들 또는 무엇이 누락되었는지 볼 수 있도록 사례들을 다양한 매트릭스 방법으로 정리하라.
④ 여러분이 연구하고 있는 현장에서 사람과 현상을 무작위로 추출하라.

마지막 두 절차는 내부의 유효성을 높이기 위해 실험 연구자들이 사용하는 '계층화'와 '무작위화' 절차에 해당한다. 실험 연구자가 이러한 관행을 표본 추출과 측정 오류에 대한 예측 통제로서 연구의 초기 단계에서 사용하는 반면, 질적 연구자는 증명 장치로서 일반적으로 더 뒤에 사용한다. 그 사용은 여러분에게 모든 지원자와 자료를 포함하게 한다. 따라서 가장 영향력 있는 사람이 새로운 기회를 가지게 된다. 그러나 여러분은 여전히 궁극적으로 정확히 지적하는 패턴이 실제로 대표적인 패턴임을 입증해야 할 책임이 있다.

2) 연구자의 영향 점검하기

어떤 집단의 '외부인'은 집단의 '내부인'에게 영향을 주기도 하고 거꾸로 영향을 받기도 한다. 이것은 연구자 현장 세팅의 연구들을 진행하기 위해 내린 연구자에게도 적용된다. 여러분은 일상적으로는 나타나지 않았을 사회적인 행동을 새로운 집단에서 일으킬 수 있다. 그리고 그 행동은 결과적으로 여러분을 편향된 관찰과 추론으로 인도할 수 있다. 따라서 지역의 '자연적인' 특성을 연구자–지역 주민 관계의 인위적인 영향과 '혼돈하는' 것이 된다. 그들을 혼돈하지 않고 분리하는 것은 거울로 이루어진 통로에서 길을 정확히 구분하는 것처럼 어렵다.

그래서 여기 두 가지 가능한 편견의 근원이 있다.

① 연구자가 사례에 미치는 영향
② 사례가 연구자에게 미치는 영향

현장 연구자들은 종종 편견 ①은 덜 걱정하는 경향이 있다. 왜냐하면 그들이 지역에 동화되기 위해 현지에서 충분한 시간을 할애하기 때문이다. 그러나 그것은 편견 ②의 위험을 더한다. 선임되거나 현지인이 되거나 지역적인 사건에 대해 무턱대고 수용하고 받아들인 대로 이해하는 것 등이 있다.

우리가 현장 방문 동안에 이러한 편견이 일어난다고 이야기했지만, 그것은 자료 수집 동안과 그 후의 분석에도 큰 영향을 준다. 지역민(원주민)을 분석하는 동안 지역민이 된 연구자가 된다. 분석 기간 동안 지역에 살면서 지역 주민이 된 연구자는 인식하지 못한 채로 현장에 영향을 미쳐 분석 과정에서도 뜻밖에 어려움을 겪게 된다.

편견 ①은 연구자가 진행 중인 사회적·제도적 관계를 단순히 위협하는 것 이상으로 아무것도 하지 않음으로써 위협하거나 분열시켰을 때 발생한다. 사람들은 이 사람이 누군지, 그 또는 그녀가 왜 그곳에 있는지, 수집된 정보들로부터 무엇을 할지를 밝혀내야만 한다. 사람들이 그것들을 발견하는 동안, 참여자들은 외부인들에게 있어 무대의 연기자, 특별한 페르소나, 셀프 발표자로 바뀌게 된다(물론 그들은 내부 동료들을 위한 다른 페르소나도 가지고 있을 것이다; Goffman, 1959).

이 예비 활동 후에도, 참여자들은 연구자들에게 호감을 가지면서도 자신들의 관심을 보호하기 위해 자신들의 응답을 다듬게 된다. 어떤 분석가들은 지역 참여자들의 흥미가 근본적으로 연구자와 충돌을 겪는다고 생각한다. 많은 부분에서 제보자들은 현장의 기본 역사를 만들어 내는 경쟁, 타협, 취약성 혹은 모순의 중심으로 들어간다. 내부자들은 외부인들, 때로는 다른 내부자들에게 그런 것들을 알리기를 원하지 않는다. 그래서 정확하게 이러한 종류의 사실을 드러내는 것에 관심을 가지고 있는 연구자는 사람들이 더욱 방해하려 한다는 것을 염두에 두어야 하며, 이에 보다 탐문적인 방법으로 이동해야 할 것이다.

현장 연구는 연구자가 얼마나 선의가 있고 잘 통합되어 있건 간에 배신 행위로 간주될 수 있다. 여러분은 감추어진 것을 공개하고 결과를 얻기 위해 그 지역을 떠난다.

　　그러나 앞의 과정이 편견 ①을 발생시키는 유일한 길은 아니다. 몇 가지 예시로, 편견 ①과 ②가 한 팀이 되어 '인위적' 효과를 창조할 수 있다. 이것은 연구자와 지역 연기자들 사이의 공모의 결과이다. 이것이 Rosenthal(1976)의 유명한 '실험자' 효과이다.

　　우리는 여기에 몇 번이나 방심하다가 당했다. 예를 들어, 우리가 보려 했던 학교 개선 프로젝트는 단계적으로 폐지하려고 하고 있었다. 몇 가지 미스터리한 이유로 인해 단계적 폐지 결정이 우리가 현장에 있는 동안 취소되었다. 우리가 며칠 만에 풀었던 추론은 대학 연구자들이 (우리가) 너무 멀리 떨어진 곳에서 그것을 보기 위해 왔기 때문에 실제보다 나은 실천이 되어야 한다는 것이었다. 또한 공개 기소를 피하고자 하는 목적도 있었다. 연구자, 그리고/또는 그녀의 연구를 읽은 대중은 학교가 그것을 망가뜨리려 한다는 인상을 전할 수 있었다.

　　편견 ①은 다른 양상을 취할 수 있다. 예를 들어, 지역 참여자는 암시적인 또는 노골적인 스파이, 남의 사생활을 지켜보는 사람, 성가신 사람 같은 연구자를 보이콧할 수 있다. 또는 연구자가 지역 주민을 저지할 수도 있다. 여러 날 동안의 수많은 현장 인터뷰 후에, 사람들은 연구자들이 무엇을 발견하고 추측하는지 더 이상 확신할 수 없어지고 (물론 대부분의 경우 틀리지만), 연구자가 너무 많이 알고 있다고 단정한다. 이러한 의견은 편견 ②의 도화선이 된다. 연구자는 그에 따라 더 안심하게 되거나 그렇지 않으면 적대적 조사 방식으로 이동하게 된다. 두 전략 모두 수집 중인 자료에 영향을 미친다.

　　여러분이 현장에 단지 몇 개월, 몇 주 또는 심지어 며칠밖에 있을 수 없다고 가정한다면, 맞물려 있는 이러한 두 가지 편견이 어떻게 반박될 수 있는가? 다음은 현장 조사 관련 문헌에서 더 자세히 다루고 있는 제안을 간략한 목록으로 정리해 놓은 것이다.

(1) 연구자가 현장에 미치는 영향에서 생긴 편견 피하기
- 가능한 한 많은 시간을 현장에서 보내라. 그냥 단순히 돌아다니는 데 시간을 사용하고, 주변 풍경에 잘 맞추며, 눈에 띄는 행동을 하지 말라.
- 불필요한 관심을 끌지 않는 측정 도구를 활용하라. 현장에서 공개적으로 접근할 수 있는 문서 읽기와 같은 방법을 활용하라.
- 참여자들에 대한 여러분의 의도, 즉 여러분이 있는 이유, 공부하는 대상, 정보를 수집하는 방법, 그리고 여러분이 그로 인해 무엇을 할 것인지 등을 명확히 하라.
- 참여자를 공동 채택하는 것을 고려하라. 그 사람에게 지역 및 그 주민에 대한 여러

분의 영향력에 주의를 기울이도록 요청하라.

- 여러분의 이질감을 줄이기 위한 방법으로, 친숙한 사회 환경(카페, 레스토랑, 참여자의 집)에서 인터뷰하라.
- 가능한 한 문제를 부풀리지 말라. 여러분은 그들의 삶에서 그렇게 중요한 사람이 아니다.

(2) 연구자에게 미치는 현장의 영향에서 생긴 편견 피하기

- 여러분의 참여자들을 넓게 퍼뜨림으로써 '엘리트' 편견을 피하라. 낮은 지위의 사람들과 여러분의 연구에서 조금 벗어난 사람들도 참여자에 포함하라(주변 또는 과거 참여자).
- 현장에서 떨어진 곳에서 시간을 보냄으로써 현지화되는 것을 피하라. 현장 방문을 넓게 다니라.
- 의견에 반하는 사람, 괴짜, 일탈적인 사람, 중요하지 않은 사람, 외톨이—주류의 의견과 다른 관점을 가진 사람, 평정과 평형 상태에 덜 동요하는 사람—를 포함하라.
- 계속해서 개념적인 생각을 하라. 사색적이거나 감정에 의거한 생각을 조금 더 이론적인 것으로 바꾸라.
- 여러분을 위해 배경과 역사적인 정보를 제공하고 여러분이 현장에 없을 때 정보를 수집해 줄 제공자를 찾으라(정보를 제공하는 것보다 편견을 감소시키는 데 있어 그들을 자기 사람으로 만드는 것이 더 유용할 것이다).
- 몇몇 자료 수집 방법을 삼각화하라. 이야기나 관찰 등 한쪽에 편중되어 의지하지 말라. 만약 잘못 인도되고 있다고 느껴지면 제보자가 왜 여러분을 잘못 인도할 필요가 있다고 느꼈는지에 대해 이해하고 초점을 두라. 할 수 있는 만큼 그 발자취를 따라가라.
- 만약 여러분이 호도되는 것처럼 느껴진다면, 참여자들이 여러분을 호도하는 것이 왜 필요한지 이해하고 초점을 맞추려고 노력하라. 여러분이 찾을(추적할) 수 있는 가장 상위 단계부터 찾으라.
- 여러분이 얼마나 많이 알고 있는지 경솔하게 드러내지 말라. 이것은 단지 그 사람이 그것을 만들어 간다고 착각하게 하는 확증에 대한 은밀한 변명이다.
- 여러분의 현장노트를 동료들에게 보이라. 다른 연구자는 종종 여러분이 어떻게 잘못 인도되거나 끌려가고 있는지 훨씬 더 빨리 볼 수 있다.

- 연구 질문을 단호하게 마음속에 염두에 두라. 매혹적인 리드를 따르거나 더 극적이거나 중대한 사건에 직면하여 그 질문들을 버리려면 그들로부터 너무 멀리 떨어져서 방황하지 말라.

모든 목록이 그렇듯이, 몇몇 조항을 따라가는 것은 다른 항목이 여러분을 곤경에 빠뜨리도록 만든다. 예를 들면, 여러분이 현장에서 겨우 며칠을 보낸다면 그곳에서 떨어진 곳에서의 인터뷰는 손해일 수 있다. 또는 여러분의 편으로 만들려 했던 제보자에 의해 오히려 여러분이 동화될 수 있다.

편견의 검출과 제거에는 시간이 걸린다. 더 많은 시간을 가질수록, 중점적인 설명적 요인을 얻기 위해, 그리고 편견 ①과 ②에 덜 빠지게 하는 장면에서 더 많은 층을 벗겨낼 수 있을 것이다.

우리는 연구 환경에서 사려 깊고 영리하고 개념적으로 보편적인 사람들은 종종 며칠 안에 연구자의 두 유형의 편견을 피해 양질의 자료를 얻어서 사례의 중심으로 들어갈 수 있다고 재차 강조한다. 확실한 근거가 있는 자료를 얻기 전에 몇 달 혹은 몇 년을 요하는 방법학자들은 능력과 시간을 혼동할 수 있다.

3) 삼각화하기

많은 사람이 '삼각화(triangulation)'가 발견을 입증하는 가장 필수적인 방법이라고 말한다. 그 기본 원리를 보면, 삼각화는 어떤 발견에 있어 적어도 3개의 독립된 측정이 그것과 일치하는지 혹은 적어도 모순되지는 않는지를 제시함으로써 발견을 지지하는 것이다. 그러나 그것은 그렇게 간단한 것은 아니다. 우선 한 가지 이유로, 두 가지 측정이 일치하고 나머지 한 가지가 일치하지 않는다면 여러분은 더 골치 아픈 질문을 접하게 될 것이다. 여러분은 어떤 것을 믿을 것인가?(영화 〈마이너리티 리포트(Minority Report)〉를 보라.)

삼각화는 수사관, 기계공, 일반 의사들이 사용하는 작업 방식(modus operandi) 접근과 유사하다. 수사관이 지문, 모발, 샘플, 알리바이, 증인의 진술 등을 수집할 때, 사건은 아마도 여러 사람보다는 단 하나의 혐의자에게 맞춰진다. 전략은 여러 정보의 출처를 활용하여 패턴을 매칭하는 것이다. 엔진 결함이나 흉부 통증을 진단할 때 유사한 접근이 사용된다. 징후들은 아마도 동일한 결론, 그리고/또는 다른 결론을 배제하라고 재차 증명된다. 다양한 종류의 측정 수단을 갖는 것이 중요함을 주목하라.

삼각화에는 어떤 것들이 있는가? Denzin(2001)의 고전적 분류에 따르면, '자료 출처(사람, 시간, 장소 등의 자료가 될 수 있다)' '수단(관찰, 인터뷰 자료)' '연구자(조사자 A, B 등)' '이론'에 의한 삼각화를 생각할 수 있다. 여기에 '자료 유형(예: 질적 자료, 녹음/비디오 녹화, 양적 자료)'을 추가할 수 있다. 그럼 어떤 것을 취할 것인가? 목적은 다른 관점, 서로 다른 강도를 갖는 삼각화 출처를 선택하여 상호 보완적인 역할을 할 수 있게 하는 것이다. 어떤 의미에서 우리는 관심을 갖든 그렇지 않든 언제나 자료의 삼각화와 마주하고 있다.

예를 들어, Saldaña의 극장에서의 아동 청중의 반응에 대한 연구에서는 다음과 같이 다양한 측정을 도입하였다. ① 현장 청중에 대한 관찰과 사건의 장면 노트, ② 연극에 대한 청중 반응 녹음과 비디오 녹화, ③ 연극이 끝난 후에 아이들과의 녹음 중심 집단 인터뷰, ④ 아이들이 본 것을 아이들이 그림이나 글로 평가, ⑤ 연극 대본의 연극학적 분석, ⑥ 몇몇 교사 및 연극 회사 관계자와의 인터뷰, ⑦ 아동 발달 · 심리학 · 교육학 · 영상과 연극학과 같은 전문적인 연구 문헌의 관련 이론들이 그것이다.

삼각화로부터 무엇을 기대할 수 있는가? 우리는 세 가지 다른 출처로부터 확증을 얻을 수 있다. 우리의 분석에 신뢰성을 높일 수도 있다. 그러나 때로는 일관성이 없거나 심지어 결과가 상충되기도 한다. 잘해야 삼각화는 자료 수집의 방법과 자료 자체의 완전성을 좀 더 면밀하게 검증하게 한다. 일관성이 없고 상충되는 결과가 왜 그렇게 되었는지를 설명해 준다. 우리가 고려했어야 하는, 발견되지 않은 가변성 혹은 기대하지 않은 변칙과 연구에 있어 면밀한 검증을 받을 만한 현상의 극단치들 때문이다. 때때로 일관성이 없거나 결과가 상충되는 것은 연구자가 어딘가에서 실수를 한 것이고, 무엇이 잘못되었는지 생각해야 한다는 것을 보여 주는 것이다. 그러나 때때로 결과의 상충은 축복일 수 있는데, 사용된 다른 자료의 수집 방법은 자료의 다른 측면을 모으고, 결합된 효과는 각 현상의 3차원 이상의 관점을 구성하는 데 기반을 두기 때문이다.

아마도 우리의 기본 핵심은 삼각화가 생활 방식으로서의 전략이 아니라는 것이다. 만약 의식적으로 다양한 출처와 증거 양식을 사용하여 결과를 수집하고 이중점검을 한다면 입증 절차는 자료 수집의 절차 속에서 이루어지게 된다. 사실상 삼각화는 다양한 방법을 사용하고, 다른 출처로부터 다중의 예시를 보거나 듣고 다른 결과들과 결과를 일치시키는 방법으로 처음 결과를 얻는 방법이다.

4) 증거에 비중 두기

주어진 초기의 결론은 언제나 명확한 자료에 기초한다. 어떤 역사학자가 사용했던 '자료 분석 방법(capta)'을 사용해야 할 것이다. 현장에서 노트 형식의 일부 기록을 '발췌' 하고, 자료라고 부르는 기록된 형태의 특정 정보를 추출한 일상에서 일어나는 사건들이 있다. 이러한 자료는 다양한 디스플레이와 기록으로 사용되면서 압축과 선택, 변형이 이루어진다.

이러한 자료의 일부는 다른 것들보다 우수하다. 다행스럽게도 결론을 검증하면서 그 사실을 멋지게 활용할 수 있다. 결론의 근거가 되었던 자료가 더 견고하고 평균 이상의 타당성이 있을 때 그 결론은 더욱 탄탄하다. 더 견고한 자료일수록 결론에 더 비중을 둘 수 있다. 반대로, 부실하고 확실하지 않은 자료에 근거를 둔 결론은 대안적 결론이 더 탄탄한 자료에 근거한다면 폐기된다.

기본적으로 특정한 자료가 다른 것보다 더 견고하거나 부실한 이유는 다양하다. 첫째, 일부 참여자의 자료가 '더 좋다'. 그 참여자들은 명료하고 사려 깊으며 사건이나 과정에 대해서 논하기를 즐길 것이다. 혹은 그들은 사건, 행동, 과정, 관심 있는 장면에 정통할 것이다. 예를 들어, 우리의 연구에서는 구역 예산 문제에 대해 교사보다 학교 고위 감독자의 판단에 더 비중을 둘 것이다.

둘째, 자료 수집의 환경은 자료의 질을 견고히 하거나 약화시킨다. 교실에서 어떤 일이 일어났는지 직접 보는 것이 사건에 대해 우연히 듣는 것보다 더 믿을 만하다. 참여자들과 신뢰나 믿음이 형성될 시간이 있었다면, 초기 단계보다 후기 단계에서의 참여자들의 인터뷰가 더 많은 정보를 준다.

셋째, 현장 연구자의 검증 노력에 따라 자료의 질이 더 견고해질 수 있다. 이것은 몇몇의 다양한 것으로 구성된다(**굵은 고딕체**로 된 것은 이 장의 다른 곳에서 다룬다).

- **연구자의** 근거와 **영향 점검하기**
- **대표성 점검하기**
- **연구 참여자들의 피드백 모으기**
- **삼각화하기**
- 이면의 동기 찾기
- 속임수 찾아내기

마지막 두 항목에 대해서는 다른 절에서 살펴보지 않았다. Douglas(1976)에 따르면, 현장 연구자의 신임 정도와 상관없이 현지인은 언제나 자료를 생략하거나 선택하거나 왜곡하며, 현장 연구자를 속이기도 한다(자기기만은 말할 것도 없다). 그러한 특정 응답자, 그들로부터의 자료 관점을 받아들였다면 자료를 검증하는 어떤 것을 행했을 경우에 확신을 더 정당화하게 된다. Douglas는 우리가 적응해야 할 몇 가지 전략을 다음과 같이 제시하였다.

- '확실한 정보'에 대립하여 확인하기
- 대안적 설명에 대립하여 확인하기
- 명백한 것 이면에 무엇이 진행되고 있는지 '다른 통로' 찾기
- 응답자에게 개인적인 이야기를 하고 공유하기
- 생각하고 있는 바가 진행되는 것을 공유하고, 응답자가 어떻게 반응하는지 보기

신뢰를 중시하는 현장 연구자는 그런 개입에 겁을 먹거나 지나친 간섭이라고 생각하여 묵살한다. 의심하고, 거짓말을 한다고 기대하고, 자기기만을 하는 응답자를 찾으며, 때때로 그러한 문제에 대해 응답자에게 **조심스럽고 교묘한** 질문을 한다.

우리는 두 가지 제안을 하고자 한다. 첫째, 분석적 메모의 형태로 또는 현장메모에서 관찰자의 코멘트로 자료의 질에 대한 이슈가 계속 기록되고 차후 방문에 자료의 질이 향상되는 반복적인 노력이 함께 이루어지는 것은 유용하다. 둘째, 사례 분석의 최종 단계에 이르렀을 때 여러분을 위해, 그리고 궁극적인 독자를 위해 자료의 질에 대한 여러분의 견해를 요약하는 것은 유용하다. 여기 학교 개선 연구의 사례 보고에서의 한 예시가 있다. 연구자가 세 번 방문하면서 인터뷰(46), 비공식 면담(24)과 관찰(17)의 횟수를 목록화한 이후에 제시한 것이다.

자료는 운영자와 핵심 프로그램 인력(각 3~6회 인터뷰 실시)에 다소 편향될 수 있다. 그리고 일반적인 프로그램 사용자와 특히 주변 사람들(더 환상이 깨진)은 덜 반영될 수 있다. 따라서 정보는 핵심 운영자들에 의해 알려지는 프로그램 운영의 모든 것에 대해서는 풍부하고, 카슨 학교의 일상의 모습이 어떠한지에 대해서는 빈약할 것이다.

5) 아웃라이어(극단치) 의미 점검하기

주어진 결과는 항상 예외가 있다. 그러한 예외들에 대해 바로잡거나 무시하거나 잘 해명하려는 유혹을 받는다. 그러나 **아웃라이어(극단치)는 친구이다.** 예외들 혹은 분포의 끝을 잘 살펴보면 기본 결과를 검증하고 견고히 할 수 있다. 결과의 일반화를 검증할 뿐 아니라 자기 편향 선택의 오류를 방지하고 더 나은 설명을 할 수 있다.

예를 들어, 학교 개선 연구 중 한 사례에서 새로운 실천 방법이 많은 교사에게 지역의 병폐를 거의 기적적으로 치료하는 것으로 알려졌다. 비록 교사들은 그것이 최상의 것이라고 하기에 힘들다는 것을 알았으나, 그 프로젝트는 궁극적으로 독서와 작문 점수에서는 극적인 증가를 보였다. 열정은 높았다.

그것이 정말 '기적의 치료'였는가? 결과를 검증하기 위해 그 실천 방법을 채택하지 않았거나 사용했지만 부족하다고 생각했던 사람들에게 문의하였다. 어느 정도 생각한 후에 연구의 핵심 참여자들을 각각 만났다.

두 부류의 사람들과의 인터뷰는 유익하였다. 우선 새로운 실천 방법을 받아들이기를 거부했던 이유는 받아들이기로 했던 사람들의 이유와 반대였다. 반대하는 사용자들은 만족해하는 사용자들의 혁신적 방법을 익히지 못하였다. 우리는 이미 기법을 완벽히 익히는 것이 긍정적 결과를 이끌어 낸다는 것을 제시하는 많은 증거를 가지고 있었다. 우리의 결과는 견고해졌고, 우리는 왜 예외적인 사례가 예외적인지에 대해 더 잘 이해할 수 있었다.

결국 기술적으로 완벽하게 수행된다면 혁신은 '기적의 치료'였음이 명백해졌다. 게다가 이러한 반대하는 사용자들은 지지하는 사용자들보다 불만족해하는 사람들이 더 많다고 말하였다. 우리는 만족한 사용자들을 더 많이 표집하였고, 어떤 의미에 있어 당연한 결과에 '빠져 있다'는 것을 깨달았다. 이후 불만족 사용자에 대한 표집을 더 늘려감에 따라 다소 다르고 좀 더 복잡한 그림을 얻게 되었다.

예외나 일탈된 사례들은 처음에 인지했던 것보다 더 많다. 그것을 계속 찾아야 한다. 그러나 그것은 부른다고 오지 않는다. 그러므로 자동적으로 표집될 것이라고 생각하지 말라. 결국 그것들은 골칫거리임에 틀림없다. 발견하거나 찾아내기 어려울 뿐 아니라 공들여 완성한, 일관성 있어 보이는 사례 역동을 망쳐 놓기도 한다.

명심해야 할 것은 아웃라이어(극단치)는 사람일 수도 있고, 모순된 **사례**, 변칙적인 **환경**, 독특한 **처치** 또는 비정상적인 **사건**이 될 수도 있다는 점이다. 그 아웃라이어(극단치)

를 찾아야 하며, 극단치에 존재하는 것이 다른 주류들의 예시에는 없거나 다른 점이 있는지 검증해야 한다(다음의 **극단적 사례 이용하기**를 보라). 아웃라이어(극단치)의 탐색은 잘 정돈된 디스플레이를 가지고 있을수록 수월하다. 사례, 역할, 환경, 사건, 그리고 개개인은 서로 일관된 관계로 나타낼 수 있다. 만약 자료를 수집하는 중이라면 수집한 것을 진열해 놓고 아웃라이어(극단치)를 찾아보라. 그리고 자료가 눈에 띄는 아웃라이어(극단치)가 없이 무리 지어 있다면 극단의 자료가 될 만한 사람, 사건, 환경 등을 찾을 수 있는 곳은 없는지 고려하라. 계속 진행하면서 의식적으로 예외적인 사건일지라도 그것이 오히려 전형적인 사례가 될 수 있다는 결과에 대해 마음을 열어 두라.

많은 경우에 아웃라이어(극단치) 분석은 최초의 결론을 더욱 견고히 한다('예외는 규칙을 제공한다'). 그러나 조심하라. 억지로 하지 말라. 결론이 어떻게 수정이 필요한지에 대해 유용하고 중요한 것을 아웃라이어(극단치)가 제공한다는 발상에 대해 마음을 열어 두라.

6) 극단적 사례 이용하기

예비적 결론에 이르는 데 있어 아웃라이어(극단치)의 사용에 대해 기술하였다. 극단적 사례라 불리는 특정 유형의 아웃라이어(극단치)는 결론을 검증하고 확증하는 데 매우 유용하다.

Saldaña(1995)는 유치원 이후 7년간의 극장 경험에 대해 6학년생을 인터뷰하였는데, 한 인터뷰 질문은 "극장이 필요한가?"였다. 한 학생을 제외하고 모두 "그렇다."라고 하였다. 한 남학생이 "아니다."라고 대답하였는데, 이것이 극단적 사례의 예시이다. 그는 지난 7년 동안의 연구에서 극장 이용도가 가장 낮은 참여자들 중 한 명으로, 극장은 예상 밖의 것이 아니므로 "가질 필요가 없다."라고 설명하였다. 그의 '아니다'는 자료 기록의 일부가 되며, 우리는 무료로 높은 질의 극장 이용을 수년간 한 이후에 왜 그가 30명의 아이와 다르게 홀로 극장이 필요 없다고 느꼈는지를 설명해야 한다. 간단히 말한 그의 '아니다'는 예술과 어린 참여자들에게 제공된 의미와 보상의 풍경에 대한 아이들의 가치가 다양함을 면밀히 검증하게 한다. 그 단순한 '아니다'는 연구의 결론에 이르도록 도와준다.

이것은 '다른 모든 것을 변함없이 잡고 있는 것'이라는 방법이다. 즉, 일치했어야 하지만 그렇지 않은 가장 극단적인 사례를 찾는 것이다. 변수들과 관련된 개념적이고 경험적인 지식이 필요하다는 점에 주목하라. 이는 진공 상태에서 이루어질 수 없다. 경험적인 아웃라이어(극단치)뿐 아니라 개념적으로 극단적 사례를 정의하고 그런 사례가 존재하는지를 살펴봐야 한다.

두 번째 극단적인 사례의 유형은 강한 편견을 가진 것으로 알려진 사람들이다. 예를 들어, 여러분이 과거부터 상당히 방어적이라고 알고 있었던 보수적인 관리자와 이야기를 한다고 가정하자. 여러분이 그에게 왜 그와 함께 일하는 교사가 혁신을 시도하는 것을 꺼리는지를 묻는다. 그는 그의 협력과 지원이 부족해서라고 답한다. 이 대답은 매우 설득력이 있다. 왜냐하면 여러분은 그러한 대답이 이 특별한 행정가로부터 나올 것이라고 기대하지 않았기 때문이다.

달리 말하면, 무언가를 동의하거나 거부했을 때 얻거나 잃을 것을 가장 많이 갖고 있는 위치의 사람을 찾아 질문을 던지라. 만약 여러분이 놀라운 대답을 얻는다면(예: 질문을 부인할 때 가장 많이 얻을 것 같은 사람이 사실을 인정하는 경우) 그러한 질문에 대해 확신을 가질 것이다. 이 전략은 여러분에게 그 사람의 전형적인 태도와 편견에 대한 사전 지식을 가지고 있으라고 한다.

어떤 면에서 이것은 차별적인 **증거에 비중 두기**(이전에 논의된)와는 다른 유형이다. 예를 들어, 여러분이 혁신을 열광적으로 지지하는 사람을 인터뷰한다면, 그들이 말하는 혁신의 한계나 문제점은 굉장히 심각하게 받아들여야 한다. 한 번 더, 여러분은 '극단적'이라는 의미를 개념화하고 여러분이 찾은 자료를 활용한다.

7) 뜻밖의 발견 사항에 대한 후속조치

뜻밖의 발견 사항은 아웃라이어(극단치)보다 흥미롭다. 여러분이 놀랐다면 여러분의 기대 밖의 어떤 일이 일어났다는 의미이다. 여러분은 무엇이 일어났는지에 대한 절대적인 이론을 가지고 있다. 예를 들어, 여러분은 회사에서 힘든 시간을 보내고 이제 퇴근한다. 그리고 놀라운 일이 생긴다. 여러분의 생일 6개월 전에 미리 생일 파티를 하려고 몰려든 친구들과 부딪친다. 여러분은 웃고 그들의 친절에 감사하며 누가 생일 파티를 계획했는지 궁금해할 것이다. 그렇다면 여러분이 알아차리지 못하게 어떻게 이런 일이 일어났는가?

질적 분석에서는 파티보다 이에 뒤따르는 반응과 조사가 더 중요하다. 이러한 사건은 내가 가지고 있던 기대와 절대적인 이론, 그리고 분명한 가정에 대해 무엇을 말해 주는가? 그리고 나의 이론을 재정립하기 위해서 내 자료에서 무엇을 다시 보아야 하는가?

　Saldaña가 1990년대 중반 사우스웨스트의 도심 지역 학교 현장에 처음 나갔을 때 놀란 것은 히스패닉 소년들의 대부분이 머리를 빗질하여 뒤로 넘겨 '단정한' 헤어스타일을 하고 있다는 것이었다. 그는 어린 시절인 40년 전부터 문화에 차림새의 뉘앙스가 있다는 것을 알게 되었다. 또한 놀란 것은 대개 백인 초등학교, 중산층에서 관찰된 옷과 달리 많은 소녀가 학교에 반바지나 바지를 입지 않고 드레스를 입고 온다는 것이다. 이러한 소소한 패션의 세부 사항들은 현재 그를 둘러싸고 있는 큰 문화적 역동과 전통 및 가치가 어떻게 선택되어 여전히 히스패닉 아이들에게 역할을 하는지 다시 생각하게 하였다.

　뜻밖의 발견 사항에 대한 후속조치는 다음과 같은 세 가지 측면이 있다. 여러분은 ① 여러분의 위반된 이론을 표면화하기 위해 뜻밖의 발견 사항을 반영하고, ② 어떻게 수정할 것인지 생각하며, ③ 여러분의 수정을 뒷받침할 증거를 찾는다. 여러분은 또한 새로운 이론을 이끌어 내는 사례의 새로운 면을 발견하기 위해 코를 킁킁거리며 사냥하듯이 ②에서 ③으로 작업할 수 있다.

8) 부정적 증거 찾기

　부정적 증거 찾기 전략은 설명하기는 쉽지만, 사람들의 패턴 만들기 성향은 자연스럽고 본능적인 것이 아니다. 예비 결론이 수중에 있다면 이 전략은 '어떤 자료가 이 결론을 반대하는가?' 혹은 '이 결론과 불일치하는가?'라고 묻는 것이다. **아웃라이어(극단치,** 이전에 논의된)와 **상반된 설명**(후에 언급될) **확인하기(조사하기)**는 이것보다 더 극단적인 버전이다. 여러분의 생각이 맞다는 것이 불일치함을 적극적으로 찾는다.

　Einstein은 이렇게 말했다. "어떤 증거 없이도 내가 맞다고 증명할 수 있다. 그리고 증거가 있더라도 내가 틀리다고 증명할 수 있다." 추상적으로는 그럴 수 있다. 그러나 대부분은 마치 반대가 사실인 것처럼 행동한다. 우리의 아름다운 이론들은 우리에게 견고함을 확신시키기 위한 자료가 필요 없다. 그리고 우리는 우리의 틀을 부숴 버릴 많은 잔인한 사실을 직면할 의사가 없다. 그러한 노력의 좋은 사례연구가 Cressey(1953)의 횡령자에 관한 최고 수준의 연구이다. Cressey는 불일치가 없을 때까지 기존 자료와 새로 수집한 자료를 이용하여 부정적인 사례를 찾아내어 연구 중인 가설을 다섯 번이나 수정하였다.

Miller(연도 미상)는 "불일치한 사례는 조심스럽게 다루어져야 한다."라고 충고하였다. 부정적인 증거를 수용하기 위해 원래 가설을 너무 빨리 버리거나 가설을 경솔히 수정하는 것은 바람직하지 않다. Miller는 하나의 부정적인 증거의 사례가 재고하기에 충분하더라도 부정적 증거와 긍정적 증거의 **비율** 또한 중요한 역할을 한다고 제안하였다.

친근하지만 심술궂은 회의론자가 수중의 결론을 다시 확인하는 위원회는 자료의 디스플레이를 막고 사실상 결론을 부정하는 내용으로 작성된 현장노트에서 자료를 다시 찾는다. 만약 그러한 증거가 발견되면 증거를 다루는 대안적 결론을 만들라.

마지막으로, '망상 오류'라고 불리는 것을 주목하라. 다음 대화처럼 부정적 증거의 부재는 확증 전략으로서 결정적이지 않다.

> 질문: 왜 매일 새끼손가락에 파란 리본을 달고 다니지?
> 대답: 코끼리가 나를 따라오는 것을 막으려고요.
> 질문: 근데 여기 코끼리는 없어.
> 대답: 봤죠? 이 파란 리본 때문에 없는 거예요.

9) '만약-그렇다면' 검증하기

'만약-그렇다면' 테스트는 질적 자료 분석의 주요 도구이다. 이 테스트는 일반적인 분석 방향을 지원하는 일반적인 연구 가설에 초점을 맞추고 있다.

형식적 구문은 '만약 X라면 Y이다.'라고 할 수 있다. 이것은 예상되는 관계의 구문이다. X가 사실(중요한 조건)이라고 가정하면, 우리는 Y가 사실인지 아닌지를 본다. 만약 Y가 사실이라면 우리는 이해의 여지가 있는 것이다. 우리는 X와 Y의 관계에 관한 '법칙'으로부터 떨어져 있으며, 이는 보편성이 요구되고 큰 이론과 연결되어 있으며, 또 다른 조건에서는 중요성이 요구된다. 그러나 우리는 더 많이 알고 있고, 특히 더 많이 '만약-그렇다면' 테스트를 행하며, 그것과 발생하는 일반적인 이론을 연결하는 다음 분석 단계를 실행할 수 있다.

청소년의 사회적 집단과 사회적 인식에 대한 Saldaña(1999)의 연구는 왜 사회경제적 배경이 다른 2개의 10대 집단이 같은 사회적 이슈(워크숍 내용을 중심으로)에 상당히 다르게 반응하는지에 대한 기회감염 연구였다. 보다 낮은 사회경제적 집단은 사회적 이슈를 심각하게 받아들이고 열정적으로 참여하였다. 그러나 보다 높은 사회경제적 집단은 같은 내용의 사회적 이슈를 패러디나 풍자로 변형하였다.

이러한 경험들이 반영된 후에, Saldaña는 다음과 같은 일반적인 제안을 하였다. 만약에 청소년들이 보다 높은 사회적 집단 배경 출신이라면, 그들의 사회적 의식은 보다 낮은 사회적 집단 청소년의 의식만큼 고조되지 않았을 것이다. 물론 사색적인 전문가들은 다음과 같은 제안을 발전시킬 것이다. 만약 워크숍의 내용이 참여자들에게 의미가 없다면 제공된 경험들을 거부할 것이다. 예외나 **부정적 증거**들이 이러한 제안들을 수정하도록 한다는 것을 항상 고려해야 한다. 그러나 특별한 사건에 있어서 이것이 관찰되었다.

'그렇다면' 문장의 조건적 미래 시제의 사용은 '그렇다면'이 발생하는지 아닌지를 보도록 상기한다. 그래서 '만약-그렇다면' 문장은 테스트를 위한 제안을 형성하는 방법이다. 예측을 일반화하는 방법은 '만약'과 '그렇다면'을 함께 연결하는 것을 포함한다. '만약-그렇다면' 문장은 단지 이론 구성에서 한걸음 떼는 것이다.

10) 거짓 관계 배제하기

'거짓된'은 거짓에 기인한 무언가를 의미한다. 거짓 관계는 여러분이 어떤 것과 부정확하게 연결되었다는 것을 의미한다. 여러분이 전략을 흡수하여 변수 A가 B와 실제로 관련 있다는 것을 발견할 수 있다고 가정하자. 우리는 A를 보면 B도 본다. 그 반대도 마찬가지이다. 안도의 한숨을 내쉬고 다음의 결론으로 넘어가기 전에, 여러분이 그리는 도식을 고려해야 한다.

A → B라는 도식은 A와 B를 일으키는 원인이 되는 제3의 요소가 있을 가능성을 나타내는 다음의 도식으로 그려지는 것이 더 타당할지도 모른다.

이것은 오래된 논리 문제이다. 『미국의학협회 저널(Journal of American Medical Association)』에서 최고 수준의 연구(Wallis & Roberts, 1956)가 좋은 예시이다. 연구자들은 병원까지 먼 거리(평균 85마일)를 온 소아마비 환자가 가까운 거리(평균 7마일)를 이동해 온 환자보다 더 빨리 죽는다(24시간 안에 죽는 확률 50% vs. 20%)고 보고하였다. 그들은 입원한 지 짧은 시간 내에 운송된 집단의 높은 사망률은 심각한 상황에서의 긴 운

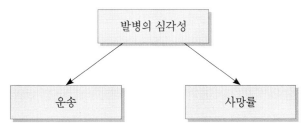

[그림 11-4] 거짓 관계에서의 가능한 설명

출처: Miles & Huberman (1994).

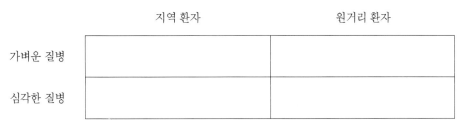

[그림 11-5] 그림 11-4의 해석 테스트를 위한 그림

출처: Miles & Huberman (1994).

송 시간의 결과를 더 잘 보여 준다고 결론지었다(p. 285).

Wallis와 Roberts(1956)는 제3의 변수가 A(운송)와 B(사망률) 모두에 영향을 줄 수 있다고 제안하였다. 그것은 '초기 발병의 심각성'이다. 모든 환자는 윌러드 파커(Willard Parker)라는 전염병 치료 센터에서 검진을 받고 있었다. 원거리에 거주한 소아마비 환자는 증세가 심각한 경우에 한해 윌러드 파커로 운송되었다. 증세가 다소 약한 경우에는 자신의 집 근처에서 치료를 받았다. 따라서 [그림 11-4]와 같이 도식화된다.

이러한 해석은 명수와 사망률이 입력된 셀인 [그림 11-5]를 통해 점검할 수 있다.

Wallis와 Roberts(1956)가 충실히 지적하듯이, 만약 재해석이 행해져야 하고, 그것이 실제 이슈로 '초기 발병의 심각성'을 지지한다면 부가적인 배제를 해야 한다. 아마도 원거리의 환자들은 상대적으로 열악한 기초 건강 상태였을 것이다. 그들은 특별히 전염성이 강한 척수성 소아마비가 널리 퍼져 있는 지역에서 왔을 수도 있다.

제3의 후보 변수를 찾는 것은 항상 쉽지 않다. 특히 최초의 설명이 '이치에 맞는' 경우라면, 운송과 사망률의 관계는 처음에는 그러하였다. 윌러드 파커의 연구자들은 하나의 제3의 변수(이전 병력의 기간)를 생각했는데, 실제 차이는 없었다. 윌러드 파커의 '윌러드 파커 특성'이 그렇다는 것을 인식하지 못한 채 그들은 찾는 것을 중단하였다. 그들의 분석 과정 동안 Wallis와 Roberts를 호의적인 손님으로 고용할 수는 없었는가? 그랬다면 이야기는 달라졌을 것이다.

질적 연구자들의 윤리성은 동일하다. 두 변수 간에 관계성을 보일 때, 특히 서로 간 원인이 된다고 보일 때, 조금만 기다리고 다른 제3의 변수가 두 변수에게 영향을 끼칠 수 있다는 생각을 해 보라. 지식이 많고 공정한 동료의 도움을 받으라. 그리고 그러한 제3의 변수와 그 영향을 명확히 볼 수 있는 새로운 그림을 생각해 보라.

이 과정은 개략적 방법보다 더 많은 시간이 소요된다. 그래서 여러분이 중요한 결론(아마도 놀라운 것)을 가지고 있을 때, 실질적인 측면에서 그것에 많은 것이 달려 있는 것은 가치가 있다.

초반에 우리는 **매개 변수 발견하기** 전략을 논의하였다. 그러나 우리는 미지근한 관계를 이해하는 것에 더 관심이 있었다. 여기에서 이슈는 여러분이 그럴듯하고 강해 보인다고 생각하는 관계를 원상 복구하는 것이다.

11) 사본 찾기

일찍이 **삼각화하기**에서 보았듯이, 결과가 몇 개의 독립적인 출처 등에 의해 뒷받침된다면 더욱 신뢰할 수 있다. 그 타당성은 여러 도구를 사용한 측정에 의해 확인될수록 증가한다.

아직도 한 사람이 이러한 모든 측정을 손수 만든 도구를 사용하여 수행한다는 사실은 예방책의 기초가 된다. 일단 어떤 사례가 이치에 맞는 가설에 걸려들었다면 빠져나오기는 어렵다. 사방에서 그 가설을 확증하는 단서들이 나타난다. 새로운 인터뷰, 관찰, 문서 모두가 검증될 수 있으며, 일관성 있게 걸맞다. 증거를 확증하지 못할 것은 없으며 미약하다. 이것은 매우 위험한 순간으로서 여러분은 거의 '총체적 오류'에 빠져 있다. 사회적 삶에 대한 근거에 내재하는 조잡함보다 더욱 논리, 일관성과 의미를 사건에 부여하기도 한다. 어떻게 이러한 오류를 막을 수 있는가?

한 가지 전략은 연구 재적용 측면에서 생각하는 것이다. 만약 한 가지 결과를 다른 맥락 혹은 다른 데이터베이스에서 관찰하고 반복하여 얻을 수 있다면 그 결과는 신뢰할 만한 것이라고 할 수 있다. 다른 사람들이 그것을 재현할 수 있다면 더욱 확실할 것이다.

이런 전략은 다양한 방식으로 사용될 수 있다. 가장 기초적인 단계에서 여러분은 새로운 참여자, 새로운 환경 및 사건으로부터 새로운 정보를 수집하는 동안 재적용하고 있는 것이다. 새로운 자료는 타당도나 일반화를 검증함으로써 이전 자료를 강화하거나 인증하게 된다.

　한 단계 높은 신뢰 수준에서, 사례나 자료의 또 다른 일부에서 나타난 가설을 검증할 수 있다. 이러한 검증은 더욱 엄격하다. 그래서 연구자의 편견이 들어가기는 어렵다. 더 엄격한 검증은 다중 사례를 검토하면서 할 수 있다. 이는 교차 사례 디스플레이에서 패턴을 찾는 것과 패턴이 반복되는지 알아보기 위해 모든 사례를 통해 조심스럽게 추적하는 것이다.

　여러분은 극도로 단기간의 목표로 알고 있지만 보다 더 새로운 사례에 좀 더 재적용하라. 이에 대한 몇 가지 간략한 조언은 다음과 같다.

- 교차 사례연구에서 재적용은 기초적인 자료 수집 노력의 중요한 일부분이다. 하나의 사례에서 나타나는 패턴이 다른 사례들에서 검증되어야 한다. 이 절과 **삼각화하기**의 일부에 설명된, 현장 연구의 과정에서 확증된 검증 방법이 시행될 준비가 되어야 한다.
- 사전 준비가 되어 있지 않다면 재적용은 가능하지 않다. 불가피하게 시간은 부족하고 편집할 정보가 많다.
- 최종 분석, 보고서 단계에서 현장 연구의 마무리 단계의 재적용을 행하는 것은 매우 어렵고 신뢰성도 떨어진다. 자료의 또 다른 일부에서 가설을 검증한다는 것은 검증을 위해 필요한 모든 자료가 있다는 것을 전제한다. 연구자가 이러한 과정을 예상하고 그러한 정보를 모아 두지 않았다면 가설 검증은 불가능하다.

　여러분의 연구 초기에 어느 정도 앞을 생각하라. 여러분이 발견한 것들이 그 분야에서 심오한 영향이 있는 매우 뛰어난 것이 될 것이라고 상상하라. 그리고 빠른 '재적용성 점검'을 수행하도록 친한 동료들에게 요청하라. 단 몇 시간 동안의 프로젝트 자료와 방법의 검토를 통해서 볼 때, **동료**가 여러분의 연구를 반복한다는 것은 어느 정도의 난이도를 갖겠는가?

12) 상반된 설명 확인하기(조사하기)

　여러분이 신중히 연구하고 능숙하게 풀어낸 현상을 설명하는 상반된 설명을 고려하는 것은 자기훈련과 자기도피에 좋은 훈련이다. 그러한 생각은 종종 혼란 속에서 길을 잃는다. 자료를 수집하는 동안 여러분은 방대한 자극의 양을 이해하는 데 너무나 분주하다. 나중에 여러분은 알려진 설명에 얽히고 여러분의 설명을 버리기보다는 버티는 데 부족한 시간을 투자하기 쉽다. 그리고 자료를 분석하는 동안 도출된 것보다 다른 설명을 검증하는 것이 너무 늦을 때도 있다. 검증하기 위한 필수 자료는 없다.

그러나 우리는 상반된 설명을 확인하는 일이 대부분 실험 연구보다 질적 연구를 통해서이며, 그렇게 하는 것이 비교적 쉽다고 생각한다. 능숙한 현장 조사자는 현장 연구 중에 주목받는 몇 개의 사건에 대해 가장 타당하고 경험에 근거한 설명을 찾는다. 여러분은 다른 것을 다 버리고 한 가지 설명만을 찾는 것이 아니라 몇몇 대안적인 설명 가운데 최상의 것을 찾는 것이다.

전략은 그중 하나가 더 강하고 더 다양한 증거의 원천의 결과가 될 때까지 몇 개의 가능한 (상반된) 설명을 가지고 있는 것이다. 다른 쪽 끝에서 보면, 여러분은 각각의 상반된 설명에 좋은 기회를 주는 것이다. 그것이 여러분의 주된 사랑보다 더 좋은가? 여러분이 알아차리지 못한 편견들이 있는가? 여러분이 다른 새로운 자료를 수집해야 하는가?

고등학교 경험을 되돌아보는 다양한 세대 중 성인에 대한 McCammon 등(2012)의 연구에서 강한 호기심을 불러일으키지만 퍼즐이 풀리지 않은 것 중 하나는 가장 최근의 연령 코호트 자료 분석 결과였다. 참여자들이 청소년으로서 직면한 도전에 대한 질문을 받았을 때, 2000년에서 2010년 동안에 졸업한 참여자들은 더 나이 든 집단보다 불만족과 '공포'를 더 일반적인 감각으로 설명하였다. Saldaña는 이를 불확실한 9·11 테러 이후의 삶의 결과와 Goleman(1995, 2007)의 프로젝트에서 미국 젊은이의 최근 감정적 고뇌의 확인으로 가설을 세웠다. 그러나 Saldaña는 그들이 20대였을 때 세대의 반응을 이해하려는 50대인 조사자였다. 그래서 그는 그들의 관점을 이해하기 위해 좀 더 젊은 동료들(그의 보조 연구자 Matt Omasta와 Angie Hines)에게 의지하였다. 그리고 그들은 학교 미술 프로그램으로 제공되는 '안전한 공간'과 사회 매체 및 엔터테인먼트 기술의 빠른 발달에 따른 가장 최근 세대의 사회심리학적 영향에 대한 일반적인 연구처럼, 가설을 발전시키기 위해 고려해야 할 다른 요소들을 제공하였다.

너무 일찍 대안적 설명들을 배제하는 것은 편견의 전조이다. 여러분은 사례를 이해하는 특정한 방법으로 조사하고 증거를 지지하는 환경을 선택적으로 살핀다. 가치가 없는 증거는 무시되고, 예외로 치부되기도 한다. 그래서 여러분의 잘못된 이론에 대한 확신은 더욱 증가한다.

우리는 또한 너무 늦게 대안적 설명을 결론짓는 것은 최고 이론이 되기에 빈약한 사례를 만들 수 있음을 명심해야 한다. 또한 자료의 코퍼스에 덩어리를 더하는 것이다. 그래서 상반된 설명은 현장 연구에서 즉각적으로 살펴보아야 하며, 진실로 실행이 불가능하거나 더 잘 입증될 때까지 유지되어야 한다. 이러한 단계는 가능하면 대부분의 현장 연구가 끝나기 전에 이루어져야 한다. 같은 원칙들은 현장 연구 후에 분석에서 적용된다. 대안적 설명을 빨리 확인하라. 그러나 영원히 되풀이하지는 말라.

그것은 또한 모순된, 잘 들어맞지 않고 여전히 퍼즐인 정보에 집중하도록 도와준다 (전략: **부정적 증거 찾기, 뜻밖의 발견 사항에 대한 후속조치**). 전략은 여러분이 선호하는 설명을 고려하여 해명하는 것이 아니다. 그것들을 받아들이고, 하찮은 정보로 만들어질 수 있는 대안적 사례들이 무엇인지 스스로에게 질문해 보라. 그리고 계속 확인해 보라.

유용한 하위 전략은 다음과 같다. 최종 분석 동안 현장 연구 후반에 여러분이 선호하게 된 것의 대안으로서 여러분이나 다른 사람이 생각해 낸 차선의 설명의 장점을 우선 확인해 보라. '차선'은 멋진 대안들보다 더 끌어당기는 힘이 있다.

13) 연구 참여자들의 피드백 모으기

확증의 가장 합리적인 자원 중 하나는 여러분이 이야기하고 관찰해 온 사람들이다. 결국 현장에서 기민하고 관찰력 깊은 사람이 조사 시 진실에 대해 연구자보다 더 많이 알고 있다. 그런 의미에서 '구성원 확인'이라고 이름 지어져 지역 참여자들은 연구의 중요한 결과를 평가하는 판사의 역할을 할 수 있다. 몇몇 디스플레이 방법의 개요는 사례 참여자들로부터 다음과 같이 피드백을 하도록 권장한다. 결과의 짧은 요약에 대한 논평, 인과관계 네트워크의 정확성 평가, 연구자의 추론 확인이다.

피드백은 자료 수집 중에도 일어날 수 있다. 결과들이 모양을 갖추기 시작할 때, 연구자들은 새로운 참여자 및 중요한 참여자와 함께 확인할 수 있다. 여기에서는 민감한 문제가 편견의 시작이다(**연구자의 영향** 참조). 연구 중의 피드백은 참여자의 태도나 견해를 바꿀 수 있다(그러나 몇몇 장르, 현장 연구, 비평 민속지학, 지역 기반 확증 조사는 더 좋은 연구를 위해 참여자의 태도나 관점을 바꾸는 것이 목표이다).

여전히 우리는 철저한 초기 피드백의 유용한 몇몇 예시를 보았다. 현상학적 연구에서 Melnick과 Beaudry(1990)는 교사를 인터뷰하였다. 그리고 두 번째 인터뷰에서, 주제에 관한 부가적 소견과 추수 질문이 더해진 전사본을 돌려주었다. 전사본은 반영된 생각을 나누는 데 기초가 되었다. Warner(1991)는 아이들에게 성인-아동 상호 작용을 직접 캠코더로 찍게 했고, 코멘트를 달도록 했으며, 그들에게 코멘트가 담긴 테이프를 보여주었다. 연구가 점점 이미크(언어 · 문화 현상 등의 분석 · 기술에 있어서 기능 면을 중시하는 관점)적이 되면, 초기 피드백은 점점 유용해지기 쉽다.

최종 분석 후에 피드백을 하는 것이 좋은 다른 이유가 있다. 그중 하나는 여러분이 더 잘 알고 있다. 또한 덜 머뭇거리고, 증거를 더욱 지지하며, 그것을 이용할 수 있는, 여러분이 알고 있는 것보다 더 많이 알고 있다. 게다가 더 높은 수준의 추론에서 다음과 같은 피드백을 얻을 수 있다. 주요 요인, 인과관계, 그리고 해석적 결론에 관한 것이다. 마지막으로, 피드백 과정은 계획적으로 이루어질 수 있다. 여러분은 결과를 명료화하고 조직적으로 배치해서 독자들에게 조심스럽고 정밀한 검토와 논평을 제공할 수 있다.

독자가 피드백과 연결될 수 있다는 것—그것을 이해하고, 그것을 경험 및 인지력과 연결하고, 무언가를 하는 것(그것을 그리거나 일부분을 제거하거나 더하는 것 등)—은 중요하다. 그래서 피드백을 형성하는 것은 중요하다. 연구자들이 현장 연구 과정을 배우러 간 그 지역의 언어로 바꾸지 않고 개요, 요약 혹은 결론을 보고하는 것은 여러분이 심각하게 검증한 이후라면 가치가 없다.

이에 관한 몇 가지 조언은 다음과 같다.

- 만약 여러분이 성실하게 이 연습—시간을 할애하고, 현장에서 이해할 수 있는 말과 형태로 바꿔 작성하고, 연습 결과를 최종 보고서에 통합할 시간을 남겨 두는 것—을 계획하지 않는다면 피드백은 제대로 이루어지지 않을 것이다. 상충되는 요구가 많을 것이다.
- 디스플레이를 신중하게 생각하라. 텍스트로만 되어 있는 것보다 매트릭스와 네트워크를 이용하는 것이 참여자가 정보에 접근하도록 도와주는 것이다. 그것들은 조각들이 어떻게 함께 어우러지는지 그 개요를 쉽게 보여 준다.
- 거시 분석적 차원의 추론에서 정보(예: 주요 요인, 관계, 인과 결정 요인)를 제공하는 것은 개별 정보들을 통한 작업으로 매우 신중히 이루어져야 한다. 만약 이것이 이루어지지 않을 경우, 참여자들은 전체적인 결과를 추상적인 것으로 생각하거나 이해할 수 없게 되어 전체적인 연습을 무가치한 것으로 치부할 것이다. 혹은 너무나 '과학적으로' 읽히기 때문에 거시적인 결과 전체를 한꺼번에 삼킬지도 모른다. 여러분의 자료를 형성하고 그것을 참여자와 친근한 방식으로 피드백하라. 이것은

상호 간 깨달음의 가능성 그 이상의 것이다.

- 특정한 사건을 피드백하기 전에 매우 신중히 생각하라. 보고로 인해 누군가의 자존감, 직업 변화 혹은 조직 내의 위치에 손해를 가할 수 있는가?(한번은 우리 중 1명이 다섯 가지 사례에 대한 초기 사례 보고서에 피드백을 했는데, 심지어 그 사건이 정확히 보고되었음에도 불구하고 보고서의 특별한 사건 때문에 다섯 중 넷은 소송 위협을 받았다.)
- 참여자가 항상 여러분 혹은 또 다른 사람에게 동의할 것이라고 기대하지 말라. 만약 동의했다면, 생활에 전혀 갈등이 없었을 것이다. 사람들은 대개 같은 현상에 대해 꽤 다양한 인식을 가지고 있다. 해석주의자들은 이것을 자연스럽게 생각한다.

자료 피드백은 단지 피드백이 아니라 사례에 대해 더 많이 배우는 기회이다.

4. 결론의 질을 위한 기준

우리는 결론을 도출하고 확인하기 위한 26개의 전략에 대해 살펴보았다. 여러분 혹은 다른 사람이 최종적으로 나타난 결과가 좋다는 것을 어떻게 알 수 있는가? 그 용어는 많은 가능한 정의가 있다. 가능한 혹은 아마도 진실한, 신뢰할 수 있는(reliable), 타당한, 믿을 만한(dependable), 합리적인, 확실한, 신뢰할 만한(trustworthy), 유용한, 설득력 강한, 중요한, 힘을 돋우는(여러분의 선택에 다른 것들을 추가하는)과 같은 것이다. 전략이 좋은 결론을 만든다는 말은 충분하지 않다.

이 절에서 우리는 결론의 질을 판단할 수 있도록 도와주는 몇 가지 실질적인 기준을 알아볼 것이다. 이 영역에서의 투쟁 다툼은 광범위하며 지속된다. 많은 해석주의적 연구자는 기준을 세우거나 좋은 질적 연구의 기준을 구체적으로 명시하는 것은 실제로 불가능하다고 한다. 그렇게 하는 노력은 다소 전문가 중심적이고, 대표단, 맥락, 질적 연구의 개인적인 해석 본성에 반응하지 않고 배제하기 위함이다.

그러나 결과의 질, 신뢰성, 진정성의 문제는 계속 존재한다. 사실은 몇몇 설명이 다른 것보다 더 좋다. 비록 우리가 '전부 제대로 하는 것'이 비현실적인 목표라는 것을 인정할지라도, 우리는 Wolcott(1990)의 제안처럼 '전부 잘못되지 않게 하는 것'으로 해야 한다(만약 저널리스트가 여러분에 대해 진실을 말하지 않거나 판사가 여러분을 폭행했던 사람에게 모든 사람이 서로 다른 해석을 가지고 있다고 말하며 소송을 기각했다면 여러분은 신경 쓰이지 않겠는가?).

우리의 관점은 질적 연구는 현실 사회에서 행해지고, 사람들의 실제 삶에서 실제 결과가 나온다는 것이다. 특정한 상황에서 무언가 발생했을 때 합리적인 관점이 존재한다(믿어져 왔고 해석되었던 것 등을 포함한다). 그것에 대해 설명하는 우리는 꽤 잘될 수도 있고, 안될 수도 있으며, 우리의 연구를 판단할 수 없다고 생각하면 안 된다. 이것은 가치, 정확, 진실성, 윤리, 그리고 책임의 문제이다.

우리는 이로운 기준이 인식론적인 위치에서 어떻게 나오는지에 대한 논의를 시작할 수 없다. 더 정확히 말하면 비판적 현실주의적 전통이 널리 남아 있고, 우리는 다섯 가지의 중요하지만 다소 중복된 이슈에 대해 논의한다. 질적 연구의 ① **객관성/확실성**, ② **신뢰도/의존성/감사(監査) 가능성**, ③ **내적 타당도/신뢰성/진정성**, ④ **외적 타당도/이동성/적합성**, 그리고 ⑤ **활용성/적용성/행동방향(실행력)**이다. 여기서 우리는 전통적 용어를 자연적 연구의 신뢰성과 진정성을 평가하는 좀 더 실행 가능한 대안과 짝지었다(Lincoln & Guba, 1895).

각 절에서, 우리는 관계된 모든 눈엣가시 같은 문제를 풀려고 하지 않고, 이슈를 일반적으로 설명하고자 한다(우리보다 더 나은 사람들이 여전히 시도하고 있다). 그리고 우리는 여러분 혹은 다른 사람의 질적 연구에 적용될 수 있는 몇 가지 실용적인 지침을 제안할 것이다. 이것은 엄격하게 적용되어야 할 규칙이 아니라 '이 연구가 얼마나 좋은가?'라는 질문을 했을 때 고려되어야 할 지침이다.

1) 객관성/확실성

기본적인 이슈는 공인되지 않은 연구자의 편견—최소한으로, 필연적으로 편견이 존재—으로부터 비교적 중립적이고 합리적인 자유의 하나로 형성될 수 있다. 이러한 영역은 때때로 전통적으로 양적인 용어에서 '외적 신뢰도'라고 명명된다.

질적 연구를 위한 이러한 이슈에 대해 고려해야 할 몇 가지 유용한 포인트는 다음과 같다.

① 연구의 일반적인 방법과 절차는 명백하고 상세히 설명된다. 우리는 '비밀' 정보를 포함하여 완벽한 그림을 가지고 있다.

② 우리는 구체적인 결론을 도출하기 위해 어떻게 자료가 수집되고 처리되며, 요

약·변형되고 디스플레이 되는지 실제 순서를 나열할 수 있다.

③ 결론은 요약·디스플레이 된 자료의 배열과 명백히 관련이 있다.

④ 외부인의 감사에 충분히 상세한 연구의 방법과 절차에 대한 기록이 있다(Lincoln & Guba, 1985).

⑤ 연구자는 개인적인 가정, 가치와 편견, 그리고 감정 상태―그리고 그것들이 연구에 작용하는지―에 대해 명백히 하고 가능한 자기인식을 한다.

⑥ 상충하는 가설과 결론이 고려되었다. 상충하는 결론의 타당성이 검증되었다.

⑦ 연구의 자료는 유지되고 다른 사람의 재분석이 가능하다(기관 검토 규정과 연구자―참여자 동의하에 허락된).

2) 신뢰성/의존성/감사(監査) 가능성

내재적인 이슈는 연구자와 방법을 넘어서 연구의 과정이 변함이 없고, 꽤 안정되어 있는지이다. 우리는 질과 진실성의 이슈에 도달한다. 모든 것이 합리적으로 진행되었는가?

질적 연구를 위한 이러한 이슈에 대해 고려해야 할 몇 가지 유용한 포인트는 다음과 같다.

① 연구 질문이 명확하고 연구 설계의 특징이 질문에 알맞다.

② 연구지에서 연구자의 역할과 상태가 명백하게 설명되어 있다.

③ 결과들은 자료 출처(참여자, 맥락, 시간)를 넘어서 의미 있는 비교를 보여 준다.

④ 기본적인 패러다임과 분석적 구성이 명백하게 명시되어 있다(신뢰성은 부분적으로 이론과의 연결성에 달려 있다).

⑤ 연구 문제에서 제안된 대로 자료는 적합한 장소, 시간, 응답자 등 충분한 범위를 넘어서 수집되었다.

⑥ 만약 여러 현장 연구자가 포함되어 있다면, 그들에게는 공통된 자료 수집 프로토콜이 있다.

⑦ 코드 간 동의가 적절하게 확인되면 충분한 결과가 나온다.

⑧ 자료의 질은 확인되었다(예: 편견, 속임수).

⑨ 여러 관찰자의 설명이 기대될 때 사례, 장소, 시간에 수렴된다.

⑩ 친구 혹은 동료 검토의 형식이 있다.

3) 내적 타당도/신뢰성/진정성

우리는 다음과 같은 중대한 질문에 이르게 된다. 진리 가치, 연구 결과는 타당한가? 우리의 연구 대상과 독자에게 신뢰성이 있는가? 우리는 우리가 보고 있는 것의 진정한 초상을 가지고 있는가?

타당도는 선택된 질적 연구자들 사이에서 경쟁이 붙은 용어이다. 몇몇은 이 전통적인 양적 구조(액면·내용·예언 타당도 등의 요소)는 질적 연구에 없다고 느낀다. 그래서 신빙성과 설득력 있게 쓰인 설명과 같이 대안적인 용어가 선호된다. 그러나 우리 연구에서는 보다 엄격한 태도를 제안하기 때문에 다른 질적 방법론자들은 목적의식을 가지고 그 용어를 계속 사용한다.

Wolcott(1990)은 우리의 연구 현장에서 타당도를 극단적으로 거부하기까지 했고, 우리가 대신 보다 더 깊은 이해에 이르러야 한다고 제안하였다. Maxwell(1992)의 사려 깊은 검토는 질적 연구에서 나타난 이해의 종류들 사이에서 **기술적**(특정한 상황에 발생하는 것), **해석적**(관련된 사람에게 의미 있는 것), **이론적**(행동과 의미를 설명하곤 했던 개념과 관계), **평가적**(가치 혹은 행동과 의미의 가치 판단)과 같이 구별된다.

Saldaña는 이 영역을 '그래 맞았어!(That's right!)' 영역이라고 불렀다. 한 연구에 대해 구두 설명이 있고, 청중들이 긍정적으로 머리를 끄덕이고, 동의의 표현으로 '음'이라고 말하며, "그래 맞았어!"라고 주장하는 발표자에게 크게 환호를 보낼 때, 여러분은 연구와 청중 사이에서 공명이 달성되었다는 확신을 느낄 수 있다. 이 영역을 여러분이 바라는 대로 부르라. 그것은 결국 중요한 그 자체의 논평 기사와 같다.

질적 연구를 위한 이러한 이슈에 대해 고려해야 할 몇 가지 유용한 포인트는 다음과 같다.

① 설명들은 맥락이 풍부하고 의미 있으며 가득하다(Geertz, 1973).
② 설명들은 사실이고 타당하고 납득할 만하고 그럴듯하며, 독자들로 하여금 자신의 일처럼 생각하게 할 수 있다.
③ 상호 보완적인 방법과 자료 출처 중에서 삼각화가 일반적으로 집중된 결론을 만든다. 그렇지 않다면 차이의 조정을 위한 절차와 그 결과가 설명된다.
④ 제시된 자료는 이전 혹은 최근 이론의 범주와 잘 연결되어 있다. 방법은 연구에서 구조에 반영한다.

⑤ 결과는 명확하고 일관되며 체계적으로 관련된다. 즉, 통일되었다(Charmaz, 2006;
Eisner, 1991).

⑥ 주장, 제안, 가설, 결론 등 절차의 확인은 설명되어 있다.

⑦ 불확실한 부분이 확인되었다.

⑧ 부정적인 증거는 찾아졌다(그리고 분석이나 논평 기사에서 적용되고, 발견되고, 설명
되어졌다면).

⑨ 상반된 설명은 활발하게 고려되었다.

⑩ 가능한 결과는 데이터베이스의 다른 부분에서 재적용되었다.

⑪ 결론은 원래 참여자로부터 확실하다고 고려되었다. 만약 그렇지 않다면, 일관적
인 설명이 제공된다.

⑫ 연구에서 예측이 만들어졌다면 그 정확성은 보고된다.

4) 외적 타당도/이동성/적합성

우리는 연구의 결론—특히 사례연구—이 더 큰 중요성을 가지고 있는지를 알아야
할 필요가 있다. 결론은 다른 맥락으로 전환할 수 있는가? 적합한가? 결론은 얼마나 일
반화되었는가?

근거 이론자들은 방법론이 어느 한 수준에서 다른 집단과 맥락에 이동성을 지지하
는 개념과 관념을 발달시킨다고 주장한다(Glaser, 2005). 몇몇 방법론자는 연구 결과가
다른 맥락으로 전이되는 것은 연구자가 아니라 독자의 책임이라고 주장한다(Erickson,
1986). 사례연구의 일반화 가능성은 논쟁이 많이 벌어지는 이슈이며, 사례의 일반성 수
준을 찾는 연구자의 분석적 능력(Spradley, 1979, 1980)에서부터 복잡한 장소의 특수적
맥락이 이론을 구성하고 일반화하는 능력을 문제화한다는 것을 솔직하게 시인하는 것
까지에 이른다(Clarke, 2005).

Noblit와 Hare(1988)는 초민속지학(meta-ethnography) 논의에서 일반화의 과정은 기
계적인 것과 거리가 있다고 언급하였다. 그것은 비슷한 현상의 둘 혹은 그 이상의 연구
를 종합하는 것에 가깝다. 그것은 조심스러운 해석이며, '합치는 것'이 아니다. 이 경우
에 우리는 이것은 결국 중요한 그 자체의 논평 기사라고 다시 결론을 내린다. 단일 연
구 결과가 다른 사람, 장소, 시대에 의미와 공명을 주는 사례로서 연구자는 이를 얼마
나 설득력 있게 만들 수 있는가?

질적 연구를 위한 이러한 이슈에 대해 고려해야 할 몇 가지 유용한 포인트는 다음과 같다.

① 사람, 장소, 과정 등의 원래의 표본 특성은 다른 표본과 충분히 비교가 가능하도록 기술되었다.
② 보고서는 표본 선택의 한계를 기술하고 있고, 비평적으로 다른 환경과 맥락을 일반화하는 능력을 검토한다.
③ 표본 추출은 더 넓게 적용 가능성을 장려하기 충분할 정도로 이론적으로 다양하다.
④ 독자가 그들의 환경을 위한 잠재적인 이동성과 타당성을 평가하기 위해 결과가 충분히 '풍부한 설명'을 포함한다.
⑤ 독자들은 결과가 그들의 경험과 일치한다고 보고한다.
⑥ 결과는 기존 이론의 확증과 일치하고 연결되어 있다.
⑦ 결론에 설명되어 있는 과정과 결과는 비교 가능한 환경에 적용 가능하다.
⑧ 이론과 그 대체 가능성은 명확하게 제시되었다.
⑨ 보고서는 결과가 추후에 충실히 검증될 수 있는 환경을 제안한다.
⑩ 가능한 결과는 그 견고성을 평가하는 다른 연구에 재적용된다.

5) 활용성/적용성/행동방향(실행력)

만약 연구 결과가 타당하고 대체 가능할지라도 우리는 여전히 연구 참여자—연구자와 연구 대상—와 소비자를 위해 연구가 무엇을 하는지를 알아야 할 필요가 있다.

평가와 정책 연구는 특히 더 긍정적이고 건설적인 행동을 끌어내는 것으로 여겨진다. 실제로 어떻든지 간에, 실제 사람들의 삶은 영향을 받고 많은 돈이 소비된다(혹은 낭비된다). 현장 연구, 비평적 민속학, 그리고 다른 지역사회 기반 연구 프로젝트는 참여 약속을 통해 특정한 지역 문제를 명확하게 말하고 바로잡도록 고안되었다. 적어도 그런 프로젝트는 직접적으로 영향을 주는 선택된 사회 이슈에 참여자들 사이의 의식을 고조시킨다.

이러한 연구 장르는 또한 윤리적 문제—질적 연구로 인해 누가 이익을 보고 누가 손해를 보는가?—와 '평가적인 타당성'(Maxwell, 1992)의 질문을 언급한다. 이것은 행동과 의미의 가치, 합법성 혹은 우수함에 대한 판단이다.

질적 연구를 위한 이러한 이슈에 대해 고려해야 할 몇 가지 유용한 포인트는 다음과 같다.

① 가치에 근거한 혹은 윤리적 관심과 딜레마가 보고서에 명백하게 언급되었다.
② 결과는 잠재적인 사용자에게 지적으로, 그리고 신체적으로 접근이 가능하다.
③ 결과는 독자에게 지적 '보상'을, 그리고 연구 프로젝트와 관련하여 가능한 아이디어를 자극하고 제공한다.
④ 제공되는 사용 가능한 지식의 수준은 의식을 올리고, 인식 혹은 자기이해를 발달시키는 것에서 확장된 사고—행동 안내 혹은 정책 조언 혹은 지역적이고 특별한—는 시정권고 혹은 상세한 행동 이미지에까지 이르며, 가치가 있다.
⑤ 실제로 취해진 행동은 지역 문제를 해결하는 데 도움이 된다.
⑥ 결과의 사용자는 그들의 삶에 권한을 부여하거나 제어가 증가하는 것을 경험한다 (Lincoln & Guba, 1985).
⑦ 결과의 사용자는 새로운 능력을 배우고 발전시킨다.

5. 분석적 문서화

1) 문제

다른 연구처럼, 좋은 질적 연구는 중요한 청중과의 연결 방법으로서 신중한 기록 보존이 요구된다. 첫 번째 청중은, 자기 자신이다. 다음 단계로 나아가도록 제안되고, 연구와 관련하여 논리적 문제를 기록하는 방법에 따라 행해진 것들을 추적하는 잘 조직된 기계적 출력 자료 파일이다.

두 번째 청중은, 결과의 신뢰성을 평가하는 방법으로 무엇이 행해지고 어떻게 행해졌는지 알아야 하는 연구 보고서의 독자이다. 다른 연구자와 저널의 동료 검토자들은 그러한 판단을 신중히, 심지어 집요하게 한다. 그리고 지역의 참여자, 정책결정자, 관리자, 그리고 일반 대중과 같은 다른 독자들은 종종 다음과 같은 질문을 한다. "근데 누구와 이야기를 했습니까?" "어떻게 알았습니까?" "왜 여러분은 그렇게 부정적이죠?" "여러분은 어디서 추천받았나요?"

세 번째 청중은, 두 번째 청중의 부분 집합이다. 즉, 자료의 두 번째 분석에 관심 있는, 몇몇 연구로부터 초통합(metasynthesis)이 수행되기를 바라는, 결과가 더 강력하게 혹은 수정되어 재적용되기를 바라는 다른 연구자들이다.

대부분의 저널은 뒤의 두 청중을 위해 실증 연구의 저자가 논문의 필수적인 부분으로서 절차를 보고해 주기를 요구한다. 그 형식은 너무도 익숙해서 저자는 표본 추출, 방법, 그리고 자료 분석을 작성할 때 빈칸 대부분을 작성할 수 있다. 혼합 연구 방법에서는 또한 여러분이 표준 디스플레이 형식으로 관련 있는 통계 자료를 보고하기를 기대한다.

다시 말해서, 전통적 관례는 실증 연구를 기록하고 보고하기 위함이고, 일치하는 방법은 보고를 입증하기 위함이다. 그러나 질적 연구자들은 의존할 만한 매우 명확한 대안이 없다. 우리는 양적 중심의 저널 문화에서 몇몇 관례를 가져왔다. 그러나 현장의 혼종성(hybridity)은 시적 연구, 민속드라마, 이야기 연구, 그리고 다른 연구들처럼 진보적 장르를 위해 다양하고 열린 결말의 보고 구조를 만들었다. 그리고 선택된 학파는 '결론'이라는 개념을 거부하며, 결론이 불확실한 사회에서 변함없는 의미를 강요하는 것은 연구자의 권력에 의한 혐오스러운 학대라고 생각한다(물론 아이러니한 것은 같은 학파가 변함없는 의미로 그들의 입장을 강압적으로 주장하는 모양새이다).

겉보기에 이것은 사건의 호기심 상태이다. 비록 질적 연구가 환경에 대한 기술이 풍부하다고 할지라도, 사람, 사건, 과정은 종종 연구자가 어떻게 정보를 얻었는지 약간만 알려 주며, 어떻게 결론을 도출했는지 아주 적게 알려 준다. 절차가 상당히 불투명한 상태일 때, 우리는 결론의 우수함을 판단하기 위해 단지 다음과 같은 애매한 기준만을 가지고 있다. 연구의 '타당성' '일관성' 혹은 '설득력'은 모두 좋은 생각을 떠올리게 하지만 근본적으로는 무의미한 용어이다. 연구자가 항상 그럴듯한 최종 설명과 신중한 편집을 제공할 수 있다는 것은 일관성을 보장할지도 모른다. 글쓰기가 좋다면 우리는 보고서의 명확함과 선명함으로써 설득될 수 있다. 그러나 겉보기에 그럴듯하고 일관적인 설명은 극도로 편향될 수 있고, 선명함은 우리가 구체적이거나 극적인 자료에 과적되어 발견적 '가능성'에 이르게 한다.

그래서 우리는 매력이 없는 이중맹검을 가졌다. 연구자가 항상 방법론에서 명확하게 보고하지 않기 때문에 질적 연구는 항상 확증될 수 없다. 그리고 항상 그렇게 하기 위해 요구된 관례가 없기 때문에 연구자들은 방법론에서 명확하게 보고하지 못한다(인식론의 이유는 또한 다음과 같이 주장되었을지도 모른다. 예를 들어, 양적 연구가 그러한 특별한 사람, 아무도 실용적으로 확인하거나 재적용하지 않은 예술적·개인적·해석적 행동이라는 생각말이다. 그러나 그것은 당장 버팀목으로부터 멀어지게 한다). 우리는 무엇을 하는가?

　방법 섹션은 전통적 질적 연구의 논문, 저널 보고서에서 충분히 더 전형적이다. 방법 섹션은 다음과 같은 전통적인 개요와 순서를 따르는 경향이 있다.

- 중요하고 관련된 연구 질문
- 피상적인 문학적 검토
- 개념적 혹은 이론적 틀
- 방법론
  - 참여자
  - 자료 수집 방법
  - 자료 분석 절차

가능하다면, 우리는 몇몇 추가적인 것을 알아야 할 필요가 있다.

- 연구자는 정확하게 질적 연구 설계의 어떤 종류를 사용하는가?
- 정확하게 어떻게 표본 추출 결정이 만들어졌는가?
- 기기 장치가 무엇을 할 것 같은가?
- 연구자는 측정이 무엇을 의미하는지, 정확하게 측정하는지 여부를 어떻게 아는가?
- 현장 연구는 얼마나 정확하게 진행되는가?
- 가장 근본적으로, 연구자가 현장노트와 인터뷰 축어록, 그리고 문서가 수천 페이지가 아니라면 수백 페이지로부터 어떻게 최종 보고서를 얻는가?

　우리가 양적 연구 절차의 명확한 설명을 공유할 수 있을 때까지, 우리는 그것에 대해 서로 알기 쉽게 이야기할 수 없다. 확증을 위한 관례를 만들게 내버려 두라.

　우리는 우리의 절차를 충분히 명확하게 기록하고 설명하기 시작해야 한다. 그렇게 해서 다른 사람들이 그것을 이해하고, 재구조화하고, 면밀한 검토를 하도록 할 수 있다.

　Lincoln과 Guba(1985)는 계좌가 만족스럽게 유지되는지 여부와 '결산 최종 결과'가 정확한지 여부를 알아내기 위해 회사의 회계장부를 검토하는 재정 감사인에 대해 은유를 사용하였다. 그러한 회계 감사는 회계 감사를 받는 사람이 기록된 수입, 지출과 이체에 의존하도록 만든다. 여러분은 그러한 감사 추적 없이 부기의 의존성이나 확실성을 결정할 수 없다.

첫째, 좋은 문서화를 위한 처음의 기본 청중은 자기 자신이다. 비록 회계 감사가 의도되지 않더라도 연구자의 저널, 다이어리, 그리고 분석적 메모와 같은 장치는 **갈수록** 연구를 더 강력하게 한다. 둘째, 방법 섹션의 제작을 쉽게 할 수 있다. 보통 말하는 철저한 회계 감사는 우리가 아는 한 비교적 드물다. 회계 감사 은유는 험악하다. 그것은 외부의 엄격하고 강박적인 전문가로 함축될 수 있고, 여러분이 친한 동료와 종종 충실히 문서화하는 과정에서 살펴볼 수 있었던 아이디어를 놓치게 한다. 또한 개인 자료를 살펴보는 외부인과 고려해야 할 비밀 이슈가 있다. 사전에 규제 기관의 승인이 있지 않았다면 기관 검토 규정은 이것을 금지할지도 모른다.

2) 삽화

우리(Miles와 Huberman)는 분석적 작업에 집중하는 것으로부터 문서화를 발달시켰다(메모: 그것은 표본 추출, 장치, 현장 연구 등의 이슈를 다루지 않는다). 도전은 몇 가지 기준을 만나 문서화 형식을 만들어 낸다. 사용의 기능과 속도, 방법론적 보고서의 쉬운 전이, 두 번째 독자로부터의 쉬운 접근과 이해, 그리고 신뢰 가능성과 타당도이다. 여기에는 몇 가지 명백한 균형이 있다. 예를 들면, 이해, 그리고 신뢰 가능성은 보통 형식에 약간의 시간과 관심이 요구된다는 것을 의미한다.

우리는 [그림 11-6]에서 좀 더 정교한 노력의 최신 버전을 볼 수 있다. 우리는 여기에 근본적으로 발견적이고 실례가 되는 이유들을 위해 그것을 포함하고, 우리는 사람들이 그들 고유의 문서화 방법을 발견하도록 격려한다. 좋은 분석적 문서화의 본질은 우리가 귀납적으로 발견해야 하는 것이다.

우리가 그것을 사용했기 때문에 그 형식은 단일 연구 질문 혹은 이슈(항목 1)에 집중되어 있다. 항목 2는 연구자가 일반적으로 분석이 무엇을 하기 위해 설계되고 다른 분석의 맥락에 그것을 놓고 보는지에 대한 설명을 기대한다. 항목 3은 매우 완벽한 설명(실제로 분석 중에 일지나 일기로 쓰인)을 요구하고, 분석이 이루어진 **자료 세트**, 절차상의 단계, 자료가 관리된 **결정 규칙**, 포함된 분석 작업, 분석을 이끄는 초기의 **결론과 맺는말**을 포함한다. 이 모든 정보는 한 장에 수록되고, 분석가는 성공적인 분석 단계를 기록할 수 있으며, 검토자는 (만약에 있다면) 행해진 것을 **빠르게** 이해할 수 있다.

1. 탐색하고 있는 조사의 이슈: _____
분석가: _____   날짜: _____   양식번호: _____

2. 이 분석 과업에서 여러분이 특별히 하고자 하는 것은 무엇인가?(맥락과 짧은 이유를 제시하라. 조점이 탐색적인지, 확증적인지에 대해 밝히라. 분석적 작업이 상당히 변화한다면, 새로운 양식을 사용하라. 앞의 항목 1, 2를 다시 하라.)

사용하는 특별한 자료 세트 (a)	절차 단계 (각각의 번호, 했던 것이 무엇인지, 어떻게 했는지를 정확하게 설명하라.) (b)	분석 작업 동인에 따르는 결정 규칙 (c)	분석 작업(코드 입력)			특별한 분석 작업에서 도출된 결론, 핵심 제시하기	조사 비평, 앞서 진행된 것에 대한 간단한 고려, 의견
			분석을 위한 자료 준비	결론 도출	결론 확증		

(a) 하나의 장소인지, 여러 장소인지 밝히라. 가능하다면 다음의 것들을 포함하라. 현장노트, 논평 기사, 요약, 문서, 그림, 매트릭스, 표, 녹음테이프, 사진, 필름, 비디오, 기타(특별한 것).

(b) 모든 관련된 디스플레이를 제공하라. 각각의 표식을 제시하고, 상세하게 설명하라. 그리고 사용된 절차 단계의 번호를 제시하라.
작업 노트/작업 양식지: _____
임시적 자료 디스플레이: _____
최종적 자료 디스플레이: _____
쓰인 최종 자료(인용): _____

(c) '준비된' 자료(군집, 분류, 크기 조정 등)를 위해 사용되는 혹은 실제 규칙의 분명한 목록은 결론이 도출과 확인에 포함 적용할 수 있다.

[그림 11-6] 질적 분석의 문서화 형식

출처: Miles & Huberman (1994).

연구자는 모든 관련된 **디스플레이**(분석 과정에서 사용되거나 발달된 것들)를 제시하고, 그것들은 쉽게 적용될 수 있다. 검토자를 위해서 그것들은 첨부되어야 한다.

작업을 하면서 **절차적 단계** 영역의 운영 노트를 만들라. 이는 재수집 과정에서 많이 없어진다. 몇 개의 요약 문구로 이 영역을 채우는 것은 쉽다. 그것은 다음과 같다.

- 두 곳으로부터 자료가 입력된 검토된 초기 매트릭스의 형식
- 리도와 아스토리아 및 카슨 사례를 묶기로 결정한 검토된 메타 매트릭스
- 인과관계 네트워크를 살펴보고 연결을 검토하며 최종 버전을 만드는 연결을 더하거나 빼기

사용된 정확한 **결정 규칙**을 주목하는 것은 중요하다. 특히 디스플레이하려고 준비된 자료를 포함하는 작업은 그렇다. 분명히 그렇게 하는 것은 유용하다. 그것은 실수를 줄이고 자기수정을 가능하게 한다. 여기 몇 가지 예시가 있다.

- 주제는 인터뷰 중에 반복되어 언급되거나 강한 영향을 줄 경우, 참여자들을 위해 코드화된다.
- 항목은 3명 이상의 참여자가 있는 지역에서 1명 이상의 참여자에게 언급될 경우에 디스플레이된다. 소수 사용자의 지역에서 항목은 다른 참여자들로부터 모순이 없고, 1명의 참여자로부터 언급될 경우에 디스플레이된다.
- '높은'과 '중간' 사례 사이의 절단점은 절반 혹은 그보다 적은 지표가 없을 때 만들어진다.

결정 규칙을 명확히 하는 것은 자료 준비 작업을 위해 비평적일 뿐 아니라 결론을 도출하고 확증하는 것을 위해 중요하다. 독자는 보통 여러분이 어떻게, 그리고 왜 변수 A가 변수 B보다 더 강한 결과 예측 변수라고 결론 내렸는지 알기를 원할 것이다. 그리고 어떻게 그 결과를 확증하는지에 대해 알기를 원할 것이다. 여러분의 규칙은 임의적일지도 모르지만 여러분의 규칙이다.

분석 작업의 추적을 위해 우리(Miles와 Hunerman)는 '내부의' 코드 목록(〈표 11-2〉 참조)을 발달시켰다. 이 목록을 훑어보는 것은 분석가에게 프롬프트의 종류를 제공해 주고, 작업에 이름을 붙이거나 다른 길을 제시한다. 코드들은 편의상 3개의 범주로 구분

〈표 11-2〉 분석 작업을 위한 코드 목록

분석을 위한 준비 자료

TAB	코드화된 부분 표 만들기
MAT	매트릭스 채우기
CLAS	범주화하기
RANK	자료 순서 매기기
SMM	문구 요약하기, 키워드 만들기
SUB	상위 변수 안에 자료 포함하기
SCAL	크기 조정, 도표 합치기
COMP	표 만들기
SPLT	1개의 변수를 2개로 나누기
PAR	구분하기
AGG	합하기

결론 도출

PLAUS	'개연성'만 보기
GES	형태, 패턴, 주제 보기
MET	은유 만들기
CLUS	군집화하기
COUNT	계산하기/빈도
CEN	중심 경향 만들기
CONT	체계적인 대조·비유하기
FAC	요인 만들기
REL	변수 간의 관계 만들기
LOG	증거의 논리적 연결고리 구축하기
INTV	개입 만들기/조건 연결하기
COH	개념적·이론적 일관성 형성하기
CAUSE	지시적인 영향 결정하기

TEP	시간적 순서·관계 결정하기
INF	추론 만들기
INF-COMP	계산으로
INF-DED	연역으로
INF-IND	귀납으로

결정 확증

REPR	대표성 점검하기
RES-EFF	연구자의 영향 점검하기
BIAS-CONTR	편향 조정하기
TRI	삼각화하기
TRI-DATA	다른 자료 출처로부터
TRI-METH	다른 방법으로부터
TRI-CONC	개념적으로(다른 이론들)
TRI-RES	다른 연구자로부터
WT	증거에 비중 두기
OUT	아웃라이어(극단치) 사용하기
EXTR-SIT	극단적 상황 확인하기
EXTR-BIAS	극단적 편향 확인하기
SURP	뜻밖의 발견 사항에 대한 후속조치
EMP	다른 곳으로부터의 경험적 증거
NONEG	부정적 증거의 부재
IF-THEN	'만약—그렇다면' 검증하기
FALSE-REL	제3의 변수로 인한 거짓 관계 점검하기
REPL	재적용하기
RIV	상반된 설명 테스트하기
FB	정보 제공자의 피드백 확증하기

출처: Miles & Huberman (1994).

하였지만 많은 것이 3개의 범주에 포함됨을 주목하라. 예를 들어, COH(conceptual and theoretical coherence, 개념적이고 이론적 일치)는 결론 도출의 범주에 놓이지만 또한 결론을 확증하거나 검증하는 데도 사용될 수 있다. 또 SUB(subsuming data under a higher level variable, 상위 변수 안에 자료 포함하기)는 분석을 위해 준비된 자료나 결론 도출 방법으로 보일 수 있다.

많은 항목은 사용상 로직과 함께 예전 섹션에서 충분히 정의된 전략들임을 명시하라. 분석 작업에는 표준화된 언어가 없으며, 다른 규칙으로부터 다양한 부분적인 방언이 있기 때문에, 우리는 대부분의 연구자에게 의미 있는 항목 찾기를 시도하였다. 우리는 우리 자신의 용어가 명확히 정의되는 것을 목표로 삼았다. 우리는 '통찰' '묶기' '구조적 검증' '훈련받은 주관성'을 위한 항목을 포함하지 않는다. 왜냐하면 이러한 용어가 무엇을 의미하는지, 정확히 어떤 작용을 하는지 명확하지 않기 때문이다. 다른 연구자들은 이것에 있어 좀 더 성공했을지도 모른다.

[그림 11-6] 형식의 마지막 열의 다음에서는 연구자의 실질적인 **결론**을 기대한다. 그것은 상세해야 하는 것은 아니며, 분석적 내용에 참고문헌이 쓰일 수 있다. 마지막 열은 연구자가 결론의 확신에 대해 언급하고 생각하고 말하며 관련된 감정을 터트리는 데 개방적이다.

우리는 모든 가능한 디스플레이를 제시하거나 첨부하는 것이 독자들에게 중요하다는 것을 여러 차례 발견하였다. 분석 절차가 직접적인 의지 없이 그러한 제시를 하는 것을 이해하는 것은 불가능하다. 마지막 분석 내용은 동등하게 중요하다. 이것은 감사 추적의 마지막이다.

문서화는 어떤 다른 사람을 위해 수행되는 관련 없고 짐스러운 작업이 아니다. 그것은 수행될 즉각적인 분석 작업을 향상시키고, 차후 분석의 세련미를 높이며, 여러분의 마지막 결론의 자신감을 증진시키는 방법이다. 친구, 동료, 독자, 반복자, 초평가자(meta-evaluator) 혹은 감사자(auditor)로부터 받는 피드백의 가치는 부가물처럼 나중에 따라온다. 몇몇 CAQDAS 소프트 프로그램은 코드의 발달, 검색, 질문, 그리고 분석적 메모 기록처럼 특정 요소의 분석적 작업에 대한 기록을 자동적으로 발달시킨다.

복잡함이 없는 문서화 방법은 찾기 힘들다. 때때로 상세한 연구자 저널 혹은 분석적 메모는 여러분의 목적을 위해 필요한 모든 것일지도 모른다. 여기서 우리는 마지막 추천을 제공한다.

① 여러분이 왜 이 연구에서 문서화 작업을 하는지 마음속에서 명백히 하라. 연구의 조정과 수정을 위함인가? 여러분의 개인적 배움을 위함인가? 동료나 다른 비평적인 친구들로부터 피드백을 얻기 위함인가? '방법 섹션' 보도를 위함인가? 방법적 논문을 위함인가? 실제 감사(audit)를 위함인가?

② 연구는 거의 그것에 달려 있다. 고위험 연구(예: 높은 비용이지만 논란이 많은 프로그

램)는 더 많은 관심이 요구된다.

③ 문서화의 세부 사항은 여러분 연구의 초점에 달려 있다. 분석적 활동에 대한 자세한 설명에 관심을 가질 때 우리는 주어진 연구 질문이 보통 이러한 문서화 양식의 하나를 각각 사용하는 7~8개의 분석 에피소드와 관련이 있다는 것을 발견하였다.

④ 우리가 보여 주었던 요소의 형식을 가지고 작업하는 것이 보통 점차적인 진행 과정을 빨라지게 한다. 우선, 실제로 분석하는 동안에 초안 운영 메모를 하라. 절차상의 단계, 결정 규칙, 결론을 기록하고 명확히 하기 위해 충분히 자세하게 세부 사항을 주고, 제시(표, 작업표, 내용 등)를 모으라. 분석이 끝나면, 기입 사항을 검토하고 분석 코드를 첨삭하라. 그리고 좀 더 생각할 부분을 기록하라.

⑤ 분석 중에 분석에 대해 생각하는 것을 통해 분석하는 것은 좋은 생각이 아니다. 여러분은 분석 그 자체를 위해 여분의 에너지를 필요로 한다. '정화'나 회고하는 이해를 피하라. 불완전한 문서화 형식들을 쌓아 두지 마라. 그것은 여러분의 의지를 좌절시킨다. 여러분이 하던 대로 계속 하라.

⑥ 코드 목록은 여러분이 사용하지 않지만, 사용할 수 있었던 전략과 과정의 단서로서 사용될 수 있다. 여러분 스스로 종종 같은 코드를 사용한다고 알아차렸을 때 자동적으로 이 깃발은 나타날 것이다. 이는 여러분이 너무 적은 도구에 많이 의존한다는 것을 의미한다.

6. 마무리 및 넘어가기

전략, 지침, 충고와 추천에 대한 엄청난 양이 이 장에 담겨 있다. 우리는 여러분이 자료 분석에 있어 고려해야 할 이 어마어마한 요소의 배열에 압도당하는 것을 의도하지 않는다. 그러나 우리는 그것이 질적 연구의 질과 진실성을 강력하게 하는 중요한 지침이라는 것을 느낀다. 이러한 방법을 '필요에 따라' 혹은 '관련에 따라' 기준에 사용하라.

다음 장에서 우리는 연구자가 청중과 자료 분석 노력과 결과를 어떻게 공유해야 하는지에 대한 논평 기사를 살펴볼 것이다.

제12장 질적 연구 글쓰기

장 요약

이 장에서는 질적 보고서를 작성하는 연구자들이 사용할 수 있는 다양한 선택을 검토한다. 선택한 '이야기' 또는 글쓰기 스타일을 설명하기 위해 전통적이고 진보적인 형태의 확장된 예시를 제공한다. 석사 및 박사 학위 논문을 준비하는 학생을 위한 조언도 제공한다.

내용

1. 서론
2. 독자와 효과
   1) 독자 및 저자
   2) 효과의 유형
3. 관점, 장르 및 입장
   1) 글쓰기 예시

4. 양식과 구조
   1) 전통적인 표현 양식
   2) 진보적인 표현 양식
5. 석사 및 박사 학위 논문
6. 마무리 및 넘어가기

1. 서론

다른 사람들에게 결과를 보고하는 몇 가지 형태는 사실상 모든 질적 연구 프로젝트의 필수 구성요소이다. 그러나 어떤 형태로 보고할 것인가? 정량적인 연구자들에게 잘 알려져 있는 다음과 같은 관습적인 형식이 너무 도식적이고 제약적이라는 사실은 분명하다.

- 문제 제기
- 연구 질문
- 연구 방법
- 연구 결과
- 논의
- 결론

질적 연구 역시 이 형식을 따를 수 있다(몇몇은 이미 따르고 있다). 하지만 그것이 우리가 사용할 수 있는 유일한 것은 아니다. 일반적으로 질적 보고서에 대한 다른 기대가 있다.

예를 들어, 상황과 주요 참여자에 대한 자세한 설명을 기대할 수 있다. 각 분석이 새로운 본을 보여 줌에 따라 우리는 연구 질문, 연구 방법, 자료 수집 및 중간 분석 간의 '순환적인' 연결고리를 찾고 있는지도 모른다. 각각의 분석이 새로운 분석의 장을 열어 주면서 연결되는 식으로 말이다. 그리고 많은 질적 분석가는 개념적 틀을 가지고 시작하지 않고, 오히려 끝낼 때 개념적 틀을 제시하고자 한다. 질적 자료는 다음과 같은 특별한 강점을 지니고 있다. 지역에 뿌리내림, 전체론, 일시성, 인과관계에 대한 접근, 의미 강조 등이다. 보고 양식도 이런 것들을 활용할 수 있다.

Zeller(1991)에 따르면, 질적 연구는 자료를 보고하는 것이 아니라 '장면'을 보고한다. 즉, 연구자와 참여자가 그들의 환경에서 오랜 시간 관여한 것에 대한 이야기를 보고한다. 흔히 이 보고들은 정확한 사실적 이야기가 아닐 수도 있다. 그래도 자료 뭉치의 기능은 하는데, 이 자료를 가까이 두고서 연구자가 능동적으로 선택하고, 변형하며, 해석할 수 있게 된다. 가끔은 연구 내내 행해진 연속적인 단계의 흔적을 남기지 않고서 말이다.

Zeller(1991)는 한걸음 더 나아가 질적 현장 연구가 논픽션 소설이나 뉴저널리즘 운동의 실제 생활을 정확하게 묘사한 사례연구와 어떻게 다른지를 질문한다. 질적 연구에는 독특한 보고 형식이 있는가? 지금까지 살펴본 바와 같이, 한 연구에서도 자료 단위에 따라 현장 관찰이 다른 방식으로 표현될 수 있는데, 가령 시적인 형태, 일련의 비네트(짧은 글) 시리즈, 이야기 또는 메타 매트릭스로 압축되어 다양하게 제시될 수 있다. 초창기 연구자들은 사회과학적 보고서와 비유적 또는 수사학적 표현으로 이루어진 미학적 산물 사이의 구분을 어려워했던 것 같다.

　질적 자료에 대한 결과 보고서는 현재 가장 비옥한 분야 중 하나일 수 있다. 표준화된 형식이 없으며, 자료를 분석하고 해석하는 방식이 점점 다양해지고 있기 때문이다. 질적 자료 분석가로서 우리는 연구 결과를 보고하는 방식에 대해 공유하는 방법이 있지는 않다. 이러한 주제에 대한 규범적인 합의가 있어야 하는가? 아마 아직은 아닐 것이며, 누군가는 영원히 아니라고 할 것이다.

　그러나 보고서를 설계하고 작성하는 데 있어서 선택할 점들을 고려해 보는 것은 중요하다. 당면한 과제는 이론적 우아함과 진실성을 사회적 사건이 설명될 수 있는 다양한 방법과 적절하게 결합하는 것이다. 그리고 가장 관습적인 연구의 명제적 사고방식과 좀 더 창의적인 사고방식 사이의 교차점을 찾는 것이다. 좋은 분석은 거의 항상 변수 지향적, 범주화, 패러다임의 움직임, 사례 지향적, 맥락화, 서사적인 것들이 조화를 이루듯이 좋은 보고서 또한 마찬가지의 특징이 있다.

　우리는 보고서 작성에 대한 고정된 아이디어는 제공하지 않고, 연구 보고서를 쓸 때 직면하게 될 일련의 **선택**을 알려 주고자 한다. 보고서의 독자와 그들에게 기대하는 효과, 보고서의 관점 또는 장르, 글의 스타일, 구조 및 형식, 잘 활용되는 보고서가 될 수 있도록 수행할 작업 등을 선택해야 한다.

　우리의 입장은 이러한 선택이 초기에 분명하고 계획적으로 이루어져야 한다는 것이다. 중간 보고서의 경우는 연구 초기에, 최종 보고서의 경우는 연구의 중반 이전에 어느 정도 이루어져야 한다. 그렇지 않으면 많은 양의 노력이 낭비될 수 있다. 이에 대해 Wolcott(2009)은 다음과 같이 더 강한 입장을 취하고 있다. "글쓰기는 아무리 일찍 시작해도 지나치지 않다. …… 이 말은 현장으로 가기도 전에 첫 번째 초안을 쓴다는 말인가? 물론이다."(p. 18) 여기서 강조하는 것은 자료와 상관없는 글쓰기를 하라는 것이 아니라 자료를 수집하면서 여러분의 생각이 점점 분명해지는 방식으로 일찍부터 지속적으로 글쓰기를 하라는 것이다.

　이러한 우리의 입장보다 더 느긋하고 막연하게 말하는 연구자도 있을 수 있다. 그러나 중요한 점은 글쓰기에 관한 선택을 하지 않는 것도 선택이라는 것이다. 그러나 이렇게 선택하지 않는 선택을 하게 되면 최종 보고서를 써야 할 위기가 느껴질 때 불행하고도 예상하지 못한 상황으로 갈 수도 있다.

우리가 이 책 전체에서 강조하는 것처럼 자료 분석은 자료의 선택과 축약, 변형을 포함하며, 이러한 자료를 구조화된 방식으로 디스플레이하고, 응축되고 디스플레이된 자료로부터 결론을 도출하고 확인하는 과정을 포함한다. 중간 또는 최종 보고서는 이런 분석 과정의 흐름과 결과물을 다루게 되는데, 단지 좀 더 명백하게 다루느냐 아니냐의 차이는 있을 수 있다.

결과 보고는 생각이나 분석 과정과 분리된 것이 아니다. 오히려 그 자체로 분석이다. 우리의 관점에서 보고서는 디스플레이다. 보고서는 현장에서 일어난 일에 대한 정리된 해석을 디스플레이할 것이고, 신중하게 고려된 분석적 설명을 디스플레이할 것이다. 여러분의 보고서를 보며 독자들은 자신의 개인적 경험에 대한 기억을 떠올리고, 비교와 비판 능력도 생길 것이다. 디스플레이 형태로서의 글쓰기는 새롭고 흥미로운 아이디어를 제시하고, 독자로 하여금 사회적 삶을 통찰력 있는 다른 방식으로 바라보도록 할 때 최상의 글쓰기가 된다. 그러면 이제부터 여러분이 똑바로 대면하겠다고 결심하든 안 하든 상관없이 처음부터 직면하게 될 글쓰기와 관련된 일련의 이슈를 살펴보자.

2. 독자와 효과

1) 독자 및 저자

보고서란 특정 효과를 달성하기 위해 특정 독자를 대상으로 쓰는 것이다. 그러나 '독자'라는 익숙한 명칭이 몇몇 중요하고도 근본적인 이슈들을 흐리게 한다. 독자를 특정할 수도 없고, 그들에게 달성하고 싶은 효과도 충분히 합리적으로 구체화할 수는 없다. 오히려 Erickson(1986)의 용어를 빌리자면 독자도 공동 분석가라 할 수 있다. 즉, 원래의 장면을 대리적으로 경험하고, 그 증거를 살펴보며, 저자의 해석과 관점을 저울질하고, 그 해석과 관점이 과정을 통해 어떻게 변화했는지에 주목하는 공동 분석가이다.

일반적으로 다음 목록에서 독자의 유형을 선택해야 한다.

- 지역 참여자와 응답자: 자료를 제공한 사람
- 프로그램 관리자 및 운영자: 평가 연구에서 연구할 프로그램을 실행하거나 프로그램에 관해 결정하는 사람
- 실천가: 연구된 것과 동일한 종류의 일을 하고 있지만 다른 환경에 종사하는 사람
- 다른 연구자
  - 여러분의 환경에 있는 동료
  - 학위 논문 심사위원
  - 학계의 동료
- 정책 입안자: 이사진, 입법자 및 기관 관리자
- 일반 독자: 일반 서적 및 전자 서적 구매자
- 대중 독자: 잡지와 신문 구매자, 인터넷 뉴스 독자

2) 효과의 유형

여러분의 보고서를 읽고서 염두에 둔 특정 유형의 독자에게 어떤 일이 일어나길 기대하는가? 물론 그 일을 예측하고 통제하기는 어렵지만, 여러분의 의도를 분명히 하면 어떤 보고서를 어떻게 쓰는가에 있어 큰 차이를 초래한다. 모든 질적 연구 보고서는 다음과 같은 일반적인 입장에서 쓰일 수 있다.

과학적
- 통찰력을 높이고, 분명히 하고, 이해를 깊어지게 하기
- 기존의 개념, 이론 및 설명을 확장하거나 수정하기
- 보고서의 가치, 진실성을 독자에게 설득하기
- 연구의 방법론적 기술을 발전시키기
- 주제에 대한 기존 정보에 정보를 더하기

미적
- 오락, 흥미, 감정을 불러일으키기
- 간접적인 대리 경험을 가능하게 하기

도덕적

- 도덕적 · 윤리적 · 법적 이슈를 명확하고 분명히 하기
- 깨닫지 못하고 있던 억압으로부터 독자를 해방하고, 의식화하며, 자유롭게 하기

활동가

- 연구 결과와 지역 문제를 연결하기
- 의사결정을 개선하고 행동 지침을 제공하기
- 독자에게 권한을 부여하고 통제력 높이기
- 특정 행동 동원하기
- 독자가 나중에라도 연구 결과를 사용할 수 있도록 지원하기

중요한 고려 사항 중 하나는 어떤 유형의 독자에게 어떤 영향을 미치기를 의도하는 가이다. 여러분의 보고서가 학위 논문이고, 독자가 논문심사위원회라면(다른 연구자는 단지 2차적인 독자일 뿐이라면), 이론적 진전이나 방법론적인 진전이라는 효과 혹은 보고서의 진실성을 확신시키는 것이 가장 중요할 것이다. 다른 한편으로, 독자가 정책 입안자와 일반 독자라면 여러분이 의도하는 효과는 다를 것이다. 예를 들면, Jonathan Kozol(1991)이 『야만적인 불평등: 미국 학교의 아이들(Savage Inequalities: Children in America's Schools)』에서 도시 학교에 대한 눈을 뗄 수 없는 묘사를 통해 분명히 보여 주고자 했던 깨달음과 도덕적 정화 및 동원과 같은 효과가 있을 수 있다. 그리고 Barbara Ehrenreich(2001)의 『미국에서 얼마 안 되는 돈으로 살아가기(Nickel and Dimed: On (Not) Getting by in America)』(역자 주: 『노동의 배신』으로 번역 출판됨)에서 미국의 최저임금 불평등에 대한 통찰력 있는 탐사 저널리즘과 사회적 비평과 같은 효과가 있을 수 있다.

3. 관점, 장르 및 입장

독자에게 어떻게 말을 해야 하는가? 많은 선택이 이루어지지만, 그렇다고 보고서의 전체적인 어조와 양식 및 지향하는 바에 대해 정해진 표준은 없다. 그러나 보고서를 읽을 때 우리는 거의 반사적으로 독자와 저자 사이의 관계를 규정짓는 어조와 입장을 찾기 시작한다.

스타일의 문제는 관점의 선택과 상관이 있다. 전통적인 연구 보고서에는 영어 대신 라틴어 사용, 능동태보다는 수동태 사용, 솔직하게 개인적인 것보다는 오히려 '객관적인' 자세 취하기, 직접적인 이야기보다는 간접적인 말투를 쓰는 오래된 불명예스러운 역사가 있다. 이는 독자를 혼란스럽게 만들고 소외시키는 반면, 저자를 '과학'이라는 외투로 둘러쌀 뿐이다.

일부 학자가 가지고 있는 한 가지 흔한 오해는 진지하게 받아들여지거나 많이 아는 것을 증명하기 위해 '현명하게 글을 써야' 한다는 것인데, 왜냐하면 이는 학술적·학문적 출판 및 발표에서 예상되는 전통적인 담론이기 때문이다. 다른 이들은 또 다른 이유에서 '현명한 글쓰기'를 좋아한다. 그 이유는 그들이 자신의 지성을 사랑하는 오만한 엘리트주의자들이며, 고상한 글, 거창한 단어, 추상적인 개념만이 자신의 총명함을 전달할 수 있는 유일한 방법이라고 생각하기 때문이다. 우리는 질적인 글쓰기를 '멍청하게' 하라고 주장하는 것은 아니다. 그러나 복잡하게 하지 않고도 종합적일 수 있다. 간단히 쓰고, 분명하게 쓰고, 믿을 수 있게 쓰라. 그리고 진실되게 쓰라.

van Maanen의 웅변적이고 대표적인 저서 『현장 이야기: 문화기술지 글쓰기(Tales of the Field: On Writing Ethnography)』(2011)에서는 자신과 타인의 논문에서 여러 가지 예시를 들어 가며 여러 가능한 관점 또는 연구 이야기 유형을 구분하고 있다. 이들 중 여러 가지는 하나의 보고서에 적합하게 섞이고 조화롭게 사용될 수 있다.

- **사실주의적**: 현장 전문가는 사라지고 '전능한 해석자'처럼 보이며, 주로 방법론에 대해서는 설명하지 않은 채 직접적이고 매우 상세한 실제적인 묘사를 한다.
- **고백적**: 현장 연구자 관점에서 작성하고 방법론적 딜레마, 오류의 인정, 윤리적 문제 및 무대 뒤의 결함을 포함한다.
- **인상주의적**: 현실과 현장 연구자를 연결하고, 독자에게 경험을 생생하게 재현하는 것을 목적으로 하는 개인화된 비이론적인 해석으로, 종종 이야기 같기도 한 해석이다.
- **비평적**: 현장 연구의 사회정치적 함의에 초점을 맞춘다. 비판적으로, 주로 마르크스주의적 시각을 통해 대개 인간 역학의 사회학적·문화적 토대를 조사한다.
- **형식적**: 전통적이고 관습적인 학문적 글쓰기로, 연구 결과와 이론의 체계적인 개관과 함께 연구 방법, 자료 수집, 그리고 분석 과정을 상세히 열거한다.
- **문학적**: 읽으면서 내용을 떠올리게 하는 이야기로, 문학적 어조, 양식 및 장치의 힘을 이용하여 '독창적인 논픽션'에서와 같이 능동적인 스토리 라인의 인물을 만들

어 낸다.

- **함께 말하기 형식**: 연구자와 참여자가 함께 모여 자신들의 집단적 경험에 대한 서사를 여러 관점에서 구성하는 공동의 해석이다.
- **구조적**: 1인칭 해석과 이론적 성찰의 결합으로, 지역적인 것을 일반적인 것과 연결한다.
- **후기구조주의적**: '목적의식이 있는 불완전성 및 불확실성'으로, 인간 본성의 흐름을 강화하는 결정적이지 않은 결과이다.
- **옹호적**: 의도적으로 도덕적 관점을 취한다. 사회 정의를 달성하고 억압받는 사람들의 역량을 강화하기 위해 불평등과 권력 투쟁을 검토한다.

이러한 관점은 보고서에 포함되어야 할 내용과 그로부터 배울 수 있는 것에 중대한 영향을 끼친다. 예를 들어, van Maanen은 사실주의자 관점은 다른 해석의 여지를 배제하고 보고서의 해석이 응답자에게서 바로 나온 것인 척하는 경향이 있다고 지적한다. 고백적 이야기는 '무익한 민속지학자'로서의 현장 연구자에게 너무 집중하느라 무슨 일이 일어났는가에 대해서는 얼버무리고, 제멋대로 쓰는 것처럼 보일 수 있다. 인상주의자의 설명은 현장 연구의 모범적이고 극적인 순간에 너무 중점을 둬서 지역의 일상적이고 패턴화된 실제를 버려 두고, 무질서한 현실보다 더 일관된 그림을 제공할 수 있다. (이상은 매우 짧은 요약일 뿐이다. 논리 정연하고 경험 많은 연구자의 글쓰기에 관한 여러 생각을 알아보기 위해 van Maanen의 『현장 이야기: 문화기술지 글쓰기』를 읽어 보기를 권한다.)

1) 글쓰기 예시

Dana L. Miller, John W. Creswell과 Lisa S. Olander(1998)는 「노숙자를 위한 수프 키친에 관한 여러 문화기술지적인 이야기를 다시 말하고 쓰기(Writing and Retelling Multiple Ethnographic Tales of a Soup Kitchen for the Homeless)」라는 매력적인 글을 위해 세 가지 방법으로 현장 프로젝트를 저술하였다. 저자들은 앞에서 van Maanen이 열거한 사실주의자적·고백적·비판적 장르를 사용하여 연구 경험을 묘사하였다. 여기서는 질적 연구 논문의 표본을 보여 주기 위해 조금 긴 발췌문을 제시하고자 한다. 저자들은 먼저 독자들에게 필수적인 '전제', 즉 수정된 개념적 틀, 연구 목적, 현장 조사 환경 및 주요 연구 문제를 공유한다.

수프 키친은 노숙자를 연구하기 위한 소우주가 되며, 우리는 수프 키친의 문화에 대한 대안적 이야기를 탐구하는 문화기술지적 연구에서 많은 것을 배울 수 있다.

이 문화기술지적 연구의 목적은 미드타운 세인트 타보르(Midtown St. Tabor)라고 불리는 중서부의 작은 도시에 위치한 세인트 타보르 수프 키친(St. Tabor Soup Kitchen)의 문화적 환경을 기술하고 해석하는 것이었다. 세인트 타보르는 쉼터(노숙자와 거의 집이 없는 사람들을 위한 낮 쉼터)와 지역사회 중고품 할인 매장과 함께한 다목적 복합단지에 있다. 이 연구가 진행되는 동안 다음과 같은 세 가지 연구 질문이 나왔다. 문화적 배경으로서 수프 키친을 어떻게 설명할 수 있는가? 수프 키친의 문화적 주제는 무엇인가? 어떻게 우리가 수프 키친, 즉 쉼터 및 노숙자를 위한 옹호자가 될 수 있는가?

이 문화기술지적 보고서의 다른 필수적인 요소는 자료 수집 방법의 문서화, 주요 '자료 제공자'의 선별, 그리고 동료 연구자들의 연구 결과 입증 방법이다. 자료의 양과 형식, 그리고 삼각화 절차에 대한 설명이 뒤에 나올 연구 결과의 진실성을 어떻게 확립해 나가는지를 주목해 보라.

우리는 세인트 타보르 수프 키친에서 4개월 동안 점심시간에 노숙자 손님들을 관찰했다. 우리의 방법론은 질적 연구 방법론으로 문화기술지적인 절차를 포함했고…… 미드타운의 저소득층 및 노숙자들의 욕구와 수프 키친의 문화를 잘 이해할 수 있도록 연구 설계를 계속 변경하기도 했다. 세인트 타보르에서의 점심 식사는 쉼터에서 제공했다. 우리는 쉼터의 센터장을 통해 수프 키친에서 4개월 동안 식사를 나르고 정리를 도우면서 자원봉사를 했다. 수집된 자료는 35개의 관찰과 공식 및 비공식적 인터뷰로 구성되었다. 또한 우리는 도시의 저소득 인구를 설명하는 문서, 손님에 대한 신상 자료 제공에 동의하는 서명 동의서, 쉼터에 대한 읽을 자료, 일일 음식 메뉴를 수집했으며, 시설·마을 및 손님의 사진을 찍었다. 개인적인 현장노트에는 손님, 자원봉사자, 그리고 직원들과의 대화와 우리의 해석 및 개인적인 생각이 적혀 있다.

연구 참여자는 의도적으로 선정했는데, 낮 쉼터의 센터장, 시설 관리자, 그리고 우리가 방문한 기간 동안 요리사로서 며칠간 봉사했던 노숙자 남성을 포함하여 자료가 풍부한 자료 제공자들로 선정했다. 우리는 세인트 타보르에 대해 떠오르는 문화적 묘사를 이 사람들과 주기적으로 공유했다. 연구가 진행되는 동안 우리는 보고서를 다시 주요 자료 제공자에게 보여 주고, 다수의 참여자와 연구자, 그리고 자료 수집 방법 간

에 삼각화를 구축함으로써 우리 설명의 진실성을 입증하고자 했다. 보고서에서는 필
명을 사용하여 장소와 참여자들의 익명성을 보호했다(p. 472).

Miller와 동료들이 앞의 발췌문을 van Maanen이 분류한 방식으로 사실주의적 · 고백
적 · 비평적 장르라고 분류해 이름 붙이진 않았지만, 실제로는 그렇게 한 셈이다. 형식
적(또는 분석적) 이야기는 일이 어떻게 작동하는지를 설명하기 위해 연구자의 체계적인
절차와 자료를 합치는 방식에 대한 생각을 보여 준다. 코드, 패턴, 범주, 주제, 개념, 주
장 및 이론을 포함하여 연구 설계 및 방법에 대한 기술과 설명이 간결하게 적혀 있으며,
때로는 그 효율성에 대한 자기평가가 이루어진다. 더 나은 용어가 없기에, 이 스타일은
견고한 기술적 글쓰기라고 할 수 있는데, 왜냐하면 전통적인 질적 자료 분석의 기법과
결과에 중점을 두기 때문이다(Saldaña, 2011b, p. 148).

(1) 사실주의적 이야기

Miller와 동료들은 먼저 van Maanen의 사실주의적 장르로 문화기술지적 현장 연구를
제시한다. 이 접근법은 '학습된 중립성'을 지닌 사실이라는 글쓰기의 특징이 있다. 아무
리 편견이 없이 말한다 해도 객관적인 보고는 사실상 불가능하다. 기술적이고 사실적인
서술은 자료 자체에 확고하게 뿌리내리고 있다. 판단이나 비판은 제공되지 않으며, 현
장의 직접적인 세부 사항만 제공된다. 이런 스타일의 글쓰기는 독자가 배경을 더 생생
하게 상상할 수 있도록 도와주며, 저자의 의견에 신뢰감을 줄 수 있다. 즉, "내가 거기에
있었고 이것이 내가 보고 들은 것이다."라고 생각하게 한다(Saldaña, 2011b, p. 147).

다음에 나오는 발췌문에서 Miller와 동료들(1998)은 구체적인 이미지와 Saldaña가
'중요한 사소한 정보'라고 부르는 풍부하고 세부적인 내용을 통해 배경과 참여자들에
대한 시각적 요소를 제공한다.

가톨릭교회가 운영하는 수프 키친은 저녁 식사는 일주일 내내, 점심 식사는 주말에
만 제공한다. 낮 쉼터는 무료 점심 식사를 제공하기 위해 주방을 평일에 빌려 준다. 세
인트 타보르의 식사 공간은 약 45×30피트의 적당한 크기의 방이다. 앞부분은 플라스
틱이고, 뒷부분은 플란넬로 된 작은 발자국 무늬가 있는 녹색의 테이블보로 덮인 세
줄의 테이블(각각 2×24피트)에 손님이 앉는다. 사용하지 않는 의자는 방의 벽에 한
줄로 세워 놓는다. 식사 공간은 장식이 거의 없이 모던하고 깨끗—2개의 쓰레기통,

벽에 매달린 작은 십자가, 노숙자가 이용할 수 있는 게시판 보드 광고 서비스 및 소수의 지역사회 서비스 상장—하다. 긴 서빙 카운터는 식당 구역과 주방을 나눈다. 현대적이고 깨끗한 식당 구역에는 스토브, 상업용 크기의 오븐, 전자레인지, 스테인리스스틸, 잠긴 냉장고, 식기 세척기, 그리고 청소를 위한 대걸레와 양동이가 있다.

수프 키친에 오는 손님은 노숙자이거나 가끔 노숙을 하는 사람이거나 저소득층이다. 그중 1/4에서 절반 정도는 노숙자이다. 손님들 중 어린이는 소수이며, 남성이 여성보다 4배에서 5배 많다. 손님은 히스패닉계가 다른 인종보다 조금 더 많으며, 다양한 민족으로 이루어졌다. 그들은 다양한 종류의 옷을 입고 있으며, 그들의 외모는 엉키고 빗지 않은 머리카락, 더러워진 얼굴, 때로는 명백한 신체적 장애가 있는 사람들부터 깨끗하고 잘 관리된 사람들까지 다양하다. 하지만 대다수는 단정하지 못하고 찢어진 옷을 입고 있다(p. 474).

이 책의 제7장에서는 비네트(vignette)의 분석 방법이 설명되어 있다. 다음 발췌문은 Miller와 동료들이 제시한 노숙자와 직원 간의 상호 작용에 대한 짧은 관찰에 근거한 비네트이다. 사실주의적 이야기에 대한 접근으로서의 사실적인 보고 관점을 주목해 보길 바란다.

마이클은 키가 크고, 턱수염이 있고, 길고 어두운 엉겨 붙은 머리카락이 모든 방향으로 비틀어졌으며, 기름기 많은 손과 더러운 얼굴을 하고 있다. 바닥을 정리하는 동안 그는 70대 초반에 대학을 졸업한 후 터키로 여행을 했던 것에 대해 이야기하기 시작했다. 마이클은 터키에서 만난, 백만 달러를 대출하기를 원했던 'FBI나 CIA의 일원'인 남자를 묘사했다. 그리고 마이클이 거절한 것에 대해 그 요원이 얼마나 '화를 냈는지' 덧붙였다. 걸레와 양동이를 식사 공간으로 끌고 가면서 마이클은 계속해서 정부와 펜타곤에 대해 언급했다. 대화를 엿들었던 재활 시설 관리자 리치가 "모든 것이 정확하다고 확신합니까?"라고 물었다. 마이클은 자신 있게 고개를 끄덕였다. 리치는 "CIA와 FBI에 관한 이야기를 하는 걸 보니 당신은 정신줄을 놓고 거의 망상에 빠졌네요."라고 했고, "약물치료를 받아야 하지 않나요?"라고 물었다. 마이클은 리치를 노려보면서 "아니, 당신은 어떤데?"라고 대답했다. 마이클이 머리를 흔들면서 모든 것이 사실이라고, 모든 것이 그의 책과 논문에 있으며 리치가 읽을 수 있도록 다음 날 가져올 것이라고 하는 동안 리치는 마이클의 현실 인식에 대한 우려를 되풀이했다(p. 478).

(2) 고백적 이야기

Miller와 동료들은 기술적 설명 후에 독자들에게 고백적 이야기를 제공하기 위해 장르를 바꾼다. "연구하는 동안 뒤에서는 어떤 일이 일어났는지에 대한 서술을 칭한다. 연구자의 개인적인 편견, 현장 연구의 문제, 윤리적인 딜레마, 그리고 감정적인 반응과 같은 문제들이 참여자들의 이야기와 함께 공개적으로 다루어진다."(Saldaña, 2011b, p. 150) 다음 발췌문에서는 사회적으로 열악한 환경에서 일하는 학자로서 동료 연구자들의 고충이 공개적으로 공유된다. 사실주의적인 3인칭 관점이 어떻게 고백적인 1인칭 관점으로 바뀌는지를 주목하라.

> 우리는 우리를 불편하고 심지어 위선적인 것처럼 느끼게 만드는 상황을 끊임없이 마주한다. 예를 들어, 며칠간 우리는 식량을 배급하거나 남아 있는 차가운 피자를 손님들에게 점심 식사로 제공한 후, 편안하고 중산층인 가정으로 퇴근하여 저녁 식사로 먹을 스테이크를 그릴에 넣어 구웠다. 우리는 고통스럽게 우리의 '특권'을 알고 있었다. 노숙자이며, 요리하고 봉사하는 것을 도와주었던 주요 자료 제공자들 중 하나인 페드로는 우리(자원봉사자들)가 음식이 다 떨어지기 전에 우리의 식탁에 최상의 음식을 준비했다고 주장했다. 그리고 식사가 끝날 무렵 우리가 손님들에게 제공한 음식은 무척이나 맛이 없었다. 우리는 또한 페드로가 친구에게 음식을 더 많이 주고 주방에서 음식과 쓰레기봉투를 훔쳐가는 것을 보고 그를 보고해야 할지 말지를 고민하였다. 그는 우리와 관계를 구축한 주요 자료 제공자였지만, 우리는 다른 단체가 실질적으로 소유한 직원과 주방에 대한 우리의 책임에 대해 고민을 할 수밖에 없었다. 그런 다음 거의 매일같이 오는 '극도로 변덕스럽고 위험한' 아프리카계 미국인 노숙자 여성을 대하는 방법에 대해 직원으로부터 받은 조언이 있었다. "그녀를 무시하고, 마치 그녀가 존재하지 않는 것처럼 그녀를 대하세요. 왜냐하면 그녀에게 당신은 존재하지 않기 때문이에요." 그러나 문제는 노숙자들이 너무 오랫동안 보이지 않는 것처럼 대우받았던 것이 아닌가?(pp. 483-484)

고백적 이야기는 또한 한 연구자가 다른 연구자에게 현장 연구에서 알게 될 수 있는 딜레마와 위험에 대한 조언으로 이루어진 **충고**의 역할을 할 수 있다.

(3) 비평적 이야기

Miller와 동료들의 프로젝트에 대한 세 번째 접근 방식은 비평적인 이야기로 분류
될 뿐만 아니라 van Maanen이 말한 **옹호적 이야기**의 요소를 포함한다. 이렇게 결합된
장르의 글쓰기는 지역 수준에서의 불공정 행위에서부터 국제적 수준의 삶에 대한 잔
학 행위에 이르기까지 세계의 불공평과 억압에 의도적 중점을 두며, 현장 연구의 정치
적·사회적 영향을 다룬다. 이때 연구와 글쓰기의 목표는 사실에 입각한 정보와 증언
을 통해 불평등을 드러내고, 당면한 문제에 대한 독자의 인식을 높이며, 해방, 권력의
균형, 인간의 존엄성을 위해 노력하는 것이다(Saldaña, 2011b, p. 157).

Miller와 동료들은 이 섹션에서 중요하고 더 큰 이슈들에 대한 정직하고 회고적이며
사색적인 논평을 통해 독자들에게 용감하고 훌륭하게 대응한다. 특히 그들의 비평적인
이야기의 한 단락은 이 장르의 기능과 관점을 잘 담아내고 있다.

이 시설은 교부금과 기부금으로 살아남았지만, 부족한 자원으로 인하여 거의 문을
닫을 뻔했던 적이 몇 달 있었다. 식사량은 증가했지만, 센터장인 메리는 기부가 "줄어
들었다."고 설명했다. 만약 낮 쉼터가 폐쇄되면, "손님들이 어디로 갈까요? 그들이 지
역사회의 거리에 거주하고, 남의 집 현관 앞이나 건물의 복도로 대피해야 하나요?"라
고 한 직원이 물었다. 매년 직원이 시에 예산을 요청했는데, 현재까지 시는 모든 요청
을 거부했다. 다른 박애주의 단체들이 소소한 기부금을 제공했지만, 그들도 상당히
많이 할당하는 것에는 주저했다. 우리는 수프 키친과 노숙자들을 옹호하기 위해 [노
력]했다. 현장 연구가 끝날 무렵, 우리는 쉼터 예산 증가에 찬성하는 유나이티드 웨이
(United Way)와의 회의에 참석했다. 우리가 사실주의자적 이야기를 쓸 때쯤, 쉼터의
센터장으로부터 유나이티드 웨이가 쉼터에 보내는 그들의 기부금을 2배로 늘리는 예
비 심사를 통과시켰다는 것을 들었는데, 나중에 백지화되었다고 한다(p. 486).

(4) 같은 이야기, 그러나 다른 장르

Miller와 동료들(1998)은 세 가지 다른 장르를 통해 통찰력 있게 자신들의 현장 연구
서술을 제공하였다. 만약 그들의 현장 연구가 시로 표현될 수 있다면 어떨지 상상해 보
라. 마치 다큐멘터리 영화나 무대에서의 일련의 독백과 장면, 그리고 노숙자인 참여자
가 직접 촬영한 사진 전시물처럼 말이다. 여러분이 연구 이야기를 제시하기 위해 선택
한 장르는 설득적이지만 자극적이고, 감성적으로 풍부하면서도 사실적으로 근거가 있

으며, 분석적으로는 엄격하지만 우아하게 표현된 설명을 제시하기에 가장 효과적이어야 할 것이다.

전반적으로 Miller와 동료들(1998)이 이 수프 키친 현장 연구와 글쓰기 경험을 통해 배웠던 교훈은 무엇인가?

> 우리는 연구가 정적이라기보다는 역동적이며, 문화기술지 연구자들이 자신들의 연구를 다른 독자들에게 어떻게 쓰고 제시하는가에 대해 성찰하도록 한다는 것을 배웠다. 이로 인해 제기되는 문제는 다른 독자들에게 연구에 관한 이야기를 한 후에 그 이야기가 변해야 하는지 또는 그대로 남아 있어야 하는지 여부이다. 우리가 독자들에게 하는 이야기는 우리가 현장을 떠난 후에 완성되며, 이후에 더 진행된 자료 분석을 통해 이루어진다. 우리는 이렇듯 진화하는 이야기가 다층의 분석과 관점을 통해 발전되어 더 풍부한 질감의 수프 키친과 손님에 대한 초상화를 제공한다고 믿는다(p. 489).

글쓰기에 어려움을 겪은 적이 있다면 가지고 있는 자료가 어떻게 다른 장르를 통해 접근될 수 있는지를 탐구하는 것이 좋다. 기술적이거나 사실적인 산문이 정적인 것으로 보이는 경우, 고백적, 그리고/또는 비평적으로 단락을 쓰도록 탐구해 보라.

여러분은 보고서의 관점, 장르 및 입장에 대한 선택을 해야 하며, 그 선택은 의도적이고 전략적으로 이루어져야 한다. 가끔 이러한 문제는 일부 초고 자료를 살펴본 후에야 명확해진다. 편집 능력이 강한 믿을 수 있는 동료, 그리고/또는 보고서 독자로 의도된 수신자로부터 여러분의 자료에 대한 피드백 및 수정을 받으라. 여기서 지켜야 할 마지막 보루는 최대한 지루하지 않도록 노력해야 한다는 것이다.

4. 양식과 구조

상황과 사람 및 사건에 대한 세심한 기술은 질적 연구의 주된 기여 중 하나이다. 개념적으로 보면 좋은 사례의 역사는 시간 경과에 따른 사건의 흐름을 추적해야 한다. 그러나 그러한 기술은 분석적이고 해석적인 목적 또한 가지고 있는데, 그 목적은 사건의 진행 과정을 결정짓는 일정하고 영향력 있고 결정적인 요인을 밝히고자 하며, 더 큰 관점에서 의미하는 바를 밝히고자 하는 것이다.

우리의 주요 연구 결과는 상황과 사람들 사이의 상호 작용에서 파생된 주제와 생각을 수반한다. 연구에서 우리는 분석 중에 나타나는 변수에 개념적으로 연결된 사건의 연대기를 지키려 노력한다. 예를 들어, '학교 관리자에 대한 부모들의 불신'이라는 새로운 주제는 많은 명확한 선행 사건과 결과를 지닌 에피소드, 공개 상호 작용 및 사적인 대화에서 나올 수 있다. 장시간에 걸쳐서 보면서 이러한 일들을 알아보고 일관성을 부여하는 것은 주제를 만들어 내는 근원이 된다. 더 큰 관점에서 의미하는 바는 학교가 존재하는 이유인 바로 그 사람들과 교육 시스템이 연결되지 못하고 있다는 아이러니이다.

변수가 없는 이야기는 우리가 보고 있는 바의 의미와 더 큰 함의를 말해 주지 않는다. 반대로 이야기가 없는 변수는 궁극적으로 추상적이고 설득력이 없다. 이 두 문장은 양적 연구를 보고하는 데에 대한 꼼꼼한 규칙과 더불어 "개방형 자료를 살펴볼 때까지 숫자를 진짜로 이해할 수는 없었다."라는 친숙한 의견을 설명해 준다.

이야기와 변수가 최적의 균형을 이루고 있는가?

1) 전통적인 표현 양식

이 책에서는 다음과 같은 두 가지 기본 표현 양식을 강조한다. 텍스트(다양한 정도의 세부 사항과 조직을 지닌)와 매트릭스 및 네트워크 양식으로 조직화된 디스플레이다. 우리는 이 두 가지 양식이 자료에서 일관된 의미를 도출하고 결론을 확인하며 심화하는 데 엄청난 도움이 된다고 생각한다. 부가적으로, 이 두 가지 양식은 독자에게 분명하게 잘 의사소통한다.

그러나 텍스트가 멸균될 필요는 없다. 질적 연구자들은 다양한 문학적 장치를 사용하는 특징이 있다. 연구의 맥락에 대한 설명은 종종 외견상 회화적 형태로 묘사된다("비옥한 계곡 끝에 노란 폭포가 있고, 분지에는 작은 농장들이 있으며, 작은 시내가 평원 사이에 구불구불 흐르고 있었다."). 중요한 사건이나 상호 작용은 비네트 형식으로 보고될 수 있다("이 일은 외래 병동 입구 근처에서 일어났으며, 심장 전문의가 2명의 레지던트 및 몇몇 환자와 가까이 있을 때 일어났다."). 많은 부호, 특히 패턴 부호가 은유의 형식으로 표현되고 ('점점 줄어드는 노력' '상호 작용적인 접착제'), 그러한 은유는 큰 자료 덩어리로 통합되어 하나의 수사적 표현으로 표현된다. 은유와 아이러니, 환유, 심지어는 코미디나 풍자, 소극까지도 이용 가능한 도구로 간주된다. 그러나 질적 연구 보고서는 전통적인 허구적 문학을 넘어서기도 하면서 동시에 순수한 문학은 아닌 어떤 것이다. 우리의 수사적 표현은 믿을 만한 현실적 이유가 있는 것에 관한 것이며, 우리가 주장하는 것 뒤에는 정당한 이유가 있다.

질적 보고서는 어떻게 구성되어야 하는가? 매우 일반적인 수준을 제외하고는 그 구조에 대해 딱히 정해진 바가 없다. 각각의 연구자는 특정 연구의 지적이고 지역적인 맥락에 적합한 보고서 구조를 구성해야만 하는데, 학술잡지 편집자 또는 출판사의 요구사항도 맞추어 가면서 구성해야 한다. 보고서 구조를 결정하는 것은 일반적인 표준 관행이라기보다는 연구 질문, 맥락, 독자라고 할 수 있다. 그럼에도 불구하고 우리는 전통적인 질적 연구 보고서의 최소 지침이라고 생각하는 것을 겸허하게 제공하고자 한다.

① 보고서에는 무엇에 관한 연구인지가 명시되어야 한다.
② 자료 수집이 이루어진 환경에 대한 사회적 · 역사적 맥락의 의미가 명확히 밝혀져야 한다.
③ Erickson(1986)이 '연구의 자연사'라고 말한 부분은 누구에 의해 무엇이, 어떻게 이루어졌는지가 명시되어야 한다는 것이다. 단지 '연구 방법'이 아니라 방법론에서 우리는 핵심 개념이 어떻게 나타나고, 어떤 변수가 나타나고 사라졌는지, 그리고 어떤 범주가 중요한 통찰로 이어지는지를 살펴보아야 한다.
④ 좋은 보고서는 독자도 연구자와 마찬가지로 보증된 결론을 이끌어 낼 수 있도록 기본 자료를 제공해야 하는데, 비네트, 조직화된 이야기, 자료 디스플레이와 같은 집중된 양식으로 제공하면 더 좋다. (이것은 텍스트에 일화들을 '간간이 뿌려 두는' 것과는 매우 다른데, '뿌려 두는' 것이란 연구자가 독자를 즐겁게 하거나 설득할 항목을 골라서 그 항목들을 텍스트의 필요한 여기저기에 제시하는 것이다. 자료가 없는 결론은 일종의 모순이다.)
⑤ 마지막으로, 연구자는 결론이 영향을 끼칠 사고와 행동 측면에서 더 큰 의미를 제시해야 한다(이 지침은 제11장에서 탐구한 '우수한' 질문으로 돌아가게 한다).

2) 진보적인 표현 양식

보고서는 글을 넘어 표현될 수 있다. 이 책에서는 분석 및 표현 양식을 글로 제한했지만, 많은 질적 연구자는 그림 및 디지털 사진과 같은 디스플레이 양식을 사용하기도 한다. 일부는 자신의 연구에 대한 스튜디오 아트 설치를 했으며, 다른 이들은 현장 조사 및 결과에 대해 디지털 비디오 녹화를 온라인에 게시하였다. 시, 민속드라마, 소설, 심지어 음악 작곡과 같은 양식의 질적 보고도 가능하다. 그러한 설명은 일반적으로 '인생보다 크다.' 모든 좋은 소설과 마찬가지로 이러한 설명은 일상의 사례보다 더 극단적이거나 전형적인 상황을 묘사하기 때문에 독자들에게 흥미진진하게 느껴진다. 그러나 일관성과 타당성, 흥미진진함 및 참신성은 진보적인 질적 보고서의 장점을 보장하기에는 충분하지 않다. 이러한 진보적인 표현 양식은 무엇보다 탁월한 예술적 산물이어야 하지만 또한 훌륭한 연구를 기반으로 해야 한다. 여기서 중요한 것은 미학과 학문 사이의 적절한 균형을 찾는 것이다.

예술 기반 연구의 한 예시로서, Saldaña(2008b)는 자서전과 문화기술지 및 희곡이 혼합된 하이브리드 연구 장르인 **자문화기술지적 드라마**를 만들어 냈다(이 장르에 대한 다른 용어 및 변형으로는 '공연문화기술지' '논픽션 극본' 및 '다큐멘터리극'이 있다). 〈차석 연주자(Second Chair)〉는 Saldaña 자신이 질적 연구자, 음악 교육자, 연극 실무자인 관중을 대상으로 만든 원맨쇼로 확장된 1인극이다. 이 작품은 악기 부문에서 최고의 연주자에게 주어지는 영예인 '수석' 연주자가 되기 위한 시도를 했던 고등학교 밴드 시절로 관중을 데리고 간다. 특정 시간과 장소에 대한 작은 문화적 세부 사항이 관중에게 전통적인 문화기술지에서처럼 '거기에 있다'는 느낌을 불러일으킨다. 배우의 움직임, 소품, 음향 및 세트와 같은 연극 장치가 지문에 어떻게 표시되는지 다음 발췌문을 통해 확인해 보라.

조니: 텍사스 오스틴에서 1970년대를 지배한 세 가지가 있었어요. 카우보이, 축구, 행진 밴드였죠. 경쟁이 우리 영혼에 파고들었죠.

(마치 궐기 대회에서처럼 주먹을 쥐고, 큰 소리로 노래를 부르며) 우리는 위대해! 당신보다 나아요! 우리 반은 72명이에요!

(환호)

(방백)

사실 알래스카는 노동조합이 가장 큰 주였어요. 그러나 텍사스인들에게는 알래스카가 실제로 중요하지 않았죠.

(지휘봉을 들고, 악보대를 무대 아래로 옮긴다.)

그리고 자아가 가장 위대한 것에 걸맞아졌죠.

(그는 지휘봉으로 악보대를 두드리며, 지휘봉을 위로 올리고 자신 앞에 밴드가 있는
것처럼 상상하며 훑어보고, 지휘봉을 내리고 지휘를 한다. W. Francis McBeth의 곡인
〈Battaglia〉가 연주된다.)

지휘봉으로 우리를 능숙하게 지휘한 사람은 가르시아였어요. 그는 자신의 예술을
알고, 열정으로 가르쳐 준 위대한 밴드 감독이었고, 우리에게 세밀함과 완벽함을 요
구했으며, 우리를 우리의 역량 안에서 최고의 음악가로 만들었어요. 그리고 네, 우리
의 엉성한 연주에 화날 때면, 가르시아는 화를 내며 지휘봉을 바닥에 던졌습니다.

(그가 지휘봉을 던진다. 음악이 갑자기 멈춘다.)

그러면 우리 모두는 얼어붙고, 우리를 노려보는 그를 두려움에 찬 침묵 속에서 빤
히 쳐다보았지요.

(그는 가르시아인 것처럼 화를 내면서 자신 앞에 있는 상상의 밴드를 응시했다. 마치
"도대체 뭐가 잘못되었어?"라고 말하는 듯한 몸짓으로, 지휘봉을 집어 든다.)

바보짓을 할 시간이 없었어요. 독점 내기, 주 대표, 1등급, 최고로 뛰어난, 금메달,
이런 것이 가장 중요했어요. 그 당시 우리는 "최선을 다하라."는 말이 아니라 "최고가
되라."는 말을 들었어요. 모든 밴드 멤버뿐만 아니라 나도 그랬어요. 젊은이들은 살
아남도록, 성취하도록, 성공하도록, 최고가 되도록, '수석 연주자'가 되도록 배웠어요
(pp. 180-181).

Saldaña는 문화기술지 기반의 무대 공연도 연구 디스플레이의 한 형태라고 주장하
는데, 그 이유는 연극 매체를 통해 연구자와 연구 참여자의 이야기와 통찰력을 보여 주
기 때문이다.

질적 연구의 진보적인 양식에 이 책의 주된 목적이 있는 것은 아니지만, 보다 전통
적인 접근 양식과 마찬가지로 진보적인 양식도 새로운 것을 알게 해 주고 엄격할 수
있다. 이러한 혁신적인 예술 기반 장르에 대한 자세한 내용은 Knowles와 Cole(2008),
Leavy(2009), Norris(2009), Saldaña(2011a)를 참조하라.

5. 석사 및 박사 학위 논문

이 책의 주요 독자는 대학원생이다. 그래서 우리는 질적 석사 및 박사 학위 논문을

쓰는 과정에서의 지침을 위한 몇 가지 권고안을 제시하고자 한다. 그리고 질적 연구로 논문을 작성하는 데 있어 훌륭한 제목을 얻기 위해 부록을 참고하라고 권한다.

첫째, 적어도 하루에 한 페이지씩 작성하라. 그러면 완성된 원고가 아닐지라도 1년 이내에 1, 2개의 초안 원고가 나올 것이다. 이것은 상대적으로 간단하고 단순한 공식처럼 들리겠지만, 얼마나 많은 사람이 이를 따르지 않고 1년에서 2년이면 완성할 수 있는 논문을 결국은 4년에서 많게는 6년을 소비하는지(또는 대부분 지연시키는 데) 알면 놀랄 것이다. 물론 결론을 내릴 때까지 현장 연구가 완료되어야 하지만, 계획 및 현장 연구 단계에서 많은 양의 초안이 작성될 수 있다. 하루에 한 페이지를 계속 쓰다 보면 두 페이지 또는 다섯 페이지 이상을 더 쓰게 된다. 그러니 최소 하루에 한 페이지는 유지하라.

둘째, 먼저 1장을 작성한 다음 2, 3, 4장을 작성해야만 한다고 가정하지 말라. 그 내용이 논문에 실리든 안 실리든 상관없이 컴퓨터 모니터 앞에 앉아 있을 때 쓸 수 있는 내용을 적어 두라. 현장 조사 중 녹취록 전사 작업 중이라면 문헌 검토 부분을 더 엄격하게 할 수 있다. 피곤하고 글쓰기에 대한 동기부여가 어렵다면, 참고문헌을 모으거나 정리하라. 그리고 여러분을 필요에 따라 문서의 한 부분에서 다른 부분으로, 앞뒤로 이동할 수 있는 시간 여행자라고 상상하라. 매일 쓸 수 있는 글을 쓰라.

셋째, 대학에서 처방한 양식 매뉴얼 지침을 준수하면서 논문의 템플릿이나 구조를 완성된 양식으로 만들어 보라. Saldaña는 학생들에게 "초안을 박사 학위 논문처럼 보이게 만들라. 그러면 정말 학위 논문처럼 느끼기 시작할 것이다."라고 말하였다. 논문의 첫 페이지, 초록, 목차, 그림 목록, 감사의 글과 같은 당면한 일을 해 놓으면(궁극적으로 초기 단계에서는 제목 아래에 아무 내용이 없더라도) 결국에는 채워야 할 내용을 준비하게 된다. 각 장의 초안을 각각의 파일로 만들기 시작할 때 페이지 여백, 간격, 글꼴, 페이지 번호(누락된 항목 중에서 가장 빈번한 항목 중 하나) 및 기타 모든 기술적인 형식 문제를 맨 처음부터 설정해 놓으라. 실제로 페이지에 쓰는 내용은 초안이거나 다듬지 않은 글일 수 있겠지만 항상 완성된 양식에 있어야 하는 것은 논문의 템플릿이나 구조이다.

넷째, 글쓰기에 대한 제안 발표가 승인된 후 여러분의 멘토나 지도 교수와 각각 회의 및 대화를 하라. 이때 연구 주제나 현장 조사에 관해서가 아니라 글쓰기 자체에 대해 대화하라. 지도 교수는 상당히 많은 유형의 글을 써 봤고, 논문이나 책 등의 다른 저작도 해 왔다. 그러니 개인적인 작업 방식, 딜레마, 자기훈련, 정서적 장애물, 문제 해결 등과 같은 글쓰기 과정 자체에 대해 의논하라. 논문과 글쓰기에 대한 이야기를 멘토 또는 동료 집단과 나누다 보면 그 과정이 탈신비화되고, 주로 고독한 혼자만의 행동인 글쓰기에 대한 연대감이 생긴다.

다섯째, 논문 제출 기한을 지켜라. 이는 너무 자명한 충고처럼 들릴지 모르겠지만 모든 사람이 지키지는 않는다. 최근 방송된 뉴스 기사에 따르면, '개인사'가 노동자 생산성 저하의 주요 원인이었다. 그리고 생각해 보면, 이 개인사는 대학교 학생들에게도 적용될 수 있을 듯하다. 개인사(예: 오랜 질병, 돌봄 의무, 관계의 어려움, 재정적 문제, 감정적 동요)로 인해 현장 연구와 글쓰기 및 마감 기한이 방해를 받는다. 확실히 각 개인은 이 불편하고 혼란스러운 시기에 어디에 개인적인 우선순위를 두어야 하는지 결정해야 한다. 때로는 가족의 요구가 최우선순위가 되기도 한다. 그리고 생활을 잘 유지하는 일은 다른 일을 잘하기 위한 필수조건이 되기도 한다. 그러나 석·박사 학위 논문의 마감 기한을 맞추고 싶다면 가능한 한 여러분이나 타인의 '개인사'를 여러분의 삶에서 제거하라. 업무에 대한 상세한 기한 일정을 세우고(예: 제안 승인, IRB 신청서 제출, 현장 연구 완료, 제1장 초안 작성 완료), 그 일정을 지키려고 치열하게 노력하는 것이 도움이 된다.

이 마지막 조언은 석·박사 학위 논문 지도 교수를 대상으로 한다. 지도 학생과 월별 실제 진행 상황을 체크하라. 연구에 따르면, 학생들은 선생님이 '내가 너를 보고 있고, 그것도 매(hawk)의 눈으로 지켜보고 있단다.'라고 생각할 때 자신의 일을 '할' 가능성이 더 많다고 한다(심지어 늦더라도). 우리 지도 교수들은 석사 또는 박사 과정 학생은 우리의 개입 없이 독자적으로, 그리고 책임감 있게 일할 수 있을 정도로 성숙한 상태이며, 예상되는 마감일까지 학위 논문과 같은 주요 과제를 성공적으로 완료할 수 있다고 생각한다. 그러나 일부 학생에게는 지도 교수가 정기적으로 "나는 널 보고 있고, 그것도 매의 눈으로 지켜보고 있다."라고 말해 주는 것이 필요하다. 이를 통해 약간의 압박감과 진전을 위한 동기가 생기고, 의사소통 통로가 열린다. 이러한 실제 진행 상황 체크는 전화 통화(선호됨), 이메일, 또는 매월 말 한 페이지 분량의 요약 진행 보고서 제출과 같이 간단하게 이루어질 수 있다.

글쓰기에 관한 참고문헌 추천은 부록을 참조하라. 특히 Harry F. Wolcott(2009)의 『질적 연구 글쓰기(Writing Up Qualitative Research)』와 Alison B. Miller(2009)의 『박사 학위 논문을 완전히 끝내라!: 모든 심리적 장벽을 극복하고 결과를 얻으며 당신의 삶을 나아가게 하는 방법(Finish Your Dissertation Once and For All!: How to Overcome Psychological Barriers, Get Result, and Move on With Your Life)』을 꼭 읽어 보라.

6. 마무리 및 넘어가기

대다수의 대학원생, 학자 및 연구 종사자는 **유능하게** 글을 쓸 수 있다. 그러나 이들 중 몇몇만 글을 잘 쓸 수 있다. 더 나은 질적 연구 저자가 되기를 원한다면 그러한 연구 보고서를 많이 읽으라. 이때 저자의 단어 선택, 문장 구조, 전체 구조, 보고서 장르 및 일반적인 스타일에 대해 의식적으로 집중하면서 읽어야 한다. 목적은 다른 뛰어난 작가들이 사회생활을 기록하는 방법을 모방하는 것이 아니라 질적으로 보고할 수 있는 가능성의 폭을 넓히는 데 익숙해지도록 하는 것에 있다.

뒤따라오는 마지막 장의 내용은 다음과 같다. 질적 연구 과정을 개괄하고 마지막 조언을 제공함으로써 책을 마감한다.

제13장 맺는말

장 요약

이 마지막 장에서는 네트워크 모델을 통하여 이 책의 질적 분석 방법들을 개관하며, 그다음에 독자들을 위한 마무리 짓는 반영과 조언을 제공한다.

내용

1. 한눈에 보는 질적 분석
2. 반영
3. 마지막 조언

1. 한눈에 보는 질적 분석

우리(Miles와 Huberman)가 진행해 온 훈련 워크숍으로부터 만들어진 [그림 13-1]은 우리가 이 책에서 살펴보았던 질적 자료 분석에 관한 접근법의 모든 측면을 합친 것이다. 그 목적은 통합된 개관을 제공하기 위한 것이다. 인과관계 네트워크처럼, 이것은 그림을 서서히 이해하는 데 도움이 된다. 이번에는 시간 영역이 위에서부터 아래로 진행된다.

앞에서부터 우리는 개념적 준거틀과 연구 질문의 초기의 상호적인 영향을 본다. 개념적 준거틀과 연구 질문은 표본 추출(사례 내와 사례 간)과 측정을 위한 계획으로 이어진다. 일단 표본 추출계획이 분명해지면 사례에 대한 접근과 자료 수집이 시작된다.

이 시간 동안에 프로젝트를 통하여 발전적인 변화와 함께 사용될 수 있는, 잘 정의된 자료 관리 시스템을 구축하는 것은 좋은 생각이다. 우리는 여러분에게 프로젝트 자료 분석 활동을 정규적으로 추적하기 위한 기록계획을 수립할 것을 권한다.

자료 수집의 첫 경험은 거의 항상 되돌아가는(점선) 영향을 가지는데, 되돌아가는 영향은 표본 추출과 측정 도구뿐만 아니라 개념적 준거틀을 다시 돌아보게 만든다. 자료의 초기 과정은 다양한 종류의 잠정적인 요약을 하게 하는데, 이러한 잠정적인 요약은 또한 더 개념적으로 준거틀과 연구 질문뿐만 아니라 사용된 표본 추출과 측정 도구 접근법에까지 돌아가게 하는 영향을 미친다.

초기의 코딩계획은 일반적으로 연구 질문에 의하여 영향을 받으나, 연구 질문은 코딩이 진행됨에 따라 꾸준히 발전하고 반복된다. 중간 분석은 또한 여기서 분명히 기여한다. 만일 중간 보고서가 잘 작성된다면 이 시점에서 형태가 구성되며, 중간 요약이 나오게 된다.

코드화된 자료(반드시 완벽하거나 충분해야 할 필요는 없다)를 취한 후에, 다음 단계는 사례 내 분석을 하는 것이다. 일반적인 전략은 연구 질문에 답할 수 있는 **설명적**이고 **묘사적**이며 **정렬된** 디스플레이 형태를 구성하는 것이다. 코드화된 자료가 입력되고, 그 자료로부터 설명적인 종류의 결론이 나오고 입증된다. 준비 중에 있는 결론과 함께 **설명적인**(그리고 만일 필요하다면 예측적인) 디스플레이가 만들어질 수 있고, 코드화된 자료가 입력될 수 있으며, 그리고 설명적인 결론이 나올 수도 있다.

묘사적이고 설명적인 결론은 확인과 수정을 위하여 되돌아갈 수 있다. 지금까지 연

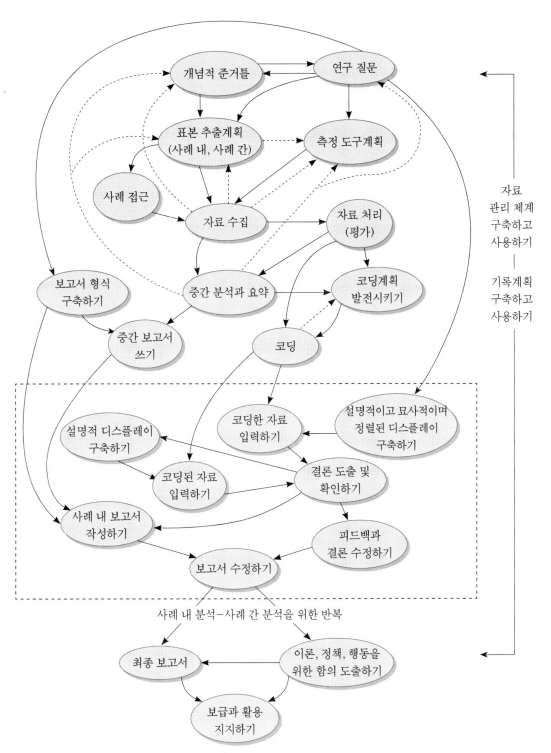

[그림 13-1] 질적 자료 분석 과정에 관한 개관

출처: Miles & Huberman (1994).

구 질문과 중간 결과에 입각한 내부 보고서 형태가 준비되어 왔다. 사례 내 보고서가 작성되며, 그다음에 반응자의 피드백에 기초하여 수정이 이루어진다.

만일 한 가지 이상의 사례가 포함된다면, 사례 간 결론을 이끌어 내기 위하여 사례 내 분석의 전체적인 주기가 반복된다. 이러한 결론과 사례 내 결과가 이론, 정책, 행위를 위한 함의를 포함하는 최종 보고서가 될 것이다. 연구의 독자와 의도에 따라 결과물의 보급과 사용에 대한 어느 정도의 지지가 제공될 것이다.

어떤 특별한 프로젝트는 특이한 방식으로 [그림 13-1]의 마디 사이에서 항상 고리 모양이 될 것이다. 문제는 여러분이 바로 지금 흐름의 어떤 지점에 있고, 그 후에 어디에 있기를 원하는가를 의식하는 것이다.

2. 반영

이 책의 집필과 수정은 길고 때로는 힘들었으나, 항상 매혹적인 여행이었다. 우리는 질적 자료 분석의 중심적인 문제를 어떻게 처리할 것인지에 대한 문제에 직면해 왔다. "가르치는 것이 두 번 배우는 것이다."라는 속담처럼, 경험은 어떤 것을 가르치려고 시도하는 것이 그것에 대한 여러분의 이해를 깊게 해 준다는 격언을 재확인하였다. 이 책의 세 번째 개정판에서 아이디어를 명료화하고 재공식화하며 통합하는 과정은 질적 자료 분석 방법에 대한 우리의 사고를 확장시키고 풍부하게 해 왔다.

이 책을 통하여 우리는 방법과 조언 모두를 제공하면서 실제적으로 가깝게 머물려고 노력해 왔다. 어떤 질적 자료 분석 교과서는 노력도 하지 않은 채로 항상 명백히 해결할 수 있는 것처럼 보이는 간단한 예시와 추상적인 경향을 보인다. 그러나 여러분이 실제 생활의 자료를 수집하고 분석하려고 할 때, 실제로 그러한 방법으로는 거의 해결할 수가 없다. 실제 연구는 이론 속 연구보다 거의 항상 더 엉망이고, 일관성이 없으며, 왜곡되어 있다. 우리는 그러한 사실을 신중하게 고려하려고 노력해 왔다. 간단히 말해서, 질적 분석을 행한다는 것은 여러분이 사실을 더 잘 이해하는 방법이다. 우리는 질적 분석이 질적 연구를 하는 초보자뿐만 아니라 경험 많은 연구자들에게도 잘 들어맞는다고 믿는다.

우리는 질적 연구의 어려움과 곤경이 반드시 연구자의 무능력 때문만이 아니라 질적 자료 그 자체 때문일 수도 있다고 믿는다. 질적 자료가 반영하는 현상처럼, 질적 자료는 일반적으로 복잡하고 모호하며, 때로는 완전히 모순적이다. 질적 분석을 하는 것은 가능한 한 그 복잡성과 모호함을 가지고 오랫동안 생활하는 것과 타협하고 이해를 명확하게 해 주며 더 깊게 해 주는 형태로 여러분의 결론을 독자에게 전달하는 것을 의미한다. 경험 있는 분석가에게조차 분석 기술이 만만치 않아 보이거나 이해하기 어려운 것처럼 보이며, 또 연구자들이 질적 연구를 충분히 명확하게 하는 것을 꺼리는 것은 놀라운 일이 아니다.

질적 분석은 그 자체의 훈련을 수반하는 기술이라고 말하는 것이 옳다. '올바른' 분석, 즉 정밀하고 신뢰가 가면서 강력하고 확실한 분석을 하는 데는 여러 방법이 있으며, 그러한 분석은 미리 전체적으로 예견될 수는 없다.

우리는 분석 단계를 명확히 하는 것이 자료를 더 확실하게 하며 더 다루기 쉽게 만든다는 것을 발견해 왔다. 질적 분석을 위한 핵심적인 필요조건은 약간의 창의성, 체계적인 완고함, 다소 좋은 개념적인 감각, 그리고 인지적인 융통성이다. 인지적인 융통성이란 자료를 해석하거나 변형하는 여러분의 방법을 빠르게 해결할 수 있고, 또 다른 더 절충적인 방침을 시도하는 능력이라고 볼 수 있다. 이 책을 개정하면서, 우리는 초판과 2판에서 우리의 목적, 즉 새로우나 실제와는 동떨어진 채 접근하기 쉬운 방법을 만들어 내기보다는 연구자가 스스로 발견할 수 있는 책을 만드는 것을 지속해 왔다.

또한 우리는 좋은 질적 분석이 반드시 공식적인 필요조건(예: 장기간의 민속학적 경험, 과학적인 논리의 지식, 철학, 본체론, 그리고 인식론에 대한 심오한 배경)을 요구한다고 생각하지는 않는다. 그러한 것은 모두 유용한 도구이며, 여러분이 수행하는 데 관심이 있는 분석을 하도록 할 수는 있다. 그러나 최소한 그러한 것이 없는 채로 연구를 한다는 것이 치명적이지는 않으며, 오히려 그러한 것이 없는 채로 연구를 하는 것이 여러분이 좋은 분석을 하기 위하여 알아야 할 필요가 있는 것을 보게 하는 데 도움을 줄 수 있다.

질적 연구자들은 많은 다양성과 취향을 가지고 온다. 우리가 표현해 왔던 관점이 우리 동료들 중 어떤 이들에게는 거의 확실히 편협하고 아마 훨씬 시대에 뒤진 것처럼 보일 수도 있을 것이다. 우리는 이데올로기에서 벗어난 것처럼 보이기를 원하지 않으며, 우리의 선입관이 가장 고상하거나 우리가 단지 구식이고 순수한 사람—문제를 이해하지도 못한 채 실용적이면서 실질적인—처럼 보이는 것도 원하지 않는다.

분석이 직관적이고 거의 말로 표현할 수 없는 행위라고 믿는 사람들에게 우리는 분석은 모방될 수 있으며, 여러분이 방법의 각 단계에서 행해지는 것에 대하여 충분히 명확해져야 함을 신중하게 받아들여야 한다는 것을 주장한다.

질적 자료 분석이 수년간의 훈련과 수습 기간을 필요로 한다고 믿는 사람들에게 우리는 크기를 시험해 볼 수도 있고, 특별한 프로젝트―더 강력한 방법론의 서비스에 있는 모든 것―를 위하여 조정하거나 수정할 수도 있는 확장된, 그러면서도 적용 가능한 방법을 제공해 왔다.

중대한 설명이 단어를 숫자로 변환하는 것과 전통적인 통계적 표준에 따라 숫자를 조작하는 것을 포함해야 한다고 믿는 사람들을 위하여, 우리는 자료 분석의 더 좋고 더 강력한 방법인 질적 분석이 지엽적인 인과성의 관계망을 설명하는 것을 가능하게 한다고 말하였다.

요즘 결론으로서 단지 모호성, 불확실성, 그리고 답이 없는 질문만을 내놓을 수 있다고 믿는 사람들을 위하여, 우리는 현대생활의 사회적인 복잡성을 인정하지만, 또한 연구의 목적이 궁극적으로 중요한 인식, 이해 및 의미를 밝히고 분명히 하며 구성하는 것이라는 것을 강조한다.

이 세 번째 개정판에서 우리가 서술한 것에 대해 만족하는 동료들을 위하여 우리 모두는 우리의 기술을 발전시킬 수 있도록 이러한 방법들에 대한 계속적인 시험과 개정을 희망하면서 심심한 감사를 표한다.

3. 마지막 조언

이 책을 통하여 우리는 방법 대 방법의 토대에 입각한 세분화된 조언을 하였다. 여기서 우리는 동료들에게 용기를 줄 수 있는 다소 일반적인 마지막 조언을 하고자 한다.

- **디스플레이를 생각하라.** 질적 자료에서 연구 질문 혹은 혼란스러운 문제를 봤을 때, 어떤 디스플레이의 형태―매트릭스와 네트워크 혹은 다른 형태―가 좋은 결론을 추출하고 그러한 결론을 강화할 수 있게 하는 방법 안에서 관련되고 변형화된 자료를 통합할 수 있는가를 고려하라.
- **발견에 열려 있으라.** 우리와 다른 많은 사람이 개발해 온 폭넓은 방법들은 유용한 디스플레이의 레퍼토리가 매우 크다는 것과 다른 수집처럼 끊임없이 확장되고 있다는 우리의 신념을 강화시킨다. 시, 그림, 연기와 같은 자료 디스플레이의 더 진보적인 형태를 피하지 말라.

- **반복을 예상하라.** 이 책을 통하여 우리가 주장해 왔던 방법들은 자료 압축, 디스플레이 및 임시적이면서 입증된 결론 사이를 왕복하는 것을 포함한다. 새 자료가 화면에 들어오고, 새 디스플레이 형태가 발전하며, 결론이 재형성되고 수정된다. 이와 같은 모든 것이 분석이 더 나아지는 데 중요한 백(back) 효과를 가지게 될 것이다.
- **공식화를 추구하되 신뢰는 하지 말라.** 우리는 질적 자료에서 의미를 도출하기 위한 구조적인 접근법을 꾸준히 강조해 왔다. 여러분의 인식론적인 입장이 무엇이든 간에, 더 체계적이 되는 것이 분석 방법론을 발전시키기를 바라는 사람들에게는 최우선적인 것이 된다. 물론 증진된 공식화는 그 자체의 위험을 수반한다. 이러한 위험에는 편협함, 과신, 강박관념, 새로 발견되는 것에 대한 무지 및 오만한 정설에 대한 모험이 포함된다. 인내, 더 나아지게 하려고 노력하는 것, 겸손함, 공유 및 다양한 시각을 받아들이는 것이 더 어울린다.
- **혼합 모델을 받아들이라.** 우리는 양극화, 논쟁, 그리고 극단적인 삶을 피하는 것을 추구해 왔다. 질적 및 양적 연구는 상호 지지할 수 있고 정보를 줄 수 있다. 이야기 분석과 변수 중심적인 분석은 서로 교환하고 정보를 공유할 필요가 있다. 현실주의자, 이상주의자, 그리고 비판적인 이론가가 순수한 상태로 있는 것보다는 협력함으로써 더 잘해 낼 수 있다. 그것을 혼합된 힘 혹은 절충적인 엄격함으로써 생각하라.
- **자기인식을 유지하라.** 우리 자신의 경험이 우리들에게 코딩을 통한 질문의 선택, 디스플레이 구축, 자료 입력, 결론 도출 및 확인과 같은 분석 과정에서 여러분의 주의의 일부분을 유지하는 것이 얼마나 유용한지에 대하여 생생하게 보여 주었다. 그러한 지속적인 자기인식을 통하여 단지 특별한 분석 에피소드뿐만 아니라 시간이 경과함에 따라 그 자체가 반복되고 발전되면서 정규적인 자기수정이 일어날 수 있다.
- **방법론적인 학습을 공유하라.** 질적 연구에 관한 대부분의 보고서에서 방법론적인 부분은 여전히 빈약하다. 분석 문제와 접근법에 직접적으로 초점을 둔 논문들은 여전히 상대적으로 몇 편이 되지 않는다. 우리는 질적 분석의 기술을 발전시키기를 원하는 사람은 그들이 다른 사람으로부터 배운 것을 동료들에게 전달하는 것이 당연하다고 믿는다. 우리는 질적 자료로부터 도출된 책과 논문 안에서 더 강력한 질적 방법론에 대하여 강조할 것을 충고하고자 하며, 분석 기술을 성공적으로 확장해 온 과목과 워크숍에서의 훈련 방법을 보고해 주기를 바란다.

결론적으로 우리는 점점 더 많은 질적 연구자가 그들이 연구를 어떻게 진행했으며, 무엇을 배웠는지에 대하여 구체적이면서 상세하게 서로에게 말하기를 바란다. 아마도 우리는 우리가 연구하고 있는 사람들의 내외적인 삶을 기술함으로써 우리 자신의 일을 생생하고 풍부하게 묘사할 수 있을 것이다.

부록: 질적 연구 자료의 주석이 달린 참고문헌

이 부록은 질적 연구에 대하여 더 많은 것을 배울 수 있는 추천된 제목의 선택된 목록을 포함한다. 이 부록은 영어로 된 연구와 1차적으로 논문으로 한정된다. 우리는 출판되고 온라인상에 있는 모든 것을 포함할 수는 없으며, 단지 자료의 대표적인 표본만을 제공한다.

질적 탐구의 참고문헌

Bothamley, J. (1993). *Dictionary of theories*. London, England: Gale Research International. Reference guide to theories from all disciplines, including the arts, sociology, psychology, history, and the natural sciences.useful for terminology reference, definitions, and associated names.

Given, L. M. (Ed.). (2008). *The SAGE encyclopedia of qualitative research methods*. Thousand Oaks, CA: Sage. Superior reference for summaries of philosophical and methodological principles of qualitative inquiry.

Schwandt, T. A. (2007). *Dictionary of qualitative inquiry* (3rd ed.). Thousand Oaks, CA: Sage. Extended dictionary of terms in the field; many entries include origins of the terms, applications across various social science fields, and references for additional investigation.

양적 · 질적 연구 설계(일반 교재)

Creswell, J. W. (2014). *Research design: Qualitative, quantitative, and mixed methods approaches* (4th ed.). Thousand Oaks, CA: Sage. Excellent overview of all three paradigms for the beginning researcher.

Mertens, D. M. (2009). *Research and evaluation in education and psychology: Integrating diversity with quantitative, qualitative, and mixed methods* (3rd ed.). Thousand Oaks, CA: Sage. Introductory text that surveys various approaches to research but focuses more on the quantitative approach; compares various paradigms (emancipatory, feminist, etc.) and offers detailed guidelines for research design or evaluation of research.

Wilkinson, D., & Birmingham, P. (2003). *Using research instruments: A guide for researchers*. London: Routledge. User-friendly introduction to techniques such as survey construction, interview questions, focus group facilitation, participant observation, content analysis, and so on.

질적 연구(일반 교재)

Creswell, J. W. (2013). *Qualitative inquiry and research design: Choosing among five approaches* (3rd ed.). Thousand Oaks, CA: Sage. Describes and compares the unique features of biography, phenomenology, grounded theory, ethnography, and case study research; includes article examples.

Glesne, C. (2011). *Becoming qualitative researchers: An introduction* (4th ed.). Boston: Pearson Education. Excellent overview and introductory text on the nature and process of qualitative research/ethnography.

Lofland, J., Snow, D. A., Anderson, L., & Lofland, L. H. (2006). *Analyzing social settings: A guide to qualitative observation and analysis* (4th ed.). Belmont: Wadsworth. Highly systematic techniques for qualitative studies; a dense but comprehensive "how to" text.

Marshall, C., & Rossman, G. B. (2011). *Designing qualitative research* (5th ed.). Thousand Oaks, CA: Sage. Overview of considerations for the preparatory phases of qualitative studies; written for doctoral students; provides numerous illustrative vignettes.

Mason, J. (2002). *Qualitative researching*. London: Sage. Overview of qualitative research based on ontological, epistemological, and methodological decision making; includes a series of questions to consider during all phases of research.

Maxwell, J. A. (2013). *Qualitative research design: An interactive approach* (3rd ed.). Thousand Oaks, CA: Sage. Particularly thorough book for preparing research proposals by considering how research design elements link together.

Richards, L., & Morse, J. M. (2013). *Readme first for a user's guide to qualitative methods* (3rd ed.). Thousand Oaks, CA: Sage. Introduction to principles of qualitative research for phenomenology, ethnography, and grounded theory; includes an accompanying CD-ROM demonstration disk and tutorial for the analytic software NVivo.

Saldaña, J. (2011). *Fundamentals of qualitative research*. New York: Oxford University Press. A survey of qualitative research methods with an emphasis on qualitative data analysis and writing styles for qualitative reports.

Stake, R. E. (2010). *Qualitative research: Studying how things work*. New York: Guilford Press. Introduces global principles of qualitative inquiry, with a focus on interpretation and assertion development.

Tracy, S. J. (2013). *Qualitative research methods: Collecting evidence, crafting analysis, communicating impact*. Oxford: Wiley-Blackwell. An excellent introductory methods text with multiple student exercises and ancillary materials.

혼합 연구 방법

Creswell, J. W., & Plano Clark, V. L. (2011). *Designing and conducting mixed methods research* (2nd ed.). Thousand Oaks, CA: Sage. Primer on mixing quantitative and qualitative paradigms and data in research studies; includes sample articles.

Morrison, K. (2009). *Causation in educational research*. London: Routledge. Superior overview of the intricacies and nuances of causation in both quantitative and qualitative research; recommended for researchers from all fields of study.

Tashakkori, A., & Teddlie, C. (1998). *Mixed methodology: Combining qualitative and quantitative approaches*. Thousand Oaks, CA: Sage. Examines both approaches through systematic profiles; includes theory and examples of how qualitative and quantitative data can be used in the same study to strengthen answers to research questions.

Tashakkori, A., & Teddlie, C. (Eds.). (2010). *The SAGE handbook of mixed methods in social and behavioral research* (2nd ed.). Thousand Oaks, CA: Sage. Extensive chapters on the current trend in mixing the quantitative and qualitative paradigms for research.

Thomas, R. M. (2003). *Blending qualitative and quantitative research methods in theses* and dissertations. Thousand Oaks, CA: Corwin Press. Overview of methods from both paradigms, but primarily a collection of brief prospectus examples from 20 student works that illustrate the blending of data forms.

방법론적 근거/질적 연구 편람

Denzin, N. K., & Lincoln, Y. S. (Eds.). (2011). *The SAGE handbook of qualitative research* (4th ed.). Thousand Oaks, CA: Sage. A collection of chapters on various topics of qualitative research by selected experts in the field.

Ellingson, L. L. (2009). *Engaging crystallization in qualitative research: An introduction.* Thousand Oaks, CA: Sage. Strategies for blending two or more approaches to qualitative inquiry, ranging from arts-based approaches to traditional constructivist methodologies (e.g., grounded theory).

Hesse-Biber, S. N., & Leavy, P. (2008). *Handbook of emergent methods.* New York: Guilford Press. Chapters on new methods of qualitative and selected quantitative inquiry at the beginning of the 21st century, including research with media, mixed methods, documents, and so on.

Lincoln, Y. S., & Denzin, N. K. (2003). *Turning points in qualitative research: Tying knots in a handkerchief.* Walnut Creek, CA: AltaMira Press. Collection of seminal essays and articles in the field of qualitative research by writers such as Clifford Geertz, Margaret Mead, Dwight Conquergood, and others.

Lincoln, Y. S., & Guba, E. G. (1985). *Naturalistic inquiry.* Beverly Hills, CA: Sage. Detailed argument on the naturalistic paradigm as a valid framework for analysis; includes methods for establishing trustworthiness and audits.

Packer, M. J. (2011). *The science of qualitative research.* New York: Cambridge University Press. A title on the ontologies and epistemologies of qualitative inquiry; extensive scholarship and overview of knowledge construction.

Pascale, C.-M. (2011). *Cartographies of knowledge: Exploring qualitative epistemologies.* Thousand Oaks, CA: Sage. Overview of theoretical and historical foundations that shape current practices of qualitative research; focuses on analytic induction, symbolic interaction, and ethnomethodology.

상징적 상호 작용론

Blumer, H. (1969). *Symbolic interactionism: Perspective and method*. Englewood Cliffs, NJ: Prentice Hall. Collection of essays by Blumer detailing the interpretive process of human and group action, labeled "symbolic interactionism"; a seminal method for later research methodologists.

Denzin, N. K. (1992). *Symbolic interactionism and cultural studies*. Cambridge, MA: Blackwell. Commentary and critique on proponents and opponents of symbolic interactionism; chapter 6, "Interactionist Cultural Criticism," has applicability to arts and multicultural researchers.

Prus, R. C. (1996). *Symbolic interaction and ethnographic research: Intersubjectivity and the study of human lived experience*. New York: SUNY Press. Detailed explanations and approach to symbolic interactionism and its function in ethnography; excellent discussion and outline of social processes and studying emotions in sociological research.

민속지학/인류학

Angrosino, M. V. (2002). *Doing cultural anthropology: Projects for ethnographic data collection*. Prospect Heights, IL: Waveland Press. Excellent primer on ethnographic data collection, with various projects for individuals and groups.

Bernard, H. R. (2011). *Research methods in anthropology: Qualitative and quantitative approaches* (5th ed.). Walnut Creek, CA: AltaMira Press. Reader-friendly and exhaustive overview of research methods in both paradigms; more for advanced researchers with a focus on traditional anthropological fieldwork.

Brown, I. C. (1963). *Understanding other cultures*. Englewood Cliffs, NJ: Prentice Hall. A layperson's introduction to anthropology; despite the early publication date, the book has a remarkable timelessness; surveys basic human constructs such as religion, arts, kinship, values, work, and so on.

Fetterman, D. M. (2010). *Ethnography: Step by step* (3rd ed.). Thousand Oaks, CA: Sage. Excellent overview of methods and techniques involved with field research from an ethnographic approach; includes information on computer utilization, websites, and data management.

Galman, S. C. (2007). *Shane, the lone ethnographer: A beginner's guide to ethnography*.

Thousand Oaks, CA: AltaMira Press. Humorous cartoon drawing overview of a graduate student learning how to conduct an ethnography.

Geertz, C. (1973). *The interpretation of cultures*. New York: Basic Books. Seminal essays on ethnographic writing in anthropology, including "Thick Description: Toward an Interpretive Theory of Culture," and "Deep Play: Notes on a Balinese Cockfight."

Geertz, C. (1983). *Local knowledge: Further essays in interpretive anthropology*. New York: Basic Books. Chapters 1 to 7 present intriguing essays on topics such as "blurred genres," "common sense," and "art" as culturally constructed systems.

Hammersley, M. (1992). *What's wrong with ethnography?* New York: Routledge. Essays on methodological questions and issues about validity, generalizability, quantitative vs. qualitative, and so on, in ethnographic practice; requires reader background experience in ethnography.

Hammersley, M., & Atkinson, P. (2007). *Ethnography: Principles in practice* (3rd ed.). London: Routledge. A distinctively U.K. approach to the research genre; rigorous and rooted in traditional approaches.

Handwerker, W. P. (2001). *Quick ethnography*. Walnut Creek, CA: AltaMira Press. Qualitative and quantitative methods for short-term ethnographic work; systematic procedures for extracting variability of cultural variables.

Madden, R. (2010). *Being ethnographic: A guide to the theory and practice of ethnography*. London: Sage. Excellent conceptual and practical overview of foundations for ethnographic fieldwork; not many examples of "how to" but a solid narrative overview of "how" and "why."

McCurdy, D. W., Spradley, J. P., & Shandy, D. J. (2005). *The cultural experience: Ethnography in complex society* (2nd ed.). Long Grove, IL: Waveland Press. For undergraduate ethnography courses, provides an overview of ethnographic interviewing and taxonomic domain development; includes students' sample reports.

Norris, J., Sawyer, R. D., & Lund, D. (Eds.). (2012). *Duoethnography: Dialogic methods for social, health, and educational research*. Walnut Creek, CA: Left Coast Press. A collaborative methodology in which two or more researchers exchange perceptions of personal life histories to better understand a social phenomenon.

Pink, S. (2007). *Doing visual ethnography* (2nd ed.). London: Sage. An overview of the use of photography, video, and hypermedia in ethnographic fieldwork for representation and presentation.

Sunstein, B. S., & Chiseri-Strater, E. (2012). *FieldWorking: Reading and writing research* (4th ed.). Boston: Bedford/St. Martin's. User-friendly introduction to ethnographic fieldwork; includes numerous student samples of writing.

Thomas, J. (1993). *Doing critical ethnography*. Newbury Park, CA: Sage. Monograph on critical approaches to qualitative research to examine power structures, race relationships, and so on, for social change.

Wiseman, B., & Groves, J. (1997). *Levi-Strauss for beginners*. London: Icon Books. An introduction to the major cultural theories by one of the 20th century's most noted structural anthropologists.

Wolcott, H. F. (2005). *The art of fieldwork* (2nd ed.). Walnut Creek, CA: AltaMira Press. An overview of fundamental principles and sage advice on educational anthropology from one of the leaders in the field.

Wolcott, H. F. (2008). *Ethnography: A way of seeing* (2nd ed.). Walnut Creek, CA: AltaMira Press. For those with some ethnographic background, a foundational text on the purposes and charges of ethnography; superior chapter (chapter 11) on the concept of culture.

근거 이론

Birks, M., & Mills, J. (2011). *Grounded theory: A practical guide*. London: Sage. General descriptive overview of the method; includes a few examples for guidance.

Bryant, A., & Charmaz, K. (2007). *The SAGE handbook of grounded theory*. London: Sage. Chapters on the nuances of grounded theory methodology; not for beginners of the method.

Charmaz, K. (2006). *Constructing grounded theory: A practical guide through qualitative analysis*. London: Sage. A clear and concise overview of grounded theory method; provides an excellent theoretical and explanatory overview of the classic procedures developed by Strauss, Glaser, and Corbin.

Clarke, A. E. (2005). *Situational analysis: Grounded theory after the postmodern turn*. Thousand Oaks, CA: Sage. Adaptation of grounded theory, which acknowledges the complexity and context of social process through the development of situational maps, charts, and graphics; extensive background on epistemological foundations for the method.

Corbin, J., & Strauss, A. L. (2007). *Basics of qualitative research: Techniques and procedures for developing grounded theory* (3rd ed.). Thousand Oaks, CA: Sage. The third edition does not systematically focus on techniques; it does, however, profile analytic memo writing extensively.

Glaser, B. G., & Strauss, A. L. (1967). *The discovery of grounded theory: Strategies for qualitative research*. Hawthorne, CA: Aldine de Gruyter. Premiere work on the constantcomparative method of data analysis to generate grounded theory.

Stern, P. N., & Porr, C. J. (2011). *Essentials of accessible grounded theory*. Walnut Creek, CA: Left Coast Press. An elegant summary and synthesis of "classic" Glaserian grounded theory.

현상학

Brinkmann, S. (2012). *Qualitative inquiry in everyday life: Working with everyday life materials*. London: Sage. Fascinating self-exploration of and research about everyday experiences, including our interactions with humans, media, fiction, and artifacts.

Smith, J. A., Flowers, P., & Larkin, M. (2009). *Interpretative phenomenological analysis: Theory, method and research*. London: Sage. Interpretative phenomenological analysis from a psychological perspective; clear description of the origins and processes; includes sample studies that use interpretative phenomenological analysis.

van Manen, M. (1990). *Researching lived experience*. New York: SUNY Press. A classic of the field; focus is on phenomenology and its reporting, plus the purposes of this type of research, primarily in education.

사례연구

Denzin, N. K. (2001). *Interpretive interactionism* (2nd ed.). Thousand Oaks, CA: Sage. Methodology and methods for biographical research of an individual's epiphanies.

Stake, R. E. (1995). *The art of case study research*. Thousand Oaks, CA: Sage. "Artistic" approach to profiling the case study; a good introduction to the method.

Yin, R. K. (2014). *Case study research: Design and methods* (5th ed.). Thousand Oaks, CA: Sage. Overview of research design principles for case studies of individuals, organizations, and so on; somewhat positivist in its approach, but a good overview of the fundamentals of design and analysis.

평가 연구

Patton, M. Q. (2002). *Qualitative research and evaluation methods* (3rd ed.). Thousand Oaks, CA: Sage. Designed for evaluation research initially, now an excellent overview of paradigms, methods, and techniques for observation and interviews.

Patton, M. Q. (2008). *Utilization-focused evaluation* (4th ed.). Thousand Oaks, CA: Sage. Exhaustive resource for evaluation methods, especially for programs and organizations.

Wadsworth, Y. (2011). *Everyday evaluation on the run: The user-friendly introductory guide to effective evaluation* (3rd ed.). Walnut Creek, CA: Left Coast Press. A layperson's guide, but includes a broad overview of basics and models.

자문화기술지

Chang, H. (2008). *Autoethnography as method*. Walnut Creek, CA: Left Coast Press. Systematic approach to autoethnographic research; includes an excellent overview of cultural concepts.

Ellis, C., & Bochner, A. P. (Eds.). (1996). *Composing ethnography: Alternative forms of qualitative writing*. Walnut Creek, CA: AltaMira Press. Collection of autoethographies focusing on social issues such as domestic violence, bulemia, detoxification, and discrimination.

Poulos, C. N. (2009). *Accidental ethnography: An inquiry into family secrecy*. Walnut Creek, CA: Left Coast Press. Autoethnographic stories and writing prompts for personal and family history.

Spry, T. (2011). *Body, paper, stage: Writing and performing autoethnography*. Walnut Creek, CA: Left Coast Press. Selected works from Spry, plus theoretical and practical approaches to performance studies.

내러티브 탐구

Clandinin, D. J., & Connelly, F. M. (2000). *Narrative inquiry: Experience and story in qualitative research*. San Francisco: Jossey-Bass. Methods of three-dimensional renderings of participants in narrative inquiry.

Gubrium, J. F., & Holstein, J. A. (2009). *Analyzing narrative reality*. Thousand Oaks, CA: Sage. Not a "how to" book, but an excellent overview of what to be aware of and look for when analyzing narrative texts from fieldwork.

Holstein, J. A., & Gubrium, J. F. (2012). *Varieties of narrative analysis*. Thousand Oaks, CA: Sage. Chapter collection of varied approaches to the analysis of narrative texts, ranging from mixed methods to psychological interpretations.

Riessman, C. K. (2008). *Narrative methods for the human sciences*. Thousand Oaks, CA: Sage. Not necessarily a "how to" text, but surveys with examples four major approaches to narrative analysis; contains representative examples about children and adolescents.

담화 분석

Gee, J. P. (2011). *How to do discourse analysis: A toolkit*. New York: Routledge. A series of questions and perspectives to consider when analyzing language in documented data and narratives; considers aspects such as grammar, vocabulary, intertextuality, identity, politics, and so on.

예술 기반 연구

Ackroyd, J., & O'Toole, J. (2010). *Performing research: Tensions, triumphs and trade-offs of ethnodrama*. Stoke on Trent, England: Trentham Books. Treatise on the genre (terminology, ethics, representation, etc.) and six case studies of ethnodrama projects in Australia and Hong Kong.

Barone, T., & Eisner, E. W. (2012). *Arts based research*. Thousand Oaks, CA: Sage. Two pioneers in the genre offer methodological and aesthetic perspectives and criteria for this approach to qualitative inquiry.

Butler-Kisber, L. (2010). *Qualitative inquiry: Thematic, narrative and arts-informed perspectives*. London: Sage. Overview of various modalities of qualitative inquiry, including approaches such as narrative, phenomenology, collage, poetry, photography, and performance.

Denzin, N. K. (1997). *Interpretive ethnography: Ethnographic practices for the 21st century*. Thousand Oaks, CA: Sage. Inspirational reading about new, progressive forms of ethnography including performance texts, journalism, and poetics.

Eisner, E. W. (1993). *The enlightened eye: Qualitative inquiry and the enhancement of educational practice*. New York: Macmillan. An "artistic" approach to qualitative inquiry. Does not profile methods but provides an intriguing, commonsense approach to knowledge construction by the researcher.

Gergen, M. M., & Gergen, K. J. (2012). *Playing with purpose: Adventures in performative social science*. Walnut Creek, CA: Left Coast Press. Overview of arts-based modalities in qualitative inquiry-arrative, drama, visual art-nd their theoretical groundings.

Janesick, V. J. (2011). *"Stretching" exercises for qualitative researchers* (3rd ed.). Thousand Oaks, CA: Sage. A series of arts-based exercises for honing observation, interview, and conceptualization skills of researchers.

Knowles, J. G., & Cole, A. L. (2008). *Handbook of the arts in qualitative research: Perspectives, methodologies, examples, and issues*. Thousand Oaks, CA: Sage. Collection of essays on arts-based research, including theatre.

Leavy, P. (2009). *Method meets art: Arts-based research practice*. New York: Guilford Press. Chapter overview of arts-based research techniques, with representative samples of the genre.

Madison, D. S., & Hamera, J. (2006). *The SAGE handbook of performance studies*. Thousand Oaks, CA: Sage. Collection of essays on the field of performance studies; includes a few good selections.

Nisbet, R. (1976). *Sociology as an art form*. New York: Oxford University Press. Comparison of how the fine arts, humanities, and sociology have historic parallels in paradigm development and conceptual approaches; also addresses modern parallels in the goals and functions of both disciplines.

Norris, J. (2010). *Playbuilding as qualitative research: A participatory arts-based approach*. Walnut Creek, CA: Left Coast Press. Norris examines how playbuilding original devised work both employs and serves as a qualitative research modality/genre.

Saldaña, J. (2005). *Ethnodrama: An anthology of reality theatre*. Walnut Creek, CA: AltaMira Press. Collection of nine examples of play scripts developed from qualitative and ethnographic research (interviews, participant observation).

Saldaña, J. (2011). *Ethnotheatre: Research from page to stage*. Walnut Creek, CA: Left Coast Press. A playwriting textbook for ethnodramatic forms of research representation and presentation; includes extensive bibliographies of plays, articles, media, and texts.

행위/참여 행위 연구

Altrichter, H., Posch, P., & Somekh, B. (1993). *Teachers investigate their work: An introduction to the methods of action research*. New York: Routledge. Superior text on action research; includes practical examples and techniques for generating a focal point and analyzing data.

Coghlan, D., & Brannick, T. (2010). *Doing action research in your own organization* (3rd ed.). London: Sage. Dense, but practical, manual on the logistics of action research in business and education; not much on data analysis, but superior foregrounding, especially on the human aspects of change.

Fox, M., Martin, P., & Green, G. (2007). *Doing practitioner research*. London: Sage. Superior overview of practitioner research for those in the service and helping professions; provides excellent foundations for clinical and educational research.

Hitchcock, G., & Hughes, D. (1995). *Research and the teacher: A qualitative introduction to school-based research* (2nd ed.). London: Routledge. General survey of how the teacher can also play the role of researcher in the classroom; examples tailored to the British school system, but the methods are universal.

Schon, D. A. (1983). *The reflective practitioner: How professionals think in action*. New York: Basic Books. Methodological basis of "reflection-in-action" in selected professions; describes the cognitive and communicative processes of problem solving; a foundational book for action researchers.

Stringer, E. T. (2007). *Action research* (3rd ed.). Thousand Oaks, CA: Sage. Detailed methods for community and collaborative research projects to improve or change existing social practices.

Thomas, R. M. (2005). *Teachers doing research: An introductory guidebook*. Boston: Pearson Education. General overview of teacher-as-researcher models in quantitative and qualitative studies; provides brush-stroke description and examples.

Wadsworth, Y. (2011). *Do it yourself social research* (3rd ed.). Walnut Creek, CA: Left Coast Press. An introductory overview of basic social research principles for community program evaluation.

종단적/생애 과정 연구

Giele, J. Z., & Elder, G. H., Jr. (Eds.). (1998). *Methods of life course research: Qualitative and quantitative approaches*. Thousand Oaks, CA: Sage. Collection of essays on longitudinal(retrospective and prospective) research with individuals and populations; exceptional chapter by John Clausen, "Life Reviews and Life Stories."

Holstein, J. A., & Gubrium, J. F. (2000). *Constructing the life course* (2nd ed.). Dix Hills, NY: General Hall. Reconceptualizes for the reader how traditional life course constructs(cycles, development, stages, etc.) have been socially constructed and potentially misused for assessment in education and therapy.

McLeod, J., & Thomson, R. (2009). *Researching social change*. London: Sage. Complex but rich ways of researching change through ethnographic, longitudinal, oral history, and other methods.

Saldaña, J. (2003). *Longitudinal qualitative research: Analyzing change through time*. Walnut Creek, CA: AltaMira Press. Methods book on long-term fieldwork and data analysis; uses three education studies as examples throughout the text.

사회학(일반 교재)

Charon, J. M. (2001). *Ten questions: A sociological perspective* (4th ed.). Belmont, CA: Wadsworth Thomson Learning. Superior overview of basic sociological principles and theories, such as social reality, inequality, ethnocentrism, social change, and so on.

Churton, M., & Brown, A. (2010). *Theory and method* (2nd ed.). New York: Palgrave Macmillan. From sociology, an excellent overview of traditional, modern, and postmodern theories of the field.

Cuzzort, R. P., & King, E. W. (2002). *Social thought into the twenty-first century* (6th ed.). Orlando, FL: Harcourt. An overview of the major works of 17 prominent social thinkers, such as Marx, Goffman, Freud, and Mead; each chapter profiles the writer's prominent theories through everyday examples.

Gabler, J. (2010). *Sociology for dummies*. Hoboken, NJ: Wiley. A thorough yet readable overview of sociological principles, writers, and concepts.

심리학과 질적 연구

Camic, P. M., Rhodes, J. E., & Yardley, L. (Eds.). (2003). *Qualitative research in psychology:*

Expanding perspectives in methodology and design. Washington, DC: American Psychological Association. Chapter collection of qualitative methods for psychological research, therapy, and so on; good overview of some approaches commonly referenced in the area.

Forrester, M. A. (Ed.). (2010). *Doing qualitative research in psychology: A practical guide*. London: Sage. A handbook of the methodology; includes pragmatic sections on discourse analysis, grounded theory, phenomenology, and conversation analysis.

Smith, J. A. (2008). *Qualitative psychology: A practical guide to research methods* (2nd ed.). London: Sage. Not just for psychology but for all social science fields; excellent chapter overviews of methods such as grounded theory, plus narrative, discourse, conversation analysis, and so on.

인간 의사소통과 질적 연구

Lindlof, T. R., & Taylor, B. C. (2011). *Qualitative communication research methods* (3rd ed.). Thousand Oaks, CA: Sage. General textbook overview of qualitative research in human communication.

교육학의 질적 연구(일반 교재)

Bogdan, R. C., & Biklen, S. K. (2007). *Qualitative research for education: An introduction to theory and methods* (5th ed.). Boston: Allyn & Bacon. Excellent overview of the method, with an emphasis on fieldwork; includes good sections on development of qualitative research, photograph analysis, and the novice researcher.

Eisner, E. W. (1998). *The kind of schools we need: Personal essays*. Portsmouth, NH: Heinemann. Several essays provide foundations for research in the arts and arts-based approaches to research; sections include "The Arts and Their Role in Education," "Cognition and Representation," and "Rethinking Educational Research."

Lancy, D. F. (1993). *Qualitative research in education: An introduction to the major traditions*. New York: Longman. A survey of types of qualitative research, with examples in fields such as anthropology, sociology, and education.

LeCompte, M. D., & Preissle, J. (1993). *Ethnography and qualitative design in educational* research (2nd ed.). San Diego: Academic Press. Detailed methods for the design and execution of qualitative studies in the classroom.

Wolcott, H. F. (2003). *Teachers vs. technocrats: An educational innovation in anthropological perspective* (Updated ed.). Walnut Creek, CA: AltaMira Press. A case study that illustrates the concept of "moieties"(dual/opposing cultures) in education between teachers and administrators.

아동 연구

Christensen, P., & James, A. (2008). *Research with children: Perspectives and practices* (2nd ed.). New York: Routledge. Collection of essays about theoretical and social dimensions of researching children; includes chapters on working with children in war-affected areas, street children, and the disabled.

Clark, C. D. (2011). *In a younger voice: Doing child-centered qualitative research*. New York: Oxford University Press. Wonderful insider knowledge and nuances on researching children; excellent coverage of interpersonal dynamics between adults and youth.

Corsaro, W. A. (2011). *The sociology of childhood* (3rd ed.). Thousand Oaks, CA: Pine Forge Press. Outstanding resource on sociological dimensions of children and youth; crossnational comparisons and current U.S. statistics and trends presented.

Fine, G. A., & Sandstrom, K. L. (1988). *Knowing children: Participant observation with minors*. Newbury Park, CA: Sage. Monograph on the techniques and ethical issues of research with preschoolers through adolescents.

Freeman, M., & Mathison, S. (2009). *Researching children's experiences*. New York: Guilford Press. Superior, straightforward survey of researching children from a constructivist perspective.

Graue, M. E., & Walsh, D. J. (1998). *Studying children in context: Theories, methods, and ethics*. Thousand Oaks, CA: Sage. Overview of methods of social science research with children; includes sample studies and excellent advice through all stages of the research process.

Greene, S., & Hogan, D. (2005). *Researching children's experience: Approaches and methods*. London: Sage. Excellent chapters on qualitative research with children, from interviews to participant observation to arts-based methods.

Greig, A. D., Taylor, J., & MacKay, T. (2007). *Doing research with children* (2nd ed.). London:

Sage. Overview of classic/traditional and contemporary methods of data gathering from children; focuses primarily on preschool and younger children; excellent theoretical overview.

Hatch, J. A. (Ed.). (2007). *Early childhood qualitative research*. New York: Routledge. Collection of essays, including digital video, action research, focus groups, and so on, on research with young children.

Heiligman, D. (1998). *The New York Public Library kid's guide to research*. New York: Scholastic. Designed for upper elementary grades, an overview of basic research strategies and tools, including the Internet, conducting interviews and surveys, and fieldwork.

Holmes, R. M. (1998). *Fieldwork with children*. Thousand Oaks, CA: Sage. Practical advice on interviewing and observing children and gaining entry to their world; focuses on how gender interplays with rapport.

Lancy, D. F., Bock, J., & Gaskins, S. (Eds.). (2010). *The anthropology of learning in childhood*. Walnut Creek, CA: AltaMira Press. Outstanding chapters on how children from various cultures "learn," in its broadest sense; rich concepts, yet written in accessible language; not a "how to" book but an exceptional model for documenting participant observation.

Mukherji, P., & Albon, D. (2010). *Research methods in early childhood: An introductory guide*. London: Sage. Readable overview of quantitative and qualitative research design approaches to research with young children; emphasizes British perspectives but applicable to U.S. youth.

Pellegrini, A. D. (2013). *Observing children in their natural worlds: A methodological primer* (3rd ed.). New York: Psychology Press. A primarily quantitative and systematic approach to observing young people's behaviors; includes a chapter by John Hoch and Frank J. Symons on new technology methods for data collection and analysis.

Thomson, P. (Ed.). (2008). *Doing visual research with children and young people*. London: Routledge. Excellent collection of chapters on using photography, video, scrapbooks, drawings, and other visual materials as data when researching children.

Tisdall, E. K., Davis, J. M., & Gallagher, M. (2009). *Researching with children and young people: Research design, methods and analysis*. London: Sage. Superior collection of methods and case study profiles for designing and conducting research with children; geared toward U.K. programs but still has relevance for U.S. readers.

질적 자료 수집(일반)

Guest, G., Namey, E. E., & Mitchell, M. L. (2013). *Collecting qualitative data: A field manual for applied research*. Thousand Oaks, CA: Sage. Detailed methods for sampling, participant observation, interviews, focus groups, and data management.

인터뷰하기

Gubrium, J. F., Holstein, J. A., Marvasti, A. B., & McKinney, K. D. (Eds.). (2012). *The SAGE handbook of interview research: The complexity of the craft* (2nd ed.). Thousand Oaks, CA: Sage. Superior collection of chapters on all aspects of interviewing, including methods, analysis, and ethics.

Janesick, V. J. (2010). *Oral history for the qualitative researcher: Choreographing the story*. New York: Guilford Press. Includes an overview of oral history documentation with multiple examples; includes references to many resources for learning more about the genre.

Krueger, R. A., & Casey, M. A. (2009). *Focus groups: A practical guide for applied research* (4th ed.). Thousand Oaks, CA: Sage. Detailed manual on techniques for planning and moderating focus groups for corporate and nonprofit research.

Kvale, S., & Brinkmann, S. (2009). *Interviews: Learning the craft of qualitative research interviewing* (2nd ed.). Thousand Oaks, CA: Sage. Overview of interview methods for qualitative inquiry.

Mears, C. L. (2009). *Interviewing for education and social science research: The gateway approach*. New York: Palgrave Macmillan. Outstanding resource on interviewing participants, with transformation of transcripts into poetic mosaics.

Morgan, D. L. (1997). *Focus groups as qualitative research* (2nd ed.). Thousand Oaks, CA: Sage. The design, dynamics, and analysis of group interviews.

Roulston, K. (2010). *Reflective interviewing: A guide to theory and practice*. London: Sage. Superior treatise on interviewing participants, ranging from theory to technique.

Rubin, H. J., & Rubin, I. S. (2012). *Qualitative interviewing: The art of hearing data* (3rd ed.). Thousand Oaks, CA: Sage. Excellently detailed overview of designing and conducting interviews, with numerous examples from the authors' studies.

Seidman, I. (2006). *Interviewing as qualitative research: A guide for researchers in education and the social sciences* (3rd ed.). New York: Teachers College Press. Specific techniques and methods for conducting three-series, in-depth interviews with adult participants.

Spradley, J. P. (1979). *The ethnographic interview*. New York: Holt, Rinehart & Winston. Essential reading for interviewing techniques; analytic methods are exclusively Spradley's, but they have become "standard" to some methodologists.

참여자 관찰

Adler, P. A., & Adler, P. (1987). *Membership roles in field research*. Newbury Park, CA: Sage. Describes three types of participant observation for researchers in field settings.

Angrosino, M. V. (2007). *Naturalistic observation*. Walnut Creek, CA: Left Coast Press. Not a "how to" book but an excellent primer on all facets of ethnographic participant observation.

DeWalt, K. M., & DeWalt, B. R. (2011). *Participant observation: A guide for fieldworkers* (2nd ed.). Lanham, MD: AltaMira Press. Geared toward anthropological studies, the text reviews methods of taking field notes and interviewing participants.

Emerson, R. M., Fretz, R. I., & Shaw, L. L. (2011). *Writing ethnographic fieldnotes* (2nd ed.). Chicago: University of Chicago Press. Superior overview of the field note-aking process and how it springboards to analysis and write-up.

Spradley, J. P. (1980). *Participant observation*. New York: Holt, Rinehart & Winston. Companion volume to Spradley's The Ethnographic Interview much is reiterated in this text, but the focus is on observation techniques.

인공물/시각적 · 물질적 문화

Berger, A. A. (2009). *What objects mean: An introduction to material culture*. Walnut Creek, CA: Left Coast Press. Elegant and clearly explained approaches to the critical and cultural analysis of artifacts.

Margolis, E., & Pauwels, L. (Eds.). (2011). *The SAGE handbook of visual research methods*. London: Sage. An exhaustive collection of chapters devoted to visual analysis of photographs, film, digital work, material culture, and so on.

질적 자료 분석

Abbott, A. (2004). *Methods of discovery: Heuristics for the social sciences*. New York: W. W. Norton. Excellent overview of current methodological debates in social science research and examples of problem-solving strategies used in landmark studies; provides guidance for seeing data and their analyses in new ways.

Auerbach, C. F., & Silverstein, L. B. (2003). *Qualitative data: An introduction to coding and analysis*. New York: New York University Press. Systematic procedures for finding "relevant text" in transcripts for pattern and thematic development; very readable, with good examples of procedures.

Bernard, H. R., & Ryan, G. W. (2010). *Analyzing qualitative data: Systematic approaches*. Thousand Oaks, CA: Sage. The emphasis is on systematic rather than interpretive approaches, meaning forms of content analysis, discourse analysis, and so on.

Boeije, H. (2010). *Analysis in qualitative research*. London: Sage. Primarily explicates the grounded theory model of qualitative research and data analysis, yet does a good job of explaining its procedures.

Bryman, A., & Burgess, R. G. (Eds.). (1994). *Analyzing qualitative data*. London: Routledge. Series of chapters describing the behind-the-scenes coding and analytic work of researchers.

Dey, I. (1993). *Qualitative data analysis: A user-friendly guide for social scientists*. London: Routledge. An excellent overview of specific techniques such as creating categories and splitting, splicing, linking, and connecting data.

Erickson, F. (1986). Qualitative methods in research on teaching. In M. C. Wittrock (Ed.), *Handbook of research on teaching* (3rd ed., pp. 119-161). New York: Macmillan. Classic chapter on an intuitive approach to qualitative inquiry through heuristics of assertion development.

Ezzy, D. (2002). *Qualitative analysis: Practice and innovation*. London: Routledge. Readable introduction to and overview of qualitative inquiry; explains conceptual ideas clearly.

Fielding, N. G., & Fielding, J. L. (1986). *Linking data*. Beverly Hills, CA: Sage. Monograph on the technique of triangulation with multiple methods of data gathering.

Gibbs, G. R. (2007). *Analysing qualitative data*. London: Sage. Monograph with an overview of fundamental data-analytic techniques, with excellent content on narrative analysis and comparative analysis.

Grbich, C. (2013). *Qualitative data analysis: An introduction* (2nd ed.). London: Sage. Not a "how to" guide but an introductory overview of the types of analysis (e.g., grounded theory, narrative analysis, content analysis, etc.) available to qualitative researchers.

Guest, G., & MacQueen, K. M. (2008). *Handbook for team-based qualitative research*. Lanham, MD: AltaMira Press. Chapters on team research, including ethics, politics, coding, and data management.

Guest, G., MacQueen, K. M., & Namey, E. E. (2012). *Applied thematic analysis*. Thousand Oaks, CA: Sage. Systematic qualitative and quantitative procedures for segmenting and analyzing themes (in their broadest sense) for research reports; emphasizes team research collaboration.

Knowlton, L. W., & Phillips, C. C. (2013). *The logic model guidebook: Better strategies for great results* (2nd ed.). Thousand Oaks, CA: Sage. Graphic displays for program and theory of change models; illustrates possible complex interconnections.

LeCompte, M. D., & Schensul, J. J. (2012). *Analysis and interpretation of ethnographic data: A mixed methods approach* (2nd ed.; Ethnographer's Toolkit Series, Book 5). Lanham, MD: AltaMira Press. Overview of primarily qualitative analytic strategies for traditional ethnographies; provides a systematic approach to data management, analysis, and integration with quantitative data.

Lyons, E., & Coyle, C. (2007). *Analysing qualitative data in psychology*. London: Sage. Overview of four approaches to data analysis in psychology: Interpretative phenomenological analysis, grounded theory, discourse analysis, and narrative analysis–he latter includes a superior interview protocol for autobiographical/biographical work.

Northcutt, N., & McCoy, D. (2004). *Interactive qualitative analysis: A systems method for qualitative research*. Thousand Oaks, CA: Sage. For focus group synthesis–the development of flow charts for process through systematic qualitative analytic procedures.

Richards, L. (2009). *Handling qualitative data: A practical guide* (2nd ed.). London: Sage. An overview of data management principles before and during analysis; excellent content on category construction.

Saldaña, J. (2013). *The coding manual for qualitative researchers* (2nd ed.). London: Sage. Profiles 32 different methods for coding qualitative data; includes examples, along with ways to develop analytic memos.

Schreier, M. (2012). *Qualitative content analysis in practice*. London: Sage. Systematic procedures for qualitative content analysis; a hybrid blend of qualitative and quantitative approaches.

Sullivan, P. (2012). *Qualitative data analysis using a dialogical approach*. London: Sage.

Intriguing methods for qualitative data analysis, particularly for thematic and discourse analysis; first three chapters are heavy on theory but lay the foundation for Sullivan's analytic methods in the remaining chapters.

Wertz, F. J., Charmaz, K., McMullen, L. M., Josselson, R., Anderson, R., & McSpadden, E. (2011). *Five ways of doing qualitative analysis: Phenomenological psychology, grounded theory, discourse analysis, narrative research, and intuitive inquiry*. New York: Guilford Press. A detailed examination of an interview transcript through five methods of data analysis: phenomenological psychology, grounded theory, discourse analysis, narrative research, and intuitive inquiry; includes reflexive statements by the analysts and the interview participant herself.

Wheeldon, J., & Ahlberg, M. A. (2012). *Visualizing social science research: Maps, methods, and meaning*. Thousand Oaks, CA: Sage. Overview of quantitative, qualitative, and mixedmethods research and how diagrams (e.g., concept maps and mind maps) can be employed during all phases of the research project.

Wolcott, H. F. (1994). *Transforming qualitative data: Description, analysis, and interpretation*. Thousand Oaks, CA: Sage. Anthology of Wolcott's work, with accompanying narrative on three levels of qualitative data analysis.

기술과 CAQDAS(질적 자료 분석 소프트웨어)

Altheide, D. L., & Schneider, C. J. (2013). *Qualitative media analysis* (2nd ed.). Thousand Oaks, CA: Sage. Reviews search, collection, and analysis strategies for media documents from television broadcasts, the Internet, social media, and other sources.

Bazeley, P. (2007). *Qualitative data analysis with NVivo*. London: Sage. Reference guide to computer-assisted qualitative data analysis with the program software NVivo.

Berger, A. A. (2012). *Media analysis techniques* (4th ed.). Thousand Oaks, CA: Sage. Paradigms for media analysis of television programs, films, print advertisements, popular technology (e.g., cell phones, the Internet).

Edhlund, B. M. (2011). *NVivo 9 essentials*. Stallarholmen, Sweden: Form & Kunskap AB. Technical manual for the functions of NVivo 9 software; no guidance on analysis, just the program features.

Friese, S. (2012). *Qualitative data analysis with ATLAS.ti*. London: Sage. Detailed technical manual for the functions of ATLAS.ti software; focuses primarily on program features.

Gaiser, T. J., & Schreiner, A. E. (2009). *A guide to conducting online research*. London: Sage. Overview of electronic methods of data gathering through e-mail, websites, social networking sites, and so on.

Gibbs, G. R. (2002). *Qualitative data analysis: Explorations with NVivo*. Berkshire: Open University Press. The software version of NVivo demonstrated in this book is outdated, but there is still an excellent overview of data-analytic strategies.

Hahn, C. (2008). *Doing qualitative research using your computer: A practical guide*. London: Sage. Step-by-step instructions for using Microsoft Word, Excel, and Access for qualitative data management and coding.

Haw, K., & Hadfield, M. (2011). *Video in social science research: Functions and forms*. London, England: Routledge. Reference for theoretical applications of video; contains excellent guidelines for video production by young people as a form of participatory research.

Heath, C., Hindmarsh, J., & Luff, P. (2010). *Video in qualitative research: Analysing social interaction in everyday life*. London: Sage. Focuses on microanalysis of video data fragments; shows transcription models for talk and action; excellent guidelines for working with video cameras in the field.

Kozinets, R. V. (2010). *Netnography: Doing ethnographic research online*. London: Sage. Exceptionally well-detailed guide to online ethnographic research; includes excellent considerations for entree, data collection, and ethical/legal matters.

Lewins, A., & Silver, C. (2007). *Using software in qualitative research: A step-by-step guide*. London: Sage. Critically compares and illustrates the basic procedures for three CAQDAS programs: ATLAS.ti, MAXQDA, and NVivo; excellent introductory survey and accompanying reference manual.

Makagon, D., & Neumann, M. (2009). *Recording culture: Audio documentary and the ethnographic experience*. Thousand Oaks, CA: Sage. Methods for creating audio documentation of fieldwork, including soundscapes, interviews, citizen journals, and so on.

이론 개발과 적용

Alvesson, M., & Karreman, D. (2011). *Qualitative research and theory development: Mystery as method*. London: Sage. Approach to theory development through problematizing the data and resolving "breakdowns" in patterns and fieldwork observations.

Jackson, A. Y., & Mazzei, L. A. (2012). *Thinking with theory in qualitative research: Viewing data across multiple perspectives*. New York: Routledge. Approaches data analysis through theoretical lenses rather than codification; applies the principles of theorists such as Derrida, Foucault, and Butler to an interview data set from female professors.

Ravitch, S. M., & Riggan, M. (2012). *Reason and rigor: How conceptual frameworks guide research*. Thousand Oaks, CA: Sage. Explanation with examples of how a conceptual framework functions as a through-line during all phases and stages of the research process, from design to data analysis and from fieldwork to write-up.

질적 메타 연구

Major, C. H., & Savin-Baden, M. (2010). *An introduction to qualitative research synthesis: Managing the information explosion in social science research*. London: Routledge. Excellent theoretical and practical overview of qualitative research synthesis; includes extended examples.

Sandelowski, M., & Barroso, J. (2007). *Handbook for synthesizing qualitative research*. New York: Springer. Detailed methods book on metasummary and metasynthesis of related qualitative studies; for advanced researchers.

질적 연구 글쓰기

Belcher, W. L. (2009). *Writing your journal article in 12 weeks: A guide to academic publishing success*. Thousand Oaks, CA: Sage. Step-by-step and detailed procedures for revising drafts of papers for publication submission.

Booth, W. C., Colomb, G. G., & Williams, J. M. (2008). *The craft of research* (3rd ed.). Chicago: University of Chicago Press. A handbook of basics in logic, argumentation, writing, outlining, revising, and crafting the research report.

Goodall, H. L., Jr. (2008). *Writing qualitative inquiry: Self, stories, and academic life*. Walnut Creek, CA: Left Coast Press. Overview of writing and writing for the profession(journals, books, in the academy, etc.).

Higgs, J., Horsfall, D., & Grace, S. (Eds.). (2009). *Writing qualitative research on practice*. Rotterdam: Sense. Chapter collection of writing up research; includes excellent chapters on question development, argument construction, and genres (narrative inquiry, arts-based research, etc.).

Miller, A. B. (2009). *Finish your dissertation once and for all! How to overcome psychological barriers, get results, and move on with your life*. Washington, DC: American Psychological Association. Focuses on the cognitive/emotional barriers of progress and completion, plus the practical matters of timelines, project management, and writing.

van Maanen, J. (2011). *Tales of the field* (2nd ed.). Chicago: University of Chicago Press. Contemporary classic on structuring and writing ethnography in various story forms (realistic, confessional, etc.).

Wolcott, H. F. (2009). *Writing up qualitative research* (3rd ed.). Thousand Oaks, CA: Sage. Excellent monograph on writing reports clearly and briefly from the first draft to publication.

Woods, P. (2006). *Successful writing for qualitative researchers* (2nd ed.). London: Routledge. Offers specific strategies for writing up final reports; especially good with transitioning from data analysis to reporting; includes numerous examples.

온라인 자료

Forum: Qualitative Social Research. The multilingual (English, German, Spanish) peer-reviewed e-journal includes articles, interviews with leading figures in the field, commentary, and book reviews: http://www.qualitative-research.net/index.php/fqs/index

Methodspace. Hosted by Sage Publications; a community networking site for researchers from various social science disciplines; members can join interest groups such as Qualitative Inquiry, Narrative Research, and Performative Social Science: http://www.methodspace.com

Pacific Standard. A print and online publication of the Miller-McCune Center for Research, Media and Public Policy; includes articles ranging from health to culture, bringing research to a general readership: http://www.psmag.com

The Qualitative Report: Hosted by Nova Southeastern University; an online journal with a weekly newsletter featuring recent publication links; the site also includes an extensive list of Internet addresses of other organizations devoted to qualitative research: http://www.nova.edu/ssss/QR/index.html

참고문헌

Adler, T. (1991, December). Outright fraud rare, but not poor science. *Monitor on Psychology*, *11*.

Bazeley, P. (2007). *Qualitative data analysis with NVivo*. London: Sage.

Belli, R. F., Stafford, F. P., & Alwin, D. F. (Eds.). (2009). *Calendar and time diary methods in life course research*. Thousand Oaks, CA: Sage.

Bernard, H. R. (2011). *Research methods in anthropology: Qualitative and quantitative approaches* (5th ed.). Walnut Creek, CA: AltaMira Press.

Bernard, H. R., & Ryan, G. W. (2010). *Analyzing qualitative data: Systematic approaches*. Thousand Oaks, CA: Sage.

Bogdan, R. C., & Biklen, S. K. (2007). *Qualitative research for education: An introduction to theories and methods* (5th ed.). Boston: Pearson Education.

Charmaz, K. (2001). Grounded theory. In R. M. Emerson (Ed.), *Contemporary field research: Perspectives and formulations* (2nd ed., pp. 335-352). Prospect Heights, IL: Waveland Press.

Charmaz, K. (2006). *Constructing grounded theory: A practical guide through qualitative analysis*. Thousand Oaks, CA: Sage.

Clarke, A. E. (2005). *Situational analysis: Grounded theory after the postmodern turn*. Thousand Oaks, CA: Sage.

Cochran-Smith, M., McQullian, P., Mitchell, K., Terrell, D. G., Barnatt, J., D'Souza, L., ... Gleeson, A. M. (2012). A longitudinal study of teaching practice and early career decisions: A cautionary tale. *American Educational Research Journal*, *49*(5), 844-880.

Cressey, D. R. (1953). *Other people's money: A study in the social psychology of embezzlement*. New York: Free Press.

Creswell, J. W. (2009). *Research design: Qualitative, quantitative, and mixed methods approaches* (3rd ed.). Thousand Oaks, CA: Sage.

Creswell, J. W. (2013). *Qualitative inquiry and research design: Choosing among five approaches* (3rd ed.). Thousand Oaks, CA: Sage.

Creswell, J. W., & Plano Clark, V. L. (2011). *Designing and conducting mixed methods research* (2nd ed.). Thousand Oaks, CA: Sage.

Denzin, N. K. (1993). *The alcoholic society: Addiction and recovery of the self.* Piscataway, NJ: Transaction.

Denzin, N. K. (2001). *Interpretive interactionism* (2nd ed.). Thousand Oaks, CA: Sage.

Denzin, N. K., & Lincoln, Y. S. (2012). *The SAGE handbook of qualitative research* (4th ed.). Thousand Oaks, CA: Sage.

Douglas, J. (1976). *Investigative social research.* Beverly Hills, CA: Sage.

Duhigg, C. (2012). *The power of habit: How we do what we do in life and business.* New York: Random House.

Ehrenreich, B. (2001). *Nickel and dimed: On (not) getting by in America.* New York: Henry Holt.

Eisner, E. W. (1991). *The enlightened eye: Qualitative inquiry and the enhancement of educational practice.* New York: Macmillan.

Emerson, R. M., Fretz, R. I., & Shaw, L. L. (2011). *Writing ethnographic fieldnotes* (2nd ed.). Chicago, IL: University of Chicago Press.

Erickson, F. (1986). Qualitative methods in research on teaching. In M. C. Wittrock (Ed.), *Handbook of research on teaching* (3rd ed., pp. 119-161). New York: Macmillan.

Festinger, L. (1957). *A theory of cognitive dissonance.* Evanston, IL: Row, Peterson.

Friese, S. (2012). *Qualitative data analysis with ATLAS.ti.* London: Sage.

Geertz, C. (1973). Thick description: Toward an interpretive theory of culture. In *The interpretation of cultures* (pp. 3-30). New York: Basic Books.

Gibbs, G. R. (2007). *Analysing qualitative data.* London: Sage.

Glaser, B. G. (2005). *The grounded theory perspective III: Theoretical coding.* Mill Valley, CA: Sociology Press.

Gobo, G. (2008). Re-conceptualizing generalization: Old issues in a new frame. In P. Alasuutari, L. Bickman, & J. Brannen (Eds.), *The SAGE handbook of social research methods* (pp. 193-213). London: Sage.

Goetz, J. P., & LeCompte, M. D. (1984). *Ethnography and qualitative design in educational research.* New York: Academic Press.

Goffman, E. (1959). *The presentation of self in everyday life.* Garden City, NY: Doubleday.

Goleman, D. (1995). *Emotional intelligence*. New York: Bantam Books.

Goleman, D. (2007). *Social intelligence: The new science of human relationships*. New York: Bantam Books.

Gubrium, J. F., Holstein, J. A., Marvasti, A. B., & McKinney, K. D. (2012). *The SAGE handbook of interview research: The complexity of the craft* (2nd ed.). Thousand Oaks, CA: Sage.

Hager, L., Maier, B. J., O'Hara, E., Ott, D., & Saldaña, J. (2000). Theatre teachers' perceptions of Arizona state standards. *Youth Theatre Journal, 14*, 64–77.

Hahn, C. (2008). *Doing qualitative research using your computer: A practical guide*. London: Sage.

Huberman, A. M. (1989). The professional life cycle of teachers. *Teachers College Record, 97*(1), 31–57.

Huberman, A. M. (1993). *The lives of teachers*. London: Cassell.

Huberman, A. M., & Miles, M. B. (1983). *Innovation up close: A field study in 12 school settings*. Andover, MA: Network.

Huberman, A. M., & Miles, M. B. (1984). *Innovation up close: How school improvement works*. New York: Plenum Press.

Huberman, M., & Miles, M. (1989). Some procedures for causal analysis of multiple-case data. *Qualitative Studies in Education, 2*(1), 55–68.

Humphreys, L. (1970). *Tearoom trade: Impersonal sex in public places*. Chicago: Aldine.

Kell, D. G. (1990). *Multimethod approach to analyzing effects of computers on classroom teaching and learning*. Andover, MA: Author.

Knowles, J. G., & Cole, A. L. (2008). *Handbook of the arts in qualitative research: Perspectives, methodologies, examples, and issues*. Thousand Oaks, CA: Sage.

Knowlton, L. W., & Phillips, C. C. (2013). *The logic model guidebook: Better strategies for great results* (2nd ed.). Thousand Oaks, CA: Sage.

Kozol, J. (1991). *Savage inequalities: Children in America's schools*. New York: Crown.

Kvale, S., & Brinkmann, S. (2009). *Interviews: Learning the craft of qualitative research interviewing* (2nd ed.). Thousand Oaks, CA: Sage.

Lakoff, G., & Johnson, M. (1980). *Metaphors we live by*. Chicago: University of Chicago Press.

Lancy, D. F., Bock, J., & Gaskins, S. (Eds.). (2010). *The anthropology of learning in childhood*. Walnut Creek, CA: AltaMira Press.

Leavy, P. (2009). *Method meets art: Arts-based research practice*. New York: Guilford Press.

Lewins, A., & Silver, C. (2007). *Using software in qualitative research: A step-by-step guide*. London: Sage.

Lincoln, Y. S., & Guba, E. G. (1985). *Naturalistic inquiry*. Beverly Hills, CA: Sage.

Lofland, J., Snow, D., Anderson, L., & Lofland, L. H. (2006). *Analyzing social settings: A guide to qualitative observation and analysis* (4th ed.). Belmont, CA: Thomson/Wadsworth.

Louis, K. S., & Miles, M. B. (1990). *Improving the urban high school: What works and why*. New York: Teachers College Press.

Major, C. H., & Savin-Baden, M. (2010). *An introduction to qualitative research synthesis: Managing the information explosion in social science research*. London: Routledge.

Maxwell, J. A. (1992, December). *A synthesis of similarity/continuity distinctions*. Poster presented at the annual meeting of the American Anthropological Association, San Francisco, CA.

McCammon, L. A., & Saldaña, J. (2011). *Lifelong impact: Adult perceptions of their high school speech and/or theatre participation*. Unpublished manuscript, School of Theatre and Film, Arizona State University, Tempe.

McCammon, L., Saldaña, J., Hines, A., & Omasta, M. (2012). Lifelong impact: Adult perceptions of their high school speech and/or theatre participation. *Youth Theatre Journal, 26*(1), 2-25.

McCurdy, D. W., Spradley, J. P., & Shandy, D. J. (2005). *The cultural experience: Ethnography in complex society* (2nd ed.). Long Grove, IL: Waveland Press.

McVea, K. (2001, April). *Collaborative qualitative research: Reflections for a quantitative researcher*. Paper presented at the annual conference of the American Educational Research Association, Seattle, WA.

Mears, C. L. (2009). *Interviewing for education and social science research: The gateway approach*. New York: Palgrave Macmillan.

Melnick, C. R., & Beaudry, J. S. (1990, April). *A qualitative research perspective: Theory, practice, essence*. Paper presented at the annual meeting of the American Educational Research Association, Boston, MA.

Miles, M. B. (1986, April). *Improving the urban high school: Some preliminary news from five cases*. Paper presented at the annual meeting of the American Educational Research Association, San Francisco, CA.

Miles, M. B. (1990). New methods for qualitative data collection and analysis: Vignettes and pre-structured cases. *Qualitative Studies in Education, 5*(1), 37-51.

Miles, M. B., & Huberman, A. M. (1994). *Qualitative data analysis: An expanded sourcebook* (2nd ed.). Thousand Oaks, CA: Sage.

Miller, A. B. (2009). *Finish your dissertation once and for all! How to overcome psychological barriers, get results, and move on with your life.* Washington, DC: American Psychological Association.

Miller, D. L., Creswell, J. W., & Olander, L. S. (1998). Writing and retelling multiple ethnographic tales of a soup kitchen for the homeless. *Qualitative Inquiry, 4*(4), 469-491.

Miller, S. I. (n.d.). *Qualitative research methods: A philosophical and practical inquiry* [Prospectus for a monograph]. Chicago: Loyola University.

Mishler, E. G. (1979). Meaning in context: Is there any other kind? *Harvard Educational Review, 49*(1), 1-19.

Morgan, G. (1980). Paradigms, metaphors, and puzzle solving in organizational theory. *Administrative Science Quarterly, 25*(4), 605-622.

Morine-Dershimer, G. (1991, April). *Tracing conceptual change in pre-service teachers.* Paper presented at the annual meeting of the American Educational Research Association, Chicago, IL.

Morrison, K. (2009). *Causation in educational research.* London: Routledge.

Morse, J. M., & Bottorff, J. L. (1992). The emotional experience of breast expression. In J. M. Morse (Ed.), *Qualitative health research* (pp. 319-332). Newbury Park, CA: Sage.

Munton, A. G., Silvester, J., Stratton, P., & Hanks, H. (1999). *Attributions in action: A practical approach to coding qualitative data.* Chichester, England: Wiley.

Noblit, G. W., & Hare, R. D. (1988). *Meta-ethnography: Synthesizing qualitative studies* (Qualitative Research Methods Series, Vol. 11). Newbury Park, CA: Sage.

Norris, J. (2009). *Playbuilding as qualitative research: A participatory arts-based approach.* Walnut Creek, CA: Left Coast Press.

Patton, M. Q. (2002). *Qualitative research and evaluation methods* (3rd ed.). Thousand Oaks, CA: Sage.

Patton, M. Q. (2008). *Utilization-focused evaluation* (4th ed.). Thousand Oaks, CA: Sage.

Pearsol, J. A. (1985, April). *Controlling qualitative data: Understanding teachers' value perspectives on a sex equity education project.* Paper presented at the annual meeting of the American Educational Research Association, Chicago, IL.

Prendergast, M., Leggo, C., & Sameshima, P. (Eds.). (2009). *Poetic inquiry: Vibrant voices in the social sciences.* Rotterdam, Netherlands: Sense.

Ragin, C. C. (1987). *The comparative method: Moving beyond qualitative and quantitative strategies.* Berkeley: University of California Press.

Ravitch, S. M., & Riggan, M. (2012). *Reason and rigor: How conceptual frameworks guide research.* Thousand Oaks, CA: Sage.

Richards, L. (2009). *Handling qualitative data: A practical guide* (2nd ed.). London: Sage.

Rosenthal, R. (1976). *Experimenter effects in behavioral research*. New York: Irvington.

Saldaña, J. (1995). "Is theatre necessary?": Final exit interviews with sixth grade participants from the ASU longitudinal study. *Youth Theatre Journal, 9*, 14-30.

Saldaña, J. (1997). "Survival": A white teacher's conception of drama with inner city Hispanic youth. *Youth Theatre Journal, 11*, 25-46.

Saldaña, J. (1998). "Maybe someday, if I'm famous …": An ethnographic performance text. In J. Saxton & C. Miller (Eds.), *Drama and theatre in education: The research of practice, the practice of research* (pp. 89-109). Brisbane, Queensland, Australia: IDEA.

Saldaña, J. (1999). Social class and social consciousness: Adolescent perceptions of oppression in forum theatre workshops. *Multicultural Perspectives, 1*(3), 14-18.

Saldaña, J. (2003). *Longitudinal qualitative research: Analyzing change through time*. Walnut Creek, CA: AltaMira Press.

Saldaña, J. (2005). Theatre of the oppressed with children: A field experiment. *Youth Theatre Journal, 19*, 117-133.

Saldaña, J. (2008a). Analyzing longitudinal qualitative observational data. In S. Menard (Ed.), *Handbook of longitudinal research: Design, measurement, and analysis* (pp. 297-311). Burlington, MA: Academic Press.

Saldaña, J. (2008b). Second chair: An autoethnodrama. *Research Studies in Music Education, 30*(2), 177-191.

Saldaña, J. (2011a). *Ethnotheatre: Research from page to stage*. Walnut Creek, CA: Left Coast Press.

Saldaña, J. (2011b). *Fundamentals of qualitative research*. New York: Oxford University Press.

Saldaña, J. (2013). *The coding manual for qualitative researchers* (2nd ed.). London: Sage.

Sandelowski, M., & Barroso, J. (2007). *Handbook for synthesizing qualitative research*. New York: Springer.

Schillemans, L., et al. (n.d.). *Treating victims of incest*. Antwerp, Belgium: Flemish Institute for General Practice/University of Antwerp, Department of Family Medicine.

Schreier, M. (2012). *Qualitative content analysis in practice*. London: Sage.

Seidman, I. (2006). *Interviewing as qualitative research: A guide for researchers in education and the social sciences*. New York: Teachers College Press.

Sieber, J. E. (1992). *Planning ethically responsible research: A guide for students and internal review boards* (Applied Social Research Methods Series, Vol. 31). Newbury Park, CA: Sage.

Spradley, J. P. (1979). *The ethnographic interview*. Fort Worth, TX: Harcourt Brace Jovanovich.

Spradley, J. P. (1980). *Participant observation*. Fort Worth, TX: Harcourt Brace Jovanovich.

Stake, R. E. (1995). *The art of case study research*. Thousand Oaks, CA: Sage.

Stiegelbauer, S., Goldstein, M., & Huling, L. L. (1982). *Through the eye of the beholder: On the use of qualitative methods in data analysis* (R & D Report 3137). Austin: University of Texas, R&D Center for Teacher Education.

Tashakkori, A., & Teddlie, C. (Eds.). (2003). *Handbook of mixed methods in social and behavioral research*. Thousand Oaks, CA: Sage.

Tufte, E. R. (1986). Designing statistical presentations. *Social Science*, 7(1), 75-80.

van Maanen, J. (1979). The fact of fiction in organizational ethnography. *Administrative Science Quarterly*, 24, 539-611.

van Maanen, J. (1983). The moral fix: On the ethics of fieldwork. In R. M. Emerson (Ed.), *Contemporary field research* (pp. 269-287). Prospect Heights, IL: Waveland.

van Maanen, J. (2011). *Tales of the field: On writing ethnography* (2nd ed.). Chicago: University of Chicago Press.

Wallis, W. A., & Roberts, H. V. (1956). *Statistics: A new approach*. New York: Free Press.

Warner, W. (1991, February). *Improving interpretive validity of camera-based qualitative research*. Paper presented at the Qualitative Health Research Conference, Edmonton, Alberta, Canada.

Wolcott, H. F. (1990). On seeking-nd rejecting-alidity in qualitative research. In E. W. Eisner & A. Peshkin (Eds.), *Qualitative inquiry in education: The continuing debate* (pp. 121-152). New York: Teachers College Press.

Wolcott, H. F. (1992). Posturing in qualitative inquiry. In M. D. LeCompte, W. L. Millroy, & J. Preissle (Eds.), *The handbook of qualitative research in education* (pp. 3-52). New York: Academic Press.

Wolcott, H. F. (1994). *Transforming qualitative data: Description, analysis, and interpretation*. Thousand Oaks, CA: Sage.

Wolcott, H. F. (2009). *Writing up qualitative research* (3rd ed.). Thousand Oaks, CA: Sage.

Yin, R. K. (2009). *Case study research: Design and methods* (4th ed.). Thousand Oaks, CA: Sage.

Zeller, N. (1991, April). *A new use for new journalism: Humanizing the case report*. Paper presented at the annual meeting of the American Educational Research Association, Chicago, IL.

저자 소개

Matthew B. Miles는 사회심리학자로서 교육 개혁을 위한 전략에 오랜 경력과 관심을 가지고 있었다. 그는 교육, 집단, 그리고 조직 연구에 있어서 계획된 변화와 연구 결과에 대한 보급 및 실행과 관련된 연구를 하였다. 그의 첫 번째 주요 연구 프로젝트는 6개의 새롭고 혁신적인 공립 학교에 대한 4년간의 연구였다.

A. Michael Huberman의 오랜 관심은 과학적인 인식론, 성인 인지, 그리고 지식 사용에 있었다. 그의 연구는 교육 정책, 학교 개혁, 그리고 효과적인 학교 실천 안에서 연구 지식의 실제적인 번역에 초점을 두었다. 그의 첫 번째 광범위한 프로젝트는 교실 실천에 있어서 피아제(Piaget) 이론의 실험적인 초등학교의 수행에 관한 4년간의 연구였다.

Johnny Saldaña는 연극교육자로서 코딩에서부터 민속드라마까지에 이르는 질적 연구 방법론을 탐구하였다. 그의 연구는 예술을 통한 젊은 사람과 성인의 참여와 변형에 관하여 초점을 둔다. 그의 첫 번째 질적 연구 프로젝트는 도시 미술 마그넷 스쿨에서 새로 부임한 교사의 경험에 관한 2년 반 동안의 민속지학이었다.

Miles와 Huberman은 교육 혁신 및 학교 개선의 보급과 관련된 연구를 수년간 협력하여 연구하였다. 국가교육연구소가 후원한 다중 영역 연구의 과정에 있어서, 그들은 자료를 분석하기 위하여 그들이 사용하고 있는 절차의 연구를 시작하였는데, 이 연구가 이 책의 지적 자극과 많은 내용을 제공하였다. Miles와 Huberman은 미국, 캐나다, 서유럽, 그리고 오스트리아에서 이 책의 내용을 중심으로 한 세미나를 열었다.

Miles와 Huberman이 함께한 연구 및 다른 동료들과 함께한 연구는 도시 고등학교에 있어서 학교 변화 대행자, 혁신에 관한 연구, 학교와 교사 생애 주기의 사회적 건축, 직업 교육에 있어서 과학적 지식의 사용, 그리고 방글라데시, 에티오피아, 뉴질랜드 및 콜롬비아에서의 교육 개혁을 포함하였다.

Saldaña의 연구는 연극에 대한 아동 청중의 반응, 성취 기준에 대한 교사들의 인식, 고등학교 경험을 반영하는 성인들에 대한 서베이, 종적인 질적 연구 방법론, 민속드라마와 민속연극 공연 제작을 포함하는 예술에 기반을 둔 연구 방법론을 포함하고 있다. Johnny Saldaña는 애리조나 주립 대학교에 있는 Evelyn Smith 연극과 교수이며, SAGE 출판사에서 출판한 『질적 연구자들을 위한 코딩 매뉴얼』의 저자이다.

역자 소개

박태영(Park Tai-Young)
미국 Florida State University 사회복지학 박사
현 숭실대학교 사회복지학부 교수

김은경(Kim Eun-Kyoung)
숭실대학교 일반대학원 사회복지학 박사과정 수료
현 서울특별시 여성가족정책실 가족담당관 주무관

김혜선(Kim Hye-Sun)
숭실대학교 일반대학원 사회복지학 박사
현 신구대학교 사회복지학과 교수

박소영(Park So-Young)
숭실대학교 일반대학원 사회복지학 박사
현 세명대학교 사회복지학과 교수

박수선(Park Su-Sun)
숭실대학교 일반대학원 사회복지학 박사과정 수료, 숙명여자대학교 가족학 박사
현 서원대학교 사회복지학과 교수

심다연(Shim Da-Yoen)
숭실대학교 일반대학원 사회복지학과 박사과정 수료
현 숭실대학교 상담센터 연구원, 숭실대학교 평생교육원 사회복지학과 강사

이재령(Lee Jae-Ryung)
숭실대학교 일반대학원 사회복지학 박사
현 대림대학교 사회복지학과 교수

임아리(Lim A-Ri)
숭실대학교 일반대학원 사회복지학 박사과정 수료
현 숭실대학교 평생교육원 사회복지학과 강사

장은경(Jang Eun-Kyung)
숭실대학교 일반대학원 사회복지학 박사과정 수료
현 숭실대학교 평생교육원 사회복지학과 강사

조성희(Cho Sung-Hui)
숭실대학교 일반대학원 사회복지학 박사
현 서울신학대학교 사회복지학과 교수

조지용(Jo Gee-Yong)
숭실대학교 일반대학원 사회복지학 박사
현 건양대학교 사회복지학과 교수

질적 자료 분석론
-방법론 자료집-
Qualitative Data Analysis
-A Methods Sourcebook-(3rd ed.)

2019년 3월 20일 1판 1쇄 발행
2023년 1월 20일 1판 2쇄 발행

지은이 • Matthew B. Miles · A. Michael Huberman · Johnny Saldaña
옮긴이 • 박태영 · 김은경 · 김혜선 · 박소영 · 박수선 · 심다연
　　　　　이재령 · 임아리 · 장은경 · 조성희 · 조지용
펴낸이 • 김진환
펴낸곳 • ㈜ **학지사**
　　　　04031 서울특별시 마포구 양화로 15길 20 마인드월드빌딩 5층
대표전화 • 02) 330-5114　　팩스 • 02) 324-2345
등록번호 • 제313-2006-000265호
홈페이지 • http://www.hakjisa.co.kr
페이스북 • https://www.facebook.com/hakjisabook

ISBN 978-89-997-1785-7 93370

정가 **23,000**원

역자와의 협약으로 인지는 생략합니다.
파본은 구입처에서 교환하여 드립니다.

이 책을 무단으로 전재하거나 복제할 경우 저작권법에 따라 처벌을 받게 됩니다.

출판미디어기업 **학지사**

간호보건의학출판 **학지사메디컬** www.hakjisamd.co.kr
심리검사연구소 **인싸이트** www.inpsyt.co.kr
학술논문서비스 **뉴논문** www.newnonmun.com
원격교육연수원 **카운피아** www.counpia.com